# 唐 研 究

## Journal of Tang Studies

第二十六卷

Volume XXVI

主编 叶炜

二〇二一·北京

Peking University Press

Beijing  2021

圖書在版編目(CIP)數據

唐研究. 第二十六卷/葉煒主編. —北京:北京大學出版社,2021.3
ISBN 978-7-301-32138-6

Ⅰ.①唐… Ⅱ.①葉… Ⅲ.①中國歷史—唐代—文集 Ⅳ.①K242.07-53

中國版本圖書館 CIP 數據核字(2021)第 068291 號

| | |
|---|---|
| 書　　　名 | 唐研究　第二十六卷<br>TANG YANJIU　DI-ERSHILIU JUAN |
| 著作責任者 | 葉　煒　主編 |
| 責任編輯 | 張　晗 |
| 標準書號 | ISBN 978-7-301-32138-6 |
| 出版發行 | 北京大學出版社 |
| 地　　　址 | 北京市海淀區成府路 205 號　100871 |
| 網　　　址 | http://www.pup.cn　新浪微博:@北京大學出版社 |
| 電子信箱 | pkuwsz@126.com |
| 電　　　話 | 郵購部 010-62752015　發行部 010-62750672　編輯部 010-62767315 |
| 印　刷　者 | 北京鑫海金澳膠印有限公司 |
| 經　銷　者 | 新華書店 |
| | 787 毫米×1092 毫米　16 開本　40.5 印張　639 千字<br>2021 年 3 月第 1 版　2021 年 3 月第 1 次印刷 |
| 定　　　價 | 118.00 圓 |

未經許可,不得以任何方式複製或抄襲本書之部分或全部内容。
**版權所有,侵權必究**
舉報電話: 010-62752024　電子信箱: fd@pup.pku.edu.cn
圖書如有印裝質量問題,請與出版部聯繫,電話: 010-62756370

主辦單位:唐研究基金會
　　　　北京大學中國古代史研究中心
創刊主編:榮新江
主　　編:葉　煒
編　　委:(以拼音字母爲序)
　　　　陳懷宇　陳志遠　赤木崇敏　方誠峰　馮培紅
　　　　雷　聞　李　軍　李鵬飛　　劉　屹　柳浚炯
　　　　仇鹿鳴　沈睿文　史　睿　　孫英剛　唐　雯
　　　　王　静　魏　斌　吳　羽　　夏　炎　游自勇
　　　　余　欣　張小貴　張小艷　　趙　晶　鄭雅如

　　　　　　　　　　※　　　※　　　※

**Founding Chief Editor**：Rong Xinjiang
**Chief Editor**：Ye Wei
**Editors**：
　　　　AKAGI Takatoshi　Chen Huaiyu　Chen Zhiyuan
　　　　Fang Chengfeng　Feng Peihong　Lei Wen　Li Jun
　　　　Li Pengfei　Liu Yi　Liu Junjiong　Qiu Luming
　　　　Shen Ruiwen　Shi Rui　Sun Yinggang　Tang Wen
　　　　Wang Jing　Wei Bin　Wu Yu　Xia Yan　You Ziyong
　　　　Yu Xin　Zhang Xiaogui　Zhang Xiaoyan　Zhao Jing
　　　　Zheng Yaru

# 目　　錄

**專欄　唐帝國的地域傳統(魏斌策劃)**

《玄極寺碑》與白鹿山的佛圖澄傳説
　　——兼論中古早期的山林佛教問題 ………… 姜虎愚(3)

山林與僧侣
　　——從無相和無住的頭陀行看巴蜀的佛教地理 ………… 嚴世偉(27)

江南的具象：吴都建業的物質圖景及其特徵 ………… 陸　帥(59)

城樓、沙洲與寺院：南朝夏口的城市風景 ………… 魏　斌(93)

北朝稽胡的"統一" ………… 劉　瑩(119)

鄉里與兩京之間：唐前期江南士人家族 ………… 周　鼎(151)

中晚唐洛陽士人與園林
　　——以白居易履道坊宅園爲中心 ………… 韓建華(177)

從西南蠻封爵看8世紀雲南地區：以《爨公墓誌》爲綫索 …… 新津健一郎(209)

行像與行城
　　——敦煌行城儀式起源考 ………… 倉本尚德(235)

**論文**

安陽寶山大住聖窟的著録、踏查與研究 ………… 劉　屹(267)

日本現存《唐禪智寺故大德法師崇俊塔銘》考釋 ………… 定源(王招國)(327)

唐代宫廷的門禁制度 ………… 羅彤華(353)

《垂拱格》與武則天禮法 ………… 吴麗娱(399)

唐天寶時期東京留守及河南尹考
　　——以《大唐嵩陽觀紀聖德感應之頌》爲綫索 ………… 張越祺(441)

唐"待制"考釋 …………………………………………………… 雒曉輝（459）
《舊唐書》所涉"安史之亂"用語淺析
　　——兼與《新唐書》比較 ………………………………… 黃正建（481）
遼寧朝陽出土唐代孫氏家族墓誌新考 ………………………… 張　雨（513）
南里王村唐壁畫墓屏風畫再認識 ……………………………… 郭　婧（531）

**書評**

從宮廷走向多元
　　——評麥大維著，張達志、蔡明瓊譯
　　《唐代中國的國家與學者》 ……………………………… 劉成國（549）
冨谷至《漢唐法制史研究》介評 ……………………… 周東平　薛夷風（559）
《唐代北方問題與國際秩序》 ………………………………… 高　峰（573）
《日唐賤人制度の比較研究》 ………………………………… 趙　晶（583）
《圖像的言説：瑣羅亞斯德教人格化神像的圖像學研究》 …… 孫武軍（595）
Empire of Style: Silk and Fashion in Tang China ……………… 金蕙涵（603）
《中國禪宗史："禅の語録"導読》 …………………………… 張　超（611）

2020 年唐史研究書目 ……………………………………………………（623）
第二十六卷作者研究或學習單位及文章索引 …………………………（636）

《唐研究》簡介及稿約 …………………………………………………（637）
投稿須知 …………………………………………………………………（639）

# Contents

**Special Theme**

The *Xuanji Temple Stele* and the Forest Legends of Fotucheng
　　—on Mountain Buddhism in the Early Medieval China ········ Jiang Huyu(3)
Mountains and Monks: A Case Study on Buddhist Geography of
　　Bashu through Wuxiang and Wuzhu's Dhūta Practices ········ Yan Shiwei(27)
The Concreteness of Jiangnan: The Material Landscape of
　　Capital Jianye of Wu Kingdom and Its Features ················ Lu Shuai(59)
Tower, Sandbank and Temple: The Civic Landscape of
　　Xiakou in the Southern Dynasties ································ Wei Bin(93)
The "Unification" of Jihu in the Northern Dynasties ················ Liu Ying(119)
Between Homeland and Capital: Scholar-official Families
　　in Jiangnan Area during the Early Tang Dynasty ············· Zhou Ding(151)
Literary Men and Gardens in Middle and Late Tang China
　　—Based on Bai Juyi's Lüdaofang Private Garden ············ Han Jianhua(177)
On the Regional Society of 8th Century Yunnan
　　—From Enfeoffment to Southwestern Ethnic Groups:
　　An Analysis Based on the Epitaph of Lord Cuan ······ Niitsu Ken'ichiro(209)
*Xingxiang* and *Xingcheng*: The Origins of
　　the Dunhuang *Xingcheng* Ritual ·························· Kuramoto Shotoku(235)

## Articles

The Records, Investigations and Researches on the
    *Dazhushengku* at Baoshan in Anyang ·················· Liu Yi(267)

A Critical Commentary on the Japanese Preserved *Tomb-Pagoda*
    *Inscription of the Deceased Grand Master Chongjun*
    *of the Chanzhi Temple of the Tang* ········· Dingyuan (Wang Zhaoguo)(327)

The Access Control System of the Palace
    during the Tang Dynasty ·································· Luo Tonghua(353)

*Chuigongge* and Etiquette and Law of Wu Zetian ················ Wu Liyu(399)

A Research of *Dongjing liushou* and *Henan yin* during
    the Tianbao Period of Tang Xuanzong (742–755) by Analysing
    *The Songyang Taoist Temple's Monument to Emperor* ······ Zhang Yueqi(441)

The Textual Interpretation of the *Daizhi* during
    the Tang Dynasty ························································ Luo Xiaohui(459)

Comparative Analysis of the Wording Concerning the
    An-Shi Rebellion Used in the Two *Tangshu* ············ Huang Zhengjian(481)

A New Study on Four Epitaphs of Sun's Family of the Tang Dynasty
    in Chaoyang City of Liaoning Province ····················· Zhang Yu(513)

Re-cognition of Screen Painting of the Tang Dynasty
    Mural Tomb in Nanliwang Village ······························ Guo Jing(531)

**Reviews** ································································· (547)

**New Publications** ···················································· (623)
**Contributors** ··························································· (636)

**Introduction to the *Journal of Tang Studies*** ···················· (637)
**Note from the Editor** ················································ (639)

## 專　欄

## 唐帝國的地域傳統

（魏斌策劃）

# 《玄極寺碑》與白鹿山的佛圖澄傳説
——兼論中古早期的山林佛教問題

姜虎愚

## 一、關於白鹿山《玄極寺碑》

魯迅輯校石刻中校録了一通立於北齊河清四年（565）的《玄極寺碑》[1]，殘碑仍存河南省輝縣市西北白鹿山中，北大古籍部可見該碑清代拓片。魯迅先生校録總體上仍是認識該碑內容的最好途徑[2]。據羅振玉《金石文字簿録》："此碑諸家不著録，此本乃明代所拓，殆爲海內孤本。寺在白鹿山，則此石原出中州。碑經剪裱，然每行三十二字尚可知，唯行數不可確定耳。"[3]依筆者有限所見，除羅氏跋外，有道光《輝縣志》卷一四《碑碣志》"元極寺碑"、陳漢章《綴學堂河朔金石跋尾》"齊元極寺慧據法師造像記"及王壯弘《增補校碑隨筆》所增"玄極寺碑"存有跋語，另顧燮光《河朔訪古新録》卷七對此碑保存狀況亦有提及[4]。北

---

[1] 李新宇、周海嬰主編《魯迅大全集》第24卷《魯迅輯校石刻手稿·碑銘（下）》，長江文藝出版社，1991年，78—91頁。

[2] 今人對該碑保存狀況及內容的介紹參王東《白鹿山北齊殘碑考述》，《焦作大學學報》2016年第4期；拓片見北京大學古籍部OPAC，題作《玄極寺慧據法師造像記》，典藏號13712。中國社科院歷史研究所陳志遠博士據此在魯迅校録基礎上更出數字，殊爲精當，下引《玄極寺碑》録文中外施方框以示。陳博士於本文惠我良多，尤其是示下倉本尚德文及十六王子像兩處，特此鳴謝。

[3] 羅振玉《雪堂所藏金石文字簿録》，《羅雪堂先生全集續編》（五），臺灣大通書局，1989年，2164頁。

[4] 道光十五年百泉書院刻本影印《輝縣志》，《中國地方志集成·河南府縣志輯》，上海書店，2012年，670頁；范壽銘《循園金石文字跋尾》附陳漢章《綴學堂河朔碑刻跋尾》，《石刻史料新編》第2輯第20冊，新文豐出版公司，1979年，14484頁；方若撰、王壯弘增補《增補校碑隨筆》，上海書畫出版社，1981年，402頁；顧燮光《河朔訪古新録》卷七，《石刻史料新編》第2輯第12冊，8917頁。

大藏清拓殆陳漢章於范壽銘處所見者。現節録道光《輝縣志》跋語如下：

> 八分書。在縣西七十里白鹿山元極寺内。碑四面皆有字，右面載大齊河清四年四月八日邑人敬造。殘蝕不完，撰者書者姓名皆不可考。獨其字秀曼古勁，部武整齊，視漢隸稍變，其爲當時名手無疑。

北大清拓及魯迅録文都僅存碑陽、碑陰以及右側，其中碑陽記碑銘正文，碑陰以禪師、比丘爲首記邑義題名，右側以寺主及官僚爲首記邑義題名，後有落款："大齊河清四年四月八日三寶邑人敬造願以此功德資益法界衆生離苦得□俱成正覺□□□□□法益（後缺）。"碑陽正文内容大致可分爲如下部分：（1）造寺緣起；（2）佛圖澄立玄極寺經過；（3）對白鹿山地理環境的描述；（4）北魏末年來至玄極寺的趙州僧人慧據法師介紹；（5）邑義於玄極寺的修造供養活動；（6）總結性四言銘文。

由於《玄極寺碑》楷書具有平畫寬結的特徵，爲東魏北齊時一陣短暫的隸書復興之勢的代表作之一，在書法史上具有一定地位，但作爲史料並未引起廣泛關注。傳統學者中，僅陳漢章跋對白鹿山的地理位置、河清紀年以及題名所見官號作了簡短考證。但值得一提的是，日本學者倉本尚德在研究北齊鄴城周邊太行山一帶僧人禪觀修行與净土教流佈時，特別關注了作爲修行地相對興盛的林慮山與白鹿山，並就《玄極寺碑》討論了北齊時玄極寺及其信徒的各項情況，強調了該寺重視禪觀與念誦之修行，接受官僚資助的特點，並提出邑義所造阿彌陀三尊像可能與僧稠係僧人入白鹿山有關[5]。倉本氏對十六國後期以來白鹿山作爲隱居與多元信仰修道場所成立的歷史背景進行了扼要梳理，將林慮、白鹿二山作爲北齊時太行山東南麓佛教發展情況參照物的思考也值得推重，然《玄極寺碑》的史料價值仍有值得挖掘之處。前揭《玄極寺碑》諸部分中，依時間先後存在兩個内容相對獨立的板塊：東晉佛圖澄時代的玄極寺與北齊慧據法師時的玄極寺。引起筆者興趣的主要是前者，即碑文第（2）、（3）部分。現將兩部分合録於下：

---

[5] 倉本尚德《林慮山と白鹿山——北朝時代の太行山脈帶における僧の修行地の問題について》，《印度學佛教學研究》第61卷第2號，2013年；嚴耕望先生在《魏晉南北朝佛教地理稿》中概述太行山佛教時已注意到白鹿與林慮二山，憾其稿未竟，不及深入。上海古籍出版社，2007年，163—164頁。

玄極□者,蓋石趙之世,爰有天竺名僧佛䯧(圖)橙,頭陀之所。其橙法師四階上地,應感人間。塗掌神呪,則洞窺未兆;臨流引臟,則秘奧難惻。權實互顯,不可思議。遍歷名山,至此頓步,遂因峰搆宇,憑岩考室,䯧(圖)像巋然,雲生梁棟。尒其山狀,可略而言也:嵯峨忽起,峰貫星漢。陽烏之所藏光,望舒於是迴泊。南矚平野,千里而見;江河北瞻,岱岳髣髴。五臺之嶺,左帶滄海,美氛氳之氣;右拒孟門,眺□□□極,諒乃日下之高峻,太行之妙場。昔海春善嘯,數聞鸞鶴之聲;孫登委裘,□□□遐之壽。

這段碑文傳達了以下信息:佛圖澄曾於某時"遍歷名山",目的很可能是爲了選擇合適頭陀行的修道場所,之所以於白鹿山立寺,則與其山作爲"太行之妙場"的種種形勝有關。若先罔顧涉及魏晉時期佛教史料之諸多不確的話,似乎能藉此窺見佛圖澄活動的一些動機:他並未以東漢以來已具備一定佛教基礎的城市作爲唯一的立寺候選地,而是帶有走向山林的清新風氣,或許也可以認爲這是佛教從都市轉向山中的一次重要嘗試。

　　宗教擴張一般由中心地發源不斷向外部空間傳播,佛教也不例外。漢地佛教在漢唐間的發展亦主要由城市進入山林及近郊,再傳向更偏僻之鄉村地區,該過程已是學界通識[6]。但我們也有責任立足該結論繼續考察佛教的空間發展。佛圖澄時代(即西晉末期至東晉中前期)佛教傳播的空間態勢仍存在問題:佛教在城市與山林中的發展動機如何?山林與城市中寺院作何關係?對於難以通過量化分析準確定位佛教分佈與規模的時代,是否應急於做出性質上的判斷?面對這些疑問,祇有藉更微觀的視角,考察不同社會背景與區域中佛教發展的具體過程,纔能更深入認識早期漢地佛教的空間動向。

　　帶着這一關照,筆者對上引碑文產生若干疑問:首先,應如何看待這方北齊碑文中的佛圖澄行迹?其次,佛圖澄時期的立寺活動大約在何時開始,他爲何要在山中立寺,選址參考要素爲何,他的立寺活動究竟造成多大影響?這一立寺活動能否被看作是佛教走向山林的一次,乃至第一次成規模的突破?異僧佛圖澄在漢地的生涯與其傳說一樣神秘:他在西晉政權崩壞殆盡時進入文獻視野,又伴

---

　　[6] 如嚴耕望《魏晉南北朝佛教地理稿》,84頁;張偉然《都市佛教的當代轉型》,《佛教文化》2008年第5期。

隨石趙政權的轟然倒塌奄然遷化，其活動夾縫於兩個歷史轉折點之間，歷經喪亂與安定的輪番洗禮，無論從宗教史、地理學或神話學角度看去都是彌足有趣的研究對象。其山林活動的重要性，我們也不應忽視。因此，筆者將以《玄極寺碑》爲中心，聚焦佛圖澄時代從鄴城到洛陽之間的太行山東南麓地區，試圖回答上述問題。

## 二、東晉玄極寺的成立與其他佛圖澄傳說

既往研究中，學界對佛圖澄並不缺乏關注，但主要集中於其作爲異僧與石趙政權的勾連、在弘法方面所取得的成就，還有作爲肇基者對更引人注目的道安、慧遠僧團及北魏佛教的影響[7]。從宗教地理角度對佛圖澄立寺的研究則鳳毛麟角，基本祇涉及與其關係最密切的鄴城附近若干寺院。對於與其本人及傳説相關的，更廣闊空間中的造寺等山林活動均未及深究。

西晉時洛陽城内寺院祇42所，二京合寺180所[8]。而佛圖澄時期與其僧團直接有關的寺院近900所甚至更多，其中還不包括民間自行造立的寺院，至少實現了數量上的飛躍[9]。據此，玄極寺很可能就是佛圖澄在"所歷州郡"時爲安置"受業追遊，常有數百"的門徒們所興立的。而在其行迹所及的州郡中，著名山岳可能是其僧團住錫的重要選擇。

---

[7] 如湯用彤《漢魏兩晉南北朝佛教史》，北京大學出版社，2011年，109—110頁；塚本善隆《北朝佛教史研究》，大東出版社，1974年，6—8頁；Arthur. F. Wright, "Fo-t'u-têng: A Biogaphy", *Harvard Journal of Asiatic Studies*, Vol. 11, No. 3/4（Dec., 1948）；鎌田茂雄著，關世謙譯《中國佛教通史》第1卷，佛光出版社，1985年，303—328頁；高橋亮介《後趙石勒の仏教受容について》，龍谷大學大學院文學研究科紀要第32集，2010年，109—126頁。

[8] 楊衒之著，范祥雍校注《洛陽伽藍記校注》"洛陽伽藍記序"："晉永嘉唯有寺四十二所。"上海古籍出版社，1978年，1頁。魏收撰《魏書》卷一一四《釋老志》："晉世，洛中佛圖有四十二所矣。"中華書局，1974年，3029頁。其合計之數見道宣《釋迦方志》卷下《教相篇第八》，中華書局，1983年，118頁。

[9] 釋慧皎撰，湯用彤校注《高僧傳》卷九《晉鄴中竺佛圖澄傳》："受業追遊，常有數百，前後門徒，幾且一萬。所歷州郡，興立佛寺八百九十三所，弘法之盛，莫與先矣。"中華書局，1992年，356頁。另李昉等編《文苑英華》卷八六三載顧況《蘇州乾元寺碑》記"佛圖澄造鄴中九百七十三寺"，中華書局，1956年，4557頁，不知何據。

《高僧傳》卷九《晉鄴中竺佛圖澄傳》（下簡稱《澄傳》）中的佛圖澄事迹絕大多數圍繞其與石趙統治者的關係展開，地域上則集中在石趙都城襄國、鄴城周遭，就其山林活動幾乎未提供任何具體信息，若單憑其對石虎所稱"老胡爲道，不能山居無言"來推測佛圖澄的山中活動，確實顯得孤立無憑[10]。但所幸除《玄極寺碑》外還有其他材料也透露了相關信息，如《高僧傳·晉襄陽竺法慧傳》："竺法慧，本關中人，方直有戒行。入嵩高山，事浮圖密爲師。晉康帝建元元年（343）至襄陽，止羊叔子寺。"[11]湯用彤先生於"浮圖密"下注："洪音'密'作'棠'。"據後晉僧人可洪《新集藏經音義隨函錄》中《高僧傳》卷十相應部分，"圖密"作"圖棠"[12]。而敦煌研究院藏785號《佛圖棠所化經》中佛圖棠當即佛圖澄。"澄""棠"乃一音之轉，或爲佛圖澄傳説流傳過程中方言殊別，轉抄輒異所致，對此前人已有研究[13]。如果《竺法慧傳》中授徒嵩山者確爲佛圖澄，那麽澄公親歷的山岳就有白鹿山與嵩山兩處。僅就兩山地位來説，確實符合碑文所謂"遍歷名山"：嵩岳自秦漢已作爲名山及五岳之一得官方崇祀，而白鹿山在西晉時就很可能是當時著名隱士孫登的隱居地之一[14]。此山以高峻宏壯鶴立於太行東南麓群山之中，如《述征記》："登滑臺城，西南望太行山，白鹿岩、王莽嶺冠於衆山之表。"[15]本就是引人矚目的山地景觀，在佛圖澄以前很可能已成爲著名隱修場所[16]。無論如何，《玄極寺碑》不僅試圖反映佛圖澄的活動範圍遠不止都市之中，更提升了該時期山中修行場所隨其脚步成規模出現的可能性。佛圖澄

---

[10]　《高僧傳》卷九《晉鄴中竺佛圖澄傳》，354頁。
[11]　《高僧傳》卷一〇《晉襄陽竺法慧傳》，371頁。
[12]　可洪《新集藏經音義隨函錄》第27册，《大正新修大藏經》（下簡稱《大正藏》）第35册，大藏出版株式會社，575頁。
[13]　參邰惠莉《敦煌寫本〈佛圖澄所化經〉初探》，《敦煌研究》1998年第4期；譚蟬雪《青山慶示所捐敦煌文獻及三件校釋》，《敦煌研究》1999年第2期。
[14]　李昉等撰《太平御覽》卷五七九《樂部十七·琴下》引《晉紀》："孫登，字公和，不知何許人。散髮宛地，行吟樂天。居白鹿、蘇門二山。彈一弦琴，善嘯，每感風雷。嵇康師事之，三年不言。"中華書局，1960年，2616頁。
[15]　《太平御覽》卷四〇《地部五·太行山》，190頁。
[16]　中古早期南太行白鹿山以南至今新鄉市一帶的文化景觀參楊守敬、熊會貞疏《水經注疏》卷九《清水》，江蘇古籍出版社，1989年，797—811。清水即今新鄉市境内衛河支流之石門河，"清水"注中該流域不僅有北魏後期"南峰北嶺，多結禪棲之士""釋僧訓精舍"的佛教景觀，也有"嵇公故居""隱者念一之所"及嵇康遇孫登之共山等既有本土隱修場所。

在太行山東南麓立寺的記載又見隋代侯白《旌異記》：

> 高齊初，沙門實公者，嵩山高栖士也。旦從林慮向白鹿山，因迷失道。日將過中，忽聞鐘聲，尋響而進，岩岫重阻，登陟而趨，乃見一寺；獨據深林，山門正南，赫奕輝焕，前至門所看額，云靈芝寺。……諸僧直視，忽隱寺所在，獨坐磐石柞木之下。向之寺宇，一無所見。唯睹岩谷禽鳥，翔集喧亂。及出，以問尚統法師，尚曰："此寺石趙時佛圖澄法師所造，年歲久遠，賢聖居之，非凡所住，或泛或隱，遷徙無定。"今山行者，猶聞鐘聲。[17]

透過以上史料可以發現：佛圖澄神異詭秘的行蹤也爲這些"遷徙無定"、位置異常的"佛圖澄所立寺"傳説提供了合理性，使得任何山野小廟均能自稱由來，因此並不能全然視之信史，但澄公之活動範圍仍很可能不局限於《僧傳》的有限記載。按照本傳，其爲石勒所尊信之後，就基本祇以襄國、鄴城及周邊地區作爲主要活動舞臺。而參考傳外材料，其僧團可能在華北若干著名山岳中都活動過，其行迹則在日後太行山東南麓的山林修行者群體間仍存餘響。然而佛圖澄僧團的山中活動，並未被慧皎視作重要信息，亦未見納入《高僧傳》中，這一點也與《僧傳》成立之史料選裁標準密切相關[18]。"被壓縮的活動範圍"現象也不僅見於《澄傳》，下文還會結合其他早期僧侣傳記加以論述。

此外，主要根據《佛圖澄別傳》（下簡稱《别傳》）完成的《澄傳》遠非全部有關佛圖澄的歷史記録[19]。慧皎在完成《澄傳》時所採用的材料也不止《别傳》，因此纔會產生出頗爲紛紜的澄公姓氏及家鄉等問題來[20]。佛圖澄在華北的巨大影響力令其事迹以多種形式得到記載，比如抄本的傳記、詩贊以及碑銘等等，個中内容又諸多同異。如《玄極寺碑》中部分信息就與時代至少在晚唐五代以

---

[17] 魯迅《古小說鈎沉》，《魯迅全集》第 8 卷，人民文學出版社，1973 年，654—655 頁。

[18] 除了《澄傳》内容外，其題目《晋鄴中竺佛圖澄傳》亦有此種傾向。而《名僧傳抄》目録作"竺佛圖澄"，並未強調佛圖澄在區域或寺院上的所屬。《卍新纂大日本續藏經》第 77 册，國書刊行社，346 頁。

[19] 關於《澄傳》與《别傳》間關係的討論，見紀贇《慧皎〈高僧傳〉研究》，上海古籍出版社，2009 年，163—164 頁。從《世説新語》和《太平御覽》中《别傳》佚文的詳略及結構關係上看，筆者認爲《世説新語》中《别傳》佚文或爲其全文的節略，而《澄傳》大體上仍以承襲《别傳》爲主。

[20] 《别傳》《澄傳》及中丘《佛圖澄碑》對此問題所載不一。參陳寅恪《讀書劄記三集》，生活·讀書·新知三聯書店，138 頁；Arthur. F. Wright, "Fo-t'u-têng: A Biography", pp. 332-336。

後的英藏敦煌卷子S.276v.3《佛圖澄羅漢和尚贊》有近似之處[21]。《佛圖澄羅漢和尚贊》的内容大致分爲兩部分,第一部分"贊"以"載高僧傳,千古騰芳"結尾,爲《澄傳》節略;第二部分"詩"中有句"權實應無方,臨流每洗腸",而"贊"與"詩"似乎來自不同的材料系統。《玄極寺碑》也有"權實互顯"的用語,但該用語没有出現在《澄傳》當中,其出現當與《法華經》"開權顯實"的理論要點有關。此外,《贊》中稱佛圖澄爲"羅漢和尚",《玄極寺碑》中稱其"四階上地",言其證得阿羅漢果,均與《佛祖統紀》中"佛圖澄梵語四果聖人也"的說法相合[22]。《魏書·釋老志》稱澄:"少於烏萇國就羅漢入道。"[23]在《澄傳》中衹說"再到罽賓受誨名師,西域咸稱得道"。慧皎似乎不願採用將澄公與"羅漢"掛鈎的說法。種種有别於《澄傳》的記載,或多來自受佛圖澄影響最爲直接的華北地區所流傳的大量傳說。此類說法的來源與《别傳》關係有待確認,因此不應輕視它們的史料價值;當然,這些傳說的來源與流傳之混雜也使得《玄極寺碑》作爲西晉十六國宗教史料的成立還需嚴加審視。

若依《澄傳》,佛圖澄以117歲高齡逝於後趙建武十四年(348),那麼其抵達洛陽時已是79歲的老人。若其山岳活動之開展要待到石勒奪取冀州,即"司冀漸寧"的西晉建興元年(313)秋,澄公當有82歲高齡。帶着種種好奇,筆者於2015年5月前往白鹿山玄極寺考察。由輝縣市中心驅車前往該縣上八里鎮西郊的白鹿山約需一個小時,二者直綫距離約25公里。由於地方開採大理石,在山體東南炸出一條直接而陡峭的入山道路,因而大大縮短了正常沿羊腸小徑盤桓而上的總距離,但路仍極不易行;在山路炸開前的登山狀況也不會樂觀,明代王敕遊歷玄極寺的兩首詩文正印證了這一點:

(一)

絶壁巔崖不可攀,青鸞巢處是禪關。

---

[21] 該寫本的時代判斷依同在背面的《付法藏傳》及《靈州史和尚因緣記》,可參馬格俠《敦煌〈付法藏傳〉與禪宗祖師信仰》,《敦煌學輯刊》2007年第3期;趙貞《敦煌所出靈州道文書述略——兼談朔方韓氏對靈州道的經營》,《敦煌研究》2003年第4期。

[22] 見志磐《佛祖統紀》卷三六《法運通塞志卷十七之三》,《大正藏》第49册,339頁。據《太平御覽·經史圖書綱目》,17頁。宋代尚能得見《佛圖澄别傳》及《佛圖澄傳》,故《佛祖統紀》所存史料不應直視爲無據。

[23] 《魏書》卷一一四《釋老志》,3029頁。

山僧坐定無人到,祇與白雲相往還。

（二）

鶴栖匠氏難尋木,僧住樵夫不到山。

更愛珍珠泉里水,等閑那肯落人間。[24]

儘管左近便是連通輝縣與陵川的白陘,但白鹿山去城市較遠與難行的山路更加重了筆者對佛圖澄是否曾親歷該處的疑惑。如果把《玄極寺碑》中的佛圖澄行迹視作地方傳説,在此也不妨將鄴城及襄國以外區域中與佛圖澄相關的材料一併加以考察:

1. 華北地區

A. 河北遷安萬軍山三世佛造像碑

該造像碑位於河北省遷安市城東北25公里處的萬軍村以北,青龍河與沙河交界處的一塊臺地上,並無文字可證明其年代[25]。研究者根據藝術特徵判斷其時代下限約在公元350年以前,當後趙與遼西鮮卑統治之時。就時間上限,該造像原型可能由受佛圖澄影響的遼西鮮卑貴族段末柸帶入。據《魏書·釋老志》,代國佛教的傳入也與拓跋什翼犍由石趙襄國北歸有關,因此這一判斷未爲失據。從該造像碑所處的位置看去,應該是以段氏鮮卑據點之一的肥如城爲中心所建立的平地近郊寺院,與本文所論山林佛教關係不大。

B. 趙浮圖澄造釋迦像碑

見《封氏聞見記》卷八"佛圖澄姓"條,《金石録》卷二〇記有跋尾[26]。碑在西晋趙國中丘城内寺中,與山中寺院並無關係。内丘縣多有關於佛圖澄求雨、洗

---

[24] 詩(一)來自輝縣市檔案局所藏康熙二十九年《輝縣志》卷一七,詩(二)來自道光《輝縣誌》卷一九。道光志除編者周際華補入的若干内容外,整體襲自康熙志,二詩在二志中分別歸入王敕名下。

[25] 參溫玉成《河北遷安市萬軍山三世佛造像碑考察記》,《中原文物》2009年第5期。

[26] 封演撰,趙貞信校注《封氏聞見記校注》,中華書局,2005年,76—77頁;趙明誠撰,金文明校證《金石録校證》,上海書畫出版社,1985年,376頁。該碑用劉曜光初年號(光初五年,322),而據2008年出土於邢臺的《漢故散騎常侍有光禄大夫濮陽景侯張公之碑》,即石勒重要謀士張賓之墓碑顯示:儘管石勒已於319年稱趙王,史載"改稱趙王元年",然卒於《浮圖澄釋迦像碑》同年的張賓仍戴漢趙官爵,明《澄碑》年號無誤。張賓碑考辨見胡湛《邢州金石録——後趙張賓墓碑》,http://blog.sina.com.cn/s/blog_7071eb9b0100ykki.html,發佈時間:2011年12月20日。

腸等傳説的記載,可見佛圖澄在該地區影響巨大[27]。

C. 臨淄阿育王塔與濟南靈巖寺

《澄傳》:"虎於臨漳修治舊塔,少承露盤。澄曰:'臨淄城内有古阿育王塔,地中有承露盤及佛像,其上林木茂盛,可掘取之。'即畫圖與使,依言掘取,果得盤、像。"[28]兗、青二州在石勒稱趙王(319)後陸續被納入後趙版圖,於石虎統治時在佛圖澄的消息網絡内也屬自然。嘉靖《青州府志》記阿育王塔在明代"[益都]縣治西",並引《澄傳》,及唐太和中建寺,宋代增塔爲十二級,祥符中改名廣化寺等[29]。

比起臨淄阿育王塔有《高僧傳》依據的記録,山東境内另一個佛圖澄傳説:著名的長清縣方山靈巖寺曾爲"佛圖澄卓錫之地"就顯得證據薄弱。以筆者有限所見,該傳説最早出現於元代《齊乘》:"靈巖寺:府南八十里靈巖山中,其山與方山相連,南接泰山,北帶龍洞,極爲深秀,疑即水經之玉符山也。寺乃佛圖澄卓錫之地。"[30]所謂"佛圖澄卓錫之地"具體指靈巖寺内的卓錫泉[31]。關於泉水的誕生有二説,其一見康熙十一年(1672)版《長清縣志》卷一"卓錫泉":"僧法定開創靈巖,苦近庵乏水,乃謀於佛圖澄。澄曰:何地無水?至一處曰:此下有井泉。以九環錫杖卓之,得泉甘洌,遂名。"其二見康熙三十五年所成靈巖寺志《靈巖志》卷二《封域志》"卓錫泉":"世傳爲佛圖澄錫杖卓出者。"[32]觀方山靈

---

[27] 參《大明一統志》卷四《順德府·山川》"石井崗""洗腸源"條,天順五年御制序刊本,346—347頁。

[28] 《高僧傳》卷九《晋鄴中竺佛圖澄傳》,351—352頁。

[29] 嘉靖《青州府志》卷七《古迹》"阿育王塔"條,《天一閣藏明代方志選刊》,上海古籍書店,1965年,315頁。

[30] 于欽撰,劉敦願、宋百川、劉伯勤校釋《齊乘》卷五《亭館下》"靈巖寺"條,中華書局,2012年,463頁。

[31] "卓錫泉"不止方山靈巖寺一處,在今池州貴池、贛州大庾、惠州羅浮山的寺院中都有宋代卓錫泉的記載。分别見《輿地紀勝》卷二二、卷三六,及《東坡志林》卷一一。《太平御覽》卷七〇《地部三十五·泉水》引周景式《廬山記》:"山西有龍泉精舍,初,遠法師遣諸道人行,卜地息此而渴。法師因以杖掘地,即泉出。天旱,法師令道人讀《海龍王經》,泉中有物如蛇而出角,騰空而去,須臾而雨。"332頁;《法苑珠林》卷六三《祈雨部·感應緣》記此事類似周氏《廬山記》,或爲卓杖得泉故事最有影響藍本之一。而廬山確有卓錫泉的存在,該泉雖不見陳舜俞《廬山記》,但陸游作於乾道六年(1170)的《入蜀記》卷四載卓錫泉"在遠公祠堂後,皆久廢不汲,不可食,爲之太息"。在南宋時該景觀已與慧遠傳説相結合,見陸游著,蔣方校注《入蜀記校注》,湖北人民出版社,2005年,128頁。

[32] 王昕、馬大相編《靈巖志》,《中國佛寺志叢刊》第10册,廣陵古籍刻印社,2006年,53頁。

岩寺從唐到明的碑刻與遊記等材料，敘述該寺歷史時均以法定禪師爲主，罕有述及泰山僧朗者，佛圖澄更是一無所見[33]。統觀上述材料，可以認爲靈岩寺"佛圖澄傳説"可能起於元代或更早，但其流行當地或在清代初年。無論如何，該傳説難以超過歷史想象。在這一傳説創作過程中，大名鼎鼎的佛圖澄和僧朗的知名度遠遠超過法定禪師，又由於《魏書·釋老志》及《水經注》等史料與方山靈岩寺產生了各種微妙的聯繫，因此後人逐漸將原來的法定傳説轉附於二位高僧之上[34]。

值得注意的是道光《長清縣志》卷一〇"靈岩寺"的一條案語："佛圖澄之歿在正光之先百數十年，舊志謂正光初佛圖澄卓錫，誤也；正光初乃法定建寺之時耳。"不論法定究竟是晉宋之際或正光時人，正是這一小段對"僞佛圖澄傳説"的駁斥，揭示了傳説傳播過程中的一個重要環節：地方傳説的蔓延與持續並非暢通無阻，它時刻需要經受來自文化階層，特別是考據愛好者的檢閱，而一旦被傳世文獻證僞，其價值就會打上折扣，從文化群體間的"準歷史"傳説降爲更加草根的飯後談資。

D. 山西武鄉南山《大唐重修茅蓬寺碑》

立於唐調露元年（679），載澄公曾於永嘉四年至洛陽立寺不成，遂至武鄉傳道。由於該碑時間相對較早，武鄉又爲石勒故里，且位於襄國、鄴及洛陽之晉陽的交通道上，所以史實價值較高，筆者已另文詳論[35]。

E. 《大聖真觀楊法師生墓誌並序》據誌文，道士楊曜"舊聞佛圖澄於鄴西陌營生冢，每嘆而嘉之"，因而在開元十年（722）自營生冢於邙山；《太平御覽》引後

---

[33] 運用碑誌遊記材料考證靈岩寺歷史見溫玉成《李邕"靈岩寺頌碑"研究》，未刊稿。作者提出方山靈岩寺與僧朗所創朗公谷神通寺不可混淆，又據唐天寶元年李邕《靈岩寺碑頌碑》認爲法定當爲晉宋之際而非正光時人，筆者認同這些看法，並認爲泰山北麓地區的神通、神寶、靈岩等寺可能從創建伊始，或至少在隋唐時就籠罩在強烈的僧朗傳説中。相關研究又參李裕群《靈岩寺石刻造像考》，《文物》2005 年第 8 期，85 頁。

[34] 這種由傳説與史實牴牾所形成的神秘感却往往能增加遊覽訪古的興味，或也是高僧傳説大量產出原因之一。這點在乾隆於其二十九年（1764）再訪靈岩寺時御制《卓錫泉》詩中尤爲生動："泉如爲所錫爲能，有卓應非最上乘。藉問阿誰留此迹，依稀云是佛圖澄。"見道光《長清縣志》卷首《恭紀志三》"再題靈岩寺八景"，《中國地方志集成·山東府縣志輯》第 59 册，鳳凰出版社，2004年，294 頁。

[35] 參姜虎愚《〈茅蓬寺碑〉的佛圖澄傳説與武鄉南山信仰景觀》，《中華文史論叢》待刊稿。

燕田融《趙書》："佛圖澄建武末卒,葬鄴西紫陌,先造生墓已數年矣。"[36]案《澄傳》雖引田融此説,然慧皎已疑澄既尸解,又何必營立生冢,《澄傳》則謂石虎於澄公將寂之時方爲其鑿壙營墳。可見澄立生冢一事在唐代洛陽地區的非佛教人士中仍存影響,其説或本田融,但有别於《别傳》系統。

### 2. 與佛圖澄有關的敦煌寫卷及壁畫

與澄公行迹有關的卷子除上文提及的 S.267v3《佛圖澄羅漢和尚贊》和敦煌研究院藏 785 號《佛圖棠所化經》,另外還有 S.1625、P.2680j《佛圖澄和尚因緣》。其中《贊》與《因緣》時代都在晚唐五代,且内容都主要來自《澄傳》。而本土所撰《佛圖棠所化經》則與二者大相徑庭:"和平四年正月一日,河内緼縣劉起冗等十五人,入山斫材,遇卒治天王,摽風卒起,迷沉失道,經過風山,白日便現。見一鴻鵠,從西南來,自投而下,化爲壹老公,手提九節杖,而便自謂:吾是佛圖棠,故來語汝罪福。"[37]這個北魏和平四年(463)河内郡温縣山中的遇神故事,引人注意的仍是佛圖澄、神異及山林等要素的組合。較早的背景時代説明其或爲神仙化的佛圖澄山中傳説的初期樣式之一。

莫高窟第 323 窟北壁的初唐壁畫表現了一組關於佛圖澄的感應故事,内容分别是"以酒滅火""聞鈴斷事"和"臨水洗腸",均有《澄傳》之根據。同壁還繪有佛陀本行與康僧會故事[38]。佛圖澄傳説在敦煌的傳播是和其他來自佛經與僧人傳記中的神異故事一道進行的。

### 3. 長江流域

A. 咸淳《臨安志》載於潛縣南若干集中的佛圖澄傳説:縣南四十七里處的武勇山常樂寺相傳爲佛圖澄創立,並與"鄉人習武於此";南三十里紫溪,"古記云晋高僧佛圖澄就溪浣滌,有紫光浮其上,因以名"[39]。而並未言明"古記"爲何。

B. 乾隆《江南通志》載太湖縣北四十里佛圖寺有佛圖澄所建石塔,民國《太

---

[36] 周紹良主編《唐代墓誌彙編》,上海古籍出版社,1992 年,1260 頁;李昉等撰《太平御覽》卷一九五"阡陌",943 頁。

[37] 見譚蟬雪《青山慶示所捐敦煌文獻及三件校釋》,《敦煌研究》1999 年第 2 期。

[38] 參馬世長《莫高窟第 323 窟佛教感應故事畫》,《敦煌研究》1982 年 01 期,83—84 頁。

[39] 參咸淳《臨安志》卷二六"武勇山"、卷三六"紫溪"。《宋元方志叢刊》第 4 册,中華書局,1989 年,3613、3679 頁。

湖縣志》仍襲此說[40]。然清人魯之裕作於康熙三十八年的遊記《佛圖山記》中並未留下絲毫關於佛圖澄的痕迹。原有"佛圖寺"毀於文革時,無從對證。

C. 四川大邑霧中山明代《開化寺碑》,萬安撰文,楊廷和書丹,碑載澄公於石晉永和間住持於此[41]。

除澄公很可能從未踏足這些區域外,長江流域的佛圖澄傳說還有一相似點,即其所附着的山林與寺院均非本地唯一佛教重心:於潛縣以北有天目山,太湖縣北有司空山及天柱山,大邑則有距離縣城更近之高堂寺。這類佛圖澄傳說或已伴隨地方佛教重心的轉移而衰退,又或是爲了對抗本地文化重心,提升自我文化價值而逐漸形成。判斷這些傳說之史實價值的同時必需留意,佛圖澄廣建寺院的壯舉很可能傳播甚廣,並曾引起過敬信者的普遍效法,這纔是其傳說興起最重要的社會背景[42]。

綜上,可發現佛圖澄的地方傳說在時空中分佈廣泛,具有相當大的社會影響力,下及明清乃至今日。其中不乏《封氏聞見記》及《茅蓬寺碑》等中古材料,這些來自唐帝國的文化記憶在同類傳說中時代較早,具有現存碑文佐證,且其所在區域與《僧傳》聯繫緊密,史實性相對較高,是後趙都城以外的澄公傳說中較早且紀實的版本。而對於其中史料根據較單薄的傳說,雖應綜合考慮其形成背景,而非輕率地視爲無稽,但這部分材料確實呈現出以下特點:時代較晚,難以突破地方且容易在後世形成齟齬。

再看《玄極寺碑》與《旌異記》中佛圖澄傳說的受衆:碑文面對的是從聘南使主皇甫亮、共縣令袁秀到普通禪師與邑義的各階層信徒,而《旌異記》所載則更像是由山中僧侶傳出,並流傳於山中修道群體之中。兩個故事所涉及的廣闊的地理空間和社會階層都標志着"佛圖澄傳說"在北齊至隋代的太行山東南麓地區是擁有着相當認同感的歷史記憶。

---

[40] 《江南通志》卷四七《輿地志·寺觀》"佛圖寺條",康熙二十三年江南通志局刻本,2528頁;民國《太湖縣志》卷二《輿地志·山川》"大尖山",《中國地方志集成·安徽府縣志輯》,江蘇古籍出版社,1998年,21頁;魯之裕《佛圖山記》,《太湖縣志》卷三五《藝文志》,414頁。

[41] 《同治大邑縣志》,清同治六年刻本,12頁。

[42] 如楊守敬、熊會貞疏《水經注疏》卷五"河水":"[河水]又東,逕平晉城南。今城中有浮圖五層,上有金露盤,題云:趙建武八年,比釋道龍和上竺浮圖澄,樹德勸化,興立神廟。"436頁。此條當爲造塔記殘文或節略,比丘釋道龍或曾效法澄公興立神廟。

因此,對於佛圖澄在太行山東南麓立寺的記載,筆者態度較爲折衷:佛圖澄時期佛教盛行,寺院數量隨之膨脹,白鹿山中很可能建立了寺院,但是否爲佛圖澄親爲,很難確認。但無論這些涉及佛圖澄山岳活動的材料性質如何,都暗示了佛圖澄時期僧團曾以一定規模進入山岳活動。若此推斷無誤,接下來就必須討論這種空間擴張大致起於何時,在何種社會環境與歷史背景中纔能完成,又是否能與該時期前後的佛教山林活動連綴起來,從而判斷佛圖澄僧團究竟給所謂的山林佛教造成了何種影響。

## 三、佛圖澄與早期漢地佛教的山林活動

爲解決上節末尾提出的問題,這裏先對本文常提及的兩個概念加以限定:"山林佛教"與"佛教山林活動"。筆者認爲後者即前者的主要内涵[43]。本文中的山林佛教也意在強調其作爲空間行爲的一面[44]。所謂的"山林佛教"當以佛教徒們在山林中的組織與活動(修行、交遊、生活)爲中心,也包括圍繞活動展開的諸種非物質(如傳説)與物質(如修行場所、用品器物等)文化現象。從活動空間上説,它與"城市佛教"相對。然而信徒活動是動態的過程,其活動範圍未必祇在城市或山林,因此二者並非截然對立。信徒們的需求、空間所能提供的資源以及僧俗對於活動空間的認同共同決定了空間選擇的最終完成。若從可考寺院分佈入手梳理漢晉佛教空間發展,無疑會得出"城市佛教"要比"山林佛教"更爲

---

[43] 宫川尚志與許理和均在魏晉佛教的研究中使用過"山岳(林)佛教"的概念,兩位學者都未對此具體定義或相互徵引,但其内涵却存在很大一致性:1. 都注意到了佛教山岳活動與本土既有的求仙與隱居等山中活動的關係;2. 都將廬山慧遠、泰山僧朗及支遁視爲"山林佛教"的重要典型;3. 均關注僧侣山中活動及其動機的豐富性。參宫川尚志《山岳仏教の成立》,《六朝史研究・宗教篇》,平樂寺書店,1964 年,279—288 頁;Zürcher. E, "Masters and mountains", in *Buddhist Conquest of China: The Spread and Adaptation of Buddhism in Early Medieval China*, Leidon: Brill, 2007, pp. 207-208. 此外,鈴木哲雄也在唐五代禪宗的研究中使用過這對概念,並指出山林與城市是爲當時禪宗住所的一體兩面,亂時遁於山林修道,安定時則進入城市弘教,亦增長了禪宗應對動蕩時局的抗震能力,參氏著《山岳仏教と都市仏教》,《唐五代禪宗史》,山喜房佛書林,1985 年,315—316 頁。但山林與城市佛教形成功能上的互補其實遠早於鈴木所關注的時代。

[44] "空間行爲",參柴彥威、塔娜《中國時空間行爲研究進展》,《地理科學進展》2013 年第 9 期。該範疇關注行爲與空間的互動關係。

主流的結論[45]。但考慮到僧侶活動的流動性,不立寺並不代表無山中活動。此外,《高僧傳》及《出三藏記集》(下簡稱《祐録》)等史料也很難反映僧侶空間活動全貌,我們不應滿足於對佛教空間發展的簡單概括,而有必要從佛教山林活動的整體面貌出發對其重新審視,並評估佛圖澄僧團在這一歷史進程中所扮演的特殊角色。

在觀察漢晉佛教具體的山林活動之前,先應提出兩個有助於觀察相關材料的綫索:1. 所謂"山林化發展傾向",這一動機的根源是信徒對活動空間的認識,但這一認識的主體並不僅限僧侶,同樣也來自僧侶行迹的親證者、傳佈者以及記録者們,他們也影響了這一認同在史料中的最終呈現[46]。2. 考察山林佛教發展時,有三個指標需要注意:第一是僧人入山活動的普遍性,若祇是極個別現象,當然無法認爲"山林佛教"業已確立。其次,僧侶入山是個人行爲還是集體行爲,其規模如何,應如何界定?"規模"同樣是判斷不同空間活動之間關係的重要鑰匙。第三是山林活動的持續時間,依不同需要從一天至數十年不等,持續越久越能說明山中活動的基礎穩固。

分析過《玄極寺碑》中佛圖澄行迹的史料性質之後,接下來需確認其活動所發生的時段、場所及供養方式等。首先在時間方面,由於碑文並未提供澄公或其信徒在白鹿山活動的具體時間,我們祇得推測其下限應在石趙滅亡以前,其上限則可結合若干史料大略劃定:佛圖澄初見石勒,是在石勒屯兵葛陂時,即永嘉六年(312)2月至6月間,而就在區區數月之間,其弘化之神速據《澄傳》已至"中

---

[45] 如顔尚文《後漢三國西晋時代佛教寺院之分佈》:"可見,東晋以前寺院絶大部分建立在都市中……山寺仍未能獨立自主,仍需依附城市的經濟供應,都市寺院仍爲主流。"《中國中古佛教史論》,宗教文化出版社,2010年,101頁。這一概述大體無誤,但以山中寺院依賴外界供養的程度判斷主次流的標準還值得思考,因爲成熟的山林佛教與外部社會接觸同樣密切。且顔先生從寺院史角度關注功能齊全的標準寺院,而後者遠無法代表山林佛教全貌。就山中修道場所由兩漢至南北朝的發展上看,大致曾經歷石窟—草廬—形制功能更爲完善的寺院與道館的過程,山中寺院的建立已可看作是山林佛教漸趨成熟的標志之一。神仙道山中修道場所的變遷可參都筑晶子著,付晨晨譯,魏斌校《六朝後期道館的形成——山中修道》,《魏晋南北朝隋唐史資料》第25輯,武漢大學出版社,2009年。

[46] 陳堅《"無情有性"與"無情説法":中國佛教山林化的佛學依據》:"佛教自從兩漢之際傳入中國直到南北朝,都沒有什麽明顯的有意圖的山林化傾向。"《文史哲》2009年第6期。這個判斷值得繼續思考,但"山林化傾向"背後的認同確實是重要而有趣的綫索。

州胡晉略皆奉佛"的地步[47]。儘管當時石勒縱横江河之間,但却談不上有效地控制了其所佔領的地盤,他屯於葛陂後"降諸夷楚,署將軍兩千石以下,稅其義穀,以供軍士",此舉與其之前在河北攻陷塢堡、贈予官號撫慰並掠奪人口與資源的以戰養戰做派並無二致[48]。而一旦其軍隊開拔,親晉的塢堡主和流民帥又會重新團結在晉軍武裝周圍對抗劉、石勢力。這點在白鹿山所在西晉汲郡地區表現尤爲明顯,石勒早在永嘉四年就曾攻破汲郡,轉而南下圍攻倉垣[49]。石勒雖不願接受劉淵所授汲郡公封號,但汲郡共縣重門城確爲其早期活動的重要據點之一[50]。然而其於永嘉六年七月由葛陂北還時,汲郡重要的渡口枋頭就已被向冰組織的地方武裝控制,石勒一番周折後纔奪回枋頭[51]。劉琨在信中揶揄石勒"所以攻城而不有其人,略地而不有其土,翕爾雲合,忽復星散",即指此類[52]。佛圖澄在流寇主義的石勒軍隊中仍能弘揚佛法,説明宗教傳播並不需要特别穩定的社會基礎纔能完成,戰爭殺戮之酷反而賦予了佛教更充分的施展空間。

但信衆基礎擴大,却並不代表山中寺院就可順利建立。筆者認爲山中寺院的建立需要相對安定的社會環境[53]。在石趙平定西晉末年以來的華北亂狀前,城市以外人口仍然集中在塢堡中,山中不是荒無人烟,就是流民與匪徒的世界,

---

[47] 《高僧傳》卷九《晉鄴中竺佛圖澄傳》,346頁。

[48] 《晉書》卷一〇四《石勒載記上》,2715頁。

[49] 《晉書》卷五《孝懷帝紀》,120頁。

[50] 楊守敬、熊會貞疏《水經注疏》卷九"清水":"〔重門〕城在共縣故城西北二十里。"808頁。《晉書》卷一〇三《劉曜載記》:"〔曜〕爲堪所執,送於勒所。曜曰:'石王! 憶重門之盟不?'"2700頁。嚴衍《資治通鑑補》卷九四注:"此盟當在懷帝永嘉四年同圍河内之時。"中華書局,2013年;案稍後石勒停輜重於重門,攻倉垣不入,退屯文石津,也可見汲郡對於石勒的戰略意義,多在重門城及若干津渡的交通功能,見《晉書》卷一〇四《石勒載記上》,2712頁。

[51] 《資治通鑑》卷八八《晉紀十》懷帝永嘉六年(312),2781—2782頁。

[52] 《晉書》卷一〇四《石勒載記上》,2715頁。

[53] 此處還想就時局與山寺建立之關係更舉一例:道安是在何時於恒山立寺使得"改服從化者中分河北"?(《高僧傳》卷五《晉長安五級寺釋道安傳》,178頁)研究365年南下襄陽前模糊的安公避難經歷最詳者,參方廣錩《道安避難行狀考》,《中華佛學學報》1999年第12期;過往研究均根據《高僧傳·廬山釋慧遠傳》認爲立寺恒山在354年。筆者則本《祐録》安公傳認爲,若立寺恒山真的空前成功,其時間不可能晚於冉閔之亂(349),因爲之後河北北部局勢很難支撑大規模穩定的山岳活動。此外,前燕時武邑已爲長樂國之屬縣,武邑太守盧歆當任官石趙。(參洪亮吉《十六國疆域志》卷三《前燕》,《二十五史補編》,開明書店,1935年,45頁。)要言之,安公避難行迹或爲飛龍山—恒山—武邑—鄴城(349)—牽口—濩澤—女機—陸渾—襄陽。此處捎帶提及,不作枝蔓。

很難想象這種情況下存在相當規模的寺院可供僧侶在山中修行[54]。另一方面，汲郡南抵黄河，擁有延津、文石津等重要渡口，是上黨及三魏地區南下兖豫、西入關中的交通要道，石勒所以縱横河淮正依賴於對這些渡口的控制，也正因如此，汲郡成爲毫無戰略縱深的四戰之地。石勒在控制汲郡之後，以王浚尚强，倉垣難下之故，試圖立足江漢，受挫後纔聽從張賓的意見，冒着與王浚决一死戰的危險保據襄國。不獨石勒，甚至乞活帥也不願意接受晉廷將其置於汲郡的安排[55]。因此，位於汲郡的玄極寺之建立至少應當在石勒於晉愍帝建興元年（313）攻下鄴城，"司冀漸寧"之後[56]。若假設山村寺院的建立普遍晚於城市，則更當推後至中丘城内佛圖澄釋迦像碑建立的公元322年之後。但無論如何，這一山中修道場所的成立仍最可能在4世紀上半葉。

場所方面，雖然《玄極寺碑》"遂因峰構宇，憑岩考室，畾（圖）像巋然，雲生梁棟"很像在描述寺廟建築，但筆者仍疑這是禪僧入山後，就洞窟修行住宿，後來再以洞窟爲中心增修的其他建築，這亦是漢代以來山中隱修者生活場所建立的基本模式。其具體發展或如東晉永和年間（345—356）隱居剡縣石城山的帛僧光，其修禪山中石室，形成了一系列關於降神與猛獸的山中神話，後來"薪採通流，道俗宗事。樂禪來學者，起茅茨於室側，漸成寺舍，因名隱岳"。東晉禪僧依天然洞穴，或僱人開鑿小型禪窟是山中修行的最重要方式[57]。筆者親往玄極寺時，得見至少在宋代（其處有宋"五百羅漢碑"），玄極寺舊址都在今址以上的一層更逼仄的山崖之畔，有天然洞窟，側有飛泉，可滿足最基本的生存需要，但不大可能容納"常有百人"的徒屬，祇能理解爲佛圖澄僧團徒屬人數是有彈性的。玄極寺移於下層更開闊的山崖之今址恐怕也與空間狹窄不無關係，且下有土田可稍種果菜。玄極寺最

---

[54] 永嘉後的塢堡與流人參唐長孺《晋代北境各族"變亂"的性質及五胡政權在中國的統治》，《魏晋南北朝史論叢》，商務印書館，2011年，161—180頁。

[55] 《晋書》卷五九《東海王越傳》："及騰敗，甄等邀破汲桑於赤橋。越以甄爲汲郡，蘭爲鉅鹿太守。甄求魏郡，越不許。"1624頁。周一良先生認爲晋廷擬以乞活爲胡漢間之緩衝，參氏著《乞活考》，《魏晋南北朝史論集》，北京大學出版社，2010年，15—16頁。亦見石勒、王彌之於漢趙，又與乞活何異。

[56] 《晋書》卷一〇四《石勒載記上》，2720頁。

[57] 見《高僧傳》卷一一《晋剡隱岳山帛僧光傳》，402頁；山中石窟修行的例子多見於《高僧傳》卷一一《習禪》篇。自行開窟的例子如同卷《晋始豐赤城山竺曇猷傳》："時又有慧開、慧真等，亦善禪業。入餘姚靈秘山，各造方丈禪龕，於今尚在。"405頁。

初可能源自與佛圖澄有關的某僧人入山進行帛僧光式的修行活動,但僅作猜想。

儘管上文強調了汲郡的交通要衝作用,但白鹿山本身距離城市50里開外,入山道路又難行,若僧人想在山中穩定修行,比起分衛乞食及城市信衆的贊助,應該也相當依賴於附近信教村民的物資供養,或弟子僕役的勞動。由於可能存在佛圖澄的影響,來自官方的供養恐怕也會佔據相當比例,因此玄極寺僧侶的生活來源可能比帛僧光模式更爲多樣。在大致勾勒了佛圖澄時期玄極寺的基本情況後,這一4世紀前半期出現在華北山區中的宗教景觀對於早期漢地山林佛教來説又意味着什麽呢？

首先,佛圖澄時期的玄極寺並非佛教首次成規模進入山中的標志,此類活動在西晉或更早就已見諸史料了。表1整理了東漢至東晉前期,除釋道安、竺法潛、支遁、廬山慧遠與泰山僧朗等東晉山林佛教最負盛名的例子外,能夠反映僧侶山中活動某些側面的記載。

表1

| 大致時代 | 僧人及出處 | 特　徵 |
| --- | --- | --- |
| 漢靈帝之末 | 安清(《祐録》卷一三) | 世高遊化中國,宣經事畢,值靈帝之末,關洛擾亂,乃杖錫江南。 |
| 孫吳赤烏至太平年間 | 支謙(《祐録》卷一三) | 後太子登位,遂隱於穹窿山,不交世務,從竺法蘭道人更練五戒。凡所遊從,皆沙門而已。 |
| 西晉 | 犍陀勒(《冥祥記》"晉犍陀勒條") | 後語人曰："盤鵄山中有古塔寺,若能修建,其福無量。"衆人許之,與俱入山……去洛百里。每朝至洛邑,赴會聽講竟,輒乞油一鉢,擎之還寺。 |
| 西晉 | 訶羅竭(《高僧傳》卷一〇) | 多行頭陀,獨宿山野。……至晉惠帝元康元年,乃西入,止婁至山石室中坐禪。 |
| 西晉 | 竺法護(《祐録》卷一三) | 護以晉武之末,隱居深山……後立寺於長安青門外,精勤行道……僧徒千數,咸來宗奉。 |
| 西晉 | 竺法乘等(《高僧傳》卷四) | 乘同學竺法行、竺法存並山栖履操,知名當世矣。 |
| 西晉 | 于法蘭(《高僧傳》卷四) | 性好山泉,多處岩壑。……遠適西域,欲求異聞。 |
| 東晉 | 于法開(《高僧傳》卷四) | 還剡石城,續修元華寺,後移白山靈鷲寺。……至哀帝時,累被詔徵……年六十卒於山寺。 |

由這些材料可見,早在漢魏時期僧人們便開始了山林活動。東漢後期外來僧人的山林活動以遊化爲主,頭陀行教規要求他們不戀山林或城邑,因此不同修道場所僅是遊化生涯中的落脚之處而已,其人也多以"不知所蹤"而告終。所以就這一階段,遊化爲主的僧人山林活動帶有個人化色彩,很難判斷其入山活動的

規模及普遍性如何。

但這一階段僧侶是否有入山意圖,史料中還有值得注意處。《祐錄》中支謙入山與其支持者孫登的逝世當有很大的關係,這一點與竺法潛在"肅祖升遐,王庾又薨"之後"隱迹剡山"的選擇頗爲類似[58]。儘管因政治失勢而退居山中,較之"雅愛山水""性好幽居"有些被動[59],但仍是山林佛教展開的契機之一。此外,《僧傳》中將《祐錄》會、謙二傳合併,又删去支謙於孫登逝世後與若干沙門同隱穹窿山之事,無論慧皎原意如何,這段3世紀前期就出現的小規模入山隱居活動對他並非棄之可惜[60]。這一史料甄選裁剪上的"偏見"不單出現在對孫吳佛教的描述中,西晋竺法護、于法蘭僧團也同樣面臨着同樣的問題,《祐錄》卷一三《竺法護傳第七》:

> 護以晋武之末,隱居深山,山間有清澗,恒取澡漱。後有採薪者穢慢其側,水俄頃而燥。護乃徘徊嘆曰:"水若永竭,真無以自給,正當移去耳。"言訖而泉流滿澗。其幽誠所感,皆此類也。後立寺於長安青門外,精勤行道。於是德化四佈,聲蓋遠近,僧徒千數,咸來宗奉。[61]

文中護公形象在山中與都市裏截然不同:前者中他是深山裏的隱士,哀婉獨立,默默承受世人不恭邀至的惡果;而長安城外,他則抖擻精神,以卓越宗教家的姿態取得了弘法的巨大成功。其中,"枯泉還水"傳說或來自《冥祥記》,僧祐對其進行了删改:

> 晋沙門于法蘭,高陽人也。十五而出家。器識沉秀,業操貞整。寺於深岩。嘗夜坐禪。虎入其室,因蹲床前。蘭以手摩其頭,虎奮耳而伏,數日乃去。竺護,燉煌人也。風神情宇,亦蘭之次。於時經典新譯,梵語數多。辭

---

[58] 《高僧傳》卷四《晋剡東仰山竺法潛傳》,156頁。

[59] 分見《高僧傳》卷三《宋上定林寺曇摩密多傳》,122頁;《高僧傳》卷三《宋六合山釋寶雲傳》,103頁。

[60] 許理和已經注意到了兩份支謙傳記中的這一異處,並歸因於慧皎擔心《祐錄》中支謙從煉五戒的"竺法蘭道人"可能會與公元1世紀就到達洛陽的著名僧人竺法蘭相混淆,因而將這段記載隱去。見 Zürcher. E, *Buddhist Conquest of China: The Spread and Adaptation of Buddhism in Early Medieval China*, pp. 49-50.

[61] 釋僧祐撰,蘇晋仁、蕭鍊子點校《出三藏記集》,中華書局,1995年,518頁。另參《高僧傳》卷一《晋長安竺曇摩羅刹傳》,23—24頁。

句煩蕪,章偈不整。乃領其旨要,刊其遊文。亦養徒山中,山有清澗汲漱所資。有採薪者,嘗穢其水;水即竭涸,俄而絕流。護臨澗徘徊,嘆曰:"水若遂竭,吾將何資!"言終而清流洋溢,尋復盈澗。並武惠時人也。支道林為之像贊曰:"于氏超世,綜體玄旨。嘉遁山澤,仁感虎兕。護公澄寂,道德淵美。微吟空澗,枯泉還水。"[62]

這條材料從《法苑珠林》卷六三"感應緣"中輯出,稍加比對輒能發現護公"亦養徒山中",蘭公"寺於深岩"的説法並未被僧祐及慧皎採用。儘管護公、蘭公一直是僧徒領袖,且其僧團關係密切的信息可從《高僧傳》卷四竺法乘、于道邃傳中獲知。但在慧皎筆下,兩個僧團在山中以"寺"之形態出現的大群像被簡化為凸顯主人公"超世美德"的獨角戲:主角在燈光聚焦的舞臺中央盡展神異,其他角色則自動退避暗處。這種偏頗的角色安排在《僧傳》中並不罕見:一方面,主角的同修、門徒及山民往往祇有到水源污染、見證神異等劇情需要時纔會登場;另一方面,僧侣不畏猛獸精怪與物資匱乏,孤身入山修禪本就是備受景仰的高行[63]。這一叙事傾向無疑會弱化山林佛教在佛教傳記中的呈現。另外,研究還顯示護公的山中活動可能持續長達十年之久,果真如此的話,西晉前中期就已經出現了符合普遍性、規模化與穩定性標準的山林活動了[64]。

---

[62] 魯迅《古小説鈎沉》,576—577 頁。

[63] 僧人獨往山中源自頭陀行的傳統,僧人行此的除訶羅竭外,另如曇摩耶舍"孤行山澤,不避豺虎"(《高僧傳》卷一)。若孫吳時支謙入山從遊者皆沙門是一種未曾結合的表現的話,那麼至少東晉前期我們就能看見僧侣山行與本土山中隱修傳統結合的實例(如《高僧傳》卷九《晉羅浮山單道開傳》),而據筆者對南北朝以前本土山中修道的觀察,所謂"委弃妻子,獨處山林"(葛洪《抱樸子內篇》卷三《對俗》,53 頁)之"獨"其實極為寫意,修道者祇是從世俗生活圈投入修道群體,而葛氏道般因求金丹規避俗人的做法於修道者全體中殆屬比較孤僻者。佛教山中修道走向成熟也包含着穩定化、集體化的因素。於是本土化了的僧侣仍能行頭陀而獨處山澤則更顯可疑,如《高僧傳》卷五《晉長安覆舟山釋道立傳》、卷九《晉常山竺佛調傳》等,這些獨行者的行跡又是被誰所觀察、記錄與傳播的呢?這些初步觀察涉及"山僧記述的興起"與"佛教與本土山中修道方式的融合"這兩個彼此獨立又雜糅的問題,筆者將另文討論。

[64] 參 Daniel Boucher, "Buddhist translation procedures in third-century China: A study of Dhamarakṣa and his translation idiom", Degree of Doctor of Philosophy in University of Pennsylvania, 1996, pp. 33-36。Boucher 指出竺法護在公元 273 年 3 月至 284 年 3 月的譯經活動空白可能由於其山中修隱,特別是其譯經助手聶承遠從來沒有離開過長安工作。當然也有關於空白期的不同意見,參河野訓《竺法護伝について》,《印度學佛教學研究》第 37 卷第 2 號,1989 年 3 月。

據《高僧傳》後序,將神異列在十科第三的慧皎對《冥祥記》《搜神記》等小說的批評並不在其荒誕不經,而在於"亟多疎闕"。他對材料進行删改的首要原則也在於"繁辭虚贊,或德不及稱者,一皆省略",從而突出與高僧之高相符的德行[65]。因此就《冥祥記》相關細節未被採用的原因,筆者的理解是:爲了突出高僧德行而將某些他習以爲常的次要内容忽略不計了[66]。而這種熟視無睹,恰能説明山林佛教出現在西晉武、惠帝時期,並不值得大驚小怪。然而在這種處理材料的意圖之下,是否會有更多山中佛教實態的記録被忽略了呢?

之所以會有漢魏城市佛教佔據主流的觀感,除了具名可考的寺院多在城市以外,也由於外來僧人想要傳教,最合理的初步規劃即在城市中譯經佈道,爭取文化階層的接受(如康僧會等)。《祐録》特重譯經,所録傳記均是與譯經相關者,這一傾向爲慧皎所繼承並體現在《高僧傳》的分科次序中。此外,僧侣行迹的記録者也集中於城市,如曇柯迦羅的行迹祇有在城市中纔被較詳細地記録下來,而城市之外的活動竟祇有一頭一尾的"常貴遊化,不樂專守……後不知所蹤"的區區13字[67]。此外僧侣山中活動多爲志怪小説喜聞樂見的神異故事所填補,兹類去信史甚遠,對於嚴肅史料考證來説難以利用。或有賴於東晉中後期竺法濟《高逸沙門傳》、郗超《東山僧傳》及關於廬山慧遠的各種記録纔得保留風格更爲寫實的山僧傳記。僧侣山林活動的記載本來就存在史料記録上的困難,又存在取材立場上的偏頗,加之無論《高僧傳》抑或《名僧傳》,所聚焦的都是僧侣中的佼佼者,究竟有多少不高不名的普通僧團在踐行山林活動,皆無法獲知。研究者(而非僧史編纂者)的這一知識困境有如《神仙傳》中所言:"故不得仙者,亦安知天下山林間,有學道得仙者耶!"[68]而葛洪能意識到這種狹隘,正在於他"周旋徐豫荆襄江廣數州之間,閲見流移俗道士數百人矣。"[69]而漢晉時期山林佛教的規模及普遍性確實也很可能就此被低估了。

---

[65] 《高僧傳》卷一四《序録》,524—525頁。

[66] 關於歷史傳記與聖徒傳雙重標準所導致的矛盾可參芮沃壽的傑作"Biography and Hagiography: Hui chiao's Lives of Eminent Monks", in Arthur F. Wright, *Studies in Chinese Buddhism*, New haven and London: Yale University press, 1990, pp. 73-111。

[67] 《高僧傳》卷一《魏雒陽曇柯迦羅傳》,13頁。

[68] 葛洪撰,胡守爲校釋《神仙傳校釋》卷五《陰長生傳》,中華書局,2010年,171頁。

[69] 王明《抱樸子内篇校釋(增訂本)》卷四《金丹》,中華書局,1986年,70頁。

在分析了東漢至西晉山林佛教及其記錄的特徵後，我們能對佛圖澄在山林佛教中的地位產生更全面的認識：他在時空上（相對於東晉前期在江南山林中活動的竺道潛、支遁及于法開而言）完成了竺法護與廬山慧遠間北方山林佛教空當的對接，使中古早期山林佛教的發展更爲均匀。至少從西晉時期開始，隨着佛教在漢地的不斷發展，其山中活動也與本土修道傳統進一步結合，鄉村信衆作爲潛在供養人的增加，同時還伴有北魏僧祇粟等制度性保障，僧侣因之能獲取更多贊助，這些因素都支撐了一定規模的山林佛教與城市佛教並存[70]。東晉後期由於廬山慧遠的超凡影響力使得山林在佛教空間發展中越顯重要，並非一日之功。

　　但令筆者感到有些爲難的却是佛圖澄在這個歷史過程中的"特殊性"：無論從修行的方式（石窟與寺院）、地點（華北名山）、組織（僧團遊學）上都看不出其山中活動有絶無僅有之處。即便論及山中修道與皇室權力的關係，由於支謙的存在，他也絶非藉助權力使佛教向山林發展的第一人，何況維持較爲穩定的山中集體修道雖或花費頗多，但確實不需要皇室級别的贊助（如竺法護）。

　　關於佛圖澄與六朝山林佛教"貴族性格"之間的關係，究其性格當然還是"貴族性"的。他肯定接受了帝王的供養，從"授業追遊"看也當多有學理活動[71]。然從有限的史料終究祇能瞭解山林佛教的某些側面，因此籠統地稱其"帶有某種性格"或"具有某種屬性"雖無太大問題，但筆者更懷疑"貴族性"能否概括佛圖澄在内的山林佛教整體。由於不能明晰山僧所受供養的來源及比例，並不能確定山中活動是否真的不受政治影響，不聞庶民苦惱。政治影響方面，東晉山僧要面臨徵召、搜檢，乃至廬山慧遠因"素王"於象徵傳統政治倫理的城市外而遭當政者顧忌；庶民煩惱方面，僧侣也未如葛氏道般，因金丹之術的小衆，惱而屏俗。相反，他們在習禪、行醫、齋會等活動中與各類山中活動者接觸[72]，即便身處山中也能争取大量士庶信徒之信賴，並成爲各種通俗的山中神異故事的主角。若將宗教地理學的觀察視角從寺院分佈轉向信徒們的日常活動軌迹，山林與城市

---

〔70〕 如北魏宣武帝永平四年（511）詔："僧祇之粟……山林僧尼，隨以給施。"見《魏書》卷一一四《釋老志》，3041頁。

〔71〕 據宮川氏描述，山岳佛教的貴族性如下：並不直面權力與庶民的煩惱；學理活動；貴族立山寺供養。見宮川尚志《六朝史研究·宗教篇》，285頁。

〔72〕 山中合八關齋如支遁《八關齋詩序》，《廣弘明集》卷三〇，《大正藏》第52册，350頁。

對於許多不斷移動中的僧俗信衆而言更非對立的兩方。無論如何,山中也並非隔絶的殊世,而祇是人境的遠端。

因此,"貴族性"源於部分進入貴族與官僚生活圈子並爲其所崇信的僧侣們,但並不能代表山林佛教的整體性格。進一步説,由於早期佛教與本土山中修道方式的關係還未梳理清晰,江南地區的修道者有相當從華北南渡而來等因素,在全面認識山林佛教以前,幾乎無法以時空爲限,剔抉出其中的某種特殊性來。任何有關現象從方法上都應先作爲個案處理。若必須要對山林佛教之性格進行歸納,優先確立其多元性總是更合理的選擇。

順着這一思路,佛圖澄作爲個案的特殊貢獻在於他可能有力地推動了山林佛教的發展,作爲榜樣孕育效法者並産生巨大社會影響:如道安在恒山立寺,泰山僧朗與廬山慧遠均與佛圖澄有着密切的關係。儘管澄公在城市中接受着皇室的無上禮戴,但他的門徒却對離開城市,修道山野有着濃厚的意願,很難認爲這些與佛圖澄毫無關係。

此外,佛圖澄積極扭轉了其僧團的文化導向,使持戒與知識——而非神異——成爲門徒安身立命之道,可謂成功轉型。除竺佛調外,其山林活動的繼承者都並不以神異著稱。高僧影響社會中層的文化圈子並不奇怪,但佛圖澄却能借神異之術影響到更難觸及的最上層與最下層民衆,已爲湯用彤先生所指出[73]。這也是後趙時寺院數量激增的核心原因。權力所最感興趣的神異之術難以長久,在殺戮與恐懼盛行的石趙皇宫中,伴隨禍亂將至的强烈預感,佛圖澄可能已爲其僧團接下來的發展方向——所處之地及所行之道——而殫精竭慮了[74]。

接近權力又試圖擺脱權力,進入城市而終究歸於山林。如石趙時道護不滿於隱居飛龍山的安逸,慷慨發言:"居靖離俗,每欲匡正大法,豈可獨步山門,使法輪輟軫。宜各隨力所被,以報佛恩。"[75]爲了宏傳法化,而不得不暫捨山林之相對安全與清浄,這大概也是中古早期高僧們對自身活動空間的一種真正認同

---

[73] "而澄之勢力所及,必多在智識階級以外",見湯用彤《漢魏兩晋南北朝佛教史》,110 頁。

[74] 冉閔時即有道士法饒因預言不驗而慘遭殺戮,見《晋書》卷一〇七《石季龍載記下》,2794—2795 頁。另一個悲劇則是夾處北凉與北魏間,終爲沮渠蒙遜所害的曇無讖,見《高僧傳》卷二《晋河西曇無讖傳》,79 頁。

[75] 《高僧傳》卷五《晋飛龍山釋僧先傳》,195 頁。

吧。北魏末年任城王元澄在慨嘆"昔如來闡教,多依山林,今此僧徒,戀著城邑"時,懷戀的大概也是這種出塵的風操[76]。然而也不應忘記,在個體高僧背後,更多的普通僧人在進行着豐富的空間活動,並彙集成中古早期佛教景觀最堅實而普遍的部分,如何將這一圖景更真實地展現出來,還有賴日後研究的進行。

## 四、結語

綜上所述,在對《玄極寺碑》等材料中的佛圖澄地方傳説進行文獻及宗教地理學角度的考察後,可以認爲儘管玄極寺未必爲佛圖澄本人親歷所造,但其人仍在很大程度上推動了佛教在西晋之後向城市以外空間的發展,同時考慮到《高僧傳》等重要藏内史傳對佛教山林活動的忽視,漢晋時期佛教的空間發展情况可能已被低估,仍需結合藏外材料,從普遍性、穩定性及規模方面予以重新評估。此外佛圖澄的山林實踐與龜兹、罽賓佛教,尤其是説一切有部間的關係,玄極寺與永嘉時即已存在的克孜爾初創期石窟間的聯繫也還有討論空間。[77] 在回溯更早的佛教空間傳播景象的過程中,《玄極寺碑》等從北朝下至隋唐的材料所反映的地方文化景觀無疑是可取的觀察立足點,不僅其時代較近,也由於中晚唐五代法難本就是對佛教地方信仰的考驗,研究者可以藉此評估更晚的地方傳説間的層級關係與可靠程度,並以景觀爲中心將其不同時代的相關材料納入同一個詮釋框架中。當然,如何利用晚期材料復原早期宗教史實仍有待方法論上的檢討。

在回顧中古早期山林佛教的發展脈絡與史料特徵,並嘗試總結佛圖澄僧團在此過程中的特殊貢獻後,不妨將目光收回到白鹿山這方嵌夾石牆的玄極寺殘碑。筆者獲得了一份由新鄉市政府新近印製的《新鄉南太行旅遊度假區》小册子,其中八里溝景區正位於原名白鹿山的南北關山中,但景區介紹並未出現白鹿山,更無論這座有碑刻佐證,可能由中古高僧所興立且風景壯美的玄極寺,因此頗有滄海桑田之感。儘管對研究者而言,《玄極寺碑》飽含文化價值與考索趣味,但其確如

---

[76] 《魏書》卷一一四《釋老志》,3045頁。
[77] 參塚本善隆著《中國仏教通史》第一卷,春秋社,1978年,254—256頁;趙莉《克孜爾石窟分期年代研究綜述》,《敦煌學輯刊》2002年第1期。

佛圖澄的山中活動一般"融解"在史料長河中,成爲似乎無足輕重的歷史碎片。

遺憾之餘,也激發我對《玄極寺碑》的其他思考,拋開山林佛教,單純觀察太行東南麓輝縣地區文化景觀變遷,也有許多值得探索處:西晉時,孫登隱於距城市不到十里的蘇門山,或許也曾到過白鹿山。但很可能自佛圖澄始,遠郊的白鹿山就一直是該區域最重要的修行場所。這一情形可能下至隋代曇詢禪師在縣城近郊建立柏尖寺爲止。而在宋明時期由於諸多名儒進入,蘇門山又重新成爲區域文化重心。直到近年來隨交通發展,周圍遊客不滿足於城市周邊的蘇門山,使南太行山區如郭亮村等處的自然景觀不斷得到開發。能否藉此使白鹿山的文化價值重煥光彩,非歷史學人所長,但山林文化景觀重心在不同歷史階段以城市爲中心不斷拉伸與收縮,以及該動態背後的認同與此不無關係。儘管本文頓步於此,但相信此後山林佛教的研究一定能爲這些關懷提供更多切實的參考答案。

# The *Xuanji Temple Stele* and the Forest Legends of Fotucheng —on Mountain Buddhism in the Early Medieval China

Jiang Huyu

This paper discusses the mountain monastery establishing movement by the eminent monk Fotucheng 佛圖澄, and exploring relative Buddhist activities unrecorded in *The Biographies of the Eminent Monks (Gaosengchuan*《高僧傳》) by scrutinizing the *Xuanji Temple Stele (Xuanjisibei*《玄極寺碑》) of the Northern Qi 北齊 in Bailu Mountain 白鹿山 of Huixian 輝縣. Despite the stele might not directly record facts about Fotucheng and the establishment of the temple, it can still reflect the contribution of Fotucheng to the development of Buddhism into mountains and to laying the foundation for further expansion of Buddhist activities space in early medieval China. With help of non-Buddhist materials, this paper also examines the weaknesses of *Collection of Records Concerning the Chinese Buddhist Canon (Chusanzangjiji*《出三藏集記》) and *The Biographies of Eminent Monks* in recording mountain Buddhism, some records that are not closely related to the main purpose of highlighting monks' moral and knowledge contributions were intentionally ignored.

# 山林與僧侶

## ——從無相和無住的頭陀行看巴蜀的佛教地理

嚴世偉

# 一、引言

敦煌出土早期禪宗史書《歷代法寶記》記載了唐代劍南一地的傳法譜系,其中也包含大量佛教與世俗社會互動的資料。根據《歷代法寶記》,無相逗留資州德純寺兩年後進入天谷山修持頭陀;無住在抵達劍南之後,無相曾"每日於大衆中高聲唱言:'緣何不入山去?久住何益?'"[1]無住因此進入白崖山修行。就筆者管見所及,目前祇有齋藤智寬根據《歷代法寶記》研究了山居修道與居士佛教的關係[2],而少有學者就此探討巴蜀山林在佛教修行中的角色,甚至無相與無住的修行地天谷山、白崖山的具體位置也不甚明確。這可能是因爲一提起巴蜀佛教山林,人們自然會首先想到峨眉山。作爲中國佛教四大名山之一,研究者們的目光通常會被峨眉山吸引過去,至於興起時間更早的五臺山、九華山和普陀山,則尤爲學界矚目[3]。

---

[1] 柳田聖山《初期の禪史》(Ⅱ),筑摩書房,1976年,169頁。
[2] 齋藤智寬《〈歷代法寶記〉考:山居修道と居士佛教》,《集刊東洋學》第115號,2016年,45—64頁。
[3] 羅柏松(James Robson)已經指出山岳研究正是從四大名山開始的,他列舉了衆多研究成果,比如:Reginald Johnston, *Buddhist China*, J. Murray, 1913;小野勝年、日比野丈夫《五臺山》,座右寶刊行會,1942年;Paul Williams, *Mahāyāna Buddhism*, Routledge, 1989;Robert M. Gimello, "Chang Shang-ying on Wu-t'ai Shan", in Susan Naquin and Chün-fang Yü eds, *Pilgrims and Sacred Sites in China*, University of California Press, 1992, pp. 89-149;Tansen Sen, *Buddhism, Diplomacy*(轉下頁)

魏斌認爲，祠廟、寺院、道館等小地點的考證雖然是瑣碎而基礎性的工作，但這些小地點却是理解"山中"歷史的前提，錯誤的地點往往會造成對歷史真實的誤讀[4]。無相與無住的山中修行之地，正是這種小地點，考證其位置能幫助我們更好地理解劍南禪派的山中修行。因此在本文中，筆者將先考證兩山之方位，進而從空間切入，考察整個巴蜀僧人的山林修行與佛教地理。

頭陀行（又譯作杜多，梵文爲 dhūta）是佛教的一種苦行，很早便傳入中土，衆多僧人躬身實踐，屢見於僧傳之中。如訶羅竭年少出家後便"多行頭陀，獨宿山野"[5]；赫連勃勃在攻陷關中後屠戮沙門，而曇始却不被刀劍所傷，赫連勃勃

---

（接上頁）*and Trade: The Realignment of Sino-Indian Relations*, *600-1400*, University of Hawai'i Press, 2003 等等。以上見 James Robson, "Buddhist Sacred Geography", in John Lagerwey and Lü Pengzhi eds, *Early Chinese Religion: Part Two: The Period of Division（220-589 AD）*, Brill, 2010, pp. 1353-1354。

除了羅柏松所舉著作，研究四大名山的成果還有嚴耕望《南北朝時代五臺山之佛教》，湯一介編《國故新知：中國傳統文化的再詮釋——紀念湯用彤先生誕辰百周年論文集》，北京大學出版社，1993 年，255—260 頁，增訂後收入作者《魏晋南北朝佛教地理稿》，上海古籍出版社，2007 年，249—265 頁；永壽主編《峨眉山與巴蜀佛教》，宗教文化出版社，2004 年；道昱《中國佛教四大名山考》，《普門學報》第 45 期，2008 年，57—106 頁；聖凱《明清佛教"四大名山"信仰的形成》，《宗教學研究》2011 年第 3 期，80—82 頁；聖凱《中國佛教"四大名山"的信仰内涵》，陳金華、孫英剛主編《神聖空間：中古宗教中的空間因素》，復旦大學出版社，2014 年，367—378 頁；景天星《漢傳佛教四大菩薩及其應化道場演變考述》，《世界宗教研究》2019 年第 4 期，60—70 頁等。

四大名山之外，其他比較著名的佛教、道教名山也是學界關注的焦點，比如衡山、天台山、攝山等，相關研究成果有 James Robson, *Power of Place: The Religious Landscape of the Southern Sacred Peak（Nanyue 南岳）in Medieval China*, Harvard University Press, 2009；魏斌《宫亭廟傳説：中古早期廬山的信仰空間》，《歷史研究》2010 年第 2 期，46—64 頁；蔡宗憲《中古攝山神信仰的變遷——兼論人鬼神祠的改祀與毁撤》，榮新江主編《唐研究》第 18 卷，北京大學出版社，2012 年，1—20 頁；魏斌《句容茅山的興起與南朝社會》，《歷史研究》2014 年第 3 期，22—41 頁；Wei Bin, translated by Li Cunna, "The Sacred Imagination of Mountains and Its Spatial Influence in Early Medieval China: The Case of Mount Tiantai", *Social Sciences in China*, 2018(1), pp. 132-164. 魏斌上述文章後收入《"山中"的六朝史》，生活·讀書·新知三聯書店，2019 年。

[4] 魏斌《"山中"的六朝史》，8 頁。

[5] 慧皎撰，湯用彤校注，湯一介整理《高僧傳》卷一〇《晋洛陽婁至山訶羅竭傳》，中華書局，1992 年，370 頁。

因此普赦沙門,曇始"於是潛遁山澤,修頭陀之行"[6];法光二十九歲出家後"苦行頭陀,不服綿纊,絕五穀,唯餌松葉",最後焚身於隴西記城寺[7]。

菩提達摩一派尤重頭陀行,慧可就"兼奉頭陀",慧可的弟子那禪師也"唯服一衣一鉢,一坐一食",那禪師的弟子慧滿也像他的老師們那樣"但畜二針,冬則乞補,夏便通捨,覆赤而已"[8]。早期楞伽師們修頭陀行,須要遵守嚴格的戒律。頭陀行的十二種戒律中,有一條特別規定不得在一地久居,而道信長期駐錫於大林寺及黃梅雙林寺,並且聚集了衆多的僧人在身邊,這就完全改變了之前楞伽師們的頭陀行傳統。弘忍繼承了道信修行應當遠離城市的主張,在弘忍之後,禪師修頭陀行的現象雖然有所減少,但却並未絕迹[9]。

頭陀山谷有別於駐錫都市。唐朝時兩京地區活躍着衆多高僧大德,他們大多駐錫於長安和洛陽的大寺院之中,譯經弘法,廣開法席。又因爲王公貴族及達官顯宦經常捨宅爲寺,供養僧伽,兩京内的佛教教團長盛不衰[10]。同時,長安南面的終南山又是兩京地區山林佛教的代表場所,衆多僧人爲了逃避長安城内熙熙攘攘的環境而移居到終南山裏的寺廟之中,圭峰宗密就曾駐錫於草堂寺[11]。有學者認爲北宗僧團代表着都市佛教的傳統,而南宗則是山林佛教的代表。神秀、普寂等北宗僧人長期活動於兩京地區,與廟堂聯繫緊密,神秀甚至被尊爲"兩京法主,三帝國師"[12]。濫觴於韶州的南宗,則奉行頭陀苦行,強調在山林中修行,並刻意保持與朝堂的距離,以使自身得到一定的獨立性,甚至在皇帝徵召時,以各種藉口推脱,不赴朝堂[13]。但是安史之亂爆發後,被胡適稱爲"南宗的

---

[6]《高僧傳》卷一〇《宋僞魏長安釋曇始傳》,386頁。

[7]《高僧傳》卷一二《齊隴西釋法光傳》,455頁。

[8] 道宣撰,郭紹林點校《續高僧傳》卷一六《齊鄴中釋僧可傳》,中華書局,2014年,569頁;參胡適《楞伽宗考》,《胡適論學近著》第1集,商務印書館,1935年,198—238頁。

[9] 呂澂《中國佛學源流略講》,中華書局,1979年,206、212頁。

[10] 參榮新江《從王宅到寺觀——唐代長安公共空間的擴大與社會變遷》,黃寬重主編《基調與變奏——七至二十世紀的中國》,政治大學歷史系,2008年,101—117頁,此據同作者《隋唐長安:性別、記憶及其他》,復旦大學出版社,2010年,67—88頁;孫英剛《隋唐長安的王府與王宅》,榮新江主編《唐研究》第9卷,北京大學出版社,2003年,185—214頁。

[11] 參王靜《終南山與唐代長安社會》,榮新江主編《唐研究》第9卷,129—168頁。

[12] 張説著,熊飛校注《張説集校注》卷一九《唐玉泉寺大通禪師碑銘並序》,中華書局,2013年,960頁。

[13] 邢東風《南宗禪的地方性》,《世界宗教研究》2005年第1期,17—27頁。

急先鋒,北宗的毁滅者"的神會[14],也如同他所批判的神秀一樣,被迎接到都城供養。其實嚴耕望先生在論述中國中古時期不同地域的佛教教風時指出,修習禪定的僧人大都棲隱山林之中,餐糲穀飲,多修頭陀。這種內向型的修煉正與義解教風形成對比[15]。是以禪修與頭陀本密切聯繫在一起。

## 二、無相與無住的頭陀之地

### (一) 天谷山

據《歷代法寶記》記載,金和尚無相在謁見唐和尚處寂後,曾在天谷山苦修。處寂圓寂前,遣家人王鍠喚來無相,付囑法及祖師袈裟,無相得付法及袈裟後,再次回到天谷山修行。關於天谷山的具體方位,至今還未有人明確指出。

四川盆地地處中國西南,岷山山脈矗立在盆地西部,沿岷山南下,依次有白鹿山、汶山、青城山等名山。

酈道元《水經注·江水一》,彭州境内有天彭谷:

> 岷山在蜀郡氐道縣。大江所出,東南過其縣北。
>
> 岷山,即瀆山也,水曰瀆水矣。又謂之汶阜山,在徼外,江水所導也。《益州記》曰:大江泉源,即今所聞,始發羊膊嶺下,緣崖散漫,小水百數,殆未濫觴矣。東南下百餘里至白馬嶺,而歷天彭闕,亦謂之爲天彭谷也。秦昭王以李冰爲蜀守,冰見氐道縣有天彭山,兩山相對,其形如闕,謂之天彭門,亦曰天彭闕。江水自此已上至微弱,所謂發源濫觴者也。[16]

關於此段文字中的"天彭谷",朱謀㙔《水經注箋》作"天谷","彭"字爲戴震、趙一清所加[17]。王先謙《合校水經注》云:"官本曰:'案近刻脱彭字。'案朱脱趙增,《刊誤》曰:'當作天彭谷,落彭字。'"[18] 此地有天彭谷和天彭山兩稱,天彭谷

---

[14] 胡適《荷澤大師神會傳》,《胡適論學近著》第 1 集,商務印書館,1935 年,290 頁。
[15] 嚴耕望《佛教教風之地理分佈》,同作者《魏晋南北朝佛教地理稿》,219 頁。
[16] 酈道元著,陳橋驛校證《水經注校證》,中華書局,2007 年,765 頁。
[17] 酈道元著,楊守敬、熊會貞疏,段熙仲點校、陳橋驛復校《水經注疏》,江蘇古籍出版社,1989 年,2735 頁。
[18] 酈道元著,王先謙校《合校水經注》,中華書局,2009 年,479 頁。

當是天彭山之谷,天谷山之稱可能來自天彭谷之省稱或訛傳。

杜光庭《青城山記》載:

《福地記》曰:"青城山高三千六百丈,周匝五千里,有甘露芝草,天池醴泉。"《玉匱經》云:"黃帝封爲五岳丈人,乃岳瀆之上司,真仙之崇秩。一月之內,群岳再朝。六時灑泉,以代晷漏。一名赤城,一名青城都,一名天谷山,亦爲第五大洞寶仙九室之天。對郡之西北,在岷山之南。群峰掩映,牙相連接,靈仙所宅,祥異則多。"《益州記》云:"崗巒崿,連嶺千里,上有仙都。"《地理志》云:"西徹之外,江水所出,天彭、青城連峰不絕"[19]。

據此天彭山與青城山實則連續不斷,互爲一體,而天谷山則是青城山三個名稱之一。明人曹學佺編《蜀中廣記》卷六載:"《玉匱經》云:'青城一名青城都,一名天谷山,谷音近國,即天國也。'"[20]明人楊慎也認爲"谷"和"國"讀音相近,導致混淆[21]。收於《全唐文》中的《青城山記》,"天谷山"即作"天國山"[22]。又顧祖禹《讀史方輿紀要》考證:

青城山在成都府灌縣西南五十里。《名山記》:"山當益州之西南,蜀郡之西北是也。一名青城都,山形如城,北接岷嶺,南接峨眉。"《唐六典》爲劍南道名山之一,一名丈人山,一名赤城山。杜光庭《記》:"山高三千六百丈,周匝一百五十里,蜀山之望也。山有七十二小洞,應七十二候;八大洞,應八節。"……又有天國山(原注:亦作"天谷"),在縣西南九十里。……又有聖母山……又西南爲便傍山……諸山前後絡繹,不一其名,要皆青城山之支峰矣。[23]

因此,青城山又稱天國山,亦名天谷山,位於彭州灌口縣之西南、蜀郡之西北,是岷山群嶺的一部分。

**(二)白崖山**

《歷代法寶記》載,無住在淨衆寺僅僅停留三日之後,便在無相"緣何不入山

---

[19] 李昉等編《太平御覽》卷四四《地部九》,中華書局,1960年,210頁。
[20] 曹學佺撰,楊世文校點《蜀中廣記》卷六,上海古籍出版社,2020年,74頁。
[21] 楊慎撰,王大淳箋證《丹鉛總錄箋證》卷二"地名用天字"條,浙江古籍出版社,2013年,95頁。
[22] 董誥等編《全唐文》卷九三二,中華書局,1983年,9709頁。
[23] 顧祖禹撰,賀次君、施和金點校《讀史方輿紀要》卷六六,中華書局,2005年,3107—3108頁。

去"的勸告中前往白崖山修行。《景德傳燈録·無住傳》記載無住"初得法於無相大師,乃居南陽白崖山,專務宴寂。經累歲,學者漸至,勤請不已"[24]。《五燈會元·無住傳》與此記載相同[25]。杜斗城認爲,以《歷代法寶記》的記載來看,白崖山應當在蜀地境内,而不應該在南陽,他進一步猜測,蜀地可能另有一南陽[26]。筆者認爲,劍南另有一南陽的可能性不大,但白崖山在劍南則無疑問。《景德傳燈録·慧忠傳》又記載西京光宅寺慧忠"自受心印,居南陽白崖山黨子谷"[27],這可能是道原把劍南白崖山當作南陽白崖山而出現的舛誤。

在巴蜀境内,以白崖山爲名者不祇一處。南朝陳時,蜀人張文萼曾佔據白崖山,擁衆萬人,最後被侯瑱擒殺[28]。不過張文萼佔領的白崖山,其位置並不能確知。已知準確方位的白崖山共有五處,分別處於綿州、梓州、利州、嘉州和渝州。

正是因爲即使在劍南範圍内考察,白崖山也有五處之多,所以學者們歷來多模糊處理,並未點明到底哪一處纔是無住修行的白崖山。楊曾文認爲"無住默受教示,便到位於成都西北的茂州(治所在今四川茂汶羌族自治縣)的天蒼山(又名白崖山,很可能屬岷山山脈)去居住修行"[29]。又段玉明認爲"無住隱修之白崖山應在今都江堰與汶川之間",並指出在當時無住隱修地白崖山的方位已經衆説紛紜[30]。但是楊曾文和段玉明都未詳細説明理由。

《歷代法寶記》用一段文字描述了無住出白崖山時的情形:

> 永泰二年(766)九月二十三日,慕容鼎專使、縣官、僧道等,就白崖山請和上,傅相公、僕射、監軍請頂禮,願和上不捨慈悲,爲三蜀蒼生,作大橋梁。殷勤苦請。和上知相公深閑佛法,愛慕大乘,知僕射仁慈寬厚,知監軍敬佛法僧。審知是同緣同會,不逆所請,即有幡花寶蓋。諸州大德,恐和上不出白崖山,亦就山門,同來赴請,即寶輿迎和上,令坐輿中。和上不受,步步徐行。欲出山之日,茂州境内,六回震動,山河吼,蟲鳥鳴。百姓互相借問:

---

[24] 釋道原《景德傳燈録》卷四《無住傳》,《大正新修大藏經》第51册,234頁。
[25] 普濟著,蘇淵雷點校《五燈會元》卷二《保唐無住禪師》,中華書局,1984年,81頁。
[26] 杜斗城《敦煌本〈歷代法寶記〉與蜀地禪宗》,《敦煌學輯刊》1993年第1期,63頁。
[27] 釋道原《景德傳燈録》卷五《慧忠傳》,《大正新修大藏經》第51册,244頁。
[28] 《陳書》卷九《侯瑱傳》,中華書局,1972年,153頁。
[29] 楊曾文《唐五代禪宗史》,中國社會科學出版社,1999年,266頁。
[30] 段玉明等著《成都佛教史》,宗教文化出版社,2017年,75頁小注1。

"是何祥瑞?"見有使來迎和上,當土僧尼道俗,再請留和上。專使語僧俗等:"是相公、僕射意重,爲三蜀蒼生。豈緣此境,約不許留。"[31]

如同衆多聖傳的一貫模式,得道高僧出山弘法或者滅度時,往往會有衆多靈異現象的記載。當杜鴻漸派遣官吏到白崖山迎請無住出山弘法時,《歷代法寶記》同樣記載了數件造成百姓恐慌的神異事件,其中之一就是茂州地震,使者們在安撫請留無住的僧俗人等時也提到"豈緣此境,約不許留"。從行文來看,白崖山應當在茂州境内,韋聞笛(Wendi L. Adamek)據此猜測可能白崖山所在地的北邊就是茂州,或者白崖山就在茂州境内[32]。韋聞笛的推測非常合理。

此外,《歷代法寶記》中還有兩處暗示了白崖山的方位。杜鴻漸入蜀後,曾多方打聽無相禪師的法嗣,在寧國寺、净衆寺諸僧人告知他無相没有法嗣,也未傳下祖師袈裟後,杜鴻漸從孔目官馬良口中得知,"蠶崖關西白崖山中有無住禪師"[33]。所以,無住居住的白崖山應當在蠶崖關之西。

蠶崖關在彭州導江縣西北四十七里,"其處江山險絶,鑿崖通道,有如蠶食,因以爲名"[34]。另據《唐六典》,蠶崖關名列全國十三座中關之内[35],此地設置有驛站,連接着成都府、松州以及吐蕃,是劍南乃至全國重要關隘。另外,蠶崖關外設置有市場,是蕃夷貿易的主要場所,交通便利,經濟發達,在唐蕃交涉上佔有重要地位[36]。蠶崖關之西,爲維、茂、當、悉等州,所以無住隱居的白崖山在這一區域之内。

其次,杜鴻漸向諸軍將詢問管内是否有高僧大德時有如下問答:

〔杜鴻漸〕即於大衙日,問諸軍將等:"知此管内,有何名僧大德否?"節度副使牛望仙、李靈應、歸誠王董嘉會、張温、陰洽、張餘光、張軫、韋鸞、秦逖

---

[31] 柳田聖山《初期の禪史》(Ⅱ),198—199頁。

[32] Wendi L. Adamek, *The Mystique of Transmission: On an Early Chan History and Its Contexts*, Columbia University Press, 2007, p.492, note 431.

[33] 柳田聖山《初期の禪史》(Ⅱ),189頁。

[34] 李吉甫撰,賀次君點校《元和郡縣圖志》卷三一《劍南道上》,中華書局,1983年,773頁。

[35] 李林甫等撰,陳仲夫點校《唐六典》卷六《尚書刑部》"司門郎中條",中華書局,2014年,195—196頁。

[36] 嚴耕望已經檢出有關蠶崖關的詳細史料,參《唐代交通圖考》第4卷《山劍滇黔區》,中研院歷史語言研究所專刊之八十三,1986年,936—937頁。

等諮相公:"白崖山中有無住禪師,金和上衣鉢在彼禪師處,不可思議。"相公問牛望仙:"君等何以得知。"答云:"望仙,高大夫差充石碑營使,爲去道場不遠,數就頂禮,知不可思議。"相公又問:"適言衣鉢在彼,誰知的實?"秦逖、張鍠諮曰:"逖等充左右巡虞候,金和上初滅度日,兩寺親事弟子啾唧,囑何常侍向大夫説:'金和上信衣,不知的實,及不肯焚燒。'高大夫判付左右巡虞候推問,得實領過。當日初祇得兩領袈裟,兩寺各得一領,信衣不知尋處。當日不知鹽崖關西白崖山中有無住禪師。後被差充十將,領兵馬上西山打當狗城,未進軍,屯在石碑營寄住,行營近道場。逖共諸軍將,齋供養到彼,見此禪師,與金和上容貌一種。"[37]

由此可知,秦逖、張鍠等人是在領兵攻打當狗城時與無住相見。當狗城因正當白狗羌之路而得名[38]。據《元和郡縣圖志》,武德七年(624)白狗羌首領内附,唐朝在姜維故城設置維州來統領白狗羌[39],則白狗羌與當狗城在維州境内。

《歷代法寶記》這段文字中的高大夫當指高適。高適曾任河西節度使哥舒翰幕府掌書記,安史亂起,官拜左拾遺,輔佐哥舒翰守衛潼關。哥舒翰兵敗後,高適奔赴唐玄宗行在,扈從玄宗幸蜀。後永王李璘起兵於江東,高適向唐肅宗陳説江東厲害,斷定永王必定失敗。肅宗聽聞,甚是驚奇,遂讓高適兼御史大夫、揚州大都督府長史、淮南節度使。至德二年(757)正月,劍南健兒賈秀等五千人謀反,高適於是出任蜀州刺史,入蜀平叛。上元二年(761)二月,梓州刺史段子璋反叛,攻擊東川節度使李奂於綿州,李奂戰敗,出奔成都[40]。同年,西川節度使崔光遠帥軍平定段子璋叛亂,西川牙將花驚定乘機大掠東川,崔光遠不能禁止。肅宗大怒,遣監軍治其罪,崔光遠於當年十月憂憤而卒[41],唐廷遂命嚴武爲西川節度。寶應元年(762),代宗即位,詔嚴武入朝,高適代爲西川節度[42]。代宗時期,吐蕃攻陷隴右,威脅京師,高適在劍南積極練兵備戰,以期牽制吐蕃,緩解京

---

[37] 柳田聖山《初期の禪史》(Ⅱ),189—190頁。
[38] 《資治通鑑》卷二二三《唐紀三十九》代宗廣德二年條胡三省注,中華書局,2011年,7286頁。
[39] 《元和郡縣圖志》卷三二《劍南道中》,815頁。
[40] 《資治通鑑》卷二二二《唐紀三十八》肅宗上元二年二月條,7232頁。
[41] 《舊唐書》卷一一一《崔光遠傳》,3319頁。
[42] 《舊唐書》卷一一一《高適傳》記載是高適代替崔光遠出任西川節度使,《新唐書》卷一四三本傳略同,誤,郁賢皓已辯之,見《唐刺史考全編》第5册,安徽大學出版社,2000年,2951—2952頁。

師的壓力,然而收效甚微。廣德元年(763)十二月,吐蕃佔領松州、維州、保州等地,"西川節度使高適不能救,於是西山諸州亦入於吐蕃矣"[43]。廣德二年,劍南東、西川合爲一道,以嚴武代替高適出任劍南節度使[44]。同年七月,嚴武"破吐蕃七萬餘衆,拔當狗城"[45]。《歷代法寶記》所載"上西山打當狗城"這一事件,應當發生在高適任劍南節度使期間。

據嚴耕望先生考證,從成都到維州的道路甚是便利。先從成都西出,經新繁縣或郫縣到達導江縣,過灌口鎮及天彭關,出鹽崖關北上,即進入茂州境内。再沿汶水北上,過濕板、桃關,抵汶川縣。自汶川縣西出,經石門鎮、通化縣,即抵維州城下。或者從成都北上,過漢州,出鹿頭關,入綿州境内,自綿州沿石泉河西進,過松嶺關、石泉縣、威蕃抵達茂州,再沿相同的路綫到達維州[46]。因此,祇要進軍西山,都會經過茂州。

牛望仙、秦逖、張鍠等人未進軍時,暫時駐扎在石碑營,因駐扎地離無住修行的道場很近,他們便曾前去拜訪頂禮無住,因此而與無住相識。石碑營的歷史已難詳考,至於其營所在地,也不得而知。但是在漢州、綿州、茂州三州交界處,有一石碑谷,即石碑鎮,正當綿州、茂州交通綫附近。

元和元年(806)年六月,"丁酉,高崇文及劉辟戰於鹿頭栅,敗之。癸卯,嚴礪又敗之於石碑谷"[47]。《資治通鑑》關於此戰的記載略詳:元和元年六月,"庚子,高崇文破劉辟於德陽;癸卯,又破之於漢州;嚴礪遣其將嚴秦破辟衆萬余人於綿州石碑谷"[48]。胡三省據《九域志》"漢州綿竹縣有石碑鎮",認爲《資治通鑑》中的"綿州石碑谷"可能是"綿竹石碑谷"之誤[49]。又顧祖禹《讀史方輿紀要》亦

---

[43] 《資治通鑑》卷二二三《唐紀三十九》代宗廣德元年條,7277—7278頁。
[44] 《資治通鑑》卷二二三《唐紀三十九》代宗廣德二年條,7278頁。
[45] 《舊唐書》卷六七《嚴武傳》,3396頁。
[46] 嚴耕望《唐代交通圖考》第4卷《山劍滇黔區》,925—997頁。
[47] 《新唐書》卷七《憲宗紀》,208頁。
[48] 《資治通鑑》卷二三七《唐紀五十三》,7755頁。關於劉辟事件,詳見陸揚《從西川和浙西事件論元和政治格局的形成》,榮新江主編《唐研究》第8卷,北京大學出版社,2002年,225—256頁;陸揚《從新出墓誌再論9世紀初劍南西川劉辟事件及其相關問題》,榮新江主編《唐研究》第17卷,北京大學出版社,2011年,331—356頁;此據同作者《清流文化與唐帝國》,北京大學出版社,2016年,19—86頁。
[49] 《資治通鑑》卷二三七《唐紀五十三》憲宗元和元年條,7755—7756頁。

引嚴礪破劉辟事件,認爲石碑谷即石碑鎮,在綿竹縣北[50]。由此可見石碑鎮乃兵家必爭之地,在劍南地緣政治中佔有重要地位。又因爲石碑鎮地當三州交界之地,且位於綿州、茂州交通路綫附近,筆者猜測,《歷代法寶記》中提及的石碑營,或即石碑鎮。此處的地理位置正好滿足牛望仙等人在進軍維州當狗城之前,短暫駐扎石碑營期間,前往頂禮無住禪師的條件。另外在柘州與吐蕃接壤之處還有白崖驛,不過白崖驛緊鄰吐蕃,應當不會是無住的修行之地[51]。

不過在本節開始所臚列有明確記載的五座白崖山中,並沒有在茂州境内者,與之最近的一處在綿州昌隆縣,與石碑鎮及茂州有一定距離。考慮到僅僅劍南一地同名"白崖山"者就有五處之多,又如玉壘山,茂州汶川縣有之,彭州灌口鎮亦有之;又因山脈連綿不斷,一個記録有時並不意味着就是一座獨立的山,比如天谷山和青城山,白崖山所指的範圍可能大於單座山峰。因此,筆者認爲無住修行的白崖山當位於茂州境内,並且與茂、綿、漢三州交界處的石碑鎮不遠。

綜上所述,無相、無住修行的天谷山、白崖山均位於成都之西的群山之中。爲什麽無相與無住會選擇川西群山作爲修行之地,尤其是無相從成都東方的資州德純寺來到了西部地區?爲回答這一疑問,筆者認爲有必要對巴蜀僧人的山林修行做一全面考察。

## 三、巴蜀僧人的山林修行

巴蜀地處中國西南部,中部爲盆地,四周群山環繞,連綿不絶,水道縱橫,一片沃土,是山居修行的不二之選。東晋冉閔之亂後,道安率領徒衆遁居山林,再退陸渾。後爲保存佛法及衆同學弟子的安全,道安決定南投襄陽。走到新野時,道安分散部衆,各去四方。其中他讓法汰前往揚州,因爲揚州"彼多君子,好尚風流";讓法和入蜀,因爲蜀地"山水可以修閑"[52]。由此可見巴蜀山水在僧人心中的印象。

---

[50]《讀史方輿紀要》卷六七,3175 頁。
[51]《元和郡縣圖志》卷三二《劍南道中》,819 頁。
[52] 釋僧祐撰,蘇晋仁、蕭錬子點校《出三藏記集》卷一五《道安法師傳》,中華書局,1995 年,562 頁。

眾多僧人或爲弘法,或爲山林而從各地遊錫巴蜀。廬山慧遠之弟慧持聽説成都地區土地肥沃,人民富裕,於是立志前往弘揚佛法,"兼欲觀矚峨眉,振錫岷岫",遂於晉隆安三年(399)入蜀,止於龍淵寺[53]。曇摩蜜多爲傳法,在元嘉元年(424)從涼州輾轉來到巴蜀,不久又從蜀地出峽,停留荆州長沙寺[54]。畺良耶舍元嘉十九年西遊岷蜀弘法,跟隨他學習禪法的僧人成群[55]。這些入蜀的僧人大多駐錫於成都城内的寺院,另一部分則遁入蜀地的山林之中。兹列述山林修行事例如下。

釋玄暢本爲河西金城人,被胡虜所迫,逃亡揚州。玄暢通曉經律,熟於禪法,嫻熟三論,宣揚華嚴,還會占卜吉凶,多被驗證,並且他對儒家經典也很瞭解。因此得到宋文帝的禮敬,欲聘爲太子之師,玄暢再三推辭後,前往荆州長沙寺。後來,玄暢又從荆州西行至益州,《高僧傳·玄暢傳》載:

〔玄暢〕迄宋之季年,乃飛舟遠舉,西適成都。初止大石寺,乃手畫作金剛密迹等十六神像。至昇明三年(479),又遊西界,觀矚岷嶺,乃於岷山郡北部廣陽縣界,見齊后山,遂有終焉之志。仍倚岩傍谷,結草爲菴。[56]

玄暢在劉宋末年到達成都後,先住在大石寺弘法,之後前往巴蜀西界,觀覽岷嶺諸山之風景。這裏我們並不知道玄暢爲什麽會去岷嶺,但是當他在岷山郡北廣陽縣看到齊后山,便被此山所吸引,甚至想在此地修行,直到圓寂。從引文中我們看到,玄暢在齊后山的山岩溪谷旁結草建菴,當是在修持頭陀行。

又有劍南人邵碩,行爲狂放,居無定所,但是性好佛法,每見佛像,必定禮拜贊嘆。邵碩曾經遊歷巴蜀諸縣,甚至還進入過蠻中。觀其言行,應當也是一種頭陀修行,後以劉宋元徽元年(473)九月一日卒於岷山通雲寺[57]。這又是一個於岷山修行的例子。

《續高僧傳》載釋法進曾住益州綿竹縣響應山玉女寺,師從輝禪師修行[58]。同在響應山苦修的還有釋世瑜:

---

[53]《高僧傳》卷六《晉蜀龍淵寺釋慧持傳》,230頁。
[54]《出三藏記集》卷一四《曇摩蜜多傳》,546頁。
[55]《高僧傳》卷三《宋京師道林寺畺良耶舍傳》,128頁。
[56]《高僧傳》卷八《齊蜀齊后山釋玄暢傳》,315頁。
[57]《高僧傳》卷一〇《宋岷山通雲寺邵碩傳》,388—389頁。
[58]《續高僧傳》卷一八《隋益州響應山道場釋法進傳》,678頁。

> 釋世瑜,姓陳氏,住始州。父母早亡,傭作取濟。身形偉壯,長八尺三寸。希向佛理,無由自達,大業十二年(616),往綿州震響寺倫法師所出家,一食頭陀,勤苦相續。又往利州,入籍住寺。後入益州綿竹縣響應山,獨住多年,四猿供給山果等食。有信士母家生者,負糧來送,驚訝深山常燒熏陸沉水香等,既還山,半路見兩人,形甚青色,狀貌希世,各負蓮華、蔗芋而上,云:"我供給禪師去也。"然其山居三年之中,食米一石七斗,六時行道,以猿鳥爲侶。初唯一泉,後有三泉流出於下。[59]

世瑜先在綿州震響寺時便一心頭陀苦行,後來入響應山獨居,由山中猿猴供給山果爲食,可見仍然是在修頭陀行。響應山不見於他處。綿竹縣本爲漢代舊縣,隸屬於廣漢郡。隋大業二年屬蜀郡,武德中屬益州,垂拱二年(686)割入漢州,地當成都西北。綿竹縣東部爲平原地區,西靠岷山山脈,有紫岩山在縣西北三十里,鹿堂山在縣西二十二里[60]。響應山當在此群嶺之中。

又有釋智詵[61],本爲徐州人,曾在蜀地遊學,北周時隱於終南山。隋朝建立後,益州總管蜀王楊秀請還蜀部,住在法聚寺。智詵"後以人請戒禁,行將諠擾,乃辭入龍居山寺,幽栖深阻,軌迹不通"。當楊秀再次延請他出山時,智詵回信中有言:"辱使至止,並以誠言,披閱循環,一言三復,文清渌水,理破秋毫。貧道戒行多闕,化術無方,宅身荒谷四十餘載,狎魚鳥,以樵歌,習禪那,思般若。以此卒歲,分填溝壑,不謂耆年有幸,運屬休明。"[62]智詵宅身荒谷仍是在修頭陀行。考《方輿勝覽》,龍居山"在什邡縣,有等慈院。飛瀑千尺,虛亭屹然,橋橫路轉,萬柏擁翠"[63]。什邡縣屬於漢州,在成都北方,西鄰岷山山脈。

隋朝時,釋道仙曾在導江縣境内的山林中修行。道仙本爲粟特商人,經商到達梓州牛頭山,遇僧達禪師説法,深悔過往汲汲於積聚,不識正法,便將貨物沉於深江之中,前往灌口山竹林寺出家。道仙"初落髮日,對衆誓曰:'不得道者,不

---

[59] 《續高僧傳》卷二〇《唐綿州大施寺釋世瑜傳》,767頁。
[60] 《元和郡縣圖志》卷三一《劍南道上》,778頁。
[61] 此智詵與五祖弘忍弟子智詵並非一人。
[62] 《續高僧傳》卷二二《唐益州龍居寺釋智詵傳》,849頁。
[63] 祝穆撰,祝洙增訂,施和金點校《方輿勝覽》卷五四"漢州"條,中華書局,2003年,966頁。

出此山。'即迴絶人踪,結宇岩曲,禪學之侶相次屯焉"[64]。貞觀初年,又有釋靜之"隱益部導江彭門山光化寺,一十餘載常坐茅宇,不居僧房,四方集者二百餘人,六時三業,不負光景。又别深隱入靈岩山,大蟲爲偶,無所驚擾"[65]。靜之十餘年間不住在僧房之中,而是常坐於茅屋之下,顯然也是在修頭陀行。

導江本爲漢代郫縣,武德元年在灌口設置盤龍縣,不久改爲灌寧縣,次年又改爲導江縣,隸屬於成都,垂拱二年,割屬彭州。導江之名來自《禹貢》記載的"岷山導江"之意,水流出山的地方有兩山相對,稱爲天彭門[66]。《方輿勝覽》又記載,其地"兩峰如闕,相去四十步,名天彭門,因以名州。又曰彭祖出入此山,因名彭門"[67]。灌口山則在導江縣西北二十六里,其西嶺即天彭關[68]。

饒有趣味的是,梓州位於成都之東,與位於成都之西的彭州實有一段距離,道仙雖然是在梓州牛頭山聽聞佛法後萌生出家的想法,但是他實際出家修行的地點却在彭州灌口山。靜之行頭陀的彭門山正與岷山相連,當是其餘脈。後來靜之"又别深隱入靈岩山",靈岩山位於灌縣西北五里[69],其上有靈岩寺,曾出土大量唐代石經,現在還保存有一座唐代石千佛塔[70]。

彭門山中又有道因法師。道因本爲濮陽人,隋末避難三蜀,於成都多寶寺闡揚佛法,深受益州總管竇璡、行臺左僕射竇軌、長史高士廉等人的崇重。後來道因以久居都會,退隱山中。李儼所撰《益州多寶寺道因法師碑文並序》記其事迹頗詳:

> 復於彭門山寺,習道安居。此寺往經廢毁,院宇凋敝,法師慨然構懷,專事營輯。若乃危巒迢遰,俯瞰龍堤。絶磴逶迤,斜臨雁水。近對青城之巘,遥瞻赤里之街。雲榭參差,星橋繁映。於是分岩列棟,架壑疏基。窈窕陵空,俳徊罩景。松吟竹嘯,共寶鐸以諧聲;月上霞舒,與璇題而並色。仙花秘

---

[64] 《續高僧傳》卷二六《隋蜀部灌口山竹林寺釋道仙傳》,1011頁。
[65] 《續高僧傳》卷二一《唐京師西明寺釋靜之傳》,791頁。
[66] 《元和郡縣圖志》卷三一《劍南道上》,772—773頁;郭聲波《中國行政區劃通史·唐代卷》第2版,復旦大學出版社,2017年,912—913頁。
[67] 《方輿勝覽》卷五四,963頁;又見《讀史方輿紀要》卷六七,3149—3150頁。
[68] 《元和郡縣圖志》卷三一《劍南道上》,773頁。
[69] 《讀史方輿紀要》卷六七,3152—3153頁。
[70] 陳良偉《絲綢之路河南道》,中國社會科學出版社,2002年,63—66頁。

草,冬夏開榮。擾獸馴禽,晨昏度響。諒息心之勝竟,毓道之净場乎。而以九部微言,三界式仰。緬惟法盡,將翳龍宫。揮兔豪而匪固,籒魚網而終滅。未若鐫勒名山,永昭弗朽。遂於寺北岩山,刻石書經。窮多羅之秘秩,盡毗尼之妙義。[71]

道因初到彭門山寺時,此寺已經破敗不堪,後經道因的營建,終成一大道場,且在山寺北面鐫刻石經。彭門山近與青城山相對,雲樹林立,花繁樹茂,景色迷人。玄奘歸國後,道因返回長安,在大慈恩寺協助玄奘譯經,後於顯慶三年(658)終於長安慧日寺,次年遷神座於蜀,葬於彭門光化寺石經之側。則此前道因營建的彭門山寺當爲光化寺。

當時在彭州西境,"彭門蜀壘復有慧景、寶暹者,並明《攝論》,譽騰京國"[72]。彭門蜀壘當指彭門山、玉壘山。

隋朝時,蜀地又有釋德山輾轉修行於數山之間,事見《續高僧傳》:

> 釋德山,姓山氏,莫測何人。忽弃妻子入山修道,鬚髮不暇削,衣食不暇給,唯息緣静念爲得性也。人莫知其觀行,視其相狀如得定者。時遊化竹林、龍池,開悟道俗,以清簡爲本。……後入馬鞍山,每多毒蛇,噬人必死,然山來往,都不爲害。諸餘僅侍晨夕所行,一無所懼,曾蹋被嚙,山以水洗之,尋爾還復。後還天敕山,夏坐樹下,人來山所,逢虎迫逐,便入繩床下,虎蹲床前。山曰:"床下佛子肉味可勝貧道耶?"即脱衣以施,虎屈,起而永去。[73]

德山也是在山中行頭陀,他所遊化的竹林寺,很可能就是道仙出家的灌口山竹林寺。後來德山又轉而進入馬鞍山,從傳中信息來看,德山並未曾出蜀,此山應當位於蜀地。考《通典》:"通化郡……東南到德陽郡綿竹、當郡汶山二縣界馬鞍山二十里。"[74]通化郡即茂州,德陽郡即漢州,則此馬鞍山在兩州之間。又陸羽《茶經》載蜀茶"以彭州上,生九隴縣馬鞍山至德寺、棚口,與襄州同。"[75]則彭州九

---

[71] 李儼《益州多寶寺道因法師碑文並序》,《全唐文》卷二〇一,2035頁;又見《宋高僧傳》卷二《唐益州多寶寺道因傳》,26頁。

[72] 《續高僧傳》卷一四《唐益州福成寺釋道基傳》,476頁。

[73] 《續高僧傳》卷二七《隋益州天敕山釋德山傳》,1060頁。

[74] 杜佑撰,王文錦等點校《通典》卷一七六《州郡六》,中華書局,1988年,4630—4631頁。

[75] 陸羽撰,沈冬梅校注《茶經校注》,中國農業出版社,2007年,81頁。

隴縣有一座馬鞍山，並以產上乘蜀茶知名。《太平寰宇記》載綿州西昌縣有"西昌山，在縣北特起，舊名馬鞍山，天寶六年(747)敕爲西昌山"[76]。上述三座馬鞍山分別位於三州之內，但是大致方位均在成都之西北，也可能其本身就是連綿不斷的一座山。之後德山又從馬鞍山進入天敕山，《德山傳》標目中稱隋朝時天敕山在益州。然隋朝時益州領縣與唐朝時有所不同，後屬彭州的九隴、導江、濛陽、唐昌諸縣都曾劃歸益州[77]，所以德山修行的天敕山也有可能在唐朝時的彭州境內，關於此山方位還有一條材料可資證明。

至德二年，蜀郡長史盧元裕奏請在成都南建立菩提寺，大曆初年，劍南西川節度使崔寧因"此寺創名，修建未就，乃迎彭州天飭山惠悟禪師以居焉"[78]。惠悟修行的天飭山在彭州境內，天飭山應當就是《德山傳》中天敕山的異寫。也就是說，天敕山亦在成都之西。

晚唐時彭州丹景山又有知玄法師[79]。《輿地紀勝》引《治水記》說："丹景山之脊，東南距灌口百里。"[80]顧祖禹認爲彭門山"之後曰丹景山，蜀王衍遊樂處也"[81]。知玄去世後遷塔於茶籠山附聖寺。

茶籠山在彭州九隴縣西，有一則感通故事發生在此山之中，《宋高僧傳·羅僧傳》載：

> 釋羅僧者，蜀聖寺中得果位人也。嘗寢疾於五臺山，同會僧人俱不測也，而瞻視之，曾無怠慢。將及九旬而病愈，臨訣之際曰："深感所苦，而煩看視，今遂平復，由師之力。我住在劍外九隴郡之茶籠山，爾異日遊方，無忘相訪也。"暮歲而至蜀，歷訪群峰，遍訊老樵叟，且曰未嘗聞茲山名。乃嘆曰："噫，病禪之妄也？"將回，遇山童曰："某是彼岩之聚沙者。"即前導而去，俄睹殿塔儼空，房廊環肅，果值昔之臥病者，迎門敘故。日將暮矣，而謂之曰："茲寺非得漏盡通不能至此。爾以我宿緣一諧邂止。言寄宵乎，斯爲未

---

[76] 樂史撰，王文楚等點校《太平寰宇記》卷八三綿州條，中華書局，2007年，1667頁。
[77] 郭聲波《中國行政區劃通史·唐代卷》，911頁。
[78] 段文昌《菩提寺置立記》，《全唐文》卷六一七，6233頁。
[79] 《宋高僧傳》卷六《唐彭州丹景山知玄傳》，128—133頁，不過傳文中並未提及丹景山。
[80] 王象之撰《輿地紀勝》卷一五一，中華書局，1992年，4078頁。
[81] 《讀史方輿紀要》卷六七，3150頁。

可。爾其克勤修證,至此胡難?"乃命舊童送師歸去。其僧回望,但見岩壁峭峻,杉檜莽蒼而已。則開成中也。時悟達國師知玄著傳之。次得僧可思,尤閑地理,命爲玄作他日安塋兆之地,得景丹前峰,其山若雉堞狀,雖高低起伏,而中砥平。俄有里人耆老曰:"古相傳云茶籠山矣。"[82]

羅僧在五臺山病愈後,告訴曾經照料他的僧人若日後到了劍南,不要忘了去九隴郡茶籠山訪問他。但是贊寧並未記載照料羅僧之人的具體姓名,導致文意有所不明。相同的故事,《蜀中廣記》引《高僧傳》作:

> 釋羅僧者……嘗寢疾於五臺山,同會僧衆俱不之測,悟達國師獨善視之。將及九旬病愈,別去云:"……我住在劍外九隴郡之茶籠山,爾異日遊方,無忘相訪也。"悟達歲暮至蜀,歷訪群峰……遇一山童……前導而去……果值昔之病僧,迎門叙故……時知玄著傳之。次得僧可思……爲玄作塋兆於丹景前峰……俄有里人耆老曰:"古相傳云茶籠山矣。"[83](省略了部分與前段引文中重複的文字)

兩段文字基本相同,唯《蜀中廣記》所引文字指出後來遊方劍外的五臺山僧就是悟達國師,不知曹學佺所據是何版本[84]。悟達國師即前文所説的知玄法師,僖宗幸蜀時曾召見知玄,兩人相談甚歡,僖宗遂賜號悟達國師。知玄推辭未遂,於是請求回到九隴縣舊日廬舍。據《宋高僧傳·知玄傳》記載,他確曾遊歷過五臺山,但是這兩段文字後面又分別説"時悟達國師知玄著傳之""時知玄著傳之",所以知玄似乎祇是這個故事的記載者,而不是那位遊方僧人。此外,《蜀中廣記》版可能將悟達國師和知玄當作兩位不同的僧人。這段文字還爲後來知玄遷塔於茶籠山提供了背景,祇是《宋高僧傳·羅僧傳》將"丹景前峰"寫作"景丹前峰"。

雖然從這兩段記載來看,我們已經難以確知當事人,但是從僧傳的聖傳性出發,剥離其中的神異因素,我們仍能得到一定的歷史信息。從這層角度來考察,具體人物是誰,便顯得没有以前那麽重要了。我們看到有一位僧人在離開五臺

---

[82]《宋高僧傳》卷二一《唐彭州九隴茶籠山羅僧傳》,552 頁。
[83]《蜀中廣記》卷五,62 頁。
[84] 同樣的故事在元代僧人曇噩述《新修科分六學僧傳》卷三〇作:"一説以瞻視病者,寔悟達國師知玄也。"曹學佺或許是據此而改《宋高僧傳》中前後矛盾的文字。見《卍字新纂續藏經》第 77 册,342 頁。

山前,告訴另一位五臺山僧人,讓他日後到彭州九隴郡茶籠山訪問自己。這座茶籠山可能衹出現於《羅僧傳》與《知玄傳》中,不見於其他中古時期文獻[85]。而且據傳文,唐朝時當地也少有人知道這座茶籠山。爲什麽這則故事會選擇茶籠山作爲空間背景?這可能是因爲茶籠山位於這片群峰之中,具體是哪座山峰並不重要,而且這樣的選擇更容易製造一種神秘性,這也是感通故事中常見的套路。此外,這則故事的另一個背景在東亞佛教世界的聖山五臺山,似乎也在暗示着茶籠山的某種神秘性與神聖性。

蜀之西界另一重要的山岳爲蜀州青城山,在青城縣西北三十二里。青城山雖然是道教的十大洞天、七十二福地之一,但是佛教徒很早就進入此山修行。

釋植相是梓潼涪人,蕭梁末年,四方不安,植相"與象法師分飛異域。象入静林山,相入青城山,聚徒集業"[86]。象法師進入的静林山不知在何處。蕭梁初年,又有香闍梨,不知來自何處,到青城山飛赴寺之後,"欣然有終志"[87]。唐朝時有成都僧人釋定蘭,本來是街市中的屠夫,後來深悔之前所做的罪惡,志欲弘法,化行三蜀。因父母早亡,每當忌辰,定蘭都悲痛欲絶,裸露身體進入青城山,任由蚊蚋蝐蠅叮咬身體,以此來報答父母的恩德[88]。後蜀時成都大慈寺又有無名僧人,苦於身疾,曾策杖進入青城大面山采藥[89]。

以上諸山,均位於成都之西北,屬於岷山山脈[90]。

---

[85] 清人顧祖禹在《讀史方輿紀要》中提到彭縣至德山又名茶籠山(3150頁),這可能是來自於《宋高僧傳》的這條材料。

[86] 《續高僧傳》卷二六《梁蜀土青城山寺釋植相傳》,989頁。

[87] 《續高僧傳》卷二七《周益州青城山飛赴寺香闍梨傳》,1042頁。

[88] 《宋高僧傳》卷二三《唐成都府福感寺定蘭傳》,587頁。

[89] 《宋高僧傳》卷二二《周偽蜀净衆寺僧緘傳》,568頁。

[90] 按《高僧傳》卷一一《晋蜀石室山釋法緒傳》:"釋法緒,姓混,高昌人。德行清謹,蔬食修禪。後入蜀,於劉師塚間頭陀山谷,虎兕不傷。誦《法華》《維摩》《金光明》,常處石室中,且禪且誦。盛夏於室中捨命,七日不臭。屍左側有香,經旬乃歇,每夕放光,照徹數里。村人即於屍上爲起塚塔焉。"(408—409頁)法緒修持頭陀的劉師塚間山谷所指不明,但是《法緒傳》的標目作《晋蜀石室山釋法緒》。考《太平寰宇記》卷八〇"巂州"條有:"石室山。按《九州要記》云:'山在汶江之北。昔樵人王質入山,見二仙人圍棋,質乃坐斧而觀,二仙棋訖,質亦起,見斧柯已爛,方悟是二仙人。'"(1618頁)按此處《九州要記》説石室山在汶江北面,但汶江發源於蜀地西北部,東南流注入江水,並未流經巂州境内。且王質入山觀棋的故事一説在信安郡石室山,並不在蜀地。可見《九州要記》此條記載並不甚準確,蜀地的石室山可能是附會王質故事,其地可能也在汶江流經的岷山群嶺之中。

蜀地僧人常居止的山林還有位於成都東北的漢州三學山、梓州牛頭山等。例如：釋智炫，益州成都人，北周武帝時曾入京師與道士張賓辯論，楊堅後來大弘佛法，智炫以"蜀川迥遠，奧義未宣，援首西歸"，後又因"宣揚覺倦，入隱三學山"[91]。《宋高僧傳·知玄傳》記載："傳云，玄前身名知鉉，漢州三學山講《十地經》。"[92]這裏的知鉉可能就是附會的智炫。前引《續高僧傳·道仙傳》，道仙曾經商到達梓州牛頭山聽僧達禪師說法。又有釋明達，"行至梓州牛頭山，欲構浮屠及以精舍"[93]。又牛頭山寺有釋智通，"善持威儀，奉戒貞苦"[94]。又如無相的師傅處寂曾在資州山北蘭若修行。

行文至此，我們發現從南北朝直至五代時期，三部僧傳中雖然偶爾出現峨眉山的踪迹，但是却沒有記載任何僧人曾經駐錫於峨眉。佛藏之外，曾經遊歷過劍南道南部地區的文人們也爲我們留下一些材料，比如岑參離開嘉州東歸時有詩曰，"復有峨眉僧，誦經在舟中"[95]，可是現在已經難考此僧事迹。此外，嘉州青衣山上曾有僧人居住，凌雲山上則開鑿了著名的凌雲寺大佛[96]。所以蜀地南部的山林之中確實也存在一些佛教活動，但是作爲最權威的中國佛教史料，《高僧傳》《續高僧傳》和《宋高僧傳》均不載峨眉佛教史迹，這説明中古時期峨眉山佛教仍處於發展的初始階段。

雖然僧傳中有幾處提到僧人們想去峨眉一覽，但是根據傳文，他們似乎都未曾到過峨眉。比如釋慧持"後聞成都地沃民豐，志往傳化，兼欲觀矚峨眉，振錫岷岫，乃以晉隆安三年(399)辭遠入蜀"。慧持後來在給桓玄的信中還説"本欲棲病峨嵋之岫，觀化流沙之表，不能負其發足之懷，便束裝首路"[97]。但是慧持在到達蜀地後便駐錫於成都龍淵精舍，大弘佛法，並未有他曾"棲病峨嵋之岫"

---

[91] 《續高僧傳》卷二四《隋益州孝愛寺釋智炫傳》，926—929頁。
[92] 《宋高僧傳》卷六《唐彭州丹景山知玄傳》，129頁。
[93] 《續高僧傳》卷三〇《梁蜀部沙門釋明達傳》，1200頁。
[94] 《續高僧傳》卷三〇《唐梓州牛頭山寺釋智通傳》，1225頁。
[95] 岑參撰，廖立箋注《岑嘉州詩箋注》卷一《東歸發犍爲至泥溪舟中作》，中華書局，2004年，242頁。
[96] 岑參撰，廖立箋注《岑嘉州詩箋注》卷一《上嘉州青衣山中峰題惠净上人幽居寄兵部楊郎中》，149頁；同書同卷《登嘉州凌雲寺作》，162—163頁。
[97] 《高僧傳》卷六《晉蜀龍淵寺釋慧持傳》，230頁。

的記載。又如釋僧副"乃有心岷嶺,觀彼峨眉。會西昌侯蕭淵藻出鎮蜀部,於即拂衣附之,爰至井絡,雖途經九折,無忘三念。又以少好經籍,執卷緘默,動移晨晷,遂使庸蜀禪法自此大行"[98]。這裏也未見僧副曾到過峨眉山[99]。又《宋高僧傳》載唐朝時有釋圓觀,其友人李源好服丹藥,曾邀請他一起"遊蜀青城、峨眉等山洞求藥",但是贊寧之後的記載甚是荒誕:當他們行至南浦時遇一孕婦,圓觀便轉世投胎成爲婦人之子[100]。這段轉世投胎的故事實有所本,來源有三:其一,牛僧孺《玄怪錄》,唯故事主角變成了"李沈"和"李擢"[101];其二,李冗《獨異志》,故事發生在"李源"和"武十三"之間[102];其三,袁郊《甘澤謠》,在該書中故事的主人公正是"李源"和"圓觀",而且去峨眉採藥、在南浦轉世等細節亦與《宋高僧傳·圓觀傳》完全一致[103]。蘇晉仁也指出《圓觀傳》便是據《甘澤謠》寫成[104]。因此,圓觀的事迹不能用作僧人曾到峨眉山的證據[105]。

僧傳中所見曾到過峨眉山的有澄觀、善靜、僧緘三人[106]。澄觀於大曆十一年巡禮完五臺山後,"仍往峨眉,求見普賢,登險陟高,備觀聖像"[107]。善靜和僧緘所處時代較晚,都是五代時人,善靜曾"起遊峨眉,禮普賢銀色世界"[108],僧緘曾說"暫去禮峨眉,結夏於黑水方還"[109]。

---

[98] 《續高僧傳》卷一六《梁鍾山定林寺釋僧副傳》,560 頁。
[99] 李啓文在整理嚴耕望遺稿時認爲"僧副似嘗至峨眉",見《魏晉南北朝佛教地理稿》,187頁。另外道昱也認爲"僧副赴岷山觀賞峨眉,亦令禪法大行於庸蜀地區",見道昱《中國佛教四大名山考》,《普門學報》第 45 期,2008 年,75—76 頁。但是根據現有文字,還是無法確定僧副曾經到過峨眉山。
[100] 《宋高僧傳》卷二○《唐洛京慧林寺圓觀傳》,518—519 頁。
[101] 牛僧孺撰,程毅中點校《玄怪錄》,中華書局,2006 年,119—121 頁。
[102] 李昉等編《太平廣記》卷一五四引《獨異志》李源條,中華書局,1961 年,1105 頁。
[103] 袁郊《甘澤謠》,中華書局,1985 年,8—10 頁,參同書附錄《東坡刪改圓澤傳》《贊寧記觀道人三生爲比邱》,15—17 頁。程毅中對比了《玄怪錄》《獨異志》和《甘澤謠》,但是没有提及《宋高僧傳·圓觀傳》,見程毅中點校《玄怪錄》前言,14—16 頁。
[104] 蘇晉仁《佛教文化與歷史》,中央民族大學出版社,1998 年,158 頁。
[105] 道昱便據《宋高僧傳·圓觀傳》説:"圓觀於天寶末年(約 755 年左右)'遊蜀青城、峨眉等山洞求藥'。該傳文僅言往峨眉山洞求藥,並未提及禮普賢之事。"見道昱《中國四大名山考》,76 頁。
[106] 道昱已經在討論四大名山發展時指出這三名僧人,見《中國四大名山考》,76 頁。
[107] 《宋高僧傳》卷五《唐代州五臺山清凉寺澄觀傳》,105 頁。
[108] 《宋高僧傳》卷一三《晋永興永安院善靜傳》,312 頁。
[109] 《宋高僧傳》卷二二《周僞蜀净衆寺僧緘傳》,567 頁。

敦煌文獻 S.529 是一位僧人的旅行記,學者多稱之爲《諸山聖迹志》。該行記從五臺山開始,經過太原、幽州、定州、揚州、洪州、杭州、撫州、福州、泉州、廣州、韶州等地,並記廬山、峨眉山、羅浮山、終南山等山岳佛教聖迹[110]。《諸山聖迹志》書寫潦草、錯漏頗多,而且所記道里及方位多處存在明顯錯誤,比如它記載衡州"西北行二百里至南岳山",可是南岳在衡州東北,最遠也不過七十里,此書又記"峨眉山在嵋州",實則峨眉在嘉州,且"嵋州"當作"眉州",再如此書將循州羅浮山記在了新州,所以《諸山聖迹志》所載內容的真實性便值得懷疑了[111]。另外,《諸山聖迹志》成書於後梁末年到後唐同光、天成年間,它所反映的事迹應當在後唐莊宗到明宗時期的十餘年間[112]。本文通過考察從魏晉南北朝直至唐末五代時期蜀地僧人的活動,發現此前數百年巴蜀佛教空間格局幾乎不曾改變,所以《諸山聖迹志》對本文結論影響不大。

## 四、"西山"之諸相

通過第二節和第三節的考察,我們發現巴蜀僧人的山林修行大多集中於蜀之西界,蜀之東界雖然也有部分僧人前往,但數量明顯較少。本節我們將具體考察蜀之西界的情況。

蜀之西界是綿延不斷的岷山山脈,岷江發源於西北方,奔向東南,於彭州導江境內出山進入成都平原地區。唐朝時在這一地區設置有蜀、彭、茂、維、翼、松等州,"松、茂二州都督府所統諸州,皆西山羌也","自彭州導江縣西出鹽崖關,

---

[110] 榮新江《敦煌地理文獻的價值與研究》,《書品》2000 年第 3 期;此據同作者《敦煌學新論》,甘肅教育出版社,2002 年,256 頁。

[111] 張偉然、聶順新《也談唐代佛教寺院分佈的輯補——兼析敦煌文書〈諸山聖迹志〉的史料價值》,《世界宗教研究》2008 年第 2 期,137—141 頁。

[112] 鄭炳林《論〈諸山聖迹志〉的成書年代》,《中國歷史地理論叢》1989 年第 1 期,143—150 頁。陳雙印對《諸山聖迹志》成書年代的下限有所修訂,認爲當在天成(926—930)之前,見陳雙印、張郁萍《廬州張崇事迹考——兼談 S.529v〈諸山聖迹志〉寫作的絕對時間問題》,《敦煌學輯刊》2009 年第 3 期,8—13 頁。

歷維、茂,至當、悉諸州,皆西山也"[113]。本文即統稱這一片山區爲"西山"。

(一) 地理位置

佛教寺院的位置通常距離城市不遠不近,既不會完全脱離俗世,也不會完全浸入其中[114]。巴蜀境内,成都是政治、經濟、文化中心,西山群嶺地當成都之西北,山區東界的彭州與成都府毗鄰,距離僅爲一百里[115]。與之相比,峨眉山便顯得頗遠了。西山地區正是距離蜀地最大城市成都的不遠不近之區域。頭陀僧們雖然是在山中苦修,但仍需要食物來源。通常情况下,他們會以野果等爲食,但是也存在山外人員給他們投送食物的情况,距離城市越近,這些問題也就越容易解决。

(二) 風景環境

西山群嶺海拔較高,多數山峰常年爲積雪所覆蓋,景色優美,宛若仙境。在詩文之中,常見有西山意象。

晋左思在《蜀都賦》中對這一地區有所刻畫:

> 於西則右挾岷山,涌瀆發川。陪以白狼,夷歌成章。坰野草昧,林麓黝儵。交讓所植,蹲鴟所伏。百藥灌叢,寒卉冬馥。異類衆夥,于何不育?其中則有青珠黄環,碧砮芒消。或豐綠蒻,或蕃丹椒。麋蕪布濩於中阿,風連莚蔓於蘭皋。紅葩紫飾,柯葉漸苞。敷藥葳蕤,落英飄颻。神農是嘗,盧跗是料。芳追氣邪,味蠲癘痧。[116]

左思在這裏極盡敷染之能事,通過列舉各種奇珍異草,將成都西邊的岷山描寫成一個物産豐富、花繁葉茂的勝境。

曾經客寓成都的杜甫在多首詩歌中提到西山,最爲人所熟知的,可能就是"窗含西嶺千秋雪,門泊東吴萬里船"[117],杜甫在這裏以西山之上千百年來不消

---

[113] 《資治通鑑》卷二〇四《唐紀二十》則天后垂拱四年條胡三省注,6570 頁;同書卷二三四《唐紀五十》德宗貞元九年條胡三省注,7669 頁。

[114] James Robson, "Introduction: 'Neither Too Far, Nor Too Near': The Historical and Cultural Contexts of Buddhist Monasteries in Medieval China and Japan", in *Buddhist Monasticism in East Asia: Places of Practice*, eds. by James A. Benn, Lori Meeks and James Robson, Routledge, 2010, pp. 3-4.

[115] 《元和郡縣圖志》卷三一《劍南道上》,772 頁。

[116] 左思《蜀都賦》,見蕭統編,李善注《文選》,上海古籍出版社,1986 年,180 頁。

[117] 杜甫著,謝思煒校注《杜甫集校注》卷一三《絶句四首》其三,上海古籍出版社,2015 年,2104 頁。

融的皚皚白雪,對萬里迢迢從江南駛來的客船,既體現了蜀地與遥遠的江南的聯繫,同時也表達了對西山雪嶺的喜愛。此外杜甫還有"錦江春色來天地,玉壘浮雲變古今";"西山白雪三奇戍,南浦清江萬里橋";"暮倚高樓對雪峰,僧來不語自鳴鐘"等描寫西山的詩句[118]。李白也有類似杜甫的詩句,比如"地轉錦江成渭水,天迴玉壘作長安"等等[119]。秀麗的景色、清幽的環境是禪修的好去處,所以纔有僧人一見此地山水便欣然有終志焉,這正是道安所説蜀地"山水可以修閑"的注脚。

(三) 絲路通衢

西山地區是巴蜀的西部門户、交通孔道,是著名的絲綢之路河南道的一部分,關於河南道已有較多的研究成果,現據前人研究略作介紹[120]。

東晉至南北朝期間,絲綢之路河南道逐漸興起,其部分路綫沿岷江而行。從成都出發,西行經過郫縣、都江堰、汶川、茂汶、松潘等地[121]。這條絲綢之路全綫經過西山地區,連接起巴蜀與西域的高昌、于闐等地以及南朝京畿建康,是東西交通中的一條重要道路。自魏晉南北朝開始,便有衆多的使者、商人和僧侣往來於這條道路上,陳良偉在《絲綢之路河南道》一書中用一章的篇幅詳細列舉了河南道上的各國使團、中外僧侣、中外商團[122],現略舉數個經過西山地區的例子,以供參考。

釋道汪本在廬山慧遠處出家,"後聞河間玄高法師禪慧深廣,欲往從之。中路值吐谷渾之難,遂不果行,於是旋於成都"[123]。又如釋法獻"以宋元徽三年(475),

---

[118] 杜甫著,謝思煒校注《杜甫集校注》卷一一《登樓》,1809—1810 頁;同書卷一二《野望》,1910 頁;同書卷一三《暮登四安寺鐘樓寄裴十》,2114 頁。

[119] 李白撰,安旗等箋注《李太白全集編年箋注》卷一三《上皇西巡南京歌十首》其四,中華書局,2015 年,1351 頁。

[120] 相關研究有夏鼐《青海西寧出土的薩珊波斯朝銀幣》,《考古學報》1958 年第 1 期,105—110 頁;周偉洲《古青海路考》,《西北大學學報》1982 年第 1 期,65—72 頁;唐長孺《南北朝期間西域與南朝的陸路交通》,見同作者《魏晉南北朝史論拾遺》,中華書局,1983 年,168—195 頁;吳焯《四川早期佛教遺物及其年代與傳播途徑的考察》,《文物》1992 年第 11 期,40—67 頁;陳良偉《絲綢之路河南道》,陳良偉所論最爲詳細。

[121] 陳良偉《絲綢之路河南道》,57—93 頁。

[122] 陳良偉《絲綢之路河南道》,252—320 頁。

[123] 《高僧傳》卷七《宋蜀武擔寺釋道汪傳》,283 頁。

發蹤金陵,西遊巴蜀,路出河南,道經芮芮,既到于闐,欲度葱嶺,值棧道斷絕,遂於于闐而反"[124]。又粟特僧人釋明達,"以梁天監初來自西戎,至於益部"[125]。另外還有本文第三節中提到的道仙,應當也是經由這條道路到達蜀地的[126]。

魏斌在論述廬山的佛教空間時強調了交通因素的重要作用:"除了刻意避世行頭陀禪修的僧人,一般僧人們選擇的往往不是真正'偏遠'的山林,而仍要考慮交通便利性。廬山佛教的早期發展和興盛,實際上就得益於位處長江與贛江—鄱陽湖水道交匯處,離潯陽治所很近的地理優勢。建康與荊雍、嶺南之間的來往,均要經過此地。立足廬山,處於山林與市朝之間,既能做山林清修,又可以很方便地保持與朝廷的往來。"[127]巴蜀西山的情況又與廬山相類似。廬山得益於長江、贛江水道的便利,西山則受益於陸上絲綢之路河南道的暢通。

大量的商人、僧侶往來於這條路上,促進了巴蜀與長江下游以及西域的文化交流。如釋慧叡,"常遊方而學,經行蜀之西界,爲人所抄掠。常使牧羊,有商客信敬者,見而異之,疑是沙門,請問經義,無不綜達,商人即以金贖之"[128]。吳焯認爲這裏的蜀之西界指的就是西山地區,而慧叡的本意可能是想經此道路,西行求法[129]。值得注意的是,慧叡是被經過這裏的商人所解救,而商人與佛教之關係是非常密切的。絲路的暢通自然伴隨大量商人往來,而中古時期活躍於絲綢之路上的商人多是粟特胡人。據《歷代法寶記》,無住便是通過粟特胡商曹瓌得知劍南無相,從而入蜀求法[130]。據本文第一節的考證,無相也曾在西山地區行頭陀,那麼曹瓌就很可能是在這裏瞭解到無相。雖然大多數僧人名義上還是在西山地區修持遠離塵囂的頭陀行,但是西山地區密集的人員往來爲信息的流通創造了有利條件,客觀上促進了佛教的傳播。

[124] 《高僧傳》卷一三《齊上定林寺釋法獻傳》,488頁。
[125] 《續高僧傳》卷三〇《梁蜀部沙門釋明達傳》,1199頁。
[126] 榮新江《魏晉南北朝隋唐時期流寓南方的粟特人》,韓昇編《古代中國:社會轉型與多元文化》,上海人民出版社,2007年;此據同作者《中古中國與粟特文明》,生活·讀書·新知三聯書店,2014年,45—47頁。
[127] 魏斌《宫亭廟傳説——中古早期廬山的信仰空間》,《歷史研究》2010年第2期;此據同作者《"山中"的六朝史》,89頁。
[128] 《高僧傳》卷七《宋京師烏衣寺釋慧叡傳》,259頁。
[129] 吳焯《四川早期佛教遺物及其年代與傳播途徑的考察》,48頁。
[130] 柳田聖山《初期の禪史》(Ⅱ),168—169頁。

## (四) 軍事重地

魏晉南北朝時期,西南地區較爲和平,戰爭較少。進入唐朝,隨着吐蕃的興起,唐王朝西南邊境面臨的軍事壓力越來越大。唐玄宗時,在邊地設立節度使,用來遏制四夷,其中"劍南節度西抗吐蕃,南撫蠻獠,統天寶、平戎、昆明、寧遠、澄川、南江六軍,屯益、翼、茂、當、巂、柘、松、維、恭、雅、黎、姚、悉十三州之境,治益州,兵三萬九百人"[131]。由此可見劍南在唐朝西南防禦體系中的戰略地位。安史之亂後,唐王朝的西南邊患更加嚴重,吐蕃佔領隴山以西廣大地區,頻頻入寇,逼近首都長安,韋皋等在蜀苦心經營,拱衛京師,與西北的朔方軍形成犄角之勢,牽制吐蕃,此時劍南道對於唐朝的重要性變得更大[132]。在劍南境内,歷次唐蕃戰爭的主戰場多在西山範圍之内。

早在貞觀八年(634),吐蕃因迎娶唐朝公主問題與唐朝及吐谷渾產生嫌隙,遂大舉進攻吐谷渾,"破党項及白蘭諸羌,率其衆二十餘萬,頓於松州西境"。唐太宗命侯君集、執失思力等人兵出數路回擊,夜襲松州吐蕃營地,破之,吐蕃遂退兵[133]。儀鳳年間,唐朝"於茂州之西南築安戎城"[134],後被吐蕃佔領。開元二十六年(738),杜希望率軍進攻吐蕃,劍南節度使王昱領軍攻安戎城,頓兵於蓬婆嶺之下,並運送劍南道資糧以守衛安戎城。吐蕃以其精鋭救援安戎城,王昱戰敗,僅以身免,貶爲括州刺史[135]。長安二年(702),吐蕃還曾攻打茂州,"都督陳大慈與之四戰,皆破之,斬首千餘級"[136]。

開元二十八年,劍南節度使章仇兼瓊密謀於安戎城中吐蕃翟都局以及維州別駕董承宴,由翟都局等作爲內應,攻佔安戎城。同年十月,吐蕃再次攻打安戎城以及維州,章仇兼瓊率衆禦敵,因寒冬已至,吐蕃無奈退軍,遂改安戎城爲平戎城[137]。

---

[131] 《資治通鑑》卷二一五《唐紀三十一》玄宗天寶元年條,6969頁。
[132] 嚴耕望《唐五代時期之成都》,《香港中文大學中國文化研究所學報》第12期,1981年;此據同作者《嚴耕望史學論文集》卷中,上海古籍出版社,2009年,724—728頁。
[133] 《舊唐書》卷一九六《吐蕃傳上》,5221頁。
[134] 《舊唐書》卷一九六《吐蕃傳上》,5224頁。
[135] 《資治通鑑》卷二一四《唐紀三十》玄宗開元二十六年條,6952、6955頁;《舊唐書》卷一九六《吐蕃傳上》,5234頁。
[136] 《資治通鑑》卷二〇七《唐紀二十三》,6677頁。
[137] 《舊唐書》卷一九六《吐蕃傳上》,5234—5235頁。

天寶末葉,吐蕃又一次攻打劍南,事見楊譚《兵部奏劍南節度破西山賊露布》:

> 吐蕃舉國興兵,資其叛逆。頃者西山戰士及八國子弟,因其窘逼,遂欲憑陵,敢懷猶鬥之心,來犯必誅之令。以正月五日率故洪、臘城、裹囊邛三節度兵馬八萬餘人,分爲六道,攻圍萬安、柔遠、明威、平戎及保寧都護衛(府)等五城。……十八日,都知西山子弟兵馬副使左金吾衛大將軍攝臨翼郡太守董却黐……領八郡驍勇並蕃漢武士等七千人,自蓬婆路取牙山,出其不意,銜枚夜襲。[138]

吐蕃此次行動,主要戰場仍然是在西山諸州,且戰鬥激烈。從露布中我們得知,天寶年間此地設有西山子弟兵馬使。又《諸葛武侯祠堂碑陰》有"中軍兵馬使、兼西山中北路兵馬使……都督茂州諸軍事……隴西郡開國公李廣誠"[139]。曾任茂州刺史的蓋巨源撰有《回車院記》,其中有"唐號西山中北路"字樣[140]。嚴耕望先生據此認爲當時茂州是西山中北路的軍事中心地區[141]。西山是戰略要地,所以崔寧、張胐纔能以西山兵馬使的身份率兵攻入成都,驅逐劍南西川節度使[142]。

嚴武、高適任職劍南期間(762—763)經營西山抵禦吐蕃的事迹見本文第二節。大曆十一年,吐蕃聯合南詔,攻打劍南。"一入茂州,過汶川及灌口;一入扶、文,過方維、白壩;一自黎、雅過邛崍關,連陷郡邑。"[143]這次吐蕃甚至越過茂州,打到了彭州灌口境内,則西山地區再次遭遇兵燹。貞元八年(792),吐蕃先攻靈州,再犯涇州。西川節度使韋皋遂領兵出擊吐蕃佔領之維州,虜獲吐蕃將領論贊熱。貞元九年,唐朝築鹽州,唐德宗命令韋皋從劍南出兵以牽制吐蕃,韋皋

---

[138] 《全唐文》卷三七七,3833—3834頁。關於此次戰役的時間,嚴耕望認爲在天寶末葉,見《唐代交通圖考》第4卷《山劍滇黔區》,974、1000頁;李敬洵認爲在天寶十四載,見《四川通史》第3册,四川大學出版社,1993年,159頁;郭聲波認爲此文最遲當作於天寶十二載十二月之前,見《唐弱水西山羁縻州及保寧都護府考》,《中國史研究》1999年第4期,88頁。

[139] 《八瓊室金石補正》卷六八,《石刻史料新編》第1輯第7册,新文豐出版公司,5092—5093頁。

[140] 王象之《輿地紀勝》卷一四九茂州條,中華書局,1992年,4012頁;陳尚君《全唐文補編》輯出,中華書局,2005年,967頁。

[141] 嚴耕望《唐代交通圖考》第4卷《山劍滇黔區》,934頁。

[142] 《舊唐書》卷一一七《崔寧傳》,3398—3399頁;同書卷一二九《張延賞傳》,3607—3608頁。

[143] 《舊唐書》卷一九七《吐蕃傳下》,5245頁。

遂命大將董勔、張芬等人出西山及南道,破峨和城、通鶴軍[144]。八年後,吐蕃打鹽州,陷麟州,爲緩解北方戰綫的壓力,韋皋再次奉命出西山,兵分九路,進逼栖雞、老翁以及故維州、保州、松州等地[145]。

由此可見西山是唐蕃對峙中劍南地區的主戰場,唐朝在此地駐有重兵,與吐蕃以及位於東南方的成都均聯繫緊密,而且西山兵馬使往往能够影響劍南政治全局。

吐蕃興起以後,西山地區戰火頻仍,唐與吐蕃均在此地駐有重兵。通常而言,人們應該會避開這一危險之地,但是從上文所述我們發現,對於僧人們來說,情況並非如此。軍隊與佛教的聯繫歷來比較緊密,在禪宗的叙述話語中,最著名的例子恐怕就是神會與朔方軍的關係了,《宋高僧傳·神會傳》載:

> [開元]十四年,范陽安禄山舉兵内向,兩京版蕩,駕幸巴蜀。副元帥郭子儀率兵平殄,然於飛輓索然。用右僕射裴冕權計,大府各置戒壇度僧,僧税緡謂之香水錢,聚是以助軍須。初洛都先陷,會越在草莽,時盧奕爲賊所戮,群議乃請會主其壇度。於時寺宇宫觀,鞠爲灰燼,乃權創一院,悉資苫蓋,而中築方壇,所獲財帛頓支軍費。代宗、郭子儀收復兩京,會之濟用頗有力焉。[146]

神會通過出售度牒幫助郭子儀的軍隊籌集軍餉,並因此而地位陡升,成爲一時大法主。雖然這段記述可能有誇張不實之處,但是仍能體現僧人與軍隊的聯繫。另外一些精通密教咒術的僧人,通常會被朝廷延請升壇施法,期以請來神兵幫助抵禦敵人。甚至部分僧人還會去往戰爭前綫,比如法藏可能就曾到幽州附近抗擊契丹的入侵[147]。

再回到蜀地禪宗歷史,無相之所以會出山來到成都駐錫於净衆寺,正是因爲劍南節度使章仇兼瓊的延請,無相與軍將的關係可見一斑,而保唐派的創始人無

---

[144] 《舊唐書》卷一九七《吐蕃傳下》,5257—5258 頁。

[145] 《舊唐書》卷一九七《吐蕃傳下》,5259 頁。關於唐、吐蕃對於維州的争奪,參饒宗頤《維州在唐代蕃漢交涉史上之地位》,《選堂集林·史林》中册,香港中華書局,1982 年,656—671 頁。

[146] 《宋高僧傳》卷八《唐洛京荷澤寺神會傳》,180 頁。

[147] Chen Jinhua, *Philosopher, Practitioner, Politician: The Many Lives of Fazang（643-712）*, Brill, 2007, pp. 136-143.

住本身就有非常强的軍方背景,《歷代法寶記》云:

> 和上鳳翔郿縣人也,俗姓李,法號無住,年登五十。開元年,代父朔方展效。時年廿,膂力過人,武藝絕倫。當此之時,信安王充河朔兩道節度使,見和上有勇有列(烈),信安王留充衙前遊弈先鋒官。和上每日自嘆:"在世榮華,誰人不樂。大丈夫兒,未逢善知識,一生不可虛弃。"遂乃捨官宦,尋師訪道。[148]

據此,無住二十歲時曾經效力朔方軍,並得到信安王李禕的賞識,祇因不慕榮華,纔出家修道。榮新江先生在討論摩尼教與景教因素在劍南和吐蕃間的流傳時,詳細勾勒了無住的朔方軍背景及其影響[149]。後來杜鴻漸入蜀,也是從西山軍將的口中得知白崖山有無住和尚,而這些軍將正是在行軍西山的途中瞭解到無住[150]。

除了上述與佛教徒往來頻繁的高級將領,有迹象表明,劍南西山行伍之中的低級戍卒與佛教的接觸也很密切。段成式《酉陽雜俎》記載:

> 韋南康鎮蜀,時有左營伍伯,於西山行營,與同火卒學念《金剛經》。性頑,初一日,纔得題目。其夜堡外拾薪,爲蕃騎縛去,行百餘里乃止。天未明,遂踣之於地,以髮繫橛,覆以駞毯,寢其上。此人惟念經題,忽見金一鋌,放光止於前。試舉首動身,所縛悉脱,遂潛起,逐金鋌走。計行未得十餘里,遲明,不覺已至家。家在府東市,妻兒初疑其鬼,具陳來由。到家五六日,行營將方申其逃。初,韋不信,以逃日與至家日不差,始免之。[151]

這是一條宣揚《金剛經》靈驗效力的故事,其中的韋南康即韋皋。在西山駐軍中,一左營伍伯與行營中的同火卒學習念《金剛經》,並因口誦此經從吐蕃人手中逃脱。雖然此爲小説家言,我們仍能從中一窺西山軍營中的佛教信仰狀況。

唐、吐蕃、吐谷渾(吐谷渾後被吐蕃吞併),在西山激烈衝突中的這三方,都

---

[148] 柳田聖山《初期の禪史》(Ⅱ),168頁。
[149] 榮新江《〈歷代法寶記〉中的末曼尼和彌師訶——兼談吐蕃文獻中的摩尼教和景教因素的來歷》,《藏學研究叢刊——賢者新宴》,1999年;此據同作者《中古中國與外來文明》,三聯書店,2014年,309—332頁。
[150] 見本文第二節。
[151] 段成式撰,許逸民校箋《酉陽雜俎校箋》續集卷七《金剛經鳩異》,中華書局,2015年,1979頁。

有很強的佛教信仰。饒宗頤先生曾指出,吐蕃在攻佔維州後,將此地改名爲無憂城,可能就是受到佛教思想的影響[152]。劉宋初年慧覽從于闐求法返回時經過吐谷渾地,"河南吐谷渾慕延世子瓊等,敬覽德問,遣使並資財,令於蜀立左軍寺,覽即居之"[153]。又有劉宋末年玄暢在齊后山修行時,"河南吐谷渾主,遥心敬慕,乃馳騎數百,迎於齊山。値已東赴,遂不相及"[154]。劍南軍將、吐蕃和吐谷渾的首領大多都是佛教信徒,所以僧人們也没有刻意迴避他們的必要,而西山地區便成爲這三方之間佛教交流的紐帶。

## 五、結論

以上從地理位置、環境、交通以及軍事四方面總結了西山對於佛教徒的吸引力。所以無相、道仙等人在成都東面的梓州、資州等地聽聞佛法後,不辭勞苦地來到成都之西修行也就較容易理解了。關於山居修行的最終目的,《歷代法寶記》中無相在傳法無住時説得非常直白:

〔無相:〕"此是則天皇后與詵和上,詵和上與唐和上,唐和上吾,吾傳與無住禪師。此衣久遠已來保愛,莫遣人知。"語已悲淚哽咽。"此衣嫡嫡相傳付受,努力努力。"即脱身上袈裟覆膞裙衫坐具,共有一十七事。"吾將年邁,汝將此衣物,密送與無住禪師,傳吾語,善自保愛,努力努力。未出山時,更待三五年間,自有貴人迎汝,即出。"[155]

顯而易見,此則懸記指的是杜鴻漸迎請無住之事,雖不免《歷代法寶記》的作者事後僞造之嫌,但正在無意間表明無相、無住及其弟子們的最終理想並非終身在山林中苦修,而是出山在通都大邑中廣開禪法。更值得注意的是,無住的道場距離劍南軍隊的營地石碑營非常之近,這纔有後來牛望仙等人的拜謁之事。既然如此,西山必然成爲不二之選。在某種意義上,此時的西山就如同位於長安南方

---

[152] 饒宗頤《維州在唐代蕃漢交涉史上之地位》,656—658 頁。
[153] 《高僧傳》卷一一《宋京師中興寺釋慧覽傳》,418 頁。
[154] 《高僧傳》卷八《齊蜀齊后山釋玄暢傳》,316 頁。
[155] 柳田聖山《初期の禪史》(Ⅱ),171 頁。

的終南山,是成都的"終南捷徑"了[156]。

　　有鑒於此,我們不得不重新認識巴蜀的佛教地理空間。成都是巴蜀城市佛教的中心,這點没有疑問[157],那麽巴蜀山林佛教的中心在哪？以往提到巴蜀的佛教山林,我們很自然的就會想到峨眉山,即使峨眉山的興起是很晚以後了。比如黄夏年認爲峨眉山是川西佛教徒修行、參學的中心,川西佛教文化圈即峨眉山佛教文化圈[158]。嚴耕望先生在關於佛教城市與山林的未完稿中即將成都與峨眉山並列討論。因梁元帝在《内典碑銘集序》中將峨眉山與廬山並列,他認爲峨眉山在當時必定也是一座佛教名山。但是他也明言東晋南北朝時期,高僧傳中並没有以峨眉標目者,似乎當時峨眉仍然不見有佛教活動。李啓文在整理嚴先生文稿時指出,關於巴蜀的一節"原分兩節,分别爲'成都及其近地青城、綿、梓諸山'節及'峨眉山'節。然原稿本節之標題但作'成都　峨眉山'"。青城山位於西山區域,綿州、梓州位於成都之東北,似乎嚴先生的關注點仍以東北部爲重[159]。可惜嚴先生溘然長逝,未能完成這部佛教地理著作。現在看來,中古時期巴蜀地區與城市聯繫密切的佛教山林當處於成都西邊的群嶺之中,而不是峨眉山或者成都之東或東北的諸山。這就爲我們理解巴蜀佛教提供了一個新的空間上的視角。

　　從這種背景出發,還可以爲峨眉山爲什麽没有在中古時期興起提供一種地緣上的解釋。如果將峨眉山置於巴蜀這一較爲微觀的世界中去考察,我們發現,大量僧人都把西山作爲首選的修行之地,其次還有三學山、牛頭山等,幾乎没有僧人會前往峨眉山。我們還應該注意僧人們通常都是將岷嶺與峨眉對舉,即使有參峨眉山的僧人,也並不能就此弱化岷嶺在當時僧人心中的地位。因此,去往峨眉山修持的僧人寥寥無幾,那裏自然也就很難發展起較具規模的寺院,因爲大部分山寺都是從僧人結草爲庵的基礎上發展而來。僧人罕至,宣傳佛教神異的

---

[156]　參王静《終南山與唐代長安社會》,151—159頁。

[157]　據鄭濤統計,唐代成都府有寺院47所,而梓州衹有21所,由此可見雖然梓州曾在一段時間内作爲劍南東川節度使的駐地,其佛教興盛程度仍不能與成都相比。見鄭濤《唐宋四川佛教地理研究》,西南大學博士學位論文,2013年,40頁。

[158]　黄夏年《峨眉山佛教在中國佛教中的地位和作用》,《宗教學研究》1993年第2期,28—29頁,後收入永壽主編《峨眉山與巴蜀佛教》,38頁。

[159]　嚴耕望《魏晋南北朝佛教地理稿》,132—134、185頁。

靈驗故事自然就會很少。再回頭看羅僧感通故事爲什麼發生在彭州茶籠山,可能更有助於我們理解峨眉山的情境。既然峨眉山對蜀地僧人的影響已經如此微弱,那麽在整個中國之內,它的吸引力自然更弱,所以也就很難在中古時期興盛起來了。

最後,本研究爲佛教地理和山岳文化研究提供了一種新的視角。在總結影響佛教地理分佈的因素時,學者們大多從自然地理、經濟、人口、交通、政治等因素入手[160],而忽略了軍事因素在佛教地理分佈上的重要影響。正如本研究所揭示的那樣,僧人往往與軍人互動頻繁、聯繫緊密,僧人的道場甚至緊鄰軍營,所以這是不可忽視的因素。此外,在分析佛教地理分佈時,學者們大多以州郡爲單位進行統計,或者以更高一級的道爲單位進行統計,而對州郡之間自然地理的相似性關注不足,這種相似性可能會形成一個具體而微的佛教分佈空間[161]。如本文開篇所説,學者們研究山岳的傳統往往是從五臺、普陀、九華、峨眉四大名山開始,或者關注點落於衡山、天台山等比較著名的佛教、道教名山之上[162]。對於次一級的山岳,或者説那些籍籍無名的小山林則關注不多。就像本文所討論的天谷山、白崖山、茶籠山等等,可能祇是在僧傳中出現了數次,甚至祇有一次,因此我們很難看到它們的影響。但是如果我們把這些山林置於一個區域範圍之內,作爲一個整體去考察,可能會發現它們作爲整體的影響力在某段歷史時期內並不亞於一座著名山岳。

---

[160] 如李映輝《唐代佛教地理研究》,湖南大學出版社,2004年,290—310頁。

[161] 如鄭濤在研究唐宋時期四川的佛教地理時,便没有將山林與城市區别開來,也没有考慮到府州所在的地理環境,在分析時也祇是考慮到了人口與府州等級兩個因素。見《唐宋四川佛教地理研究》,西南大學博士學位論文,2013年。

[162] 羅柏松對此問題進行了回應,不過與筆者在此處的視角有所不同,見James Robson, "Buddhist Sacred Geography", in *Early Chinese Religion: Part Two: The Period of Division (220-589 AD)*, pp. 1353-1397。

# Mountains and Monks:
# A Case Study on Buddhist Geography of Bashu through Wuxiang and Wuzhu's Dhūta Practices

Yan Shiwei

According to *Record of the Dharma-Jewel Through the Generations*( *Lidai fabao ji* 歷代法寶記), which preserves the genealogy and teachings of Chan 禪 masters in Bashu 巴蜀, Wuxiang 無相 and Wuzhu 無住 once practiced buddhism in Mountain Tiangu 天谷山 and Mountain Baiya 白崖山 respectively. The location of the two mountains, however, is still unclear. This article first points out the two mountains are located at the west of Chengdu 成都. Then, by combining with Bashu's local politics, the article examines the practices of monks in mountains in medieval Chinese Bashu. Due to the synthetic effect of location, environment, transportation, trade, war and so forth, the mountains at the west of Chengdu, rather than Mountain Emei 峨眉山 were the centre among all Bashu Buddhist mountains in medieval China. In addition, this article argues that when analyzing Buddhist geography, the relationship between monks and soldiers as well as the similarity among adjacent prefectures should be put into consideration. Last but not least, some other less famous mountains, such as Mountain Tiangu and Baiya, also deserve careful analysis, even though they might only appear a few or even one time in the biographies of monks.

# 江南的具象：吳都建業的物質圖景及其特徵*

陸　帥

六朝江南地方的文化演進過程，是魏晉南北朝區域歷史研究中最引人注目的課題之一。長期以來，學界在族群關係、語言習慣、知識信仰、家族家風、社會習俗等方面積累豐富[1]。然而，"地方"的構成，還應包括各類"可見"之物[2]。由此將眼光轉向形而下的層面，六朝江南更爲具象的物質圖景，同樣令人很感興趣。比如説，在最爲核心的都城建業（建康）地區，城邑景觀、日常器用、墳塋墓葬的實際樣貌如何？具有哪些特徵？六朝江南文化的演進過程，又能否從這些特徵之中加以把握？在這些問題上，儘管傳世文獻提供了不少綫索，但出於種種局限，很難落實爲更具細節與現場感的討論[3]。

日漸豐富的考古資料，由此顯出特別的史料意義。自20世紀30年代以來，

---

\* 本文是江蘇省社科基金青年項目"城市歷史形態學視域下的六朝建康城研究（18LSC001）"階段性成果之一。

[1] 相關成果很多，代表性的成果有陳寅恪《東晋南朝之吴語》，《金明館叢稿二編》，生活·讀書·新知三聯書店，2001年，304—309頁；周一良《南朝境内之各種人及政府對待之政策》，《魏晋南北朝史論集》，北京大學出版社，1997年，33—101頁；唐長孺《讀抱樸子推論南北學風的異同》，《魏晋南北朝史論叢》，中華書局，2011年，338—368頁；魏斌《句容茅山的興起與南朝社會》，《歷史研究》2014年第3期，22—41頁；王永平《六朝家族》，南京出版社，2008年；曹文柱《六朝時期江南社會風氣的變遷》，《歷史研究》1988年第2期，50—66頁；李伯重《東晋南朝江東的文化融合》，《歷史研究》2005年第6期，91—107頁。基本的學術史整理，參見中村圭爾《六朝江南地域史研究》，汲古書院，2006年，3—68頁。

[2] 段義孚指出，"可見性"是構建一個地方的基本因素。參見段義孚《空間與地方：經驗的視角》，中國人民大學出版社，2017年，161—178頁。

[3] 比較經典的研究，如朱大渭等著《魏晋南北朝社會生活史》，中國社會科學出版社，1998年。需要指出的是，該書已經有意識地在文獻史料之外，利用了不少考古材料。但限於主題與體例，論述方式依舊比較宏觀。

六朝江南地區相關的遺址、文物與墓葬不斷發現,其中很大一部分就集中於都城建業(建康)所在的南京周邊[4]。不過,對於這些資料,既有成果更多是基於考古類型學的視野,進行分期排序與文化因素分析[5]。如果在綜合利用文獻與考古資料的基礎上,描畫層次更爲豐富的歷史圖景,是否能夠得到一些更切近真實的新認識?近年來,一些相關研究已經展開,但僅限於某些區域或特定方面[6]。建業(建康)地區的全景,仍然有待揭示。基於這一想法,本文試圖在充分關注考古成果的基礎上,以六朝的開端——吳都建業時期的城邑、器用、墓葬爲着眼點,把握該時期江南地域文化的特徵與演進過程。

## 一、北岸:離宮、山城與平城

黄龍元年(229)九月,剛剛稱帝數月的孫權將都城由武昌遷至建業。稱帝之年即遷都,似不尋常。但對孫權而言,却早習以爲常。自建安五年(200)以來,出於軍事需要,孫吴政權的政治中心在吴、柴桑、京口、秣陵、公安等地不斷移動。此次遷都建業,同樣也充滿着不安定感。《三國志》卷五一《吴書·宗室傳》注引《江表傳》:

> 初權在武昌,欲還都建業,而慮水道溯流二千里,一旦有警,不相赴及,以此懷疑。及至夏口,於塢中大會百官議之,詔曰:"諸將吏勿拘位任,其有

---

[4] 南京地區相關考古資料的整理,參見南京市博物館《南京考古資料彙編》,鳳凰出版社,2013年,563—1850頁;《南京文物考古新發現》第3輯,文物出版社,2014年,48—137頁;《南京文物考古新發現》第4輯,文物出版社,2016年,64—102頁;國家文物局主編《中國文物地圖集·江蘇分册》,中國地圖出版社,2008年,上册142—159頁,下册1—154頁。

[5] 代表性的研究成果,如羅宗真《六朝考古》,南京大學出版社,1994年;羅宗真、王志高《六朝文物》,南京出版社,2004年;韋正《六朝墓葬的考古學研究》,北京大學出版社,2011年;賀雲翱《六朝瓦當與六朝都城》,文物出版社,2005年;王志高《六朝建康城發掘與研究》,江蘇人民出版社,2015年;中國社會科學院考古研究所《中國考古學:三國兩晋南北朝卷》,中國社會科學出版社,2018年,68—75、143—170、259—503頁。其他成果還有一些,基本的學術史梳理參見韋正《六朝墓葬的考古學研究》,1—8頁。

[6] 例如張學鋒《六朝建康都城圈的東方——以破岡瀆的探討爲中心》,《魏晋南北朝隋唐史資料》第32輯,上海古籍出版社,2015年,63—83頁;張學鋒、陳剛《吴都建業的都城空間與葬地》,《魏晋南北朝隋唐史資料》第36輯,上海古籍出版社,2017年,1—27頁;許志强《六朝建康長干里考略》,《魏晋南北朝隋唐史資料》第36輯,76—87頁。

計者,爲國言之。"[7]

儘管憂慮武昌一綫的防禦,孫權仍意圖遷都,最直接的原因在於長江下游日漸飄搖的局勢[8]。黃武七年(228)九月的石亭大勝,則讓孫權重新看到了在淮南拓地的可能[9]。隨着黃龍元年六月蜀漢來使承認其帝位、重申盟好,西綫無憂的孫權便由武昌東下,吴都建業至此步入了歷史前臺。

建業前身爲秦漢秣陵縣,境内的秦淮河水系作爲長江支流,極具軍事價值。因此,早在建安十六年(211),孫權便將治所由京口遷至此地。次年,孫權將秣陵更名爲建業,在秦淮河入江口北岸修建石頭城,隨即圍繞合肥—濡須一綫與魏軍展開攻防。與建安二十五年(220)爲經略荆州而屯駐的武昌一樣,建業並非孫吴政權規劃的長久都城,而是着力營建的沿江據點。實際上,自黃龍元年遷都建業以後,孫權及其後執政的諸葛恪、孫峻、孫皓等,也一直頻繁遣軍江北,試圖攻佔合肥、六安等要地[10]。

都城的權宜性與鮮明的軍事目的,深刻影響了建業的城市面貌。對於都城的核心與政治象徵——宫殿,孫權不甚措意。遷都後,他在此前所修將軍府中度過了十九年。赤烏十年(247),因建材"皆以腐朽,常恐損壞",不得已改修,名太初宫。太初宫周長僅三百丈(合今729米)[11],"宫無高臺,物不雕飾"[12],依舊很簡陋。太初宫南面、西面還有太子的南宫、西苑,也都不大[13]。在郊祀方面,最爲重要的南郊,直到孫權去世前一年,纔首次於建業舉行[14]。祭祀孫權之父孫堅

---

[7] 陳壽《三國志》卷五一《宗室傳》,中華書局,1982年,1209頁。

[8] 比較重要的事件有:黃武元年(222)、二年,曹休、曹仁攻歷陽、濡須,遊兵一度過江,燒"蕪湖營數千家"。三年、四年,魏文帝曹丕兩次南下至廣陵,江東騷動,"吴人大駭"。黃武七年八月,總領下游防務的吕範去世,揚州人事空虛。參見《三國志》卷九《曹休傳》、卷四七《吴主傳》,279—280、1129—1134頁。

[9] 參見《三國志》卷九《曹休傳》,279—280頁。需要指出的是,由於蜀漢在此年兩次北伐,孫吴政權在長江中游的壓力陡然減輕,也是遷都建業的有利因素。

[10] 相關史實,參見《三國志》卷四七《吴主傳》、卷四八《三嗣主傳》,1115—1182頁。

[11] 本文按照南京出土六朝早期象牙尺的長度——24.3釐米換算數據。象牙尺的信息,參見羅宗真、王志高《六朝文物》,378頁。

[12] 《三國志》卷六一《陸凱傳》,1405頁。

[13] 西苑、南宫大致位置、規模的示意圖,參見張學鋒、陳剛《孫吴、東晋的都城空間與葬地》,收入夏炎主編《中古中國的都市與社會》,中西書局,2019年,49頁。

[14] 《三國志》卷四七《吴主傳》:"〔太元元年〕冬十一月,大赦。權祭南郊還,寢疾。"1148頁。

的"始祖廟"也不在建業[15]。左思在《吳都賦》中說孫權"作離宮於建業"[16]，正是基於這些事實。

孫權死後，作爲輔政大臣掌權的諸葛恪曾"有遷都意，更起武昌宮"。孫皓登基後，也曾一度遷都武昌[17]。可見直至孫吳後期，建業也未完全褪去"離宮"的色彩。寶鼎二年（267），回都建業的孫皓在太初宮以東修昭明宮，"起土山樓觀，窮極伎巧"，宮殿區的樸素面貌至此也有所改觀。不過，昭明宮也僅"方五百丈"（合今1.2千米），規制依舊十分促狹。經考古發掘，魏晉洛陽城僅太極殿區域周長就超過1.8千米，整體宮城周長在4千米以上[18]。

與不甚起眼的"離宮"相比，遍佈建業的軍事設施，在北岸的景觀中佔據了大幅畫面。緣江修建的烽火臺，"或百里，或五十、三十里"[19]，相當密集。秦淮河岸邊，則豎立起連綿十餘里的木柵，名爲"柵塘"。而在這一系列設施中處於核心位置的，是苑城與石頭城。

苑城爲太初宮的外城，周八里（合今3.5千米）[20]，中有苑囿。太初宮在其西南角[21]。不過，它並非以遊賞之景見長。《建康實錄》卷二《太祖下》：

> 案，建康宮城，即吳苑城，城內有倉，名曰苑倉，故開此瀆，通轉運於倉所，時人亦呼爲倉城。[22]

文中所謂"建康宮城"，乃東晉咸和六年（331）以苑城之地新修的宮城。唐人許

---

[15] 《宋書》卷一六《禮志三》："孫權不立七廟，以父堅嘗爲長沙太守，長沙臨湘縣立堅廟而已。"中華書局，1974年，445頁。

[16] 蕭統編，李善等注《六臣注文選》卷五《吳都賦》，中華書局，2012年，108頁。

[17] 上述史實，參見《三國志》卷四八《三嗣主傳》，1153—1167頁。

[18] 參見中國科學院考古所洛陽工作隊《漢魏洛陽城初步勘查》，《考古》1973年第7期，198—208頁；中國科學院考古所洛陽漢魏故城隊《河南洛陽市漢魏故城太極殿遺址的發掘》，《考古》2016年第7期，63—78頁。

[19] 《三國志》卷四七《吳主傳》，1148頁。

[20] 許嵩《建康實錄》卷二《太祖下》載："晉咸和中，修苑城爲宮。"中華書局，1986年，45頁。又據《建康實錄》卷七《成帝紀》，東晉宮城的長度爲"周八里"，181頁。過往不少學者認爲孫吳苑城周長"二十里一十九步"，張學鋒指出這是出於對史料的誤讀。參見張學鋒：《所謂"中世紀都城"——以東晉南朝建康城爲中心》，《社會科學戰線》2015年第8期，71—80頁。

[21] 太初宮與苑城相互位置的示意圖，參見注[13]，49頁。

[22] 《建康實錄》卷二《太祖下》，45頁。

嵩對新宮加以介紹,故涉及苑城。城中設倉,本來很尋常[23]。不過苑城中的苑囿何名、景觀如何,許嵩均未提及。"時人"對苑城最深刻的印象,反而是"苑倉",乃至於又稱之爲"倉城",這就顯示出苑城在氣質上的特別。

六朝時期,臨水建城,水道旁設倉是長江沿岸軍事性城邑的普遍特點,例如夏口城、武昌城等等[24]。圍繞苑城,也存在運瀆、潮溝、東渠等一系列人工水道,藉此與秦淮河、長江、太湖流域諸水道連爲一體[25]。寶鼎二年,孫皓在苑城內修建昭明宮時"破壞諸營"[26],可知其中駐軍不少,展現出濃烈的軍事色彩。不過,單就城防角度而言,苑城的價值有限。因此儘管是皇宮的外城,但孫吳政權對城牆的投入不大,由此"不固"[27]。外觀上的實用主義,在不算大的空間內雜處的宮殿、苑囿、倉庫、屯營,都直觀體現出吳都建業的軍事性與臨時感。

苑城位於秦淮河北岸的中心,地勢平坦[28]。石頭城則在其西面,臨江聳立於山岡之上,軍事色彩更加濃郁。城隨山勢築牆,周長"七里一百步"(合3.2千米)。在城內東北角的地勢最高處,築有小城。作爲建業城防最爲關鍵之處,石頭城的城牆高大堅固。今地表所殘城垣上部寬度尚存10—15米,高度依山勢爲

---

[23] 例如蕭何營建長安城時"作未央宮,立東闕、北闕、前殿、武庫、太倉"。參見《史記》卷八《高祖本紀》,中華書局,1959年,385頁。

[24] 《梁書》卷四五《王僧辯傳》載王僧辯攻郢城(夏口城),侯景將宋子仙"退據倉門,帶江阻險,衆軍攻之,頻戰不剋"。中華書局,1973年,626頁。可知夏口城的城內有倉,並且倉的設置就在江邊,因此臨江的城門被稱作"倉門"。孫吳武昌城西北有臨津門,爲碼頭之所在。城內雖未發現倉庫的遺址,但學者認爲武昌城內有倉的可能性很大。參見戴衛紅《長沙走馬樓吳簡所見孫吳時期的倉》,《史學月刊》2014年第11期,93—106頁。

[25] 柵塘、運瀆、青溪、潮溝、破崗瀆的相關史實,參見中村圭爾《六朝江南地域史研究》,485—490頁;張學鋒《六朝建康都城圈的東方——以破崗瀆的探討爲中心》,《魏晋南北朝隋唐史資料》第32輯,63—83頁。

[26] 《三國志》卷四八《三嗣主傳》,1167頁。

[27] 關於六朝建康的城防,參見鹽澤裕仁《六朝建康的城市防衛體系試探》,《東南文化》2001年第1期,46—50頁。需要指出的是,苑城軍事價值小,主要是就孫吳時期而言。東晋南朝時期,由於來自長江中游的軍事進攻增多,臺城(原苑城地)的軍事價值越發重要,城牆也越發堅固。韋正曾以"宮城堡壘化"總結南朝臺城,十分恰當。參見韋正《魏晋南北朝考古》,北京大學出版社,2013年,38頁。房玄齡《晋書》卷六七《郗鑒傳》載:"時議者以王含、錢鳳衆力百倍,苑城小而不固。"中華書局,1974年,1798頁。此雖爲東晋初之事,但相當程度上反映了孫吳苑城的情況。

[28] 關於建業的地形,可參見石尚群、潘鳳英、繆正本《古代南京河道的變遷》,《歷史地理》,第8輯,上海人民出版社,1990年,59—70頁。

2—10 米不等,若加上山體本身高度,則距平地有 60 餘米。城牆拐角處或直面每隔一段有疑爲馬面的外凸土牆,長 50—80 米,寬 20—30 米,且城牆外側有當時並不多見的包磚。地層中還出土有各式銅、鐵箭簇,數量衆多。這自然是石頭城作爲要塞的應有之義[29]。

除了苑城、石頭城,北岸還分佈着大量的官署、屯營。它們主要位於苑城與秦淮河之間的區域,約有七里(合今 3.1 千米)[30]。《吳都賦》云:"列寺七里,俠棟陽路。屯營櫛比,解署棋布。"[31]左思所描繪的勝景,可以從秦淮河以北區域大量出土的孫吳瓦當得到印證[32]。尤其是"列寺七里,俠棟陽路",向來被研究者用作説明建業官署區的整齊規劃。其實,這一景觀出現得很晚,《初學記》卷二四《居處部》引環濟《吳紀》曰:"天紀二年,衛尉岑昏表修百府。自宮門至朱雀橋,夾路作府舍。"[33]天紀四年初,晉軍便攻入建業,孫吳滅亡。因此這條史料反而表明,建業的"府舍"在絶大多數時間内處於不齊整的狀態。捎帶一提,不少學者指出苑城宫門至朱雀橋"夾路作府舍"的格局,與魏晉洛陽城、曹魏鄴城類似[34]。聯想到孫皓於此前不久封禪國山,"天命在吳""青蓋入洛陽"的政治宣傳充斥於國内[35]。這或許是"修百府"的背景所在。

對於吳都建業北岸的規劃佈局,左思在《吳都賦》中將之視爲吳、越都城的延續[36],從今天江浙地區所見吳越古城來看,這衹是文學的想象[37]。現代學者

---

[29] 以上信息,參見賀雲翱等《南京石頭城遺址 1998—1999 年勘探試掘簡報》,《東南文化》2012 年第 2 期,37—44 頁。

[30] 《吳都賦》注云:"吳自宫門南出苑路,府寺相屬,俠道七里也。"《六臣注文選》卷五《吳都賦》,108 頁。

[31] 《六臣注文選》卷五《吳都賦》,108 頁。

[32] 參見賀雲翱《六朝瓦當與六朝都城》,3—62 頁。

[33] 徐堅等《初學記》卷二四《居處部·道路》,中華書局,2004 年,590 頁。

[34] 參見楊寬《中國古代都城制度史研究》,上海人民出版社,2016 年,157—158 頁;傅熹年《中國古代建築史》第 2 卷《三國兩晉南北朝》,中國建築工業出版社,2009 年,21 頁;郭黎安《六朝建康》,天馬出版社,2002 年,17 頁。

[35] 參見魏斌《國山禪禮前夜》,《文史》2013 年第 2 期,73—96 頁。

[36] 《吳都賦》注云:"闔閭間之所營,采夫差之遺法。"《六臣注文選》卷五《吳都賦》,108 頁。

[37] 例如闔閭城、木瀆古城、越王城等等,都是典型的春秋戰國時期吳越城池,與建業的城市形態差異很大。以上城址的相關情況,參見許宏《先秦城邑考古》,金城出版社、西苑出版社,309—318 頁。

傾向於從秦漢"多宮制"的傳統加以理解，認爲建業缺乏明確的城市中軸綫，太初宫、昭明宫、南宫、太子西園等宫殿分别築城的特徵，正可視爲秦漢"古代都城"的孑遺[38]。不過如前所述，作爲"離宫"的建業，充滿了臨時感與軍事性，並没有長期的都城規劃。無論從宫殿、城門的名稱，還是實際規模上，也很難看到模仿秦漢都城的痕迹[39]。那麽建業北岸的格局，是否可以從更現實的層面尋找到源流？

　　石頭城、苑城的形制與規模，可以提供一些綫索。前文已提及，石頭城、苑城的周長都在3公里左右，大城内築有小城，且小城並不在大城中心，而是偏在一隅。如果放眼已發現的秦漢三國城邑遺址，類似佈局的城池在黄河、長江中下游地區非常普遍。例如漢東陽城、蘄春故城、白口古城等等[40]。就規模而言，苑城、石頭城在秦漢三國城邑中也很普通。據統計，漢代長江中下游郡、國城面積在200萬—1400萬平方米，縣、邑城面積在300萬平方米以下，小型城與中、大型城的分界爲120萬平方米[41]。苑城、石頭城的面積爲55萬平方米左右，是典型的小城。實際上，據考古發掘，孫吴都城武昌的周長、面積與石頭城、苑城基本一致，宫城也很可能偏在城北一側[42]。這恐怕既不是巧合，也並非存在特别的理念，衹是孫吴政權從軍事實用的角度出發，參照當時習見的小城進行規劃的産物，因爲小城更易於防守[43]。

　　"夫天子以四海爲家，非壯麗無以重威。"[44]作爲皇權的象徵，都城的宏偉、壯麗似乎理所應當。不過，促狹的宫殿，規模不大的山城（石頭城）、平城（苑城）並立的格局，不甚齊整的官署與屯營，吴都建業的核心政治區域——北岸的景

---

[38] 參見盧海鳴《六朝都城》，南京出版社，2002年，40頁；張學鋒《所謂"中世紀都城"——以東晉南朝建康城爲中心》，《社會科學戰綫》2015年第8期，71—80頁。

[39] 例如太初宫、昭明宫、神龍殿、赤烏殿，這些宫殿名並非秦漢都城的傳統。魏斌曾指出赤烏殿之名可能表達了孫皓對祖父孫權的追思，提供了一個解釋。參見注[35]，73—96頁。

[40] 相關信息參見徐龍國《秦漢城邑考古學研究》，中國社會科學出版社，2013年，98、127—128、132—133頁。

[41] 徐龍國《秦漢城邑考古學研究》，135—139頁。

[42] 據考古發掘，孫吴武昌城周長3200米，北垣臨江，總體呈長方形。在鄰近北垣的高地上，發現有夯土層及大量筒瓦、板瓦的堆積，很可能是宫殿所在。具體信息參見南京大學歷史系考古專業、湖北省文物考古研究所、鄂州市博物館編著《鄂城六朝墓》，科學出版社，2007年，5—6頁。

[43] 小城易守難攻的事例很多，典型者如元嘉三十年拓跋燾南下時的盱眙城。具體參見《宋書》卷一〇〇《自序》，2462—2464頁。

[44] 《史記》卷八《高祖本紀》，385頁。

觀,却更多的表現出強烈的臨時感與實用主義。三國之中,孫吳政權的合法性來源最爲缺乏。這使得它在蜀、魏之間首鼠兩端,對國家遠景的展望很不清晰。北岸景觀,或許正可視爲一種體現。由此將目光轉向建業的主要生活區——南岸,所看到的風景,也與中原的傳統都城迥然不同。不過,這種差異更多地來自於南方的風土。

## 二、南岸:非典型負郭

生活是城市的基本功能,在中國古代,都市的生活空間往往帶有一定的層次性。其標尺是與權力中心的距離:鄰近宫城的區域更受權貴的青睞,皇帝亦常在此區域内賞賜大臣宅邸以示恩寵,這裏"甲第"衆多,"朱門"林立[45]。反之,離權力中心越偏遠的區域,平民色彩就越爲濃厚。城市多數居民的生活空間,由於鄰近城郭,習稱爲"負郭"。"貧居""窮巷"、田舍,構成了"負郭"的主要印象[46]。

吴都建業的情况則顯示出一些不同。北岸的宫城周邊,文獻所載權貴宅邸寥寥,僅有是儀、諸葛恪、步闡等居於此。零星散落的墓葬也顯示出居民的有限[47]。與宫城頗有距離的南岸,倒存在不少權貴,如張昭、孫綝、駱統、張悌、陸機等的宅邸[48]。值得玩味的是,張昭、孫綝、張悌皆任至丞相,分別是孫吴前、中、後期的重要政治人物。他們一致居於南岸,或許不是巧合。左思《吴都賦》對南岸風貌的描寫,也呈現出類似印象:

---

[45] 關於賜"甲第"的記載很多,如班固《漢書》卷四一《夏侯嬰傳》:"惠帝及高后德嬰之脱孝惠、魯元於下邑間也,乃賜嬰北第第一。"顔師古注云:"北第者,近北闕之第,嬰最第一也。故張衡西京賦云:'北闕甲第,當道直啓。'"中華書局,1982 年,2079 頁。郭茂倩編《樂府詩集》卷六七《雜曲歌辭》載張華《輕薄篇》詩:"甲第面長街,朱門赫嵯峨。"中華書局,1979 年,963 頁。

[46] 如司馬遷《史記》卷五六《陳丞相世家》載陳平"家乃負郭窮巷",2038 頁。沈約《宋書》卷七三《顔延之傳》載其"延之少孤貧,居負郭",1891 頁。

[47] 吴都建業的墓葬分佈,參見張學鋒、陳剛《吴都建業的都城空間與葬地》,《魏晋南北朝隋唐史資料》第 36 輯,1—27 頁。

[48] 上述諸人宅邸相關信息,參見劉淑芬《六朝的城市與社會》,學生書局,1992 年,123 頁。又步闡的宅邸劉淑芬未提及,《太平廣記》卷三二四引《異苑》:"檀道濟居清溪,第二兒夜忽見人來縛己,欲呼不得,至曉乃解,猶見繩痕在。此宅先是吴將步闡所居,諺云:'揚州青,是鬼營。'青溪、青揚是也。自步及檀,皆被誅。"中華書局,1961 年,2571 頁。可知步闡居北岸的青溪附近。

>　　橫塘查下,邑屋隆誇。長干延屬,飛甍舛互。其居則高門鼎貴,魁岸豪傑。虞魏之昆,顧陸之裔。[49]

賦中所提及的橫塘、查浦、長干,都在南岸。橫塘"在淮水南,近陶家渚"、查浦"在橫塘西,隔內江"[50]。長干即長干里,在李白"同居長干里,兩小無嫌猜"、崔顥"同是長干人,生小不相識"等經典的詠唱下,作爲南岸的地標爲人所熟知。不過,南岸的居民,當然不止"高門""鼎貴"與"豪傑",《建康實録》卷二《太祖下》引《丹陽記》云:

>　　其長干是里巷名,江東謂山隴之間曰干。建康南五里有山岡,其間平地,民庶雜居,有大長干、小長干、東長干,並是地里名。小長干在瓦官南,巷西頭出江也。[51]

這段史料除了介紹長干里的概況,還提示了其另一特徵——"雜居"。

"雜居"的前提是一定規模的空間。秦漢以來,標準的里四周有牆封閉,空間不大(約 5 萬平方米),兼具行政單元與聚落的雙重屬性[52]。但在地形破碎的南方地區,作爲行政單元的里常與自然聚落分離[53]。據許志强的復原,長干里北界爲秦淮河,南界爲石子岡,東、西界分别至今南京市戚家山與鳳臺山,範圍不小(面積約 340 萬平方米)[54]。三國以前,秣陵縣人口稀疏,或由於此,作爲地方

---

[49]　《文選》卷五《吴都賦》,108 頁。

[50]　同上。

[51]　《建康實録》卷二《太祖下》,44 頁。

[52]　里原本是常見的一種自然聚落。春秋戰國以來,隨着鄉里制度的出現,里又成爲一種地方行政單元。文獻中記載較多的,是商鞅變法後中原地區的里。這種里既是聚落,也是行政單元。里長二百四十步、寬一百步,四周有圍牆,形成封閉空間,居民五十到一百户。以上要素,構成了秦漢時期里的經典面貌。當然,秦漢時期,這種"標準化"的里是否具有普遍性,與其他自然聚落是何種關係,學界長期存在不同意見。秦漢時期"標準化"的里的復原圖,參見池田雄一著,鄭威譯《中國古代的聚落與地方行政》,復旦大學出版社,2017 年,461—463 頁;里的相關争議,參見侯旭東《漢魏六朝的自然聚落》,收入侯旭東《近觀中古史》,中西書局,2015 年,143—159 頁。

[53]　從長沙出土的東漢、三國簡牘來看,東漢、孫吴時期的長沙臨湘地區就是這種情況。里祇是登録於户籍的虚擬行政單元,實際的自然聚落稱爲丘。一里之人分佈於多個不同的丘。唐人許嵩對秦漢三國時期里的多樣性認識不足,僅根據文獻將諸"長干"中的巷想象爲中原式的"里巷",其實並非如此。關於東漢三國長沙臨湘地區的丘與里,學界有很多討論,較爲全面的總結,參見鄧瑋光、吴瓊《試論"丘"及相關問題》,《南京曉莊學院學報》2017 年第 5 期,27—38 頁。

[54]　許志强《六朝建康長干里考略》,《魏晉南北朝隋唐史資料》第 36 輯,76—87 頁。

行政單元的長干里囊括了南岸至石子岡之間"大長干、小長干、東長干"等多個自然聚落。孫吳遷都建業後,隨着居民的不斷增多,與北岸最爲鄰近的長干里也由此呈現出"雜居"的景象。

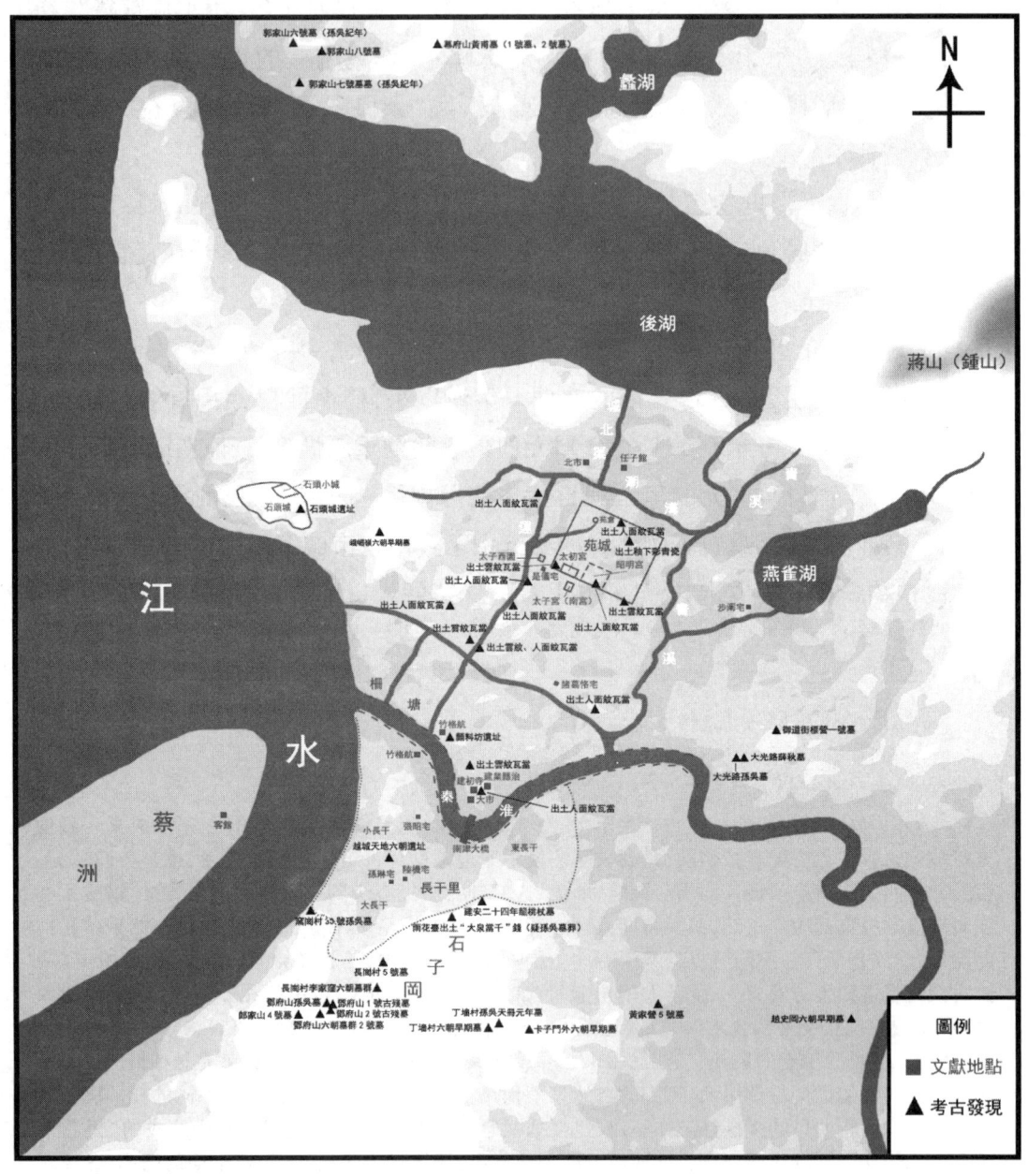

圖1　吴都建業基礎信息示意圖

相關的考古資料，可以提供一些更直接的畫面。自 2008 年開始，南京考古部門在六朝長干里範圍内展開一系列發掘，包括明大報恩寺遺址、"越城天地"地塊、西街地塊，其中均發現有明顯的六朝地層。其中"越城天地"地塊發現了 10 座六朝時期密集分佈的水井，並出土了大量實用器物如罐、盆、鉢、盞、盤口壺、硯臺等，説明這裏的確人口繁密[55]。里中多元的人群結構，是否能夠通過出土器物觀察到綫索。由於資料未完全公佈，不得而知。但有一個現象值得注意，那就是在該地塊大約 6000 平方米的發掘區域内，未發現建築遺址。發掘者推測，這是由於六朝江南地區普通民居以干欄式房屋爲主，不易留下明顯考古迹象，這個認識是合理的。六朝末隋平陳之際，隋大臣高熲就指出"江南土薄，舍多茅竹"[56]。不過，少數權貴官僚的房屋當仍以夯土爲基，覆以磚瓦[57]。在長干里遺址中，也的確出土了少量瓦當。由此可見，長干里的"雜"，不僅體現在居民結構上，還應當表現在"茅竹"與磚、瓦交錯的場景。順帶一提，材質錯雜的情況在孫吴官方設施也存在。前述天紀二年建業"修百府"的同時，還對道路進行了修繕，"夾道皆筑高墻瓦覆，或作竹藩"[58]。結合東晋南朝更多的事例來看，以竹木材料代替夯土，是六朝建康城邑景觀最顯著的特徵之一[59]。

與生活空間具有密切聯繫的是墓葬。近幾十年來，長干里南界的石子岡（今南京雨花臺）發現了大量的孫吴墓葬群。這些墓葬在規模、用料、隨葬品的精美程度方面，差異非常明顯，從另一側面映射出長干里"雜居"的風景[60]。不過，除了長干里以外，南岸是否還存在其他一些生活空間？文獻語焉不詳，但石子岡區域外數量可觀的孫吴墓葬，却提供了一些綫索。

---

[55] 本段提及的考古信息，均可參見許志强《六朝建康長干里考略》，《魏晋南北朝隋唐史資料》第 36 輯，76—87 頁。

[56] 《隋書》卷四一《高熲傳》，1181 頁。

[57] 在時代稍晚的劉宋，宋孝武帝曾巡視御街，見有草屋，頗爲驚訝，賜錢"令起瓦屋"。可見南朝建康御街附近房屋以磚瓦結構爲主。《宋書》卷四一《后妃傳·明帝陳貴妃》，1296 頁。

[58] 《初學記》卷二四《居處部·道路》，590 頁。

[59] 例如南朝時期作爲外郭門的"籬門"，都城門宣陽門據説也是竹籬搭建的。相關的一些材料，可參見魏斌《南朝建康的東郊》，《中國史研究》2016 年第 3 期，67—84 頁。

[60] 相關墓群很多，如土城頭、窑崗村、郎家山、鄧府山、長崗村墓群等，相關信息，同注[47]，20—27 頁。

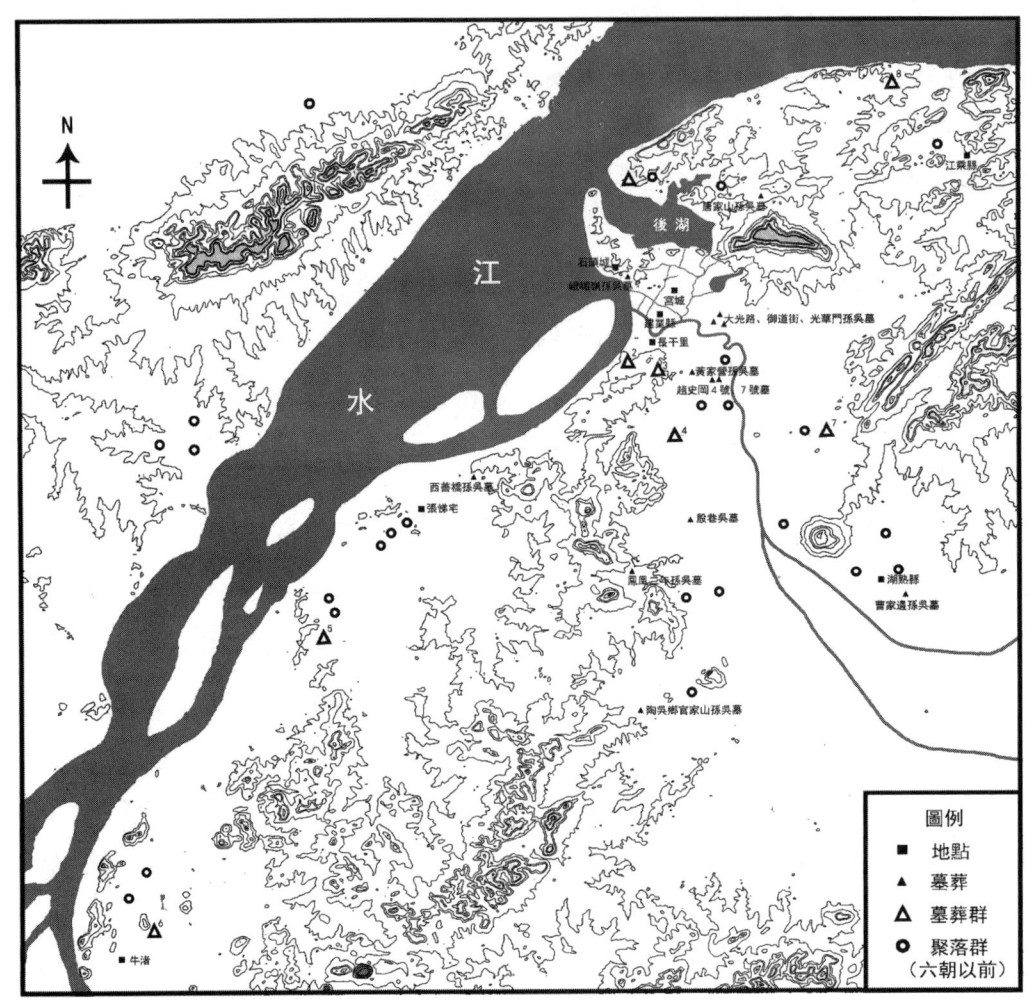

图 2 吴都建業及周邊墓葬分佈示意圖[61]

概括而言,建業南岸的墓葬,以長干里爲原點,大致往兩個方向延伸。一是西南沿江至牛渚、采石(今安徽省馬鞍山市),對應西善橋、上湖、馬鞍山等孫吴

---

[61] 爲簡化信息,示意圖中將一些數量較多、較集中的相關墓葬以墓葬群的形式加以表現,於右上角標示編號。1—8 墓葬群分別爲:1. 郭家山、幕府山孫吴墓葬群;2. 鄧府山、窑崗村孫吴墓葬群;3. 長崗村孫吴墓葬群;4. 高家山六朝墓葬群;5. 江寧濱江孫吴墓葬群;6. 馬鞍山孫吴墓葬群;7. 上坊、下坊村孫吴墓葬群;8. 栖霞山孫吴墓葬群。具體信息,同注[47],20—27 頁。示意圖中六朝以前聚落遺址的信息,參考了尹焕章、張正祥《寧鎮山脈及秦淮河地區新石器時代遺址普查報告》,《考古學報》1959 年第 1 期,13—40 頁;蔣贊初《南京史話》,江蘇人民出版社,1980 年,29 頁。

墓葬群；一是東南溯秦淮河至方山（今南京市方山），對應黃家營、趙史岡[62]、高家山、沙石岡、殷巷等孫吳墓葬群等（參見圖2 吳都建業及周邊墓葬分佈示意圖）。這些墓葬或墓葬群在文化面貌上基本一致，但並非連續分佈，相互之間存在一定距離。從墓葬中出土的名刺、買地券、磚銘可以確認若干葬主的具體身份，如朱然及其家族、丞相府吏繆承等，他們都與都城建業聯繫密切[63]。

一般説來，葬地距離實際生活空間不會太遠。建業的生活空間，由此呈現出不同於傳統都城的景象。綜上可知，鄰近宮城的北岸，並未形成權貴聚居的景況，居民也很稀少。地勢促狹的南岸岡地，則吸引着"高門""鼎貴"與庶民"雜居"，長干里爲開端，向東南、西南形成多個離散的居住區，延展出相當的縱深。甚至在遠離都城的牛渚、方山，仍存在規格較高、出土器物精美的大型磚室墓，顯示出居民身份的不俗。南北岸生活空間的發展，很不平衡。

這種不平衡很大程度上與地理環境有關。據古地質勘探資料，北岸在遠古時期爲大面積水域，成陸後仍殘留有大量湖泊濕地。地勢的低窪，加上江潮侵襲與南方偏高的降水量，使得北岸水災頻繁，從來少有人類活動[64]。相對而言，南岸岡阜衆多，利於避水，自新石器時代以來，就已形成了衆多聚落[65]。建業居民樂居南岸，可視爲這一傳統的延續。不過，環境可以改造。從此後東晉南朝建康城的歷史來看，經過開發，北岸青溪、潮溝沿綫同樣適宜居住。因側近宮城，地勢平坦，反而成爲權貴聚居的"新城區"[66]。那麼，爲何建業時期北岸的開發相對緩慢？

原因可以從兩個層面考慮。就北岸自身的區域特徵而言，其中的消極因素不少。比如説，簡陋的宮城難以提供高度可見的象徵景觀，這就使得北岸的城市

---

[62] 張學鋒、陳剛將趙史岡墓葬定位於秦淮河北岸，可能有誤。趙史岡墓群發掘於當時的南京大校場機場，即今南京紅花機場，位於南岸。相關墓葬的信息，同注[47]，21頁。

[63] 相關信息的整理，同注[47]，20—27頁。以朱然家族墓爲代表的采石戍（今安徽省馬鞍山市）墓葬文中未收入，實際上該區域居民與吳都建業關係很密切。相關信息可參見王俊主編《馬鞍山六朝墓葬的發掘與研究》，科學出版社，2008年，3—77頁。

[64] 同注[28]，59—70頁。

[65] 相關聚落遺址的調查，參見尹焕章、張正祥《寧鎮山脈及秦淮河地區新石器時代遺址普查報告》，《考古學報》1959年第1期，13—40頁。

[66] 相關論述，參見孫齊《説南岡士大夫》，《南京曉莊學院學報》2015年第5期，25—28頁。

中心感不太顯著。再比如説,官署、屯營的雜亂分佈導致北岸固定的宅邸區難以形成,也就無法進一步推動鄰近區域的開發。而就建業的整體城市形態而言,不存的外郭,也是值得注意的一點。

在古代城市生活中,外郭是"邑""郊"的分界[67]。"築城以衛君,造郭以守民"[68],外郭還具有篩查進出人群,維持治安的重要功能。外郭的缺失,意味着城市的邊界不明,未開發區域的前景不易判斷,"邑居"的安全感也難以落實。在此情況下,人們不樂於在北岸開發、居住,也就很自然。實際上,由於不存在外郭,即便在南岸,人們也傾向於居住在已開發區域。從相關考古調查來看,六朝以前建業地區的聚落遺址,主要散佈在南岸的秦淮河、長江沿綫,不太密集[69]。則長干里以南的居住區、墓葬區相互離散,延展出相當縱深的原因,也可由此角度加以理解[70]。而在此後的南朝建康時期,隨着五十六座"籬門"(外郭門)的出現,城市範圍、"邑""郊"都有了明確界綫,南北岸的發展趨勢也由此逆轉。北岸位於宫城與東、北籬門之間的青溪、潮溝沿綫得到充分開發,成爲權貴青睞的"京師甲里"。遠離宫城的南岸則日趨衰落,鄰近南籬門、三橋籬門的長干里、烏衣巷呈現出"貧士"聚居的傳統負郭樣態[71]。籬門以外的鍾山、方山周邊,則產生明顯的郊區園宅化趨勢[72]。至於更遠的牛渚一帶,磚室墓幾乎消失,説明都城人群不再將之作爲日常的居住、活動區域[73]。由此來看,"籬門"在六朝建康城發展過程中的意義,還有進一步發掘的空間。

建業没有外郭的具體原因,文獻無載。或是由於財力不足,或是出於權宜心態。值得注意的是,侯旭東、成一農都曾提及到中古南方聚落、城市往往没有外

---

[67] 相關論述,參見魏斌《南朝建康的東郊》,《中國史研究》2016 年第 3 期,67—84 頁。

[68] 《初學記》卷二四《居處部》,565 頁。

[69] 同注[65],13—40 頁。

[70] 一般説來,城市範圍的擴張是由内向外逐步推進,居民活動空間幾乎連爲一體,也就是所謂的"畫大餅"。建業的情況也由此顯得特殊。

[71] 同注[66],25—28 頁。

[72] 同注[67],67—84 頁。

[73] 牛渚、采石所在的今安徽省馬鞍山市發現的六朝墓葬大多都是孫吴、東晋墓葬,進入南朝後,磚室墓幾乎消失。參見栗中斌《談馬鞍山地區六朝墓葬的分期及類型》,收入王俊主編《馬鞍山六朝墓葬的發掘與研究》,197—205 頁。

郭牆[74]。如果將視野擴大,這種城邑傳統在南方地區淵源其實很早。《吳越春秋》卷四《闔閭內傳》載吳國早期"君無守御,民無所依",直至伍子胥奔吳後方纔"立城郭,設守備"[75]。西漢時劉安也曾上書提及:"越非有城郭邑里也,處溪谷之間,篁竹之中。"[76]結合更多考古發現來看,由於地形、土質、環境等因素,南方地區尤其是東南一帶,自史前以來許多城邑就沒有封閉型外郭,祇是綜合利用自然水系、人工環壕與山勢構建外圍防禦設施[77]。

外郭的缺失,使得南方城邑在城市佈局、空間發展、居民管理等方面,往往與中原地區存在差異。以長安、洛陽等中原都城的佈局、形態爲標準來看,建業並沒有典型意義上的負郭。建業南岸離散延展的居住區、各色人群"雜居"、竹木建材大量使用的生活景觀,更多展現的是南方城邑的固有傳統與特徵。那麼,如將視角進一步下移,在吳都建業的一般生活場景中,是否也能夠觀察到一些更具有江南本土色彩的細節與要素?由這個問題出發,在吳都建業遺址、墓葬中大量出土的青瓷器,就顯得格外引人注目。

## 三、日用:青瓷的登場

1984年,孫吳名臣朱然的墓葬在距離今南京市不遠的安徽省馬鞍山市雨山區被發現。雖然曾遭盜擾,但墓葬中仍出土了漆器、青銅器、瓷器、陶器四類共

---

[74] 參見成一農《空間與形態——三至七世紀中國城市歷史地理研究》,蘭州大學出版社,2012年,64—65頁;侯旭東《漢魏六朝的自然聚落》,收入侯旭東《近觀中古史》,143—159頁。

[75] 值得注意的是,伍子胥來自楚國,也是南方人。不過在整個南方地區,長江中游相對例外,築城傳統悠久。目前長江流域所發現的先秦、秦漢城邑,大多分佈在中游地區。根據統計,先秦時期的城邑,長江中游目前發現166處,下游發現29處;秦漢時期的城邑,長江中游目前發現77處,下游發現13處,反差非常明顯。參見許宏《先秦城邑考古》,294、309頁;徐龍國《秦漢城邑考古》,120—121頁。

[76] 《漢書》卷六四上《嚴助傳》,2778頁。

[77] 在此舉兩個比較典型的城址:秦西漢時期的五華獅雄山城、戰國至晉宋時期的句章故城。它們都沒有明顯的封閉外郭,祇是綜合利用自然水系、人工環壕與山勢作爲外圍防禦手段。整體來看,中國古代早期南方城邑遺址數量也遠較中原北方地區稀缺,其中一個很重要的原因當也在於南方城邑少有夯土城牆,遺迹現象不易確定。上述遺址相關信息,參見廣東文物考古研究所《五華獅雄山城》,科學出版社,2014年,14—23頁;王結華《句章故城考古的主要收穫與初步認識》,《南方文物》2013年第3期,56—65頁。

140餘件隨葬品。其中陶器18件,主要是明器。其餘122件爲實用器。孫吴時期權貴官僚的生活圖景,首次以如此直觀、細緻地方式呈現於世。在秦漢三國時期的高等級墓葬中,漆器、銅器都很常見。而青瓷器則僅在孫吴墓葬中大量出土,顯示出强烈的江南地方色彩。朱然墓中的青瓷器就有33件,包括碗、盤、盞、盆、壺、罐、熏、燈、勺諸種[78]。至於建業周邊其他孫吴墓葬,也有大量青瓷出土[79]。過往學界在青瓷的樣式、燒造技術方面討論很豐富,但對於這類器物進入建業物質生活圖景的過程、原因却幾乎没有提及[80],這就令人很好奇。

南方地區燒造瓷器的歷史悠久。早在商周時期,今浙江地區的東苕溪、浦陽江、曹娥江流域就出現了大量的原始瓷窰址[81]。漫長的技術積累,加上江南特有的風土[82],至遲在東漢延熹七年(164),以會稽郡爲中心,一種較原始瓷工藝更爲精湛的瓷器燒造成功,也就是所謂的青瓷。根據檢測,上虞小仙壇窰址出土的東漢晚期青瓷燒成溫度爲1310℃左右,在吸水率、氣孔率、抗彎程度方面都達到或超過了現代瓷器的標準[83]。因此,學界一般認爲青瓷的出現,是中國古代瓷器製造業走向成熟的重要階段。

東漢時期,儘管青瓷已經出現,但行用不算廣泛。綜合相關考古信息來看,除個别地區零星出土以外,青瓷衹在會稽郡的山陰、上虞、餘姚周邊有較多發現,出土青瓷罐、五管瓶、耳杯等多件器物的紹興馬鞍東漢中期墓、奉化白杜東漢熹

---

[78] 安徽省文物考古研究所、馬鞍山市文化局《安徽馬鞍山東吴朱然墓發掘簡報》,收入王俊主編《馬鞍山六朝墓葬的發掘與研究》,10—25頁。

[79] 相關的概述,參見羅宗真、王志高《六朝文物》,166—188頁;韋正《六朝墓葬的考古學研究》,158—177頁。

[80] 代表性的成果,除了前及羅宗真、王志高、韋正的研究外,還有中國硅酸鹽學會編《中國陶瓷史》,文物出版社,1982年,136—179頁;謝明良《六朝陶瓷論集》,生活·讀書·新知三聯書店,2019年,27—162頁;魏建剛《越窰製瓷史》,中國社會科學出版社,2015年,84—175頁。此外,中村圭爾也對六朝青瓷進行過研究,在精細整理資料的基礎上,中村主要對青瓷隨葬品的器物組合、使用地域分區、與魏晉北朝墓的比較以及銘文所體現的生產、流通環節進行了關注。不過這些討論也無法回答上文所提出的問題。參見中村圭爾《六朝江南地域史研究》,323—383頁。

[81] 參見中國硅酸鹽學會編《中國陶瓷史》,文物出版社,1982年,74—80、94—135頁。

[82] 江南丘陵多植被的地理環境一是提供了較爲優良的原料,二是形成了燒造技術較爲成熟的龍窰。具體論述,參見羅宗真《六朝考古》,41—49頁。

[83] 同注[81],127—135頁。

平四年墓都比較典型[84]。不過,與該區域墓葬中大量出土的陶器、釉陶器相比,青瓷在隨葬器物中佔比不大[85]。而在浙江(今錢塘江)以北的吳郡,如吳縣、錢塘、餘杭、烏程等地,陶器、釉陶器依舊爲東漢墓葬中的主要隨葬品,發現的青瓷數量稀少[86]。至於吳都建業的前身——秣陵縣及周邊的東漢墓葬中,青瓷器幾乎没有發現[87]。儘管隨葬品不能等同於日常器用,但東漢時期厚葬風氣普遍存在,隨葬器物的規格、品質往往不低於日常實用器[88]。因而隨葬品所反映的青瓷行用狀況,具有一定參考價值。

就漢代的器用風尚而言,皇室、權貴等社會上層常用玉器、漆器及各類金屬器。如《鹽鐵論》云:"今富者銀口黄耳,金罍玉鐘。中者野王紵器,金錯蜀杯。"[89]與這些器物相比,青瓷在輕巧程度、藝術表現形式方面均有所不如。作爲特色的青釉,在透光度、色彩變化等觀賞性上又不及琉璃(玻璃)器。在崇尚珍奇的審美與奢侈風氣下[90],以土、石爲原料的青瓷,終究是一種庶民之物,不爲社會上層所青睞。而較之大衆常用的陶器、釉陶器、木器[91],青瓷的確質量、美觀更勝一籌。但由於原料、產地受限,成本也更高。對多數普通人而言,器物滿足日用

---

[84] 參見浙江省文物考古研究所《紹興馬鞍漢墓發掘簡報》,收入浙江省文物考古研究所編著《浙江漢六朝墓報告集》,科學出版社,2012年,127—133頁;王利華、林士民《奉化白杜漢熹平四年墓清理簡報》,收入浙江省文物考古研究所編著《浙江省文物考古所學刊》,文物出版社,1981年,207頁。

[85] 據統計,青瓷在浙江漢墓隨葬品中佔比祇有3.25%,不過這是整個漢代的情况,但即便是在東漢晚期墓葬中,青瓷數量也不算多。相關信息的統計與整理,參見浙江省文物考古研究所《浙江漢墓》,文物出版社,109、289—401頁。

[86] 漢代吳縣的出土資料集中於今蘇州吳中區博物館,參見蘇州市吳中區博物館編《吳中博物館圖録》,江蘇鳳凰文藝出版社,2020年。其餘三集中的資料整理,除《浙江漢墓》外,另可參見浙江省文物考古研究所編著《浙江漢六朝墓報告集》;杭州市文物考古所、餘杭區博物館編著《餘杭義橋漢六朝墓》,文物出版社,2010年;杭州市文物考古所、餘杭區博物館編著《浙江餘杭漢六朝墓》,文物出版社,2017年;杭州市文物考古所、蕭山博物館編著《蕭山溪頭黄戰國漢六朝墓》,文物出版社,2018年。

[87] 秦漢秣陵縣及周邊主要漢墓的信息,同注[47],3—7、20—21頁。

[88] 東漢王符在《潛夫論》中批判當時厚葬風氣云:"今京師貴戚,郡縣豪家,生不極養,死乃崇喪,或至金鏤、玉匣、檽梓、梗、楠。多埋珍寶、偶人、車馬,起造大塚,廣種松柏,廬舍祠堂,務崇華侈。"參見《後漢書》卷四九《王符傳》,中華書局,1965年,1637頁。

[89] 王利器校注《鹽鐵論校注》卷六《散不足》,中華書局,2015年,390頁。

[90] 參見宮崎市定《中國における奢侈の變遷》,《中國文明論集》,岩波書店,1995年,9—46頁。

[91] 《鹽鐵論》云"庶人器用即竹柳陶匏而已",可知。同注[89],390頁。

即可,在青瓷不具價格優勢的情況下,大量購買的意願不會很强烈。當然,長遠來看,瓷器逐漸取代陶器是必然趨勢。但在東漢時期,江南政治地位不高,經濟不算發達,消費市場的規模也不大,因此這種過程非常緩慢。經過數十年的傳播,青瓷仍是一種小規模使用的地方特産。

隨着漢末政治分裂,孫吴政權立國江南,情況迅速發生變化。建安十六年(211),孫權移治秣陵,後改稱建業。自此以後,作爲孫吴政治、軍事的中心城市,建業開始聚集起大量的人口。其中,有以孫吴皇帝爲首的宗室成員,有服務於軍國事務的大小各類官僚,還有爲數衆多的軍人。這些人群不直接從事生産,但佔有大量財富,擁有極强的消費能力與意願,一個龐大的消費市場逐漸形成。當然,自孫氏割據江東以來,隨着政治、軍事上的集聚效應,江南新興的市場不止建業。會稽本地、吴、吴興、京口等重要郡縣的消費需求都在不斷擴大。祇不過作爲都城,建業的情況最爲典型。

孫吴時期,社會上層很大程度繼承了漢代崇尚金、玉、漆器的習俗。孫皓在位時期寵愛張夫人,"使尚方以金作華燧、步摇、假髻以千數"[92]。建業及周邊的江寧上坊大墓、沙石崗吴墓、馬鞍山宋山大墓、朱然家族墓也都有金飾器、漆器出土[93]。但整體而言,孫吴墓葬中出土漆器數量、種類,與漢代都相差甚遠。至於玉器,則幾乎没有出土。其中當然不排除器物朽壞與墓葬盜擾的影響。但是否能夠完全歸因於此?《三國志》卷四六《孫破虜討逆傳》注引《志林》的一條材料值得注意:

  吴時無能刻玉,故天子以金爲璽。[94]

按史料所言,孫吴時因無技藝精湛的刻工,故皇帝無玉璽,用金璽。實際上,在玉器製造方面,孫吴所缺乏的不僅是技術,還有原料。《南齊書》卷一七《輿服志》載:

  漢世,冕用白玉珠爲旒。魏明帝好婦人飾,改以珊瑚珠。晋初仍舊,後

---

[92] 《三國志》卷五〇《嬪妃傳·何姬》注引《江表傳》,1202頁。
[93] 上述諸墓葬相關信息,同注[47],20—27頁;《安徽馬鞍山東吴朱然墓發掘簡報》《安徽省馬鞍山市朱然家族墓發掘簡報》《馬鞍山宋山東吴墓發掘簡報》,收入王俊主編《馬鞍山六朝墓葬的發掘與研究》,10—37、59—70頁。
[94] 《三國志》卷四六《孫破虜討逆傳》,1097頁。

乃改。江左以美玉難得,遂用琫珠,世謂之白琁珠。[95]
先秦秦漢以來,優良玉料的主要産地在關中[96],因此西晉皇帝能够很自如地將冕上的珊瑚珠换回白玉珠。"江左以美玉難得",因此冕上無法用白玉珠,雖然説的是東晉南朝的情况,但孫吴疆域遠小於東晉南朝,玉料供給祇會更爲緊張。這就提示了一個問題,那就是在偏據江東的孫吴政權,由於技術、原料的不足,在某些器物的生産上是否會受到限制? 南方的金屬資源豐富,工藝傳統也很悠久,在金屬器的製造上問題不大[97]。而漆器的情况,則與玉器存在一些相似之處。

漢代的漆器很貴,據説價格是銅器的十倍[98]。這類奢侈器物的製造業,主要分佈在少數的區域性都會。其中有不少私營作坊,同時也設置了爲皇室、官府服務的官營作坊,即工官。根據《漢書》記載,西漢時期設立工官的都會分别爲河内郡懷縣、河南郡洛陽縣、潁川郡陽翟縣、南陽郡宛縣、濟南郡東平陵縣、泰山郡奉高縣、廣漢郡雒縣、蜀郡成都縣[99]。此外,某些王國也設有專業作坊,例如昌邑國、廣陵國等[100]。這些地方上的工官、作坊,再加上中央少府下轄的三工官,構成了當時奢侈器物製造業的主體。就漆器製造而言,以蜀地、兖州、豫州最爲知名。如《鹽鐵論》云:"蜀之丹漆旄羽……兖豫之漆絲絺紵,養生送終之具也。"[101]東漢時期,王國有名無實[102],專用作坊當趨於消失。其餘地方州郡器物製造業的格局,應變化不大。

以上列舉的都會均不在孫吴境内,且地理上頗有距離,漢末喪亂之際,工匠

---

[95] 蕭子顯《南齊書》卷一七《輿服志》,中華書局,1972年,340頁。

[96] 《漢書》卷二八《地理志》:"正西曰雍州;……其利玉、石。"1540頁。

[97] 《漢書》卷二八《地理志》:"東南曰揚州;……其利金、錫、竹箭。……正南曰荆州;其利丹、銀、齒、革。"1539頁。從廣州南越王墓大量出土的金銀器來看,南方地區的金屬鑄造技術在漢代就以較爲成熟了。參見廣州市文物管理委員會編《西漢南越王墓》,文物出版社,1991年,27—299頁。

[98] 《鹽鐵論》云:"夫一文杯得銅杯十",同注[89],390頁。

[99] 參見《漢書》卷二八《地理志》,1523—1604頁。

[100] 西漢墓葬中曾出土帶有"東陽""昌邑"銘文的漆器,可見廣陵國、昌邑國都有專門的漆器作坊。相關材料,參見南京博物院、儀徵博物館籌備辦公室《儀徵張集團山西漢墓》,《考古學報》1992年第4期,477—509頁;江西省文物考古研究院、北京師範大學《江西南昌西漢海昏侯劉賀墓出土漆木器》,《考古》2018年第1期,27—56頁。

[101] 同注[89],3頁。

[102] 關於東漢的王國,參見楊光輝:《漢唐封爵制度》,學苑出版社,2002年,21頁。

很難成規模地流入江南[103]。孫吴建國早期,曾通過戰争手段獲得一些專業匠人。《三國志》載孫策攻破劉勳後"得[袁]術百工及鼓吹部曲三萬餘人"[104]。袁術曾任南陽太守,這些百工大概來自於上文提到的南陽宛縣[105]。兩漢之際,南陽的漆器業文獻曾有提及。張衡《南都賦》曰:"其原野則有桑漆麻苧。"[106]一些豪强莊園中也生産漆器,南陽樊宏"嘗欲作器物,先種梓漆"[107]。不過,南陽製造業的主要特色是兵器與車馬飾品[108]。這三萬多人中,除去"鼓吹部曲"與其他門類的工匠,漆匠的人數不會太多。

更大的問題在於原料。前已提及,在漢代,荆州、揚州的金屬資源豐富,此外還盛産"竹箭""丹""齒""革"等,未及漆類。據研究,當時漆樹的種植區域主要在黄河中下游地區及秦嶺巴蜀一帶。長江中下游規模性地種植漆樹,要到唐代以後[109]。

漆器之所以貴重,在於需要的熟練工多,人力成本高昂,"一杯棬用百人之力,一屏風就萬人之功"[110]。就考古發現來看,孫吴政權應當具有自行製造漆器的能力[111]。但在工匠人數、原料都很有限的情况下,産能不會很大。與漢代墓葬中出土的壺、鼎、匜、鈁等大中型漆器相比,孫吴墓葬出土的漆器多以盤、耳杯、槅、盒、勺等的小型器爲主,就是一個反映[112]。需要指出的是,由於吴、蜀長期聯

---

[103] 西漢時期廣陵國的漆器業很發達,不過正如上文所論,東漢時期王國有名無實,這類專業作坊應當也不復存在。這一點從故廣陵國境内的揚州、盱眙等地出土西漢漆器數量較多,而東漢漆器幾乎未有出土的情况也能夠得到印證。

[104] 《三國志》卷四六《孫破虜討逆傳》,1108頁。

[105] 《後漢書》卷七五《袁術傳》載:"會長沙太守孫堅殺南陽太守張諮,引兵從術。劉表上術爲南陽太守。"2438頁。

[106] 《文選》卷四《南都賦》,86頁。

[107] 《後漢書》卷三二《樊宏列傳》,1119頁。

[108] 參見劉紹明、曾照閣《南陽工官初探——南陽兩漢銘刻輯考之一》,《南都學壇》1996年第5期,11—12頁。

[109] 參見何學高等《中國古代漆樹栽培與地理分佈研究》,《中國生漆》2019年第3期,8—13頁。此外,根據張劍光的研究,即便是唐代,江南東道的台州、婺州等地供漆的數量也不大。參見張劍光《唐五代江南工商業佈局研究》,江蘇古籍出版社,2003年,158—159頁。

[110] 同注[89],395頁。

[111] 南京江南官家山西晋墓出土的漆盆底部有"吴郡做上牢"五字,可證。參見羅宗真、王志高《六朝文物》,370頁。

[112] 六朝出土漆器信息的整理,參見韋正《六朝墓葬的考古學研究》,219—222頁。

盟,作爲蜀郡特産的漆器能夠輸入江南,但在戰亂年代,很難形成規模[113]。

一方面,是漆器、玉器的稀缺;另一方面,宗室、官僚、軍吏在建業的聚集,又形成了日趨高漲的器物消費市場。尤其是後兩類人群,他們數量衆多,既擁有不俗的消費能力與需求,但又未達到少數權貴完全忽視價格的程度。普通的陶器、釉陶器、木器太過粗糙,且易于吸潮、産生異味,使用體驗並不好。漆器、玉器又太過昂貴。由於質地硬脆、易氧化腐蝕,以銅器爲代表的金屬器也無法完全替代漆器、玉器。兼具實用與美觀,又能大量購置的日用器物,就成爲了一種迫切需求。在江南固有的物質條件下,孫吳政權最重要的經濟腹地——會稽的特産青瓷,就迅速進入到了建業各類人群的日常生活之中。

青瓷在建業消費市場的風靡,可以從六朝顔料坊工地遺址出土的數萬件瓷器中窺其一斑。綜合遺址性質、器底墨書等信息可知,這些瓷器當主要爲市場上的售賣品[114]。而近年來可確認墓主身份的孫吳墓葬不斷發現,則提供了更爲多樣化的信息。列表如下:

**表1　建業周邊地區孫吳墓葬出土瓷器、陶器簡表(限墓主身份可知者)**[115]

| 墓葬名稱 | 墓主身份 | 瓷器數量 | 瓷器種類 | 陶器數量 | 陶器種類 |
|---|---|---|---|---|---|
| 江寧上坊大墓 | 王侯級 | 82 | 罐、壺、盒、耳杯、缽、明器模型、俑等 | 0 | |
| 馬鞍山朱然墓 | 左大司馬、右軍師、當陽侯 | 33 | 碗、盤、盞、盆、罐、壺、燈等 | 18 | 罐、盆、明器模型 |
| 江寧棱角山天册元年倪氏墓 | 侯級 | 15 | 碗、壺、罐、洗、簋、水注、明器模型等 | 6 | 缽、硯、明器模型 |
| 江寧沙石崗天册元年倪氏墓 | 侯級 | 16 | 洗、盂、壺、罐、虎子、燭臺等 | 3 | 罐、三足盆 |
| 江寧濱江開發區繆承墓 | 丞相府吏 | 9 | 洗、盞、盂、壺、唾壺、罐等 | 0 | |
| 光華門薛秋墓 | 折鋒校尉、公乘 | 11 | 盤、盞、壺、罐等 | 15 | 罐、缽、明器模型 |

---

[113] 在朱然墓中曾出土帶有"蜀郡作牢""蜀郡造作牢"字樣的漆器。不過韋正認爲這些漆器未必來自於蜀地。同注[112],225—227頁。

[114] 參見王志高《南京顔料坊出土六朝墨書瓷器分析》,《中國國家博物館館刊》2014年第1期,40—58頁。需要説明的是,這幾萬件瓷器不止屬孫吳時期,還有東晉南朝時期。但即便如此,孫吳時期出土瓷器的數量仍然非常多。

[115] 表格中朱然墓的信息前已提及,其餘墓葬信息,同注[47],20—27頁。

續　表

| 墓葬名稱 | 墓主身份 | 瓷器數量 | 瓷器種類 | 陶器數量 | 陶器種類 |
|---|---|---|---|---|---|
| 郭家山陳重墓 | 立武都尉 | 15 | 扁壺、虎子、碗等 | 2 | 熏、器蓋 |
| 栖霞山甘家巷徐林墓 | 處士 | 8 | 壺、罐、盞、碗 | 6 | 明器模型 |
| 郭家山東吳紀年墓 M6 | 大女 | 10 | 罐、盂、碗 | 5 | 罐、明器模型 |
| 幕府山五鳳五年黄甫墓 | 大男 | 3 | 盤口壺、碗 | 35 | 罐、碗、燈、明器模型 |
| 幕府山五鳳五年黄甫墓 | 大男 | 2 | 盤口壺、碗 | 23 | 罐、碗、燈、明器模型 |

　　表中涉及的墓主人身份寬泛，從王侯、重臣到没有品秩的平民，具有一定代表性。從中可以觀察到幾個現象：首先，與東漢時期江南墓葬中少見或不見青瓷相比，孫吳建業墓葬中青瓷的使用數量、種類都相當可觀。其次，多數墓葬中，瓷器的數量大於陶器，甚至還出現了全部爲瓷器的情况，祇有薛秋、黄甫墓例外。再次，墓葬中的陶器以明器模型爲主，實用器很少。最後，隨着墓主身份的提高，隨葬青瓷數量有逐漸增多的趨勢。值得注意的是，上表中的墓葬都是磚室墓，墓主人至少屬於平民中經濟條件尚可者。一般平民的情况，根據不同的消費能力，青瓷的使用程度應有差别。不過一般説來，在生産逐漸擴大的情况下，商品成本會逐漸降低。在青瓷不斷投入市場的情况下，隨着時間推移，其在平民中的普及程度應當越來越高。韋正也曾指出，建業地區墓葬中的陶製明器逐漸爲瓷製明器所取代是一個普遍趨勢[116]。

　　與上述討論相關，有一點需要提及。過往學界對於孫吳時期青瓷的行用狀况，存在兩種相反意見。一種認爲當時仍以陶器爲主，青瓷所佔比例不大[117]。一種則認爲青瓷已經逐漸取代了的銅器、漆器和陶器[118]。實際上，這個問題不

---

[116] 同注[112]，153頁。

[117] 李蔚然《試述南京地區六朝墓葬青瓷來源及其有關問題》，《中國考古學會第三次年會論文集(1981)》，文物出版社，1981年，135—139頁。

[118] 羅宗真《江南東吳青瓷工藝的成就》，《中國考古學會第三次年會論文集1981》，128—134頁。

必一概而論,而應關注到不同階層在器用傳統、經濟能力上的差異。但可以肯定的是,至少在孫吳時期的建業,青瓷的使用已很普及,並逐漸形成一種風尚。

這種風尚何時出現,在沒有明確文獻記載的情況下,很難有確實答案。不過,南京中華門外發掘的東漢建安二十四年龍桃杖墓,似乎可以作爲一個綫索[119]。

龍桃杖墓被發現時,室内積滿淤泥,保存狀況相對較好。隨葬品不算多,有青瓷兩繫罐、四繫罐、燈臺、缽共5件,陶五聯罐、灶臺共2件,另有銅鏡1枚,銅錢300枚,金銀器、琥珀珠若干,漆器1件。隨葬的青瓷偏向實用器,陶器均爲明器,可見在龍桃杖的日常器用中,青瓷已扮演重要角色。根據墓内出土買地券,該墓造於東漢建安二十四年,位於"劉(壋)上",即石子岡上。建安二十四年是東漢王朝的倒數第二年,也是孫權將治所遷至建業的第八年。如此説來,龍桃杖算是建業的早期居民,可能就住在長干里。整個磚室墓很小,内長3.06米,寬0.6米。再加上隨葬品有限,説明墓主人並非上層權貴,可能是一個小吏或者經濟尚可的平民,他的日常器用大概處於一般水平。則至少在此時,建業的青瓷行用已經有所普及了。

對皇室、權貴等少數上層社會而言,他們並不缺乏漆器、金銀器等奢侈品,但青瓷的使用一旦形成潮流,也不免跟風賞玩。在不計成本的支出與追求與衆不同的心態下,往往就會創造出新的技術與審美。在六朝建康城遺址、皇册家園建設工地的孫吳地層以及長崗村5號墓中,曾出土多件紋飾精美、造型獨特的釉下彩器物或殘片,由於工藝複雜、數量稀少,考古工作者推測這些瓷器很可能是應宫廷需求而特别燒造的。孫吳政權滅亡後,這類釉下彩瓷器趨於消失,但一直工藝相對簡單的釉下點彩却逐漸流行,成爲東晉時期江南青瓷主要的紋飾類型之一[120]。從某種角度而言,這一過程正提供了六朝江南物質器用層面的精英文化與民間文化——所謂"大傳統"與"小傳統"相互影響、融合的典型案例。

在龐大的消費需求下,會稽地區的窑址不斷增多,例如上虞地區的孫吳窑址

---

[119] 南京市博物館《南京市東漢建安二十四年龍桃杖墓》,《考古》2009年第1期,38—44頁。
[120] 參見王志高、賈維勇《南京發現的孫吳釉下彩瓷器及其相關問題》,《文物》2005年第5期,39—52頁。

就較東漢時期增長了4—5倍[121]。隨着生産規模的擴大,青瓷的器類、器型、裝飾不斷出新,同時形成了一些固定風格,如以青緑釉爲主,器型矮胖,帶有網格紋、聯珠紋、弦紋,貼塑鋪首等裝飾等等[122]。這些商品大量供給建業,也流入附近京口、句容、吴郡等地。在出土青瓷上,"會稽上虞師袁宜作""紫是會稽上虞范休可作""會稽上虞""出始寧"等銘文時有所見[123]。這些銘文未必完全真實,或許正如漢代漆器多書"蜀郡"一樣[124],祇是一種商品宣傳方式,但它表明會稽上虞一帶的青瓷擁有優秀的産品力,逐漸形成品牌效應。由此再來看《建康實録》卷二《太祖》記孫吴政權"發屯兵三萬鑿句容中道,至雲陽西城,以通吴會船艦,號破岡瀆,上下一十四埭,通會(稽)市,作邸閣"的記載,就會對其中的經濟意義有更爲具體的認識。

在青瓷風靡建業的同時,中原地區日常器用的主角,依舊是漆器、玉器、金屬器與陶器[125]。在政治分裂的狀態下,漢代南北方趨同的生活圖景,至此産生差異。青瓷的大量使用,成爲江南物質文化的新景觀。而正如上文所見,在建業地區,出土於墓葬中的青瓷爲數不少。這就提示我們將目光轉向到另一個維度的場景:地下。在與禮制、習俗聯繫更爲密切的墓葬層面,吴都建業呈現出怎樣一種圖景?具體有哪些特徵?以下就結合相關材料,展開論述。

## 四、地下:邊緣的整齊

據張學鋒、陳剛統計,目前已知建業(建鄴)地區的孫吴、西晋墓葬(或墓群)

---

[121] 同注[81],139頁。需要指出的是,南方地區能够燒造瓷器的不止會稽郡,在吴興郡、豫章郡、長沙郡等地都出現了窰口,但這些地區在孫吴時期窰口數量還不多,因此建業地區的青瓷應當主要來自於會稽郡。相關窰口的介紹,參見注[81],137—149頁

[122] 同注[112],42頁。

[123] 相關銘文的整理,參見中村圭爾《六朝江南地域史研究》,367頁;牟寶蕾《越窰通鑒》,浙江人民美術出版社,2017年,127頁。

[124] 同注[112],226頁。

[125] 青瓷並非完全没有,但非常少見。例如被推定爲曹操墓的安陽西高穴大墓中就出土了11件瓷器,均爲瓷罐,其中有8件青瓷,不過陶器出土了250餘件。參見河南省文物考古研究院編著《曹操高陵》,中國社會科學出版社,2016年,115—118頁。

共計 83 處,規模相當可觀[126]。之所以將孫吳、西晉墓葬一起統計,是因爲這兩個時期墓葬的形制與隨葬品的種類、樣式很接近。在没有明確紀年信息的情況下,不易區分[127]。當然,本文在討論中將儘可能使用判定爲孫吳時期的墓葬。

墓葬的具體圖景由兩個方面構成。一個是形制,例如墓室的數量、佈局、建材等等;一個是隨葬品,例如器物的種類、樣式等等。由於六朝墓葬多遭盜擾,隨葬品往往零散不成系統。形制層面所提供信息,就顯得尤爲關鍵。

對於六朝墓葬形制,考古學界已有成熟研究。韋正將長江下游孫吳墓葬的形制總結爲四點:(1)墓葬形式多樣;(2)流行四隅券進式頂;(3)多在墓室四壁設燈臺;(4)基本無棺床、小龕[128]。具體到孫吳建業地區,張學鋒根據形制將墓葬分爲六類,並逐一進行了描述(具體詳下)。通過這些研究,吳都建業墓葬形制的圖景與譜系,已較爲清晰。不過,怎樣站在江南地域文化的立場上,把握這些形制特徵及其意義?這就需要對兩漢三國時期墓葬形制的演化,有一個整體性的認識。

"楚越之地,地廣人希,飯稻羹魚,或火耕而水耨。"[129]作爲華夏文明的邊緣地帶,六朝之前的江南,人群流動頻繁,葬俗多變。春秋、戰國時期,吳人、楚人先後控制這片區域,帶來了土墩墓、木槨墓等的墓葬形式[130]。秦漢時期,在統一的國家形態下,江南地區的墓葬形式逐漸向核心的中原地區靠攏。不過,作爲文化上的弱勢一方,江南墓葬形式的變化,總是比中原地區慢上一拍。

根據黃曉芬的研究,西漢中後期以來,磚室墓逐漸取代木槨墓,成爲中原墓葬的新風尚,尤其是中軸綫配置的前堂後室墓,在西漢末期開始流行。而此時的江南地區,墓葬形式的主流依舊是木槨墓。在東漢早期,江南墓葬的建材仍存在木材、磚、石材混用的情況。至中期以後,磚室墓纔普遍出現[131]。具體到吳都建業所在區域,從其前身漢秣陵縣及周邊的江乘縣、湖熟縣發現的兩漢墓葬來看,這種演化趨勢非常明顯[132]。西漢時期,該區域所發現的墓葬幾乎都是

---

[126] 同注[47],20—27 頁。
[127] 在六朝墓葬的考古類型學中,孫吳、西晉墓葬屬於同一個分期。同注[112],28—29 頁。
[128] 同注[112],28—29 頁。
[129] 《史記》卷一二九《貨殖列傳》,3270 頁。
[130] 參見鄒厚本主編《江蘇考古五十年》,160—187 頁。
[131] 黃曉芬《漢墓的考古學研究》,岳麓書社,2003 年,96—166 頁。
[132] 相關漢墓的信息,同注[47],20—21 頁。

木槨墓。從西漢末至東漢前期,呈現出木槨墓、石槨墓、磚室墓並存的狀態。東漢中期以後,磚室墓纔成爲主流,但基本爲單室墓。與此同時,東漢以來的中原地區,墓葬形式仍不斷變化。早期曾一度流行迴廊式磚室墓,中期以後,墓葬形制逐漸趨於多樣化,除常見的前堂後室墓、單室墓外,多室墓、三室墓也同時並存[133]。

漢魏、魏晉之際,在以洛陽爲中心的中原地區,葬制變化更爲劇烈。齊東方指出,在曹操、曹丕、司馬懿等人的倡導下,"不墳不樹"、明器"一以瓦器"或"不設明器"的薄葬觀念成爲政治正確。具體到墓葬形制,東漢時期的多室墓、三室墓在曹魏時期趨於消失,前堂後室墓成爲主流,並根據等級高低設左右側室。不久後的西晉,單室墓又成爲主流。地位較高者用方形單室墓,反之爲長方形[134]。綜而言之,劇烈的變動感,是魏晉時期中原墓葬的主要面相。

由此來觀察同時期吴都建業的墓葬形制,這種變動感就不是很强烈。張學鋒曾將吴都建業的墓葬形制分爲六種[135],據之製作簡表如下:

表2 吴都建業墓葬形制簡表

| 類型 | 基本形制 | 墓室 | | 墓頂 | 耳室 | 典型墓例 |
| --- | --- | --- | --- | --- | --- | --- |
| Ⅰ型 | 大型雙室穹窿頂磚墓 | 前方形 | 後方形 | 雙穹窿頂 | 前雙耳室+後雙耳室 | 江寧上坊孫吴大墓 |
| Ⅱ型 | 雙室穹窿頂磚墓 | 前方形 | 前長方形 | 雙穹窿頂 | 一般無,個別有前耳室 | 雨花臺鄧府山孫吴墓 |
| Ⅲ型 | 雙室磚墓 | 前方形 | 前長方形 | 前穹窿頂+後券頂 | 一般無,個別有前耳室 | 江寧上坊天册元年墓 |
| Ⅳ型 | 凸字形單室磚墓 | 長方形單室 | | 常見券頂、少數穹窿頂 | | 江寧濱江建衡元年墓 |
| Ⅴ型 | 土坑單室磚墓 | 長方形單室 | | 常見券頂、穹窿頂 | 一般無,個別帶小耳室 | 趙士岡孫吴墓 |
| Ⅵ型 | 土坑墓 | | | | | |

---

[133] 同注[131],130—166頁。
[134] 齊東方《中國古代喪葬中的晉制》,《考古學報》2015年第3期,345—365頁。此外,關於魏晉時期中原地區的墓葬形制與薄葬風俗,還可參見李梅田《魏晉北朝墓葬的考古學研究》,商務印書館,2009年,45—150頁;中國社會科學院考古研究所《中國考古學:三國兩晉南北朝卷》,87—121頁。
[135] 同注[47],13—16頁。

首先需要説明的是，Ⅵ型的豎穴土坑墓在任何時代的南北方都很普遍，屬於最基本的平民墓葬，一般不納入古代墓葬形制的討論中。因此，僅就磚室墓而言，吴都建業的墓葬形制爲五種。這五種形制看似很多，實際衹有兩種。一種是雙室墓，根據有無耳室、有無雙穹窿頂分爲三類；一種是長方形的單室墓，根據有無甬道分爲兩類。從Ⅰ型到Ⅴ型，墓葬形制的元素有規律地逐漸減少，層次非常分明[136]。

　　與東漢時期相比，建業地區墓葬形制的最大變化是雙室墓的大量出現。這種墓型由單室墓發展而來，最大的區别是在放置棺材的墓室前，再加蓋一個用於祭祀的"堂"，因此又稱前堂後室墓。在東漢時期的秣陵縣周邊，這種墓葬形制已經存在。隨着建業政治、經濟地位的迅速提升，這種形制的大量出現很自然。除此以外，建業地區的墓葬形制幾乎没有變化。東漢中原地區開始流行的迴廊式磚室墓、多室墓、三室墓，在漢秣陵縣及周邊均未發現。因此，曹魏政權境内各類磚室墓統一爲雙室墓、單室墓的變化趨勢，也就不見於建業。西晉時期中原地區出現的高等級方形單室墓，也不見於建業地區的墓葬之中。甚至在西晉統一後，建鄴地區的墓葬形制仍然維持着雙室墓、長方形單室墓兩種形態。直到晉室南渡後，高等級的方形單室墓纔出現[137]。至於漢代"堆土爲墳"的傳統，也同樣在孫吴建業地區得以延續[138]。就此而言，較之魏晉時期中原地區墓葬形制的劇烈變動，吴都建業墓葬形制更多的是保留傳統，顯示出一種安定、有序的整齊感[139]。

　　孫吴君主無意像曹操、曹丕那樣改變葬俗，當然是漢代墓葬傳統大量保留最直接的原因。不過，换個角度看，這種自發形成的整齊感，也反映出文化心態上的保守性與創新不足。這種特徵，與江南所處的華夏邊緣地位具有密切關係。

---

[136] 前引韋正觀點認爲孫吴墓葬"形式多樣"，是相對此後的東晉南朝幾乎全部爲單室墓的情況而言。如果與漢末魏晉之際的中原地區墓葬相比，建業地區的墓葬形制則相對很穩定。

[137] 同注[112]，28—29頁。

[138] 最爲典型的就是江寧上坊孫吴大墓，雖然遭到嚴重破壞，但墓頂仍留有1米左右厚的封土。參見南京市博物館、南京市江寧區博物館《南京江寧上坊孫吴墓發掘簡報》，《文物》2008年第12期，3—34頁。

[139] 雖然大體呈現穩定有序的狀態，南方地區内部墓葬形制的交流與相互影響可能仍需進一步關注。如韋正就曾指出武昌對建業、建業對吴郡墓葬形制的影響。同注[112]，114—127頁。

漢魏西晉時期，中原地區在政治、經濟上具有絕對優勢，文化也在不斷變動之中。江南地處偏遠，在中原地區已形成一種普遍潮流後，纔逐漸被渗入，進而展開模仿。而此時的中原，新的風尚已出現萌芽。前文所述漢代中原、江南墓葬形制的變化趨勢，就是這種體現。伴隨着漢末以來的政治分裂，南北方交流受到阻礙，創新能力有限的江南，也就呈現出因保守而趨於整齊的文化面貌。唐長孺曾經注意到，孫吳時期江南的學問十分老舊。在東漢後期中原地區的鄭玄、馬融等人已統合今、古文經學，魏晉之際又出現玄學的情況下，江南學問的主流仍然是西漢以來的今文經學[140]。其實，這些現象是共通的，背後反映的都是身處邊地的江南在文化上的保守性，或者説是一種"邊緣的整齊"[141]。

有趣的是，也正因爲文化上的保守性，中原地區某些非主流的因子，在進入江南以後，反而會得到長久的保留與傳播。具體到墓葬形制層面，孫吳墓葬中多見的四隅券進式穹窿頂技術，就很典型。

由於"天圓地方""天人合一"的觀念，漢代以來，許多磚室墓的墓頂建造成曲面。在中原地區，自西漢後期開始至東漢末，較爲高級的穹窿頂與相對普通的券頂，成爲磚室墓墓頂的兩種主流形態。在這一方面，江南地區的技術傳入當然也很滯後，券頂在東漢前期，穹窿頂晚至東漢後期[142]。券頂的建造技術單一，南北方差别不大。而穹窿頂則較爲複雜，分爲疊澀式、四邊券進式、四隅券進式等多種類型。在中原地區，四隅券進式穹窿頂並非主流，僅僅在東漢後期的南陽地區出現，很快便趨於消失。而這種技術在傳入孫吳後，便迅速流行起來。尤其是在建業地區，孫吳乃至於東晉時期墓葬的穹窿頂，絕大多數都採用這種技術，反而成爲了一種江南地方特色[143]。這種技術怎樣傳入孫吳，又爲何在發源地絶

---

[140] 參見唐長孺《讀抱樸子推論南北學風的異同》，《魏晉南北朝史論叢》，生活・讀書・新知三聯書店，1955年，351—381頁。

[141] 魏斌討論早期南方地區人名變遷時曾借用社會學的"擴散理論"指出，核心地區在向邊緣擴散時，有可能會在邊緣地區推行較之核心區更爲整齊的制度，或者可以稱之爲"邊緣的強化"。其實，在文化傳播層面也經常能看到這種現象，越是文化邊緣地區，越在意所謂的"傳統"，很大程度上是因爲它們創造新"傳統"的能力有限。參見魏斌《單名與雙名：漢晉南方人名的變遷及其意義》，《歷史研究》2012年第1期，36—53頁。

[142] 同注[131]，156—166頁。

[143] 關於漢代穹窿頂的建造技術、四隅券進式穹窿頂相關墓例的整理與分析，參見徐永利《中國古代墓葬四隅券進式穹窿機制與源流研究》，東南大學出版社，9—88頁。

迹,研究者語焉不詳[144]。不過聯想到上一節提及的孫策俘獲南陽"百工"一事,或許是一個可能的解釋。

從隨葬品的角度來觀察,此時江南文化之於中原的邊緣性與滯後性也很明顯[145]。比如說,東漢以來中原地區墓葬中多見的倉、井、竈、豬、羊、雞圈、閣樓等田園生活明器,在魏晉時期逐漸淡出,在建業地區的孫吳墓葬中反而成爲普遍的隨葬品[146]。東漢洛陽周邊墓葬隨葬買地券的情況,魏晉以後完全消失,而在建業地區的孫吳墓葬中則時有所見。當然,一些江南本土色彩的葬俗也依舊存在。例如東漢以來流行於會稽地區的五聯罐、堆塑罐(魂瓶),在孫吳時期開始流行於建業地區,再如青瓷類隨葬品的大量出現,這當然與該時期建業、三吳地區迅速建立起的緊密經濟、社會聯繫相關[147]。

最後想捎帶一提的是,根據文獻記載,西晉平吳後,包括建康在内的江南地區掀起了一股"洛陽化"的風潮。一方面,陸機、張翰、顧榮、紀瞻等南土名士紛紛北上洛陽仕官[148];另一方面,如葛洪在《抱樸子》舉書法、語言、哀哭、喪禮四端予以諷刺的那樣,江南民衆對中土洛陽的禮俗文化紛紛效仿。實際上,承認"上國衆事,所以勝江表者多"的葛洪,對於洛陽文化也充滿向往,在參與平定石冰之亂後"徑詣洛陽,欲廣尋異書"[149]。但正如本節開頭所述,如果站在考古類型學的角度,建業地區的孫吳、西晉墓葬屬於同一分期,無論是在形制,還是在隨葬品上,存在高度的相似性,幾乎難以區别。直到東晉時期,建康(建業)地區墓葬的"洛陽化"纔逐漸發生。文獻與實物資料所呈現出的,是兩幅截然不同的圖景。

---

[144] 徐永利從南陽的地理區位、地域文化角度展開了一些闡釋,但未能給出直接要素。參見注[143],159—163頁。

[145] 魏鳴在考察魏晉葬制時曾指出曹魏、西晉北方地區與東晉的薄葬風氣一脈相承。而孫吳、西晉南方地區則主要繼承東漢傳統,崇尚厚葬。參見魏鳴《魏晉薄葬考論》,《南京大學學報》1986年第4期,133—143頁。

[146] 韋正認爲這些中原葬俗源自漢末淮泗人群的南下,這種可能性的確很大。同注[112],153頁。

[147] 建業與三吳地區的關係,參見劉淑芬《六朝的城市與社會》,81—110頁。

[148] 關於晉平吳以後吳人赴洛陽的史實及其心態,參見張學鋒《蓴菜、蓴羹、鱸魚膾與吳人的鄉思》,收入張學鋒《漢唐考古與歷史研究》,生活·讀書·新知三聯書店,2013年,3—9頁。

[149] 上引各條史料,參見楊明照校箋《抱樸子外篇校箋》卷二六《譏惑》、卷五〇《自叙》,中華書局,1991年,12—20、678頁。

## 結　語

在六朝江南地域史的研究中,孫吳時期一直是較爲特别的存在。這種特别不僅在於孫吳與東晉南朝時間上的不連續,更在於權力結構、制度設計、人群構成等方面的巨大差異。然而,由於史料稀缺與歷史撰述的模式化,要切實地把握住孫吳時期江南社會的特徵,並不容易。這也使得過往研究時常産生兩種傾向:一種是對孫吳時期的江南歷史一筆帶過或避而不談;一種是在"三國鼎立"與"六朝時代"的叙事框架下,將孫吳視爲與曹魏西晉、東晉南朝無甚差别的同質性政權。這兩種傾向,至今在不少研究中都隱約可見。

在認識六朝早期江南社會的特徵方面,川勝義雄的觀點值得重視。他指出,孫吳是大小私兵軍團聯合的純軍事政權,並且注意到其在江南的開發具有强烈的拓殖色彩[150]。把握住這些要素,對於吳都建業具象的物質圖景,也就有了更爲切實理解的可能。

在軍事色彩濃郁的分權體制下,孫吳君權的根基,不在於制度或威儀,而在於經濟利益的分享與君主自身的人格魅力[151]。這種權力結構,也就使得都城建業的規劃以權宜、實用、低成本爲導向。北岸簡陋的宫殿與宫城、雜亂分佈的官署、屯營,南岸離散延展的生活空間,整個城市外郭的缺失,就是基於此背景形成的。這也是爲何孫皓修建宫殿的行爲會遭到江東豪族陸凱的反對,"表修百府"的岑昏最終被"殿中親近數百人"請求誅殺[152]。對於孫吳的大小軍事領主而言,藉助於通過都城建設展開的君主威儀强化,不僅無益於他們經濟利益,更是對原有君臣關係的一種破壞。

另一方面,無論是秦漢時期的秣陵縣,還是孫吳的都城建業。本質而言,都

---

[150] 參見川勝義雄著,徐穀芃、李濟滄譯《六朝貴族制社會研究》,上海古籍出版社,2007年,103—123頁。

[151] 關於孫吳政權君臣關係的特殊性,清人趙翼曾有所意識,指出孫吳君臣"以意氣相投"。參見趙翼著,王樹民校正《廿二史札記校正》卷七《三國志·三國之主用人各不同》,中華書局,1984年,140—143頁。

[152] 參見《三國志》卷四八《三嗣主傳》、卷六一《陸凱傳》,1176、1405頁。

是華夏文明向南方拓展的前沿據點。正如張學鋒所指出的那樣,所謂的江南"土著",其實也衹是南遷時間較早的漢人而已[153]。孫吳時期江南地區開發的拓殖色彩,使人聯想到近代歐洲大量冒險商人、投機家、破產者前往美洲開拓、移民的浪潮。就人群特徵而言,這些文明邊緣的開拓者往往尚武好鬥,文化上則相當乏善可陳[154]。在全新的物質環境下,某些具有地方色彩的新習俗會逐漸形成,藉助某些契機成爲一種風尚。與此同時,出於對核心區域文化的崇拜與嚮往,與知識、信仰、禮儀聯繫更爲緊密的某些傳統則得以長時間的延續,顯示出格外的保守性。而建業地區青瓷的大規模流行與墓葬形制的整齊感,正分別體現了上述兩點。

需要指出的是,在孫吳滅亡之後,使用青瓷的社會風尚並未終斷[155]。南朝時期,隨着江南文化優勢的確立,青瓷作爲一種代表性器用,開始頻繁出現在北朝胡、漢貴族的生活場景中[156]。在政治、禮儀制度、文化心理等層面,江南地域主體性的形成要到東晋中後期乃至於南朝[157]。而在更實際的器用層面,本土化趨勢早在孫吳時期就已藉由青瓷逐漸展開[158]。從某種意義而言,這是孫吳政權給六朝江南文化留下的最大遺産。

最後,將本文的主要觀點總結如下:

(1)建業北岸的城市景觀帶有鮮明的權宜性與軍事色彩。具體表現爲規制簡單的宫殿,山城(石頭城)、平城(苑城)並立的格局,分佈雜亂的官署與屯營。從規模、佈局來看,石頭城、苑城與秦漢時期很多小型縣、邑城類似,這可能是它

---

[153] 同注[47],19頁。
[154] 川勝義雄就曾指出孫吳政權僅僅需要像張昭那樣人數極爲有限的若干顧問與行政官員,吳郡豪族如顧氏、陸氏,多數仍舊作爲武將活躍,甚至具有教養的士大夫也更希望成爲武人。參見川勝義雄著,徐穀芃、李濟滄譯《六朝貴族制社會研究》,122頁。
[155] 同注[112],29—43、158—177頁。
[156] 相關材料很多,概述性介紹參見中國社會科學院考古研究所《中國考古學:三國兩晋南北朝卷》,171—223頁。
[157] 參見胡寶國《晚渡北人與東晋中期的歷史變化》,《北大史學》第14輯,北京大學出版社,2009年,94—111頁;户川貴行《東晋南朝伝統の創造》,汲古書院,2015年,115—200頁。
[158] 當然,這種本土化趨勢主要是適應客觀物質環境的産物,不宜誇大其中所包含的江南主體意識。阿部幸信認爲孫吳皇帝使用金璽是有意識地繼承南越王國制度,突出南方地域的主體性,筆者並不贊同。參見阿部幸信《魏晋南北朝皇帝璽窺管:玉璽・金璽と"伝統"の虚像》,《中央大学アジア史研究》第41號,2017年,1—45頁。

們在現實層面的直接源流。

（2）建業的生活空間與傳統中原都市存在差異。宮城所在的北岸開發緩慢，各色人群主要在南岸"雜居"，離散延展出相當的縱深。這種格局一方面源於南北岸自然地理環境的差異，同時與南方城邑缺乏外郭的形態傳統也有密切關聯。

（3）東漢中期出現於江南的青瓷，在當時傳播並不廣泛。在漢末以來政治分裂的背景下，漆器、玉器供給的短缺與都城建業龐大的消費需求，使得青瓷大規模流行，成爲江南物質文化的新景觀。

（4）較之曹魏西晋時期中原不斷變化的葬俗，建業地區的墓葬形制存在相當的穩定性與整齊感。這種特徵的形成，很大程度上源自兩漢三國時期江南地區在文化上的邊緣地位。

由於能力所限，還有一些與吳都建業物質圖景相關的問題尚未納入討論，例如瓦當、墓磚紋飾、買地券、銅鏡等等。當然，孫吳之後的東晋、南朝建康地區，乃至於整個六朝江南、南方地區的物質圖景及其特徵，也都令人很感興趣。這些課題，筆者將在未來的研究中加以關注。

# The Concreteness of Jiangnan: The Material Landscape of Capital Jianye of Wu Kingdom and Its Features

Lu Shuai

According to historical literature and archaeological discoveries, the urban landscape of the north shore (of Qinhuai River) of Jianye 建業, the capital of Wu 吳, had temporary and military features. This is showed by a roughly-structured palace, the setup of the Stone Citadel (*Shitoucheng* 石頭城) and Terrace Citadel (*Yuancheng* 苑城), and the disarrayed configuration of government offices and caserns. Judging from the scale and layout, the Stone Citadel and the Terrace Citadel were evolved directly from the small counties and towns derived from the Qin 秦 and Han 漢 dynasties. The living space of Jianye was in many ways different from the traditional cities of central China. For instance, the north shore where the palace was located had long been in tardy development, while people of all walks of life mainly resided on the south shore, thus creating a considerable spatial depth of Jianye. Such pattern was not only caused by the differences of physic-geographical environment between the north and the south shore but also closely related to the tradition that the cities built in Southern China were normally without outer walls. In terms of daily utensils, the green porcelain, first emerging in the regions south of Yangtze River (*Jiangnan* 江南) during the Mid-Eastern Han period, was still not in prevalent use. However, under the splitting political background of the late Han dynasty, with lacquer and jade works long in short supplies, the massive consumption demands in Jianye prompted the prevailing of green porcelains, thus forming a new material landscape of Jiangnan. As for the tomb culture, compared to the constantly-changing burial customs in central China, the tombs constructed around Jianye were considerably stable and neat in shape and structure. These phenomena reflect two significant features of Jiangnan during the early Six Dynasties period, including that the Wu kingdom was a highly militarized regime and the regional development of Jiangnan was mingled with colonization and a mentality of Chinese marginal culture.

# 城樓、沙洲與寺院:南朝夏口的城市風景

魏 斌

> 黃鶴來時,歌城郭之並是;
> 浮雲一去,惜人世之俱非。
> ——閻伯理《黃鶴樓記》

漢唐之間是中國城市形態的一個重要變化期。這種變化,一方面體現在都城空間格局的變化,如從多宮制到一宮制,坊市制的形成,均爲其例;一方面也體現在新的城市文化景觀的出現,如寺院作爲一種新的信仰場所和公共空間,就扮演了越來越重要的角色。前者一直受到學界關注,特別是隨着近年來的考古新發現,主要都城的空間認識正在逐漸深化。後者主要受制於史料,僅有少數都城寺院受到關注。

"帝京翼翼,四方之則"[1],都城往往粹集了一個時代最重要的資源,也是帝國權力的展示之所[2]。不過也正因爲如此,都城往往具有顯著的政治性和規劃色彩[3],成爲同時代城市中的特例。換言之,要想真正理解漢唐之間的城市形態及其變化,都城之外以各級治所爲主的地方城市,至少具有同樣重要的價值[4]。

---

[1] 范祥雍《洛陽伽藍記校注》卷二《城東》"景寧寺"條,上海古籍出版社,1978年,119頁。

[2] 中村圭爾《魏晉南北朝的城市與官人》,井上徹、楊振紅編《中日學者論中國古代城市社會》,三秦出版社,2007年,95—116頁。

[3] 關於這一問題的學術史的梳理和反思,參看佐川英治《中国古代都城の設計と思想——円丘祭祀の歷史的展開》"序論",勉誠出版,2016年,1—23頁。

[4] 這方面已經積累了不少成果,就本文所關注的江南地區來說,可以參看蔣贊初《六朝隋唐時期武昌城與京口(潤州)城的興廢及其城址的變遷》,《長江中下游歷史考古論文集》,科學出版社,2001年,172—185頁;張學鋒《建康都城圈的東方——以破岡瀆的探討爲中心》,《魏晉南北朝隋唐史資料》第32輯,上海古籍出版社,2015年;魯西奇《〈水經注〉所見漢水流域的城邑聚落及其形態》,氏著《城牆內外:古代漢水流域城市的形態與空間結構》,中華書局,2011年,1—148頁。

具體到江南地區來說,長期南北對立的政治地理格局,使得長江水道及長江沿岸主要支流成爲維繫江南國家的大動脈,造就了沿岸諸多治所和鎮戍的繁榮。都城建康和京口、尋陽、武昌、夏口、巴丘、江陵,漢水沿岸的襄陽、石城,湘水沿岸的長沙,贛水沿岸的豫章,以及破岡瀆—江南運河沿岸的吴郡、錢唐、山陰,即爲代表。

六朝至唐,江南地方城市的顯著變化之一,是具有城市文化象徵意義的風景名勝的形成。南宋王象之編撰的地志《輿地紀勝》,曾專門設有篇幅可觀的"景物"類目,詳細記述各地的自然景觀和樓、閣、寺、觀等文化名勝。後者以唐宋時期的建築和文化遺迹爲主,但也有不少可以追溯到六朝時期[5]。其中,夏口(南朝郢州治所、唐宋鄂州治所)的黄鶴樓、鸚鵡洲、頭陀寺等名勝尤其引人注目,爲諸多膾炙人口的唐宋詩文所吟詠記述,文化影響力一直綿延至今[6]。這也正是本文打算探討的問題:爲何會在夏口形成這樣的風景名勝?或者説,六朝至唐的數百年間,究竟是什麽力量在影響和塑造着以州鎮治所爲代表的江南地方城市,使其出現這樣的景觀變化?

## 一、夏口"名勝"的空間構成

一般認爲,夏口城始於孫權建立的軍事性城壘,和長江對岸的魯山城、偃月壘一起,共同構成了長江、漢水交匯處的一組鎮戍群。三者之中,夏口城位於長江南岸,對於江南國家來説防禦形勢尤爲重要。孫吴時曾設夏口督,鎮守於此。東晉中期以後,隨着武昌(今鄂城)的衰落,夏口的地位更是日漸上升,最終成爲劉宋孝建二年(455)新置郢州的治所,唐宋以後更一直延續爲長江中游重要的

---

[5] 宋代以後,各地開始出現以"八景"爲名的名勝營造,蔚爲風氣,成爲文化史上的著名現象,參看内山精也《宋代八景現象考》,陳廣宏、益拉西姆譯,《新宋學》第2輯,上海辭書出版社,2003年;趙夏《我國的"八景"傳統及其文化意義》,《規劃師》2006年第12期。

[6] 特別是屢毁屢建的黄鶴樓,一直是綿延不斷的城市象徵,參看陳熙遠《人去樓坍水自流——試論坐落在文化史上的黄鶴樓》,李孝悌編《中國的城市生活》,新星出版社,2006年,327—370頁。最近商偉在《題寫名勝:從黄鶴樓到鳳凰臺》一書中,也探討了李白、崔顥圍繞黄鶴樓名勝的詩歌競爭及其文學邏輯,生活・讀書・新知三聯書店,2020年。

行政中心[7]。

從軍事城壘到行政中心演變的過程中,夏口開始形成一些標志性的風景名勝,黄鶴樓、鸚鵡洲、頭陀寺尤爲著名。北宋時,張舜民南行途中路經夏口:

> 丙子群會,登石城。最西臨江,即黄鶴、白雲,最東即頭陀寺。寺與樓下枕大江,對眺漢陽,江中即鸚鵡洲,黄祖沉禰衡之所,上接湖湘,下臨沔漢,乃古今絶景也。[8]

南宋時姜夔客居夏口,在《清波引·冷雲迷浦》小序中,也特别提到"鸚鵡之草樹,頭陀、黄鶴之偉觀……無一日不在心目間。勝友二三,極意吟賞"[9]。這些名勝在唐宋詩文中有很多吟詠記述,毋庸贅言。而它們的出現正是在六朝時期。

要理解三處名勝的意義,首先要知道它們在夏口城市空間中的位置。黄鶴樓舊址比較確定。古鸚鵡洲雖然已經消失,但大致方位仍可以推知。頭陀寺的具體所在,却一直缺乏明確考證。清代以來,多認爲頭陀寺舊址就是黄鶴樓下臨近江邊的觀音閣[10]。這個説法明顯存在問題。現存關於夏口頭陀寺最早的文獻,是《文選》卷五九收録的南齊王簡栖《頭陀寺碑文》,撰寫於該寺擴建之後不久,其中説:

> 頭陀寺者,沙門釋慧宗之所立也。南則大川浩汗,雲霞之所沃蕩。北則層峰削成,日月之所迴薄。西眺城邑,百雉紆餘。東望平皋,千里超忽。信楚都之勝地也。[11]

這段話依次叙述了頭陀寺四個方向的地理景觀——南有"大川浩汗",即長江;北有"層峰削成",即今武昌蛇山;向西眺望城邑,"百雉紆餘";東邊是"千里超忽"的開闊郊野。據此不難判斷,頭陀寺並不在江邊,而是位於城東今蛇山南

---

[7] 關於古代夏口城市史,皮明庥主編《武漢通史》(武漢出版社,2008年)等地方史著中多有涉及,不贅述。專題研究,參看王素《南朝夏口地區社會經濟雜考》,黄惠賢、李文瀾主編《古代長江中游的經濟開發》,武漢出版社,1988年,30—43頁;楊果《宋代鄂州城市佈局初探》,《宋遼金史論稿》,商務印書館,2010年,222—242頁;魯西奇《區域歷史地理研究:對象與方法——漢水流域的個案考察》,廣西人民出版社,2000年,274—276、381—384頁。

[8] 張舜民《郴行録》卷二,《宋代日記叢編》,顧宏義、李文整理標校,上海書店出版社,2013年,611頁。

[9] 夏承燾校,吴無聞注釋《姜白石詞校注》,廣東人民出版社,1983年,16頁。

[10] 胡鳳丹編纂《黄鵠山志》卷二《名勝四》,彭忠德點校,武漢出版社,2016年,55頁。

[11] 《文選》卷五九王簡栖《頭陀寺碑文》,中華書局,1977年,810—816頁。

麓。問題是,"繚繞如伏蛇"的蛇山,是長達四五里的細長山體,頭陀寺的具體位置在哪兒呢?

其他文獻中最早記述頭陀寺位置的,是唐中期李吉甫的《元和郡縣圖志》卷二七,提到包括頭陀寺在内的三處地點:曹公城,"在縣東北二里";頭陀寺,"在縣東南二里";鸚鵡洲,"在縣西南二里"[12]。這裏的"縣"指江夏縣治,到曹公城、鸚鵡洲、頭陀寺的距離都是二里,正好位於一個圓圈的中心。北宋樂史《太平寰宇記》卷一一二記載相似,其中"鸚鵡洲"條稱,"在大江東,縣西南二里";"黄鶴樓"條稱,"在縣西二百八十步"[13]。夏口城西南角"因磯爲樓,名黄鶴樓"[14],舊址在長江邊的黄鵠磯上(今長橋大橋橋頭紀念碑一帶),位置比較確定。"縣"位於黄鵠磯黄鶴樓舊址之東不足一里。以此爲坐標,向西南、東北、東南分别延伸二里,西南差不多正好到古鸚鵡洲北端(今大成路、花堤街以西江中);東北差不多到明清武昌城北城牆所依憑的鳳凰山一綫,這裏是城北天然的地勢憑藉。東南則差不多到蛇山南麓中部的武昌紅樓(舊鄂軍都督府)至武昌路一帶。

這個推測與《輿地紀勝》的説法相符。該書卷六六"頭陀寺"條稱,在"清遠門外黄鵠山上"[15]。清遠門是宋代鄂州南城的東門,可知頭陀寺在南城東門之外。巧合的是,考古資料也進一步證實了這一點。1996年,閲馬場武昌路輜重營街以南(武昌路東側、武珞路以北)發現五代吴國墓葬,出土買地券兩種。其中一種清晰可讀,開始部分云:

> 惟大吴乾貞二年歲次戊子七月甲辰朔卅日甲子,鄂州江夏縣立直隊十將王府君命禄早終,今遂舊里宜古頭陀山南厠山崗安厝。[16]

券文提到的"古頭陀山"地名,是一個重要信息。墓葬出土於武昌路東側的蛇山南麓,這個地點正好和前面考證的頭陀寺位置相合。此段山體以武昌路涵洞爲

---

[12]《元和郡縣圖志》卷二七《江南道三·鄂州江夏縣》,中華書局,1983年,645頁。
[13]《太平寰宇記》卷一一二《江南西道十·鄂州江夏縣》,中華書局,2007年,2279頁。
[14]《元和郡縣圖志》卷二七《江南道三·鄂州江夏縣》,644頁。
[15]《輿地紀勝》卷六六《荆湖北路·鄂州上》"景物下",中華書局,1992年,2272頁。
[16] 武漢市博物館《閲馬場五代吴國墓》,《江漢考古》1998年第3期。參看凍國棟《跋武昌閲馬場五代吴墓所出之"買地券"》,《魏晉南北朝隋唐史資料》第21輯,武漢大學文科學報編輯部,2004年。

界,東、西兩側分别是蛇山的兩處高點。這種地形讓人想到唐宋文獻中對頭陀寺的描述,如陸游《入蜀記》説:

> 二十六日,與統、紓同遊頭陀寺,寺在州城之東隅石城山。山繚繞如伏蛇,自西亘東,因其上爲城,缺壞僅存。州治及漕司皆依此山。……自方丈西北躡支徑至絶頂,舊有奇章亭,今已廢。四顧江山井邑,靡有遺者。[17]

根據陸游的記述,從頭陀寺西北方向可以登上石城山(蛇山中段)"絶頂"。這裏就是唐代詩歌中多次提到的"頭陀寺上方",如李頻《鄂州頭陀寺上方》:"高寺上方無不見,天涯行客思迢迢。西江帆挂東風急,夏口城銜楚塞遥。"[18]許彬(一説項斯)《遊頭陀寺上方》:"高步陟崔嵬,吟閒路惜迴。寺從何代有,僧是梵宫來。暮靄連沙積,餘霞逼檻開。更期招静者,長嘯上方臺。"[19]《頭陀寺碑文》中對寺院周邊景觀的描述,與李頻、許彬詩歌的描述相似,正是"高寺上方"可見的開闊景觀。

"百雉紆餘"的城邑,在頭陀寺之西北,蛇山北麓。《水經注》卷三五《江水》:

> 黄鵠山東北對夏口城,魏黄初四年孫權所築也。依山傍江,開勢明遠,憑埤藉阻,高觀枕流,上則遊目流川,下則激浪崎嶇,寔舟人之所艱也。[20]

《藝文類聚》卷六三引《荆州圖經》則云:"江夏郡所治夏口城,其西南角因磯爲高埤,枕流,上則迥眺山川,下則激浪崎嶇,是曰黄鵠磯。寔乃舟人之所艱也。"[21]這裏提到的"高埤",建在長江邊的黄鵠磯上,即黄鶴樓舊址所在地。《南齊書·州郡志下》説,"夏口城據黄鵠磯","邊江峻險,樓櫓高危"[22],可以印證。

建在黄鵠磯上的黄鶴樓,是夏口城西南角的城樓。張舜民記述説:"鄂州城即孫權所創,與潤州子城、金陵覆舟山城、武昌吴王城制作一體,皆因山附險,止開二門,周環不過三二里。乃知古人爲城,欲牢不欲廣也。"[23]張舜民所説的是

---

[17] 陸游《入蜀記》卷四,《宋代日記叢編》,775 頁。
[18] 《全唐詩(增訂本)》卷五八七,中華書局,1999 年,6864 頁。
[19] 《全唐詩(增訂本)》卷五五四、卷六七八,6474、7829 頁。
[20] 楊守敬、熊會貞《水經注疏》卷三五《江水三》,段熙仲點校,陳橋驛復校,江蘇古籍出版社,1989 年,2899—2900 頁。
[21] 《藝文類聚》卷六三《居處部三·城》,上海古籍出版社,1999 年,1138 頁。
[22] 《南齊書》卷一五《州郡志下》,中華書局,1972 年,276 頁。
[23] 張舜民《郴行録》卷二,《宋代日記叢編》,610—611 頁。

夏口子城,下節還要提到,實際上夏口是由子城、羅城構成的兩重城郭。子城位於羅城的西南部,"周環不過三二里",這一點與《頭陀寺碑文》所稱"百雉紆餘"正好相符。大致來説,南倚黄鵠山(蛇山西段),西臨長江,北到中華路、自由路之間,東到司門口解放路,就是該城的範圍[24]。從"紆餘"一詞可知,子城城牆並非直綫,而是頗有曲折。

碑文説"南則大川浩汗",帶有一定藝術修辭,實際上長江在頭陀寺正西差不多三里。城南江中即鸚鵡洲,《水經注》卷三五《江水》：

> 江之右岸當鸚鵡洲,南有江水右迤,謂之驛渚。三月之末,水下通樊口水。江水又東逕魯山南……江之右岸有船官浦,歷黄鵠嶼西而南矣。直鸚鵡洲之下尾,江水澨洄洑浦,是曰黄軍浦,昔吴將黄蓋軍師所屯,故浦得其名,亦商舟之所會矣。

魯山即今長江對岸的龜山。鸚鵡洲南的"驛渚",一般認爲即今鮎魚套,此處水道原來可以通過湯遜湖、梁子湖等湖泊群,通航樊水和鄂城。不過,《水經注》時代顯然已經祇能季節性通航[25]。鸚鵡洲和夏口江岸之間形成的水道,名爲船官浦、黄軍浦,是泊船的港口。劉宋孝建二年(455)郢州分鎮時討論治所選址,何尚之就指出,夏口的優勢在於"既有見城,浦大容舫",特別强調這處港口的重要性。梁陳之際,侯瑱、任約攻慕容儼於夏口,"於上流鸚鵡洲上造荻洪竟數里,以塞船路。人信阻絶,城守孤懸","復以鐵鎖連冶,防禦彌切"[26]。隋平陳之時,陳將周羅睺、荀法尚等亦曾"以勁兵數萬屯鸚鵡洲"[27],可見城南鸚鵡洲一帶的泊船港口,對於夏口城具有重要的軍事意義。

這裏還是"商舟之所會"。唐宋時期此地的商業繁盛情形,文獻中有不少記載,廣爲研究者所熟知[28]。如魚玄機《江行》詩："大江横抱武昌斜,鸚鵡洲前户萬家。"[29]范成大《吴船録》："午至鄂渚。泊鸚鵡洲前南市堤下。南市在城外,

---

[24] 參看劉森淼《三國夏口城考》,《武漢文史資料》2006年第4期。
[25] 譚其驤《鄂君啓節銘文釋地》,《長水集(下)》,人民出版社,2009年,206—225頁。
[26] 《北齊書》卷二〇《慕容儼傳》,中華書局,1972年,281頁。
[27] 《隋書》卷四五《秦孝王俊傳》,中華書局,1973年,1239頁。
[28] 牟發松《唐代長江中游的經濟與社會》,武漢大學出版社,1989年,188—252頁;楊果《宋代的鄂州南草市——江漢平原市鎮的個案分析》,《宋遼金史論稿》,197—208頁。
[29] 《全唐詩(增訂本)》卷八〇四,9149頁。

沿江數萬家,廛閈甚盛,列肆如櫛。酒墟樓欄尤壯麗,外郡未見其比。"[30]南朝的情況不詳,但從《水經注》"商舟之所會"的說法來看,應該已經有相當規模的商業人口[31]。

碑文又説,"東望平皐,千里超忽"。夏口子城倚今蛇山西段而建,而蛇山是向城外東郊延伸的連綿山體之一。這些山體造就了一條東西向起伏的狹長崗地,在崗地的南北兩側又分佈着大量湖泊。在這種地形條件下,東郊崗地成爲墓葬集中之地。如長春觀、何家壠、任家灣、周家大灣、東湖三官殿、鉢孟山等地,先後發現不少秦漢至隋唐墓葬[32]。其中部分墓葬出土有地券文,記載有具體的埋葬地名,如南陽郡涅陽縣都鄉上支里人劉覬,爲"宋武陵王前軍參軍事",永明三年(485)葬於"江夏郡汝南縣孟城山"[33];武昌三官殿發掘的南朝墓墓主,普通元年(520)"合葬於孟城山塏地"[34]。

東郊山麓也建有寺院。梁元帝蕭繹《郢州晉安寺碑銘》説:"鳳皇之嶺,芊綿映色,蓮花之洞,照曜增輝。山云黄鶴,疑聞天之夜響;城稱却月,似輕雲之霄蔽。"[35]郢州晉安寺就是後來的興福寺,明清地方志中稱爲小塔寺,位於城東九里左右的洪山東南麓(今湖北省軍區大院內)。現存有南宋時期的興福寺石塔(今移在丁字橋洪山公園內)。

通過以上分析可知,《頭陀寺碑文》寫作的時代,夏口城市空間是由南北兩部分組成。以"層峰削成"的黄鵠山(蛇山西段)爲界,山北是政治軍事性的城

---

[30] 范成大《吴船録》卷下,《宋代日記叢編》,864頁。
[31] 王素《南朝夏口地區社會經濟雜考》,黄惠賢、李文瀾主編《古代長江中游的經濟開發》,30—43頁。
[32] 武漢市文物管理委員會《武昌任家灣六朝初期墓葬清理簡報》,《文物參考資料》1955年第12期;湖北省文物管理委員會《武昌蓮溪寺東吴墓清理簡報》,《考古》1959年第4期;湖北省文物工作隊《武漢地區一九五六年一至八月古墓葬發掘概况》,《文物參考資料》1957年第1期;湖北省博物館《武漢地區四座南朝紀年墓》,《考古》1965年第4期;武漢市博物館《武昌東湖三官殿梁墓清理簡報》,《江漢考古》1991年第2期;武漢市文物管理處《武漢市東湖岳家嘴隋墓發掘簡報》,《考古》1983年第9期;湖北省文物管理委員會《武漢市郊周家大灣241號隋墓清理簡報》,《考古通訊》1957年第6期;湖北省文物管理委員會《武昌東郊何家壠188號唐墓清理簡報》,《文物參考資料》1957年第12期。
[33] 湖北省博物館《武漢地區四座南朝紀年墓》,《考古》1965年第4期。
[34] 武漢市博物館《武昌東湖三官殿梁墓清理簡報》,《江漢考古》1991年第2期。
[35] 《藝文類聚》卷七六《內典上·內典》,1305頁。

郭；山南江中的古鸚鵡洲和江岸一帶，得泊船之利，成爲港口和商業地帶。頭陀寺則位於山南麓偏東的位置。唐宋時期廣爲人知的三處名勝，一處在山北的城内（城樓），兩處在山南的城外（沙洲、寺院），呈三角形分佈，分別代表着政治軍事、經濟、宗教三種力量。夏口風景名勝的形成，就是這些力量作用的結果，這一點在空間上有很清楚的表現。

## 二、子城與城樓

《頭陀寺碑文》寫作的南朝時期，州鎮治所一般是由子城、羅城構成的兩重空間[36]。夏口也不例外。現存文獻中有不少記載，如《梁書》卷四五《王僧辯傳》："仍督諸軍渡江攻郢，即入羅城。宋子仙蟻聚金城拒守，攻之未剋。"金城就是子城。《陳書》卷二五《孫瑒傳》提到，北周進攻夏口時，助防張世貴"舉外城以應之，所失軍民男女三千餘口"。外城也就是羅城。宋子仙、孫瑒都是失去羅城後，據守子城。

明嘉靖年間編纂的《湖廣圖經志書》，對夏口城早期城郭起源，有一個追溯性説法："吳孫權赤烏二年修築舊壘，謂之夏口城。……周圍一十二里，高二丈一尺。後又因州治後山，增築左右，爲重城。設二門，東曰鄂州門，西曰碧瀾門。宋齊梁陳皆因之。"[37] 按照此説，夏口城最早修築的是周圍十二里的羅城，之後又在羅城内增築了周圍二三里的子城。這種説法是否有更早的史料依據，尚不清楚。其中提到的東西二門，應當是子城城門，但從"鄂州"之名來看，顯然是唐宋時期的名稱。後面還要提到，子城的軍事防禦能力更強，對於夏口這樣的軍事城壘來説，子城、羅城同時修築的可能性似乎更大。

黄鶴樓是子城西南角的城樓。東南角的城樓，亦見於文獻記載，被稱作焦度樓，《元和郡縣圖志》卷二七《江南道三·鄂州》：

---

[36] 有關子城問題的討論，以往研究中國城市史的學者討論不少，參看郭湖生《子城制度——中國城市史專題研究之一》，《東方學報（京都）》第57卷，1985年；朱大渭《魏晋南北朝時期的套城》，《六朝史論》，中華書局，1998年，79—101頁；成一農《中國子城考》，氏著《古代城市形態研究方法新探》，社會科學文獻出版社，2009年，94—125頁。

[37] 嘉靖《湖廣圖經志書》卷一《本司志·城池》，書目文獻出版社，1991年，15頁。

州城本夏口城,吴黄武二年城江夏以安屯戍地也。城西臨大江,西南角因磯爲樓,名黃鶴樓。……東南角樓名焦度樓,宋沈攸之自荆州稱兵至此,時焦度領兵在此,城守東南角,攸之攻之不克,遂退走,因名焦度樓。

焦度樓之名與劉宋末年的沈攸之叛亂有關,事見《南齊書·焦度傳》。沈攸之自江陵起兵叛亂,原本打算直奔建康,途經夏口時,焦度"於城樓上肆言罵辱攸之,至自發露形體穢辱之,故攸之怒,改計攻城","度親力戰,攸之衆蒙楯將登,度令投以穢器,賊衆不能冒,至今呼此樓爲焦度樓"[38]。《輿地紀勝》卷六六《荆湖北路·鄂州上》"江夏縣"條説:"開皇十年移治於州東南焦度樓下,即今縣是也。"前面提到,宋代江夏縣治在黃鶴樓舊址東二百八十步。陸游説"山繚繞如伏蛇,自西亘東,因其上爲城,缺壞僅存",可見夏口城南面是以黃鵠山(蛇山西段)爲天然屏障,在山上建立防禦設施。焦度在山上東南角的城樓上"自發露形體穢辱之",距江邊不遠,可以望見。

夏口子城位於羅城的西南部。當時羅城在軍事防禦上的意義遠不如子城,遭遇戰事往往選擇放棄羅城,退入子城固守。前面提到的王僧辯攻侯景、北周軍隊進攻夏口,都是先佔據羅城,圍攻子城[39]。因此,子城東北角、西北角必然也會有防禦性的城樓,祇是史料中没有留下記載。《北齊書》卷二〇《慕容儼傳》説:"先是郢城卑下,兼土疏頽壞,儼更修繕城雉,多作大樓。又造船艦,水陸備具,工無暫闕。"可見高出牆體的"樓",對於軍事防禦而言頗爲重要。當時夏口羅城已經失陷,這裏的"郢城"就是指子城。這種防禦性的"大樓",亦見於《陳書》卷二五《孫瑒傳》,當時北周軍隊進攻夏口,"起土山高梯,日夜攻逼,因風縱火,燒其內城南面五十餘樓"。這裏的"內城"就是子城,"南面"則應當是黃鶴樓、焦度樓及其連綫所在的南城牆,建在黃鵠山上。這段牆體長度僅有 500 米左右,"樓"的數量多達五十餘所,顯然不會是城樓,應當是臨時搭建、事後可以拆

---

[38] 《南齊書》卷三〇《焦度傳》,560 頁。

[39] 文獻中的相關記載不少,如劉宋時竟陵王誕在廣陵,面臨沈慶之進攻,"焚燒郭邑,驅居民百姓,悉使入城",《宋書》卷七九《竟陵王誕傳》,中華書局,1974 年,2031 頁。西魏軍隊進攻江陵時,于謹認爲:"移郭內居人,退保子城,以待援至,是其中策;若難於移動,據守羅郭,是其下策。"《北史》卷二三《于謹傳》,中華書局,1974 年,847—848 頁。侯景之亂後,鮑泉、王僧辯奉蕭繹之命攻伐湘州刺史蕭譽,攻防戰過程中,蕭譽"焚長沙郭邑,驅居民於城內,鮑泉度軍圍之",《梁書》卷五五《河東王譽傳》,中華書局,1973 年,830 頁。

掉的木質防禦性塔樓[40]。此前慕容儼"多作大樓",也應當是這種臨時性的木質塔樓。

夏口子城面積不大,可以想見是以州鎮衙署和軍事設施爲主。遺憾的是現存相關記載極少。祇知道子城内有"廳事",梁末邵陵王綸在郢州時,"置百官,改廳事爲正陽殿"[41]。還有"倉門",應當是物資儲備之處,也是子城守禦重地[42]。此外,有一處庇佑城池安全的城隍廟,在黄鵠山頂,黄鶴樓和焦度樓之間[43]。不過,南朝州鎮治所的官府建築應有一定制度。湘東王蕭繹作鎮荆州時,在江陵子城内建有"湘東苑",規模可觀,有芙蓉堂、禊飲堂、隱士亭、正武堂及堂前有射堋馬埒、鄉射堂及行堋、映月亭、修竹堂、臨水齋、陽雲樓、臨風亭、明月樓等建築,均爲將軍扈義熙所造[44]。南朝時期夏口城市規模遠不如江陵,但或許也有類似的建築群落。可惜文獻提及的僅有一處西園[45],地點亦不詳。唐憲宗元和三年(808),郗士美出任鄂州觀察使後,對夏口城郭有過一次大的修整,舒元輿所撰《鄂政記》詳細記述了這次整修前後的城市情形,值得參考。其中提到,"鄂城置在島渚間,土勢大凹凸。凸者頗險,凹者潞浸,不可久宅息,不可議制度"[46]。而修整之前的子城,"陋屋駢聯,自十二戟南直,土地隘塞,若人胸口不開。將佐序宇,次第甚牢落,州佐掾署亦牢落"。這次整修,則是"正立戟間,指吏徒折去陋屋,南抵城墉下"。最後一句"南抵城墉下",也證實子城内的衙署是依蛇山北麓而建。據《鄂政記》來看,唐中期夏口子城内主要是衙署,居民和屯營位於羅城,這種分佈格局應當是繼承南朝。

由於子城空間有限,很多州鎮官僚和家屬都住在羅城之中。劉宋時范抗任

---

[40] 《梁書》卷三九《羊侃傳》:"賊又作登城樓車,高十餘丈,欲臨射城内。"560頁。守城時臨時搭建的防禦性木樓,可能與這種登城樓車類似,祇是不用移動。

[41] 《梁書》卷二九《邵陵王綸傳》,433頁。

[42] 王僧辯攻夏口,宋子仙退據金城"倉門,帶江阻險,衆軍攻之,頻戰不剋",後來從倉門出逃。《梁書》卷四五《王僧辯傳》,626頁。倉門位於子城内,可以通往長江。

[43] 《北齊書》卷二〇《慕容儼傳》,281頁。嘉靖《湖廣圖經志書》卷二録韓陽《城隍廟記》:"郡城隍之神,故老相傳謂晉車騎將軍焦明爲之,舊有廟,在黄鵠山之頂,久而弗治。"226頁。

[44] 《太平御覽》卷一九六《居處部二四·苑囿》引《渚宫故事》,中華書局,1960年,946頁。

[45] 《資治通鑑》卷一六三梁簡文帝大寶元年九月,中華書局,1956年,5052頁。

[46] 《文苑英華》卷八三一,舒元輿《鄂政記》,中華書局,1966年,4384—4385頁。相關討論,參看曾成《隋唐五代時期武漢城市格局研究》,未刊稿。

"郢府參軍",其子范雲"隨父在府","起家郢州西曹書佐,轉法曹行參軍"。沈攸之圍攻夏口時,"抗時爲府長流,入城固守,留家屬居外,雲爲軍人所得"。沈攸之曾讓范雲"送書入城"[47]。此時沈攸之軍隊已經佔據了"郭邑"亦即羅城,可見范抗和家屬平時並不住在子城之内。南朝州鎮官府人員規模不小,如梁鄱陽王蕭恢出任益州,就有"軍府五萬人"[48]。郢州城内的官吏和士兵,數量必定也相當可觀。梁武帝起兵時圍困夏口城,城内就有"將佐文武男女口十餘萬人"[49]。子城顯然無法容納數量如此龐大的"將佐文武"。

瞭解夏口城郭空間和城樓的相關情形後,再來看永泰元年(765)閻伯理所撰《黃鶴樓記》的相關記載,認識會更加深入:

> 州城西南隅,有黃鶴樓者。……觀其聳構巍峨,高標巃嵷,上倚河漢,下臨江流,重簷翼館,四闥霞敞,坐窺井邑,俯拍雲烟,亦荆吴形勝之最也。……刺史兼侍御史、淮西租庸使、鄂岳沔等州都團練使河南穆公,名寧,下車而亂繩皆理,發號而庶政其凝。或逶迤退公,或登車送遠,遊必於是。[50]

這段話最後提到穆公"或逶迤退公,或登車送遠",必定是於黃鶴樓之中遊宴,讓人想到李白的名句"故人西辭黃鶴樓,烟花三月下揚州"。初讀起來,黃鶴樓似乎是夏口飲宴送別的公共空間,但如果考慮到黃鶴樓原本是子城城樓,而子城内主要是官府衙署和軍事設施,一般民衆是否有機會進入登樓觀景,是很令人懷疑的。至少目前看到的資料,基本都是官僚士人群體的偕遊吟詠。如元稹任鄂州節度使時,"常秋夕登黃鶴樓"[51]。皮日休在夏口,鄂州節度使劉允章"致宴於黃鶴樓以命之,監軍使與參佐悉集"[52]。杜鴻漸任鄂州節度使時,曾在黃鶴樓演習羯鼓[53]。作爲城市名勝的黃鶴樓,應理解爲官僚士人群體登高遊賞、飲宴送別的公共空間,在大部分歷史時間中並不屬於普通民衆。

---

[47] 《梁書》卷一三《范雲傳》,229頁。

[48] 毛遠明《漢魏六朝碑刻校注》第3册《益州過軍記》,綫裝書局,2008年,157—158頁。

[49] 《梁書》卷一《武帝紀上》,11頁。這次圍困的顯然是羅城。夏口羅城範圍,嘉靖《湖廣圖經志書》稱周長十二里,差不多相當於明清武昌城蛇山以北的部分。此説史料依據不詳。

[50] 《文苑英華》卷八一〇,閻伯理《黃鶴樓記》,4279—4280頁。

[51] 《太平廣記》卷二三二"元稹"條引《三水小牘》,中華書局,1961年,1777頁。

[52] 《太平廣記》卷二六五"崔昭符"條引《三水小牘》,2083頁。

[53] 《太平廣記》卷二〇五"杜鴻漸"條引《羯鼓録》,1564頁。

南朝文獻記載的主要是軍事攻防下的夏口[54]。但戰爭畢竟是短暫的非常事態,可以想象黃鶴樓供官僚群體風景遊賞之用的一面,或者説,像穆公這樣的州府長吏,"或逶迤退公,或登車送遠,遊必於是,宴必於是",可能南朝時期已經如此。這方面東晉時庾亮在武昌(今鄂城)南樓之事可以參照:

  庾太尉在武昌,秋夜氣佳景清,使吏殷浩、王胡之之徒登南樓理詠。音調始遒,聞函道中有屐聲甚厲,定是庾公。俄而率左右十許人步來,諸賢欲起避之。公徐云:"諸君少住,老子於此處興復不淺!"因便據胡床,與諸人詠謔,竟坐甚得任樂。[55]

南樓可能也是武昌城樓。武昌城南是水面很大的南湖,正是秋夜賞景佳地。這個故事生動地記載了東晉時期州府官僚日常文化聚會的情形。而同書《文學篇》又提到,桓玄"嘗登江陵城南樓",爲王孝伯作誄文,"因吟嘯良久,隨而下筆。一坐之間,誄以之成"[56],也是一個登城門樓雅集的例子。此外,梁武帝曾登"京口城北固樓"賦詩,云"南城連地險,北顧臨水側"。蕭綱隨遊奉和之詩,則有"皇情愛歷覽,遊陟擬崆峒""去帆入雲裹,遥星出海中"等句[57]。江總有《秋日登廣州城南樓》詩[58]。更早的例子,還有王粲流寓荆州期間登當陽縣城樓,撰作《登樓賦》:"登兹樓以四望兮,聊暇日以銷憂。"[59]這些登樓賞景感懷的記載,讓人想到陳朝初年孫瑒在夏口的遊賞之舉:"合十餘船爲大舫,於中立亭池,植荷芰,每良辰美景,賓僚並集,泛長江而置酒,亦一時之勝賞焉。"[60]州鎮官府官僚群體的遊賞風景,以及相關的文學生産、交遊等活動,成爲城樓名勝化的推手。

由此來説,從城樓轉化爲風景遊賞之所,在南朝州鎮城市中很可能是一個廣泛現象。通過黃鶴樓的事例分析,祇要具備自然風景之美的治所城樓,其實都有

---

[54]《梁書》卷二二《蕭秀傳》:"先是,夏口常爲兵衝,露骸積骨於黃鶴樓下,秀祭而埋之。"344頁。

[55]《世説新語·容止》"庾太尉在武昌"條,余嘉錫《世説新語箋疏(修訂本)》,上海古籍出版社,1993年,616頁。

[56]《世説新語·文學》"桓玄嘗登江陵城南樓"條,余嘉錫《世説新語箋疏(修訂本)》,277頁。

[57]《藝文類聚》卷六三《居處部三·樓》,1131頁;《梁書》卷三《武帝紀下》,88頁。

[58]《藝文類聚》卷二八《人部十二·遊覽》,506頁。

[59]《文選》卷一一王粲《登樓賦》及李善注引盛弘之《荆州記》,162頁。孫策亦曾"郡城門樓上請集會諸將賓客",《三國志》卷四六《吴書·孫策傳》注引《江表傳》,1110頁。

[60]《陳書》卷二五《孫瑒傳》,321頁。

成爲名勝的條件。東晉時期王恭鎮京口,"改創西南樓名萬歲樓,西北樓名芙蓉樓"[61]。兩樓均位於京口子城鐵甕城,原本可能也是子城城樓。漢水之側的軍事重地竟陵郡治所石城(今鍾祥),"子城三面墉基皆天造,正西絕壁,下臨漢江,白雪樓冠其上。石城之名本此,今在郡治"[62]。這處名勝白雪樓在"子城西"[63],白居易曾登樓賦詩[64],應當也是子城城樓。而著名的岳陽樓,"城西門樓也,下瞰洞庭,景物寬廣"[65]。劉宋時顏延之自嶺南返回建康途中,曾登樓遊賞,有《始安郡還都與張湘州登巴陵城樓作》之詩[66]。此外,謝瞻出任豫章太守時,途經江州治所湓口城,有《王撫軍庾西陽集別時爲豫章太守庾被征還東》詩,提到"分手東城闉,發棹西江陾",《文選》李善注引《說文》:"闉,城曲重門也。"又引《集序》:"謝還豫章,庾被徵還都,王撫軍送至湓口南樓作。"[67]湓口南樓應當就是湓口城南樓。這些城樓中,至少岳陽樓、白雪樓的軍事防禦性質非常明顯,跟黄鶴樓相似。

城樓作爲觀景賞遊之所,也不僅祇見於江南城市。《水經注》卷二一《汝水》記載,北魏"豫州刺史汝南郡治"懸瓠城:

> 其城上西北隅,高祖以太和中幸懸瓠,平南王肅起高臺於小城,建層樓於隅阿,下際水湄,降眺栗渚,左右列榭,四周參差競跱,奇爲佳觀也。

王肅時爲平南將軍、豫州刺史,他在懸瓠城"小城"之中建高臺和層樓,功能應當首先是爲了防禦,但因爲風景之美,成爲"佳觀"。此外,彭城"大城之内有金城",設施壯麗,"城之東北角,起層樓於其上,號曰彭祖樓"[68]。城樓得名於北魏神龜二年(519)刺史王延明移彭祖廟於"子城東北樓下",故而"俗呼樓爲彭祖樓"[69]。

---

[61] 《太平寰宇記》卷八九《江南東道一·潤州丹徒縣》"萬歲樓"條引《京口記》,1759頁。
[62] 《輿地紀勝》卷八四《京西南路·郢州》"景物下",2732頁。
[63] 《太平寰宇記》卷一四四《山南東道三·郢州長壽縣》"白雪樓基"條,2801頁。
[64] 《全唐詩(增訂本)》卷四三八,白居易《登郢州白雪樓》,4886頁。石城城樓也見於西曲《石城樂》:"生長石城下,開窗對城樓。城中諸少年,出入見依投。"《樂府詩集》卷四七《清商曲辭四》,中華書局,1979年,689頁。
[65] 《輿地紀勝》卷六九《荆湖北路·岳州》"景物下"引《岳陽風土記》,2347頁。
[66] 《文選》卷二七,顏延年《始安郡還都與張湘州登巴陵城樓作》,383頁。
[67] 《文選》卷二〇,謝瞻《王撫軍庾西陽集別時爲豫章太守庾被征還東作》,294頁。
[68] 楊守敬、熊會貞《水經注疏》卷二三《獲水》,1990—1991頁。
[69] 《太平寰宇記》卷一五《河南道十五·徐州彭城縣》"彭祖廟"條,300頁。

可知彭祖樓是子城東北角的城樓。而壽春城亦有"金城西門逍遥樓"[70]。逍遥樓即壽春子城的西門樓。

值得注意的是,這些作爲風景遊賞之所的城樓,不少都是子城城樓,有的是角樓,有的是門樓[71]。前面提到,子城在戰時往往成爲攻防焦點,城牆、城樓較之羅城遠爲堅固。子城内主要是官署空間,是官僚士人群體的活動之地。與之相比,羅城城樓的規模和政治私密性,均不如子城城樓[72]。從子城内的衙署到羅城城樓,需要通過羅城中的公共道路,也遠不如登臨子城城樓方便。從這一點來說,雖然羅城城樓也存在名勝化的可能性,但由於城樓的名勝化與城内文化官僚群體關係密切,子城城樓顯然更具優勢。

這是黄鶴樓和諸多州鎮治所城樓興起爲風景名勝的背景。梁武帝建國之後,曾改革宋齊鼓吹曲,"更製新歌"十二曲,"以述功德"[73]。其中第七曲題爲《鶴樓峻》,歌頌克定郢州之戰,"言平郢城,兵威無敵也"。曲辭爲:

> 鶴樓峻,連翠微。因岩設險池永歸,脣亡齒懼薄言震。耀靈威,凶衆稽顙,天不能違。金湯無所用,功烈長巍巍。[74]

"鶴樓"就是夏口子城西南角的城樓黄鶴樓。黄鶴樓被作爲郢州之戰的象徵,譜入宫廷樂曲演奏,主要是由於"開勢明遠,憑墉藉阻,高觀枕流"的地理位置。而西南角城樓焦度樓,由於並不臨江,就没有像黄鶴樓這樣成爲膾炙人口的名勝[75]。

由於詩文的影響,後來黄鶴樓更多的是以"昔人已乘黄鶴去"的仙人傳説爲

---

[70] 楊守敬、熊會貞《水經注疏》卷三二《肥水》,2688頁。

[71] 張舜民《郴行録》和嘉靖《湖廣圖經志書》都提到,夏口子城衹有東、西兩個城門,相應的也應當有東、西兩個城門樓。但這兩處門樓均未成爲名勝。而巴陵、溢口等城市,似乎都是城門樓更爲著名。這種差異可能主要與城市自然環境和山川形勢有關。

[72] 《世説新語·雅量》"庾小征西嘗出未還"條提到,庾翼在安陵(安陸),外出時岳母和妻子曾登城樓,庾翼歸來時在樓下爲岳母表演騎術(余嘉錫《世説新語箋疏(修訂本)》,366頁)。考慮到女眷出外不便,這裏提到的城樓,很可能也是子城城樓。

[73] 《隋書》卷一三《音樂志上》,304—305頁。

[74] 《樂府詩集》卷二〇《鼓吹曲辭五》,299頁。

[75] 宋代以後增築黄鵠山(今蛇山西段)南麓的南城,焦度樓被納入南城之中,失去了原來作爲軍事性城樓的意義。而焦度樓西側,地勢更高的萬人敵,成爲屏障南城的防禦重地,《輿地紀勝》卷六六《荆湖北路·鄂州上》"景物下·萬人敵"條:"在城東黄鵠山頂,亦古城也。西連子城,下瞰外郭。建炎草竊犯城,郡守命其上以強弩射之,寇退,因得其名。"2265—2266頁。萬人敵西連子城,從地形看當在今黄鶴樓新址一帶。這裏與清遠門所在的東城牆之間形成夾角,居高臨下。

人所熟知。閻伯理《黃鶴樓記》引《圖經》就說："費褘登仙,嘗駕黃鶴返憩於此,遂以名樓。事列《神仙》之傳,迹存《述異》之志。"而黃鶴樓興起的真正原因,亦即作爲子城城樓供登臨遊賞和防禦的意義,則被逐漸淡化。不過,這種仙人駕鶴來遊的傳說,顯然是後來附加上去的[76]。具體原因和過程雖然並不清楚,但應該與黃鶴樓"下臨江流""坐窺井邑,俯拍雲烟"的地理形勢有關。漢魏以來的神仙叙事中,仙人駕鶴來遊,停於山頂等高敞之處,"望不可至,徘徊謝時人"[77],原本是一種常見的模式化叙事。

## 三、沙洲、商旅與寺院、文學

六朝至唐代的夏口城郭,位於今蛇山以北,山南一直到北宋爲止均屬於城外。城外的鸚鵡洲和頭陀寺,是不同於子城城樓黃鶴樓的名勝空間。

鸚鵡洲位於山南江邊。前面提到,六朝時期這裏已經是舟船商旅集中之地。後來"號爲天下絶景"的黃鶴樓,"正對鸚鵡洲"[78],距離很近。從樓上眺望,商舟雲會、芳草萋萋的鸚鵡沙洲,以及洲前至遲唐代已經沿江"户萬家"的繁盛商業,正是眼前最重要的城市景觀。正如孟浩然《鸚鵡洲送王九之江左》詩所說:"昔登江上黃鶴樓,遙愛江中鸚鵡洲。洲勢逶迤繞碧流,鴛鴦灘鵜滿灘頭。灘頭日落沙磧長,金沙耀耀動颷光。舟人牽錦纜,浣女結羅裳。"從這種意義上來說,鸚鵡洲的名勝化,和黃鶴樓其實是一體的。

《爾雅・釋水》云:"水中可居者曰洲。"鸚鵡洲是長江中爲數甚多的沙洲之一,沙洲在江中形成可居之陸地,往往成爲泊船停靠之所,戰爭時也經常成爲攻

---

[76] 現存兩種《神仙傳》都沒有提到費褘升仙後乘鶴返憩黃鶴樓之事,《述異傳》提到的則是荀瓌在江夏黃鶴樓與駕鶴而來的仙人相會,《太平御覽》卷九一六《羽族部三・鶴》引《述異傳》,4062頁。

[77] 《樂府詩集》卷五一《清商曲辭八》"上雲樂・桐柏真",745頁。該曲的出典是王子晋成仙後,乘白鶴在緱氏山頂,"望之不得到,舉手謝時人,數日而去",王叔岷《列仙傳校箋》,中華書局,2007年,65頁。此外,茅山的三茅君傳說也與白鵠有關,父老歌曰:"三神乘白鵠,各治一山頭","白鵠翔青天,何時復來遊",當地建有白鵠廟,《雲笈七籤》卷一〇四《太元真人東岳上卿司命真君傳》,中華書局,2003年,2262頁。

[78] 陸游《入蜀記》卷五,《宋代日記叢編》,777頁。

方臨時駐扎之地。沙洲的出現受到水道和江流等自然因素的影響,地點具有偶然性。那些靠近河流交匯處和治所城市的沙洲,具有更重要的商業和軍事意義。鸚鵡洲位於長江、漢水匯流之處,而且可能是長江中最鄰近州鎮治所城郭的沙洲之一,意義尤爲突出。

沙洲處於江中,形成四面環水的封閉性獨立空間。這使得沙洲除了具有種植、漁業以及前面提到的泊船、軍事等意義之外,有時候還會成爲隱居之所。如枝江富城洲上,就有"道士范儕精廬"[79]。梁末陸法和"隱於江陵百里洲,衣食居處,一與苦行沙門同"[80],祇是百里洲規模甚大,不同於一般的沙洲。鸚鵡洲上的遺迹,最早可考的是北宋已經存在的茂林神祠,"遠望如小山"[81]。鸚鵡洲沿江商舟雲會,這樣的地點往往會建有祈禱行舟安全的神祠,從這一點推測,茂林神祠或許有更早的起源。此外,《輿地紀勝》卷六六《荆湖北路·鄂州上》"景物"提到:"鸚鵡洲舊自城南,跨城西大江中,尾直黄鵠磯。黄祖殺禰衡處。衡嘗作《鸚鵡賦》,故遇害之地得名。"這個説法找不到早期的文獻依據。《後漢書·禰衡傳》祇是説黄祖"在蒙衝船上,大會賓客,而衡言不遜順"[82],因而被殺,並没有提到具體地點。禰衡《鸚鵡賦》確實作於夏口,但洲名是否來自於此,亦無從考證[83]。不過,從李白《望鸚鵡洲懷禰衡》詩來看,至遲唐代這種傳説已經很流行[84]。

鄰近治所的沙洲,有時會成爲遊覽之地。如汝南懸瓠城附近,"水渚,即栗州也。樹木高茂,望若屯雲積氣矣。林中有栗堂、射埻,甚閑敞,牧宰及英彦多所遊薄"[85]。江陵城外的羅公洲,"果竹交蔭,長楊旁映,高梧前竦,雖即城隍,趣同

---

[79] 楊守敬、熊會貞《水經注疏》卷三四《江水》,2856—2857 頁。

[80] 《北齊書》卷三二《陸法和傳》,427 頁。

[81] 陸游《入蜀記》卷五,《宋代日記叢編》,777—778 頁。唐代鸚鵡洲上有"别業",見劉長卿《過鸚鵡洲王處士别業》詩,云"白首此爲漁,青山對結廬",《全唐詩(增訂本)》卷一四八,1505 頁。

[82] 《後漢書》卷八〇下《文苑下·禰衡傳》,中華書局,1965 年,2657 頁。

[83] 《太平御覽》卷八三三《資産部一三·鍛》引《禰衡傳》,記述禰衡被殺之事較之《後漢書》更爲詳細,但也没有提到遇害地點,3718 頁。《御覽》所引當爲唐宋時仍流行的《禰衡别傳》,遺憾的是由於《别傳》全文已佚,不清楚是否其中提到了禰衡遇害於鸚鵡洲。

[84] 古鸚鵡洲明代以後消失,清代胡鳳丹編纂的《鸚鵡洲小志》附有想象的鸚鵡洲圖,繪有禰衡墓、鸚鵡寺、玉簫墓等文化景觀,杜朝暉點校,湖北教育出版社,2002 年,224 頁。

[85] 楊守敬、熊會貞《水經注疏》卷二一《汝水》,1777 頁。

丘壑"[86]。鸚鵡洲距離江岸和治所都很近,也成爲官員和民衆的踏足之地。

六朝時期鸚鵡洲沿江的商業情形,就祇有前面提到的《水經注》中的一句話,"亦商舟之會也"。不過,從沿江被稱作船官浦來看,顯然有官府造船之所。《水經注》卷三二《肥水》記載的壽春城外的情況,很值得參考:

> 肥水又西分爲二水,右即肥之故瀆,遏爲船官湖,以置舟艦也。肥水左瀆又西逕石橋門北,亦曰草市門,外有石梁。渡北洲,洲上有西昌寺,寺三面阻水……寺西,即船官坊,蒼兕、都水,是營是作。

壽春城外有船官湖"以置舟艦",洲上又有船官坊,是造船之所。值得注意的是,石梁、渡北洲所通之門,被稱作"草市門",可見此洲附近應有民間性的市場存在。此外,長沙城外亦有船官,"湘州商舟之所次也"[87]。根據這些判斷,夏口城外的鸚鵡洲、船官浦一帶,既是官府造船泊舟之所,也很可能會有類似於壽春的"草市"。而這處兼具官府、民間性質的舟船商業之地,正是唐宋時期繁盛一時的鄂州南草市的前身。

遺憾的是六朝史料對此幾乎沒有記載。唯一的綫索,見於《梁書》卷九《曹景宗傳》:

> 景宗在州,鬻貨聚斂。於城南起宅,長堤以東,夏口以北,開街列門,東西數里。而部曲殘橫,民頗厭之。

曹景宗在城南所起之宅,位於"長堤以東,夏口以北"。"長堤",是指夏口城南與鸚鵡洲相對的江岸之堤(大致即今花堤街)。"夏口",從方位來看顯然不是指夏口城,而應該是城南江岸的某處地點。曹景宗這次在城南起宅,"開街列門,東西數里",規模很大。而一直到宋代,山南仍有大片湖泊,找到一處"東西數里"的空間並不容易。山南築城始於北宋皇祐三年(1051),由知州李堯俞主持增修[88],南門名爲望澤門,位於今彭劉楊路和解放路交界口附近,門外就是"周迴二十里"

---

[86]《太平御覽》卷六九《地部三四·洲》引王韶之《始興記》,327頁。本條應出自盛弘之《荆州記》。

[87] 楊守敬、熊會貞《水經注疏》卷三八《湘水》,3143頁。

[88] 嘉靖《湖廣圖經志書》卷一《本司志·城池》,15頁。值得注意的是,這種城郭的增修和擴大,是唐末五代江南城市的普遍現象。愛宕元認爲,這一現象可能跟江南地區的動盪和地方勢力興起,以及商業流通的發展有關,《唐末五代期における城郭の大規模化——華中·華南の場合》,《唐代地域社會史研究》,同朋舍,1997年,415—488頁。

的南湖,"外與江通,長堤爲限。長街貫其中,四旁居民蟻附"[89]。結合這種自然環境推測,曹景宗起宅之地,很可能就在望澤門以北區域,也就是宋代修築的山南城郭之内[90]。

城南近年來有重要的考古發現。2000年,武昌紅樓(舊鄂軍都督府)西側的湖北劇院施工過程中發現五座墓葬,其中一座出土武義元年(920)地券文,提到安葬地是"鄂州江夏縣古茶園巷東龍尾山崗南脚"[91]。考古報告分析地層情況説:"裸露於外的是一條呈東南—西北向分佈、寬度達15—20米的黄褐色土。……根據地層包含物及堆積的分佈走向判定,黄褐色土堆積原應爲一東南—西北向的崗地,其西北應與今蛇山相連,屬蛇山南麓的緩衝地帶。由黄褐色土兩邊的青灰泥層判定,崗地的東西兩端一段時期曾存在湖泊,大約到明清後即開始夷爲平地。"墓葬所在原爲崗地,兩側曾存在過湖泊。其西爲"古茶園巷",差不多是在曹景宗城南起宅"東西數里"範圍内。從"古茶園巷"地名來看,這裏至遲唐代已經形成以巷命名的居住區。

城南自唐代至明清一直存在的開元寺—鐵佛寺,據説"本梁邵陵王綸捨宅爲寺"[92]。南宋時寺中"有大曆八年鑄銅鐘,重一萬三千斤,及天寶三載所鑄鐵佛"。該寺位於南宋鄂州"城南一里",也就是宋代南城望澤門之外。此地並不在宋代新建的南城内,南朝時距離城郭更遠,邵陵王綸爲何會在此地立宅?這讓人想到此前曹景宗已經在城南開街起宅的行爲。如果考慮到這一區域緊鄰鸚鵡洲,屬於舟船商旅之地,他們在此立宅應當不是爲了一般性的居住需求(他們居

---

[89] 《輿地紀勝》卷六六《鄂州上·景物上》"南湖"條,2261頁。

[90] 傳記中這處區域在"長堤以東,夏口以北",這裏的"夏口",感覺更像是古鸚鵡洲與江岸長堤之間形成的水口。《史記》卷六九《蘇秦列傳》裴駰集解引車胤撰《桓温集》云:"夏口城上數里有洲,名夏州。"中華書局,1982年,2259頁。這個"夏州"或許就是鸚鵡洲。

[91] 湖北省文物考古研究所、武漢市博物館《湖北劇場擴建工程中的墓葬和遺迹清理簡報》,《江漢考古》2000年第4期。閲馬場五代墓附近的地層也有很大變化,考古報告指出,墓葬埋藏深達七米多,當時地面應該比現在要低得多,並認爲是"由於人們挖去蛇山的土以及自然形成的水土流失,這裏逐漸被淤積填高",武漢市博物館《閲馬場五代吴國墓》,《江漢考古》1998年第3期。

[92] 《輿地紀勝》卷六六《鄂州上·景物》"唐銅鐘鐵佛"條,2273頁。《太平寰宇記》卷一一二《江南道十·鄂州江夏縣》"邵陵王廟"條:"自梁朝之時,邵陵王捨宅爲寺,因之立廟。"2280頁。

住在山北子城之內),而是帶有營求商業利益的目的[93]。換言之,如果鐵佛寺確實是邵陵王蕭綸所建,背後提示的信息,就是由鄂州治所内的宗王長吏所推動的城南開發,以及由此帶來的信仰需求。

　　鐵佛寺的南朝淵源僅見於宋代史料,知名度更遠不如頭陀寺。據王簡栖《頭陀寺碑文》記載,該寺起源於最初在黃鵠山坐禪的沙門慧宗,劉宋大明五年(461)"始立方丈茅茨,以庇經像",規模很小。此後任職鄂州的後軍長史、江夏内史孔覬,"爲之薙草開林,置經行之室",時間應在大明六年稍後。泰始三年(467)左右,又得到安西將軍、鄂州刺史蔡興宗幫助,"復爲崇基表刹,立禪誦之堂"。沈約所撰《栖禪精舍銘》曾提到"征西蔡公所立"的鄂州栖禪精舍,不清楚是否就是這處"禪誦之堂"。沈約當時隨蔡興宗在夏口,"昔厠番麾,預班經創之始",參與了栖禪精舍創建[94]。

　　慧宗之後,僧勤法師"貞節苦心,求仁養志,纂修堂宇,未就而没",此後"僧徒聞其無人,榱椽毁而莫構,可爲長太息矣"。碑文接下來的叙述轉入南齊時期,可見僧勤應去世於劉宋末年。頭陀寺緊鄰山北的夏口羅城,而這個時間點前後,夏口羅城正好在沈攸之圍攻戰中遭受毁壞。此後,寺院荒廢十五六年,南齊建武(494—498)年間輔佐江夏王寶玄出鎮郢州的江夏内史劉諠,有感於"此寺業廢於已安,功墜於幾立",重新支持修造,"亙丘被陵,因高就遠。層軒延袤,上出雲霓。飛閣逶迤,下臨無地",建築沿山勢向上延伸,規模相當可觀。王簡栖碑文就撰寫於此時。《文選》李善注引《姓氏英賢録》說,簡栖起家郢州從事,天監四年(505)去世,"碑在鄂州,題云齊國録事參軍琅邪王巾製"[95]。王簡栖曾在夏口任職,碑文中對頭陀寺及四周景觀的記述,有着親身經歷。

---

[93] 王素最早指出這一點,《南朝夏口地區社會經濟雜考》,黃惠賢、李文瀾主編《古代長江中游的經濟開發》,30—43頁。另參魯西奇《區域歷史地理研究:對象與方法——漢水流域的個案考察》,276頁。

[94] 《廣弘明集》卷一六沈約《栖禪精舍銘》,《大正藏》第52册,《史傳部四》,河北省佛教協會影印本,2008年,212—213頁。這篇銘文寫於劉宋元徽三年(475),是沈約後來重訪夏口"覽舊興懷"所撰。栖禪精舍"巖籠旅逸,地遠栖禪。蘭房葺蕙,嶠甍架烟。南瞻巫野,北望淮天。遥哉林澤,曠矣江田",具體地點不詳。

[95] 《文選》卷五九王簡栖《頭陀寺碑文》,810頁。碑文撰寫於南齊建武年間,此時並無齊國,懷疑此處所記碑題或是重刻之時唐人補入,並非原來的碑題。"齊國"當爲"南齊"之意。

這次修建之後,由釋曇珍出任寺主。曇珍生平同樣缺考。不過有趣的是,同一時期武昌太守阮晦曾爲釋法悟在武昌(今鄂城)樊山"剪迻開山,造立房室",建立一所山寺,後來也被稱作頭陀寺[96]。樊山緊鄰武昌城西,這讓人想到孔覬、蔡興宗等人對慧宗的支持。這種頭陀禪修僧人與州郡城傍寺院的創建,以及寺院與州郡長吏之間的密切關係,可能是當時較爲普遍的一個現象。《頭陀寺碑文》雖然標榜"頭陀人外",但由於密邇州治的地理位置,從一開始就與城內的政治權力關係密切。

頭陀寺能夠成爲與黃鶴樓並稱的名勝之地,一方面是由於依山而建,"高寺上方"爲四望觀景之地,風景優美。但更重要的,則是《文選》的影響。黃庭堅《頭陀寺》詩説:"頭陀全盛時,宮殿梯空級。城中望金碧,雲外僧饑饥。人亡經禪盡,屋破龍象泣。惟有簡栖碑,文字巋然立。"[97]詩中就特別提到王簡栖碑文。

《文選》成書後,一段時間內並沒有那麼受重視。北周隋唐之際,經由後梁(昭明太子後代)的媒介作用,影響力日漸擴大[98],成爲士子習寫文章最流行的教材,收入《文選》的篇章,也由此成爲知識階層爛熟於心的內容。而在《文選》收録的文章中,《頭陀寺碑文》有些特別,既是文章,也是可以不斷被遊覽者訪問觀看的石碑和寺院。由於這個原因,大概每一個有機會到訪夏口的知識官僚,都會像黃庭堅、陸游等人一樣到訪頭陀寺,觀看石碑[99]。唐中期李華在鄂州,"登頭陀寺東樓",詩序稱:

> 頭陀古寺,簡栖遺文,境勝可以澡濯心靈,詞高可以繼聲金石。二大夫會臺寺之賢,攜京華之舊,十有餘人,燦如瓊華,輝動江甸。涉金地,登朱樓,吾無住心,酒亦隨盡,將以斗撒煩襟,觀身齊物。日照元氣,天清太空,無有

---

[96] 《高僧傳》卷一一《習禪·釋法悟傳》,中華書局,1992年,422頁。

[97] 《山谷詩集注》卷一八《鄂州節推陳榮緒惠示沿檄崇陽道中六詩》,《黃庭堅詩集注》,中華書局,2003年,641頁。

[98] 關於《文選》的早期流傳問題,參看興膳宏《〈文選〉的成書與流傳》,《異域之眼——興膳宏中國古典論集》,戴燕選譯,復旦大學出版社,2006年,101—122頁;岡村繁《文選之研究》,陸曉光譯,上海古籍出版社,2002年,117—143頁。

[99] 如陸游《頭陀寺觀王簡栖碑有感》詩:"舟車如織喜身閑,獨訪遺碑草棘間。世遠空驚閲陵谷,文浮未可敵江山。"錢仲聯《劍南詩稿校注》卷一〇,上海古籍出版社,2005年,805頁。據自注,陸游是與"太守張之彥遊累日"。

遠近,皆如掌内。辨衡巫於點黛,指洞庭於片白。古今横前,江下茂樹方黑,春雲一色。[100]

相對於祇是流傳於紙上的篇章,《頭陀寺碑文》有着更爲多元的文化内涵。在碑文產生和佇立的空間環境中訪問觀看,與紙本閱讀積累的想象印證,是一種更爲場景性的文化和情感體驗。可能正是由於這種文化需要,頭陀寺碑曾屢毁屢建。如唐開元二年(714)重建時,由蘇州刺史張庭珪書丹。南唐末年(967)又再次被重建,由徐鍇撰額、韓熙載撰碑陰,並提到了重建的原因:"皇上鼎新文物,教被華夷,如來妙旨,悉已遍窮,百代文章,罔不備舉,故是寺之碑,不言而興。"[101]文章的影響,佛教信仰的力量,共同促成了頭陀寺碑的這兩次重建。陸游曾説:"自漢魏之間,駸駸爲此體,極於齊梁,而唐尤貴之,天下一律","故熙載、鍇號江左辭宗,而拳拳於簡栖之碑如此"[102]。陸游在夏口時,"獨訪遺碑草棘間",所見到的就是南唐末年被重建的頭陀寺碑。

相對於石碑而言,木結構的寺院建築更容易被毁壞。頭陀寺碑經歷了至少兩次重建,可以想見,寺院本身被毁壞重建的次數應該更多。陸游訪問時的頭陀寺,就是剛剛在兩宋之際的戰爭中"毁於兵火",由"汴僧舜廣住持三十年,興葺略備"[103]。夏口城處於兵衝要地,自南朝後期到陸游到訪的南宋時期,先後經歷了無數次毁滅性的戰亂。在這樣一個地點建造寺院,從一開始就已經決定了此後多舛的命運。頭陀寺能够一直保留寺名,在此地頑强地重建和延續,不得不説,《文選》功莫大焉。

與此同時,《文選》在宋代以後的命運,也成爲頭陀寺衰敗的原因。隨着中唐以後古文運動的興起,特别是經過北宋時期歐陽修、蘇軾等人的努力,《文選》所代表的六朝辭章傳統開始衰落。陸游就説,"簡栖爲此碑,駢儷卑弱,初無過人,世徒以載於《文選》,故貴之耳","及歐陽公起,然後掃蕩無餘。後進之士,雖有工拙,要皆近古。如此碑者,今人讀不能終篇,已坐睡矣,而況效之乎?"[104]在

---

[100] 《全唐文》卷三一五《登頭陀寺東樓詩序》,中華書局,1983年,3199頁。
[101] 陸游《入蜀記》卷四,《宋代日記叢編》,775頁。
[102] 同上書,776頁。
[103] 同上書,775頁。
[104] 同上書,776頁。

這種崇尚古文、鄙夷駢儷的新文學風尚之下,《頭陀寺碑文》的訪問和觀看意義自然也會隨之下降。南宋之後再未見到頭陀寺重建的記載,現存明清地方志中頭陀寺也僅留下一個古迹之名,甚至連舊址地點亦不能確指。原因之一,可能就是在新的文章風尚之下,已經失去了重建頭陀寺的文化需求。

夏口有僧人活動,最早可以追溯到東晉初期[105],但可考的早期寺院,就是南朝出現的頭陀寺、鐵佛寺和晉安寺[106]。而這三所寺院都與出鎮宗王、長吏有關。如所周知,出鎮地方的宗王、長吏,往往攜帶僧人和道士隨從[107],在州鎮治所支持宗教活動也很普遍。夏口寺院與這種文化習慣有關。而夏口作爲新興的州鎮治所,城市規模和文化積累其實遠不如同在長江中游的江陵。江陵有辛寺、長沙寺等不少著名寺院[108],頭陀寺的佛教影響力更是遠遠無法與之相比。而之所以是頭陀寺而不是別的寺院,能夠在唐宋時期擁有如此高的知名度,除了與夏口城市地位的上升有關,更重要的還是文學的力量。

## 四、餘論

相對於漢代甚至更早已經存在的治所城市而言,夏口是六朝時期興起的新

---

[105] 陶侃鎮武昌時,武昌寒溪寺主僧珍曾到夏口,《高僧傳》卷六《義解三·釋慧遠傳》,213 頁。

[106] 《藝文類聚》卷七六《内典上·内典》梁元帝蕭繹《郢州晉安寺碑》,1305 頁。晉安寺位於城東九里,建立時間不詳,寺名讓人想到建康梁安寺,似乎暗示該寺與東晉有關(王素《南朝夏口地區社會經濟雜考》,黄惠賢、李文瀾主編《古代長江中游的經濟開發》,30—43 頁)。但也有另一種可能性。梁簡文帝蕭綱被立爲太子前是晉安王,該寺是否與蕭綱有關?《廣弘明集》卷二八梁簡文帝《爲人作造寺疏》,提到"郢州某甲敬白","今於郢州某山,爲十方僧,建立招提寺,縈負郊原,面帶城雉,枕倚岩壑,吐納烟雲",《大正藏》第 52 册《史傳部四》,324—325 頁。該寺"縈負郊原,面帶城雉",可見距離城邑不遠,不知是否就是晉安寺。晉安寺見於《續高僧傳》,是隋文帝頒舍利建塔供奉的寺院之一,《續高僧傳》卷二八《感通下·釋道密傳》,中華書局,2014 年,1085 頁。《輿地紀勝》卷六七《荆湖北路·鄂州下》"碑記·隋文帝舍利石塔銘"云:"在州東十里勝緣寺。塔記云:隋仁壽初,文帝以釋迦如來感應舍利分佈天下,建塔百所,是塔爲天下第二。"2283 頁。

[107] 如釋慧超就曾跟隨吳平侯蕭昺在夏口,"法筵又鋪,學者稱詠",《續高僧傳》卷六《義解二·釋慧超傳》,211—212 頁。釋洪偃曾隨長沙王蕭韶"鎮郢,聞風叙造",《續高僧傳》卷七《義解三·釋洪偃傳》,222 頁。蕭鸞任郢州刺史時,亦曾攜道士同行,《會稽掇英總集》卷一六《桐柏山金庭館碑銘》,《影印文淵閣四庫全書》第 1345 册,臺灣商務印書館,1983 年,117—118 頁。

[108] 陳志遠《六朝前期荆襄地域的佛教》,《中山大學學報》2019 年第 2 期。

城市。當然,這種"新"主要是軍事和政治意義上的。城南鸚鵡洲一帶的"商舟之會",在孫吳修築夏口城壘之前可能已經存在。在此基礎上演變而成的夏口空間格局,明顯可以分爲政治軍事性城郭和城南的港口商業區域兩部分。後者至遲唐宋時代成爲繁榮的"大集散地"[109],六朝時期的情况雖然不詳,但很可能已經具有較强的集散功能。

　　城内、城外兩個區域,後來分别形成了黄鶴樓、鸚鵡洲、頭陀寺三處名勝。黄鶴樓不用説;鸚鵡洲雖然根基於交通便利帶來的泊船商業活動,但也可以看到城内官僚群體的活動;頭陀寺更是如此,從一開始就得益於城内宗王、長吏的支持,寺院之著名與城内知識官僚撰文的寺碑收入《文選》關係甚巨。換言之,雖然三處名勝背後分别可以看到軍事、行政和經濟、宗教等不同力量的存在,但最終的名勝化還是與城内知識官僚有關。

　　從這種意義上來説,成爲州鎮治所,對於夏口風景名勝的形成非常重要。自劉宋後期開始,無數像沈約、范雲這樣以文學著稱的士族官僚,都有過在郢州軍府任職的經歷。子城城樓的飲宴,山麓寺院的供養,江邊洲頭的送别,都會有他們的身影。這是黄鶴樓、鸚鵡洲名勝化的推動力,更是《頭陀寺碑文》産生的條件。換言之,《頭陀寺碑文》之所以出現在夏口,並作爲唯一的寺館碑文被選入《文選》,除去可能會有的劉孝綽個人偏好[110],背後其實是南朝時期在各個州鎮治所間頻繁流動的士族官僚群體。他們跟隨出鎮的宗王,在主要州鎮治所複製了一個個充滿建康風尚的"文化島",文學與州鎮地方風景之間的互動生産,以及地方宗教景觀的塑造,是其中的重要内容。夏口從軍事城壘到州鎮治所的升級,使其進入這個文化島鏈,從而造就了新的城市文化景觀。

　　風景引發文學之思,文學的力量又塑造着新的風景,黄鶴樓、鸚鵡洲、頭陀寺構成的夏口城市意象,由此得以形成。這種新的城市文化趨向,當然並不衹是出

---

[109] 斯波義信《中國都市史》,布和譯,北京大學出版社,2013年,112—136頁。他用這個概念指稱明清時期的漢口,但如果寬泛一點説,唐宋時期的夏口已經具備這種集散地功能。古鸚鵡洲冲没之後,漢口作爲集散地興起,是古鸚鵡洲集散功能的延續和發展。

[110] 作爲《文選》收録的唯一一篇寺館碑銘,《頭陀寺碑文》的入選原因及文章水準,一直以來頗有争議。如清水凱夫認爲,《文選》的編集與劉孝綽有關,收録《頭陀寺碑文》是因爲碑文旨在表彰同樣出自彭城劉氏的劉誼,《〈文選〉中梁代作品的撰(選)録問題》,《六朝文學論文集》,韓基國譯,重慶出版社,1989年,19—30頁。

現於夏口,而是南朝州鎮治所城市廣泛存在的現象。這背後既可以看到六朝時期知識風尚從經史之學到文史之學的演變[111],也可以看到風景和文本之間新的互動生產關係,當然還有承載這些的六朝新型文學官僚群體的形成,值得研究者思考。

南朝時期生活在夏口的宗王、官吏、軍人和民衆,或者説,在黄鶴樓、鸚鵡洲、頭陀寺所代表的城市空間之中生活的人們,構成了一幅幅瑣碎而流動的圖景。遺憾的是由於缺乏史料,現在難以知道更具細節性的内容。我想引用一個唐代的故事,來結束本文的討論。故事主角是曾任劍南西川節度使的韋皋。他年輕時"遊江夏",住在夏口"姜使君之館",與使君之子荆寶的侍婢玉簫相識。兩年後姜使君入京求官,家眷留在夏口。韋皋於是"易居止頭陀寺",荆寶經常讓玉簫前往頭陀寺照顧,"因而有情"。可惜好景不長,韋皋叔父寄書給駐鄂州的觀察使("廉使"),讓韋皋返回長安:

> 泊舟江瀨,俾篙工促行。韋昏瞑拭涙,乃裁書以别荆寶。寶頃刻與玉簫俱來,既悲且喜。寶命青衣往從侍之。韋以違覲日久,不敢俱行,乃固辭之。遂與言約:"少則五載多則七年取玉簫。"因留玉指環一枚,並詩一首遺之。既五年不至,玉簫乃静禱於鸚鵡洲。又逾二年,至八年春,玉簫歎曰:"韋家郎君一别七年,是不來矣!"遂絶食而殞。姜氏憫其節操,以玉環著於中指而同殯焉。[112]

韋皋開始所住的"姜使君之館",可能在山北羅城之内。姜使君離家去長安後,韋皋可能爲了避嫌而改居城郭之外的頭陀寺。玉簫此時或許經常翻越焦度樓附近的山體低凹處,往返於城郭内外,到頭陀寺照顧韋皋。觀察使收信後,没有讓韋皋到山北子城内的衙署相見,而是直接備好船,讓船工去頭陀寺通知韋皋啓程。韋皋一邊匆匆準備行裝,一邊緊急送信給玉簫。頭陀寺距離城郭很近,所以玉簫"頃刻"到來。别後數年間,玉簫應該經常到城南沿江的碼頭翹首相望,並曾在鸚鵡洲祈禱神祇之助。她的祈禱之處,或許就是陸游《入蜀記》中提到的茂林神祠。八年後,玉簫終於絶望自殺。山北的子城和羅城,山南的鸚鵡洲和江

---

[111] 胡寶國《漢唐間史學的發展》,商務印書館,2003 年,30—72 頁。
[112] 《太平廣記》卷二七四"韋皋"條引《雲溪友議》,2159—2161 頁。

邊,城南東部山麓的頭陀寺,是這個故事的幾個主要地點。類似的兒女情長、悲歡離合,在這些地點構成的地理空間中,大概會經常上演。從軍事城壘到州鎮治所,給夏口帶來的不僅是制度上的更易,更是城市文化圖景的改變。這段令人嘆息的愛情故事,就發生在經歷這種變化之後形成的夏口城市空間和風景意象之中。

附記:本文初稿曾在臺北中研院中國文哲研究所召開的"移動:交會於五世紀"研討會報告(2019年10月31日),蒙與會學者批評指正,此次又得到韓建華兄的細緻修改建議,在此謹致誠摯謝意。臺北會議報告後不到三個月,武漢三鎮遭遇大疫封城,一時坊巷寂寥。筆者困守期間修改此文,重讀閻伯理"黃鶴來時,歌城郭之並是;浮雲一去,惜人世之俱非"之句,倍生感慨。謹以此文紀念這段特殊的夏口封城生活,同時也祝願這個劫後重生的城市儘快恢復它的城郭繁榮。

2020年9月30日,武昌珞珈山

## Tower, Sandbank and Temple: The Civic Landscape of Xiakou in the Southern Dynasties

Wei Bin

From the Han 漢 to the Tang 唐 Dynasty, one of the significant changes about cities located at the south of the Yangtze River (*Jiangnan* 江南) is the formation of scenic spots with cultural symbolic meanings. Among the scenic spots, the Yellow Crane Tower (*Huanghelou* 黃鶴樓), the Parrot Island (*Yingwezhou* 鸚鵡洲) and the Toutuo Temple (*Toutuosi* 頭陀寺) in Xiakou 夏口 are particularly striking and appreciated by many famous literary works. In the Southern Dynasties, the city space of Xiakou consisted of three parts. In the north of Huanghu Mountain 黃鵠山, were city walls, government offices and residential area of officials and soldiers. Around the Parrot Island, south of the city and along the Yangtze River was a zone mixed with military and commercial elements due to the development of water transportation and the driving force exerted by the citizen. And the mountain forest and the area with high terrain, in the east of the city, became the places where temples and tombs were located. Just in these three zones, the scenic spots of Yellow Crane Tower (tower), the Parrot Island (sandbank) and the Toutuo Temple (temple) took shape separately. The Yellow Crane Tower is a landmark of not only the city on the north side of the mountain but also the port on the south side. It, along with the Parrot Island not far away, has become the representative landscape of Xiakou as well. The Toutuo Temple lies at the eastern foot of the mountain, outside the city. Despite the mountain peak is also a place for overlooking the view, it doesn't face the River. It is mainly on account of the great influence of *The Selections of Refined Literature* (*Wen Xuan*《文選》) during the Tang and the Song Dynasties that the Toutuo Temple enjoys equal popularity with the Yellow Crane Tower. Behind the formation of scenic spots in Xia-kou, different factors like political, military, commercial and religious forces, play their roles, which reveals the interaction relationship between power, literature and local landscape.

# 北朝稽胡的"統一"

劉 瑩

## 一、與北朝稽胡相關的研究及核心問題

稽胡是北朝歷史中非常特殊的一個族群。這一族群生活在今山、陝二省分界的黄河兩岸、汾河以西的山險之中。其本以山胡的面貌活躍在北魏時期,到北朝後期突然以稽胡的整體形象出現在歷史舞臺上,進入隋唐後又悄無聲息地消失在了歷史長河中。其相關傳記僅見於《周書·異域傳》:

> 稽胡一曰步落稽,蓋匈奴别種,劉元海五部之苗裔也。或云山戎赤狄之後。自離石以西,安定以東,方七八百里,居山谷間,種落繁熾。其俗土著,亦知種田。地少桑蠶,多麻布。其丈夫衣服及死亡殯葬,與中夏略同。婦人則多貫蜃貝以爲耳及頸飾。又與華民錯居,其渠帥頗識文字。然語類夷狄,因譯乃通。蹲踞無禮,貪而忍害。俗好淫穢,處女尤甚。將嫁之夕,方與淫者叙離,夫氏聞之,以多爲貴。既嫁之後,頗亦防閑,有犯奸者,隨事懲罰。又兄弟死,皆納其妻。雖分統郡縣,列於編户,然輕其徭賦,有異齊民。山谷阻深者,又未盡役屬。而凶悍恃險,數爲寇亂。……居河西者,多恃險不賓。[1]

學界對稽胡的關心主要集中在以下幾方面:

第一,族屬問題。學界的主流意見認爲稽胡與匈奴有密切的關係,但學者各自的認識又有所不同。周一良認同稽胡爲匈奴别部的説法,並依據姓氏推斷其

---

[1]《周書》卷四九《異域傳上》,中華書局,1971年,896—897頁。

爲服屬於匈奴的西域胡[2]。唐長孺則認爲稽胡是北魏以後出現的雜胡的總稱,其中,汾河西岸的山胡與匈奴,特别是南匈奴五部有密切的關係[3]。居住在黄河西岸之陝北、内蒙古、甘肅之間的稽胡,則與盧水、屠各、鐵弗等有關[4]。北村一仁認爲稽胡是以五部匈奴爲主體的雜胡,看法與唐先生接近而略有區别[5]。馬長壽則反對將山胡看作雜胡的意見,認爲山胡就是"匈奴五部之苗裔",而黄河以西、陝北地區的稽胡則是上郡胡和赫連勃勃部族之苗裔,其主體並非雜胡[6]。吕思勉、安介生兩位先生的意見與馬先生基本相同[7]。

與以上主流意見不同,林幹承認稽胡是雜胡,但並未在其他族群中尋找其族源,而是提出,稽胡的主體是魏晉南北朝時期"土生土長、獨自形成的一個部族",後來又加入了西域胡與匈奴的成分[8]。但對於其"獨自形成"的過程,林先生並未加以説明。蒲立本(Edwin G. Pulleyblank)關於稽胡族屬的看法以林幹先生的意見爲基礎,但更傾向於《周書》所言稽胡與山戎赤狄有關的説法[9]。不過蒲立本並没有否定稽胡與匈奴之間的聯繫,不僅如此,其立論實際是將匈奴作爲連結稽胡與戎狄的媒介,考證匈奴的族源實際是戎狄,進而證明稽胡是土生土長的戎狄之後裔[10]。

稽胡的族群構成確實是一個重要的問題。本文也傾向於學界的主流意見,

---

[2] 周一良《北朝的民族問題與民族政策》,收入氏著《魏晉南北朝史論集》,北京大學出版社,1997年,160—167頁。

[3] 唐長孺《魏晉雜胡考》,收入氏著《魏晉南北朝史論叢》,中華書局,2011年,425—430頁。

[4] 唐長孺《北魏末期的山胡勅勒起義》,收入氏著《山居存稿》,中華書局,2011年,62—99頁。

[5] 北村一仁《「山胡」世界の形成とその背景——後漢末~北朝期における黄河東西岸地域社會について》,《東洋史苑》第77號,龍谷大學東洋史學研究會,2011年,1—38頁。

[6] 馬長壽《北狄與匈奴》,廣西師範大學出版社,2006年,127—128頁。

[7] 吕思勉、安介生直接採用了《周書·異域傳》以稽胡爲"劉源海五部之苗裔"的説法。見吕思勉《胡考》,收入《吕思勉讀史札記》,上海古籍出版社,2005年,1308—1322頁。安介生《歷史民族地理》,山東教育出版社,2007年,322—337頁。

[8] 林幹《稽胡(山胡)略考》,《社會科學戰綫》1984年第1期,149頁。

[9] Edwin G. Pulleyblank, "JI HU 稽胡: Indigenous Inhabitants of Shaanbei and Western Shanxi", E. H. Kaplan and D. W. Whisenhunt ed., *Opuscula Altaica: Essays Presented in Honor of Henry Schwarz*, Western Washington, 1994, pp. 499-531.

[10] 此外,林梅村認爲稽胡是來自中亞的勅勒,信仰祆教,見林梅村《稽胡史迹考——太原新出隋代虞弘墓誌的幾個問題》,《中國史研究》2002年第1期,71—84頁。

認爲北朝時期的山胡、稽胡是深受五部匈奴政治影響的雜胡。對於族群成分複雜的群體來説,對其族屬進行追根溯源式的探究,並不能得到一個確切的答案,反而有可能忽視其他的重要問題。唐長孺、馬長壽兩位先生已經提到,稽胡與黄河兩岸的不同族群之間有密切的關係。那麽,這一區域内的不同族群是如何成爲擁有"稽胡"這一相同名稱的群體的呢?

日本學者滝川正博與北村一仁從區域史的視角對這一問題提供了思考[11]。滝川從胡的名稱出發,指出山胡和地名胡(如離石胡)這兩種稱呼爲北魏、北齊所共有,而"稽胡"這一稱呼的出現則與北周密切相關。前兩種稱呼是將山胡和各種地名胡看作各自獨立的集團,而"稽胡"則是將這一區域的雜胡看作一個集團,反映了北周確立正統性的政治意圖。北村則從他一直關注的"邊境"的視角出發,强調北朝後期東、西對立政權在黄河東岸區域重建統治的努力對"山胡"世界的形成所産生的作用。兩人的研究都注意到了政權以及對立政權之間的關係對族群和地域社會的影響,非常具有啓發意義,但也有部分問題值得繼續深入討論。

首先,不同政權對這一區域的族群冠以不同的稱呼,這既反映了政權對這些族群的認識,也在一定程度上反映了這些族群自身的變化。在滝川的分析中,這個變化是山胡和地名胡成爲稽胡的過程。但實際情況則要稍稍複雜一些。本文附表(見文末)整理了北朝時期黄河東、西兩岸及汾水流域出現的各種"胡"及其分佈,可以了解這一區域在北魏與東魏北齊、西魏北周時期的族群構成。爲方便叙述,本文將黄河以西的山區稱作河西,黄河以東、汾水流域的地區稱作河東,合稱河東、河西時,則統一稱爲山胡(稽胡)區域。

據附表可知,北魏時期,河東諸胡被稱爲山胡與地名胡。山胡僅見於河東。河西無山胡之稱,但地名胡的形式並不少見,如河西胡、三城胡、朔方胡等,同時也有各種族屬明確的胡,如盧水胡、休屠胡。西魏北周時,河西諸胡都被稱爲稽胡,但也偶見汾州胡和生胡的説法。而在東魏北齊,雖偶有汾州胡、步落稽的稱呼,但基本都統一稱呼爲山胡。577年,北周滅齊後,河東山胡也被統一稱爲稽胡。

---

[11] 滝川正博《北周における「稽胡」の創設》,《史観》第160册,2009年,37—56頁。北村一仁文見注[5],120頁。

由此,北朝時期的山胡(稽胡)區域中的諸胡向稽胡統一的過程大致可分爲兩個階段:第一階段爲北魏至東魏北齊、西魏北周時期,河東山胡和地名胡統一爲山胡,河西諸胡統一爲稽胡;第二階段爲北周滅齊後,河東山胡也成爲稽胡。這兩個階段的過程如何? 河東、河西出現差異的原因是什麽?

其次,滝川與北村都强調東、西政權對立對山胡(稽胡)區域和人群的影響,但在北魏時期,這一區域在很長一段時間中並非對立政權的交界地帶。在這樣的時期,北魏在這一區域如何推行統治? 又產生了怎樣的影響?

另外,滝川在探討稽胡集團的形成過程時,特別强調了僧人慧達,即劉薩訶以及關於劉薩訶的信仰對當地社會的影響。稽胡與佛教關係密切,在研究稽胡群體和社會時,與之相關的問題也是不能迴避的。這一部分擬另文探討。以下,便從北魏與山胡的關係開始,對北朝時期山胡(稽胡)區域的歷史展開討論。

## 二、北魏對山胡的經略

北魏時期山胡的出現幾乎是與北魏的建國同時的。據《魏書》記載,登國六年(391),"山胡酋大幡頹、業易于等率三千餘家降附,出居於馬邑"[12]。此年,拓跋珪西至悦跋城討破劉衛辰父子。可以説,這次戰争是繼登國二年於馬邑討破劉庫仁子劉顯之後的又一次重要勝利,恢復了拓跋部在部族聯盟中的核心地位。馬邑山胡的降附便是拓跋珪此次勝利的結果。緊接着,登國八年,慕容垂圍長子,正在北巡的拓跋珪遣將東渡黄河救援慕容永,先"破類拔部帥劉曜等,徙其部落"[13],再於秀容"破山胡部高車門等,徙其部落"[14]。此後,山胡不再見於馬邑、秀容一帶,而開始頻繁地與西河、離石、吐京等地名相聯繫。

天興元年(398),離石胡呼延鐵、西河胡張崇諸人因"不樂内徙,聚黨反叛",庾岳在討平呼延鐵、張崇之後,又"搜山窮討,散其餘黨"[15]。次年,又有西河胡帥與丁零、河東蜀一同内附。

---

[12] 《魏書》卷二《太祖紀》,中華書局,1974年,24頁。
[13] 《魏書》卷二《太祖紀》,25頁。
[14] 《魏書》卷二八《庾業延傳》,684頁。
[15] 《魏書》卷二八《庾業延傳》,684頁。又見《魏書》卷二《太祖紀》,32頁。

明元帝永興二年(410),曾"詔將軍周觀率衆詣西河離石,鎮撫山胡"[16],次年又遣安同與賀護"持節循察并定二州及諸山居雜胡、丁零,宣詔撫慰,問其疾苦"[17]。安同至并州撫慰的"山居雜胡"可能就是周觀鎮撫的山胡,則西河、離石諸胡在此時都已被看作山居雜胡,即山胡。同年,又有西河胡帥率領營部內附。

也正是在明元帝時期,河東與河西的族群發生了聯繫。永興五年五月,西河張外、建興王紹聚衆反叛,北魏令元屈鎮并州,劉潔、魏勤鎮西河以征討。至七月:

> 河西胡曹龍、張大頭等,各領部,擁衆二萬人,來入蒲子,逼脅張外於研子壘。外懼,給以牛酒,殺馬盟誓,推龍爲大單于,奉美女良馬於龍。……〔八月〕曹龍降,執送張外,斬之。[18]

研子壘具體地點不明。但據上引史料,西河張外的勢力當在蒲子一帶,可能也與山胡有關[19]。分隔今天山、陝兩省的黄河流域在漢唐時期大概有三處河津,自北向南分別是雲中西南二百餘里的君子津、定陽西北的孟門津和孟門津下游的采桑津。曹龍、張大頭等河西胡在黄河西岸聚居的地點並不明確,但其渡過黄河後進入蒲子,很可能利用了距離不遠的孟門津或采桑津。然而,西河地方的叛亂並没有至此結束。同年十月,元屈、劉潔、魏勤等征討吐京胡失敗,劉潔被執送赫連勃勃,魏勤戰死。

神瑞元年(414),西河胡曾襲擊赫連夏入寇蒲子的勢力。此後,陸續又有河西胡渡河內附。神瑞二年爆發的白亞栗斯、劉虎的反叛,便是"河西飢胡"糾結流民發起的[20]。

從道武帝至明元帝神瑞年間,關於黄河兩岸與汾河流域的"山居雜胡"的記載主要集中在黄河以東。但泰常年間,徙居平城的三城胡帥曾發起叛亂,則在此

---

[16] 《魏書》卷三《太宗紀》,50頁。
[17] 《魏書》卷三〇《安同傳》,713頁。又見同書卷三《太宗紀》,51頁。
[18] 《魏書》卷三《太宗紀》,53頁。
[19] 按,道武帝天興元年反叛的西河胡帥名張崇,明元帝永興三年內附的西河胡帥名張賢,又從張外後來推曹龍爲大單于來看,張外可能也是山胡。
[20] 見《魏書》卷三《太宗紀》,55頁。同書卷三三《公孫表傳》,783頁。

之前,北魏已與黃河西岸的胡有了直接的接觸。

始光四年(427),太武帝征赫連夏,三城(今陝西省延安市)胡、上郡休屠胡、徒各紛紛降附,黄河以西地區的各種胡更多地出現在了文獻記載中。同時,黄河以東的山胡也非常活躍,其中最引人注目的當屬延和三年(434)山胡白龍的反叛。北魏此次的征討爲太武帝親征,山胡首領白龍雖在同年被北魏斬殺,但白龍餘黨一直活躍至太延三年(437),纔被徹底鎮壓。太平真君八年(447),吐京一帶的山胡又西渡黃河,聯合與吐京隔河相對的朔方胡"保山以自固"[21]。

此後,文成、孝文、宣武時期亦有關於山胡、離石胡、朔方胡等的記載,但出現的頻率却很低。可以説,北魏時期,與山胡(稽胡)區域的胡相關的記載主要集中在明元、太武時期[22]。前已提及,北魏時期山胡的出現與北魏的建國幾乎是同時的。不僅如此,明元、太武時期這些看似孤立的降附或反叛事件,實際上大多也與北魏的征伐戰爭以及版圖擴張有密切關係。

登國六年與八年的記載分别與征討劉衛辰、援救西燕有關,已見前述。皇始年間征討後燕,北魏曾"略地晉川,獲〔慕容〕寶丹陽王買得及離石護軍高秀和於平陶"[23],天興元年,北魏完全據有後燕領土,又遷徙山東六州之民充實京師,原屬後燕的河東區域及其民户自然也歸於北魏統治之下。呼延鐵、張崇等人因"不樂内屬"而發起的反叛,與西河胡帥護諾於的内附正發生在這一統治權力的交替過程中。

此後,明元帝遣周觀駐守離石,主要目的似乎是爲鎮撫山胡,但同時應該也有防範赫連夏的意圖。永興五年西河張外的反叛中雖有河西胡的參與,但尚未見與赫連夏的直接聯繫。而同年十月,"吐京胡與離石胡出以兵(眷)等叛,置立將校,外引赫連屈丐"[24],《魏書·劉潔傳》亦稱"離石胡出以眷引屈丐騎,斷截山嶺邀潔"[25]。此次征討,北魏敗績。次年,赫連勃勃遣軍入寇蒲子,"三城護軍

---

[21]《魏書》卷四下《世祖紀下》,101頁。
[22] 關於北魏時期山胡叛亂的詳細經過,可參見安介生《歷史民族地理》,見注[7],120頁。
[23]《魏書》卷二八《奚牧傳》,683頁。
[24]《北史》卷一五《魏諸宗室列傳·文安公泥傳》,中華書局,1974年,559頁。
[25]《魏書》卷二八《劉潔傳》,687頁。相關記載又見同書卷三《太宗紀》,53—54頁;同書卷三三《公孫表傳》,782—783頁。

張昌等要擊走之",“西河胡曹成、吐京民劉初原攻殺屈孑所置吐京護軍及其守三百餘人"[26]。關於此事,《樓伏連傳》記載更詳:

> 太祖(宗)時,爲晉兵將軍、并州刺史。伏連招誘西河胡曹成等七十餘人,襲殺赫連屈孑吐京護軍及其守士三百餘人,並擒叛胡阿度支等二百餘家。太宗嘉之,拜成等將軍,賜爵列侯。徵伏連爲内都大官。[27]

據此,赫連夏入侵蒲子後,曾留置三百餘人爲吐京護軍。而西河山胡内部,既有如曹成等爲北魏所招誘者,又有如出以眷、阿度支等聯合赫連夏者。山胡是北魏與夏都想要爭取的勢力。

太武帝出兵統萬,赫連夏所據黄河以西的陝北地區納入北魏的統治之下。東漢末年,"羌胡大擾,定襄、雲中、五原、朔方、上郡等五郡並流徙分散",曹魏時,"自陘嶺以北並弃之,至晉因而不改"[28],黄河東、西兩岸地區已徹底淪爲羌胡之地。五胡十六國時期史料缺乏,各政權在這一地域的統治狀況並不很明確。但山胡(稽胡)區域徹底包含在北魏域内之後,北魏必然要嘗試在這一長期處於權力真空的地域建立統治。

北村一仁探討北朝後期各政權將山胡(稽胡)區域納入自己勢力範圍的過程時注意到,各政權首先通過設立駐軍之城、壁對山胡加以統治,或對敵對勢力加以牽制,再設置鎮與州郡縣,將山胡納入自己的勢力範圍之内[29]。這一過程同樣適用於北魏。針對山居雜胡所設置的防戍體系向州郡縣的轉變與山胡(稽胡)地域的形成,與其重新被納入王朝政權統治下的過程密切相關。但遺憾的是,北村並未就這一過程展開具體的討論。而且,對這一問題的探討也不應局限在東、西政權對立的狀態下,還要置於統一的政權之下進行考察。

20世紀30年代,周一良《北魏鎮戍制度考》及《續考》整理了北魏至東魏北齊、西魏北周時期的軍鎮,並分析了其特點、功能與分佈等[30]。60年代,嚴耕望在《中國地方行政制度史》中又對北魏時期的軍鎮以及魏晉至北魏的護軍的設

---

[26] 《魏書》卷三《太宗紀》,54頁。
[27] 《魏書》卷三〇《樓伏連傳》,717頁。
[28] 《晉書》卷一四《地理志上》,中華書局,1974年,428頁。
[29] 北村一仁文參見注[5],120頁。
[30] 周一良《北魏鎮戍制度考及續考》,收入氏著《魏晉南北朝史論集》,215—238頁。

置時期、所在地點、針對的族羣等情況進行了梳理[31]。80年代,牟發松在周、嚴兩位先生研究的基礎上又進行了增減[32]。以下,便以諸位前輩的研究爲基礎,結合相關史料,分別探討北魏、東魏北齊及西魏北周針對山胡、稽胡地域所建立的防戍體系(圖1)。

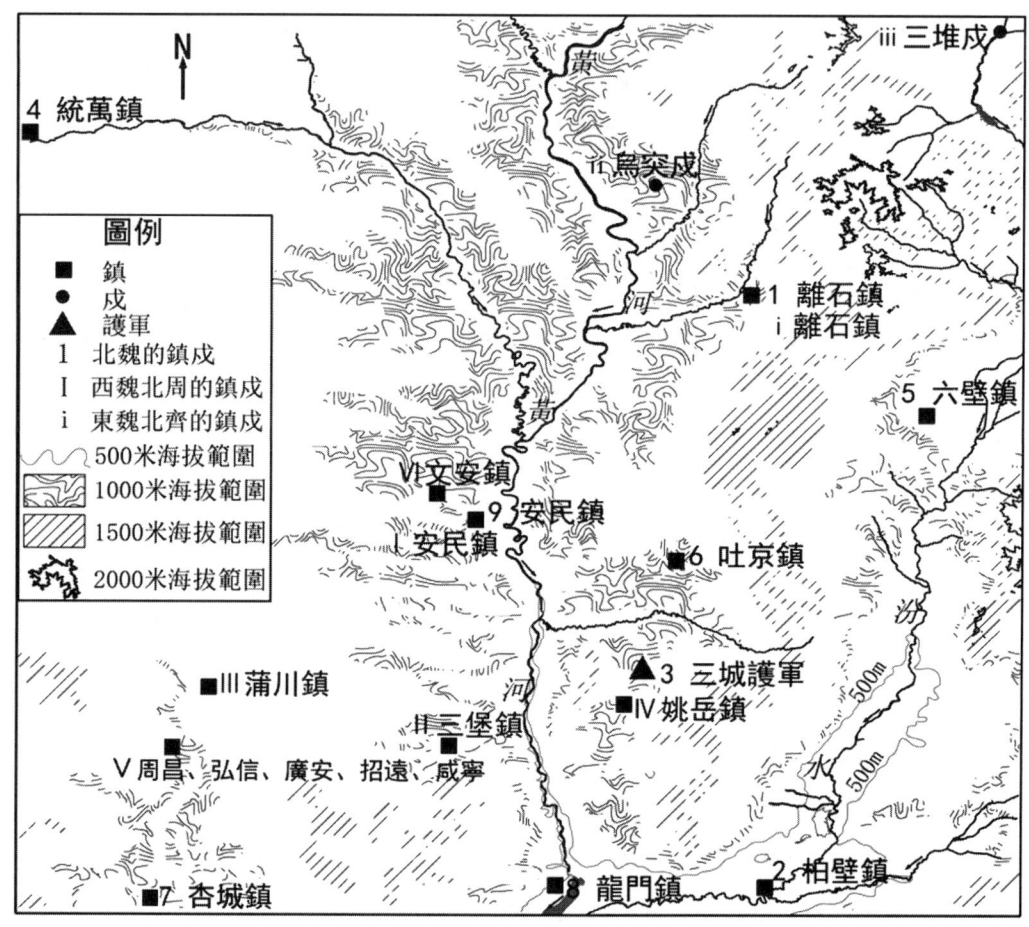

圖1　北朝時期稽胡地域鎮戍的分佈(林昌丈繪圖)

### 1. 離石鎮與離石護軍

道武帝時,北魏已設置了離石鎮與離石護軍。離石鎮設置的時間不明,陸突

---

[31] 嚴耕望《北魏軍鎮》《諸部護軍》,收入氏著《中國地方行政制度史·魏晉南北朝地方行政制度》,上海古籍出版社,2007年,691—797、817—835頁。

[32] 牟發松《北魏軍鎮考補》,《魏晉南北朝隋唐史資料》第7輯,收入《魏晉南北朝隋唐史資料(1—7)》,香港中華科技(國際)出版社,1992年,64—74頁。

曾於道武帝時期出任離石鎮將。天賜元年（404），道武帝遣離石護軍劉託襲蒲子。此前，北魏曾俘獲慕容寶離石護軍高秀和。北魏的離石護軍很可能是在平定山東後，繼承後燕離石護軍的設置而來。自劉託以後，北魏不見離石護軍的記載。嚴先生認爲北魏的離石鎮很可能由離石護軍改置。文成帝時仍有離石鎮將。

### 2. 柏壁鎮

《元和郡縣圖志》記絳州正平縣柏壁"在縣西南二十里。後魏明帝元年，於此置柏壁鎮，太武帝廢鎮，置東雍州及正平郡"，"柏壁高二丈五尺，周迴八里"[33]。據《魏書·地形志》，東雍州爲"世祖置，太和中罷"，正平郡乃"故南太平，神䴥元年改爲征平，太和十八年復"[34]。

### 3. 三城護軍

明元帝神瑞元年，赫連夏入寇蒲子，"三城護軍張昌等要擊走之"，則其設置不晚於此年。三城護軍僅此一例，嚴先生認爲三城可能爲五城之訛，或兩者先後異名，當距蒲子不遠。

### 4. 統萬鎮

《魏書·地形志》曰："夏州，赫連屈孑所都，始光四年平，爲統萬鎮，太和十一年改置。治大夏。"[35]

### 5. 六壁鎮（團城）

周先生據《水經注》列六壁鎮。而嚴先生認爲六壁鎮即吐京鎮。牟發松反對嚴說，確認了六壁鎮是與吐京鎮同時並立的軍鎮，設立時間不會晚於吐京鎮，距兹氏城不遠。太和八年（484）罷鎮置西河郡。

另外，唐代汾州孝義縣有團城，"在縣西北十八里。後魏築以防稽胡。其城紆曲，故名團城"[36]。孝義縣在隰城南，地與六壁相當，或許就是六壁鎮之鎮城。團城的修築時代不明，附列於此。

---

[33] 李吉甫《元和郡縣圖志》卷一二《河東道一·絳州》"正平縣"條，中華書局，1983年，330頁。"後魏明帝元年"一句在《太平寰宇記》中作"後魏明元帝"，見樂史《太平寰宇記》卷四七《河東道八·絳州》"正平縣"條，中華書局，2007年，985頁。

[34] 《魏書》卷一〇六上《地形志上》，2484—2485頁。

[35] 《魏書》卷一〇六下《地形志下》，2628頁。

[36] 《元和郡縣圖志》卷一三《河東道二·汾州》"孝義縣"條，378頁。

### 6. 吐京鎮

據《魏書·地形志》,"汾州,延和三年爲鎮,太和十二年置州。治蒲子城"[37],嚴先生認爲延和三年(434)於石樓設吐京鎮,太和十二年改爲汾州,移治蒲子城。而牟發松則認爲吐京鎮就在蒲子城,後改鎮爲州。吐京郡則設於太平真君九年,並非由吐京鎮改置而來。本文從牟説。至孝文帝時期,吐京鎮的地位似乎有所提升。穆羆曾於太和十二年前出任吐京鎮將:

> 時西河胡叛,羆欲討之,而離石都將郭洛頭拒違不從。羆遂上表自劾,以威不攝下,請就刑戮。高祖乃免洛頭官。山胡劉什婆寇掠郡縣,羆討滅之。自是部内肅然,莫不敬憚。後改吐京鎮爲汾州,仍以羆爲刺史。[38]

離石都將不從穆羆之命,穆羆自劾曰"威不攝下",則離石都將需受吐京鎮將節制。離石鎮的設置雖早於吐京鎮,但吐京更靠近稽胡核心區域。這或許也是北魏改吐京鎮爲汾州,而不曾改置離石鎮的原因。

### 7. 杏城鎮

設置時間不明。文成帝時,尉撥"出爲杏城鎮將,在任九年,大收民和,山民一千餘家、上郡徒各、盧水胡八百餘落,盡附爲民"[39]。杏城在今陝西省延安市黄陵縣,魏晉以來,便是盧水胡的聚居地。太武帝時,盧水胡蓋吴在杏城發起了規模浩大的叛亂,並自稱秦地王,"假署山民",糾結勢力。山民的構成或族屬如何? 是漢還是胡? 並不清楚。唯一可以肯定的是,山民應該山居,且處於北魏統治之外。山民、上郡徒各、盧水胡,再加上前文所見的河西胡,大概代表了北魏時期黄河西岸稱作"胡"的人群構成,他們一起出現在陝北高原的最南端,頗令人想起生活在山中、與漢人雜處的稽胡,兩者之間的聯繫耐人尋味。

據《太平寰宇記》,杏城鎮於"後魏太和十五年改鎮爲東秦州"[40]。

### 8. 龍門鎮

建置時間並不明確。嚴先生列舉龍門鎮將薛脩義一人,並指出此職見於孝明帝末年的正光、孝昌年間。此外,史籍中還可見"龍門將"的記載。長孫稚"少

---

[37] 《魏書》卷一〇六上《地形志上》,2483頁。
[38] 《魏書》卷二七《穆羆傳》,666頁。
[39] 《魏書》卷三〇《尉撥傳》,729頁。
[40] 《太平寰宇記》卷三五《關西道十一·鄜州》,735頁。

輕俠,鬭雞走馬,力争殺人,因亡抵龍門將陳興德家"[41]。此龍門將或即龍門鎮將或都將？長孫稚六歲襲爵,孝文帝時曾爲前將軍,參與南征。若陳興德確爲龍門鎮之守將,則龍門鎮在孝文、宣武之際已經設置。

9. 安民鎮

《元和郡縣圖志》"延州延水縣"條記曰:"後魏於其中置安人縣並安人鎮,屬東夏州"[42]。安民鎮不見於《魏書》。據《魏書·地形志下》,東夏州設置於宣武帝延昌二年(513)。那麼,安人鎮的設置或在延昌二年以後。

除以上諸鎮外,嚴先生還列舉了石龜鎮,地當隋代勝州銀城。因史料缺乏,難以確定其設立時間,今不録。另外,北魏秀容護軍雖然主要針對秀容胡而設,但可能也兼有防衛稽胡的目的。以上諸鎮中,除了離石、龍門延續至北魏後期,安民延續至北周,三城情況不明外,其餘軍鎮改置州郡的時間依次爲:

太武帝時,改柏壁置東雍州、正平郡;

太和八年改六壁置西河郡;

太和十一年改統萬置夏州;

太和十二年改吐京置汾州;

太和十五年改杏城置東秦州。

從以上諸軍鎮設置和改置的時間來看,北魏政治權力向黄河兩岸地區滲透的過程也是有差異的。向河東滲透的過程早於河西,改鎮爲州、郡的過程也先在河東區域展開。同時,北魏從一開始就進入了河東山胡的核心區域,而其向河西的滲透則從周邊區域開始。這種差異的産生與北魏前期擴張的過程密切相關,此自不必言。而其將針對新征服地區、邊境地區而設置的鎮改爲州郡的做法,至少反映了北魏的一種認識,即認爲這些設鎮地區已經具備了接受朝廷編户齊民統治,成爲國家州郡體制一部分的條件。然而事實是,正光年間,夏州受北鎮影響開始叛亂。孝昌元年,山胡劉蠢升反。二年,汾州因被圍困,移治西河。汾州之下的吐京、五城、定陽三郡也同時在"孝昌中陷,寄治西河"[43]。汾州西河郡的民户,

---

[41] 《北史》卷二二《長孫承業傳》,815 頁。
[42] 《元和郡縣圖志》卷三《關内道三·延州》"延水縣"條,78 頁。
[43] 《魏書》卷一〇六上《地形志上》,2483—2484 頁。

則因爲"孝昌二年爲胡賊所破,遂居平陽界,還置郡"[44],即僑居在晉州平陽郡。

汾州州郡的遷移,意味着北魏政治權力從河東山胡所在的區域徹底退出,但這並不表示這一區域變爲權力真空的狀態。從孝昌元年叛亂到東魏天平二年(535)被討滅,劉蠡升在河東稱天子十餘年。劉蠡升死後,高歡又進擊其子,獲劉蠡升諸子及"皇后、公卿已下四百餘人,胡、魏五萬户"[45]。此處的"胡、魏五萬户"在《魏書·孝静帝紀》中記爲"逋逃之人二萬餘户"[46]。五萬或許有所誇大,但即便是二萬餘户,與隋代大業年間龍泉郡(治隰川)二萬五千八百三十户的數量相比,也不遑多讓。直到北朝末期,劉蠡升對河東山胡仍然具有影響力。自劉蠡升以後,河東地區幾乎再無地名胡的記載。可以推想,這位山胡首領所建立的政權在河東區域山胡的一體化過程中具有重要的意義。

## 三、西魏北周與河西稽胡

河西稽胡在北周的經歷,與河東山胡在北魏所經歷的狀況非常相似。以下,即以《周書·異域傳》的記載及相關傳記爲依據[47],略述北周稽胡的情況。

《周書·異域傳》中關於稽胡的記載始於東魏天平二年高歡討平劉蠡升。《周書》最先叙述這一事件大概是因爲此年恰好是西魏大統元年(535)。在《魏書》《北齊書》中被記作"山胡"的劉蠡升爲何改爲"稽胡"?稽胡與此前的山胡等群體有什麽關係?《周書》均未交代。

河東地區自不必説,西魏大統初年對河西稽胡及相關地域的掌控亦不甚有力。《異域傳》稱"居河西者,多恃險不賓。時方與齊神武争衡,未遑經略",祇能遣使慰撫。其時雖"誘化酋渠,多來款附",甚至有隨使者入朝者,但大統五年至八年之間,接連有稽胡反叛,地涉黑水、夏州上郡等[48]。特别是七年反叛的劉平伏,本就是稽胡帥,又爲西魏夏州刺史,或許就是此前誘化、款附的酋渠。這大概

---

[44] 《魏書》卷一〇六上《地形志上》,2479 頁。
[45] 《北史》卷六《齊本紀上》,224 頁。
[46] 《魏書》卷一二《孝静紀》,299 頁。
[47] 關於稽胡的記載均出自《周書》卷四九《異域傳上》,896—899 頁。以下引用不另出注。
[48] 大統六年,李弼、寶熾曾征討白額稽胡,地點不明。

也能反映出西魏前期針對稽胡及河西地域的部分經營策略。

劉平伏的反叛引起"北山諸部,連歲寇暴。太祖前後遣李遠、于謹、侯莫陳崇、李弼等相繼討平之"。據《周書》諸傳記,參與征討劉平伏者有于謹、侯莫陳崇、豆盧寧、厙狄昌、梁椿、楊紹諸人。《李遠傳》不載其事,但其確曾與楊忠"破黑水稽胡"[49],當爲前述大統五年事。《異域傳》的叙述雖稍有混亂,但黑水稽胡應該也包含在北山稽胡之中。據《水經注》卷三《河水注》:

> 河水又南,黑水水出定陽縣西山,二源奇發,同瀉一壑。東南流,逕其縣北,又東南流,右合定水,俗謂之白水也。水西出其縣南山定水谷,東逕定陽縣故城南,應劭曰:縣在定水之陽也。定水又東,注於黑水,亂流東南,入於河。[50]

據熊會貞按,流經漢定陽故城的黑水當即今汾川水。北魏曾於太安年間設定陽郡,領臨戎、臨真二縣。今延安市臨鎮鎮仍保留有金、元時期的臨真故城牆垣[51],北魏臨真縣亦在此地,北周時期屬延州。

大統三年,西魏於臨真東南設汾州(治今陝西省宜川縣)。十四年,"北〔山〕稽胡反,〔李〕弼討平之"[52]。《周書·趙昶傳》則記曰:"汾州胡叛,再遣昶慰勞之,皆知其虛實。及大軍往討,昶爲先驅,遂破之"[53]。北雍州(治今銅川市耀州區)亦"州帶北山"[54]。則所謂的北山,當是相對關中而言,位於關中之北,以陝北高原東南部的汾州爲中心,向西延伸至北雍州北的山區地帶。這一地區"胡地險阻,人迹罕至"[55],是河西稽胡主要的活動區域。西魏對這一區域時有征討,但收效似乎並不大。西魏廢帝三年(554),汾州改爲丹州。

關中政權與河西稽胡的聯繫在北周更進一步。據《周書·異域傳》:

> 武成初,延州稽胡郝阿保、郝狼皮率其種人附於齊氏。阿保自署丞相,

---

[49]《周書》卷一九《楊忠傳》,315頁。

[50]酈道元注,楊守敬、熊會貞疏《水經注疏》卷三《河水》,江蘇古籍出版社,1989年,272—273頁。

[51]國家文物局主編《中國文物地圖集·陝西分册》下,西安地圖出版社,1998年,763頁。

[52]《周書》卷一五《李弼傳》,240頁。原文作"北稽胡",據《周書》卷二七《韓果傳》推測當是"北山稽胡"。

[53]《周書》卷三三《趙昶傳》,577頁。

[54]《周書》卷三七《韓褒傳》,661頁。

[55]《周書》卷二七《韓果傳》,442頁。

狼皮自署柱國,並與其別部劉桑德共爲影響。柱國豆盧寧督諸軍與延州刺史高琳擊破之。二年,狼皮等餘黨復叛。詔大將軍韓果討之,俘斬甚衆。

〔保定四年〕楊忠與突厥伐齊,稽胡等復懷旅拒,不供糧餼。忠乃詐其酋帥,云與突厥欲回兵討之。酋帥等懼,乃相率供饋焉。

〔天和元年〕丹州、綏州、銀州等部內諸胡,與蒲川別帥郝三郎等又頻年逆命。復詔達奚震、辛威、于寔等前後窮討,散其種落。

天和二年,延州總管宇文盛率衆城銀州,稽胡白郁久同、喬是羅等欲邀襲盛軍,盛並討斬之。又破其別帥喬三勿同等。

五年,開府劉雄出綏州,巡檢北邊,川路稽胡帥喬白郎、喬素勿同等渡河逆戰,雄復破之。

此外,保定初年,辛威也曾"率兵討丹州叛胡,破之"[56]。以上關於河西稽胡的記載集中在武成元年至天和五年(559—570)的十餘年間。其中特別值得注意的是武成初年、保定四年(564)與天和元年(566)的記載。

此前稽胡的反叛中,並未見黃河東岸的政治或族群勢力參與其中。而武成初年郝阿保、郝狼皮的叛亂有北齊介入。此事載於《周書》相關傳記,而不見於《北齊書》,其具體情況不得而知。保定四年事則涉及對齊的戰爭。

〔八月〕詔柱國楊忠率師與突厥東伐,至北河而還。[57]

是歲,大軍又東伐,晉公護出洛陽,令忠出沃野以應接突厥。時軍糧既少,諸將憂之,而計無所出。忠曰:"當權以濟事耳。"乃招誘稽胡諸首領,咸令在坐。使王傑盛軍容,鳴鼓而至。忠陽怪而問之。傑曰:"大冢宰已平洛陽,天子聞銀、夏之間生胡擾動,故使傑就公討之。"又令突厥使者馳至而告曰:"可汗更入并州,留兵馬十餘萬在長城下,故遣問公,若有稽胡不服,欲來共公破之。"坐者皆懼,忠慰喻而遣之。於是諸胡相率歸命,饋輸填積。屬晉公護先退,忠亦罷兵還鎮。[58]

此前一年,楊忠曾聯合突厥從武川南下,過陘嶺攻晉陽,不克班師,周武帝"遣使

---

[56]《周書》卷二七《辛威傳》,447頁。
[57]《周書》卷五《武帝紀上》,70頁。
[58]《周書》卷一九《楊忠傳》,319頁。

迎勞忠於夏州"。這一年又爲配合宇文護、接應突厥而北上至於河。爲解決軍糧不足的問題,楊忠召集了聚居在銀州與夏州之間的稽胡首領。北周夏州治巖緑,即赫連夏之統萬城(今陝西省靖邊縣北)。銀州在夏州東,於保定三年置州於乞銀城,在今陝西省榆林市東南。二州均在奢延水,即今無定河流域。聚居在這一地區的稽胡在保定四年仍被稱爲"生胡"。天和二年襲擊宇文盛的白郁久同等人可能也是來自這一地區。

銀、綏二州東北有君子津,是黄河東西交通的重要關口。北周曾經一度想要聯合突厥南下攻伐北齊,位於北方邊境的銀、綏、夏諸州便成爲了保證供給的後方區域。此外,北邊諸州又是西魏、北周與北方族群的交界地區。據《周書·宇文測傳》記載:

〔大統〕八年,加金紫光禄大夫,轉行綏州事。每歲河冰合後,突厥即來寇掠,先是常預遣居民入城堡以避之。測至,皆令安堵如舊。乃於要路數百處並多積柴,仍遠斥候,知其動静。是年十二月,突厥從連谷入寇,去界數十里。測命積柴之處,一時縱火。突厥謂有大軍至,懼而遁走,自相蹂踐,委棄雜畜及輜重不可勝數。測徐率所部收之,分給百姓。自是突厥不敢復至。測因請置戍兵以備之。[59]

按,此段記載中有兩個可疑之處。第一,西魏廢帝元年(552)分東夏州上郡置綏州,宇文測如何在大統八年便出任綏州刺史?第二,據《周書·突厥傳》,大統十一、十二年,北周纔與突厥產生聯繫,此前爲何會有突厥連年寇掠之事?《宇文測墓誌》所記生平事迹與《周書》本傳有較大的差異,特別是卒年,墓誌記其薨於大統三年,本傳則曰大統十二年,相去甚遠。但墓誌中却也記其"拜使持節,驃騎大將軍,開府,大都督,綏州諸軍事,侍中,綏州刺史",[60]令人十分不解。如果《周書》關於綏州的設置時間記載不誤,那麼此處"綏州"應該是"夏州"或"東夏州"。突厥則很可能爲柔然。大統六年,柔然便曾渡河至夏州。作爲對齊之後方與對北之邊境,祇要北周通過銀、夏、綏三州與北齊、柔然、突厥有所互動,便有可能牽涉生活在這一區域的稽胡。天和五年喬白郎、喬素勿同逆戰劉雄,或許便

---

[59] 《周書》卷二七《宇文測傳》,454頁。
[60] 胡戟、榮新江主編《大唐西市博物館藏墓誌》,北京大學出版社,2012年,5頁。

是處於這一境地的稽胡的反抗[61]。

天和元年，丹、綏、銀三州稽胡聯合蒲川別帥郝三郎叛亂之事又見於《周書·于寔傳》：

> 天和二(元)年，延州蒲川賊郝三郎等反，攻逼丹州。遣寔率衆討平之，斬三郎首，獲雜畜萬餘頭。乃除延州刺史。[62]

北朝時期蒲川所指有三。一爲河東蒲川水。《水經注·河水注》曰：

> 河水又南，蒲川水出石樓山，南逕蒲城東，即重耳所奔之處也。又南歷蒲子縣故城西。今大魏之汾州治。……其水南出，得黃盧水口，東出，歷蒲子城南，東北入谷，極溪便水之源也。又南，合紫川水，水出東北紫川谷。西南合江水，江水出江谷，西北入紫水。紫水又西北，入蒲水，蒲水又西南，入於河。[63]

則蒲川水出河東蒲子北之石樓山，向南流經蒲子城，再西南入於黃河。蒲川與黑水分別從東、西入河，而蒲川在北。北魏時期，黃河兩岸的胡便多有聯合，北周時期，雙方再次共同叛亂，也並不奇怪。

此外，在河西又有蒲水和小蒲川水。據《水經注》，自采桑津向南，有蒲水注於河。蒲水發源於西漢西河陰山縣。陰山縣地點不明。但出自丹陽山的長松水爲蒲水支流[64]，東北流入蒲水。蒲水入河口再往南即爲丹水入河口。由此，蒲水在丹水北。

西魏又有蒲川鎮。王德於大統十三年爲"大都督、原靈顯三州五原蒲川二鎮諸軍事"[65]。十四年，宇文泰"奉魏太子巡撫西境"，"至原州，歷北長城，大狩。將東趣五原，至蒲川，聞魏帝不豫，遂還"[66]。則蒲川鎮距原州、五原鎮不

---

[61] 按，點校本《周書·異域傳》此處斷句爲"〔劉雄〕巡檢北邊川路，稽胡喬白郎、喬素勿同等渡河逆戰"。喬白郎、喬素勿同若爲綏州稽胡，似乎没有"渡河逆戰"的必要，本文將"川路"後斷。據《元和郡縣圖志》記載，隋大業三年(607)曾於嵐州設岢嵐鎮、壓草城、川賊路，唐代置爲嵐谷縣（今山西省岢嵐縣），見《元和郡縣圖志》卷一四《河東道三·嵐州》"嵐谷縣"條，397 頁。唐代嵐谷縣所在地與北周銀、綏二州隔河相對，距離不遠。《周書》所見"川路"或即"川賊路"之異名或簡稱？如此，則北周與河東的山胡也有直接的接觸。

[62] 《周書》卷一五《于寔傳》，251 頁。

[63] 《水經注疏》卷三，270—272 頁。

[64] 北魏東夏州定陽郡臨真縣有丹陽山。見《魏書》卷一〇六下《地形志下》，2630 頁。

[65] 《周書》卷一七《王德傳》，286 頁。

[66] 《周書》卷二《文帝紀下》，31 頁。

遠,應該就在北華州(治杏城),即後來的鄜州境内。據《水經注》,鄜州有"小蒲川水東南流入坊州"[67]。蒲川鎮名應源自水名。鄜、延二州相鄰,"延州蒲川"可能與鄜州小蒲川水相去不遠。認爲此地稽胡别帥聯合丹、綏、銀三州稽胡攻逼丹州,似乎更爲合理。

如此説成立,那麽天和元年反叛的核心群體便是前文提及的北山稽胡。北山稽胡在北周伐齊的戰爭中佔有重要的地位。建德年間,韋孝寬向周武帝呈上伐齊三策,其第一策曰:

> 今大軍若出軹關,方軌而進,兼與陳氏共爲掎角;并令廣州義旅出自三鵶;又募山南驍鋭,沿河而下;復遣北山稽胡絶其并、晋之路。凡此諸軍,仍令各募關、河之外勁勇之士,厚其爵賞,使爲前驅。岳動川移,雷駭電激,百道俱進,並趨虜庭。必當望旗奔潰,所向摧殄。一戎大定,實在此機。[68]

在韋孝寬的建議中,伐齊可由四路並舉,而北山稽胡承擔了切斷北齊并州(治今山西省太原市)、晋州(治今山西省臨汾市)之間的交通,斷絶救援的任務。之所以用北山稽胡爲前驅,大概是因爲以丹州稽胡爲核心的北山稽胡距離東、西戰場最爲接近。丹州"東至慈州界黄河岸八十里,自黄河岸東至慈州六十五里"[69],從河西到達周、齊前綫的距離最短。

韋孝寬的建議最終似乎得到了實施,史稱"爾後遂大舉,再駕而定山東。卒如孝寬之策"[70]。在北周伐齊的過程中,北山稽胡是否真如韋孝寬之設想參與了戰爭已不可知。但韋孝寬伐齊之策的提出是建立在對河東地區戰略意義的認識之上的。天和四年,斛律光佔領北周孔城防,圍宜陽城(今河南省三門峽市),韋孝寬曰:

> 宜陽一城之地,未能損益。然兩國爭之,勞師數載。彼多君子,寧乏謀猷? 若棄崤東,來圖汾北,我之疆界,必見侵擾。今宜於華谷及長秋速築城,以杜賊志。脱其先我,圖之實難。[71]

---

[67] 徐堅《初學記》卷八《州郡部·關内道第三》引《水經注》,中華書局,1962年,173頁。
[68] 《北史》卷六四《韋孝寬傳》,2264頁。
[69] 《太平寰宇記》卷三五《關西道十一·丹州》,743頁。
[70] 《北史》卷六四《韋孝寬傳》,2265頁。
[71] 同上書,2263頁。

由於宇文護反對,事不得行。五年,斛律光果然解宜陽之圍,"於汾北築城,自華谷至於龍門"[72]。此後,周、齊在汾水以北,周之汾州(治定陽,今山西省吉縣)一帶展開了激烈的爭奪。建德五年(576),周武帝東伐:

> 〔十月〕癸亥,帝至晉州,遣齊王憲率精騎二萬守雀鼠谷,陳王純步騎二萬守千里徑,鄭國公達奚震步騎一萬守統軍川,大將軍韓明步騎五千守齊子嶺,烏氏公尹昇步騎五千守鼓鍾鎮,涼城公辛韶步騎五千守蒲津關,柱國、趙王招步騎一萬自華谷攻齊汾州諸城,柱國宇文盛步騎一萬守汾水關[73]。

以上諸地點均在河、汾流域,"凡言守者,皆以斷齊援兵之路,獨守蒲津關者爲後繼"[74]。其中,雀鼠谷(今介休市西南)、千里徑(今臨汾市東北霍山)、統軍川(或在石樓縣西,臨河)[75]、華谷(今山西省稷山縣西北,汾水北)、汾水關(今汾西縣東)所包圍的地域,正好是周、齊之時河東山胡的聚居地,沉寂已久的河東山胡也必將卷入其中。

通過以上梳理不難發現,稽胡在北周的政權發展過程中佔有重要的地位。特別是在對齊的戰爭中,稽胡要麼供給糧草,要麼任爲前驅,其所發揮的作用爲其他周邊族群所不能比。很難想象擔當這一任務的正是被《周書·異域傳》記爲"多恃險不賓"的河西稽胡。以下,也通過西魏、北周在山胡(稽胡)地區的鎮戍建置,觀察關中政權對這一地區的控制。

## Ⅰ. 安民鎮

西魏北周延續了北魏安民鎮的設置,屬延州,但改稱爲防[76]。天和三年(568),李和"進位大將軍,拜延綏丹三州武安伏夷安民三防諸軍事、延州刺

---

[72] 《周書》卷五《武帝紀上》,78 頁。
[73] 《周書》卷六《武帝紀下》,95—96 頁。
[74] 《資治通鑑》卷一七二《陳紀六》宣帝太建八年十月條胡三省注,中華書局,1956 年,5354 頁。
[75] 《資治通鑑》卷一七二《陳紀六》宣帝太建八年十月條胡三省注曰:"統軍川,地闕",5353 頁。顧祖禹則認爲統軍川即土軍川,"源出團圓山,有土軍谷,亦曰吐京谷,西達於大河,縣境諸水悉流合焉。或訛爲統軍川",見顧祖禹《讀史方輿紀要》卷四二《山西四·石樓縣》,中華書局,2005 年,1950 頁。
[76] 北周時期,鎮可稱爲防。見嚴耕望《北魏軍鎮》,收入《中國地方行政制度史·魏晉南北朝地方行政制度》,782—783 頁;陶新華《北魏孝文帝以後北朝官僚管理制度研究》,巴蜀書社,2004 年,313—323 頁。

史"[77]。《李和墓誌》則記曰:"還除大將軍,使持節如故。出爲延綏丹銀四州、大寧、安民、姚襄、招遠、平獨、朔方、武安、金明、洛陽、原啓淪十防諸軍事、延州刺史"[78]。罗新、葉煒指出,李和家族爲夏州豪族,可能就是稽胡。而官職中所列的四州十防,可能包含了建德元年"改授延綏銀三州文安伏夷安民周昌梁和五防諸軍事"的部分[79]。則終西魏、北周一直設有安民鎮。隋文帝時,廢鎮,置安民戍,其行政等級有所降低[80]。

武安、梁和、伏夷三鎮建置時間和位置均不詳。馮恕曾任伏夷鎮將,時間大概在天和七年左右。

### Ⅱ. 三堡鎮

建置時間不詳。《元和郡縣圖志》記曰:"後魏文帝大統三年,割鄜、延二州地置汾州,理三堡鎮。廢帝以河東汾州同名,改爲丹州。"[81]則義川縣在設州之前爲三堡鎮。

### Ⅲ. 蒲川鎮

見前文。西魏大統十三、十四年已有蒲川鎮。但其置廢情況不明,位置大概在延州、鄜州交界地帶。

### Ⅳ. 姚岳城

《周書·異域傳》記曰:"保定中,離石生胡數寇汾北,勳州刺史韋孝寬於險要築城,置兵糧,以遏其路"[82]。《韋孝寬傳》亦載:"[孝寬]欲當其要處,置一大城。乃於河西徵役徒十萬,甲士百人,遣開府姚岳監築之。"[83]《讀史方輿紀要》記隰州東北有姚岳城,便是韋孝寬所築之城[84]。這是周、齊並立時期,北周爲防禦河東生胡所建的唯一城戍。

---

[77] 《周書》卷二九《李和傳》,498頁。
[78] 羅新、葉煒《新出魏晉南北朝墓誌疏證(修訂本)》,中華書局,2016年,310頁。
[79] 《周書》卷二九《李和傳》,498頁。
[80] 據嚴耕望先生研究,戍是州、鎮下設置的戍守單位。見嚴耕望《北魏軍鎮》,收入《中國地方行政制度史·魏晉南北朝地方行政制度》,791頁。
[81] 《元和郡縣圖志》卷三《關内道三·丹州》,74頁。
[82] 《周書》卷四九《異域傳上》,898頁。
[83] 《北史》卷六四《韋孝寬傳》,2263頁。
[84] 見顧祖禹《讀史方輿紀要》卷四一《山西三·隰州》,1933頁。

## V. 周昌、弘信、廣安、招遠、咸寧

《隋書·郭榮傳》曰:"俄而齊將段孝先攻陷姚襄、汾州二城……以功授大都督。〔宇文〕護又以稽胡數爲寇亂,使榮綏集之。榮於上郡、延安築周昌、弘信、廣安、招遠、咸寧等五城,以遏其要路,稽胡由是不能爲寇。"[85]據此,設鎮時間在天和六年十月北齊段韶來攻姚襄城之後,七年三月宇文護被殺之前。

據《隋書·地理志》,上郡屬北華州,即後來的鄜州。從延州至上郡,再向南至北雍州,便可到達關中盆地。因此,周昌等五城的設立,就是爲了斷絶稽胡從北邊進入關中的通路。

## VI. 文安鎮

設鎮時間不詳。《隋書·地理志》記延安郡延川縣爲"西魏置,曰文安,及置文安郡。開皇初郡廢,改縣爲延川"[86]。《太平寰宇記》"延州延川縣"條曰:"後魏分安民縣于此置文安縣,以稽胡未淳,取文德以來之之義。"[87]則文安縣是爲招徠稽胡而設立,文安鎮或在延川縣附近。今陝西省延川縣文安驛鎮下驛村有古城址,據説是西魏至元代的文安故城[88]。

此外,北周還在河東南部設置了白亭、姚襄、服秦、栢谷等城戍,達奚武在玉壁設有樂坊、胡營、新城三鎮,但這些鎮戍主要是爲了防範齊軍,在此不納入討論之内。

以上諸軍鎮的設置將丹、延二州囊括在内,也恰好是北山稽胡所在之地,與西魏、北周時期河西稽胡活躍狀況正相對應。前引《李和墓誌》曾記録李和出任延州刺史的情况:

  總管之内,編雜稽胡,狼子難訓,梟音靡革,每窺蕃政,有斁邊疆。公未及下車,仁聲已暢,傾畞盡落,偃草從風。實倉廩而息干戈,勸農桑而變夷俗。[89]

墓誌的記述或許有一些誇大,但北周末年,隨着軍事性的管制與地方官教化的推

---

[85] 《隋書》卷五〇《郭榮傳》,中華書局,1973年,1319頁。
[86] 《隋書》卷二九《地理志上》,811頁。
[87] 《太平寰宇記》卷三六《關西道十二·延州》"延川縣"條,758頁。
[88] 國家文物局主編《中國文物地圖集·陝西分册》下,821頁。
[89] 《新出魏晉南北朝墓誌疏證(修訂本)》,310頁。

行,延州稽胡可能已經逐漸受到影響,開始了編戶化的進程[90]。丹州的情况可能也相近。據《隋圖經》記載:

> 義川本春秋時白翟地,今其俗云丹州白室,胡頭漢舌,其狀似胡,其言習中夏。白室即白翟語訛耳,近代號爲步落稽胡,自言白翟後也。[91]

在文章開頭所引《周書·異域傳》中,稱稽胡"與華民錯居,其渠帥頗識文字。然語類夷狄,因譯乃通"。而《隋圖經》中的丹州稽胡已是"胡頭漢舌,其狀似胡,其言習中夏"。這種語言上的變化,大概便是王化播及,胡漢交融的第一步吧。

## 四、東魏北齊:山胡的退場

本文第二節中已經提到,北魏末年山胡劉蠡升的叛亂使北魏的政治力量完全退出了河東,也使得這一地區內的胡族統一爲山胡群體。因此,東魏北齊面臨的狀況與西魏北周完全不同,山胡與東魏北齊之間的關係也呈現出與西魏北周不同的特點。以下,試對其進行探討。

與《周書》不同,《北齊書》並沒有爲山胡或稽胡立傳,與之相關的記載也並不多。其活動與記事起於東魏孝靜帝天平二年(535),終於北齊文宣帝天保五年(554),整理列表如下(表1):

表1 東魏、北齊山胡的活動

| 時 間 | 地 點 | 群 體 | 事 件 | 出 處 |
| --- | --- | --- | --- | --- |
| 天平二年(535) | 雲陽谷 | 山胡 | 北魏孝昌中,山胡劉蠡升反於雲陽谷,稱天子。東魏遷鄴後,高歡擊劉蠡升。劉蠡升爲其部下斬殺。其部衆又立其子,高歡進擊,獲劉蠡升諸子、皇后、公卿等及民戶。 | 《北史·齊本紀上》《斛律金傳》《厙狄迴洛傳》 |
| 天平三年(536) | 汾州 | 汾州胡 | 九月,汾州胡王迢觸、曹貳龍反,設立百官,建年號。高歡與晉州刺史莫多婁貸文討平之。 | 《北史·齊本紀上》《莫多婁貸文傳》 |

---

[90] 關於地方官對部族編戶化進程的影響,參見侯旭東《北魏對待境內胡族的政策——從〈大代持節豳州刺史山公寺碑〉說起》,收入《近觀中古史:侯旭東自選集》,中西書局,2015年,243—244頁。

[91] 《元和郡縣圖志》卷三《關內道三·丹州》,74頁。

續 表

| 時 間 | 地 點 | 群 體 | 事 件 | 出 處 |
|---|---|---|---|---|
| 天平中 | 秀容 | 山胡 | 秀容人五千户響應山胡叛亂,高市貴統諸軍討平之。 | 《高市貴傳》 |
| 元象元年(538) | 晉州 | 胡 | 晉州刺史薛脩義招降胡酋胡垂黎等部落數千口,上表請置五城郡以處其民。 | 《薛脩義傳》 |
| 武定二年(544) | 不明 | 山胡/步落稽 | 高歡與斛律金從二道出,征討山胡。高澄、皮合景亦參與征伐,俘獲一萬餘户,分配諸州。此處山胡又被記作步落稽。 | 《魏書·孝靜帝紀》《北史·齊本紀上》《皮景和傳》 |
| 武定五年(547)以後 | 晉州 | 山胡 | 山胡襲晉州,薛脩義討破之。 | 《薛脩義傳》 |
| 天保四年(553) | 離石 | 山胡 | 山胡圍離石,文宣帝高陽討之,山胡退,文宣帝巡三堆戍。 | 《文宣帝紀》《薛脩義傳附從弟嘉族傳》 |
| 天保五年(554) | 石樓 | 山胡/稽胡 | 北齊三道出討山胡,平石樓。 | 《文宣帝紀》《皮景和傳》 |
| 不明 | 覆釜山 | 步落稽 | 綦連猛討步落稽於覆釜山,時間不明。 | 《綦連猛傳》 |

注:出處一欄除特別寫明《魏書》《北史》者外,其餘傳記均出自《北齊書》。

從上表可知以下信息:

第一,雖然偶有"汾州胡"這種"地名+胡"的名稱,以及步落稽、稽胡之名,但山胡已經成爲東魏北齊時期河東雜胡的通稱。這一點在第二節已經提及。這種稱呼方式在延續北魏的命名習慣的基礎上,進一步模糊了山胡内部的地區標識。

第二,山胡的反叛集中在東魏汾州(治西河,即今汾陽市)、晉州(治平陽,即今臨汾市),以及離石、石樓一帶。其地相當於《北史·韋孝寬傳》所述"〔北周〕汾州之北,離石以南,悉是生胡"的區域,汾州、晉州分别處於這一區域的東北與東南邊境。以上各次叛亂不見與河西稽胡的聯繫,也没有西魏、北周以及其他政治勢力參與其中,地域上呈現出强烈的封閉性,此點與前文所述北魏和西魏北周的情況頗不相同。另外,關於劉蠡升所居之雲陽谷的位置,學界有在山西左雲縣和在今吕梁山脈的山胡之地內兩種說法[92]。後者更爲合理。孝昌元年十二月，劉蠡升建號稱天子，時裴良爲汾州刺史：

> 賊知倉庫空虚，攻圍日甚，死者十三四。良以飢窘，因與城人奔赴西河。汾州之治西河，自良始也。[93]

據此，劉蠡升叛亂，攻襲汾州蒲子城，汾州刺史裴良與城民奔西河，汾州亦隨之移置。又，建德五年北周滅齊：

> 高祖敗齊師於晉州，乘勝逐北，齊人所弃甲仗，未暇收斂，稽胡乘閒竊出，並盜而有之。乃立蠡升孫没鐸爲主，號聖武皇帝，年曰石平。[94]

稽胡乘周、齊交戰之時，竊取了北周在晉州的戰利品，則劉蠡升孫没鐸所居之地或在北齊晉州附近。由此推測，雲陽谷當是靠近蒲子、臨近晉州的山區中的某一山谷。吕梁山區中山谷衆多，或有與其他地名重合者。綦連猛於覆釜山征討步落稽，此覆釜山也與齊郡、汲郡、南陽郡的覆釜山重名。

第三，山胡活躍的時間集中在東魏時期與北齊初期。保定五年以後，山胡便似銷聲匿跡般，在北齊的歷史中不見蹤影。北魏前期河東山胡與河西諸胡的出現是與北魏的建國與擴張相伴隨的，西魏北周時期的稽胡也與北周對齊的戰爭，及其在北方的經營有密切關係。東魏北齊則不同。天保五年，北齊從離石、顯州（治六壁城，今山西省孝義市西南）、晉州三道出討山胡。"大破之，斬首數萬，獲雜畜十餘萬，遂平石樓。"對這一勝利，北齊甚是自豪："石樓絶險，自魏世所不能至。於是遠近山胡莫不懾服。"[95]《皮景和傳》中亦將此次勝利記作"定稽胡"[96]。由此可見，北齊針對山胡的戰爭是以平定、懾服爲目的的。

之所以如此，原因之一可能在於山胡之地過於接近東魏北齊的政治中心晉

---

[92] 前説見周一良《北朝的民族問題與民族政策》，收入氏著《魏晉南北朝史論集》，161頁；林幹《稽胡（山胡）略考》，《社會科學戰綫》1984年第1期，148頁；Edwin G. Pulleyblank, "JI HU 稽胡: Indigenous Inhabitants of Shaanbei and Western Shanxi", E. H. Kaplan and D. W. Whisenhunt ed., *Opuscula Altaica: Essays Presented in Honor of Henry Schwarz*, p. 502. 但三位先生均未給出依據。後一種説法則有馬長壽《北狄與匈奴》，134頁；羅新《新見北齊薛豐洛墓誌考釋》，收入氏著《王化與山險：中古邊裔論集》，北京大學出版社，2019年，375—376頁。

[93] 《魏書》卷六九《裴良傳》，1531頁。

[94] 《周書》卷四九《異域傳上》，898頁。

[95] 《北齊書》卷四《文宣帝紀》，中華書局，1972年，58頁。

[96] 《北齊書》卷四一《皮景和傳》，537頁。

陽。山胡的叛亂會直接威脅到晉陽的安全,在國家發動遠征之時,山胡也可能成爲後患。因此,相比利用山胡之地作爲對西征伐之前綫,東魏北齊更傾向於與其保持距離。東魏東雍州治汾水北之正平(今新絳縣),高歡曾欲廢東雍州,潘樂勸以"東雍地帶山河,境連胡、蜀,形勝之會,不可弃"[97]。甚至在平定石樓後的很長一段時期内,北齊在汾水以西、以北都無甚經營,直到武平元年,斛律光纔於汾北築華谷、龍門二城,又於定陽築南汾州城,置州,以攻逼北周汾州。次年,斛律光再於汾水北築平隴、衛壁、通戎等鎮戍十三所,又與北周在姚襄城、定陽發生了激烈的戰鬥。那麽,東魏北齊與河東山胡的關係,在東魏北齊針對山胡區域所建立的防禦體系中是如何反映的呢?

### ⅰ. 離石鎮

東魏時期仍延續了北魏離石鎮的設置。據《太平寰宇記》:"北齊初置懷政郡,尋復爲離石鎮;天保三年于城内置西汾州,因改離石爲昌化縣"[98]。

### ⅱ. 烏突戍

設置時間不明。武定二年,"高祖出軍襲山胡,分爲二道。以〔斛律〕金爲南道軍司,由黄櫨嶺出。高祖自出北道,度赤洪嶺,會金於烏突戍,合擊破之"[99]。《隋書·地理志》記離石郡太和縣爲"後周置,曰烏突,及置烏突郡"[100]。《元和郡縣圖志》曰:"周大象元年(579),於此置烏突郡烏突縣。"[101]則北周廢戍置郡縣,在今山西省臨縣西南。

### ⅲ. 三堆戍

《北齊書·文宣帝紀》載:"四年春正月丙子,山胡圍離石。戊寅,帝討之,未至,胡已逃竄,因巡三堆戍,大狩而歸。"[102]《元和郡縣圖志》記嵐州静樂縣:"本

---

[97] 《北齊書》卷一五《潘樂傳》,201 頁。

[98] 《太平寰宇記》卷四二《河東道三·石州》,884 頁。

[99] 《北齊書》卷一七《斛律金傳》,220 頁。關於黄櫨嶺與赤洪嶺的位置與高歡等人進兵的路綫,參見嚴耕望《黄河汾水間南北交通綫》,收入《唐代交通圖考》第 5 卷,上海古籍出版社,2007年,1405 頁。

[100] 《隋書》卷三〇《地理志中》,852 頁。

[101] 《元和郡縣圖志》卷一四《河東道三·石州》"臨泉縣"條,399 頁。

[102] 《北齊書》卷四《文宣帝紀》,57 頁。

漢汾陽地,城內有堆阜三,俗名三堆城。"[103]當即此地。

和北周一樣,北齊也在河東南部、汾水之北置華谷、龍門、平隴、衛壁、統戎等戍,但其目的是針對北周,因此也不納入考慮之内。

東魏北齊時期與山胡有關的鎮戍可知此三例。此外,河清四年(565),北齊似乎曾在今山西省大寧縣設置浮圖鎮,但此事僅見《元和郡縣圖志》與《太平寰宇記》[104],《北齊書》中無任何記載,可能設置不久即廢。以上三處鎮戍中,除離石外,其餘兩戍都不在河東山胡聚居的核心地區。出現這種現象,一方面是北齊政權對河東山胡地區持放棄態度的結果,另一方面,則如周一良先生所說,與北齊北部邊防由北鎮轉變爲沿城鎮戍有關[105]。

在這樣的狀況下,生活在河東區域的山胡迎來了最後一次登場。576年,北齊滅亡,山胡劉没鐸稱帝建號。

> 六年,高祖定東夏,將討之,議欲窮其巢穴。齊王憲以爲種類既多,又山谷阻絶,王師一舉,未可盡除。且當剪其魁首,餘加慰撫。高祖然之,乃以憲爲行軍元帥,督行軍總管趙王招、譙王儉、滕王逌等討之。憲軍次馬邑,乃分道俱進。没鐸遣其黨天柱守河東,又遣其大帥穆支據河西,規欲分守險要,掎角憲軍。憲命譙王儉攻天柱,滕王逌擊穆支,並破之,斬首萬餘級。趙王招又擒没鐸,餘衆盡降。[106]

次年,又有"汾州稽胡帥劉受羅千復反,越王盛督諸軍討擒之。自是寇盗頗息"[107]。劉没鐸是劉蠡升之孫。從姓氏和地域來看,劉受羅千可能也與蠡升、没鐸有些許關係[108]。毫無疑問,他們都是生活在河東的山胡。但在《周書》相關

---

[103] 《元和郡縣圖志》卷一四《河東道三·嵐州》"静樂縣"條,396頁。

[104] 《元和郡縣圖志》卷一二《河東道一·隰州》"大寧縣"條,347頁;《太平寰宇記》卷四八《河東道九·隰州》"大寧縣"條,1016頁。

[105] 周一良《北魏鎮戍制度考及續考》,收入氏著《魏晋南北朝史論集》,237頁。

[106] 《周書》卷四九《異域傳上》,898—899頁。

[107] 同上書,899頁。

[108] 《周書·宣帝紀》及《異域傳》記此次反叛稽胡首領名爲劉受羅千,而同書《越野王盛傳》則記爲劉受羅干,分别見於《周書》卷七《宣帝紀》,117頁;卷四九《異域傳上》,899頁;卷一三《越野王盛傳》,204頁。《周書》校勘記懷疑"千"當作"干",見906頁。另外,《楊文思墓誌》載:"宣政元年,稽胡賊劉庫歷圍烏突城,公共柘王誼破平之",見王其禕、周曉薇編著《隋代墓誌銘彙考》4,綫裝書局,2007年,333頁。庫讀作厙,此劉庫歷當即劉受羅千(干)。

紀、傳的記載中,他們都被稱作稽胡。這種變化,不僅僅是由於不同政權歷史記載的差異,也是因爲"山胡"這一族群稱呼確實退出了歷史,生活在黃河東、西兩岸的山居雜胡都成爲了稽胡。人群身份的統一,又進一步促進不同的地域成爲整體。而促成這一切的,便是北周對北齊的政治勝利。

## 五、結論

以上,從區域人群身份變化的角度出發,描繪了河、汾流域的稽胡區域在北朝時期的形成過程。北魏時期,河東地方的人群被稱爲山胡、離石胡、吐京胡等,河西區域則有屠各、盧水等不同的族群。北魏後期,經過山胡劉蠡升的叛亂,到東魏北齊時,河東區域的人群已統一被稱爲山胡。而生活在河西的群體也爲西魏北周統一稱爲稽胡。隨着北周討滅北齊,河東的山胡也最終成爲稽胡。

值得注意的是,在上述過程中,北魏至東魏北齊時期,河東的離石胡、吐京胡等"地名+胡"的稱呼方式統一爲山胡的原委大致可以明確,但河西諸胡向稽胡稱呼的轉變却顯得非常突然,其契機與原因並不清楚。儘管滝川正博已經指出,稽胡這一稱呼的出現與西魏北周有密切的關係,但《魏書》著於北齊,《北齊書》《周書》編撰於唐代,《周書》中出現的稽胡稱呼,反映的是否祇是隋唐時期的狀況呢[109]?儘管不能排除《周書》中統一的稽胡稱呼是受唐代影響的可能性,但在建德年間韋孝寬所陳伐齊之策中已有"稽胡"之稱,薨逝於隋開皇二年(582)的李和的墓誌中,也記錄了當時的延州"編雜稽胡"的狀況。由這些綫索推測,北周後期已使用稽胡來稱呼生活在河西的山居雜胡,應當不誤。至於關中政權爲何突然使用稽胡這一問題,祇能期待來日有

---

[109] 李百藥的《北齊書》在一定程度上繼承了其父李德林的《齊書》,《魏書》《北齊書》中所見諸稱呼大致能反映北魏至東魏北齊的情況。北齊鼓吹有《滅山胡》一曲,也能反映山胡確實是北齊對河東這一群體的稱呼。見《隋書》卷一四《音樂志中》,330頁。

更多的發現[110]。

稽胡所在的區域具有一定的封閉性。河西區域東、北有黃河、南有黃龍山作爲自然阻隔[111]，山胡最開始出現的呂梁山區亦地勢險要。據《水經注》載：

> 河水左合一水，出善無縣故城西南八十里。其水西流，歷于呂梁之山，而爲呂梁洪。其岩層岫衍，澗曲崖深，巨石崇竦，壁立千仞，河流激盪，濤湧波襄，雷濟電洩，震天動地。昔呂梁未闢，河出孟門之上。蓋大禹所闢以通河也。司馬彪曰：呂梁在離石縣西。今于縣西歷山尋河，並無遏岨，至是乃爲河之巨嶮，即呂梁矣。在離石北以東，可二百有餘里也。[112]

憑藉這種深險、隔絕的環境，在經歷了東漢末年的羌亂和匈奴的南遷之後，黃河兩岸徹底淪爲了羌胡與山胡之地，成爲王朝政治權力難以觸及的區域。

山胡（稽胡）本就人口衆多，又因負險而居，與漢民雜處，常常擄掠民户，或招誘編户民逃亡其地。北朝諸政權雖針對山胡（稽胡）區域設置了軍鎮[113]，但從其改鎮爲州郡的措施來看，其最終的目標是獲取人口，並在這一區域施行編户統治。北魏太武帝時，曾以吐京胡"出配郡縣"，或遷徙離石胡至平城。杏城鎮將尉撥因治内山民、屠各、盧水胡内附，被文成帝評爲"清平有惠績，賜以衣服"[114]。高歡討破劉蠡升，所獲民户中，有"逋逃之人"。北周"稽胡叛亂，輒略邊人爲奴婢"，武帝時，便"詔胡敢有壓匿良人者誅，籍没其妻子"[115]。《周書·異域傳》稱

---

[110] 關於步落稽族名的來歷，姚薇元認爲步落稽可能就是《魏書·官氏志》中的"大洛稽"。朱希祖則認爲兩者之間的關係"别無他証，未爲定論，尚宜詳考"。1994年，寧夏固原出土了大利稽氏墓磚，羅豐據此提出大利稽（大洛稽）或源於步落稽，爲步落稽之一部的意見。詳見姚薇元《北朝胡姓考（修訂本）》，中華書局，2007年，204—205頁；朱希祖《西魏賜姓源流考》，收入《中國史學通論》，商務印書館，2015年，293—295頁；羅豐《北周大利稽氏墓磚》，《考古與文物》2003年第4期，68—70頁。但即便步落稽與大洛稽有關，北朝後期對這一地區人群稱呼的轉變問題依然存在。

[111] 史念海《陝西北部的地理特點和在歷史上的軍事價值》，收入《河山集》四集，陝西師範大學出版社，1991年，75—144頁。

[112] 《水經注疏》卷三《河水》，248—249頁。

[113] 關於北朝時期汾水中下游區域城邑的設置，還可參見崔彥華、楊扶虎《社會變遷與城邑興衰——以北朝時期汾水中下游地區與呂梁山區爲例》，收入李書吉主編《中古時期汾河流域的環境與社會》，三晉出版社，2013年，66—85頁。田毅、王傑瑜《南北朝時期呂梁山區的稽胡叛亂與行政區劃變遷》，《山西檔案》2015年第6期，15—18頁。

[114] 《魏書》卷三○《尉撥傳》，729頁。

[115] 《隋書》卷五五《侯莫陳穎傳》，1381頁。

稽胡中有"分統郡縣,列於編户"者,當即成功納入統治之下的群體,又有"山谷阻深","未盡役屬"者,當即楊忠所說的"生胡"。北朝諸政權在山胡(稽胡)區域推行統治的過程,便是逐漸將生胡列於編户的過程。

此外,這一區域的農業雖不發達,但盛産馬匹。《史記·貨殖列傳》記載龍門、碣石以北"多馬、牛、羊、旃裘、筋角"[116],西漢西河郡鴻門縣(今陝西省神木市)有天封苑[117],是重要的畜牧産區[118]。稽胡雖已"知種田",但畜牧依然在其經濟生活中佔有重要的地位。《水經注》稱吐京"有龍泉,出城東南道左山下牧馬川,上多産名駒,駿同滇池天馬河"[119]。北魏奚康生破吐京胡,"俘其牛羊駝馬以萬數"[120]。北周于寔討延州稽胡,"獲雜畜萬餘頭",北齊亦在石樓"獲雜畜十餘萬"。除畜産以外,如楊忠從稽胡處攫取軍糧等物資,徵收麻布等貢賦[121],也是諸政權目標之所在。

關於北朝時期稽胡的生存狀態,吕思勉有精闢的總結:

> 〔稽胡〕據山險,漏籍而不供租稅,征討俘獲,動至千萬。招以仁政,亦有不待兵而服者。且其人本亦服征役,輸軍資,得之則可配郡縣,純與三國時之山越、南北朝時之群蠻同。[122]

吕先生特别指出稽胡與山越、蠻的相似性,對於理解稽胡與北朝諸政權的關係頗有啓發。國家對人群的控制,以及政治權力向地方的滲透,最終促使爲黄河所分隔的河西羌胡之地與河東山胡區域,合而爲統一的稽胡區域,使魏晉以來便"失控"的地域重歸王朝的掌控之下。

---

[116] 《史記》卷一二九《貨殖列傳》,中華書局,2014 年,3950 頁。

[117] 顏師古曰:"苑謂馬牧也",見《漢書》卷二八下《地理志下》,中華書局,1962 年,1616 頁。

[118] 參見譚其驤《何以黄河在東漢以後會出現一個長期安流的局面》,《長水粹編》,復旦大學出版社,2015 年,334—358 頁。

[119] 《水經注疏》卷三《河水》,264 頁。

[120] 《魏書》卷七三《奚康生傳》,1630 頁。

[121] 《唐六典》記唐代稽胡所在諸州貢賦:"勝、銀等州女稽布","丹、延、慶等州麝香",丹州還有龍鬚席,"慈州蠟、隰、石二州胡女布","嵐、虢、忻等州麝香",見《唐六典》卷三《尚書户部》,中華書局,2014 年,65、66 頁。其中的女稽布、胡女布與稽胡頗有關係。相關的記載亦見《新唐書》,胡女布爲綏州、隰州、石州與單于大都護府貢物,女稽布爲銀州土貢,勝州又貢胡布。見《新唐書》卷三七《地理志一》,中華書局,1975 年,974—976 頁;同書卷三九《地理志三》,1002、1006 頁。關於麻布徵調對西魏北周政權的影響,可參見胡鴻《北朝的麻布之土》(未刊稿)。

[122] 吕思勉《胡考》,收入《吕思勉讀史札記》,1313—1315 頁。

黄河東、西兩岸的山居諸胡統一爲稽胡的過程,也是這一區域的人群與北朝諸政權的接觸逐漸加深的過程。其中雖有政治的深刻影響,但北朝後期的稽胡群體也確實展現出某些文化共性,形成了獨特的族群文化特徵,甚至影響到了周邊的州郡地方社會[123]。這種共同的文化習俗的形成,對於諸胡凝結爲稽胡族群,對於山胡(稽胡)區域成爲一個共同的地域社會,有至關重要的影響。這一問題從政治的角度並不能得到完全的解釋。在接下來的研究,有必要深入稽胡內部,關注稽胡群體內部的組織結構,從其特有的文化,特別是稽胡與佛教的關係入手,對這一區域的社會與人群展開進一步的研究。

附表　北朝時期河東、河西所見部族名稱及分佈地點

| 公元紀年 | 北魏 | | | |
| --- | --- | --- | --- | --- |
| | 河西 | | 河東 | |
| 391 | | | 山胡 | 馬邑 |
| 393 | | | 山胡部 | 秀容 |
| 398 | | | 離石胡、西河胡 | |
| 399 | | | 西河胡 | |
| 410 | | | 山胡 | 西河離石 |
| 411 | | | 山胡 | 并州 |
| | | | 西河胡 | |
| 413 | 河西胡 | | 吐京胡、離石胡 | |
| 414 | 河西胡 | | 西河胡 | |
| 415 | | | 河西胡/山胡/并州胡 | 上黨 |
| 416 | | | | |
| 427 | 君子津西 | 三城胡 | | |
| 428 | 上郡 | 休屠胡、屠各 | 并州胡 | |
| 433 | 上郡 | 休屠胡 | | |
| 434 | | | 山胡 | 西河 |
| 439 | 三城胡 | | | |

---

[123] 《隋書·地理志》記雍州地方風俗:"雕陰、延安、弘化,連接山胡,性多木強,皆女淫而婦貞,蓋俗然也",與《周書·異域傳》所見稽胡風俗頗爲相近。見《隋書》卷二九《地理志上》,817頁。

續　表

| 公元紀年 | 北　魏 | | | |
|---|---|---|---|---|
| | 河　西 | | 河　東 | |
| 445 | 杏城 | 盧水胡 | 胡 | 吐京 |
| 447 | 朔方胡 | | 吐京胡/山胡 | |
| 461 | 河西胡 | | | |
| 472 | 統萬胡 | | | |
| 473 | | | 山胡 | 石樓 |
| 488 前 | | | 西河胡 | |
| | | | 山胡 | 并州 |
| 496 | | | 汾州胡 | |
| 497 | | | 離石胡 | |
| 511 | | | 山胡 | 汾州 |
| 522—524 | | | 步落堅胡 | 汾州、肆州 |
| 524 | 東夏州 | 朔方胡 | | |
| | | | 山胡 | 汾州、正平、平陽 |
| 525 | | | 山胡(劉蠡升)/汾州胡 | 汾州 |
| 531 | | | 步落稽① | 并州 |
| 不明 | 杏城 | 盧水胡、上郡徒各 | 離石胡 | |
| | | | 吐京胡 | |
| 公元紀年 | 西魏北周 | | 東魏北齊 | |
| 535 | 稽胡(劉蠡升)② | | 山胡(劉蠡升) | 汾州 |
| 536 | | | 汾州胡 | |
| 524—527 | | | 山胡 | |
| 538 | | | 胡 | 晉州 |
| 539 | 黑水稽胡/黑水部眾 | | | |
| 540 | | 白額稽胡 | | |
| 541 | 上郡 | 稽胡 | | |
| 542 | 南汾州 | 山胡 | | |
| 544 | | | 山胡/步落稽 | |

續　表

| 548 | 北山稽胡/汾州胡 | | |
|---|---|---|---|
| 553 | | 山胡 | 離石 |
| 554 | | 山胡 | 石樓 |
| 559 | 延州稽胡 | | |
| 560 | | 稽胡 | |
| 561—565 | 玉壁 | 汾州胡 | |
| | 丹州胡 | | |
| | 離石 | 生胡 | |
| 564 | 銀州、夏州 | 稽胡/生胡 | |
| 566 | 丹、綏、延三州及蒲川 | 稽胡 | |
| 567 | 銀州 | 稽胡 | |
| 570 | 綏州 | 稽胡 | |
| 576[3] | | 稽胡(劉没鐸) | "汾州以北,離石以南" |
| 577 | | | |
| 578 | | 稽胡 | 汾州 |
| 不明 | | 步落稽 | 覆釜山 |

① 出自《北史·齊本紀上》。
② 關於劉蠡升的記載中,"山胡"出自《魏書》《北史》《北齊書》,"稽胡"出自《周書》。
③ 576年以後關於河東區域稽胡的記載都出自《周書》。

# The "Unification" of Jihu in the Northern Dynasties

## Liu Ying

During the Northern Dynasties, Jihu 稽胡 was a special group living on the east and west banks of the Yellow River. It is generally believed that this group was a mixed Hu 胡 tribe politically influenced by the Xiongnu 匈奴. Their living region was long abandoned by the Central regime after the Eastern Han 東漢 Dynasty. These mountain-dwelling Hu also included different ethnic groups such as Tuge 屠各 and

Lushui 盧水. Although they were called Jihu during the Western Wei 西魏, Northern Zhou 北周, Sui 隋 and Tang 唐 Dynasties, they were known as Shanhu 山胡, Lishi Hu 離石胡 and Hexi Hu 河西胡 in the Northern Wei 北魏, Eastern Wei 東魏 and Northern Qi 北齊 otherwise. The changes of its ethnic appellation were closely related to the political development of the Northern Dynasties. To restore the control of this area and the crowd, the Northern Dynasties had gradually established household registration system and military towns. Accompanied by repeated resistance and conquering, Hu groups in Lüliang Mountain 呂梁山 were unified as Shanhu in the late Northern Dynasty, while their counterparts in northern Shaanxi became Jihu. After the Northern Qi was conquered by the Northern Zhou, the Shanhu on the East Bank of the Yellow River finally became Jihu. The land of Qianghu and Shanhu separated by the Yellow River were eventually integrated into the Jihu region.

# 鄉里與兩京之間:唐前期江南士人家族

周　鼎

## 一、"失落"的江南百年史

在江南區域發展歷程中,唐前期的百年歷史顯得頗爲黯淡。隨着江左政權的終結,原本作爲王畿腹地的江南地區經歷了由中心而邊緣的蜕變,政治地位急遽墜落;至於後世經濟重心南移的進程,此時則遠未告成,江南在全國經濟版圖中也不佔顯著優勢[1]。

相比前後時代成果豐碩的研究積澱,對唐初江南社會的研究也顯得相對沉寂,某些重要議題,或未得到充分關注,或尚存誤解。例如,對以南朝士族後裔爲代表的江南士人,唐史研究中雖有關注,但多側重其遷徙北方後的動向,尤其是在兩京一帶的仕宦、聯姻與交遊[2]。相反,對其在鄉里的活動,多語焉不詳,或

---

\* 本文爲國家社科基金項目"唐宋之際仕宦階層的遷徙與地方士紳的形成研究"(批准號:20CZS023)成果之一;在修改過程中承陸帥、徐成、汪華龍諸先生惠賜寶貴意見,特此致謝!

[1] 參孟昭庚、張學鋒《論江南在唐帝國時期的地位演變》,鄒勁風《城市與社會經濟——六朝至五代十國時期的金陵》,均收入胡阿祥主編《江南社會經濟研究·六朝隋唐卷》,中國農業出版社,2006年。

[2] 相關概況,參唐長孺《魏晋南北朝隋唐史三論》,中華書局,2011年,356—359頁。實證研究如:毛漢光《從士族籍貫遷移看唐代士族之中央化》《隋唐政權中的蘭陵蕭氏》,均收入《中國中古社會史論》,上海書店出版社,2002年;顧嚮明《關於唐代江南士族興衰問題的考察》,《文史哲》2005年第4期;吳書萍《七、八世紀唐代江南地域的士人研究:特論其政治與社會背景》,臺灣大學碩士論文,2009年;劉子凡《唐代徐氏家族及其文學家傳》,《唐研究》第17卷,北京大學出版社,2011年;周曉薇、王其褘《流寓周隋的南朝士人交往圖卷——新出隋開皇八年〈朱幹墓誌〉》,《陝西師範大學學報》2014年第4期;小林聰《北朝・隋唐における南朝系人士についての基礎的考察:理論的な枠組みの提示を中心に》,《埼玉大學紀要教育学部》66,2017年。

徑認爲江南士族,無論僑姓、吳姓,在江南已基本不復存在。此間軒輊,固然受制於史料存佚之多寡,但深層次原因恐怕還在於"南朝化"、士族"中央化"等解釋框架下研究焦點的遷移。

中心地位的失落,並不意味着此間發生的歷史也無足輕重。作爲銜接江南區域發展脈絡中古與近世間的一環,唐前期江南百年史,自有其獨立的歷史意義,值得探究。此外,頻經王朝鼎革與政區置廢,區域社會内部究竟發生了怎樣的秩序變動?地方人群如何因應時代變局?作爲獨立的地理單元,江南足以構成觀察南北朝到隋唐社會轉型的一個樣本,據此也可檢視、修正既有宏觀認知框架。

問題是,如何運用有限的史料,聚焦有效議題?如所周知,正史與出土墓誌構成了中古史研究的常規史料。但涉及江南地區,以上兩類史料所能提供的信息都是非常有限的,以至學者在執筆撰寫相關省域通史時感嘆:"在這近百年的時間内……歷史記載幾乎是空白。"[3] 文獻存佚之多寡,直接制約了我們對研究對象的認知深度。

常規史料匱乏,便要求我們拓寬視野,努力開掘更多類型的文獻,尤其是在地性史料。筆者此前通過現存鎮江焦山的《唐潤州仁静觀魏法師碑》,考察了唐初潤州境内南朝僑姓士族後裔的活動,可視爲一項初步嘗試[4]。本文擬接續這一思路,將考察的面拓展到其他地域與人群。具體而言,將側重觀察以下兩點:其一,江南士人家族在鄉里的活動軌跡;其二,定居兩京後,士人與鄉里的關係。

在史料運用上,除了出土碑誌,本文還擬將視野向後延伸,轉向宋元以降方志、族譜等地方文獻中載錄的唐代碑刻。與出土碑誌不同,地方文獻中載錄的早期史料往往來源不明,真僞難辨,即便可信淵源有自,經輾轉傳鈔,甚至蓄意點竄,久已不復舊貌。或許正因此,長期以來,中古史研究者對這類文獻的態度是頗爲猶疑的。然而近年來的研究實踐表明,近世地方文獻之於中古史研究的價值值得重估。圍繞其中收錄的官告、譜牒等,經由細緻的文本分析,剥離晚近羼

---

[3] 張學鋒、王亮功主編《江蘇通史・隋唐五代卷》,鳳凰出版社,2012年,65頁。
[4] 周鼎《家族、地域與信仰:〈唐潤州仁静觀魏法師碑〉所見唐初江南社會》,《史林》2019年第1期。

入的内容,一批珍貴的唐代文獻得以重見天日,相關研究續有創獲[5]。因此,這有望成爲突破現階段研究困境的一條有效路徑。

最後想對考察涉及的地域略作説明。思考唐初江南社會的相關問題,自然繞不開六朝江南形成的歷史傳統。綜合居民結構、區位功能等方面的特徵,研究表明,六朝江南主要呈以下地緣結構:吴郡、會稽等三吴地區是江左政權的經濟腹地,也是作爲土著勢力的吴姓士族聚居地;僑姓高級士族則萃居首都建康及其周邊;而人數更爲龐大的僑姓低級士族與普通流民,多定居建康以東的廣陵—京口—晋陵一綫。東晋南朝政府在上述地區相應設置了一系列僑州郡縣[6]。以上地緣格局大體延續到陳朝滅亡前夕,也構成了我們認知唐代江南社會的起點。

有鑒於此,下文的考察將聚焦以下兩個區域:唐代潤州,以及宣州的部分區域,對應原建康都城圈及其周邊;常州、蘇州、湖州、杭州、越州等地,對應原三吴腹地。在唐前期行政區劃中,上述區域大多屬於江南東道。

## 二、潤州等地士人家族與鄉里

唐代東南衣冠人物凋敝,這一認識並不始於今人,據留心鄉邦文獻的宋人談鑰觀察:

〔湖州〕三百年間人物見於史册者,反不逮昔。蓋唐都長安,東南人物

---

[5] 代表性研究如:劉安志《關於唐代鍾紹京五通告身的初步研究》,收入《新資料與中古文史論稿》,上海古籍出版社,2014年;李軍《清抄本〈京兆翁氏族譜〉與晚唐河西歷史》,《歷史研究》2014年第3期;顧成瑞《〈新安文獻志〉收録唐户部蠲牒考析》,《安徽史學》2015年第3期;堀井裕之《唐朝政權の形成と太宗の氏族政策:金劉若虚撰「裴氏相公家譜之碑」所引の唐裴滔撰『裴氏家譜』を手掛かりに》,《史林》95(4),2012年;劉麗《裴氏家譜》的復原及相關問題研究》,《唐研究》第25卷,北京大學出版社,2020年。

[6] 參譚其驤《晋永嘉喪亂後之民族遷徙》,收入《長水集》,人民出版社,2009年;田餘慶《東晋門閥政治》,北京大學出版社,2005年,61—82頁;中村圭爾《六朝江南地域史研究》,汲古書院,2006年,69—156、271—322頁;胡阿祥《東晋南朝僑州郡縣與僑流人口研究》,江蘇教育出版社,2008年,312—330頁;劉新光《永嘉亂後北方移民的地域選擇——以江南爲例》,收入胡阿祥主編《江南社會經濟研究·六朝隋唐卷》,中國農業出版社,2006年;胡寶國《從會稽到建康——江左士人與皇權》,《文史》2013年第2輯。

之仕顯者率遷邐焉,歲久而爲土著。……宜其人物之寥落也。[7]
具體到本節所討論的唐代潤州等地,上述現象尤爲明顯。唐代潤州治所設於丹徒縣,即京口故地,而作爲六朝舊都的建康,也長期隸屬潤州。因此,潤州一地實際涵蓋了建康與京口兩大士族聚居地,"舊京所在,人物本盛"[8]。陳朝滅亡後,建康城被隋朝統治者"平蕩耕墾",昔日王都,淪爲"江南一邑",原先定居建康周邊的僑姓高門,多被强制遷徙關中。作爲高度官僚化的外來精英人群,僑姓高門在江南原本便缺乏鄉里根基,歷經鼎革之際的兵燹摧殘,及至唐初,在潤州境内的確已難見其蹤影。

至於爲數衆多的僑姓低級士族,則久已在僑居地完成土著化;而江南土著家族,原本便擁有深厚的鄉里根基。唐初百年,他們與江南社會的關係呈現出何種樣態呢?此前的研究中,筆者以《魏法師碑》及其碑陰題名爲綫索,發現東晉以降定居京口的任城魏氏、樂安任氏等,在唐初以信仰、婚媾爲媒介,形成了一個盤根錯節的人際網絡[9]。然而上述考察畢竟是静態的,所得認知囿於一時一地。本文再選取丹徒馬氏、溧陽史氏兩則案例加以探討,期能更爲立體地呈現這一群體的生存樣態。

### (一) 丹徒馬氏

《唐故銀青光禄大夫秘書監昭文館學士侍讀上柱國常山縣開國公贈潤州刺史馬公墓誌銘並序》:

> 公諱懷素,字貞規,本原扶風。……十一代祖機……晉御史中丞,扈元帝渡江,家南徐州丹徒,故今爲郡人也。代以學聞。高祖涓,博綜墳典,仕陳爲奉朝請;曾祖法雄……陳横野將軍;祖果……即學士樞之從父兄也。少爲尚書毛喜所知,陳本州文學從事;父文超……貞觀中,以有事遼沮,策名勳府;龍朔初,黜陟使舉檢校江州尋陽丞,弃官從好,遂寓居廣陵,與學士孟文意、魏令謨,專爲討論,具有撰著。[10]

---

[7] 《嘉泰吴興志》卷一六,《宋元方志叢刊》第五册,中華書局,1990年,4822頁。
[8] 《隋書》卷三一《地理志》,中華書局,1973年,889頁。
[9] 前揭《家族、地域與信仰:〈唐潤州仁静觀魏法師碑〉所見唐初江南社會》。
[10] 周紹良《唐代墓誌彙編》開元〇七四,上海古籍出版社,1992年,1205—1206頁。

誌主馬懷素，兩《唐書》均有傳，以文學進身，顯達於武后、玄宗之際[11]。值得注意的其家世背景。據上引誌文，馬氏祖籍扶風，十代祖馬機兩晉之際隨元帝南渡，"家南徐州丹徒"。此後雖然位望不顯，但却代沾宦緒，從所任官職來看，應屬於典型的僑姓低級士族（寒門）。

除了墓誌所載，馬氏在丹徒一帶的活動也有往迹可循。誌文稱其祖父爲"學士樞之從父兄"，所謂"學士樞"，即梁陳之際的大儒馬樞，同時也是唐代潤州籍詩人馬挺的高祖父。據《陳書》本傳：

> 馬樞，字要理，扶風郿人也。祖靈慶，齊竟陵王録事參軍。……梁邵陵王綸爲南徐州刺史，素聞其名，引爲學士。……尋遇侯景之亂，綸舉兵援臺，乃留書二萬卷以付樞。樞肆志尋覽，殆將周遍……乃隱於茅山，有終焉之志。天嘉元年，文帝徵爲度支尚書，辭不應命。時樞親故並居京口，每秋冬之際，時往遊焉。……樞少屬亂離，每所居之處，盜賊不入，依托者常數百家。[12]

據此，馬樞祖籍扶風，世仕江左，本人生平出處多在南徐州境內。而從"親故並居京口"來看，馬氏應是舉族定居於此。又據《魏法師碑》碑陰題名，唐初丹徒境內有馬墅村，或即其家族聚居地。這些與馬懷素墓誌均可印證。

入唐後，馬樞嫡系子孫雖宦遊四方，但似乎並未放棄丹徒一帶的舊業[13]。而馬懷素一支，則在貞觀年間"寓居廣陵"，此後便落籍於此。馬懷素本人"善屬文，舉進士，又應制舉，登文學優贍科"[14]，屬於典型的科舉官僚。唐初揚州是"《文選》學"重鎮，曹憲、李善等選學大師均爲揚州籍，而《文選》又是新興進士科的敲門磚。誌文稱馬文超寓居揚州期間，"與學士孟文意、魏令謨，專爲討論，

---

[11]《舊唐書》卷一○二、《新唐書》卷一九九本傳。

[12]《陳書》卷一九《馬樞傳》，中華書局，1972年，264—265頁。

[13] 馬挺墓誌叙馬樞事迹後，稱"其後枝葉盛於金陵"（《秦晉豫新出墓誌蒐佚》，國家圖書館出版社，2011年，661頁），暗示這一家族在隋末唐初依然生活在潤州。另，馬挺雖卒、葬於洛陽，但能入選《丹陽集》一書，似乎也説明他與本籍地關係密切；相反，馬懷素雖然也以文學著稱，且仕宦更爲顯達，却未入選其中，應與其家久已遷離故土有關。參楊瓊、胡可先《新出墓誌與〈丹陽集〉詩人考辨》，《陝西師範大學學報》2014年第2期。

[14]《舊唐書》卷一○二《馬懷素傳》，中華書局，1975年，3163頁。按，墓誌記其明經及第，與本傳不同。據考，馬懷素當先後以明經、制舉文學優贍、進士三科及第，參孟二冬《登科記考補正》卷二，北京燕山出版社，2003年，70、76、83—84頁。

具有撰著",魏令謨據考應即魏模,爲曹憲弟子,也是唐初選學名家[15]。至於馬懷素,則直接師從李善,這一求學經歷自然爲其科場揚名奠定了基礎。從這些迹象看來,馬懷素之父舉家遷居揚州顯然是深思熟慮後的舉動,雖然衹是一江之隔,揚州作爲新興都市的區位優勢、優越的人文環境,是江南故里不能比擬的。

丹徒馬氏在唐初的經歷表明,僑姓低級士族因先世官位不顯,缺乏聲望與人脈,並未直接遷居兩京,他們或盤桓故里,或遷居鄰近的新興城市。他們中央化的進程,要比世家大族緩慢、曲折得多。

(二) 溧陽史氏

溧陽是唐代江南西道宣州轄縣,而在歷史上則長期統屬於丹陽郡,是六朝政權的京輦之地。從歷史傳統來看,唐初溧陽的社會生態應與潤州更爲接近。

唐前期政壇上,溧陽史氏短暫崛起,又轉瞬隕落,是個並不引人注目的官僚家族。其代表人物史務滋,兩《唐書》有傳,但都極爲簡短,對其家世背景不著一辭。據載,史務滋活躍於高宗、武后之際,天授元年(690)九月拜相,次年正月獲罪自殺[16]。此後,溧陽史氏幾乎在史傳中失去蹤影。當然,關於其家世背景,譜牒文獻中還存留了少量信息。《元和姓纂》卷六"宣城史氏"條:

> 〔史〕丹孫均。均子崇,自杜陵受封溧陽侯,遂爲郡人。崇裔孫宋樂鄉令璟。璟九代孫務滋,唐納言、溧陽子;孫翱,御史大夫。又江州刺史史元道,亦云崇之後也。[17]

以上所本應爲唐代史氏家狀一類文獻。其中稱其先世源出西漢外戚杜陵史氏,後因受封溧陽侯,徙家江南。類似的世系攀附與僞托,在講究門第的中古社會本不足爲奇,但起碼透露出他們很早便在溧陽定居,是典型的江南土著。

值得注意的是清人所編《全唐文》中收錄的兩通墓碑,爲考索溧陽史氏家族史提供了重要綫索。《全唐文》例不注出處,這兩通碑不見於傳世總集、别集,且原石、拓片俱佚,因此首先要對其史源做一番梳理。

先來看題史仲謨所撰《後漢溧陽侯史崇墓碑頌》(以下簡稱《史崇碑》),收

---

[15] 參饒宗頤《唐代文選學略述》,《唐研究》第4卷,北京大學出版社,1998年,55—56頁。
[16] 《舊唐書》卷九〇本傳,2923頁。
[17] 《元和姓纂(附四校記)》卷六"宣城史氏"條,中華書局,1994年,823頁,另參《新唐書》卷七四上《宰相世系表》,中華書局,1975年,3155—3156頁。

錄於《全唐文》卷一六二。據作者小傳,史仲謨貞觀十四年(640)官越王府東閣祭酒、常州長史。碑文稱:"隋末大亂,避地閩越,碑壞再立。其頌曰(後略)。"其後爲四字一句的韻文,知所錄僅爲碑末銘文,並非全篇。《史崇碑》在宋代文獻中多有著錄,其中《景定建康志》卷四三著錄信息最爲完備:"後漢史君崇墓在溧陽縣北三十里。……有神道碑,在墓所,晉永和八年立,唐貞觀十四年十八代孫越王府東閣祭酒、常州長史仲謨題云:'隋末大亂,避地閩越,碑壞再立,其頌曰(後略)。'"[18]當是《全唐文》所本。

宋元以降,雖然唐碑原石不存,但碑文内容並未亡佚,據《(嘉慶)溧陽縣志》卷三《碑》"東漢驃騎將軍溧陽侯贈司空史崇神道碑"條:

> 案原碑,順帝時尚書令左雄撰,至晉已泐,永和八年十三世孫寧朔將軍中郎將援重立,石具列漢、吳、晉三朝史氏累葉勳爵。隋末大亂,子孫避地閩越,祠壞碑破,唐貞觀十四年,十八世孫東閣祭酒仲謨率諸院弟姪,仿舊鐫題。久之,唐碑又廢,至明嘉靖二十二年……又重立石,文蓋貞觀之舊也。碑今存史侯祠。

據此,明嘉靖年間因唐碑久廢,曾重新刻石樹立,文字一仍其舊。明碑在清代修志時尚存,《(嘉慶)溧陽縣志》卷四據此節錄了部分文字,正是《全唐文》中缺失的碑序部分。至於完整的錄文,其實也尚存於世。管見所及,江蘇地區的史氏族譜中,起碼光緒三十四年(1908)刊刻的九福堂本《史氏宗譜》便完整載錄了碑序與碑銘。

與《元和姓纂》的相同,《史氏宗譜》所載碑文首先也將族源追溯到杜陵史氏,次叙史崇生平及遷居溧陽始末,進而詳細開列史崇以下"漢、吳、晉三朝,史氏累葉勳爵",計二十餘人[19]。這其中不乏仕宦顯貴者,却無一見於史傳。但擬構這樣一份首尾完備的譜系絶非易事。碑中所記官爵名號,如孫吳史嵩任平越中郎將、蒼梧、鬱林二郡守,史爽爲五兵尚書,兩晉時期史隱爲本國大中正,史韶

---

[18]《景定建康志》卷四三《風土志·諸墓》,《宋元方志叢刊》第 2 册,2022—2023 頁。參見《寶刻叢編》卷一五"唐再立後漢史公神道碑"條,中華書局,2012 年,969 頁;《輿地紀勝》卷一七《江南東路·建康府》,中華書局,1992 年,第 792 頁。

[19]《史氏宗譜》卷二《漢司空溧陽侯史公廟碑》,光緒三十四年刊本。據卷首譜序,係明洪武至清光緒年間遞修本。

任交州屬國都尉,史輝爲積射將軍,史晃任輕車將軍、南蠻校尉、長沙太守,這些職官名號頗具時代特徵,與漢晉典制大體相符,不似晚近族譜所能杜撰者。或許正如縣志編者所言,"碑文即非盡東晉,亦必貞觀之舊也"。

對此,出土墓誌提供了更爲關鍵的證據。據近年西安所出《唐故大理司直杜陵史公墓誌銘並序》:

> (前略)公諱承式,字遵度,其先本居杜陵。遠祖崇,佐漢世祖有功,封於溧陽,子孫因家焉,今爲宣城溧陽人也。後代歷晉、齊、梁、陳,皆爲大官,備於史書。至唐越王府東閤祭酒仲謩,即公之高祖。仲謩生務本,務本道高行高,不羈於時。務本之弟曰務滋,實爲納言,貪亮於天后之朝。務本生公烈祖曰處瑒,任壽州唐山縣尉。處瑒生公烈考曰俊,任監察御史。……公……春秋卅九,以貞元十二年九月廿八日終於京兆招國里之私第。……以貞元十四年八月十三日葬於京兆府萬年縣義善鄉鳳栖原,祔先塋也。(後略)[20]

碑、誌對照,可以確認以下幾點:其一,史仲謨(謩)確有其人,他是史務滋之父,據此可補《元和姓纂》《新唐書·宰相世系表》之闕。其二,史務滋活躍於武后時期,據此逆推,其父當爲太宗、高宗時人,墓誌載史仲謨官越王府東閤祭酒,與碑文貞觀十四年題銜若合符契,《史崇碑》確應爲"貞觀之舊"。其三,墓誌稱史氏"歷晉、齊、梁、陳,皆爲大官,備於史書"。而如前所述,溧陽史氏不見於前代史傳,此句所指向的顯然是僅見於《史崇碑》的"累葉勳爵"。這也能從側面印證,史氏早期譜系在唐代已經完成建構。作爲家族記憶與地方性知識,他們透過碑銘、家狀、譜牒等,在子孫中代際傳承。

《全唐文》還收錄了溧陽地區的另一通碑,即卷二七六《晉山陰侯史府君神道碑》(以下簡稱《史憲碑》)。作者史巖,小傳稱其溧陽人,事迹不詳。碑文叙東晉史憲生平仕履,兼及高祖史光以下名諱、官爵,皆見於前揭《史崇碑》。此碑在宋代文獻中同樣有著錄,《寶刻叢編》卷一五據《復齋碑錄》:"晉建安太守山陰侯

---

[20] 《西安碑林博物館新藏墓誌彙編》,綫裝書局,2007年,575頁。

史公神道碑,從孫巍(巍)撰,從孫處權正書,景龍四年二月立,在溧陽。"[21]此外,《景定建康志》卷四三亦有著錄,並據原石摘錄碑末銘文[22]。是知迄南宋末,碑石尚存。此後雖未見正式著錄,但明清方志多有稱引。其中,嘉慶十八年編修的《溧陽縣志》對碑文有節錄,並載其存佚始末:

> 案碑舊在土山乾原諸呂村西侯墓側,明宣德己酉,裔孫建寧知府常洗得完具者三百九十三字,至嘉靖庚子,裔孫文選司主事際始從居民購得此碑,移立始祖廟。今存,額有麗牲之竅者是也。[23]

據此,宋元之際,《史憲碑》似曾一度亡佚,至明代宣德年間重新發現,清人修志所據,或爲唐碑原物。因此,《史憲碑》原石今雖不存,但從歷代著錄情況來看,在地方文獻中傳承有序,《全唐文》所據史源雖不能確知[24],但應可信淵源有自。

其次,從內容來看,碑文中的前代人物雖屬無稽,但立碑之際的唐代人物却有迹可循。其中參與其事的"中散大夫、太子洗馬、宏文館學士、江州刺史元(玄)道",名見於上引《元和姓纂》,事迹散見唐代文獻。史玄道以學識著稱,活躍於高宗年間,歷任弘文館學士、太子洗馬、江州刺史等職,經李義府舉薦,預修《顯慶姓氏錄》,又奉詔與許敬宗、上官儀、李善等人爲太子李弘侍講《孝經》[25]。值得注意的是,史玄道在兩《唐書》中並無專傳,碑文所記官職與文獻基本相符,可以印證碑文的可信度。

通過以上文獻梳理,我們大體可以勾勒出溧陽史氏的基本面貌。史氏一族世代定居溧陽,六朝時期事迹無聞,僅見唐代撰述的碑狀、譜牒類文獻。入唐後,史仲謨在貞觀年間官至越王府東閣祭酒、常州長史(從五品上),其子史務滋進而在武后時期官至司賓卿、納言(正三品),其孫史惟肖官至清河縣令(從六品

---

[21]《寶刻叢編》卷一五"唐立晉建安太守史憲神道碑"條,972頁。參見《輿地紀勝》卷一七《江南東路·建康府》。

[22]《景定建康志》卷四三《風土志·諸墓》,《宋元方志叢刊》第2冊,2028頁。

[23]《(嘉慶)溧陽縣志》卷三《碑》,光緒二十二年刊本。

[24] 夏婧認爲《全唐文》此篇係輯自《(嘉慶)溧陽縣志》(《清編全唐文研究》,復旦大學出版社,2019年,134頁)。今檢原書,稱"唐景龍四年史巍撰神道碑,文繁,銘辭不載。節錄碑記如後"云云(《溧陽縣志》卷四《輿地志·墓》)。兩相比照,《全唐文》所錄更爲完整,且字句間有異同,知別有所據。

[25] 參《舊唐書》八二《李義府傳》,2769頁;《册府元龜》卷二六〇《儲宮部·講學》,中華書局,1960年,3094頁。

上)。其他房支中,史玄道歷任弘文館學士、太子洗馬、江州刺史(從三品)等職[26],史叔豪散官文林郎(從九品上),史嶷散官宣義(議)郎(從七品下),史處權曾任潤州江寧縣尉(從九品上)[27],都已進入品官序列。學者曾對唐前期地方州縣中官僚人口比例做過大致估算,户數過萬的縣域政區中,九品以上流内官平均不過數十人[28]。就此而言,史氏應該算溧陽境内首屈一指的官僚家族。作爲先世不顯,且在中央官界缺乏根基的江南土著,史氏何以能取得如此不俗的仕宦業績呢? 原因應該在於他們自身的儒學素養,這從史仲謩、史玄道等人仕途不難看出[29]。溧陽史氏先世雖未必像他們自己宣稱的那樣顯赫,但絶非一般百姓,在南朝社會,起碼應該屬於土著居民中的有力者。

唐前期,溧陽史氏的部分成員應已遷離原籍,如史務滋便在長安道德坊置有宅第[30],但他們與宗族鄉里的關係並未疏遠。貞觀十四年,因先祖史崇"殿宇崩摧,舊碑壓破",在外爲官的史仲謩"率諸院子孫"修葺舊塋,並重新刻石立碑。景龍四年(710),史氏一族又爲西晉史憲立碑,碑文載其緣起:

> 從孫中散大夫、太子洗馬、宏文館學士江州刺史元道,文林郎叔豪,參訓質疑,遵儀克選,忠臨畏道,業擅長衢。嗣孫義謙、寶俊、君逸等,價重南金,美逾東箭,敦行不怠,在家必聞。未能州縣之勞,深體邱園之逸,以爲家聲世業,若被於管絃,相質披文,未宣於金石。疇資故實,爰命小人,雖仁不讓師,

---

[26] 《(嘉慶)溧陽縣志》卷一一據《史氏宗譜》,稱玄道爲仲謩之子。參以《元和姓纂》所載,似不足信。

[27] 史嶷、史處權結銜,見《(嘉慶)溧陽縣志》卷四所引碑文;史惟肖,據《新唐書·宰相世系表》。按,《(嘉慶)溧陽縣志》卷一一據舊志、族譜還載録了朝議大夫、輕車都尉史凈滋,朝散大夫、上柱國、新州司馬史大熹,朝散大夫、上騎都尉、國子博士史璨,朝請大夫、上柱國、汝州新城令史處壽,集賢院待制兼直學士史惟則,御史中丞史子珉,國子祭酒史拱等人。從職銜來看,或有所本,姑附識於此。

[28] 參愛宕元《唐代前半期の華北村落の一類型——河南修武縣周村の場合》,收入《唐代地域社会史研究》,同朋舍,1997年,259—260頁。

[29] 史玄道曾任國子博士、弘文館學士,參與典籍編撰與朝堂禮儀活動,這無疑需具備較高的儒學修養。史仲謩所任親王府東閣祭酒,品階雖不高,卻是文儒之士常見的起家官,不失爲仕宦清途,如唐初大儒馬嘉運,"貞觀初,累除越王東閣祭酒",《舊唐書》卷七三《馬嘉運傳》,2603頁;韋陟"始十歲,拜溫王府東閣祭酒,加朝散大夫",《舊唐書》卷九二《韋陟傳》,2958頁。

[30] 徐松撰,李健超增訂《最新增訂唐兩京城坊考》,三秦出版社,2019年,404頁。

而意非稱物。潘黄門之藻思,敬述源流,謝康樂之才華,恭陳祖德。[31]

史義謙、史寶俊、史君逸等人應爲史憲嫡系子孫(嗣孫),也是活動的發起者。碑文稱其"未能州縣之勞,深體邱園之逸",看來久居鄉里,没有官職。參與者則有史玄道、史叔豪,以及碑文作者史嶷、書丹史處權等人,他們都擁有官僚身份,應不在原籍居住,此時應約襄贊其事。

值得注意的是,溧陽史氏在鄉里的樹碑活動應該不止以上兩次。據宋元方志記載,溧陽東北方位集中分佈着史氏漢晉以降的多處墓塋建築。其修建時間雖不能一一確考,但就宋人所見,梁兗州刺史史府君神道碑,其中有武周新字[32],晉冠軍將軍史爽墓,有唐代所立墓碑[33]。結合史崇、史憲兩碑的情況,不難推想,其中很大一部分可能都不是漢晉之舊,而是唐代前期陸續營建(重建)的。我們看到,在崇祀祖先的活動中,史氏鄉居與宦遊的宗族成員間形成了密切協作,而史仲謨等在外爲官者卒後也歸葬鄉里[34]。

相比同期舉家遷居兩京的官僚家族,溧陽史氏始終維繫着深厚的宗族鄉里根基,雖然不乏外出仕宦、定居者,但直至晚唐五代,還是能看到他們在鄉里的活動[35]。

## 三、三吴地區的士人與鄉里

### (一) 唐前期的三吴舊姓

六朝時期,以吴四姓、會稽四姓爲代表的吴姓高門士族群體在歷史舞臺上一度非常活躍。一般認爲,入唐後,他們或遷離故土,或是沉寂鄉間、同於庶民,普

---

[31] 《全唐文》卷二七六《晉山陰侯史府君神道碑》,中華書局,1983年,第2803頁。

[32] 《寶刻叢編》卷一五"梁史府君(此字爲武周新字——引者)神道"條:"梁故假節散騎常侍兗州刺史建昌縣開國侯史府君(此字爲武周新字——引者)之神道,正書,二十四字。有武后時字,恐武后時立。"966頁。

[33] 《至正金陵新志》卷一二下《碑碣》"冠軍將軍史爽石柱"條,《宋元方志叢刊》第6册,5757頁。

[34] 《寶刻叢編》卷一五"唐史祭酒碑"條:"唐賈曾撰,徐浩書,李陽冰篆額,代宗時立,在溧陽。"982頁。參見《景定建康志》卷四三《風土志·諸墓》,2032頁。

[35] 參《全唐文》卷七九一《重建司空溧陽侯廟記》,8282頁;同書卷一二八《舉史實牒》,1277頁。

遍已趨於没落[36]。但就唐前期而言,情況可能不盡如此。

首先來看會稽虞氏的例子。如所周知,虞氏是兩漢以來的江東大族,同時也是會稽四姓之一。作爲這一家族的代表人物,虞世基、虞世南兄弟在隋代即已遷徙關中,隋、唐兩代均仕宦顯貴,很快實現了"中央化"。但其他房支則不盡然,《大唐故安州雲夢縣令虞府君墓誌》:

> 君諱照乘,字賓輝,餘姚人也。高門景族,歷史昭備。祖荷,銀青光禄大夫、綿州刺史。父哲,通議大夫、醴陵縣令。……君……解褐台州司法,轉長城丞,歷滑州司户、雲夢令。……天長代短,委運奚言,以景龍三年十二月九日終於里第,春秋六十有二。夫人河間劉氏,武州刺史玄惲之女。……粵以景雲元年歲次庚戌十一月戊申朔十九日景寅,同遷窆於此山,禮也。……嗣子希莊、光寓等,煢煢靡托。(後略)[37]

《虞君墓記》:

> 君諱希喬,□□□□□刺史。祖哲,醴陵□□□□惟緒,玉食錦衣。……夔州長史譙□□□□息女……以證聖元年六月……亡。(後略)[38]

以上兩方墓誌分别藏於紹興市古越閣與浙江省博物館,雖然具體出土時地不詳,但從材質(均爲瓷質)與造型特徵來看,基本可以判定爲餘姚、慈溪等地所出[39]。墓誌中的虞荷,據《隋書·煬帝紀》,大業年間曾任上谷太守[40],其子哲、孫照乘、曾孫希喬、希莊、光寓等,均不見於史籍。據《嘉泰會稽志》卷一六《碑刻》:"《虞荷碑》,永興公世南撰,釋某書。貞觀六年大□(太中)大夫致仕,其年卒於會稽縣。"[41]可知虞荷與虞世南關係匪淺,世南父名荔,二人或爲兄弟行。虞荷一支子孫雖然也世代爲官,但祖孫四代人似乎都選擇終老或歸葬鄉里,直至睿宗景

---

[36] 凍國棟《六朝至唐吳郡大姓的演變》,收入《中國中古經濟與社會史論稿》,湖北教育出版社,2005年。

[37] 章國慶《寧波歷代碑碣墓誌彙編(唐五代宋元卷)》,上海古籍出版社,2012年,1頁。

[38] 厲祖浩《越窑瓷墓誌》,上海古籍出版社,2013年,46頁。按原石損泐嚴重,今人修復時臆補了若干文字,今據厲祖浩意見删去,闕字處以"□"表示。

[39] 近年餘姚、慈溪一帶陸續出土了不少唐代瓷質墓誌,從造型與材質上看,均帶有濃厚的地域特徵,較易判别。詳參前揭厲祖浩《越窑瓷墓誌》,5—20頁。

[40] 《隋書》卷四《煬帝紀下》"大業九年九月"條,中華書局,1973年,85頁。

[41] 《嘉泰會稽志》卷一六《碑刻》,《宋元方志叢刊》第7册,7019頁。

雲年間,會稽故土仍是其家族根基所繫。另外,虞世南與鄉里的關係也值得注意,除爲族人虞荷撰寫碑文外,他還爲與會稽虞氏淵源頗深的越州龍泉寺撰寫過碑銘[42]。綜合這些迹象看來,虞世南一支雖然久已遷居長安,並最終陪葬昭陵,但在日常生活中與遠在江南的鄉里宗族仍不乏互動。

三吴地區其他舊族中也存在類似情形,如吴郡顧氏的顧胤,太宗、高宗兩朝久宦京師,乾封二年(667)歸葬蘇州昆山縣[43]。吴郡陸氏的陸象先、陸景倩兄弟,父子兩代仕宦顯達,卒後皆歸葬鄉里[44];陸元感,景雲二年(711)葬於蘇州昆山縣[45];陸齊望一支,雖久居京中,但在蘇州嘉興縣一直保有宅第,家眷亦有留居江南者[46]。會稽賀氏的賀知章,進士及第後,生平大半時光遊宦京師,晚年"上疏請度爲道士,求還鄉里……至鄉無幾壽終"。另外,從史料記載來看,賀知章家族在山陰一直保有舊宅[47]。吴興沈氏的沈待瑗、沈潛[48],從墓誌出土地來看,起碼在中唐以前,卒後都是葬於故土。

甚至到了晚唐,還是能看到個別栖遲鄉里的吴地舊族。如顧謙,其家"漢魏以降,蔚爲茂族",但父、祖輩擔任的都是中下級州縣官員。他本人早年以明經出身,因仕進無門,一度宦游河北,後歸鄉,咸通十三年(872)卒於蘇州華亭縣私第。這一家族應該自唐初以來一直居住在蘇州故里,並未遷徙。值得注意

---

[42] 《會稽掇英總集》卷一六載虞世南《大龍泉寺碑》:"龍泉寺者,晉咸康二年縣民王湯及、虞弘實等之所建立。二人以宿植之因,修未來之勝果。爰舍凈財,興斯福事。"(《景印文淵閣四庫全書》第1345册,臺灣商務印書館,1986年,120頁)知龍泉寺爲東晉虞弘實等人捐資所建,虞世南此時爲其撰寫碑銘或寓有緬懷先人舊業之意。按,此碑《全唐文》卷九八九亦有收録,題闕名,當據此移正。

[43] 金文明《金石録校證》卷二四,廣西師範大學出版社,2005年,416頁。另參《舊唐書》卷七三《顧胤傳》,2600頁。

[44] 《寶刻叢編》卷一四,868頁;《吴郡志》卷三九《塚墓》,《宋元方志叢刊》第1册,971頁。另參《舊唐書》卷八八《陸象先傳》,2876頁。

[45] 《至元嘉禾志》卷二一《唐朝散大夫護軍行黄州司馬陸府君墓誌銘》,《宋元方志叢刊》第5册,4571頁。另參《舊唐書》卷一八八《陸南金傳》,4932頁。

[46] 《寶刻叢編》卷一四"唐寶花寺碑"條,944頁;《集古録跋尾》卷八"唐賀蘭夫人墓誌"條,《石刻史料新編》第1輯第24册,新文豐出版公司,1982年,17902頁。

[47] 《舊唐書》卷一九〇《文苑·賀知章傳》,5034頁;《全唐文》卷三〇七《送賀秘監歸會稽歌序》,3121頁。

[48] 《寶刻叢編》卷一四"唐吏部常選沈待瑗墓誌""唐宣州博士沈潛墓誌",896—897頁。

的是,顧謙的内外姻親,據墓誌,其母爲吴郡陸氏,長女適吴郡張氏,次女適吴興姚氏[49],似乎還維繫着江南舊士族間的聯姻傳統。當然,此類事例應該並不普遍。

**(二) 三吴地區的"新興"家族:以會稽康氏、義興蔣氏爲例**

唐高宗、武后以降,朝堂上還湧現出一批"以文藻盛名"、依托科舉起家的江南士人,前文提到的馬懷素便是其中代表人物。從姓氏來看,他們大多不是此前的吴地著姓,時人多以"寒俊"目之,學者也多將其歸入"新興階層"行列[50]。他們何以能脱穎而出,顯達於朝堂? 此前又是以何種面貌活躍於江南社會呢? 下面想重點圍繞兩則個案做一些討論。

首先來看康希銑家族的事例。據大曆十一年(776)顔真卿所撰《銀青光禄大夫海濮饒房睦台六州刺史上柱國汲郡開國公康使君神道碑銘》:

> 君諱希銑,字南金。……《史記》云:"成王長,用事,舉康叔爲周司寇,賜衛寶祭器,以彰有德。"封子康伯,支庶有食邑於康者,遂以爲氏。周代爲衛大夫,至漢有東郡太守超,始居汲郡。超之裔孫魏强弩將軍權,權生晋虎賁中郎將泰,泰生(中闕)太守威,威生蘭陵令、奮節將軍翼,隨晋元帝過江,爲吴興郡丞,因居烏程,事見山謙之《吴興記》。翼生豫章太守鎮,鎮生征虜司馬、建武將軍欽信,欽信生宋晋熙王兵曹參軍黯,黯生南臺郎高,高生齊驃騎大將軍孟真,孟真生梁散騎侍郎僧朗,僧朗生陳給事中、五兵尚書宗諤,爲山陰令,子孫始居會稽,遂爲郡人焉。曾祖孝範,江夏王府法曹、臨海縣令。祖英,隋齊王府騎曹、江寧縣令,皇朝隨郡王行軍倉曹。父國安,明經高第,以碩學掌國子監,領三館進士教之,策授右典戎衛録事參軍,直崇文館、太學助教,遷博士、白獸門内供奉、崇文館學士,贈杭州長史。[51]

對於康希銑家族的遷徙經歷,南宋鄧名世《古今姓氏書辯證》中的記述大體相近,或係節引今已散佚的《元和姓纂》會稽康氏條而成,與碑文同本於譜牒、家狀

---

[49] 《唐代墓誌彙編》咸通一〇九,上海古籍出版社,1992年,2462—2463頁。
[50] 吴書萍《七、八世紀唐代江南地域的士人研究:特論其政治與社會背景》,52—57頁。
[51] 《顔魯公文集》卷一〇,《叢書集成續編》第123册,新文豐出版公司,1989年,337頁。

類文獻。根據這一記載,康氏先祖在漢代"居汲郡",及至西晉末,康翼任蘭陵令,隨元帝南渡,"因居(吳興)烏程"[52],南朝又因官遷居會稽,此後便著籍於此。如所周知,康姓是西域粟特人常見姓氏,漢魏時期的漢人中鮮有此姓,因此學者多將康希銑家族視爲粟特人後裔[53]。

僅從姓氏來看,康氏確有粟特人之嫌。但碑文所載其先世遷徙與仕宦履歷應非向壁虛構,文中稱其家南渡經歷"見山謙之《吳興記》",其書唐代尚存,所載故實應爲時人所知[54]。更重要的是,顏真卿先祖顏含也是此時扈從元帝渡江,他熟諳這段家族歷史。康氏在吳興的定居史也並非向壁虛構。顏真卿在湖州刺史任內撰有《湖州石柱記》,條列境內山川名勝,其中烏程縣有梁司空康絢縝墓、陳五兵尚書康宗墓,據《嘉泰吳興志》,又有陳黃門侍郎康旦墓[55]。康氏世仕江左,冠冕不絕,起碼可躋身僑姓低級士族的行列,迥異於當時一般從事商業貿易或在南北邊境領兵作戰的粟特人。另外,從敦煌出土姓氏書來看,及至唐代,康氏確已成爲越州會稽郡郡姓之一[56]。

入唐後,康氏在學術文化與仕宦上均有不俗業績,顏真卿在碑文中稱:

> 君之四代祖至於大父,爲諸王掾屬者七人,歷尚書郎、給事中、侍御史者二人。君之先君崇文學士府君(國安)有文集十卷,《注駁文選異義》二十卷,《漢書□》十卷,自述文集二十卷。元昆修書學士顯府君文集十卷,撰《詞苑麗則》二十卷、《海藏連珠》三十卷、《累璧》十卷,任秘書監、集賢院侍

---

[52] 《古今姓氏書辯證》稱康氏"遠祖過江,居丹陽,又徙會稽"(王力平點校本,江西人民出版社,2006年,221頁),與碑文略有不同。

[53] 參程越《從石刻史料看粟特人的漢化》,《史學月刊》1994年第1期;陳海濤、劉慧琴《來自文明十字路口的民族——入唐粟特人研究》,商務印書館,2006年,270頁;榮新江《北朝隋唐粟特人之遷徙及其聚落》,收入《中古中國與外來文明(修訂本)》,生活·讀書·新知三聯書店,2014年,57—58頁;龍成松《唐代粟特族裔會稽康氏家族考論》,《新疆大學學報(哲學·人文社會科學版)》第45卷第3期,2017年5月。

[54] 參姚振宗《隋書經籍志考證》,《二十五史補編》第4冊,中華書局,1955年,5389頁。

[55] 《顏魯公文集》卷五,《叢書集成續編》第123冊,第272頁;《宋元方志叢刊》第5冊,第4735頁。按,康宗蓋即康希銑高祖父陳給事中、五兵尚書康宗諤。參前揭龍成松《唐代粟特族裔會稽康氏家族考論》。

[56] 王仲犖《〈新集天下姓望氏族譜〉考釋》,收入《𡼏華山館叢稿》,中華書局,1987年,438頁。

講學士 子 [57] 元撰《周易異義》二十卷，秀州長史元瓘著《干禄寶典》三十卷，姪刑部員外郎璀、男美原尉南華撰《代耕心鏡》十卷……君之先君至南華，四代進士登甲科者七人，舉明經者一十三人。[58]

可見他們的進身之階與唐前期其他江南士人無異，都是憑藉自身文學政術之才，依托科舉，致身通顯。另外，在婚姻方面，康希銑本人娶南朝僑姓高門陳郡殷氏，其姪康珽娶高陽許氏，爲宰相許敬宗孫女[59]。因此，抛開種族因素，就婚、宦、學等社會身份標識而言，康希銑家族都算得上典型的士人家族。

康希銑本人明經出身，又應制舉，歷任秘書省校書郎、太府寺主簿、洛州河清令、國子司業等京朝官，又轉任海、濮、房、睦、台州等州刺史，可謂累居中外。在仕途遷轉中，康希銑兄弟與鄉里並未疏離，《碑文》載："赴海州時，君兄德言爲右臺侍御史，弟爲偃師令，俱以詞學擅名，時同請歸鄉拜掃，朝野榮之。"在此期間，他還爲越州名刹香嚴寺撰寫過碑銘[60]。

按照當時官僚家族的一般做法，康希銑也在兩京置有宅第，碑文中提到其妻殷氏"殁於東都章善坊私第"，可爲明證。但是康希銑本人並無意終老京洛，據碑文記載："開元初入計至京，抗表請致仕，元（玄）宗不許。仍留三年，請歸鄉，敕書褒美……仍給傳驛至本州。冬十月二十有二日，不幸遘疾薨於會稽覺允里第。"天寶四載，與其妻殷氏合葬於山陰縣籬渚村之先塋。除康希銑本人，其兄密州司馬康遂誠及妻柳氏、太子率更令康德言、其姪大理少卿康珽及妻許氏等家族成員，皆葬於鄉里舊塋[61]。康希銑家族在會稽一直保有宅第、田産，他們作爲地方大族的地位起碼維持到了唐中期以前。

---

[57] 原文空闕，據《新唐書》卷二二〇《儒學下·康子元傳》補。

[58]《顔魯公文集》卷一〇，《叢書集成續編》第 123 册，338 頁；另參《新唐書》卷六〇《藝文志》，1602、1603、1622 頁。

[59] 參《嘉泰會稽志》卷一六《碑刻》"大理少卿康公夫人河間郡君許氏墓誌"條，《宋元方志叢刊》第 7 册，7019 頁。

[60]《寶刻叢編》卷一三"唐香嚴寺碑"條："唐銀青光禄大夫康希銑撰，趙州刺史東海徐嶠之書。香嚴寺者，本梁賈恩舊宅，其妻捨充梵宇，舊名同惠。神龍中請而署焉。"792—793 頁。

[61]《嘉泰會稽志》卷一六《碑刻》"周密州司馬康遂誠墓誌"條、"康府君碑並陰"條、"太子率更令康君碑"條，《宋元方志叢刊》第 7 册，7020 頁。另參《寶刻叢編》卷一三"密州司馬康遂誠墓誌"條，791 頁。

下面重點來看義興蔣氏。義興蔣氏是唐代興起的科舉官僚家族，在唐、宋兩代均名宦輩出，學者不乏專門研究[62]。這裏特予關注的是其早期發展軌迹，尤其是其與江南地域的關係。

義興地處太湖流域西部，是唐代常州屬縣，在漢魏六朝時期，或隸吳興，或單獨置郡。在地理位置與社會文化上，義興都更接近三吳地區，而與北面的丹陽、晋陵有異。兩晋之際，義興周氏等本地著姓，以武力强宗的面貌活躍於歷史舞臺，義興郡也是因其軍功而得名。這些都是人所熟知的史實。

義興蔣氏在六朝歷史上則顯得籍籍無名。但關於其基本社會面貌，史料中還是有迹可循。《太平寰宇記》卷九二宜興縣"亩山亭"條引《風土記》："漢蔣澄封亩山亭侯。"[63]按蔣澄其人於史無徵，僅見於唐宋以降義興蔣氏家族文獻與方志（詳後），是其家族始遷祖之一。而這裏的《風土記》，結合前後數條引文來看，應指周處《(陽羨)風土記》[64]。周處是孫吳、西晋時人，若非《太平寰宇記》誤記，則可以判定，義興蔣氏的祖先記憶，在魏晋時期便已成爲一種地方性知識。蔣氏在義興（陽羨）的定居史起碼可以追溯至漢代，及至六朝，他們應該早已土著化，並成爲本縣著姓之一。

蔣氏在鄉里應具有一定的宗族根基，屬於地方有力階層，但這似乎並未能順利轉换成政治地位。《南齊書》卷五五《孝義傳》：

> 義興蔣儁之妻黄氏，夫亡不重嫁，逼之，欲赴水自殺，乃止。建元三年，詔蠲租賦，表門閭。[65]

因黄氏義行，蔣氏被特詔蠲除租賦。由此也可見，義興蔣氏並不具備蠲免賦役的士族身份，應屬於典型的江南寒人。但在南朝後期，蔣氏的地位似乎得到了提升，這期間，流行於句容茅山附近的道教信仰扮演了重要角色。在南朝梁普通三

---

[62] 楊軍凱、陳昊《新出蔣少卿夫婦墓誌與唐前期的蔣氏醫官家族》，《唐研究》第17卷，北京大學出版社，2011年；劉冰莉《唐宋義興蔣氏家族及其文學研究》，山東大學博士學位論文，2016年；李秀敏《新出唐代詩人蔣洌墓誌考釋》，《古典文獻研究》第22輯下卷，鳳凰出版社，2020年。

[63] 《太平寰宇記》卷九二《江南東道·常州》，中華書局，2007年，1849頁。

[64] 參《晋書》五八《周處傳》，中華書局，1974年，1571頁。按《風土記》，又作《陽羨風土記》，成書於孫吳時期，《隋書·經籍志》、兩《唐志》皆有著録，宋初應尚存於世。詳參姚振宗《隋書經籍志考證》，《二十五史補編》第4册，5389頁。

[65] 《南齊書》卷五五，中華書局，1972年，959頁。

年(522)立於句容茅山的《九錫真人三茅君碑》題名中,有一位"陪真館主義興蔣負蒭",他在齊梁之際"來去茅山,有志栖托",與陶弘景交好,多次參與了當地道教活動,並應齊武帝之請,"於崇陽館行道"[66]。學者研究表明,"南朝後期的宗教領域中,可以看到越來越多江南寒門、寒人的身影,宗教領域已經成爲一種特殊的社會流動途徑"[67]。聯繫到寒人的社會身份,義興蔣氏的奉道舉動似乎也暗含着類似動機。不難想見,這種藉由宗教修行而實現的社會流動,必然也伴隨着知識學養的習得,這構成了蔣氏躋身官僚家族的文化資本(詳下)。

關於義興蔣氏的早期歷史,後世方志、族譜中還存留了三通唐代所立墓碑,即:1. 天寶十五載蔣洌《蔣氏大宗碑》(以下簡稱《大宗碑》);2. 天寶十五載蔣渙《雲陽亭侯(蔣默)碑》(又作《湖東枝墓塋叙》,以下簡稱《蔣默碑》);3. 代宗年間齊光乂所撰《後漢亙亭鄉侯蔣澄碑》(以下簡稱《蔣澄碑》)。這三篇文獻在《宜興風土舊記》《咸淳毗陵志》《大德毗陵志》等宋元舊志中有著録或節引,清編《全唐文》亦收録其中一篇[68]。而明清以降的多種蔣氏族譜中則存有全文,取以與宋元舊志引文對校,前者字句往往優長[69],可信應有更爲久遠的文獻來源。

關於上述文獻的真實性,這裏僅以《大宗碑》爲例,做幾點檢證。其一,《錫山蔣氏宗譜》所載碑末題記作"唐天寶十五年丙申三月二十五日正議大夫文部侍郎上柱國尚書左丞汝陽縣開國男賜紫金魚袋裔孫洌撰並書"[70]。按,文部即

---

[66] 陳國符《道學傳輯佚》"蔣負蒭"條,收入《道藏源流考》,中華書局,2012年,467頁。詳參楊軍凱、陳昊《新出蔣少卿夫婦墓誌與唐前期的蔣氏醫官家族》,《唐研究》第17卷,264頁;魏斌《句容茅山的興起與南朝社會》,收入《"山中"的六朝史》,生活・讀書・新知三聯書店,2019年,105、124頁。

[67] 魏斌《"山中"的六朝史》,416頁。

[68] 《寶刻叢編》卷一四"唐立東漢亙亭侯蔣澄碑"條,936頁;《咸淳毗陵志》卷二六《陵墓》、卷二九《碑碣》,《宋元方志叢刊》第3册,3190、3206頁;《宜興風土舊記》《大德毗陵志》,全書已佚,但其中涉及蔣氏諸碑的條文保存於《永樂大典》中,見王繼宗《〈永樂大典・常州府〉清抄本校註》,中華書局,2016年,494、1281—1282頁;《全唐文》卷三五四《後漢亙亭鄉侯蔣澄碑》,3585頁。

[69] 參王繼宗《〈永樂大典・常州府〉清抄本校注》中相關校記,559—587頁。

[70] 《大宗碑記》,《錫山蔣氏宗譜》不分卷,一梅堂,道光二十四年刊本。按,本文所引《蔣默碑》,據《茗嶺蔣氏宗譜》卷四(永思堂,宣統元年刊本)、《義興風土舊記》引文(王繼宗《〈永樂大典・常州府〉清抄本校注》,494頁);《蔣澄碑》,據《全唐文》卷三五四。以下引文皆據此,文字歧異處擇善而從,不另出注。

吏部,歷史上僅在天寶十一載至至德二載(752—757)數年間短暫更名[71],碑立於天寶十五載,所書與之正相符。其二,蔣洌生平仕履,《舊唐書》本傳僅記"歷禮、吏、户部三侍郎,尚書左丞",具體時間不明,且遷轉次第有誤。據近年洛陽新出蔣洌墓誌,始知其天寶末先後任户、吏二侍郎,後因安史之亂中出仕"僞廷",一度貶爲饒州刺史,代宗年間方官至禮部侍郎、尚書左丞[72]。兩相對照,《大宗碑》中天寶十五載的結銜是基本準確的[73],若係後人據史傳僞托,很難做到這一點。其三,蔣洌封爵"汝陽縣開國男",史傳不載,目力所及,僅見於《大宗碑》與新出墓誌,可知碑文必有所本。總體而言,這三方唐碑雖然原石久佚,拓本不傳,但文本在地方文獻中是流傳有序的,個别文字或經後人竄改,主體應爲唐碑之舊。

綜合三碑所記,蔣澄、蔣默兄弟是宗族始遷祖,東漢初年渡江,定居義興,並受封亟亭鄉侯、雲陽亭侯,其後子孫冠冕不絶,碑文詳細羅列出漢晉以降歷代名諱、官爵。值得注意的是,碑中所載漢晉時期的蔣氏先人不乏高官顯爵,而宋齊以降則多爲中下級官員,如蔣默十一代孫徽之,齊某王府記室參軍;十三代孫嗣宗,梁義興主簿;十四代孫元聰,陳衡(山)王府録事參軍;十五代孫洪,陳長沙王國侍郎。結合前文對蔣氏社會地位的考察,可以看出,這份譜系中時代越往前越不足信,而齊梁以降的仕宦情况應更近其實。這一時期恰是江南寒人階層在政治上崛起的時代,依靠自身經濟實力與一定的文化素養,蔣氏得以出仕鄉里,或任諸王府佐、國官。而義興蔣氏以官僚身份進入史傳則要到南朝末年,《蔣澄碑》稱:"及將軍元遜,列于《陳史》。"按,蔣元遜陳末任左衛將軍,隋師渡江,他曾率軍抵擋,後兵敗而降,這段經歷確見於《陳書》[74]。

---

[71] 參《舊唐書》卷九《玄宗本紀》"天寶十一載三月"條,225頁;同書卷一〇《肅宗本紀》"至德二載十二月"條,250頁。

[72] 《大唐故銀青光禄大夫行尚書左丞贈太常卿上柱國汝陽郡開國男蔣君墓誌銘並序》,《洛陽流散唐代墓誌彙編續集》,國家圖書館出版社,2018年,419頁。相關考訂詳參李秀敏《新出唐代詩人蔣洌墓誌考釋》。

[73] 但其中"尚書左丞"四字,疑係後人據《舊唐書》本傳添改。按唐人碑誌所見結銜格式,鮮見"職事官+勛官+職事官"的排列次序,這顯然有違常例。其他幾種族譜,如《茗嶺蔣氏宗譜》所録碑文無此四字,知尚存其舊。另外,諸譜所載碑文,天寶紀年皆不作"載",也是後世點竄的痕迹。

[74] 《陳書》卷一四《南康愍王曇朗附子方泰傳》,212—213頁。

以上我們大體勾勒出入唐前義興蔣氏在江南的發展軌迹,簡言之,他們世居義興,擁有一定宗族鄉里根基;在社會面貌上,他們屬於典型的江南寒人階層,政治上崛起於齊梁之際。

入唐後,義興蔣氏諸房支中代有人物,又以雲陽亭侯、亚山亭侯兩支發展最爲興盛。對此,文獻與出土墓誌均有集中反映,學者也有專門研究[75]。值得重點分析的是如下記載,《舊唐書》卷一八五上《高智周傳》:

> 〔高〕智周少與鄉人蔣子慎善,同詣善相者,曰:"明公位極人臣,而胤嗣微弱;蔣侯官禄至薄,而子孫轉盛。"子慎後累年爲建安尉卒。其子繪來謁智周,智周已貴矣,曰:"吾與子父有故,子復有才。"因以女妻之。永淳中,爲緱氏尉、鄭州司兵卒。繪子捷(挺),舉進士。開元中,歷臺省,仕至湖、延二州刺史。子貴,贈揚州大都督。捷(挺)子洌(浻)、渙,並進士及第。洌(浻),歷禮、吏、户部三侍郎,尚書左丞;渙,天寶末給事中,永泰初右散騎常侍。高氏殄滅已久,果符相者之言。[76]

高智周爲常州晉陵人,也是蔣氏的鄉里姻親之家,史稱其"寒俊"出身,"以文藻知名"。應該説,兩家在唐初境況相似,都屬於江南新興官僚家族。但此後的際遇却頗具戲劇性:高氏較早顯達,高智周高宗年間便官至宰相,但"胤嗣微弱",及至中唐,"殄滅已久";蔣氏早年"官禄至薄,而子孫轉盛",成爲唐中期以降冠冕不絶的官僚世家。對兩家的興衰沉浮,相者雖是從命理層面做出的預言,恐怕也是基於對兩家鄉里根基與宗族形態的觀察。

關於高智周家世背景,《新唐書·宰相世系表》載:"晉陵高氏,本出吴丹楊太守高瑞。初居廣陵,四世孫悝,徙秣陵,十三世孫子長。"[77]這一遷徙經歷當是據高氏譜牒、家狀。按,廣陵高氏是東晉南朝時期的僑姓士族,高悝、高崧父子《晉書》有傳,近年南京地區有墓葬出土[78]。據小尾孝夫推測,高悝應是在永

---

[75] 參劉冰莉《唐宋義興蔣氏家族及其文學研究》,34—40頁。
[76] 《舊唐書》卷一八五上,4792—4793頁。按,蔣挺、蔣洌父子名諱,上引史料作"捷""浻",誤,當據墓誌、族譜更正,參李秀敏《新出唐代詩人蔣洌墓誌考釋》。
[77] 《新唐書》卷七一下《宰相世系表》,2397頁。
[78] 參《晉書》卷七一《高崧傳》,1894—1896頁;南京市博物館《江蘇南京仙鶴觀東晉墓》,《文物》2001年第3期。

嘉之亂後隨廣陵流民南渡，僑居晉陵郡，後長期活躍於東晉政權中[79]。《新唐書·宰相世系表》所載正可與之相印證，高智周家族應屬僑姓士族後裔。及至唐初，高氏雖然早已著籍晉陵，實現土著化，但就文獻所見，他們在當地似乎並未形成深厚的宗族根基，高智周後嗣湮滅無聞，正史與地方文獻中均鮮見其蹤迹。

相形之下，蔣氏的宗族鄉里根基則要深厚得多。據《蔣澄碑》記載："今之後嗣，夾湖千室，秀異於是乎出，禮樂於是乎生。"這裏的"湖"，應即《蔣默碑》中提到的滆湖，據《太平寰宇記》：

> 滆湖，在（常州武進）縣西南，去州三十里，東接官河，西連蕪蒲港，南通義興縣，北通白鶴溪。湖内多白魚，水路通涇溪，出潤州金壇、延陵、溧陽。[80]

滆湖位於今江蘇宜興西北、武進西南，周邊水網密佈，交通便捷，物產富足。蔣氏兩房子孫，夾滆湖築室而居，蔣默一支居湖東，蔣澄後裔居湖西。這應該是六朝以迄唐初，漸次形成的宗族分佈格局。經累代繁衍生息，及至中唐[81]，滆湖周邊已形成了一個龐大的同姓聚落。碑文稱其"千室"之衆，或有誇飾，但規模也可見一斑。

與宗族勢力相表裏的，是雄厚的財力。蔣洌所撰《大宗碑》稱："屬隋主遷幸維揚，百司艱食，公（蔣洪，蔣洌高祖父）獻米萬石，用廩千官，手詔優寵，謙讓而退，以全乎高也。"蔣洪在隋末"獻米萬石"的經歷不見於正史，但從隋煬帝當時困守江都的窘迫情形來看，應屬可信。作爲南朝寒人中的有力家族，蔣氏在鄉里積聚了雄厚的財富資源，這構成了他們政治、文化上崛起的經濟基礎，所謂"秀異於是乎出，禮樂於是乎生"，當是就此而言。

---

[79] 參小尾孝夫《廣陵高崧及其周邊——六朝南人的一個側面》，《南京曉莊學院學報》2015年第1期。

[80] 《太平寰宇記》卷九二《江南東道·常州》"武進縣"條，1842頁。

[81] 關於《蔣澄碑》的撰寫時間，王繼宗據《新安蔣氏宗譜》卷四，認爲是天寶十三載（754）齊光乂應裔孫監察御史蔣晃之約而撰寫（《〈永樂大典·常州府〉清抄本校注》，528頁）。今按，《錫山蔣氏宗譜》所載碑文前有題署："江淮觀察處置使兼淮南節度使楊府長史御史大夫崔圓題額"，崔圓於上元二年至大曆三年間（761—768）在淮南節度任上（《唐刺史考全編》，安徽大學出版社，2000年，1675頁）；而據岑仲勉考證，蔣晃此期正入幕淮南使府，監察御史等職銜，應是在崔圓幕中所獲憲銜（《元和姓纂（附四校記）》，1046頁）。兩相比照，《蔣晃碑》必定是此時所立。

從出土墓誌來看,唐代義興蔣氏湖東、湖西兩房定居兩京者不在少數,或可視爲部分成員"中央化"的取向。但在唐初,他們應該還是歸葬義興祖塋居多[82],據《蔣默碑》中蔣渙自述:"自祖繒(繪)以上,皆葬滆湖之東,自考挺而下,多歸葬洛陽。"蔣挺應卒於開元十五年之後[83],由此可知蔣洌、蔣渙一支(蔣默後裔,即湖東支)遷徙洛陽的時間應該在開元年間。而從天寶十五載蔣洌、蔣渙兄弟先後兩次組織立碑的舉動來看,他們與族人的關係並未疏離,鄉里與兩京之間頻有互動與往來。

中唐以後,蔣洌同宗近屬中仍不乏留居鄉里者,據宜興本地出土的一方唐代墓誌:

> (前闕)字伯倫。其先周文公之(中闕十餘字)。漢代濟江,居於陽羨,今爲義興人也。廿一代無違德。唐建安令子慎,慎生績,績生標,標生大理正湛,君即大理正第三子也。高祖以還,休有令聞,逮乎群從,赫奕中朝者矣。夫人扶風竇氏,晝哭合禮,天崩靡依,賦柏舟以明心,期同穴以自誓。有子四人:印、醜、阮、諫。或岐或嶷,載呱載號。有兄鈺、兄鎮、弟釘、弟鎖,志恤孤藐,情慟友于。見托斯文,多慚不敏。(後略)[84]

誌主字伯倫,名諱不詳,但從墓誌所載譜系,以及兄弟輩命名偏旁來看,應爲蔣洌再從兄弟之子無疑,當爲中晚唐時人。誌文稱"逮乎群從,赫奕中朝者矣",顯然是指蔣洌、蔣渙一系子孫。蔣洌等人仕宦顯達後,隨之定居、營葬洛陽的應該僅限其兄弟、子侄。誌主之父蔣湛官至大理正,也應具備定居京師的契機,但從墓誌出土地來看,他們還是選擇終老鄉里。由此可以推測,直至晚唐,鄉里對在外爲官的蔣氏成員而言,依然展現出強大的嚮心力。有唐一代,以迄兩宋,義興蔣氏得以長盛不衰,以地方士紳的面貌蟬聯科第。

武后至玄宗年間,還有一些與康氏、蔣氏背景相類似的士人家族,他們對鄉

---

[82] 需要指出的是,義興蔣氏還有一個世爲醫官的房支,他們在陳亡後即被遷徙關中,落籍京兆,此後一直出仕隋唐政權。詳參前揭楊軍凱、陳昊《新出蔣少卿夫婦墓誌與唐前期的蔣氏醫官家族》。這一房支的情況較爲特殊,姑置不論。

[83] 參李秀敏《新出唐代詩人蔣洌墓誌考釋》,《古典文獻研究》第22輯下卷,297頁。

[84] 《光宣宜荆續志》卷一一《碑刻》,民國十年(1921)刊本。又見陳尚君《全唐文補編》卷一五五(中華書局,2005年,1901—1902頁),係據復旦大學圖書館藏拓片録文,較《縣志》所載缺若干字。

里的眷戀也如出一轍。如褚無量,出身錢塘褚氏,明經及第,爲玄宗侍讀,官至國子祭酒,其母久居鄉里,他本人卒後也"歸祔於錢塘臨平山之舊城(域)"[85]。徐嶠之,先世應爲僑姓低級士族,累代定居會稽,他本人歷趙、豫、湖、洺等州刺史,與其子徐浩在任官期間多次"歸鄉拜掃",重建先人墓塋,並樹立碑碣[86]。這些家族的發展歷程與存續樣態還不甚清晰,今後隨着新史料的刊佈或可再做考察。

## 四、結語

囿於史料,研究唐前期江南社會,尤其涉及士人與鄉里關係等議題時,考察的深度與廣度均受到了很大制約,現階段恐怕還無法得出令人信服的整體性結論。但基於部分地域與家族個案,本文還是勾畫出一些既往研究中常被忽略的歷史側面,試總結如下,並稍作申論。

其一,整體而言,六朝高門士族後裔在唐前期江南社會中的確已難覓蹤影,這符合唐人所言"里閭無豪族,井邑無衣冠"的時代觀感,也部分印證了學者所勾勒的士族"中央化"的歷史圖景。然而本文也揭示出,僑姓低級士族與三吳土著中,栖遲鄉里者不在少數,即便在外宦遊,日常生活中與居鄉親族仍不乏互動;卒後歸葬鄉里祖塋的現象,在唐前期江南並不罕見,某些區域內可能還頗爲普遍。部分南朝寒人家族,如溧陽史氏、義興蔣氏的事例所見,以祖先祭祀活動爲媒介,彼此間維繫着深厚的宗族血緣紐帶。總之,上述人群的活動整體呈現出濃厚的地域與宗族特徵,明顯有別於同期正在經歷"中央化""個體家庭化"的舊士族。

---

[85] 《全唐文》卷二五八《贈禮部尚書褚公神道碑》,2611—2612頁;《舊唐書》卷一〇二《褚無量傳》。按《全唐文》卷三〇五《唐元(玄)覽法師碑》:"師姓褚氏,名覽。兄無量,舒公也,爲開元侍講。歸覲鄉國,太夫人年迫期頤,法師昆季,晨昏之地,説法而已。"(3098頁)是知褚無量之母久居鄉里。

[86] 徐嶠之父子生平事迹參《舊唐書》卷一三七《徐浩傳》,3759—3760頁;《元和姓纂(附四校記)》卷二"徐氏"條,209—210頁;《寶刻叢編》卷一三"唐高行先生徐師道碣"條,792頁;《唐徐氏山口碣石題記》,《古刻叢鈔》,《石刻史料新編》第1輯第10册,7606—7607頁。按,徐氏父子郡望俱稱東海,《全唐文》卷三三五《法華寺戒壇院碑》:"律師俗姓徐氏,晋室南遷,因官諸暨,遂爲縣族。……故洺州刺史徐嶠之……以宗室設道友之敬。"(3392—3393頁)據此,其先世似應爲僑姓低級士族。

前輩學者揭櫫的士族"中央化"等命題,構成了我們理解南北朝至隋唐社會秩序變遷的重要綫索,也是今天研究再出發的起點。但亟待反思的一個傾向是,將其視爲單一的解釋框架,進而遮蔽了更爲複雜、多歧的歷史面向。實際上,以開元、天寶之際爲下限的"中央化"進程,有足足百餘年之久。在此期間,不同地域、不同階層背景的士人家族,在鄉里與兩京之間做出的選擇不盡相同,遷離鄉里、定居兩京的契機也並不一致。這是我們觀察唐代江南社會時不應忽視的背景。另外,同期華北的情況與江南有何異同?而隨着中唐以降新一輪的人口遷徙潮,原本定居兩京的北方官僚家族紛紛南下,江南地方社會秩序又將出現怎樣的變動[87]?這些問題已經溢出了士族"中央化""郡縣空虛"等既有解釋框架與論斷,是今後唐代地域社會研究中值得探究的方向。

其二,一般認爲,高宗、武后之際出現了一個依托科舉體制,以文學進身的新興社會階層,而部分江南士人在其中尤爲引人矚目。若以出身地域與仕宦門徑而言,本文討論所涉馬懷素家族,康希銑家族,高智周家族,蔣洌、蔣渙兄弟,徐嶠之、徐浩父子等,無疑都可歸入這一行列。相比關隴勳貴、山東舊族,以及隋唐之際北遷的僑、吳高門,他們大多先世不顯,在兩京政治舞臺上確屬"新面孔"。然而細繹相關史料,其先世或爲歷仕江左的僑姓低級士族,或爲鄉里根基深厚的南朝寒人家族,相較一般百姓,終究屬於擁有一定經濟實力與文化素養的有力人群。在六朝江南的門閥體制下,他們大多無法嶄露頭角,隋唐之際,同樣仕宦無門,多沉寂鄉里。及至高宗、武后以降,他們終於得以依靠科舉,拾階而上。總之,這類"新興"家族和通常理解的新興庶民階層畢竟不能等同。

最後還想附帶討論一個與之相關的問題。如所周知,以《文選》爲代表的南朝學術文化北傳,並在全國範圍內流行,是唐代社會"南朝化"傾向的重要表徵[88]。但常被忽略的一點是,《文選》雖然成書於蕭梁,代表了南朝士族的文學趣尚,但從接受史的角度看,其真正流行並出現專門研治的風尚,則始於隋唐

---

[87] 關於這個問題,筆者嘗試做過初步探討,參《"邑客"論——僑寓士人與中晚唐地方社會》,《中國史研究》2020 年第 4 期。

[88] 唐長孺《論南朝文學的北傳》,收入《山居存稿續編》,中華書局,2011 年。

之際[89]。因此,在唐初,"《文選》學"實際是門新興學問,不在舊士族所傳承的家學譜系內,而主要通過聚徒講學的方式,在師、弟間傳授。唐初研治《文選》的代表性學者中,鮮見僑、吴高門後裔,即爲明證。

唐初"《文選》學"奠基者如曹憲、李善、公孫羅、許淹等人,多活躍於揚州、潤州等南朝士人萃居之地;而他們先世多事迹不顯,圍繞其郡望與譜系,歷來聚訟紛紜。綜合這些迹象看,曹憲、李善等人,很可能與馬懷素、康希銑、蔣氏兄弟等背景相近,先世或爲僑姓低級士族,或爲江南寒人。他們是最早一批誦習、研治《文選》,並以之作爲進身之階的知識群體,"《文選》學"的形成及早期傳播,與其密不可分[90]。當然,以上看法還有待更多實證研究,但這或許能從階層與地域維度,爲理解"《文選》學"興起的時代背景提供一條更爲清晰的綫索。

## Between Homeland and Capital: Scholar-official Families in Jiangnan Area during the Early Tang Dynasty

### Zhou Ding

In the first half of Tang 唐 Dynasty, most of the high-ranked aristocratic families migrated from their homeland in Jiangnan 江南 to the capital region. But in the meanwhile, due to failures in their official careers or topophilia reasons, lower-ranked aristocratic families and local-based families dated from the Six-dynasties usually chose to stay in their homelands, or buried in their ancestral graves after official careers. Some local families such as Liyang-Shi 溧陽史氏 and Yixing-Jiang 義興蔣氏, maintained

---

[89] 最早的《文選》注釋專書當推蕭該《文選音義》,成書於隋代,在此以前,南北士人著述中極少提及《文選》。參汪習波《隋唐文選學研究》,上海古籍出版社,2005年,36—50頁。

[90] 馬懷素早年在揚州師從李善,後進士及第;其父與魏令謨等人多有往還,也應深受選學熏陶,已見上述。康希銑家族"四代進士,登甲科者七人";其父撰有《注駁文選異義》二十卷,見前揭《康希銑神道碑》,以康希銑生卒年推算,其父應與李善等人爲同輩,研治《文選》當在唐初。此外,康希銑之兄康顯貞撰有《詞苑麗則》二十卷,據考,成書於中宗神龍元年至睿宗景雲二年之間(705—711),是一部"類似《文選》廣收衆體的詩文選集",其文學主張與《文選》有明顯的批判繼承關係。參張固也《康顯貞〈詞苑麗則序〉考實》《康顯貞〈詞苑麗則序〉釋論》,均收入《唐代文獻研究》,中州古籍出版社,2014年。總之,康氏一門應具有相當程度的"《文選》學"素養。

their kinships with local society, which also sustained their basis of success in political and cultural fields. The newly-risen families appeared in the period of Emperor Gaozong 唐高宗 and Empress Wu 武后 partly came from them. In summary, aristocratic families during the early Tang in Jiangnan area were different from those capital-based aristocratic families, and characterized by the strong kinship with local society.

# 中晚唐洛陽士人與園林[*]
——以白居易履道坊宅園爲中心

## 韓建華

  唐宋時期是中國古代園林發展的重要時期，以士人爲代表的私家園林發展迅速，成爲園林發展史上重要的特點。此時期大多數士人是通過科舉入仕，士人以城市爲聚居地，置宅設園，促使城市私家宅園大發展。洛陽因特有的文化和環境，成爲此時期私家園林的典型城市。

  白居易的履道坊宅園是中晚唐洛陽私家園林的代表，從大和三年（829）開始，至會昌六年（846）卒，白居易一直居於履道坊宅園，過着中隱的晚年生活。他此時期的詩歌創作，很大一部分是圍繞着履道坊宅園而展開，宅園的規劃、空間佈局、建築結構、庭園位置、植物配置等，在他的詩中有大量的記述。此時期正處於園林風格轉變的肇始期，白居易的履道坊宅園作爲新風格的代表，成爲學界關注和研究的焦點[1]。

  考古學的魅力在於不斷豐富和深化我們對歷史的認知，同時也不斷地提出新的問題和疑問，促使人類對自身歷史的認識和記憶更趨科學和真實。新的考古發現不僅能夠獲取一定數量的遺迹和遺物，而且也有助於還原和復原人類社會的細節和缺環。

  城市是一種聚落形態，是人類社會進化的結果。城市以城牆和城門界定出

---

[*] 本文係國家社科基金項目"唐宋變革視野下的洛陽城考古研究"（項目批准號：20BKG024）的階段性成果。本文承蒙南京大學張學鋒、武漢大學魏斌二位先生指點幫助，並審閱了全稿，謹此致謝。

[1] 妹尾達彦《9世紀的轉型——以白居易爲中心》，《唐研究》第11卷，北京大學出版社，2005年；陸揚《孤獨的白居易：九世紀政治與文化轉型中的詩人》，《北京大學學報》2019年第6期；杜學霞《白居易在洛陽期間的佛教信仰》，《河南科技大學學報（社會科學版）》2009年第6期。

城内與城外,以道路界定出城市的不同功能區劃,像官署、市場、寺觀、宅園等都與城市居民的生活息息相關。通過考古學的方法探尋城市的空間結構、功能佈局與沿革,就是城市考古。城市考古是一項綜合而複雜的系統研究工作,已形成以考古學爲基礎的多學科合作的新態勢,以考古發掘的各類遺迹和遺物爲研究對象,通過不同科學手段,結合歷史文獻,從殘存的遺迹、遺物中找尋歷史的過往,復原城市的空間與功能,探尋城市格局變遷的動因及背景,從居住在城市中的人的物質性,透物見人,追尋城市規劃理念和技術手段,觸摸遠去的社會風潮,復原社會生活的底色,爲城市文化的胎動找尋必要的考古證據。

本文試圖從考古發掘的白居易履道坊宅園的相關遺迹和遺物,復原白居易居洛的日常生活,從而解讀中晚唐時期園林作爲士人的私人領域的特質。

## 一、園林城市與洛陽士人群體

洛陽居天下之中,憑藉"控以三河,固以四塞,水陸通,貢賦等"[2]的優越條件成爲理想的定都之地。"其地北據山麓,南望天闕,水木滋茂,川原形勝,自古都邑莫有比也"[3],隋煬帝建都洛陽,就是看重了這一點。隋洛陽城"左瀍右澗,洛水貫其中"[4]的水都設計,是受南朝都城建康的都市規劃影響,是隋煬帝憧憬江南都市,在華北實現江南都市夢想的實踐舉措[5]。

煬皇嗣守鴻基,國家殷富,雅愛宏玩,肆情方騁,初造東都,窮諸巨麗。帝昔居藩翰,親平江左,兼以梁、陳曲折,以就規摹。曾雉逾芒,浮橋跨洛,金門象闕,咸竦飛觀,頫巖塞川,構成雲綺,移嶺樹以爲林藪,包芒山以爲苑囿。[6]

洛陽地處伊洛河平原,四周群山環抱,優越的地理形勢尤其適宜園林發展。《洛

---

[2] 魏徵等《隋書》卷三《煬帝紀》,中華書局,1973年,61頁。
[3] 韋述撰,辛德勇輯校《兩京新記輯校》卷四《東都》,見辛德勇輯校《兩京新記輯校·大業雜記輯校》,三秦出版社,2006年,73頁。
[4] 歐陽修、宋祁《新唐書》卷三八《地理志二》,中華書局,1975年,982頁。
[5] 妹尾達彦著,高兵兵、郭雪妮、黄海靜譯《隋唐長安與東亞比較都城史》,西北大學出版社,2019年。
[6] 《隋書》卷二四《食貨志》,672頁。

陽名園記》序:"夫洛陽,帝王東西宅,爲天下之中。土圭日影,得陰陽之和;嵩少瀍澗,鍾山水之秀,名公大人,爲冠冕之望;天匠地孕,爲花卉之奇。"[7]洛陽城内外河流交匯,水源豐富,是園林發展的天然條件。洛河横貫洛陽城,將其分爲洛南、洛北兩部分,洛南是主要的居民區,通濟渠從西南厚載門入城,"過通濟坊,又東北流經西市,東折而東流至河南縣之西,又北流至寬政坊之西北隅,東流過天門街,經宜人、正平坊,北流至崇政坊西,過河南府、宣範、恭安坊西北,又東北抵擇善坊西北,東流經道德、惠和、通利、富教、睦仁、静仁六坊之南,屈而北流,過官藥園、延慶坊之東,入洛水"[8]。伊水支渠從南城入城,"經興教坊西,又折而東流,經宣教、集賢之南,又折而北,經履道之西,以周其北,又東經永通之北"[9]。洛北還有漕渠、洩城渠等,瀍河、澗河圍繞城外,河流縱横交錯,爲園林提供了源頭活水。洛陽園林興盛與洛陽城内外的河流有着密切的關係,北宋邵雍曾經分析洛陽水系與園林興衰的關係:"洛水一支自後載門入城,分諸園,復合一渠,由天門街北天津、引龍二橋之南,東至羅門。伊水一支正北入城,又一支東南入城,皆北行,分諸園,復合一渠,由長夏門以東、以北至羅門,二水皆入於漕河。所以洛中公卿士庶園宅,多有水竹花木之勝。元豐初,開清、汴,禁伊、洛水入城,諸園爲廢,花木皆枯死,故都形勢遂减。四年,文潞公留守,以漕河故道湮塞,復引伊、洛水入城,入漕河,至偃師與伊、洛匯,以通漕運,隸白波輦運司,詔可之。自是由洛舟行可至京師,公私便之。洛城園圃復盛。"[10]水對於洛陽城,特别是園林的興盛至關重要。邵氏的分析可謂鞭辟入裏,一針見血。

隋煬帝"徙天下富商大賈數萬家於東京"[11],"敕江南諸州科上户分房入東都住,名爲部京户,六千餘家"[12]。同時開鑿大運河,溝通南北交通,隋唐洛陽城成爲經濟繁榮、文化發達的重要社會中心。居住在洛陽城内的文人士大夫,利用城内縱横交錯的水網,修建的私家園林,構成洛陽城的城市景觀。

---

[7] 李格非《洛陽名園記》,《景印文淵閣四庫全書》第587册,臺灣商務印書館,240頁。
[8] 徐松撰,張穆校補,方嚴點校《唐兩京城坊考》卷五《東京》,中華書局,1985年,179頁。
[9] 《唐兩京城坊考》卷五《東京》,179頁。
[10] 邵伯温《邵氏聞見録》卷一〇,中華書局,1983年,103—104頁。
[11] 《隋書》卷三《煬帝紀上》,63頁。
[12] 杜寶撰,辛德勇輯校《大業雜記輯校》,23頁。

唐承隋,實行兩京制,長安、洛陽"兩京,朕東西二宅"。皇帝頻繁往來於長安、洛陽二京之間。唐初,由於皇帝的駐蹕與巡幸,一些王公貴族在洛陽城内也建有宅園,像道術坊的魏王池[13]、旌善坊的温彦博宅[14]、勸善坊的魏徵宅[15]、擇善坊的李勣宅[16]等。這個時期洛陽的宅園集中在定鼎門街以及洛河兩岸。魏王池,"與洛水隔堤,初建都築堤,壅水北流,餘水停成此池。下與洛水潛通,深處至數頃,水鳥翔泳,荷芰翻復,爲都城之勝地。貞觀中,以賜魏王泰,故號魏王池。泰黜後,賜東宫,屬家令寺。"[17]魏徵宅中有山池院,《太平御覽》記載:"魏徵宅山池院有進士鄭光乂畫山水,爲時所重。"[18]貴族顯宦在洛陽建有宅園,此時期還有大量士人在洛陽居住。士人卜居洛陽的情況,在出土的唐代墓誌中得到證實,《唐代墓誌彙編》[19]《洛陽新獲墓誌續編》[20]等收錄的墓誌中記載了部分卜居伊洛士人的宅第、宴飲和交遊等活動。

《唐代墓誌彙編》中分别有貞觀、永徽和龍朔年間在洛陽士人的私宅及活動的情況:

杜榮"在縣一年,遂挂冠辭秩,於是列墉洛汭,葺宇伊川。慕潘岳之閑居,同季倫之歸隱。……〔貞觀十五年〕□於時邑里之私第"[21]。

李護"杖策東游,卜居伊洛。焚枯酌濁,取樂桑榆,家有賜書,門多長者"[22]。

萬德"杖藜還世,葺宇洛濱,門植兩桐,庭開三徑。端木之駕,時見扣於荆扉;安仁之車,每招尋於蓬室"[23]。

楊全"貞觀九年,爰應旌命,射策高第,泛授散官。……君以親老子弱,不遑從

---

[13] 《唐兩京城坊考》卷五《東京》,152頁。
[14] 同上書,150頁。
[15] 同上書,152頁。
[16] 《唐兩京城坊考》卷五《東京》,155頁。
[17] 徐松輯,高敏點校《河南志·唐城闕古迹》,中華書局,1994年,140頁。
[18] 《唐兩京城坊考》卷五《東京》,152頁。
[19] 周紹良主編《唐代墓誌彙編》,上海古籍出版社,1992年。
[20] 洛陽市第二文物工作隊、喬棟、李獻奇、史家珍編著《洛陽新獲墓誌續編》,科學出版社,2008年。
[21] 《唐代墓誌彙編》貞觀〇八一,60頁。
[22] 《唐代墓誌彙編》貞觀一二二,85頁。
[23] 《唐代墓誌彙編》貞觀一三七,94—95頁。

政,閑居洛涘,十有餘年。廣宅良田,遠符公理之尚;面郊後市,近得安□之驪"[24]。

韓懷"君以曜靈西謝,湍逝東奔,乃翔集中川,卜居瀍洛。拂弦薦芝,吟詠性情之間;泛菊蓋荷,高邁烟霞之賞"[25]。

徐漢"遂受隋將王充右八飛騎府司兵。久之,道清海晏,年至知非,乃築室臨瀍,穿池疏洛,散髮重陰下,負杖戲遊魚"[26]。

袁相"俄屬道消,竄身荒谷,及逢鳴社,榮利非心,遂乃葡室洛濱,縱賞瀍左"[27]。

《洛陽新獲墓誌續編》也有一些士人隱居洛陽的生活狀況:

蕭汾"及秩滿回駕,憑軾西旋,舒卷陶潛之詩,申復張衡之賦。談二乘於秘典,闡三洞於玄經。追赤松而爲朋,攀洪崖而作侶。……〔貞觀廿年六月四日〕卒於旌善里舍"[28]。

同類事例尚多,此處不再一一列舉。唐初這些卜居洛陽的士人居住在城內,因縱情洛陽山水,在洛陽城外的河濱山林築宅穿池,以山林之隱爲主,致仕閑居,延續着南北朝以來的山林之隱的生活方式。

武周時期,神都洛陽取代了長安而成爲真正的都城。爲了充實神都人口,朝廷大量移民入洛城,天授二年(691)"徙關內雍、同等七州户數十萬以實洛陽"[29]。凡遷到洛陽的農民"給復三年,百姓無田業者,任其所欲……並許將家口自隨,便於水次量給船乘,作般次進發至都,分付洛州受領"[30]。同時也有大量地方官從各州郡來到洛陽任京官。爲招攬人才,武則天推行科舉取士,"則天初革命,大搜遺逸,四方之士應制者向萬人。則天御洛陽城南門,親自臨試"[31]。科舉登第後的士人成爲洛陽的新生力量,在洛陽城中,彙聚了大量的士人[32]。科舉制

---

[24] 《唐代墓誌彙編》貞觀一七一,117頁。
[25] 《唐代墓誌彙編》永徽一一五,205—206頁。
[26] 《唐代墓誌彙編》永徽一四六,226—227頁。
[27] 《唐代墓誌彙編》龍朔〇五〇,368頁。
[28] 《洛陽新獲墓誌續編》,321—322頁。
[29] 劉昫《舊唐書》卷六《則天皇后紀》,中華書局,1975年,122頁。
[30] 宋敏求《唐大詔令集》卷九九《政事・建易州縣・置鴻宜鼎稷等州制》,商務印書館,1959年,498頁。
[31] 劉肅撰,許德楠、李鼎霞點校《大唐新語》,中華書局,1984年,127頁。
[32] 所謂士人,是以知識文化修養爲特徵,以入仕爲官、經國治世爲人生追求一個社會階層;而士族則是世代以文化和仕宦爲特徵,形成較爲穩定傳統的家族。

不斷把士族中的精英吸引到城市。神都洛陽是中央機構集中的地方,成爲士族遷移的目標。毛漢光稱之爲唐代士族中央化,認爲大士族著支遷移河南府洛陽者比遷至京兆府長安者幾多一倍,可見東都洛陽成爲人文薈聚之地[33]。開元時期,玄宗勵精圖治,重用姚崇、宋璟、張說、張九齡等人爲相,經濟繁榮,政治清明,社會富足安定,迎來"開元盛世"局面,玄宗曾五次巡幸駐蹕東都,提升了洛陽的政治地位,士人們爲尋求入仕機會,紛紛追隨朝廷來到東都,洛陽再度成爲士人聚集的中心。這時期貴族顯宦紛紛置宅園於洛陽。岐王李範在洛陽有宅和山池院[34]。杜甫的名句"岐王宅裏尋常見,崔九堂前幾度聞",就是當時士人與上流來往的見證。

安史之亂後的中晚唐,政治局勢動盪不安,藩鎮割據,與朝廷對峙,"中官用事,衣冠道喪",宦官把持朝政,國運漸衰。長安城內"時閹豎擅威,天子擁虛器,縉紳道喪",宦官專權和朋黨政爭日趨殘酷和激烈。而東都洛陽,自安史之亂後失去相應的政治地位,皇帝不再巡幸此地,而以分司官來管理。而中唐以後的這些分司官,王吉林認爲大致有兩種情形,"其一是在朋黨之爭中暫時屈居下風者,即以閑職分司東都,以太子賓客爲最多;另一種情形爲年老力衰,不願從事劇務,而又不想致仕,請求分司,實同退休"[35]。可見分司東都成爲官員逃避政爭明哲保身的選擇,也成爲長安退休高官安度晚年的理想之職。閑職厚祿成爲中晚唐洛陽分司官司大量出現的重要原因。隨着越來越多的官僚士人聚集在洛陽,逐漸形成一個閑適的士人群體。特別是唐文宗大和至武宗會昌年間,以白居易、劉禹錫爲核心的士人群體,其中大部分是在東都分司機構中任職的官員,他們依托洛陽城內外的私家園林,進行雅集、宴飲,在閑散安逸的生活中,開始重塑士人的理想人格觀念,在自覺不自覺地的追求精神解脫和安身立命的過程中成爲歷史轉型的先鋒。白居易的"中隱"思想平衡了出世與入世的矛盾,成爲唐宋之際士人普遍的精神趨向。

---

[33] 毛漢光《從士族籍貫遷徙看唐代士族之中央化》較早注意到這個問題,載《中研院歷史語言研究所集刊》第 52 本第 3 分冊,後收入其著《中國中古社會史論》,聯經出版事業公司,1988 年。

[34] 《唐兩京城坊考》卷五《東京》,148、152 頁。

[35] 王吉林《晚唐洛陽的分司生涯》,《晚唐的社會與文化》,淡江大學中文系主編,臺灣學生書局,1990 年,244 頁。

自白居易大和三年(829)分司東都起,至會昌六年(846)他在洛陽履道坊宅園去世,共計十八年。這十八年中與其有來往的先後有舒元輿、張仲方、崔玄亮、李紳、李仍叔、皇甫曙、皇甫鏞、裴度、吳士矩、劉禹錫、李珏、牛僧孺、王起、李程等人,他們在洛任職期間,詩歌唱和,宴飲雅集。開成二年(837)三月三日,河南尹李待價在洛河濱舉行祓禊,邀請太子少傅白居易、東都留守裴度、太子賓客李仍叔、劉禹錫、蕭籍,中書舍人鄭居中等十五人"合宴於舟中,自晨及暮,前水嬉而後妓樂,左筆硯而右壺觴,望之若仙,觀者如堵"[36]。這些人都是身居高職的閒適老人。時年白居易66歲,裴度74歲,他們詩酒狂歌,避禍保身,這是不失道統的士人的理想生活方式。

輔佐憲宗實現"元和中興"的名相裴度,晚年分司東都,"時閹豎擅威,天子擁虛器,縉紳道喪,度不復有經濟意,乃治第東都集賢里,沼石林叢,岑繚幽勝。午橋作別墅,具燠館涼臺,號綠野堂,激波其下"[37]。裴度為求避禍,隨世俗沉浮,成為洛陽士人的核心成員,與白居易、劉禹錫等在集賢里宅園詩歌唱酬,"窮晝夜相歡,不問人間事"[38]。他宣導的"洛陽文酒之會"中,士人們不定期群聚,"高歌放言,以詩酒琴書自樂,當時名士,皆從之遊"[39]。中晚唐洛陽士人宴飲洛下,詩酒狂歌的生活方式,不僅娛樂了失意後的生活,也放鬆了身心。

園林成為這些失意達官、失勢權貴、失職士人心靈休憩之地,隨着中隱思想的成形,他們在城市中的庭園式私家園林,平衡了亦官亦隱的雅俗雙重生活要求,同時園林成為士人聚居宴飲之地,園林的壺中天地營造的文化環境與氛圍,為洛陽士人群體的會飲唱和提供舞臺。此時期的士人園林較為聞名的有:白居易的履道里宅園、牛僧孺的歸仁坊宅園、裴度的集賢坊宅園、元稹的履信坊池館、李仍叔的履信坊"櫻桃島"等。這些在洛陽城中築就的私家園林,是城市的另一類景觀,與中晚唐閒適安靜的洛陽城氣質相對應,是居住在城市中的士大夫審美和精神追求的表現。

---

[36] 洪邁撰,孔凡禮點校《容齋隨筆》卷一《裴晉公禊事》,中華書局,2005年,12頁。
[37] 《新唐書》卷一七三《裴度傳》,5218頁。
[38] 同上。
[39] 《舊唐書》卷一七〇《裴度傳》,4413頁。

## 二、《洛陽名園記》與洛陽士人園林

"天下名園重洛陽"[40]"洛陽名公卿園林,爲天下第一"[41]"貴家巨室園囿亭觀之盛,實甲天下"[42],這是北宋士人對洛陽園林的總體印象。洛陽在北宋時期成爲西京,雖然政治地位不再,但却成爲全國性的文化中心,"西都縉紳之淵藪,賢而有文者,肩隨踵接"[43],他們治宅園、修池榭、植花木,治園和賞花成爲居洛士宦日常家居和交遊的重要活動。這些居洛士宦的私家園林大多沿襲中晚唐洛陽士人的宅園經過改造而形成,如集賢坊的"中書令裴度宅,園池尚存,今號'湖園',屬民家"[44],履道坊的"大字寺園,唐白樂天舊園也"[45]。歸仁坊的"觀文殿學士丁度園,本唐相牛僧孺歸仁園"[46],使洛陽城的私家園林達到鼎盛,甲於天下[47]。

園林成爲北宋居洛士宦宴遊唱和,談史研理的舞臺。如錢惟演"晚年以使相留守西京,時通判謝絳、掌書記尹洙、留府推官歐陽修,皆一時文士,遊宴吟詠,未嘗不同。洛下多水竹奇花,凡園囿之勝,無不到者"[48]。

北宋居洛的文人士大夫,由於特殊的政治環境、文化背景、士人心態,文人獨特的人生際遇、思想情懷、性格趣向、生活態度,詩壇審美追求等,紛紛效仿白居易在洛時的態度和方式。"昔白樂天在洛,與高年者八人遊,時人慕之,爲《九老圖》傳於世。宋興,洛中諸公繼而爲之者凡再矣。"[49]白居易的履道坊宅園成爲

---

[40] 邵雍《伊川擊壤集》卷二《春遊》,中華書局,2013年,196頁。
[41] 邵博《邵氏聞見後録》卷二四,中華書局,1983年,191頁。
[42] 蘇轍撰,高秀芳、陳宏天點校《蘇轍集・欒城集》卷二四《洛陽李氏池園記》,中華書局,1990年,412頁。
[43] 司馬光撰,李之亮箋注《司馬溫公集編年箋注》卷六六《仁瞻堂記》,四川出版集團、巴蜀書社,2009年,208頁。
[44] 《河南志》,16頁。
[45] 《洛陽名園記》,《景印文淵閣四庫全書》第587册,245頁。
[46] 《河南志》,22頁。
[47] 賈珺《北宋洛陽私家園林考録》,《中國建築史論彙刊》第10輯。
[48] 《宋元筆記小説大觀》第3册《東軒筆録》卷三,上海古籍出版社,2007年,2700頁。
[49] 《司馬溫公集編年箋注》卷六五《洛陽耆英會序》,160頁。

他們的聚會之地,《邵氏聞見録》載天聖、明道年間,錢惟演、謝絳、歐陽修、梅堯臣等"天下之士"在普明禪院聚會的情節,"一日,會於普明院,白樂天故宅也,有唐九老畫像,錢相與希深而下,亦畫其旁"[50]。

效仿白居易九老會故事,文彦博"集洛之卿大夫年德高者爲耆英會"[51],"時耆賢多在洛,純仁及司馬光,皆好客而家貧,相約爲真率會"[52],悠閑散放,交遊宴飲,唱和,這種生活,是在追慕白居易洛下的生活。"但其間有一個關鍵性的區别,白居易的九老會是社交性的,而十一世紀洛陽模仿創建的各種耆老會却有着非常强烈的道德與政治目的。就像弗里曼(Freeman)觀察到的那樣,這些組織的作用是'把原來隨隨便便的交往加以形式化,讓洛陽幫在下臺以後的生活有組織,有意義',同時也'創造一個與官爵無關的儒家社會生活'"[53]。

著名宰相韓琦仰慕白居易,作堂以"醉白"命名,"魏國忠獻韓公,作堂於私第之池上,名之曰'醉白'。取樂天《池上》之詩,以爲醉白堂之歌。意若有羨於樂天而不及者"[54]。北宋士人群體如此喜愛白居易,蘇轍道出緣由,"蓋唐世士大夫,達者如樂天者寡矣"[55]。白居易退居洛下,閑散淡泊,中隱自適,獨善其身、達觀坦然的心態,成爲宋代士人、大德碩儒仰慕甚至傾心追附的主要原因。

但同時應該看到,北宋士大夫的閑適,是黨爭失利,實權旁落後的無奈選擇,與白居易中隱的生活選擇不同。洛陽園林成爲他們選擇的共同歸宿,是因爲園林使他們在洛陽的生活不再孤寂和無聊,園林成爲他們集會的重要場所,也成爲他們快樂與閑適的空間。

> 洛陽古帝都,其人習於漢唐衣冠之遺俗,居家治園池,築臺榭,植草木,以爲歲時遊觀之好。其山川風氣,清明盛麗,居之可樂。平川廣衍,東西數百里,嵩高少室,天壇王屋,岡巒靡迤,四顧可挹,伊、洛、瀍、澗,流出平地。故其山林之勝,泉流之潔,雖其間閻之人與公侯共之。一畝之宫,上矚青山,

---

[50]《邵氏聞見録》卷一八,81頁。
[51] 丁傳靖輯《宋人軼事彙編》卷九,中華書局,2003年,397頁。
[52] 脱脱《宋史》卷三一四《范純仁傳》,中華書局,1985年,10286頁。
[53] 楊曉山著,文韜譯《私人領域的變形——唐宋詩詞中的園林和玩好》,江蘇人民出版社,2008年,181頁。
[54] 蘇軾撰,孔凡禮點校《蘇軾文集》卷一一《醉白堂記》,中華書局,1986年,344頁。
[55]《蘇轍集·欒城後集》卷二一《書白樂天集後二首》,1114頁。

下聽流水,奇花修竹,布列左右,而其貴家巨室園囿亭觀之盛,實甲天下。[56]北宋李格非撰寫的《洛陽名園記》,是研究洛陽唐宋園林興衰更替的重要資料。他根據自己親身踏勘所得的第一手資料,對洛陽19處園林進行詳盡敘述,是研究唐宋洛陽名園的珍貴資料,難能可貴的是,李格非把唐宋園林的更替及興廢,與洛陽盛衰、天下治亂相關聯,"'洛陽之盛衰者,天下治亂之候也。'方唐貞觀、開元之間,公卿貴戚開館列第於東都者,號千有餘邸,及其亂離,繼以五季之酷,其池塘竹樹,兵車蹂踐,廢而爲丘墟;高亭大榭,烟火焚燎,化而爲灰燼;與唐共滅而俱亡者,無餘處矣。予故曰:園囿之廢興者,洛陽盛衰之候也。且天下之治亂,候於洛陽之盛衰而知;洛陽之盛衰,候於園囿之興廢而得"[57]。

南宋的張琰在爲《洛陽名園記》寫序時由此慨嘆李格非撰寫此書用心良苦,他發出"噫!繁華盛麗,過盡一時"的嘆息時,其"感而思治世之難遇,嘉賢者之用心"的那種内心的洶湧澎拜、感慨萬千,讓人動容。

唐宋洛陽的園林是"中國園林的洛陽時代"[58]的成熟期,園林成爲新興文人階層表達自身政治理念和建構自身政治身份的重要空間與媒介。唐宋洛陽的園林是時代變革的見證。在唐宋變革中,中國從唐代的外中國轉向内中國,隨著疆域面積的縮小,文化也整體上轉向内在和精微,園林也轉向"壺中天地"的空間,以彰顯士人的審美情趣,表達士人的社會理想和人生追求。政治失意,退而尋求獨樂的司馬光,"買園於尊賢坊,以獨樂名之"[59]的"獨樂園",就是以規模卑小、風格樸素,成爲園林轉型的代表。

據統計,唐代洛陽城内的私家園林達25處,到北宋時洛陽城内的私家園林達到42處[60]。從中晚唐時開始,是洛陽園林快速增長的黄金期。園林規模從唐初的王公顯宦的山池院到士人壺中天地,從分佈範圍來講,從城内洛河兩岸向城東南的伊水支渠沿綫集中。

---

[56] 《蘇轍集·欒城集》卷二四《洛陽李氏園池詩記》,412頁。
[57] 李格非《洛陽名園記》,《文淵閣四庫全書》第587册,247頁。
[58] 漢寶德《物象與心境——中國的園林》第四章《中國園林的洛陽時代》,生活·讀書·新知三聯書店,2014年,83頁。
[59] 《邵氏聞見録》卷一八,200頁。
[60] 賈珺《北宋洛陽私家園林考録》,《中國建築史論彙刊》第10輯。

《洛陽名園記》中僅收録了18所私家園林,包括富鄭公園、環溪、湖園、歸仁園、苗帥園、張氏會隱園、大字寺園、獨樂園、吕文穆園等名園。按類型可分爲宅園型,如富鄭公園、環溪、王開府宅園、苗帥園、趙韓王園、大字寺園;遊憩園型,如董氏園、劉氏園、叢春園、松島、張氏園、獨樂園、吕文穆園;花園型,如天王院花園子、歸仁園、李氏仁豐園。

富鄭公園是《洛陽名園記》中居首的私家園林。"洛陽園池多因隋唐之舊,獨富鄭公園最爲近辟。"富弼退居洛下後,謝絶一切賓客,用二十年之功專心營造宅園。該園没有依隋唐舊基,而是新辟園林;結構複雜,園中亭、堂、軒、橋,建築形式多樣,空間佈置錯落有致,曲徑迴環通幽,"故逶迤衡直,岡爽深密,曲有奥思"。[61]但對於宅園在洛陽城中的位置並不清楚。近年在洛陽發現富弼家族墓地,其夫人晏氏墓誌載其"以疾終於福善第",所以富鄭公園應該也在福善坊,即長夏門街東,自南向北第六坊,東臨南市,北則爲惠和坊。

除過富鄭公園外,這些園林大都建在唐代士人園林的舊址。從中唐開始,洛陽城的東南成爲分司官和致仕的士人集中居住的區域。據勾利軍統計,29位有居所記載的分司官中,有25位就居住在洛陽城的東南部,佔總數的86.2%。[62]洛陽城東南因有伊水支渠流經,成爲全城風景最美、最宜居的地方。伊水在城内東南部蜿蜒穿梭,流經坊里巷閭。《唐兩京城坊考》記載:"伊水分二支,西支正北入城,經歸德之西,折而東流,又北經正俗、永豐之西,又折而東南流,經修善、嘉善南,合於東支。東支東南入城,經興教坊西,又折而東流,經宣教、集賢之南,又折而北,經履道之西,以周其北,又東經永通之北,又折而北經利仁、歸仁、懷仁之東,以入於運渠。"[63]白居易在《池上篇序》描述"都城風土水木之勝在東南偏,東南之勝在履道里"[64]。所以他纔選擇履道里作爲退老之地。到宋代,這裏成爲大字寺園和張氏會隱園。同樣,中書令裴度也在洛陽城東南"極都城之勝概"的集賢坊建造宅園,宋代成爲湖園;另外還有歸仁坊的牛僧孺宅園,宋代"屬中書李侍郎(清臣)"和觀文殿學士丁度園等。

---

[61]《邵氏聞見後録》卷二四,192頁。
[62] 勾利軍《唐代東都分司官制度研究》,上海古籍出版社,2007年,235頁。
[63]《唐兩京城坊考》卷五《東京》,179—180頁。
[64] 白居易著,顧學頡校注《白居易集》卷六九《池上篇並序》,中華書局,1979年,1450頁。

集賢里宅園,位於洛陽城東南的集賢坊,爲唐代中書令裴度宅園,《唐兩京城坊考》卷五東京外郭城集賢坊:"中書令裴度宅。"因爲對朝廷不滿,在失望之餘,選擇退隱洛陽。"自是,中官用事,衣冠道喪。度以年及懸輿,王綱板蕩,不復以出處爲意。東都立第於集賢里,築山穿池,竹木叢翠,有風亭水榭,梯橋架閣,島嶼迴環,極都城之勝概。"[65]《洛陽名園記》中對於裴度宅園有詳細的記載:"在唐,爲裴晉公宅園。園中有湖,湖中有堂,曰'百花洲',名蓋舊,堂蓋新也。湖北之大堂曰'四并堂',名蓋不足,勝蓋有餘也。其四達而當東西之蹊者,桂堂也。截然出於湖之右者,迎暉亭也。過橫地,披林莽,曲徑而後得者,梅臺、知止庵也。自竹徑望之超然,登之倏然者,環翠亭也。眇眇重邃,猶擅花卉之盛。而前據池亭之勝者,翠樾軒也。其大略如此。若夫百花酣而白晝眩,青蘋動而林陰合,水靜而跳魚鳴,木落而群峰出,雖四時不同,而景物皆好,則又其不可殫記者也。"[66] 園中有堂、亭、館、軒等建築,還有池、溪、島、嶺等人造園林景觀。李格非贊賞湖園"園圃之勝不能相兼者六,務宏大者,少幽邃;人力勝者,少蒼古;多水泉者,艱眺望。兼此六者,惟'湖園'而已"。裴度"度視事之隙,與詩人白居易、劉禹錫酣宴終日,高歌放言,以詩酒琴書自樂。當時名士,皆從之遊"[67]。

北宋時裴度宅園屬於民家所有,園主姓名不傳。《河南志》載"中書令裴度宅園池尚存,今號湖園、屬民家"[68]。

歸仁里宅園,位於洛陽城東南的歸仁坊,爲牛李黨争的牛黨領袖牛僧孺的宅園。歸仁園盡佔一坊之地,以規模大著稱,牛僧孺"築第於歸仁里。任淮南時,嘉木怪石,置之階庭,館宇清華,竹木幽邃。常與詩人白居易吟詠其間,無復進取之懷"[69]。牛僧孺任太子太傅、東都留守,築園歸仁里,引伊水清渠長流,集洛石千拳砌岸,園中流水潺湲,瀑布翻浪。白居易曾作《題牛相公歸仁里新宅成小灘》詩贊美。

《洛陽名園記》描述歸仁園:"歸仁,其坊名也。園盡此一坊,廣輪皆里餘。北有牡丹、芍藥千株,中有竹百畝,南有桃李彌望。唐丞相牛僧孺園,七里檜,其

---

[65] 《舊唐書》卷一七〇《裴度傳》,4432 頁。
[66] 《洛陽名園記》,《景印文淵閣四庫全書》第 587 册,246 頁。
[67] 《舊唐書》卷一七〇《裴度傳》,4432 頁。
[68] 《河南志》卷四《唐城闕古迹》,16 頁。
[69] 《舊唐書》卷一七二《牛僧孺傳》,4472 頁。

故木也。今屬中書李侍郎,方創亭其中。河南城方五十餘里,中多大園池,而此爲冠。"[70]北宋時歸仁園先後被觀文殿學士丁度和中書侍郎李清臣所有。《河南志》歸仁坊載"觀文殿學士丁度園,本唐相牛僧孺歸仁園。池石僅存,此纔得其半"[71]。《邵氏聞見後録》:"李邦直歸仁園,乃僧孺故宅,埋石數塚,尚未發。"[72]

這些士人園林成爲中唐以後洛陽城的新景觀,洛陽城在失去政治地位後成爲士人中隱的園林都市。以白居易爲代表的洛陽士人群體,在閑適安樂中推動城市文化與社會審美發生漸變。作爲新興的科舉官僚的士人群體,對社會轉變極爲敏感,成爲時代轉變的先鋒,白居易表現得尤爲明顯[73]。

宋代,科舉出身的士人官僚群體,成爲社會精英,"今世用人,大率以文詞進。大臣,文士也;近侍之臣,文士也;錢谷之司,文士也;邊防大帥,文士也;天下轉運使,文士也;知州郡,文士也"[74]。以白居易爲首的洛陽文人群體的城市園林生活方式和態度、審美觀念等被宋代洛陽文人傳承和效仿,從而"具有了典範的意義"。"本朝士大夫多慕樂天,東坡尤甚。"[75]甚至白居易的履道宅院舊址成爲宋代士人集會、宴飲的理想之地。歐陽修在《遊大字院記》中講述天聖九年(1031)六月,他與諸人在大字園寺的普明後院集會,避暑吟詩的盛况[76]。

## 三、文本中的履道坊宅園

唐穆宗長慶四年(824),53歲的白居易杭州刺史任期屆滿後,被皇帝召爲太子左庶子,分司東都。白居易"老愛東都好寄身,足泉多竹少埃塵"[77],並於同年秋在洛陽購買了宅園。宅園位於履道坊西北隅,是"故散騎常侍楊憑宅"。此後白居易又短期外任。至大和三年(829),58歲的白居易以太子賓客分司東都,回

---

[70]《洛陽名園記》,《景印文淵閣四庫全書》第587册,244頁。
[71]《河南志》卷四《唐城闕古迹》,22頁。
[72]《邵氏聞見後録》卷二七,212頁。
[73] 妹尾達彦《9世紀的轉型——以白居易爲中心》,《唐研究》第11卷,512頁。
[74] 蔡襄《端明集》卷二二《任才》,吉林文史出版社,2005年。
[75]《宋元筆記小説大觀》第五册《鶴林玉露》丙編卷三"樂天對酒詩"條,5346頁。
[76] 歐陽修撰,李逸字點校《歐陽修全集》卷六三,中華書局,2001年,928頁。
[77]《白居易集》卷二三《贈侯三郎中》,518—519頁。

到洛陽履道坊宅園,"往時多暫住,今日是長歸"[78],履道坊宅園是白居易晚年終老洛陽的歸宿。唐代文宗、武宗朝是黨爭最爲激烈的時期,鬥爭異常尖銳,朝政愈加混亂。"蓋元和以後,士大夫朋黨恩仇翻雲覆雨,殊難究詰,有始相仇而繼相好者,有迹雖同而心則異者,大和、開成間尤甚。"[79]白居易與牛黨的牛僧孺、李宗閔,以及李黨的元稹、李紳等均關係十分密切,易被牽連,他害怕捲入黨爭的旋渦,故欲遠身避害,隱居洛陽。陳寅恪先生對此有精闢的論述[80]。

白居易以太子賓客分司東都,避禍洛陽。大和"三年,稱病東歸,求爲分司官,尋除太子賓客……自是宦情衰落,無意於出處,唯以逍遙自得,吟詠情性爲事。大和已後,李宗閔、李德裕朋黨事起,是非排陷,朝升暮黜,天子亦無如之何。楊穎士、楊虞卿與宗閔善,居易妻,穎士從父妹也。居易愈不自安,懼以黨人見斥,乃求致身散地,冀於遠害"[81]。

從大和三年自請分司東都,白居易在洛陽開始長達十八年的晚年生活。"分司東都十三年",白居易以太子賓客、太子少傅等分司東宮的閑散官十三年,職高禄厚。"散秩留司殊有味,最宜病拙不才身。行香拜表爲公事,碧洛青嵩當主人。"[82]除每月例行的行香拜表的公事外,分司官的生活舒適、悠閒且無後顧之憂。"官優有禄料,職散無覊縻。懶與道相近,鈍將閑自隨。"[83]

白居易選擇履道里作爲退老之地,緣於這裏"竹木池館,有林泉之致"。履道坊宅園是白居易晚年獨善其身生活的舞臺,從他晚年的詩文中,可知履道園位置、規模、佈局,也可領略詩人作爲小園主人的喜悅與滿足,他以詩、酒、琴爲友,在園中賞石、養鶴、品茶、垂釣、齋戒等。正如《池上篇》所記:"靈鶴怪石,紫菱白蓮。皆吾所好,盡在我前。時引一杯,或吟一篇。妻孥熙熙,雞犬閑閑。優哉遊哉,吾將終老乎其間。"

---

[78] 《白居易集》卷二七《歸履道宅》,610 頁。
[79] 劉禹錫著,瞿蜕園箋證《劉禹錫集箋證》,附錄二《劉禹錫交遊錄》,上海古籍出版社,1989 年,1608 頁。
[80] 陳寅恪《白樂天之思想行爲與佛道之關係》,《嶺南學報》第 10 卷第 1 期,1949 年。後收入陳寅恪《元白詩箋證稿》,生活・讀書・新知三聯書店,2009 年,331—340 頁。
[81] 《舊唐書》卷一六六《白居易傳》,4353—4354 頁。
[82] 《白居易集》卷二三《分司》,520—521 頁。
[83] 《白居易集》卷二九《詠所樂》,664 頁。

白居易對園主的身份特別看重，這也是使他滿足愉悦的關鍵。在其詩作中，常常提到"主人"："不鬥門館華，不鬥林園大。但鬥爲主人，一坐十餘載。回看甲乙第，列在都城内。素垣夾朱門，藹藹遥相對。主人安在哉，富貴去不回。池乃爲魚鑿，林乃爲禽栽。何如小園主，拄杖閑即來。親賓有時會，琴酒連夜開。以此聊自足，不羡大池臺。"[84]"莫嫌地窄林亭小，莫厭貧家活計微。大有高門鎖寬宅，主人到老不曾歸。"[85]這是中唐開始，士人對於所有權和佔有物特性的覺醒。宇文所安指出："擁有權問題在中唐以前的文學中很罕見，這説明這一問題在中唐的出現觸及了這一時代的核心關懷。佔有的概念，也即某物'屬於'某人的説法，對於獨特身份這一概念是至關重要的。某物爲某人'自己'所有，正是因爲對他人的排斥，而且最重要的，是因爲對傳統規範、對所謂共同價值的排斥。"[86]白居易在强調園林主人身份的同時，通過園林這樣的私人空間和閑適生活，在抗拒常規價值的同時宣示一種私人價值觀，從而獲得某種滿足與快感。"具有一種個人風格或者擁有一樣東西的快感，就在於向别人展示自己的佔有物，且把他人排除在外。"[87]

　　白居易購得履道宅園，對其進行精心營建，"始作西平橋，開環池路"，又將從南方獲得的天竺石、太湖石、華亭鶴、折腰菱、青板舫等置於園内，"三任所得，四人所與，泊吾不才之身，今率爲池中物"[88]，通過疊石壘山、理水造泉、侍弄花草、建屋築亭等一系列營建，逐漸形成具有個人身份特性的私人領域。

　　白居易的履道宅園在其《池上篇並序》中有詳細的記述，這是瞭解履道宅園的重要篇章。

　　　　都城風土水木之勝在東南隅，東南之勝在履道里，里之勝在西北隅。西閒北垣第一第即白氏叟樂天退老之地。地方十七畝，屋室三之一，水五之一，竹九之一，而島樹橋道間之。初樂天既爲主……乃作池東粟廩；……乃

---

[84] 《白居易集》卷三六《自題小園》，818頁。
[85] 《白居易集》卷二八《履道居三首》，652頁。
[86] 宇文所安著，陳引馳、陳磊譯，田曉菲校《中國"中世紀"的終結——中唐文學文化論集》，生活·讀書·新知三聯書店，2006年，21頁。
[87] 《中國"中世紀"的終結——中唐文學文化論集》，28頁。
[88] 《舊唐書》卷一六六《白居易傳》，4355頁。

作池北書庫;……乃作池西琴亭,加石樽焉。樂天罷杭州刺史時,得天竺石一、華亭鶴二,以歸;始作西平橋,開環池路。罷蘇州刺史時,得太湖石、白蓮、折腰菱、青板舫,以歸;又作中高橋,通三島徑。罷刑部侍郎時,有粟千斛、書一車,泊臧獲之習筦、磬、弦歌者指百,以歸。先是,潁川陳孝山與釀法,酒味甚佳;博陵崔晦叔與琴,韻甚清;蜀客姜發授《秋思》,聲甚淡;弘農楊貞一與青石三,方長平滑,可以坐卧。大和三年夏,樂天始得請爲太子賓客,分秩於洛下,息躬於池上。凡三任所得,四人所與,泊吾不才身,今率爲池中物矣。每至池風春,池月秋,水香蓮開之旦,露清鶴唳之夕,拂楊石,舉陳酒,援崔琴,彈《秋思》,頹然自適,不知其他。酒酣琴罷,又命樂童登中島亭,合奏《霓裳散序》,聲隨風飄,或凝或散,悠揚於竹烟波月之際者久之。曲未竟,而樂天陶然石上矣。睡起偶詠,非詩非賦,阿龜握筆,因題石間。視其粗成韻章,命爲《池上篇》云。

  十畝之宅,五畝之園。有水一池,有竹千竿。勿謂土狹,
勿謂地偏。足以容膝,足以息肩。有堂有亭,有橋有船。
有書有酒,有歌有絃。有叟在中,白鬚飄然。識分知足,
外無求焉。如鳥擇木,姑務巢安。如龜居坎,不知海寬。
靈鶴怪石,紫菱白蓮。皆吾所好,盡在我前。時引一杯,
或吟一篇。妻孥熙熙,雞犬閑閑。優哉游哉,吾將終老乎其間。[89]

據《池上篇》,白居易的履道坊宅園位於洛陽城東南的履道坊西北隅。履道坊,據《唐兩京城坊考》卷五載:"〔履道坊〕西門內,刑部尚書白居易宅。……按居易宅在履道西門,宅西牆下臨伊水渠,渠又周其宅之北,宅去集賢裴度宅最近。"可見伊水渠繞履道宅園西牆而過,爲其造園提供豐富的水源。宅園規模:"地方十七畝,屋室三之一,水五之一,竹九之一,而島樹橋道間之。"據"十畝之宅,五畝之園,有水一池,有竹千竿"的記載,可推知履道園是宅第與園林相結合的宅園型園林。從白居易的園林詩中可推知履道園由宅第、南園和西園三部分組成。宅第是主人日常居住和生活的區域,在此區域應該有南院、北院和後院的功能區分。南園和西園是履道園中的園林區域,衹是西園是後來擴建的園林,與南園以水相連。

---

[89]《白居易集》卷六九《池上篇並序》,1450 頁。

南園是園林的主體部分,以宅第南部的池水爲中心展開,池中有島,島上有亭,池周以環池路連通,池北書庫、池西琴亭、池東倉廩等,還有西平橋、中高橋和小草亭,均無法知其位置。西園在宅第之西,故名之,是白居易六十歲時擴建的園林景致。西園引南園池水,鑿西園池,築小島白蘋洲,疊石明月峽,修水亭院,建水齋。

履道園裏的林亭全貌,在白居易的《履道新居二十韻》有詳盡的叙述:

> 履道坊西角,官河曲北頭。林園四鄰好,風景一家秋。門閉深沈樹,池通淺沮溝。拔青松直上,鋪碧水平流。籬菊黄金合,窗筠綠玉稠。疑連紫陽洞,似到白蘋洲。……移榻臨平岸,攜茶上小舟。果穿聞鳥啄,萍破見魚遊。地與塵相遠,人將境共幽。泛潭菱點鏡,沉浦月生鉤。厨曉烟孤起,庭寒雨半收。……琴書中有得,衣食外何求。濟世才無取,謀身智不周。應須共心語,萬事一時休。[90]

白居易宅園所極力營造的是一爿私人自由空間,以小空間的景觀而達到沉浸大自然的效果。在私家園林中極力建構和模仿自然山川,地狹而境廣,園小而意深,是白居易時代士人追求的園林風格。"新結一茅茨,規模儉且卑。土階全壘塊,山木留半皮。"[91]是白居易對南園池岸小草亭的描述,樸素、簡約,自然天成。

履道園的景觀是白居易晚年生活的私人空間,給予他精神慰藉,但隨着唐末五代戰亂的毁壞,白居易所强調的擁有權也隨之灰飛烟滅。私家園林的壺中天地風格和士人對私人空間的迷戀成爲宋代文人士大夫文化的基礎,白樂天成爲宋代士人競相效仿和追捧的文化楷模。

宋代,白居易履道里的宅園遭遇變故,"後履道第卒爲佛寺,東都江州人爲立祠焉"[92],就是《洛陽名園記》所記的"大字寺園,唐白樂天園也……寺中樂天石刻存者尚多"。而後,北宋紹聖年間"張氏得其半,爲'會隱園'。水竹尚甲洛陽"。據《河南集》卷四《張氏會隱園記》,張清臣"始得民家園,治而新之,水竹樹石,亭閣橋徑,屈曲迴護,高敞陰蔽,邃極乎奧,曠極乎遠,無一不稱者。日與方外之士傲然其間,樂乎哉? 隱居之勝也"。元朝,白居易宅園尚有遺迹,"《元史·塔里赤傳》:

---

[90]《白居易集》卷二三《履道新居二十韻》,519—520頁。
[91]《白居易集》卷三三《自題小草亭》,736—737頁。
[92]《新唐書》卷一一九《白居易傳》,4304頁。

也里里白奉旨南征,至洛陽,得唐白樂天故址,遂家焉。是其時猶有遺迹"[93]。

## 四、考古發現的履道坊宅園及相關問題

隋唐洛陽城的考古始於20世紀50年代,是在第一個"五年計劃"的實施過程中,展開對隋唐洛陽城城址考古,探索城址的格局、空間演變及城市規劃。1954年,由國家文化部文化事業管理局和中科院考古研究所等單位組成調查發掘團,首次對隋唐洛陽城進行實地考古勘察,初步確認了郭城、宮城和皇城的位置、形狀和範圍,初步確定了部分城門的位置,並測繪了一份"隋唐東都城址實測草圖"。這次勘察引起日本漢學界的重視,稱它是一次"劃時期的業績",使"唐代洛陽城的實測圖提供到學界了"。1959—1965年的工作重點是對街道、里坊和市場的勘查。1961年,通過在洛河以南城址的西南部進行鑽探,確定了定鼎門街和厚載門街的位置,弄清了定鼎門街東第一街以西的里坊。到1963年,基本上對東都洛河兩岸的街道分佈、市場位置完成全面探索,並對個別里坊進行了重點瞭解。1965年繪製出《唐洛陽東都坊里復原示意圖》,此復原圖上標注了文獻記載的里坊的位置,其中履道坊就在今洛陽市洛龍區安樂鎮獅子橋村一帶。1992年至1993年,爲尋找白居易的履道宅園,相關單位在履道坊遺址西北部進行了大面積的考古鑽探和發掘,發掘面積達7249平方米,基本查明了白居易宅園的現存情況。考古發掘出土的帶有"唐大和九年……心陀羅尼……""……開國男白居易造此佛頂尊勝大悲……"文字的兩塊殘經幢,是確定此處爲白居易宅園的直接證據[94]。

**(一)履道宅園的規模及佈局**

考古發掘的遺迹分屬唐、宋、元明三個時期。唐代遺迹最爲豐富,包括坊間道路與伊水渠,坊牆、履道宅園的院牆、宅院和南園。在南園範圍鑽探出池址,發掘了一處釀酒遺迹(圖1)。

---

[93]《唐兩京城坊考》卷五《東京》,163頁。
[94] 中國社會科學院考古研究所編著《隋唐洛陽城(1959—2001年考古發掘報告)》,文物出版社,2014年。

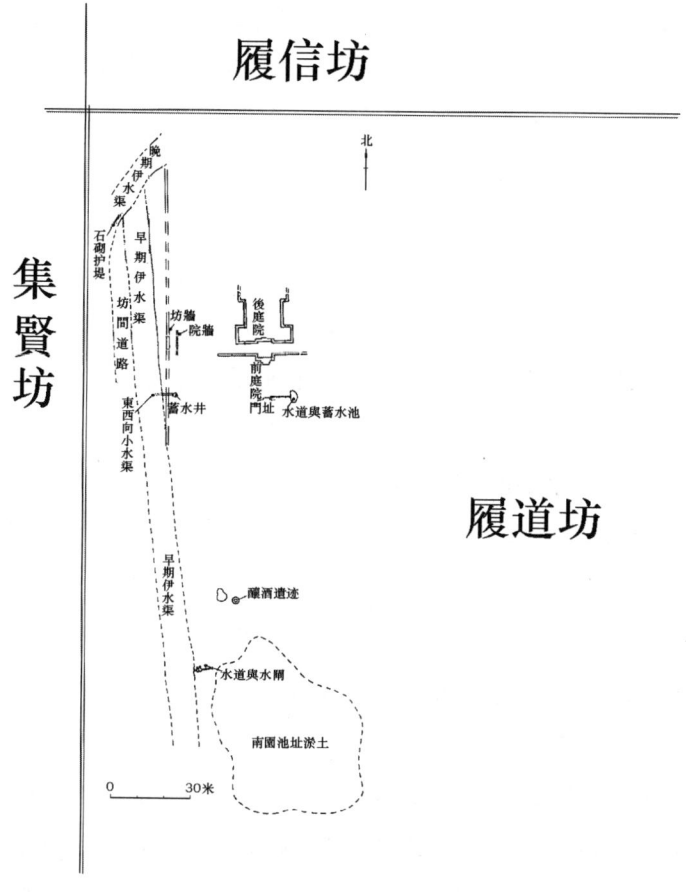

**圖 1　履道坊白居易宅園位置及考古發掘平面圖**

宋代遺迹比較殘破,可能是與大字寺園相關的磚鋪路面、瓦片鑲砌地面和兩條瓦片鑲砌的小路。元明的遺迹就更殘破,僅發現兩座石灰窑。

履道坊位於洛陽城東南,西側隔坊間路與裴度的集賢坊相鄰,北側隔坊間路與元稹的履信坊相望。履道坊四周有坊牆,考古發掘了履道坊西坊牆,坊牆外是伊水渠和坊間路。坊間路東鄰伊水渠,寬 8.2—8.5 米,即文獻記載的長夏門之東第三街。伊水渠係人工渠道,是從洛陽城南的伊河引水入城,爲洛陽私家園林繁榮提供豐沛的水源。伊水渠發現早晚兩道水渠,早期水渠在坊間大道東側,由南向北流,渠寬 5.67—11.15 米。晚期水渠在坊間大道西側。水渠由南向北流至履道坊西北隅,折而向東流,水渠轉彎處殘存石砌護堤一段。渠水沿履道坊北牆自西而東流去。渠寬 5.5—10 米。據《唐兩京城坊考》載:"居易宅在履道西門,宅西牆下臨伊水渠,渠又周其宅之北。"發掘結果與文獻記載相合。

考古發現的坊牆是履道坊的西坊牆,緊臨坊間路和伊水渠。坊牆係夯土牆,南北向,保存較差,牆寬僅 1.8 米,牆上抹有白灰牆皮。這是關於隋唐洛陽城里坊的重要考古資料。坊是城市內劃分土地的一種方式,以坊牆爲界。洛陽城的坊相對規整,方三百步,坊內由大小十字街分隔成 16 個區塊。據王貴祥研究,除坊內的大小十字街,每一個區塊面積在 16.28—17 畝間,白居易宅園 17 畝,正好佔一個區塊。根據文獻,白居易宅園是履道坊西門內北垣第一座宅園。

白居易的宅園是此次的重要發現,據現有的考古發掘可知白居易的履道宅園的平面佈局:宅園由北部的兩進式宅院和宅院南部的"南園"組成,宅院四周有圍牆圍合,宅院西、北兩面有水渠環繞。

宅院的西圍牆,西距坊牆 2.7 米,南北向,夯築。但並未發現其他三面的圍牆遺跡。宅院是兩進式宅第。以中廳爲界,分爲前後庭院。中廳平面方形,東西長 5.5 米,南北寬 5.8 米,南北有磚砌踏步。其東西兩側接曲尺形迴廊,中廳地面經硬化處理。前庭院在中廳以南,主要由中廳南踏步和門房構成。門房位於中廳之南,平面呈"凸"字形,門房與中廳南北相望。門房西側有東西向石砌水道和橢圓形蓄水池,水池與水道相連。水道兩壁和底部均鋪砌石板。

後庭院位於中廳以北,中廳北踏步伸入後庭院,庭院平面呈"工"字形。庭院兩側有東西廂房,廂房北側接迴廊,迴廊以北未發掘,情況不明,但從空間判斷應該會有上房,甚至後院。迴廊平面曲尺形,廂房平面呈長方形。

南園位於宅園南部,園內有 3300 平方米的池面,並有水道與坊牆西側的伊水渠相通。

在南園北側發現釀酒遺跡,圓池狀。由上口周壁、檯面、中心圓坑組成。上口周壁用弧形磚錯縫疊砌,檯面用特製磨光的梯形磚錯縫平砌,中心圓坑壁面則用長方形磚立砌一周。在中心圓坑的底部,殘存有紅燒土燒結面,厚約 6 釐米。紅燒土燒結面上積存有草木灰。

同時宅園出土大量遺物,包括茶具、酒具、硯臺、經幢等,與詩人園林生活有密切關係。

宋代遺跡保存不好,僅發現東西向小路和瓦片地面,二者相連接。小路用殘瓦片豎立鑲砌鋪成,寬 0.8 米,路面中部略高,南北兩側稍低,並用單行橫立磚嵌邊。瓦片鑲砌地面,先是由橫立磚隔成方形框架。每個方框內用瓦片鑲砌花紋圖案。圖案多數呈扇形,也有的用扇形再組成圓形和半圓形。整個圖案四邊齊整,結構嚴謹。重要的是在宋代灰坑内出土碑刻殘塊。部分碑刻殘塊上有"景祐四""普度羣生""在當時白"等文字。出土的宋代瓷器中,部分碗盏底部殘存墨書款記,內容有"普明""大字""大字院"等。綜合文獻記載、墨書款記、碑銘題記,可知與普明禪院、大字寺園相關。

從考古發掘的出土遺文遺物,特别是"唐大和九年……開國男白居易造此佛頂尊勝大悲心陀羅尼經……"的經幢文字、墨書"普明""大字""大字院"和瓷器殘片等可確認無疑就是白居易的履道宅園。但《履道里第宅記》所記載的映日堂、舟、橋、三島、粟廩、書庫、琴亭等已無迹可尋。由考古發掘的元明時期的石灰窑可推知,白居易的履道宅園,終遭毀棄。

由於受到各種條件限制,考古發掘的白居易宅園,除宅院西圍牆外,没有明顯的範圍遺迹,並不是其宅園的全部,所以無法真實反映履道宅園的規模。《池上篇並序》"地方十七畝,屋室三之一,水五之一,竹九之一,而島池橋道間之",可知履道坊宅園佔地 17 畝。根據華林甫研究,唐以 240 步爲畝,5 尺爲步。1 唐畝折合 521.94 平方米,折合 0.7829 市畝[95]。17 畝宅園合今 13.3 畝,佔地 8873 平方米。其中北部的宅院,南北總長約 60 米,東西面闊 15 米,住宅面積 900 平方米,僅佔宅園的十分之一,這與"屋室三之一"的記載相差懸殊,也與太子賓客的身份不相稱。但從發掘所得可知中廳面積 31.9 平方米,廂房 35.6 平方米,却又和其身份似乎相稱。宅院南側的南園是園林主體,面積達 3300 平方米,按 521.94 平方米折合 1 唐畝,則面積達 6.32 唐畝,這與"水五之一"的規模基本吻合。另外白居易日常生活起居相關的厨舍、廡舍和草院等,在考古發掘中並没有發現,也反映了考古發掘的不是宅園的全部。從考古發掘的其他唐代宅院建築,或者宅院模型,可知唐代的宅院一般是多進院落的四合院形式。以中心建築堂和其兩側的廂房組成四合形式院落的主體,厨舍、廡舍、草院和馬厩等服務設施則在主院西側的跨院内。

---

[95] 華林甫《唐畝考》,《農業考古》1991 年第 3 期。

## (二) 履道宅園出土的經幢與白居易的佛道思想考辨

在白居易宅園的"南園"出土經幢殘石,彌足珍貴。經幢爲六面體,六面均刻有楷書漢字,其中一面至三面刻《佛頂尊勝陀羅尼經》的咒語,四面至六面刻《大悲心陀羅尼經》的咒語及題記。題記部分有"唐大和九年……開國男白居易造此佛頂尊勝大悲心陀羅尼經……"文字,這爲白居易宅院的歸屬和時代提供了直接的文字證據,也爲白居易晚年的佛道思想提供了新的考古學證據。

關於白居易與佛道的關係,陳寅恪先生在其名作《白樂天之思想行爲與佛道關係》中有精闢的表述[96]。陳寅恪評判白居易思想是外佛内道,禪學衹是表面現象,而實質是老子的知足思想。中晚唐士人的宗教信仰,無論煉丹求仙,坐禪齋戒,都是出於解決生死問題的實用目的。晚年居洛期間,白居易經常持齋坐禪,兼修彌勒净土。經常與佛寺高僧往來,"僧至多同宿"[97],並虚心鑽研經典,身體力行地禮佛參禪。"從此始堪爲弟子,竺乾師是古先生。"[98]他不但"栖心釋氏,通學小中大乘法"[99],而且不斷施捨,"凡爲文,動關教化,無不贊美佛乘"[100]。大和六年,白居易以爲友人元稹撰寫墓誌銘所得"謝文之贄"六七十萬錢重修龍門香山寺。八年後,捨俸錢三萬,畫西方世界一部和彌勒上生圖一幀,又出資爲香山寺新修經藏堂,"於諸寺藏外雜散經中,得遺編墜軸者數百卷帙,以開元經録按而校之"[101]。經增補,"合是新舊大小乘經律論集,凡五千二百七十卷,乃作六藏分而護焉"[102]。

居洛期間,白居易還將文集分別收藏在廬山東林寺、洛陽聖善寺、香山寺、蘇州南禪院,並表示"願以今生世俗文字、放言綺語之因,轉爲將來世世贊佛乘、轉

---

[96] 陳寅恪《白樂天之思想行爲與佛道之關係》,《嶺南學報》第 10 卷第 1 期,1949 年。此文後收入陳寅恪《元白詩箋證稿》,331—340 頁。

[97] 《白居易集》卷二三《履道新居二十韻》,519—520 頁。

[98] 《白居易集》卷三五《齋戒》,793 頁。

[99] 《白居易集》卷七〇《醉吟先生傳》,1485 頁。

[100] 普濟著,蘇淵雷點校《五燈會元》卷四《佛光滿禪師法嗣·白居易侍郎》,中華書局,1984 年,221 頁。

[101] 《白居易集》卷七一《香山寺新修經藏堂記》,1498 頁。

[102] 同上。

法輪之緣"[103]。

《佛頂尊勝陀羅尼經》在唐代宗大力推行下,超越了宗派,成爲佛教界最普遍通行的經典。白居易對《佛頂尊勝陀羅尼經》有深刻的理解,"壞罪集福,浄一切惡道,莫急於《佛頂尊勝陀羅尼經》,凡三千二十言"[104]。他還在《東都十律大德長聖善寺缽塔院主智如和尚荼毗幢記》中寫道:"陀羅尼門有《佛頂咒》功德,事具《尊勝經》……及臨盡滅也,告弟子言:'我歿後當依本院先師遺法,勿塔勿墳,唯造《佛頂尊勝陀羅尼經》一幢,寘吾荼毗之所。吾形之化,吾願常在,願依幢之塵之影,利益一切衆生,吾願足矣。'今院主上首弟子振公,泊傳法受遺侍者弟子某等若干人,合力建幢,以畢師志。振輩以居易辱爲是院門徒者有年矣,又十年以還,蒙師授八關齋戒,見托爲記,附於真言,蓋欲以奉本教而滿先願,尋往因而集來果也。欲重宣此義,以一偈贊之。偈云:'幢功德甚大,師行願甚深。孰見如是幢,不發菩提心?'"[105]對於刻石建幢,他認爲"其功不朽,其義甚深。故吾謂石經功德,契如來付囑之心"。[106]

經幢出土於白居易宅園遺址,青石質,殘存幢石兩塊,均爲幢身,幢身底端有一個圓榫,其下連接幢座。幢身作六面體,均有刻文。復原幢身高度大於90—100釐米,如果原刻有幢額與佛像裝飾,則高度可能在120釐米以上。六面柱體的幢身,衹是經幢整體的中間部分。它的上面應有幢頂,下有幢座,今已無存。經幢刻文由《佛頂尊勝陀羅尼經》《大悲心陀羅尼經》和題記三部分組成。

經幢殘存文字:"唐大和九年……開國男白居易造此佛頂尊勝大悲心陀羅尼經……及見幢形、聞幢名者,不問胎卵濕化,水陸幽明……悉願同發菩提,共成佛道"是經幢的"記贊在下"部分,敘述造幢的時間、目的、造幢人的籍貫、官職等。由"開國男白居易造此",可明確二點:一是此幢由白居易建造,二是當時白居易的封爵爲"開國男"。"蓋聞懷罪集福,莫急於尊勝陀羅尼、大悲心真言"[107],喪子逝友的白居易造"佛頂尊勝大悲心陀羅尼"經幢,其目的就是"爲亡故親人

---

[103]《白居易集》卷七〇《蘇州南禪院白氏文集記》,1489頁。
[104]《白居易集》卷六九《蘇州重玄寺法華院石壁經碑文》,1449頁。
[105]《白居易集》卷六九《東都十律大德長聖善寺缽塔院主智如和尚荼毗幢記》,1462—1463頁。
[106]《白居易集》卷六九《蘇州重玄寺法華院石壁經碑文》,1449頁。
[107]《益都縣圖志》卷二七《李恕經幢》,中國文史出版社,2006年,57頁。

而修功德"[108]。講求功德是白居易晚年的佛教追求目的之一。他在自述重修香山寺之目的時,稱"凡此利益,皆名功德。而是功德,應歸微之(元稹)。必有以滅宿殃,薦冥福也"[109]。經幢具有超薦親人或亡者的作用,也正適合白居易喪子逝友的處境。

經幢的《大悲咒》部分,是天竺高僧伽梵達摩在于闐翻譯的早期版本,此種譯本在敦煌的寫本中有保存,官方並沒有刊行,從于闐傳至內地,純粹是通過佛教徒私人傳抄而做到。該版《大悲咒》在洛陽中唐時期的經幢上發現尚屬首次,説明白居易對經幢版本選擇有自己的標準。出土經幢則是真正反映白居易佛教信仰的實證,應引起國內外學界的重視。

### (三) 履道宅園出土遺物與白居易的日常生活

考古發掘所獲取的各類物質遺存,是研究社會生活的重要資料。從遺址出土的各類遺物,可以部分還原當時人的生活狀況,甚至衣食住等日常的生活。考古發掘的白居易宅園,集第宅和園林於一體,宅第即園林,園林承載着日常生活,從園林可窺得其晚年生活的食、住、用的各個方面。

唐代飲酒之風盛行。好飲、能飲之士大有人在。都城內外、朝野上下,官員應酬、文人交往、平民溝通,無酒不歡。可謂"無人不沾酒,何處不聞樂"[110]。喝酒和飲茶是白居易人生的兩大嗜好。他的詩文中多有飲酒、釀酒的作品。嗜酒豪飲,樂在其中,如"賣我所乘馬,典我舊朝衣。盡將沽酒飲,酩酊步行歸"[111]。"白樂天雖然不太能喝酒,但却喜歡喝酒,特別喜歡喝朝酒。"[112]白居易晚年退居洛陽,還經常自己動手釀酒。製作家釀酒,在開壇之時"開瓶瀉樽中,玉液黄金脂。持玩已可悦,歡嘗有餘滋"[113],陶醉其中,品味新釀便成爲白居易的快意人生。在其以酒爲題的詩中,常會提到酒色、酒香、酒味,如"甕揭聞時香酷烈,瓶

---

[108] 杜文玉《唐代長安佛教經幢題記與題名研究——以佛教信衆的社會結構爲中心》,《人文雜誌》2012 年第 6 期。
[109] 《白居易集》卷六八《修香山寺記》,1442 頁。
[110] 《劉禹錫集箋證》卷二七《樂府下·百花行》,847 頁。
[111] 《白居易集》卷六《晚春沽酒》,112 頁。
[112] 青木正兒《抱樽酒話·飲酒的方法》,雅典文庫六,1948 年。
[113] 《白居易集》卷五《效陶潛體詩十六首》,105 頁。

封貯後味甘辛""色洞玉壺無表裏,光摇金盞有精神"等[114]。酒具分儲酒、盛酒、斟酒和飲酒器具。唐代儲酒用甕、瓶,"甕揭聞時香酷烈,瓶封貯後味甘辛";盛酒用樽,帶杓,"開瓶瀉樽中"[115]"田翁逢我喜,默起具樽杓"[116]。樽爲盆狀,後來被執壺代替了,執壺集盛酒和斟酒的功能於一身。"元和初,酌酒猶用樽杓,所以丞相高公有斟酌之譽,雖數千人,一樽一杓,挹酒而散,了無遺滴。居無何,稍用注子,其形若罃,而蓋、嘴、柄皆具。太和九年後,中貴人惡其名同鄭注,乃去柄安繫,若茗瓶而小異,目之曰偏提。"[117]在唐代中晚期,執壺大量出現,也成爲點湯注茶的茶注。唐代長沙銅官窑出土的執壺上有"陳家美春酒""酒溫香濃"題款。西安唐大和三年王明哲墓出土的執壺上墨書"老得家茶社瓶",顯然是茶瓶。飲酒具有杯、盞、碗等。白居易宅園出土的罐、盆、執壺、碗、盞等都是酒具,有些也兼作茶具。在白居易宅園裏,南青北白的代表邢窑、越窑瓷器都有發現。邢窑的有盞、碗、盤、杯、盂,越窑的有碗、盤、盂、盞、盞托、盒等。其中邢窑的盞,有五出葵口、"盈"字款、"陳家"墨書款,胎白細,施白釉,造型精美,美酒佳配。越窑的碗造型簡單,碗、盞、盞托等既是酒具,更多的是用來喝茶。出土的執壺以鞏縣窑和黃堡窑的爲主。

白居易宅園的"南園"發掘清理出一處釀酒設施。該處磚砌圓池狀。由上口、檯面和中心圓坑三部分組成。上口用磚砌周壁,磚係弧形特製磚,磨邊對縫壘砌。周壁殘高0.35米、口徑2.1米。檯面環形,與唐代地面平齊,用梯形磚平砌而成,平整光滑,寬0.65米。中心圓坑土壁,製作規整。口徑0.8米、深0.5米。坑內殘存有3釐米厚的草木灰,其下有6釐米厚的紅燒土。該遺迹發掘者認爲:從這一建築的上部殘存圓形周壁來看,下部顯然爲一灶坑。此建築遺迹可能是釀酒作坊中的造酒設施[118]。白居易的自家釀酒之樂,從其詩作中能品味出來。"香麴親看造,芳叢手自栽。迎春報酒熟,垂老看花開。"[119]"一甕新醅

---

[114]《白居易集》卷二六《詠家醞十韻》,597頁。
[115]《白居易集》卷五《效陶潛體詩十六首》,104頁。
[116]《白居易集》卷六《觀稼》,117頁。
[117] 李匡乂《資暇録》卷下《注子偏提》,中華書局,1985年,207頁。
[118] 中國社會科學院考古研究所編著《隋唐洛陽城(1959—2001年考古發掘報告)》。
[119]《白居易集》卷三六《對新家醞玩自種花》,835頁。

酒,萍浮春水波","酒熟無客來,因成獨酌謠"[120]。

白居易的生活是愛酒不嫌茶,喜歡喝酒,也喜歡飲茶,"茶鐺酒杓不相離"[121]。其詩作中往往是茶酒並提,"看風小榼三升酒,寒食深爐一碗茶"[122]。在白居易的詩作中常會提到茶具和茶的色、香。"遊罷睡一覺,覺來茶一甌。"[123]"白瓷甌甚潔,紅爐炭方熾。沫下麴塵香,花浮魚眼沸。盛來有佳色,宴罷餘芳氣。"[124]詩中的"甌""白瓷甌"等均是茶器。陸羽的《茶經·四之器》列舉唐代的茶器,大概有二十六項。在白居易宅園中也出土了一些茶具,像盞、盞托、碗、盂、執壺等飲茶具,另外還有研鉢、澄濾器、瓷茶碾和瓷墮等制茶工具。

瓷茶碾,內橢圓而外長方,橢圓有利於運轉,外方能防止傾倒。內有一圓餅狀帶軸的碾軸。碾軸直徑 13.01 釐米,中間厚 2.7 釐米,邊厚 0.7 釐米。軸無存,孔徑 2.1 釐米。碾軸能在圓槽內來回轉動,用它將炙烤過的餅茶碾成碎末,便於煮茶。陸羽在《茶經》中已提及茶碾,是碾茶之具。法門寺地宫出土的茶碾子,由碾槽、槽座和能抽動的蓋板組成,通體鎏金,底部弧形,便於碾軸在槽內來回滾動。前後兩端的槽板上各飾有三朵相連的流雲紋,內有寶珠形壺門一個。左右兩側的槽板上飾麒麟和流雲紋,其間各有鏤空壺門三個。特別的是槽面還插入一塊可以沿溝槽抽動的長方形蓋板,閉合時,槽身密封。碾軸兩面以軸眼爲中心飾鎏金團花,外繞以流雲紋,富貴襲人。

碗、盞、盞托、執壺、杯等在白居易宅園出土數量較多,產地有北方的邢窯、鞏縣窯、黃堡窯,南方的越窯。其中兼具酒器與茶器。唐代士人稱碗、盞爲甌,"白瓷甌甚潔"。"碗,越州上,鼎州次,婺州次,岳州次,壽州次,洪州次。或者以邢州處越州上,殊爲不然。若邢瓷類銀,越瓷類玉,邢不如越一也。若邢瓷類雪,則越瓷類冰,邢不如越二也。邢瓷白而茶色丹,越瓷青而茶色綠,邢不如越三也。"[125]陸羽在《茶經》中列出製造茶碗的地方有越州、婺州、岳州、鼎州、壽州、

---

[120] 《白居易集》卷三二《冬初酒熟二首》,726 頁。
[121] 傅璇琮主編《唐才子傳校箋》卷六《白居易傳》,中華書局,1987 年,12 頁。
[122] 《白居易集》卷二六《自題新昌居止》,589 頁。
[123] 《白居易集》卷三〇《何處堪避暑》,684 頁。
[124] 《白居易集》卷三〇《睡後茶興憶楊同州》,681 頁。
[125] 陸羽著,沈冬梅點校《茶經》,中華書局,2010 年,65 頁。

洪州、邢州等。經過比較,得出邢窑不如越窑,越州窑燒製的茶碗爲最好的結論。因爲越州窑燒製的淡青色茶碗能與綠色的茶湯相映生輝。白居易宅園出土的越窑碗、盞,作爲茶器的可能性更大。

白居易晚年在洛陽的生活,以詩、酒、琴爲友,閑居怡情,雅趣樂心。宅園出土辟雍硯、石硯、石鎮紙等文房用品,成爲其詩歌創作的工具。他"或飲茶一盞,或吟詩一章"[126],筆耕不輟,據統計大和三年一年寫詩一百二十七首,平均一月寫詩十首,數量驚人,以"詩魔"自稱。

辟雍多足硯,紅胎瓷質。硯呈圓形,硯面侈口,硯堂平坦凸起,周邊有貯水凹槽一周。槽外一側附有兩個筆插,硯臺底部有 21 個獸蹄狀足。另一件圓形石硯,周邊凸起,蹄形足,出土時盤內尚存墨迹。

白居易喜歡圍棋,以之爲一種消遣的生活方式,並且以圍棋入詩:"晚酌一二杯,夜棋三數局。"[127]"送春唯有酒,消日不過棋。"[128]"興發飲數杯,悶來棋一局。"[129]"唯共嵩陽劉處士,圍棋賭酒到天明。"[130]以棋自娛,銷愁解悶。白居易對自己的棋藝相當自信,"棋罷嫌無敵,詩成愧在前。明朝題壁上,誰得萬人傳"[131]。晚年居洛,他的日常生活是"讀罷書仍展,棋終局未收"[132],白居易宅園出土的圍棋盤、棋子正是他業餘生活消遣的證據。

白居易履道宅裏蓄養有樂伎,像樊素、小蠻等,且自己酷愛彈琴。他曾描繪"玉管清弦聲旖旎,翠釵紅袖坐參差"[133],認爲這樣的生活,"人間歡樂無過此"[134]。在履道宅園出土玉簫一件,還殘存兩個音孔。

**(四)履道宅園沿革的考古學證據**

晚唐五代以後,白居易履道宅園漸至荒蕪。"繁華勝麗過盡,一時至於荆

---

[126] 《白居易集》卷二二《偶作二首》,492 頁。
[127] 《白居易集》卷七《郭虛舟相訪》,147 頁。
[128] 《白居易集》卷一六《官舍閑題》,328 頁。
[129] 《白居易集》卷一〇《孟夏思渭村舊居寄舍弟》,202—203 頁。
[130] 《白居易集》卷一七《劉十九同宿(時淮寇初破)》,359 頁。
[131] 《白居易集》外集《宿張雲舉院》,1519 頁。
[132] 《白居易集》卷二八《府西池北新葺水齋即事招賓偶題十六韻》,645 頁。
[133] 《白居易集》卷三四《與牛家妓樂雨後合宴》,777 頁。
[134] 同上。

棘,銅駝遍於伊洛"。李格非的感慨,道盡了履道宅園的興廢滄桑。履道宅園在後唐莊宗同光二年(924)改爲普明禪院,北宋時稱大字寺園。考古發現了宋代的遺迹與遺物,遺迹保存太差,無法斷定其性質,是張氏會隱園的,還是大字寺園。但出土的遺物,却提供了履道宅園興替演變的實物證據,同時也驗證了《洛陽名園記》的史料價值。

在出土的碗、盞的底部墨書有"大字"者9件、"大字院"者1件、"大字當兒"者1件,墨書"普明□"者1件、"普"字者2件,這些器物均分佈在履道宅園的南園以北,主要是在前後庭院周邊區域,所以可以推測五代時期的普明禪院、宋代的大字寺園應該也在這片區域。而發現的宋代磚砌地面、小路均在此區域,所以宋代遺迹也可能屬於大字寺園的建築遺存。同樣,張氏會隱園是白居易履道園之半,其位置就可能在南園。

另外,在履道坊宅園還發現34塊宋代石刻殘塊,其中可辨的有"景祐四年""集賢院""公之會/堂圖任/覺主""度群生/身任真空/右班""事幾内勸"等内容,這與文獻記載的樂天履道宅園在宋代成爲士人交遊、集會的重要地方恰相合,宋人的詩作中常會提到,像宋庠《和吴侍郎游普明禪院》:

履道遺坊敞净廬,昔人曾此賦閑居。園經漢傳揮金罷,石記商賢作礪餘。綠玉千竿多映水,蒼帷雙樹競凌虚。神交不必論年輩,一夕清吟萬境如。[135]

白居易履道宅園成爲宋代士人仰慕樂天風範、效仿其生活方式的舞臺,他們的宴飲、遊賞、唱和等活動多會選擇這裏。

考古發掘所獲得的遺迹與遺物,部分地印證了白居易晚年以詩、酒、茶、琴、棋爲伴的閑適快樂生活,是難得的瞭解中晚唐士人園林和其思想的實物證據。同時考古發掘所獲得的實物資料也證實了白居易宅園在宋代成爲大字寺園的文本記載。

# 五、結語

當年考古發掘工作的目的是"搞清白居易故居的位置、居住區以及園林部

---

[135] 宋庠《元憲集》卷一三,《景印文淵閣四庫全書》第1087册,499頁。

分的佈局和建築特點,爲恢復白居易故居提供真實可靠的科學資料"。考古發掘出土的經幢,是證實履道坊白居易宅園的關鍵證據,但考古發掘的並不是"地方十七畝"的宅園全部。考古發掘是認識白居易履道坊宅園的全新進展。從考古發掘的履道坊宅園,我們可以窺斑見豹地瞭解白居易晚年閑居時的日常生活狀況。

白居易晚年,政治局勢動盪不安,藩鎮割據,宦官專權,國運漸衰。新興的科舉官僚與士族官僚之間的牛李黨爭之風盛行,對朝廷官員產生影響。此時期的社會在黨爭氛圍下逐漸發生胎變,居於兩京的士人官僚群體成爲社會變化的先行者。"不如作中隱,隱在分司官"[136],身陷黨爭的白居易選擇分司洛陽,開始了晚年的"中隱"生活,這是疏離政治而轉向追求獨善其身的主動選擇。精心經營履道宅園,以主人的心態在宅園中穿渠引水,鑿池堆山,釣魚、植荷、養鳥、賞石、創作,以達到追求個人閑適與快樂的終極目的。壺中天地的山林之美,成爲白居易晚年閑居的精神家園,讓他的思想信仰及人生觀發生了重要轉變。

考古發掘獲得的資料是探索他日常生活的重要物證,無論是宅園佈局、還是出土的各類器具,都是白居易晚年生活的最基本的條件,大多和他晚年的詩文可以相互印證。晚年的白居易以履道宅園的壺中天地爲舞臺,以詩、酒、茶、琴、棋的閑適生活爲主,這些實物使白居易晚年的生活更加具體,讓白居易的生活從文本走向真實。

值得一提的是,考古發掘出土的經幢,是白居易宅園的直接證據,也是認識白居易晚年思想的重要材料。自從陳寅恪對白居易的佛道思想加以論述後,成爲學界的公論[137]。但近年來也有人對此產生些許質疑[138]。晚年的白居易與佛教高僧交往密切,"官秩三回分洛下,交遊一半在僧中"[139]。同時在他的詩文中還經常提到在履道宅園中進行齋戒。而考古發掘的"大和九年……開國男白居易造此佛頂尊勝陀羅尼經幢",却從來沒有在他的詩文中提及。這個經幢是白

---

[136] 《白居易集》卷二二《中隱》,490頁。

[137] 陳寅恪《白樂天之思想行爲與佛道之關係》,《嶺南學報》第10卷第1期,1949年。此文後收入陳寅恪《元白詩箋證稿》,生活·讀書·新知三聯書店,2009年,331—340頁。

[138] 杜學霞《白居易在洛陽期間的佛教信仰》,《河南科技大學學報(社會科學版)》2009年第6期;賈晋華《唐代集會總集與詩人群研究》,北京大學出版社,2001年,114頁。

[139] 《白居易集》卷三一《喜照密閑實四上人見過》,698頁。

居易晚年中隱時,栖心佛教,自覺地融釋、道思想於儒教,以適應和滿足保官守禄的現實需求的實證。居家齋戒,潜心佛教,是支撑晚年白居易的重要思想信仰。樹立在白居易宅園中的經幢,成爲一道紀念碑性的存在,是白居易晚年思想和人生觀念轉變的證據。這種經幢的樹立方式爲經幢研究提供了新的資料,彌足珍貴。

白居易晚年生活的洛陽,成爲時代文化的旋渦,聚集了元稹、劉禹錫、牛僧儒、舒元輿、張仲方、崔玄亮、李紳、李仍叔、裴度等士人,這些人在洛陽或致仕、或分司,衣食快適,時間悠閑,儘管生活方式不同,但作爲士人群體,其生活水準、生活内容、生活習俗都深深地烙上時代和士人群體的烙印。

從中晚唐開始,進入了士人園林的洛陽時代,此時因科舉新興的士人階層,紛紛進入城市,成爲時代變遷的推動者。聚集在洛陽的士人群體,通過理水疊石的造園活動,努力營造放歸山林的私人領域,園林成爲他們交流的場所,他們的集會宴飲、詩歌唱和,宣導了洛陽的文化風尚。同時文化階層的造園活動,成爲士人群體的符號特徵,增進了他們之間的認同,提升了個人對群體認同的歸屬感,促成以白居易爲首的士人與文人群體的文化圈的形成。洛陽因其閑適的環境,寬鬆的政治氛圍,成爲士人官僚獨善其身的理想之地。園林成爲士人心靈的歸宿,在這片私人領域,追求自由滿足的精神世界,是士人在兼濟天下經世之功不能實現後的折中。北宋以洛陽爲中心的園林沿襲中晚唐時期的園林風格,文人士大夫的園林生活、文化活動等都是疏離廟堂的無奈之舉,但園林依然是士人們獨善其身的精神家園,這種自我追求仍是中晚唐以白居易爲代表的士人精神的孑遺。

## Literary Men and Gardens in Middle and Late Tang China
## —Based on Bai Juyi's Lüdaofang Private Garden

### Han Jianhua

Luoyang 洛陽, the east capital of Sui 隋 Dynasty, was a water city designed according to the plan of Jiankang 建康 of the Southern Dynasties. It was the measure of

Yangdi 煬帝 to realize Jiangnan 江南 urban plan in North China. The rapid development of Luoyang gardens was not only led by the natural geographical advantages but also contributed by the Luoyang scholars who passed the imperial examination and entered the official career. After the An-Shi Rebellion 安史之亂, the constant political turmoil not only tied the Tang 唐 emperors from visiting Luoyang but also attracted many scholars and bureaucrats who tried to avoid disaster. These scholars built houses and gardens in the southeast of Luoyang City. Relying on private gardens, they gathered and feasted. In their leisure and comfortable life, they began to reshape the ideal personality concept of scholars and became the pioneer of historical transformation in the process of consciously or unconsciously pursuing spiritual liberation and settling down. Bai Juyi 白居易 first created the "Middle Seclusion (*zhongyin* 中隱)" lifestyle, which balanced the seemingly contradicting idea of benefiting the world and paying attention to personal moral uplift, and became the general spiritual trend of scholars in the Tang and Song dynasties. Bai Juyi's Lüdaofang 履道坊 house garden was confirmed by archaeological excavation, which made Bai Jüyi's leisure life from text to reality and became an important indication of the social transformation in the 9$^{th}$ century.

# 從西南蠻封爵看 8 世紀雲南地區：
# 以《爨公墓誌》爲綫索*

## 新津健一郎

在唐帝國的周邊存在着許多以國家、民族集團爲形式的政治勢力。某些勢力在與唐建立交流或内附時，被唐帝國賜予官職、爵位等。在唐代的對外關係中有比作"父子""兄弟"等的親屬關係，以及比較常見的朝貢關係，而賜予爵位並封建其爲外藩（册封）則是十分常見的一種方式。以册封爲媒介的"外交"關係早已爲前人學者所廣泛討論，而體現在唐帝國秩序内的地位的稱號——爵位，則成爲了問題的關鍵[1]。唐代爵位有國王、郡王、國公、郡公、縣公、縣侯、縣伯、縣子、縣男之九等，對外藩基本上授予"王號"（國王、郡王）。郡王是對内附民族集團的首領授予的稱號，"國王"進一步分爲"某王"（藩邦君主）、"某國王"（本國王）以及"'德化'王"（需要褒封之時以表示德化之詞爲封號）等一系列等級，以此爲基準多種多樣的"王""君長"被納入了爵位系統[2]。

前人以新羅、渤海、契丹等具有較高的政治自立性及擁有累代封爵記録的政治勢力爲對象，對唐帝國邊政結構、民族史、交通史等進行了考察與研究。這些勢力位於唐帝國北部或北方（包括東北、西北方面）。帝國的西方以及西南地區，7 世紀的吐蕃、8 世紀的南詔相繼成爲强大的勢力，顯示出政治獨立性。其中

---

\* 本稿爲日本學術振興會青年學者海外挑戰項目（JSPS Overseas Challenge Program for Young Researchers：201980040）研究成果之一。

〔1〕代表性研究有西嶋定生先生的"册封體制論"（《中國古代國家と東アジア世界》，東京大學出版會，1983 年，397—467 頁）。

〔2〕金子修一《隋唐の國際秩序と東アジア》，名著刊行會，2001 年，173—234 頁。增補版《古代東アジア世界史論考》，八木書店，2019 年，345—398 頁。這個部分兩種版本差異不大，本文基本上參考 2001 年版。

唐蕃關係基本上由"和蕃公主"的婚姻構成。除了對南詔和近鄰部落的幾個例子外,7、8 世紀的賜爵記録並不多[3]。

南詔原本是大理地區部族之一,在唐帝國的支持下對鄰近諸部族進行壓制並逐漸擴大了勢力。因此唐朝在開元年間封南詔君主皮羅閣爲"臺登郡王",此後的開元二十六年(738)册立其爲"雲南王"。天寶九載(750),南詔以姚州都督府官人的失禮爲藉口與唐斷交,作爲"贊普之弟(贊普鍾)"歸屬吐蕃,在幾乎半世紀之後的貞元十年(794)作爲"南詔王"又回歸到唐朝册封體系内[4]。在這之間,唐朝對於爲南詔再册封做出貢獻的一些西南諸蠻首領也賜予了爵位,但賜爵次數很少。前人學者主要關注點集中在南詔國内的政治、民族史或西南地區羈縻制度等問題[5]。可是,封爵實例雖然不多但確實存在,可見在唐代爵制秩序之下西南地區也並非異類。在與其他地區的封爵以及與爵位以外的西南區域史研究的關聯性方面,唐代西南地區的封爵現象還需要進一步深入考察。

在這種情況下,貞元二年《大唐故河東爨府君墓誌》(簡稱《爨公墓誌》)爲值得關注的史料。該墓誌 1999 年出土於四川省成都市[6]。據誌文,誌主"爨子華(字守忠,738—785)"是"爨氏"大首領之子,曾祖以來世襲"南寧郡王"之爵位,子華作爲"南寧州都督、南寧郡王"葬於成都府。"爨氏"爲開元、天寶時期以前雲南滇東地區的大族、西爨白蠻部族的領導家族。不過爨氏封爵却是史乘未見的事實,該誌可謂是西南地區珍貴的封爵史料。同時,誌主所生活的年代是南詔征服滇東和從"反唐

---

[3] 前揭金子氏著作 2001 年版第七、第十一表,223—225、269—276 頁。

[4] 關於南詔政治史的研究有:馬長壽《南詔國内的部族組成和奴隸制度》,上海人民出版社,1961 年;藤澤義美《西南中國民族史の研究:南詔國の史的研究》,大安,1969 年;Backus Charles, *The Nan-chao Kingdom and Tang China's Southwestern Frontier* (Cambridge: Cambridge University Press, 1981. 以及方國瑜先生的一批論文,收入《方國瑜文集》,雲南教育出版社,2001 年。近年的成果有大原良通《王權の確立と授受:唐・古代チベット帝國(吐蕃)・南詔國を中心として》,汲古書院,2003 年;梁曉强《南詔史》,中國社會科學出版社,2013 年。

[5] 參看方國瑜《中國西南歷史地理考釋》,中華書局,1987 年;劉統《唐代羈縻府州研究》,西北大學出版社,1998 年;郭聲波《彝族地區歷史地理研究》,四川大學出版社,2009 年;郭聲波《中國行政區劃通史 唐代卷》,復旦大學出版社,2012 年。

[6] 發掘報告有成都市文物考古研究所《成都市南郊桐梓村唐代爨公墓發掘》,《成都考古發現》1999 年號,科學出版社,2001 年,202—210 頁;成都市文物考古研究所《成都市南郊唐代爨公墓清理簡報》,《文物》2002 年第 1 期,66—70 頁。拓本另有劉雨茂等編《成都出土歷代墓銘券文圖録綜釋》,文物出版社,2012 年,15—17 頁。

歸蕃"到"反蕃歸唐"之時代,此次封爵與唐帝國的邊政、對南詔及吐蕃戰爭應有聯繫。

《爨公墓誌》出土以來各國學者已發表數篇研究,而在筆者所知的範圍内没有對封爵相關問題的討論[7]。本文以前人的考察爲基礎,對墓誌和相關史料記載進行整理,並對封爵等稱號以及稱號的由來進行考察。具體論題有三個:爨氏封爵之背景和意義;爨氏與南詔關係、南詔"反唐歸蕃"事件對爨氏實際、名義地位的影響;南詔"反蕃歸唐"以後西南地區"外藩"結構的變化。

## 一、《爨公墓誌》的史料意義

### 1.《爨公墓誌》的基礎信息

1999年,成都市文物考古研究所對成都市南部武侯區桐梓林村的一座磚墓(編號:99CTZM1)進行了發掘。該墓葬磚室全長6.8米、寬2.9米,由於盗掘隨葬品所剩不多,除《爨公墓誌》外還出土了"開元通寶""乾元大寶"等銅錢,以及一些瓷器、銅鏡、鐵器等隨葬品。據墓誌紀年以及隨葬物品判斷,該墓是唐墓無疑[8]。《爨公墓誌》(99CTZM1:14)誌蓋邊長49釐米、厚3釐米,中部有"大唐故河東爨府君墓誌之銘"(3行、行4字,篆書),外周有十二生肖,四隅有菊花等的紋樣。誌身邊長48.7釐米、厚6釐米,30行(首題2行,正文28行),滿行30字,

---

[7] 榮遠大《成都唐代爨守忠墓誌考釋》、平建友《爨碑考校三題》,收入林超民、王躍勇主編《南中大姓與爨氏家族研究》,民族出版社,2002年,156—161、174—190頁。榮氏一文後再録於《成都考古研究2009》,511—514頁。二者提示了簡體録文及其基礎解釋。西川和孝《唐南寧郡王〈爨公墓誌銘〉試釋:九世紀西南中國の政治動向をめぐる新史料》(《中央大學アジア史研究》第29號,2005年,22—51頁)介紹了這方墓誌,進行了日語翻譯。郭聲波、姚帥《石刻資料與西南民族史地研究:〈唐南寧州都督爨守忠墓誌〉解讀》,《中南民族大學學報》2010年第4期,85—89頁。後收入郭聲波《圈層結構視閾下的中國古代羈縻政區與部族》,中國社會科學出版社,2018年,240—250頁。對"南寧一十四州"的史地研究和其他問題進行了基礎探討,정면(鄭勉)《唐代"南中"지역과"西爨":爨守忠墓誌의 해석을 중심으로(唐代南中地域與西爨:以爨守忠墓誌的解釋爲中心)》,《동양사학연구(東洋史學研究)》第110號,2010年,89—137頁。該文梳理了唐前期對南中地區的管轄和當地部族的關係,並以《爨公墓誌》爲材料之一考察了西爨滅亡的過程。

[8] 發掘報告參看注釋[6]。99CTZM1是四川地區第一座有唐代紀年的墓葬。之後四川又陸續發現了一些唐代墓葬。參閲劉雨茂、朱章義《四川地區唐代磚室墓分期研究初論》(《成都考古研究2009》,515—527頁)以及劉雨茂等編《成都出土歷代墓銘券文圖録綜釋》。

共817字。刻文殘存良好,判讀問題不大。關於墓誌的拓片、錄文以及注釋已有數篇文獻發表,由此筆者整理做成錄文如下[9]:

  大唐故節度副使開府儀同三司兼太常卿南寧一十四州都督襲南寧郡/王河東釁公墓誌銘并序 前漢州司士參軍常旨撰/
  維天垂象,衆星環於北極,君臣位焉。維地成形,百川赴於東海,忠勤繼焉。其/有世濟英毅,保釐炎荒,弘其永圖,作我藩翰,則南寧郡王之素業也。②王名/子華,字守忠。其先河東汾陰人也。赤精失馭,謠屬當塗,黃旗遂興,禪止銜璧。洎/鍾會叛死,鄧艾忠殂,十二代祖遐,左遷是邦。世豪南夏,繁枝固本,而一十四/郡宗之。若鱗爪之有龜龍,羽毛之有麟鳳,竈猶比户,歌雜南音,蓋不忘本也。/③曾祖榮宗,皇朝左監門衛大將軍,封南寧郡王。謀猷間出,德義全高,爲種落/之侯王,作本朝之爪士。錫賚山積,渥恩海深,功垂邛笮,影耀麟閣。大父/仁弘,皇特進,襲南寧郡王。片玉渾金,堅剛温潤,心懸象魏,虎視昆明。烈/考歸王,皇左金吾衛大將軍,紹封。長計遠算,動出人表,深機宏略,褭然不群。/④屬閨鳳馮凌,保寧東落。雪霜知松柏之操,濁亂識忠良之心。桀驁伺邊,蜂蠆縱/毒,殲我國寶。皇上震驚,疇其嗣之。王即金吾之冢子也。太夫人守恭/姜之志,多孟母之賢,斷甚金龍之妻,禮逾石碏之婦。痛纏家禍,誓復夫仇。鋭旨/潛購,英機密運。凶渠授首,天誘其衷。宿憾獲申,幽魂雪憤。古今之所未有,載籍/之所罕聞。美號崇封,光映寰宇,不可得而名矣。⑤王幼乖庭訓,夙達義方,忠/信城池,勇果矛楯。至於擒縱之妙術,營壘之深規,雷公六甲之符,風后九天之/秘。靡不洞理窮微,研精索要。⑥前節使張公,屈魏絳以和戎,徵蔣欽以清俗。顧/彼夷獠,遠鎮犍爲。既式遏以懷柔,仗闢田而播殖。刑以肅惰,悦以勞勤。化榛莽/之鄉,成繁劇之邑。憧憧賓旅,遠近如歸。⑦貞元二年正月二日,遘暴疾,薨/於嘉州/之公廨。春秋卌有八,嗚呼哀哉。⑧古人云:天與我聰明,不與我年壽。斯言信夫。/國揖隳矣,軍容悴矣。元戎慟之,列將痛之,部伍號叫,親友增悲。丹旐悠悠,崩/湍爲之鳴咽。素帷寂寂,韶陽爲之慘悽。以其年三

---

[9] 錄文、解釋參看注釋[7]所記文獻。本文用繁體字,由筆者判斷加以標點,省略空格,區分段落。

月十七日,葬於成都府廣都/縣政道鄉相如里之源,禮也。⑨嗣子冲貌,哀備禮經。夫人隴西李氏,痛琴瑟之偏/亡,泣梧桐之半死。撫孤鞠幼,疾首麋心,號天不天,擗地無地。迺假靈黄絹,琢誌/青珉,庶日月之俱懸,豈陵谷之能易。銘曰:/

⑩蒲城之阿,杞梓高柯,晋魏靡他,氣色山河。其一。生我爨氏,爲王爪士,/旆轉玉壘,魂悽瀘水。其二。忠純弈世,英豪南裔,我軍津濟,我國捍蔽。其三。/清川東急,白日西入,妻子號泣,百身不及。其四。天乎不仁,長夜何晨,/萬歲千春,松栢是遵。其五。

上述内容可分爲10個部分:①序言、②誌主遠祖、③曾祖父以下的譜系、④誌主父親(歸王)之死以及母親(阿奼)爲歸王報仇、⑤誌主子華爲人、⑥誌主功績、⑦誌主逝世經過、⑧哀悼誌主、⑨遺屬追悼、⑩銘文。關於誌主先祖的記載(第②—④部分)較多,其章法遵循唐代墓誌一般的體例。以下筆者將通過對比該墓誌内容以及其他已知史料來確認該墓誌作爲歷史史料的意義。

## 2.誌文的内容及意義

根據墓誌第①、②段落,誌主爲"河東人"爨子華,字守忠[10]。河東實際是誌主祖籍,三國時代蜀漢滅亡之後("鍾會叛死,鄧艾忠殂"),其十二世祖遐因左遷移居到南方,成爲對當地十四郡有影響力的大族。"河東爨氏在三國左右遷居到南中"這種説法可上溯到《爨龍顔碑》(458年,現存於雲南曲靖市)中的記載,《新唐書》卷二二二下《南蠻傳·兩爨蠻》中也有記載[11]。《爨龍顔碑》碑主爨龍

---

[10] 榮氏《成都唐代爨守忠墓誌考釋》用姓、字稱誌主爲"爨守忠"。的確"守忠"與《新唐書·兩爨蠻》所記的歸王遺孤守隅字樣相似,並且由《爨龍顔碑》題名可見爨氏族人實行按字輩命名的方法。郭聲波先生與姚帥先生基於此點復原了唐代爨氏譜系(86—87頁),其中以守忠、守隅爲兄弟的看法是可信的。而《墓誌》明確寫道"名子華,字守忠",所以本文認爲他的姓名爲"爨子華(字守忠)"。同時,郭氏所復原的譜系有幾點問題。特别是乾福和榮宗、歸王和守懿的兩對父子關係没有明確的史料記載,也並不能排除偶然處於上下世代但來自不同家族的可能性。對於此點祇能期待新信息的發現。

[11] 参看平建友《爨氏家族入滇時間考》,《雲南社會科學》2012年第6期,138—142頁;前揭西川氏論文。爨氏通史参看袁嘉穀《爨世家》(收入《滇繹》,東陸大學,1923年)、飯山正雄《〈爨寶子碑〉の爨氏について》(《不手非止》第2號,1980年,68—73頁)、方國瑜《兩晋、南北朝統治寧州與地方勢力的争奪》《滇東地區爨氏始末》《南北朝時期爨氏對南中諸郡的統治》,收入《方國瑜文集》第一輯,420—436、458—514頁。

顔自稱"建寧"(滇東地區南北朝時代地名,今曲靖一帶)之人,之後唐代爨氏也基本上以"建寧"即南寧州爲根據地。另一方面,有些唐代爨氏墓誌記載的籍貫爲雁門,雖與南方並無關係,但可以確認山西方面也存在一支"爨氏"[12]。

據墓誌第③段落以下的記載,子華的曾祖父榮宗任唐朝"左監門衛大將軍"(正三品),被封爲"南寧郡王"。唐代南寧州管理滇東地區,治所在味縣(今曲靖市),唐初以及開元、天寶時期還設有都督府。《爨公墓誌》所記載"南寧郡王"之爵位爲爨氏所襲,"特進"仁弘、"左金吾衛大將軍"歸王以及"南寧州都督"子華世代承襲郡王。誌文中"功垂邛莋""虎視昆明"等句暗含榮宗、仁弘時期"南寧郡王"在滇東地區實際具有權力。

誌主的父親歸王作爲"西爨白蠻"首領見於《新唐書·兩爨蠻》、《蠻書》卷四《名類》、《南詔德化碑》《敕安南首領爨仁哲書》等史料[13]。歸王在開元時期領"南寧州都督"和"戎州首領、右監門衛大將軍、南寧州刺史",以味縣石城爲據點打敗東爨烏蠻首領,征服了昇麻方面。同時,距味縣較遠的曲軛(同起縣)爲歸王之侄崇道據點,滇池西邊的安寧(今昆明市安寧市)爲崇道之弟據點,可見爨氏的勢力盤踞在滇東一帶。

唐代爨氏所支配的地區爲從四川平原經過昭通、曲靖、滇池、步頭到安南的道路沿綫(戎州路及步頭路)。開元時期,劍南節度使章仇兼瓊及後任者鮮于仲通試圖開發和管理步頭路,歸王等爨氏諸首領一齊反抗並殺害了唐朝官吏。爲懲罰爨蠻,玄宗命令南詔皮羅閣出師。爲此,歸王、崇道等詣南詔軍門拜謝,在皮羅閣的仲裁下,玄宗下詔書釋罪。而被派往南詔的唐朝官吏離間爨氏首領間的關係,因此爨崇道最終殺害了歸王以及自己的弟弟日進,之後又不斷地攻

---

[12] 現存唐代"爨氏"族人墓誌有《故朔州長史徐君墓誌銘》(徐彪及妻爨氏,634年)、《故文德皇后挽郎常州參軍爨君墓誌並序》(649年)、《顯慶四年洛陽爨協造像記》(659年)、《故文林郎爨君墓誌銘並序》(661年)、《故廉州封山縣令爨府君墓誌》(691年)、《故爨府君墓誌銘並序》(爨進及妻何氏,807年),共六方。其中《故朔州長史徐君墓誌銘》《故文林郎爨君墓誌銘並序》《故廉州封山縣令爨府君墓誌》稱誌主爲雁門人(或祖先爲雁門人)。雁門爨氏不見於林寶撰《元和姓纂》卷九,中華書局,1994年,1296—1297頁。目前與雲南有關的爨氏墓誌僅有《南寧郡王爨公墓誌》一方。

[13] 《新唐書》,中華書局,1975年,6315—6316頁。向達《蠻書校注》卷四,中華書局,2018年,82—86頁。《南詔德化碑文》收入方國瑜主編《雲南史料叢刊》第2册,雲南大學出版社,1998年,365—386頁。《敕安南首領爨仁哲書》收入《雲南史料叢刊》第2册,125—126頁。另外的版本有熊飛校注《張九齡集校注》,中華書局,2008年,693—696頁。

擊歸王家族。

《爨公墓誌》第④段落所稱"屬閣鳳馮凌,保寧東落"應是對懲罰謝罪一事的描寫,"蜂蠆縱毒,殲我國寶"指的是爨崇道殺害歸王一事,語氣都較爲婉曲[14]。據《新唐書》及《蠻書》,歸王之妻阿妵托以南詔爲中介,獲得玄宗對歸王遺孤繼承父親地位的許可,然後又在南詔的軍事支援下打敗了崇道。一系列事件致使爨氏在滇東的地位下降,而終結了內亂的南詔則增强了影響力。不久之後的750年,閣羅鳳斷絕與唐的册封關係,歸順吐蕃。至於爨氏,歸王的繼承人守隅則被遷至河賧(今洱海附近),在那之後的760年代,滇東地區的西爨蠻又被徙民至永昌(大理西南,今雲南省保山市)[15]。

至此,徙民之後的爨氏被認爲完全爲南詔所統治,南寧州也被認爲"没於蠻"[16]。但與此相反,《爨公墓誌》第④、⑥段落表示誌主得到玄宗的允許繼承了父親的官爵,在那之後誌主在"前節使張公"(劍南西川節度使張延賞,779—785在任)的管轄下駐屯嘉州(現今四川省眉山市)。因爲第⑤段落没有具體年代及地點記載,故而其具體移居經過不得而知,而750年代到779年左右,子華離開滇東遷居到劍南道内地。顯然,爨公之墓葬在成都府表明他在逝世之後没有歸葬的機會[17]。

從750年代到770年代,劍南道的社會混亂一直在持續。第一,唐對南詔的幾次遠征均不成功,755年以後安史之亂和玄宗蒙塵引起了劍南社會、經濟的嚴重混亂,故而唐對吐蕃、南詔處於守勢。由此吐蕃、南詔攻佔姚州、巂州,通過山嶺逼近四川盆地。在成都西北、西南山地屢屢發生戰鬥。同時,道内也再三發生官民的叛亂,張延賞大曆十四年(779)任節度使時首要的工作便是維護治安和

---

[14] "閣鳳"應是爲四字句行文規整而將"閣羅鳳"縮寫而成。該時期南詔君主爲皮羅閣,故而有墓誌撰文人考證不細,或是皮羅閣之下閣羅鳳實際率領軍隊等可能性。墓誌强調南詔閣羅鳳爲敵人的背景,將在本文第三章討論。

[15] 《新唐書》卷二二二下《南蠻傳下》,6316頁;《蠻書校注》卷四,86—87頁。考證參看藤澤氏著作第443—453頁。

[16] 《新唐書》卷四三下《地理七下·羈縻州·戎州都督府》:"開元五年復故名。天寶末没於蠻,因廢。"第1140頁。

[17] 榮遠大先生認爲爨子華"落户"於成都(注釋[10]),而其經過還有進一步考察之餘地。

社會穩定[18]。張延賞的傳記及以此爲基礎的前人的研究與《爨公墓誌》第⑥段落内容符合。《墓誌》第⑤段落强調誌主具有軍事才能,結合 8 世紀後期嘉州爲唐朝戎州路之前綫這一事實,子華爲保衛劍南道做出的貢獻有很大可能是反映了實際情况的。可以將誌主視爲新發現的"西爨在衰弱、徙民之後出仕唐朝的爨氏首領"之例。

在上述内容中,誌主子華及其父親歸王、祖父仁弘、曾祖榮宗是《新唐書》《蠻書》《南詔德化碑》未載之人物,爵位"南寧郡王"也没有被提及。據《新唐書》,"南寧州都督"是爨歸王所領之職,他逝世之後守隅經玄宗允許繼承其官,之後守隅被納入南詔治下,斷絶了與唐的關係,750 年以後未見在唐朝做官的爨氏族人。由此可見本墓誌有四點新信息:榮宗以後的系譜;榮宗以後的受爵;守隅以外的歸王兒子;誌主子華作爲歸王之子在 8 世紀後期唐帝國内地(劍南道)被叙封爲"都督、郡王"。

《爨公墓誌》是 8 世紀末在劍南道内做成的,墓誌特意記録虚僞的唐朝官爵的可能性不高。由此認爲誌文中的系譜、官爵及其説明基本上是可信的。另一方面,爨歸王逝世之後的經過,誌文有與《新唐書》《蠻書》記載不同之内容。雖然實際上子華在守隅移居之後重新世襲歸王的官爵,而墓誌因某些原因避開涉及"守隅"之内容與其並不矛盾。對這個問題將在第三節進一步深入,但此處至少可以説没有必要認爲子華其人和其系譜爲虚構。

## 二、開元年間以前的雲南地區和首領封爵

### 1. "南寧郡王"的意味:唐初期對西南諸蠻首領的賜爵

根據《爨公墓誌》,誌主家族從曾祖父以來襲"南寧郡王"爵,本節將目光投向誌文中新發現的系譜以及爵位世襲,考察開元以前雲南地區的政治結構和其

---

[18] 參看松井秀一《唐代前半期の四川:律令制支配と豪族層との關係を中心として》,《史學雜誌》第 71 卷第 9 號,1962 年,1—37 頁。松井秀一《唐代後半期の四川:官僚支配と土豪層の出現を中心として》,《史學雜誌》第 73 卷第 10 號,1964 年,46—88 頁。李敬洵《唐代四川經濟》,四川省社會科學院出版社,1988 年。李敬洵《四川通史　兩晋南北朝隋唐卷》,四川人民出版社,2010 年。

背景。首先通過對西南地區其他封爵情况的比較來探討"南寧郡王"的意義。這種封爵例子如下：

> 武德三年，遣使者朝，以其地爲牂州，拜龍羽刺史，封夜郎郡公。[19]

> 長子雲麾將軍、行左鷹揚衛翊府中郎將、使持節河東州諸軍事、河東州刺史、上輕車都尉、新昌縣開囡(國)子、公士善寶……雖則符守方鎮，恒以宿衛京都。至於朝廷班爵之儀，彝倫上下之序……莫不悉懷胸襟，流入骨髓。[20]

> 開元初，邏盛死，子盛邏皮立。盛邏皮死，子皮邏閣立。二十六年，詔授特進，封越國公，賜名曰歸義。其後破洱河蠻，以功策授雲南王。[21]

> 弟盛邏皮立，生皮邏閣，〔盛邏皮卒，子皮邏閣立。朝廷[22]〕授特進，封臺登郡王……〔開元末〕天子詔賜皮邏閣名歸義……又以破洱蠻功，馳遣中人册爲雲南王，賜錦袍、金鈿帶七事。[23]

第二條史料需要一點説明。《王仁求碑》是其長子善寶爲追悼咸亨五年(674)逝世的父亲"唐朝故使持節河東州諸軍事、河東州刺史、上護軍"王仁求，於武周聖曆元年(698)樹立的。善寶有碑中所載"行左鷹揚衛翊府中郎將"以下的稱號，其中使持節及羈縻州刺史是從父親那裏世襲，爵位是通過"恒以宿衛京都""至於朝廷班爵之儀"的功勞獲得的。

《爨公墓誌》没有記載爨氏郡王初封的年代。如果假定爨歸王(740年代末被暗殺)和南詔皮羅閣(748年逝世)、爨子華(785年逝世)和南詔閣羅鳳(779年逝世)各爲同代，可以推測子華曾祖父榮宗與閣羅鳳曾祖邏盛(開元初年逝世)生卒年較近。另一方面，王善寶爲質子的年代應在王仁求去世(674)以前，南詔初次受爵的頭銜爲開元元年(713)以後皮羅閣所受封的臺登郡王，封榮宗爲南寧郡王的時間點應在"新昌縣開囡子王善寶""臺登郡王皮羅閣"兩人封爵

---

[19] 《新唐書》卷二二二下《南蠻傳下》，6319頁。
[20] 《王仁求碑》，現存於昆明市安寧市。文本出自《雲南史料叢刊》第2册，354—361頁。
[21] 《舊唐書》卷一九七《南蠻傳》，中華書局，1975年，5280頁。
[22] 《蠻書·六詔》稱："其子盛邏皮立。盛邏皮卒，子皮邏閣立。朝廷授特進臺登郡王，知沙壺州刺史，賜名歸義。"根據向達的考證，《新唐書》應有脱文，《蠻書校注》卷三，70頁。
[23] 《新唐書》卷二二二上《南蠻傳上》，6270頁。

的中間。由此可見唐帝國從 7 世紀末到 8 世紀初曾幾次給西南蠻首領爵位,唐初向部族首領授以郡公、開國子等低級爵位,之後出現稱"王"的外藩。

至於南詔封爵的原委,南詔(蒙舍)蠻首領從唐代以來入朝,獲得唐朝的恩賞。到了開元時期,皮羅閣領受臺登郡王、特進及知沙壺州刺史,諸子獲楊瓜州刺史、蒙舍州刺史等羈縻刺史職。皮羅閣繼任後對大理地區的諸蠻展開攻勢,這時的皮羅閣從大理南部一個部族首領逐漸成爲統合了多個部族的領導者。皮羅閣及諸子所領的刺史職大都爲大理南部的地名,之後皮羅閣又征服烏蠻五詔及西洱河蠻等,同時擊敗了吐蕃。於是開元二十六年玄宗因以上軍功封皮羅閣爲雲南王[24]。

封號"臺登"是指唐代巂州(今四川省涼山自治州一帶)治所所在的縣。皮羅閣被封臺登郡王時,實際勢力範圍是大理洱海一帶。現實中從巂州臺登南下到姚州(今雲南省楚雄自治州等),再西進後方可到達大理。開元二十六年進爵的"雲南〔郡〕"是姚州別稱,雖然與大理較近,但却不是皮羅閣的實際據點[25]。唐代巂州、姚州及大理地區由一條道路(姚巂路)貫通,南詔封號可見不是實際領域,而是姚巂路上重要的地名。

與之相對比,牂柯蠻居於貴州,安寧王氏居於滇池西邊,爨氏根據地則在滇池東北。爨氏封號"南寧"基於唐朝的南寧州,其名源於西晉以來的"寧州"、三國蜀漢"建寧郡"等含有"寧"的地名[26]。建寧郡、寧州均指滇池一帶的行政區,唐代滇東地區(戎州山間地區)也爲南寧州都督的管轄範圍。上述南詔以外的封爵實例都來自於雲南東方,其中"南寧郡王"是南寧大族爵位,封號與實際據

---

[24] 《蠻書校注》卷三《六詔》:"朝廷授特進臺登郡王,知沙壺州刺史,賜名歸義。長男閣羅鳳授特進兼楊瓜州刺史。次男誠節,蒙舍州刺史。次男崇,江東刺史,次男成進,雙祝州刺史。"70—72頁。"江東"兩字向達疑爲"河東州"。《舊唐書》卷一九七《南蠻傳·南詔》,"二十六年,詔授特進,封越國公,賜名曰歸義。其後破洱河蠻,以功策授雲南王。歸義漸强盛,餘五詔浸弱",5280 頁。關於地名與年代的考證參看藤澤氏著作第 212—231 頁。

[25] 方國瑜先生指出"雲南王"其實爲"雲南郡王",《唐封皮羅閣爲雲南郡王》,收入《方國瑜文集》第二輯,119—136 頁。但迄今並未發現明確記載"雲南郡王"的史料,故而本稿在視"雲南王"爲"國王"的基礎上進行討論。遥領封號另有王善寶的"新昌縣開國子",他的實際據點在滇池西岸(今安寧,王仁求碑所在地),而新昌縣在安南都護府西北地區。牂柯蠻、爨氏(爨蠻)封號與實際勢力範圍符合。對此在後段進行説明。

[26] 方國瑜《中國西南歷史地理考釋》上册,245—271 頁。

點相符合。

上文以爵位、封號爲中心討論了唐代前期的西南封爵事例。結合《爨公墓誌》記載,可以指出以下兩點:第一,初唐授予部族首領比較低級的爵位,7世紀末以後大部族首領則被封"王"爵。第二,7世紀末以後的"王"號存在於大理及滇東兩地。這兩點跟雲南地區政治、社會實際情況應有關係,下一節將從爨氏系譜入手進一步探討這個問題。

### 2."南寧郡王"封爵背景

唐代雲南地區有兩條南北交通幹綫:一是戎州路,從四川犍爲南下經過滇東,在滇池以南與步頭路連接。另一條是姚巂路,從四川成都經過雅州、巂州、姚州(雲南郡),在大理分支,西北通往西藏高原、西南通往緬甸内陸[27]。漢代以來,戎州路沿綫地區與中原王朝關係密切。滇池南邊的君長早已獲得"滇王之印",蜀漢諸葛亮南征初期目標便爲滇東、滇池地區(朱提、建寧)。西晉以滇東爲中心設置寧州;在南北朝末期以及隋代,"南寧酋帥"爨氏首領屢屢入朝,或被視爲"不賓"受到遠征。唐朝建立之后,高祖任命爨弘達爲昆州刺史(滇池一帶)。弘達本是在隋代征伐中被"没爲奴"的首領之子,高祖以其爲昆州刺史"奉父喪歸"去當地進行統治。同時,在味縣設南寧州都督府以對滇東、大理一帶的諸蠻進行招慰,以内附部落爲羈縻政區。在此前後的武德三年(620),牂柯蠻遣使者朝貢,被任命爲牂州刺史、夜郎郡公。初唐南方邊境統治的中心仍在滇東地區,爨氏據點應在離此不遠的地點。

貞觀以後,在當地屢屢發生蠻族叛亂,同時對唐帝國而言,對突厥、朝鮮方面的戰爭成爲緊迫問題,對雲南地區的統治出現暫時性的鬆懈。在戎州方面廢止了南寧州都督(627—717年之間改稱爲"郎州")[28];在姚巂方面,麟德元年(664)將姚州都督府移至弄棟川(今雲南省楚雄自治州,大理洱海、滇池之間)。

---

[27] 參看嚴耕望《唐代交通圖考 第四卷 山劍滇黔區》,中研院歷史語言研究所,1986年,1211頁;林謙一郎《"中國"と"東南アジア"のはざまで:雲南における初期國家形成》,收入山本達郎編《岩波講座東南アジア史》第一卷,岩波書店,2001年,147—171頁。

[28] 南寧(郎)州重新設置的具體時期未詳。郭聲波指出在永徽三年(652)郎州降爲羈縻州,《中國行政區劃通史·唐代卷》,1252頁。爨榮宗、仁弘是否帶領刺史或都督,墓誌没有明確的記載。

而姚州都督府的統治不穩,垂拱時期(685—688)州掾李稜、神龍三年(707)御史李知古均被蠻亂殺害。特別是神龍三年的西洱河蠻叛亂有吐蕃在幕後支持[29]。

這一時期,吐蕃在西藏高原呈强勢,與唐帝國敵對。大理西北地區與吐蕃相鄰,以殺害李知古的西洱河蠻爲首"附蕃、反唐"的部族很多。其中例外的親唐勢力"六詔"蠻(六个强盛的部族)之一即爲南詔(原名爲蒙舍)。該部族初唐以來對唐朝貢,武后時期以後屢屢獲得恩賞,同時在姚州都督府直接、間接支援之下攻擊並征服了近鄰諸部。唐帝國試圖培養附唐勢力爲"藩屏",南詔在大理地區樹立影響力之後,唐帝國便對它給予了封爵等褒賞。

戎州方面也有與唐合作的首領。在姚州都督府經營困難的垂拱時期,蠻郎將王善寶、昆州刺史爨乾福"請置州,奏言所有課税,自出姚府管内,更不勞擾蜀中"[30]。王善寶是上述王仁求之子,由刺史職可知爨乾福爲當時滇東爨氏首領。據上節的推測,爨榮宗的活躍時期當與爨乾福同時或稍晚。可以推論榮宗也因與唐合作而受到優待,從唐獲得官爵。

唐朝與西南蠻的這種關係在《曲江集》所收玄宗敕書中也有明示。該文集所收的致西南蠻首領敕書有《敕西南蠻大首領蒙歸義書》(兩封)、《敕蠻首領鐸羅望書》《敕安南首領爨仁哲書》共四封[31]。因四封敕書均由張九齡所作故而推測其作成年代爲開元後期(730—740年代),尤其《敕西南蠻大首領蒙歸義書》(第一封)開頭收信人作"敕西南蠻大帥特進蒙歸義及諸酋首領等",可知爲開元二十六年皮羅閣獲得特進、越國公之後的書信。

首先分析給蒙歸義(南詔皮羅閣)的兩封敕書,内容包括請求提供信息、具報意見(第一封曰"所有蕃中事意,使者具知之"),第二封還要求皮羅閣防禦吐蕃保護鹽井,並與巂州都督府合作出師。出兵本身應是玄宗向被册封的"外藩"發出的命令,而該封敕書結尾曰"卿及首領百姓並平安好";第一封也有"敕西南

---

[29] 《舊唐書》卷一九六上《吐蕃傳》載:"睿宗即位,攝監察御史李知古上言:'姚州諸蠻,先屬吐蕃,請發兵擊之。'遂令知古徵劍南兵募往經略之,蠻酋傍名乃引吐蕃攻知古,殺之,仍斷其屍以祭天。"5228頁。《新唐書》卷二一六上《吐蕃傳》,6081頁略同。

[30] 《舊唐書》卷九一《張柬之傳》,2941頁。《新唐書》卷一二〇《張柬之傳》,4322頁略同。關於昆州地望參看方國瑜《中國西南歷史地理考釋》上册,292頁。

[31] 《雲南史料叢刊》第二册,123—130頁;《張九齡集校注》,686—696頁。

蠻大帥特進蒙歸義及諸酋首領等"之詞。因爲皮羅閣曾在開元二十六年以前打壓五詔、西洱河蠻等,因此諸酋首領指的應是皮羅閣支配下的五詔等首領以及皮羅閣親信(羈縻刺史)等人。

《敕蠻首領鐸羅望書》收信人是五詔之一浪穹詔的首領。浪穹詔開元二十六年前敗仗於南詔之後,北走姚巂路吐蕃支綫,貞元年間再次敗於南詔並被徙民之前在大理西北暫時保持部落獨立。《曲江集》所收敕書中玄宗認可"姚州管内大酋長郎傍時"(《新唐書》作"豐時")嫡孫、將軍鐸羅望世襲浪穹州羈縻刺史。文中有"卿之先祖,輸忠奉國"等詞,可見唐朝在吐蕃近鄰地區企圖通過賜予官職籠絡親唐首領。

與上三封相比,《敕安南首領爨仁哲書》内容如下:

> 敕安南首領·歸州刺史爨仁哲、潘州刺史潘明威、僚子首領阿迪、和蠻大鬼主孟谷悞、姚州首領·左威衛將軍爨彦徵、將軍·昆州刺史爨嗣紹、黎州刺史爨曾、戎州首領·右監門衛大將軍·南州刺史爨歸王、南寧州司馬·威州刺史·都大鬼主爨崇道、升麻縣令孟訛[32]。卿等雖在僻遠,各有部落,俱屬國家,並識王化。比者時有背叛,似是生梗。及其審察,亦有事由。或都府不平,處置有失,或朋讐相嫌,經營損害。既無控告,自不安寧。兵戈相防,亦不足深怪也。然則既漸風化,亦當頗革蠻俗。有須陳請,何不奏聞。蕃中事宜,可具言也。今故令掖庭令安道訓往來宣問,並令口具。有穩便可一一奏聞。秋中已涼,卿及百姓並平安好。遣書指不多及。[33]

内容爲讓"俱屬國家,並識王化"的各位首領報告都督府的問題和對都督府的不滿之處,與《敕蒙歸義書》幾乎没有差别。另一方面,收信人有十多位,羈縻刺史、首領、鬼主名號中的地名可比定爲戎州路、滇池及步頭路周邊地區[34],可以認爲他們是在當地實際"各有部落"的首領。從在頭銜上羈縻刺史和都大鬼主並存來看,有可能這一時期滇東地區各個部族、首領獨立性較高。

---

[32] "潘州"應爲"播州"之誤,參《舊唐書》卷四〇《地理志三》,1625頁。"將軍昆州刺史爨嗣紹",將軍號未詳,疑爲闕字。"南州刺史"應爲"南寧州刺史"之誤,參《雲南史料叢刊》第二册,126頁,又《文苑英華》卷四七〇所引此文作"南寧州刺史"。

[33] 《雲南史料叢刊》第二册,125—126頁;《張九齡集校注》,693頁。

[34] 參看藤澤氏著60—73頁;方國瑜《中國西南歷史地理考釋》上册,367—401頁。

值得注意的是,收信人中爨氏佔過半(六人),官職中帶有戎州、姚州、安南等戎州路、步頭路沿綫地名。六人之間的親族關係未詳,但確實有"同姓"的紐帶[35]。其中,爨氏原本盤踞的地區味縣、同樂縣唐代位於南寧州內。開元五年唐朝復置南寧州都督,作爲長官管轄南寧州以及近鄰羈縻州。爨歸王所領的官職和爵位是反映這種情況的。

正如在上節討論的那樣,"南寧郡王"比開元以前的南詔等級高,從開元某年到二十六年期間與南詔相同,開元二十六年以後比南詔低一級。滇東地區內,在開元時期爨氏首領散居的情況下,南寧州及其治所味縣石城爲爨蠻集團核心地區,唐朝對味縣首領爨歸王給予了比其他首領更高級的羈縻官號和爵位。

總之,開元時期雲南地區的姚巂路、戎州路各有親唐部族,其中在大理地區南詔逐漸擴大勢力,而在滇東地區爨氏以南寧爲中心支配西爨蠻等部落。唐帝國視這兩者爲有力合作對象從而封之以"王"。在雲南東西部優待合作者,使之作爲"王"居於地區權力之中心,從而試圖維持唐朝的影響力以及和吐蕃對抗。

## 三、虚構的並立——8世紀40—80年代的雲南地區

### 1. 滇東地區動亂和爨歸王二子

《爨公墓誌》詳細描述的內容之一爲誌主父親、爨歸王逝世的原委。誌主爨子華經玄宗的允許繼承歸王的地位,子華母親(前歸王之妻)對凶手進行了報仇。然而,墓誌的描述與《新唐書》《蠻書》等傳世文獻記載有不同之處。兩書沒有"子華"之名,而記歸王逝世之後其子"守隅"經玄宗允許繼承歸王的官職,之後遷居到河賧(洱海附近),在南詔與唐帝國敵對的情況下守隅也與唐互不通信。對於墓誌所記的"子華(守忠)"與文獻所記的"守隅"兩人的關係,郭聲波、姚帥兩位復原的唐代爨氏系譜中指出守隅、守忠爲兄弟(參看本文第一節)。按照8世紀中期雲南的政治情況,兩人關係跟爨氏內訌以及南詔成長等雲南區域

---

[35] 南詔皮羅閣"父子"領羈縻刺史的原因,應爲皮羅閣時期其勢力急劇擴大。初唐以來爨氏勢力範圍本在南寧州、昆州一帶(藤澤氏著作60—73頁;方國瑜《滇東地區爨氏始末》),有可能世世代代散居在滇東地區幾個州。

政治史密切相關,其中仍有諸多需要探討的問題。本節在此首先對8世紀40—50年代事件原委進行梳理,以考察文獻之間差異形成的原因。

關於唐前期滇東地區的局勢《蠻書·名類》有以下記載:

  西爨,白蠻也。東爨,烏蠻也。當天寶中,東北自曲靖州,西南至宣城,邑落相望,牛馬被野。在石城、昆川、曲軛、晉寧、喻獻、安寧至龍和城,謂之西爨。在曲靖州、彌鹿川、升麻川,南至步頭,謂之東爨,風俗名爨也。初,爨歸王爲南寧州都督,理石城,襲殺孟聘、孟啓父子,遂有升麻川。歸王兄摩涅。涅生崇道,理曲軛川爲兩爨大鬼主。崇道弟日進、日用在安寧城。[36]

由此可知東爨烏蠻原本佔據了曲靖州、彌鹿川、升麻川、步頭等地,西爨、白蠻則散居於石城、昆川、曲軛、晉寧、喻獻、安寧等地方,爨歸王打敗升麻川(位於石城西方)的烏蠻首領將其領域擴張。歸王姪子崇道在曲軛,其弟日進、日用佔據了滇西的安寧城。安寧是王仁求碑所在地,原爲王氏的據點,並且有東西兩爨蠻所利用的鹽井[37]。可見爨歸王、崇道時期爨氏對兩爨蠻,即南寧州一帶諸蠻部族影響力的增強。

根據《蠻書·名類》記載,其中核心人物爲南寧州都督爨歸王及兩爨大鬼主爨崇道兩人。該書中歸王稱號爲"都督",是唐朝賜予大部族首領或承認其世襲的稱號[38]。另一方面,崇道稱號是"兩爨大鬼主"或南寧州大鬼主、都大鬼主。在西南蠻地區,"鬼主"意味着各個部族的軍事、宗教領袖,大部族的鬼主則稱爲"大鬼主",以幾個部族共推的鬼主稱爲"都大鬼主"[39]。"兩爨"指的是東爨烏蠻、西爨白蠻,即南寧州内的諸蠻部族,"兩爨大鬼主""南寧州大鬼主""都大鬼主"均暗含崇道受到滇東地區多數部落的支持之意。歸王官爵表示與唐朝的關係,而崇道的稱號則是以當地社會爲基本盤。

無疑這僅僅是名號上的差異,並不能作爲兩人實質權力差異的明證。不過,

---

[36]《蠻書校注》卷四,82—83頁;《新唐書》卷二二二下《南蠻傳下》,6315頁略同。向達認爲"蓋"應是"孟"之誤,與《敕安南首領爨仁哲書》收信人和蠻大鬼主孟谷悮、升麻縣令孟乹礼同姓。

[37] 參看藤澤氏著作240—244頁。

[38]《新唐書》卷四三下《地理志七》稱,"其部落列置州縣。其大者爲都督府,以其首領爲都督、刺史,皆得世襲",1119頁。爨歸王的名號與《敕安南首領爨仁哲書》的差異應是其中一方的錯誤,或其先就任刺史,後來升爲都督。

[39]《新唐書》卷二二二下《南蠻傳下》,6315—6317頁。

在那之後爨氏内訌是以爨歸王、崇道的對立爲軸展開的。原委如下:開元末年或天寶初年,劍南節度使章仇兼瓊(739—746在任)開發步頭路並企圖直接支配安寧,對此爨歸王等爨氏首領一齊反抗並殺害了唐朝官員。玄宗遣官吏至南詔,命令皮羅閣出兵懲罰爨蠻。於是歸王、崇道等詣南詔軍門拜謝,玄宗下詔書釋罪。到這時歸王、崇道尚同步行動,而去往南詔的唐朝官員李宓離間爨氏首領,煽動崇道殺害歸王及自己的弟弟日進。歸王之妻阿奼受到出身部族的支持和崇道抗争,同時通過南詔獲玄宗批准,由歸王之子繼承父親官職。

對於歸王繼承人即阿奼之子,《新唐書》《蠻書》曰"守隅"、《爨公墓誌》曰"子華",兩者在歸王横死之後獲玄宗批准繼承前歸王官職這一點是共通的。考慮當時局勢,特意請求世襲的原因是爲了獲得正統繼承人的認定以及支持。另一方面,南詔皮羅閣也將其兩個女兒嫁給守隅、輔朝(崇道兒子),試圖獨自從中調停。但是,崇道繼續執拗地攻擊歸王家族,阿奼向南詔請求支援打擊崇道、輔朝父子。在748年繼承了皮羅閣的閣羅鳳將守隅夫妻移居到河賧,不久後因關於姚州都督府的糾紛,南詔脱離了册封體系,並歸附吐蕃攻擊唐朝。在這種情況下,守隅也斷絶了與唐接觸。即守隅由玄宗批准一時繼承了唐朝官職,而之後却加入南詔政權脱離了唐帝國的册封體制。從唐帝國的視角看,這種情況具有兩點不利因素:一是唐帝國對吐蕃展開戰争之下,南詔、爨氏等雲南親唐集團的離叛對唐無疑是一種打擊。另一點,南詔的這一舉措削弱了作爲唐朝外藩的"南寧郡王"勢力,並且南詔、爨氏一併脱離册封體系,意味着唐朝在雲南形成的秩序的破壞。

約在半世紀之後的貞元十年,南詔回歸唐帝國册封體系内,而《爨公墓誌》在此之前的貞元二年作成。守隅遷居南詔根據地,而子華住所明確在劍南道内地,埋葬之時身份爲"唐朝之臣"。此時雲南地區的秩序在被南詔破壞之後尚未恢復,並且守隅是與南詔合作的人。由上述情況來看,守隅、子華兩人關係可以推論如下:守隅移居之後,唐帝國對子華重新授予父親的官爵,而墓誌撰文人考慮到誌主名譽,隱蔽了守隅其人。

**2. 南詔脱離册封和爨氏地位**

由於至今没有涉及爨守隅、子華兩人的史料,對於上一節的解釋難以確認。話雖如此,但從兩人所領的官爵(官職)與唐帝國所計劃的秩序有關這一點來看,通過分析南詔離開册封之後社會局勢似乎可以得到一些旁證。這一節着眼於當地實際社會情況和爨氏的名義地位,以求得此旁證。

首先要説明的是南詔脱離册封後滇東社會的情況。"崇道俄亦被殺,諸爨稍離弱"[40],而此時守隅以及存活下來的爨氏首領、其屬民和其他諸蠻仍在滇東。守隅去往大理時除了南詔出身的妻子以外没有陪同人的記録。至少760年代之前爨氏首領和二十余万户西爨蠻仍繼續住在滇東。守隅、子華兄弟之母阿姹也留居滇東,並率領烏蠻部族作爲"烏蠻部落王"入朝得到恩賞[41]。對唐朝而言,在西南地區對吐蕃、南詔處於守勢的情況下,與烏蠻王的合作可能成爲反攻的契機,故而欣然接受。據《爨公墓誌》,子華出生在738年,在740年代末、750年代的年齡是十多歲,在760年代徙民之前恐怕也與其他首領一起住在滇東。

760年代南詔遷徙西爨蠻時,東爨烏蠻散居山谷,與南詔言語不通,無法徙民[42]。由此烏蠻諸部依然盤踞滇東,後來進入西爨故地,到了建中元年(780)入朝唐朝。八月"東爨烏蠻守來朝貢"[43]。"七月東爨烏蠻守愈等、十月渤海並遣使朝貢。"[44]

張延賞作爲劍南西川節度使赴任四川是在779年,不能否認"守愈"本次朝貢跟子華動向有關的可能性[45]。但是,還有可能他是作爲烏蠻部落王阿姹的使節入朝或作爲質子移居到内地,也可能其作爲南詔前鋒參加戰鬥而被俘虜,具體情況不得而知。根據《爨公墓誌》,爨子華至少在780年代或在此之前出仕劍南道,作爲軍人駐屯在嘉州。嘉州位於戎州路通往滇東山地的前沿。開元年間爲了開發步頭路而在戎州路上的安寧置府,此舉引發爨氏叛亂,天寶以後戎州路的情況不見記載[46]。雖有上述的烏蠻入朝,而780年代之前唐朝對戎州路積極開

---

[40]《新唐書》卷二二二下《南蠻傳下》,6316頁。
[41]《蠻書校注》卷四,86—87頁;《新唐書》卷二二二下《南蠻傳下》,6316頁。
[42] 同上。
[43]《舊唐書》卷一二《德宗紀·建中元年》,326頁。
[44]《册府元龜》卷九七二《外臣部·朝貢》,鳳凰出版社,2006年,11249頁。與注[42]不同的文字,本文以《册府元龜》爲確。
[45] 郭、姚氏論文指出"守愈"是"守隅"的訛誤,87頁。
[46] 根據《南詔德化碑》,節度使鮮于仲通在天寶十載(751)由戎州、巂州、安南三路攻擊南詔,仲通本人從南谿郡南下。這是8世紀中期從劍南道利用戎州路的最後記録。

發或進行招慰的形跡幾乎消失,可以推測當地基地、機構等已被廢絕。

與此同時,姚巂路也有名無實。在 750 年代,劍南道多次主持對南詔的遠征,但是都未成功。至德元年(756),南詔與吐蕃加強攻勢,巂州都督府淪陷。姚巂路上也有中小規模的部落,在南詔、吐蕃佔居壓倒性優勢的情況下,沒有逆潮流歸附唐者。大曆十四年,繼承閣羅鳳的南詔王異牟尋與吐蕃由茂州、扶州及文州、黎州[47]及雅州三路進攻劍南,顯然唐朝對雲南的支配已經崩潰。爨子華在這種情況下作爲"南寧一十四州都督""南寧郡王"駐守在嘉州,"顧彼夷獠、遠鎮犍爲"的子華實際鎮守的地點與官爵名號不同,但的確都在戎州路上,從當時情況來看其駐地與名義上封地間有關係的可能性很大。

類似事例還有 7 世紀後期的吐谷渾封爵。吐谷渾原本在青海一帶,龍朔三年(663),諾曷鉢(河源郡王、烏地也拔勒豆可汗)受到吐蕃的攻擊,逃往涼州。唐高宗在乾封元年(666)封諾曷鉢爲青海王,之後咸亨元年派薛仁貴進行遠征。但是薛仁貴慘敗於吐蕃,吐谷渾遂移居到靈州,首領爲安樂州刺史,在唐帝國內地維持其部落[48]。首領除刺史以外有王號(青海王)以及可汗號,前者可以視爲源於故地的虛封。在吐谷渾事例中,無疑薛仁貴遠征的目的是收復吐谷渾故地,唐帝國試圖根據虛封恢復秩序。

爨氏之例不見爲了恢復戎州實施遠征的迹象,同時也不見子華所率領的屬民[49]。但是,假設子華成功攻略南寧州,虛封、遙領之地應轉爲實際所有,也意味着唐帝國成功恢復了"郡王在滇東"的體制。由此可以推測,爨氏首領駐扎在戎州路上的這一佈置帶有唐帝國恢復雲南支配的期待。如果這個推測沒有重大錯誤,在唐帝國戰略構想下子華爲一關鍵人物,墓誌強調誌主家族爲唐朝之臣、南詔之敵,並爲此加了幾分潤色也與這個推測相符合。

---

[47] 西南地區有數個"黎州",《敕安南首領爨仁哲書》"黎州刺史爨曾"中的"黎州"是近玉溪市一帶,相反此處的"黎州"是今漢源縣,方國瑜《中國西南歷史地理考釋》上册,277,291—292 頁。

[48] 周偉洲《吐谷渾資料輯録》,商務印書館,2017 年,36—50 頁。

[49] 關於"南蠻"蕃將或蕃兵記載,有《舊唐書》卷一〇《肅宗紀》:"〔九月〕丁亥,元帥廣平王統朔方、安西、回紇、南蠻、大食之衆二十萬,東向討賊","〔十一月壬申朔〕下制曰:我國家出震乘乾,立極開統……兼回紇葉護、雲南子弟、諸蕃兵馬,力戰平凶,勢若摧枯,易同破竹",247—248 頁。然而出身部族不詳。

## 四、南詔回歸册封和秩序轉换

### 1.8 世紀後期的劍南道

上一節論述了780年代唐朝試圖通過虚封爨氏,恢復支配雲南的可能性,而實際南詔在790年代回歸了唐帝國册封體制。從表面來看,唐—南詔關係有突變,可是750年代以後劍南道持續混亂的社會背景則需要被留意。本章試圖從南詔的再册封入手,闡明8世紀末期唐帝國對西南支配體制的變化。作爲前提,有必要對該時期之前劍南道的社會情況進行梳理。

天寶十四載(755),劍南節度使正在遠征"歸蕃反唐"的南詔時,河北爆發了安禄山的叛亂。戰火蔓延到華北一帶,次年玄宗往成都避難。因至德二載(757)肅宗奪回長安,玄宗蒙塵時間並不長,但是劍南道却由此放弃了對雲南繼續遠征,同時在此之後四川陸續有叛亂發生[50]。玄宗尚在成都的至德二載正月已有蜀郡健兒賈秀等五千人之亂,同年七月郭千仞等謀反,乾元二年(759)成都西南的邛州爆發叛亂,上元二年(761)發生梓州刺史之亂,其翌年又發生了劍南兵馬使徐知道的叛亂。同時,與南詔、吐蕃等的戰鬥也時常發生,寶應元年(762)又對西羌、二年對吐蕃展開保衛戰。在那之後,永泰元年(765)劍南節度使嚴武去世,而繼任的郭英義統治不力,因此西山都知兵馬使崔旰(後有賜名爲崔寧)起兵攻殺郭英義,而邛州牙將柏茂林等一齊對崔旰舉兵,四川大亂。代宗在永泰二年派杜鴻漸試圖平定混亂局面,可是鴻漸本人討厭軍事,並且劍南道邊界依然發生與吐蕃等的戰鬥,因此代宗在大曆二年將西川節度使换爲在四川作戰經驗非常豐富的崔旰。

崔旰(寧)就任之後,通過賄賂當時的權貴元載打通關係。他在任時雖然劍南道的戰亂得到抑制並於西山方面數次打敗吐蕃,但劍南内地的軍人逐漸驕傲,剥削嚴厲,而元載則默認這種行爲。大曆十四年(779)即崔寧入朝時,吐蕃、南詔由三路進攻劍南,由於崔寧拒絶回四川處理外寇,代宗遣禁軍以及范陽等鎮兵

---

[50] 至德二載以後,劍南道基本上分爲東川、西川兩道,而有暫時統合或管區變化。參看李敬洵《四川通史 南北朝隋唐卷》,162—166頁。

抵禦外敵,同時任命張延賞爲西川節度使。禁軍、范陽等鎮兵大破吐蕃、南詔後,史籍關於張延賞的統治稱:

> 先是兵革屢擾,自天寶末楊國忠用事南蠻,三蜀疲弊,屬車駕遷幸;其後郭英乂淫崔寧之室,遂縱崔寧、楊琳交亂;及崔寧得志,復極侈靡,故蜀土殘弊,蕩然無制度。延賞薄賦約事,動遵法度,僅至庶富焉。[51]

可見延賞努力恢復天寶末載以來疲敝的四川社會[52]。上述施政方針與《爨公墓誌》第⑥段符合,可以認爲子華作爲唐朝蕃將對張延賞時代的軍政有貢獻。玄宗蒙塵、巂州陷落到張延賞時期劍南道經歷了内戰、禦敵自衛等戰亂,再加上經濟混亂和搜刮,無餘力實施對雲南的進攻討伐。張延賞時期稍稍實現社會小康,在施政方針上也出現了任用爨子華等的變化。另一方面,這種"小康"受到外敵動向的影響,南詔"再册封"得以實現也與南詔内部因素有關。接下來便針對這個情況進行考察。

**2. 南詔回歸册封與"東蠻"**

779 年(唐大曆十四年),南詔王閣羅鳳去世,此時其子鳳伽異已經死去,所以其孫異牟尋繼承王位。異牟尋小時從清平官鄭回(原是唐朝官人,巂州淪陷時爲南詔俘虜;清平官相當於宰相)習得中國文化,並且厭惡吐蕃的經濟、軍事宰割。這是新舊兩《唐書》所載的内容,雖然不排除此爲異牟尋借口的可能性,但吐蕃爲攻擊唐劍南道使役南詔和其他西南諸蠻也是事實,這些部族嫌惡吐蕃是不無道理的[53]。

對南詔"再册封"的立功者也是對吐蕃有厭惡情緒的諸蠻部族,也就是住在巂州地區的勿鄧、豐琶、兩林諸部,統稱爲"東蠻"。天寶年間東蠻中似乎已有入朝受爵者,但爵位、封號未詳。巂州失守之後東蠻歸附吐蕃,之後因吐蕃的剥削試圖再次内附唐帝國。當時張延賞的後任、韋皋(785—805 在任)試圖招諭西南

---

[51] 《舊唐書》卷一二九《張延賞傳》,3607—3608 頁。

[52] 參看注釋[18]。此時對於劍南西川節度使來說不僅雲南,而且與西羌、吐蕃比鄰的西部(西山)的防衛也是重要課題。西山地區問題,參看周鼎《羌酋董氏與唐代劍南道西山地域:以新出〈董嘉猷妻郭氏墓誌〉爲綫索》,《九州大學東洋史論集》第 44 號,2016 年,1—25 頁。

[53] 異牟尋歸唐理由,參看《舊唐書》卷一九七《南蠻西南蠻傳》,5281 頁及《新唐書》卷二二二上《南蠻傳上》,6272 頁。對吐蕃的剥削,還有"蕃人入寇,必以蠻爲前鋒"等記載,《舊唐書》卷一四〇《韋皋傳》,3822 頁。

諸蠻,以此作爲其反攻吐蕃戰略的一環,並在貞元三年以後付諸實施。爲此,兩林都大鬼主於貞元四年入朝。

　　雲南王異牟尋欲內附,未敢自遣使,先遣其東蠻鬼主驃旁、苴夢衝、苴烏星入見。五月,乙卯,宴之於麟德殿,賜賚甚厚,封王給印而遣之。[54]

在此前後韋皋得到東蠻諸部的協力並加強對吐蕃的攻勢,貞元五年在嶲州擊破吐蕃青海、臘城兩節度。因此唐朝看到恢復姚嶲路的希望,進一步厚遇東蠻首領,封兩林都大鬼主苴那時爲順政郡王,苴夢衝爲懷化郡王,豐琶部落大鬼主驃傍(旁)爲和義郡王。苴夢衝不久後再次"反唐歸蕃",韋皋擊敗夢衝並重新擁立了傀儡鬼主[55]。

南詔異牟尋因畏懼吐蕃,最初以東蠻爲中介進行對唐外交[56]。貞元九年表明回歸冊封之時,其使節"東蠻和使"楊傳盛等由戎州、黔州、安南三路經過劍南道到達長安。德宗也相應派出使節,於貞元十年在大理西北的點蒼山實行會盟,南詔誓約歸唐。異牟尋作爲答禮派湊羅棟(異牟尋之弟)和清平官尹仇寬(或作求寬、寬求)奉獻出從吐蕃獲得的印章及地圖,同年十月祠部郎中兼御史中丞袁滋帶冊書和"貞元冊南詔印"出使洱海大和城賜予異牟尋,完成南詔回歸"冊封體制"的工程。

綜上所述,南詔"再冊封"是由東蠻部族爲中介,因此東蠻首領先一步獲封郡王,加入"冊封"體系。東蠻首領的郡王封號是德化封號,而爵位來看則在姚嶲方面與臺登郡王、皮羅閣以來相同,都是"郡王"。那麽,此時在西南地區大理、嶲州以外的部族爵位如何?

### 3. 雲南之"王"

貞元十年南詔受到冊封時,其封號爲"南詔王"。在此之前對"再冊封"有功的東蠻首領(大鬼主)獲得的是低一級的"郡王"號,並且同年去往長安奉獻吐蕃

---

[54] 《資治通鑑》卷二三三《唐紀四十九》貞元四年,中華書局,1956年,7513頁。

[55] 《新唐書》卷二二二下《南蠻傳下》,6317—6318頁。貞元四年"封王"內容未詳。勿鄧大鬼主、苴夢衝祖父有長川郡公的爵位,《新唐書》卷一五八《韋皋傳》載,"蠻大首領苴那時以王爵讓其兄子烏星。始,烏星幼,那時攝領其部,故請歸爵",4934頁。先後關係有些複雜。

[56] 《資治通鑑》卷二三二《唐紀四十八》貞元三年正月條:"及西川節度使韋皋至鎮,招撫境上羣蠻,異牟尋潛遣人因羣蠻求內附。"7480頁。

印章等的清平官尹仇寬,先是與湊羅棟等一起獲得恩賞,之後重新受爵爲"高溪郡王"。

尹仇寬原是青蛉(姚州都督府下,今雲南楚雄自治州内)的白蠻首領,在 750 年代姚州、嶲州淪陷之後遷居到河賧,成爲南詔官僚。族人有尹輔酋(或作輔首),作爲南詔清平官,貞元十一年入唐,在元和三年(808)異牟尋死亡之時收到憲宗的書信《與南詔清平官書》[57]。尹仇寬移居河賧讓人想起爨守隅的境遇。其實,《與南詔清平官書》收信人的六位清平官之中也有爨氏族人爨何棟。可是關於"何棟"没有其他史料,除與尹輔酋同時任清平官以外無其他信息。另一方面,爨日用後裔在 9 世紀左右依然居住在永昌。至少可見南詔領内的爨氏首領出仕成爲高級官僚,與"高溪郡王"地位相埒[58]。

相反,8 世紀中期之前爨氏所領的滇東、戎州方面也有郡王。"戎州管内有馴、騁、浪三州大鬼主董嘉慶,累世内附,以忠謹稱,封歸義郡王。貞元中,狼蠻亦請内附,補首領浪沙爲刺史,然卒不出。"[59]據此戎州管内大首領最晚在貞元時期因"累世内附"被封爲歸義郡王。封號與東蠻同等,可見爵位也應相同。在貞元年間"狼蠻"也爲羈縻刺史,而且浪州(或浪川州,今涼山自治州雷波縣)是於貞元年間所置的[60]。董嘉慶大概是與東蠻同樣曾經入朝,在韋皋時期再次内附的首領,唐帝國對此授予了"郡王"之爵位。

另外,貞元十九年正月"上御含元殿受南詔朝賀,以其使楊鎮龍武爲試太僕少卿,授黎州廓清道蠻首領襲恭化郡王劉志寧試太常卿"[61]。此時作爲南詔朝賀使者入朝的黎州首領是"襲恭化郡王"。這個"黎州"應與雅州比鄰,也是在韋

---

[57] 參看藤澤氏著 327—388 頁。《與南詔清平官書》原本收入《白氏長慶集》卷四〇,在此依據《雲南史料叢刊》第二册的文本,143 頁。

[58] 《蠻書校注》卷四,86—87 頁。南詔國内的爨氏,另有《南詔德化碑陰》題名所見的"(上缺)頗彌告身賞二色綾袍金帶、爨守□",《雲南史料叢刊》第二册,382 頁。因爲名字殘缺無法證明此人是否爲爨守隅。題名中上一人爲"清平官小 頗 彌告身賞錦袍 金帶 (下缺)",下一人爲" 清平官 大金告 (下缺),"所以爨守某也有可能是南詔清平官。如果這樣的話守某的地位雖與爨何棟同等,但兩人親屬關係不詳。

[59] 《新唐書》卷二二二下《南蠻傳下》,6324 頁。

[60] 參看《新唐書》卷四三下《地理志七下》,1141 頁。

[61] 《舊唐書》卷一九七《南蠻西南蠻傳》,5284 頁。

皋恢復巂州地區支配的政策背景下所置的羈縻州[62]。"廓清"指的是掃清,結合貞元初期情况有可能劉氏初封便是在此時。

由此可見,在貞元初年、韋皋任劍南西川節度使的時期除册封南詔以外,還有若干册封西南蠻首領的事例。受爵人是大首領、鬼主或南詔官僚,爵位基本是郡王,正如封南詔清平官爲"郡王"一樣。從中不難看出以南詔王爲頂點,其他部落首領授較低爵位這樣的秩序。若着眼於被封人的地位,姚巂路方面有東蠻、黎州首領劉氏、戎州路方面有大鬼主董嘉慶,都是沿着雲南兩條南北道路上有實力的附唐首領。本文第二節提到的郡王"東西並立"結構在此變成了"南詔之下東西並立",同時對當地實際有實力的首領重新封爵的結構。

這種體制不僅僅局限於西南一方,而是與唐帝國總體結構,尤其邊政、對外關係密切相關。劍南道邊界又有西羌諸部,天寶以後時而歸附吐蕃,威脅成都西邊、姚巂路方面。對此,韋皋在貞元九年做了如下處置:

　　劍南西山羌女國王湯立志、哥鄰王董臥庭、白狗王羅陀忽、弱水王董避和、逋租王弟鄧告知、南水王姪尚悉囊等六國君王,自來朝貢。六國初附吐蕃,韋皋出西山討吐蕃,故六蠻内附,各授官秩遣之。[63]

據此,韋皋招撫六國(有些史料作"八國")並授予官職[64]。稍後的貞元十一年,劍南西川節度使韋皋得到"統押近界諸蠻及西山八國、雲南安撫等使"的加官。由此可見韋皋所領的"押蕃使"是統轄劍南西道周圍内附部族的職位,並且這是在西南地區第一任"押蕃使"。其實,押蕃使作爲唐帝國本身體制變化的一環,在玄宗時期已經出現[65]。圍繞貞元十年南詔册封,唐帝國劍南西道重建與其西方、西南邊界部族的統屬關係,並把這些集團納入"押蕃使"新體制之下。

考慮到韋皋官職的變化,貞元年間南詔和近鄰諸蠻的封爵也處於唐帝國邊

---

[62]《新唐書》卷一五八《韋皋傳》,4935頁。西山地區有開元二十四年所置的恭化郡(恭州),但其明確在南詔所支配的範圍之外。這個"恭化郡王"大概是在巂州路上的首領獲得的以德化爲封號的郡王爵位。

[63]《舊唐書》卷一三《德宗紀》,377頁。

[64]《新唐書》卷二二一上《西域傳上·東女》曰:"其種散居西山、弱水,雖自謂王,蓋小小部落耳。"6220頁,這些"王"不是唐朝爵位,而是西羌君主自己所用的稱號。

[65] 村井恭子《押蕃使の設置について:唐玄宗期における對異民族政策の轉换》,《東洋學報》第84卷第4號,2003年,421—452頁。

界統治政策的轉折時期。這個變化不但恢復了開元、天寶時期的秩序,而且重建的"外藩"結構以及秩序由爵位所體現。780年代以前,爲了恢復雲南"舊秩序",在劍南道有受到虛封並且遥領"南寧郡王、南寧州刺史"者。到了790年代,唐朝以支配雲南一帶的南詔爲"王",以其官僚或在重要交通路上有實力的首領爲"郡王",按實際情況重建支配結構。因失去在劍南道當地的勢力,移居到南詔的爨氏成爲"郡王",無論如何"南寧郡王"的重要性是不復當年了。

## 五、結語

本文以《爨公墓誌》爲材料,着眼於墓誌記録的爵位及其世襲情况,探討了8世紀雲南地區社會的結構和政治體制。第一節梳理了《爨公墓誌》基礎信息,並且對墓誌内容進行考證,指出了這是很少見的記載西南諸蠻封爵事例的珍貴材料,誌主家族原是滇東大族,與8世紀中期爨蠻混亂和南詔反唐有着密切關係。第二節以墓誌所記的"南寧郡王"爲綫索探討了開元時期以前的封爵事例及其背景。在與吐蕃關係高度緊張的情况下,唐帝國逐漸優待當地附唐部族,同時支援其打壓周邊附吐蕃部族,終於在大理、滇東兩區形成了作爲外藩的"王"並立的結構。第三節注意到至今周知的史料與墓誌不同之處,考察了局勢變化與誌主地位的關係。740年代末,爨氏因內訌變弱,760年代因南詔的徙民政策離開滇東。誌主父親爨歸王是滇東大首領,被封"南寧郡王",而經過內訌和南詔的介入,繼承人守隅加入南詔政權。誌主子華780年代之前遷居到四川,面對破壞唐帝國構建的秩序並支配雲南一帶的南詔,被寄予恢復秩序的期許並獲得虛封,駐屯在和封地有關的地點。第四節的討論圍繞780、790年代雲南地區政治結構的變化展開。韋皋作爲劍南西川節度使赴任,重建了包括南詔册封在内的西南邊界統治體制。就雲南而言,以支配雲南一帶的南詔王爲中心,並封其他大首領封爲"郡王"。在唐帝國總體制度變化之下,按實際情況對外藩進行了重新佈置。

由此,與唐帝國關係下的8世紀雲南社會的變化得以明朗化。開元之前雲南當地有姚巂路(大理)及戎州路(滇東)兩個核心,唐帝國培養兩區有實力的附唐首領爲藩屏。以"王"爵位將兩首領擺在(幾乎)相同地位。但是,8世紀中期南詔勢力膨脹至滇東,擴大了在雲南兩核的影響力。唐朝在優待殘餘附唐勢力的同時通過虛封、遥領試圖恢復藩屏秩序,但並不成功。貞元時期因南詔以及諸蠻希望擺脱吐蕃的支配,唐帝國也開始構建新體制,在雙方互相作用之下出現了西南册封結構的變化。在以南詔爲中心的"王"存在的同時,又有姚巂、戎州兩路上的郡王,在此"郡王"實際地位明確在南詔之下,爵位也表明了這種高低關係。從宏觀的角度看,9世紀以後對外國及内附民族的郡王封爵在東北、北部地區也逐漸遞减。因爲唐代《封爵令》包括"例降"規定,原則上繼承人的爵位比被承襲人低一級,由此可知8世紀以前的世世代代封王爲特殊情況。另一方面,成爲押蕃使的韋皋之後被封爲"南康郡王",從這時期開始對外國、内附民族以外的異姓封王漸漸增加[66]。由此可見唐代西南地區的對外、對異民族封爵的背景既有當地地區社會情況,又有唐帝國封爵制度的變化。本文主要討論與地區社會相關的問題。以唐帝國全體爲對象進一步討論封爵制度的變化以及其與外交、邊政的關係將作爲今後的研究課題。

# On the Regional Society of 8ᵗʰ Century Yunnan
## —From Enfeoffment to Southwestern Ethnic Groups: An Analysis Based on the Epitaph of Lord Cuan

Niitsu Ken'ichiro

This article analyzes the social and political structure of 8ᵗʰ century Yunnan 雲南 based on *Epitaph of Lord Cuan* (*Cuangong Muzhi*《爨公墓誌》). Enfeoffment (*Cefeng* 册封) of non-Han chiefs or kings during the Tang 唐 Dynasty was an important part of the Tributary system. Lord Cuan belonged to the Cuan clan, a local leading clan in Eastern Yunnan region authorized by the Tang Empire. But the Cuan clan

---

[66] 例降制度,參看金子修一《東アジア世界論の現在》,《駒澤史學》第85號,2016年,71頁。南詔在貞元時期再册封時,除了其爵稱從雲南王變爲南詔王之外,之前帶有的越國公(五等爵)並未被賜予,這其中可能存在從8世紀前期到末期封爵規範變化的可能性,此爲今後需要研究的課題。對於中唐以後封爵情況這一問題,筆者由周鼎先生對本文初稿的評議得到啓發,特此致謝。

had a close relationship with the turmoil in Yunnan and the Nanzhao 南詔 rebellion against Tang during the mid-8th century. According to the epitaph, Lord Cuan Zihua 爨子華 and his ancestors held a peerage called Prefecture Prince of Nanning (*Nanning Junwang* 南寧郡王). Presumably, the first case of Nanning Junwang dated back before Kaiyuan 開元 era, when military tensions between the Tang Dynasty in China and Tibet intensified. At the time, pro-Tang local ethnic groups were increasingly encouraged and supported by the Tang Dynasty to overwhelm nearby pro-Tibet groups. Finally, two leaders gained control and were invested as princes: Nanzhao in Western Yunnan (*Dali* 大理) and the Cuan chief in Eastern Yunnan (*Diandong* 滇東). In the late 740s, however, Cuan clans were weakened by internal turmoils, and Nanzhao forced them to leave Diandong by the 760s. Cuan Zihua's father, Cuan Guiwang 爨歸王, was a chief of the Cuan clan in the 740s and also held the post of Nanning Junwang. However, Shouyu 守隅, another Guiwang's offspring, moved to Dali and eventually joined Nanzhao. On the contrary, when Cuan Zihua migrated to Sichuan before the 780s, the Tang Empire, regarded him as the key to reclaiming Yunnan as part of the imperial regime and confirmed him as the nominal Nanning Junwang. But Zihua failed to reconquer Yunnan. When Wei Gao 韋皋 was appointed as the Military Commissioner of West Jiannan (*Jiannan Xichuan jiedushi* 劍南西川節度使) in 785, the Tang Empire attempted to renew the governmental system as a whole. At the same time, Nanzhao and other ethnic groups around Yunnan intended to get rid of Tibetan influence. Their interactions caused a change in the Cefeng system through peerages in Yunnan: Tang re-enfeoffed Nanzhao as Prince to rule over all Yunnan and certified other powerful chiefs as the lower rank of Prefecture Prince. At last, the Tang Dynasty recreated the peerages of the southwestern chiefs based on the existing social order and geographical spread, and nominal "princes" no longer had any role.

# 行像與行城*
## ——敦煌行城儀式起源考

## 倉本尚德

每年二月八日舉行的行城儀式是唐至宋初敦煌地方佛教文化的代表。敦煌地區的行城儀式是爲紀念悉達太子逾城出家而舉行的,模仿悉達太子出迦毗羅衛城時的巡城活動;人們將佛像置於車輦或神轎上,出行像堂經城東、南、西門至北門繞行一周。又因爲繞城一周,也被認爲是模仿太子四門出遊,並在北門舉行宴會。這一儀式是由寺院主辦,行像社社員等多人參與,歷時數日的盛大佛教儀式。8世紀至10世紀的敦煌文書中有關於舉行行像儀式時設齋會所用穀物和油支出的記載,有爲行像而組織的名爲"行像社"的社團記載,也有描述了行城活動的齋願文等。從這些文書中可以很具體地了解到行城活動的情況,因此迄今積累了很多關於行城活動實態的研究[1]。

雖然也存在以二月八日爲釋迦誕生日的説法,但在8世紀至10世紀的敦煌,以四月八日爲釋迦生誕,二月八日爲逾城出家日,因此認爲敦煌行城儀式是

---

* 本文係日本令和二年度科研經費資助(基礎研究 C)"石刻資料を通して見た隋・初唐地域社会の佛教及びその中央との関係"(課題編號 20K01021)課題研究成果的一部分。本稿撰寫過程中,幸蒙船山徹教授、岸野亮示教授、檜山智美教授、陳志遠教授等指正,在此一併表示衷心的感謝。

[1] 小川陽一《敦煌の行像会》,《集刊東洋学》13,1965 年,19—28 頁;羅華慶《9 至 11 世紀敦煌的行像和浴佛活動》,《敦煌研究》1988 年第 4 期,98—103 頁;張弓《敦煌春月節俗探論》,《中國史研究》1989 年第 3 期,121—132 頁;Trombert, Éric, "La fête du 8ᵉ jour du 2ᵉ mois à Dunhuang d'après les comptes de monastères", in Drège, Jean-Pierre (ed) *De Dunhuang au Japon: Études chinoises et bouddhiques offertes à Michel Soymié*. Genève: Librairie Droz, 1996, pp. 25-72(中譯:童丕《從寺院的帳簿看敦煌二月八日節》,《法國漢學》第 5 輯,中華書局,2000 年,58—106 頁)。譚蟬雪《敦煌歲時文化導論》,新文豐出版社,1998 年;譚蟬雪《唐宋敦煌歲時佛俗——二月至七月》,《敦煌研究》2001 年第 1 期,93—104 頁;王三慶《敦煌文獻齋願文中的行城活動》,《敦煌學》第 27 輯,2008 年,1—21 頁;趙青山《敦煌地區寺院行像活動財政考》,《敦煌學輯刊》2007 年第 4 期,368—377 頁。

爲了紀念釋迦生誕的觀點是錯誤的[2]。

　　行像是與行城相似的用語。行像是指將像放在車上或用轎子抬的儀式，即便在街上遊行，但不一定要繞城一周。而另一方面，行城是指繞城，也就是將像放在車上，行像的同時要在城內繞行一周，在中國通常於二月八日舉行。另外，也存在行城但不行像的情況。比如，正月舉行的持白色傘蓋、勝幢在城中繞行的安傘儀式中也用到了"行城"一詞[3]。由皇帝等有權的在俗者主辦，爲慶祝釋迦降世，將佛像從城外"迎入"城內的儀式也不是"行城"。

　　據法顯和玄奘記錄的在印度城市中舉行的儀式可知，行像儀式是有印度起源的佛教儀式，經西域傳到漢地。北魏《洛陽伽藍記》中所載盛大的行像活動令人印象尤爲深刻。那麼如果將敦煌的行城儀式放在印度行像儀式的發展史上看，它究竟應該如何定位，是大體繼承了印度的行像儀式，還是自身在敦煌得到了更大發展？另外敦煌的行城儀式是否與中原地區的行像儀式有關？關於這些問題尚未有充分的探討。本文擬就上述問題從中國佛教節日的設置及源於印度的儀式的變遷史兩方面進行考察。

## 一、中國佛節的設置

　　慶祝釋迦誕生的活動是佛生會（也稱降誕會、佛誕會、灌佛會、浴佛會等）。東亞地區是農曆四月八日（陽曆五月左右）舉行。日本著名的"花節"就是把誕生釋迦立像放置在各色鮮花裝飾的佛堂裏，用香水（通常是用土常山葉泡的茶）澆灌佛像的儀式。

　　以上座部佛教爲主的東南亞，慶祝佛誕的儀式在大約一周後的滿月日舉行。值得注意的是，與東亞不同，這一天不僅慶祝佛誕也慶祝佛成道、涅槃，稱爲"吠舍佉節"（[Skt. Vaiśākha]，印度曆二月月名）。

　　追溯到早期，根據唐代玄奘編纂的見聞錄、地志《大唐西域記》卷六的記載，

---

[2] 郝春文《唐後期五代宋初敦煌僧尼的社會生活》，中國社會科學出版社，1998年，230頁；荒見泰史《二月八日の出家逾城と敦煌の法会、唱導》，《敦煌寫本研究年報》8，2014年，31—45頁。

[3] P. 2854《豎幢傘文》、P. 3405《安傘文》。關於"安傘旋城"儀式參前引譚蟬雪《敦煌歲時文化導論》，14—21頁。

當時印度佛誕日爲吠舍佉月後半八日,祇有上座部是吠舍佉月後半十五日[4]。據《大唐西域記》載,出家、成道、涅槃大體都是同一天[5]。同一天的説法也見於《遊行經》等多種漢譯佛典,可能是因爲在印度也没有分别設置誕生、出家、成道、涅槃日[6]。

但是在中國,如果將吠舍佉月後半八日按中國的曆法换算對應的是哪一天呢？人們對此有各種不同的看法。玄奘把吠舍佉月後半八日和十五日分别换算成唐曆三月八日和唐曆三月十五日[7]。但這一説法在此後的中國僅見於一部分著作,並没有得到普遍傳播[8]。

特别是佛誕日是中國曆法的哪一天？根據森章司細查多部佛典的總結,漢譯佛典中,大致有將佛誕日定爲中國曆法的二月八日、四月八日兩種説法[9]。《遊行經》(後秦佛陀耶舍、竺佛念共譯《長阿含經》卷四),失譯《薩婆多毗尼毗婆沙》,北涼曇無讖譯《涅槃經》(北本),劉宋慧嚴等譯《涅槃經》(南本),隋闍那崛多譯《佛本行集經》中佛誕日是二月八日。

另一方面,翻譯年代不詳的《修行本起經》,吳支謙譯《太子瑞應本起經》,西晉

---

[4] 玄奘、辯機原著,季羨林等校注《大唐西域記校注》卷六:"箭泉東北行八九十里,至臘伐尼林,有釋種浴池,澄清皎鏡,雜花瀰漫。其北二十四五步,有無憂花樹,今已枯悴,菩薩誕靈之處。菩薩以吠舍佉月後半八日,當此三月八日;上座部則曰以吠舍佉月後半十五日,當此三月十五日。"中華書局,2000年,523頁。

[5] 《大唐西域記校注》卷六:"逾城出家時亦不定,或云菩薩年十九,或曰二十九,以吠舍佉月後半八日逾城出家,當此三月八日,或云以吠舍佉月後半十五日,當此三月十五日。"523頁。《大唐西域記校注》卷八:"如來以印度吠舍佉月後半八日成等正覺,當此三月八日也。上座部則吠舍佉月後半十五日成等正覺,當此三月十五日也。是時如來年三十矣。或曰年三十五矣。"678頁。《大唐西域記校注》卷六:"聞諸先記曰:佛以生年八十,吠舍佉月後半十五日入般涅槃,當此三月十五日也。説一切有部則佛以迦剌底迦月後半八日入般涅槃,當此九月八日也。"539頁。

[6] 森章司詳細考察了關於入胎、出胎、出家、成道、入滅月份、日期的諸書籍的傳承系統並繪製了表格。森章司《釈尊の出家・成道・入滅年齡と誕生・出家・成道・入滅の月・日》,《原始佛教聖典資料による釈尊傳の研究》通號1,中央學術研究院,1999年,103—147頁。本節寫作時多以此文爲參考。

[7] 前引森章司《釈尊の出家・成道・入滅年齡と誕生・出家・成道・入滅の月・日》,103—147頁。

[8] 道宣《釋迦方志》採用了《大唐西域記》的説法。

[9] 前引森章司《釈尊の出家・成道・入滅年齡と誕生・出家・成道・入滅の月・日》,103—147頁。

法炬《灌洗佛形像經》,北涼曇無讖譯《佛所行讚》等經中佛誕日是四月八日。

需要注意的是,劉宋求那跋陀羅譯《過去現在因果經》高麗再雕本作二月八日,思溪藏、磧砂藏等江南系統的版本中作四月八日。不過此經以四月八日爲托胎期,托胎時間是十個月,因此在計算上把佛誕日定爲二月八日是正確的。另外,出家、成道日大致與誕生日一致。這些情況經過整理得到以下表1、表2。

表1　以四月八日爲釋迦的誕生、出家、成道日的佛典

|  | 托　胎 | 誕　生 | 出　家 | 成　道 |
| --- | --- | --- | --- | --- |
| (年代不詳)修行本起經 | 四月八日 | 四月八日 | 四月八日 |  |
| (吴)太子瑞應本起經 |  | 四月八日 | 四月八日 |  |
| (吴)?般泥洹經 |  | 四月八日 | 四月八日 | 四月八日 |
| (西晉)佛般泥洹經 |  | 四月八日 | 四月八日 | 四月八日 |
| (西晉)灌洗佛形像經 |  | 四月八日 | 四月八日 | 四月八日 |
| (東晉)十二遊經 |  | 四月八日 |  | 四月八日 |
| (北涼)佛所行讚 |  | 四月八日 |  |  |

表2　以二月八日爲釋迦誕生、出家、成道日的佛典

|  | 托　胎 | 誕　生 | 出　家 | 成　道 |
| --- | --- | --- | --- | --- |
| (後秦)遊行經 |  | 二月八日 | 二月八日 | 二月八日 |
| (失譯)薩婆多毗尼毗婆沙 |  | 二月八日 |  | 二月八日 |
| (北涼、劉宋)涅槃經(南、北本) |  | 二月八日 | 二月八日 | 二月八日 |
| (劉宋)過去現在因果經 | 四月八日 | 二月八日(四月八日) | 二月八日 | 二月八日 |
| (隋)佛本行集經 |  | 二月八日 |  | 二月二十三日 |

比較兩表可以發現,表2中的經典整體比表1中的經典時代晚,時代越晚把吠舍佉月比定爲二月而不是四月的説法越成了主流。

但是在實際社會中,除了一部分地區,佛誕日日期並不一定發生了從四月八日改爲二月八日的變化[10]。影響特別大的是把儒教經典的記述與佛典的記述

---

[10]　如下文所述,《荆楚歲時記》採用了基於表2佛典的説法,即以二月八日爲釋迦誕生日也是成道日。

聯繫起來的説法。亦即把《春秋》莊公七年（公元前687）"夏四月辛卯,夜,恒星不見,夜中星隕如雨"、《春秋左氏傳》"夏,恒星不見,夜明也"的記載,與《太子瑞應本起經》卷上的記載對應："到四月八日夜明星出時,化從右脅生墮地,即行七步,舉右手住而言:'天上天下,唯我爲尊。三界皆苦,何可樂者?'是時天地大動,宫中盡明。"（T3,p.473c）這種説法早在宗炳（375—443）的《答何衡陽難釋白黑論》中就出現了[11],佛誕日爲四月八日的説法很有説服力。北齊魏收撰《魏書·釋老志》也提及了《春秋》的記載,以四月八日爲佛誕[12]。

下面簡單介紹歷代高僧學者的觀點。《牟子理惑論》反映了佛教初來中國時學者的佛教理解,該文中釋迦以四月八日降生,四月八日出家。但在思溪藏、磧砂藏等江南系統的諸藏經版本中作二月八日出家[13]。僧祐《釋迦譜》中引用《過去現在因果經》作四月八日托胎、降生,二月八日出家、成道[14]。《立誓願文》通常認爲是天台智顗之師南岳慧思所撰,該文的開頭引用來歷不明的經典《釋迦牟尼佛悲門三昧觀衆生品本起經》（可能是偽經）,認爲釋迦七月七日入胎,四月八日降生,二月八日出家,臘月（十二月）八日成道,二月十五日涅槃。請注意慧思以四月八日爲佛誕,二月八日爲出家日的觀點與後文將要論述的行城儀式有關。與《立誓願文》相同,三階教的祖師信行在《信行口集真如實觀》（S.212）中,認爲釋迦七月七日入胎,四月八日誕生,二月八日出家。但成道時

---

[11] 吉川忠夫《弘明集・廣弘明集》,中央公論社,1988年,355頁注67。

[12] 魏收撰《魏書》卷一一四《釋老志》："初,釋迦於四月八日夜,從母右脅而生。既生,姿相超異者三十二種。天降嘉瑞以應之,亦三十二。其《本起經》説之備矣。釋迦生時,當周莊王九年。《春秋》魯莊公七年夏四月,恒星不見,夜明,是也。"中華書局,1974年,3027頁。

[13] 僧祐編《弘明集》卷一《牟子理惑論》："以四月八日,從母右脅而生。……年十九,四月八日夜半呼車匿勒揵陟跨之。鬼神扶舉,飛而出宫。"（T52,p.1c）據大正藏校勘記,劃綫部分"四"字在宫本、宋本、元本、明本中作"二"。

[14] 僧祐《釋迦譜》卷一："以四月八日明星出時,降神母胎,於時摩耶夫人於眠寤之際,見菩薩乘六牙白象,騰虚而來從右脅入。"（T50,p.15a）《釋迦譜》卷一："於四月八日初出時,夫人見彼園中有一大樹,名曰無憂,華色香鮮,枝葉分佈,極爲茂盛。即舉右手欲牽摘之。菩薩漸漸從右脅出。"（T50,p.16a）《釋迦譜》卷一："我年已至十九,今又是二月復是七日,宜應方便,思求出家。"（T50,p.24a）《釋迦譜》卷一："於二月七日夜降伏魔已,放大光明,即便入定,思惟真諦。於諸法中禪定自在,悉知過去所造善惡從此生彼。父母眷屬。貧富貴賤壽命長短,及名姓字皆悉明了。即於衆生起大悲心,而自念言:'一切衆生無救濟者,輪迴五道不知出津。皆悉虛偽無有真實。而於其中橫生苦樂。'作是思惟,至中夜盡。"（T50,p.34c）

間是正月八日[15]。

隋費長房《歷代三寶紀》卷一一繼承了北周時期俗姓姚的道安法師所撰《二教論》(收入《廣弘明集》卷八)中的觀點,認爲經典中記載的佛誕日四月八日是周曆,周曆的四月是夏曆的二月,所以在夏曆中是二月八日,就把二月八日定爲佛誕日[16]。

另一方面,初唐的法琳在《唐護法沙門法琳別傳》卷中批評了費長房關於佛誕日和托胎日的説法[17],他認爲佛於七月十五日托胎,四月八日出生、出家,二月八日成道,二月十五日涅槃[18]。

唐道宣《釋迦方志》從《大唐西域記》之説,《釋迦氏譜》繼承梁《釋迦譜》之説[19]。

與道宣同爲智首律師門下的道世認同法琳之説,《法苑珠林》卷九《出胎部·校量部第八》以爲佛典中説法衆多難以判斷,但如前所述根據外典《春秋》

---

[15] "釋迦如來癸未年七月七日夜,托蔭摩耶,以甲申年四月八日夜現生左(右)脅,壬寅年二月八日夜逾城出家,癸丑年正月八日,除無明睡,朗然大悟,故號爲佛。"

[16] 關於《二教論》和《歷代三寶紀》的佛曆,陳志遠有詳細討論,參氏撰《辨常星之夜落:中古佛曆推算的學説及解釋技藝》,《文史》2018 年第 4 期,117—138 頁。

[17] 彦琮《唐護法沙門法琳別傳》卷中:"長房言'二月八日生'者,乃是四月,非二月也。然長房所判,未究事根。何者?長房云:'周以十一月爲正月。言四月者,今二月也。'雖云二月,終是四月。案《春秋》一部,年用魯莊之年,月取周王之月。恒星本瑞於周世,須據周之時日月。長房乃云:'佛莊王十年二月八日生'者,大爲猛浪。若是二月,不應論星。長房又云:'佛以四月八日下托胎'者,托胎既用周月,現生還是周辰。今言二月,是亦非也。若周以十一月爲正月,如來不容二月生。凡人正月胎即十月生,四月胎即正月生。佛俯同人世七月胎,故乃四月生。王劭《齊志》云:'周四月者,夏之六月。'以此却推,四月生者,是七月胎。今言六月,取其節氣。雖經七月,終屬六月。信知王劭所説不差。"(T50,p.207c)

[18] 彦琮《唐護法沙門法琳別傳》卷中:"佛是姬周第五主昭王瑕即位二十三年癸丑之歲七月十五日,現白象形降神,自兜率托净飯王宫摩耶受胎。……昭王二十四年甲寅之歲四月八日,於嵐毗園内波羅樹下,右脅而誕生。……昭王四十二年壬申之歲四月八日夜半,逾城出家。……周第六主穆王諱滿二年癸未二月八日,佛年三十成道。"(T50,p.207ab)

[19] 道宣《釋迦氏譜》:"經云:十月滿足,於四月八日日初出時,於無憂樹下花葉茂盛,便舉右手欲牽摘之,菩薩漸漸從右脅出。"(T50,p.89b)《釋迦氏譜》:"《因果》云:'我年十九,今二月七日出家時至……'《普曜》云:'諸天遥白,沸星適現,即命車匿,被捶陟來。四天王與夜叉龍等,皆被鎧甲,從四方來。於時馬鳴奴泣,總安撫已,見明相出光照十方。太子即師子吼言:'過去諸佛出家亦然。'於是諸天捧馬四足,并接車匿,釋天執蓋,從北門出……'"(T50,p.91a)

行像與行城

與《太子瑞應本起經》的記載相對應,所以四月八日是正確的[20]。

作爲玄奘的弟子却批評玄奘門下教旨的法寶在《俱舍論疏》卷一中言,關於成道日,經典中有二月八日和四月八日兩種説法,二月八日是正確的,可以通過兩個理由來説明。其一,印度以建子(陰曆十一月)爲正月,中國以建寅(陰曆一月)爲正月,因此印度的四月是中國的二月,經典中的四月八日是梵本的説法被原本地保留下來的,換算成中國曆法就是二月;其二,轉法輪的時間是八月八日,説法前調根和觀機根需要六個月,因此成道時間是六個月前的二月八日[21]。根據這一原理,誕生日也是二月八日。總結以上觀點如下表3所示。

表3　中國撰作的書籍中釋迦誕生、出家、成道的時間

|  | 托　胎 | 誕　生 | 出　家 | 成　道 |
| --- | --- | --- | --- | --- |
| (三國)?《牟子理惑論》 |  | 四月八日 | 四月八日<br>(二月八日) |  |
| (梁)僧祐《釋迦譜》 | 四月八日 | 四月八日 | 二月八日 | 二月八日 |
| (北齊)魏收《魏書・釋老志》 |  | 四月八日 |  |  |
| (北齊)慧思《立誓願文》 | 七月七日 | 四月八日 | 二月八日 | 十二月八日 |
| (隋)信行《信行口集真如實觀》 | 七月七日 | 四月八日 |  | 正月八日 |
| (北周)道安《二教論》 | 四月八日 | 二月八日 |  | 二月八日 |
| (隋)費長房《歷代三寶紀》 | 四月八日 | 二月八日 | 四月八日 | 二月八日 |

---

[20] 道世編集《法苑珠林》卷九《出胎部》:"《瑞應經》云:'太子四月八日夜明星出時生。'又《佛行讚》云:'於三月八日菩薩從右脅生。'《過去現在因果經》云:'二月八日夫人往毗藍尼園,見無憂華,舉右手摘,從右脅出。'今謂世代既遥,譯人前後。直就經文,難可論辯。考求外典,如似可見。《春秋》云:'魯莊公七年即莊王十一年四月辛亥,恒星不現。星殞如雨。'檢内外以四月爲正也。"(T53,p.346a)

[21] 法寶撰《俱舍論疏》卷一:"一定成道日者,依《長阿含經》第四云:'八日如來生。八日佛出家。八日成菩提。八日取滅度。'次文云:'二月如來生。二月佛出家。二月成菩提。二月取涅槃。'又《灌佛經》云:'佛告諸天人,十方諸佛皆用四月八日夜半時生。皆用四月八日夜半時出家。皆用四月八日夜半時成道。皆用四月八日夜半時而般涅槃。'諸經八日皆同,説月有異。唯二、四别,不言餘月。准上二説,説雖有異,成道月日即是同也。所以得知,略有二理。一以立正異故。婆羅門國以建子立正。此方先時以建寅立正,建子四月,即建寅二月。故存梵本者而言四月。依此方者,即云二月。根本一也。二准《智論》及《婆沙》計,梵王請前五十七日。四月調根,兼觀機等總有六月,即是二月八日成道,至八月八日轉法輪定。如下引文。以此故知,二月八日成道爲定,去八月八日有六月故。"(T41,p.453a)

續表

|  | 托 胎 | 誕 生 | 出 家 | 成 道 |
| --- | --- | --- | --- | --- |
| (唐)彥琮《法琳別傳》 | 七月十五日 | 四月八日 | 四月八日 | 二月八日 |
| (唐)道宣《釋迦氏譜》 | 四月八日 | 四月八日 | 二月八日 | 二月八日 |
| (唐)道世《法苑珠林》 | 七月十五日 | 四月八日 | 四月八日 | 二月八日 |
| (唐)法寶《俱舍論疏》 |  | 二月八日 | 二月八日 | 二月八日 |

由此表可知，與表1、2不同，將誕生、出家、成道日定爲不同日期的情況比較多見。上述觀點雖然存在分歧，但總體來看，正如上述道世的觀點，將《春秋》的記載與佛典直接聯繫起來，把佛誕日定爲四月八日的觀點更有説服力。毫無疑問，在整個中國南北朝隋唐時代最受普通大衆重視的佛教節日就是四月八日。

以四月八日爲佛誕日自不待言，除此以外，得度出家的儀式，授戒儀式，講經法會，紀念佛像、佛塔完工的落成法會，埋葬遺骨，瘞埋舍利，放生魚等生物的放生會，甚至如《高僧傳》卷一二慧益傳記所載的燃燒自己身體供養佛的燒身供養活動等，很多與佛教有關的儀式都在這一天舉行[22]。北朝時代佛像上的紀年銘文所署日期中四月八日最多見，二月八日在北魏、西魏比較少見，但在東魏、北周、隋出現的次數僅次於四月八日[23]。另外，著名的崇佛皇帝梁武帝選擇這一天舉行皇帝即位儀式。

關於釋迦的出家日，已知有二月八日和四月八日兩種觀點，到了唐代意見還是不統一。但是在唐代，成道日爲二月八日的意見基本達成一致。實際上由《唐六典》卷二和敦煌所見《大唐新定吉凶書儀》可知，在唐王朝，二月八日作爲紀念佛成道的日子，四月八日作爲紀念佛誕生的日子都是官員的假日[24]。

綜上所述，在印度原本是同一天的佛誕日和出家、成道日，在中國分別被定於四月八日和二月八日。如後文所述，這種變化促進了行像儀式和行城儀式的分化，也與行城儀式被賦予紀念二月八日逾城出家的意義有關。下面我們試着

---

[22] 慧皎撰《高僧傳》卷一二："釋慧益，廣陵人，少出家，隨師止壽春。……至大明七年四月八日，將就焚燒，洒於鍾山之南，置鑊辦油。"(T50, p. 405b)

[23] 倉本尚德《北朝佛教造像銘研究》，法藏館，2016年，47頁。

[24] 中村裕一《中國古代の年中行事・第一册・春》，汲古書院，2009年，348頁；中村裕一《中國古代の年中行事・第二册・夏》，汲古書院，2009年，189頁。

考察行像活動的來歷。

## 二、行像——"迎佛"儀式

### (一) 印度的行像

行像指把佛像放在車輦或神轎上在街上遊行的儀式,在印度、西域、漢地都有舉行。

岸野亮示在邵朋(Gregory Schopen)的研究基礎上介紹了很多漢譯及藏譯本"根本說一切有部律"的記載,作爲與行像有關的資料,這些記載至今爲止没有被全面利用,他還討論了印度行像儀式的情況。他指出上述律典中規定了用車輦承載的佛像是表現釋迦出家前樹下觀耕(指太子在樹下看到正在耕作的人們,看到小鳥捕食昆蟲,禿鷲捕食小鳥,感悟到生命的無常)形象的菩薩像,行像不一定僅用作紀念釋迦誕生,也有在夏安居的最後一天自恣日和大齋會時舉行行像的例子,這一觀點非常重要[25]。

岸野提到,以邵朋爲代表的許多學者認爲"根本說一切有部律"中描述的佛教修行者的狀態反映的是公元1世紀至5世紀左右印度的情況[26]。不過正如岸野所述,律典是某部派内部的規定,它在印度行像儀式的實際運用方面,諸如在何時、何地如何被實踐等問題都還不明確。

除了上述律典中記載的關於行像的規定之外,岸野提出的假說值得注意的是,至晚7世紀,印度的行像儀式中,可能存在由出家修行者主導的行像和由國王等有權威的在家信仰者主導的行像兩種形式[27]。本節主要討論中國行像儀

---

[25] 岸野亮示《律に説かれる宗教活動》,收入船山徹編《現世の活動と來世の往生》,臨川書店,2020年。關於邵朋的行像研究,參看 Schopen, Gregory. "On Sending the Monks Back to Their Books: Cult and Conservatism in Early Mahāyāna Buddhism", *Figments and Fragments of Mahāyāna Buddhism in India: More Collected Papers*. Honolulu: University of Hawai'i Press, 2005, pp. 108-153。以及 "Celebrating odd moments: the biography of the Buddha in some *Mūlasarvāstivādin* cycles of religious festivals", *Buddhist Nuns, Monks, and Other Worldly Matters: Recent Papers on Monastic Buddhism in India*. Honolulu: University of Hawai'i Press, 2014, pp. 361-389。

[26] 岸野亮示前揭書,37頁。

[27] 岸野亮示前揭書,110頁。

式的詳情。相較於印度的情況,在中國有很多已知大致時代和地區的材料,可以更系統地追溯行像儀式在不同時代的變化。以下特別注意行像的經典依據是哪部佛典,何時舉行,將至今仍被混淆的由有權威的在家信仰者主導的"迎佛"行像和由僧人主導的"巡城"行城儘可能地區分開來討論。

根據記載了宋代初期以前中國佛教禮儀、制度沿革的贊寧《大宋僧史略》,行像的起源是釋迦涅槃之後,國王和臣下們以爲再也無法拜見佛,於是立佛降生相,或作太子巡城像[28]。

具體來説,如後所述,行像的經典依據是記載了釋迦誕生後行七步的佛傳,以及爲死去的母親登忉利天説法的釋迦下至此世時,優填王帶着因思慕釋迦而製造的佛像一同出迎的場景。

塚本善隆介紹的敦煌文獻中保留着西魏北周時期佛教教團的規定,其中與四月八日和二月八日行像相關的規定中説其經典依據如下:

> 聖人出世,托膺有時,是以《因果經》云:"如來於四月八日夜明星出時,降神母胎,二月八日,日初出時,夫人見藍毗尼園中有一大樹,名曰無憂。即舉手攀之,菩薩漸漸從右脅生,十方面各行七步。"又《觀佛三昧經》云:"如來從忉利天下至閻浮提,時優填王,佛去後,戀慕世尊,鑄金爲像,聞佛既還,載像往迎。爾時世尊,合掌向像,而語像言,汝於來世大作佛事,我滅度後,有諸弟子付囑於汝。空中化佛,異口同音咸作是言,若有衆生於佛滅後,造立形像,幡華衆香,持用供養,是人來世,必得念佛清净三昧。"然則嚴餝尊像,無量利益,奉戴四出,亦同膺見。[29]

這一文本中作爲行像的經典依據被引用的佛經有《因果經》和《觀佛三昧海經》。《因果經》指劉宋求那跋陀羅譯《過去現在因果經》。從此經中引用釋迦誕生的場景:四月四日夜明星出現之時入摩耶夫人的母胎,二月八日日出時從夫人的右脅出生,向十方各行七步。

從《觀佛三昧海經》中引用了這樣的場景:優填王思慕釋迦鑄造金像,聽説

---

[28] 贊寧撰,富世平校注《大宋僧史略校注》卷上《創造伽藍·行像》,中華書局,2015年,22—23頁。

[29] 塚本善隆《敦煌本·中國佛教教團の制規——特に行像の祭典について》,收入《塚本善隆著作集》第3卷,大東出版社,1975年,291頁。

釋迦從忉利天下降此世,他載着佛像去迎接釋迦。《觀佛三昧海經》卷六提到:"佛告阿難,佛滅度後佛諸弟子,知佛如來下忉利天及見佛像,除却千劫極重惡業。"(T15,p.678b)

也就是説,行像儀式的經典依據是釋迦顯現出初生時就可以走路的奇迹場景以及優填王製造佛像與佛像一同迎接從忉利天下降的釋迦的場景,這兩種佛傳故事。

關於舉行行像儀式的功德,前述西魏、北周時期的教團規定中提到,頂戴奉持佛像就能獲得與用精美飾物裝飾佛像同等的無量功德。另外,《觀佛三昧海經·觀四威儀品》中説佛滅之後想佛行者,或見佛迹者、見像行者,步步都能消除千劫極重的惡業,可見觀行像也有消除罪業的功德。

行像儀式中的佛像和承載佛像的花車被裝飾得絢麗多彩,遊行隊伍中還有伎樂等音樂和舞蹈。很多活動都要在佛誕日舉行,也有連續進行十天以上的情況。實際上在古代印度這一儀式在多個地區都有舉行。法顯和玄奘記載了具體的例子。法顯記録了5世紀初在笈多王朝的都城、恒河流域的摩訶陀國巴連弗城(華氏城,Skt. Pāṭaliputra)於吠舍佉月舉行的行像活動,記載如下:

> 凡諸中國,唯此國城邑爲大。民人富盛,競行仁義。年年常以建卯月八日行像。作四輪車,縛竹作五層,有承櫨、揳戟,高二匹餘許,其狀如塔。又白氎纏上,然後彩畫,作諸天形像。以金、銀、琉璃莊校其上,懸繒幡蓋。四邊作龕,皆有坐佛,菩薩立侍。可有二十車,車車莊嚴各異。當此日,境内道俗皆集,作倡伎樂,華香供養。婆羅門子來請佛,佛次第入城,入城内再宿。通夜然燈,伎樂供養,國國皆爾。[30]

法顯在這條記載前提到,有名叫婆羅門子羅沃私婆迷(Skt. Rājasvāmin)的五十餘歲大乘佛教徒,深受國王尊敬和國人仰慕,正因爲他,外道纔不能凌駕於佛教僧人之上[31]。材料中提到的"婆羅門子"指的應該就是此人。由深受國王敬仰的他負責迎請佛像的工作,應該能使儀式更加隆重吧。不過值得注意的是國王是

---

[30] 法顯撰,章巽校注《法顯傳校注》,中華書局,2008年,88頁。

[31] "有一大乘婆羅門子,名羅沃私婆迷,住此城裏,爽悟多智,事無不達,以清净自居。國王宗敬師事,若往問訊,不敢並坐。王設以愛敬心執手,執手已,婆羅門輒自灌洗。年可五十餘,舉國瞻仰。賴此一人,弘宣佛法,外道不能得加陵衆僧。"《法顯傳校注》,87—88頁。

否參加了這個儀式並不清楚。由"城內再宿"可知行像活動至少持續了三天。這個儀式究竟是紀念什麼的還不清楚。但至少可以確定這是個將佛像從城外"迎入"城內的儀式。

法顯的時代之後二百餘年,在恒河上游曲女城(Skt. Kānyakubja),戒日王朝的國王戒日王(Skt. Harṣa-vardhana,約606—647在位)舉辦了五年一次的無遮大會(國王對僧俗男女無限制地佈施飲食和物品的大集會)。當時舉行了隆重的行像儀式,玄奘也應邀參加。《大唐西域記》卷五載此次儀式的詳情如下。

> 是時諸國二十餘王先奉告命,各與其國髦俊沙門及婆羅門、羣官、兵士,來集大會。王先於河西建大伽藍。伽藍東起寶臺,高百餘尺,中有金佛像,量等王身。臺南起寶壇,爲浴佛像之處。從此東北十四五里,別築行宮。是時仲春月也,從初一日以珍味饌諸沙門、婆羅門,至二十一日,自行宮屬伽藍,夾道爲閣,窮諸瑩飾,樂人不移,雅聲遞奏。王於行宮出一金像,虛中隱起,高餘三尺,載以大象,張以寶幰。戒日王爲帝釋之服,執寶蓋以左侍;拘摩羅王作梵王之儀,執白拂而右侍。各五百象軍,被鎧周衛。佛像前後各百大象,樂人以乘,鼓奏音樂。戒日王以真珠雜寶及金銀諸花,隨步四散,供養三寶。先就寶壇,香水浴像。王躬負荷,送上西臺,以諸珍寶、憍奢耶衣數十百千,而爲供養。是時唯有沙門二十餘人預從,諸國王爲侍衛。饌食已訖,集諸異學,商搉微言,抑揚至理。日將曛暮,回駕行宮。如是日送金像,導從如初,以至散日。[32]

上述儀式在二十一天裏每天重複進行,特別有趣的是,把國王等身金佛像放在大象身上而不是花車上,戒日王扮演帝釋天,拘摩羅王(Skt. Kumāra)扮演梵天,侍立於金佛像兩側,國王親自做了行像儀式的主角。田中純男認爲這可以理解爲是在模仿佛在忉利天(三十三天)說法,後依三道寶階降下閻浮提(或是僧伽舍),優填王持因思慕釋迦而製作的佛像出迎的故事[33]。

實際上《大唐西域記》中記載,劫比他國(舊名僧伽舍,Skt. Kapitha)以東二十餘里有大寺院,是釋迦從忉利天降下的地方,釋迦從中間的黃金階梯下來,梵

---

[32] 《大唐西域記校注》卷五《羯若鞠闍國》,440—441頁。

[33] 田中純男《インドの行像——ハルシャ王による祝祭劇》,收入松濤誠達先生古稀記念會編《梵文学研究論集——松濤誠達先生古稀記念》,大祥書籍,2007年,19—44頁。

天手執白拂塵,侍立於釋迦右側,從銀色階梯上下來,帝釋天手持寶蓋(傘蓋),侍立釋迦左側,從水晶階梯上下來[34]。

玄奘造訪此地時,諸國王已經模仿原本的寶階用磚石築起了用珍寶裝飾的七十餘尺的階梯,並在上面修建精舍。中間有石造佛像,左右階梯處是帝釋天、梵天像,他們都做出下臺階的姿勢。

可以説戒日王行像儀式的主角金像也象徵着優填王製作的佛像,同時不僅象徵佛像,也象徵佛陀本身,國王們扮演帝釋天、梵天,給觀衆以國王作爲佛的守護者身份的印象。這次戒日王的行像儀式模仿三道寶階的佛傳故事,象徵優填王"迎佛"事,這與巴連弗城的例子一樣明確。

(二) 中亞的行像

法顯和玄奘西行時,中亞的城市也舉行了隆重的行像儀式。法顯爲了觀摩絲綢之路西域南道最大的佛教城市于闐的行像儀式,在此停留了三個月。從以下記載中可以了解4世紀末盛大行像儀式的詳情:

> 其國中十四大僧伽藍,不數小者。從四月一日,城裏便掃灑道路,莊嚴巷陌。其城門上張大幃幕,事事嚴飾,王及夫人、采女皆住其中。瞿摩帝僧是大乘學,王所敬重,最先行像。離城三四里,作四輪像車,高三丈餘,狀如行殿,七寶莊校,懸繒幡蓋。像立車中,二菩薩侍,作諸天侍從,皆金銀雕瑩,懸於虛空。像去門百步,王脱天冠,易着新衣,徒跣持華香,翼從出城迎像,頭面禮足,散華燒香。像入城時,門樓上夫人、采女遥散衆華,紛紛而下。如是莊嚴供具,車車各異。一僧伽藍則一日行像。白月一日爲始,至十四日行像乃訖。行像訖,王及夫人乃還宮耳。[35]

于闐有十四大寺院,每所寺院有一尊行像用的佛像,行像在佛誕日四月八日前後一周,共計十四天中舉行。承載佛像的花車高三丈(約7.2米),比法顯在印度巴連弗城見到的行像花車更大。于闐的行像儀式中國王和王妃的任務是,國王在城門外禮拜迎接來自城外的佛像,佛像入城時,王妃和女官們在城門的樓上散花。把佛像從城外向城内迎入這一點與巴連弗城行像儀式相同。國王出迎佛像

---

[34] 《大唐西域記校注》卷四《劫比他國》,417—418頁。
[35] 《法顯傳校注》,12頁。

可能也是模仿優填王出迎釋迦的故事。從城門上散花的行爲,在北魏洛陽也被皇帝仿照而行。

另一方面,7世紀前半期途經西域北道(天山南路)城市龜兹國的玄奘也記載了行像儀式。但是似乎玄奘本人没有親眼見到行像過程,記述也很簡潔。《大唐西域記》載:

> 大城西門外路左右各有立佛像,高九十餘尺。於此像前建五年一大會處,每歲秋分數十日間,舉國僧徒皆來會集。上自君王,下至士庶,捐廢俗務,奉持齋戒,受經聽法,渴日忘疲。諸僧伽藍莊嚴佛像,瑩以珍寶,飾之錦綺,載諸輦輿,謂之行像,動以千數,雲集會所。[36]

這是7世紀前半期龜兹的情况。當時龜兹小乘説一切有部盛行,律典允許食用三種净肉,但玄奘因爲大乘佛教禁止食肉所以没有食用。據《大慈恩寺三藏法師傳》,玄奘來訪時,國王携群臣和大德僧木叉鞠多一起在城外迎接。另外,龜兹周邊數千僧人在城東門外大張帷幕,奏行像時演奏的音樂迎候玄奘[37]。

關於龜兹行像值得一提的是,它並不在佛誕日舉行,而是在每年秋分左右舉行,行像使用的佛像的數量數以千計。秋分前後是模糊的説法,但9世紀段成式撰《酉陽雜俎》卷四,明確記載了龜兹八月十五日舉行了行像儀式。據《大唐西域記》卷六,説一切有部以九月八日爲釋迦涅槃日,6世紀以後涅槃在龜兹非常受重視。慶昭蓉認爲龜兹行像儀式舉行日期與涅槃日、自恣盛會有關[38]。

另外,相較於至今可知的其他地區用於行像的佛像數量數以十計,龜兹的數以千計儘管有些誇張,但也明顯不是一個數量級。一般來説,行像中多使用木像、塑像或夾紵(乾漆造像;以麻布層層鋪在漆中,和上木粉,然後堆成輕量佛像的方法)製成的輕量佛像。龜兹佛像風格也影響到周邊諸國,玄奘遊歷于闐時,王城西南十餘里的寺院中供奉着從龜兹傳來的夾紵製立佛像[39]。

---

[36]《大唐西域記校注》卷一《屈支國》,61頁。
[37] 慧立、彦琮著,孫毓棠、謝方點校《大慈恩寺三藏法師傳》卷二,中華書局,2000年,25頁。
[38] 慶昭蓉《吐火羅語世俗文獻與古代龜兹歷史》,北京大學出版社,2017年,228—231頁。
[39]《大唐西域記校注》卷一二《瞿薩旦那國》:"王城西南十餘里,有地迦婆縛那伽藍,中有夾紵立佛像,本從屈支國而來至止。昔此國中有臣被譴,寓居屈支,恒禮此像。後蒙還國,傾心遥敬。"1014—1015頁。

龜茲周邊有很多佛教石窟,諸如庫木土拉千佛洞和克孜爾千佛洞等,近年來隨着石窟寺院遺址考古發掘的推進,石窟中出土了很多可移動的小型木製佛像,克孜爾石窟一些主室中心塔柱窟正面的佛龕中,安置着可以從龕中取出的木雕佛像。魏正中(Vignato)以這一情況爲證據發表假説,認爲這些從龕中取出的佛像是用於行像儀式的[40]。鑒於前述龜茲用於行像的佛像數量衆多,在龜茲,製造了很多可移動、可用於行像儀式的佛像。由此可知在諸如于闐、龜茲等佛教興盛的絲綢之路緑洲城市中,也會舉辦可以與印度相媲美的隆重的行像儀式。

(三)漢地的行像

那麼漢地的行像是怎樣舉行的呢?在漢地,從魏晉南北朝時起就有行像的例子。由於這一時期北方南方的情況不同,我們首先從南方説起。據劉義慶(403—444)撰《宣驗記》(《法苑珠林》卷九一所引)載,孫祚之子孫稚聰穎且信奉佛教,在十八歲時亡故了。後來,孫祚去武昌(湖北省鄂州市)赴任,東晉咸康三年(337)四月八日,廣設法會延請佛像招待僧侣,設齋會行道。於是見孫稚在僧衆中,隨侍佛像行道(繞行堂塔等)。孫祚來到孫稚身邊探問,孫稚跪拜行禮,詳細講述近況,並跟隨父母回了家[41]。由此可知這裏的行道也是把佛像置於隊列中的一種行像儀式。祇是不知道是否在街上遊行。

東晉著名畫家戴逵(?—396)造行像五軀,安置在建康瓦官寺;初唐法琳撰《辯正論》載,戴逵親自製造"五軀夾紵像"(乾漆製作的佛像),有學者認爲這二者指的是同一件事[42]。另外,《比丘尼傳》卷三《道瓊尼傳》載,劉宋元嘉八年(431)製造了大量佛像,於瓦官寺造彌勒行像、於建福寺造普賢菩薩行像[43]。梁僧祐撰寫的佛典目録《出三藏記集》卷一二中出現了"宋明帝、齊文皇、文宣造行

---

[40] Vignato, Giuseppe, "Monastic Fingerprints: Tracing Ritual Practice in the Rock Monastery of Qizil through Archaeological Evidence", *Indo-Asiatische Zeitschrift* 20/21, 2017, pp. 22-31.

[41] 道世《法苑珠林》卷九一《破齋篇》:"晋孫稚,字法暉,齊國般陽縣人也。父祚,晋太中大夫。稚幼而奉法。年十八,以咸康元年八月病亡。祚後移居武昌。至三年四月八日,沙門於法階行尊像經家門。夫妻大小出觀,見稚亦在人衆之中,隨侍像行。見父母,拜跪問訊,隨共還家。"(T53, p.958ab)

[42] 參吉村怜《行像考》,《南都佛教》89,2007年,103—104頁。

[43] 寶唱撰《比丘尼傳》卷二《道瓊傳》:"瓦官寺彌勒行像一軀,寶蓋瓔珞。南建興寺金像二軀,雜事幡蓋。於建福寺造卧像並堂,又製普賢行像。"(T50, p.938a)

像八部鬼神記第十"的標題[44],可知宋、齊時代皇族也製造了行像。

此外,《高僧傳》卷十載邵碩在四月八日四川成都舉行的行像儀式的隊列中匍匐作獅子形,同日成都西北部的郫縣也舉行了行像儀式,邵碩也在隊列中作獅子形,人們纔知道這是他的分身[45]。

如前所述南朝確實舉行了行像儀式,但史料非常有限,其實際情況還有很多不明確的地方。

有記載表明大致與戴逵同時稍早,在五胡十六國後趙石氏的都城鄴城,爲紀念佛誕舉行了行像儀式。陸翽《鄴中記》載後趙石虎(334—349 在位)令著名工匠解飛製造花車事云:

> 石虎性好佞佛,衆巧奢靡,不可紀也。嘗作檀車,廣丈餘,長二丈,四輪作金,佛像坐於車上,九龍吐水灌之。又作木道人,恒以手摩佛心腹之間,又十餘木道人,長二尺餘,皆披袈裟繞佛,行當佛前,輒揖禮佛。又以手撮香投爐中,與人無異。車行則木人行龍吐水,車止則止。亦解飛所造也。[46]

九龍灌佛明顯是模仿佛誕生時九龍灌頂的場景,就灌佛來講,石虎的上一代國王石勒在四月八日舉行灌佛儀式,因此認爲這種花車也用於四月八日佛誕日行像應該沒有問題。

《魏書·釋老志》載北魏主張廢佛的皇帝世祖太武帝(423—452 在位)即位之初,於四月八日舉行行像儀式,皇帝在門樓上散花[47]。

經太武帝廢佛,文成帝復興佛法以後,佛教比以前更興盛了。《洛陽伽藍記》卷三《城南》記載,在因遷都成爲北魏都城的洛陽,四月八日大規模行像儀式是在皇帝的命令下舉行的。北魏洛陽城呈三層構造,宮殿區是宮城,外圍是繼承漢魏洛陽城郭的内城,再外圍還有外郭城。洛陽舉行的行像儀式並不是繞城一周的"行城",而是從城南景明寺到宮城内的閶闔宫,行像的隊列是沿直綫北上

---

[44] 《出三藏記集》卷一二(T55, p. 92bc)。

[45] 《高僧傳》卷一〇《邵碩傳》:"至四月八日,成都行像,碩於衆中匍匐作師子形。爾日郫縣亦言見碩作師子形,乃悟其分身也。"(T50, p. 393a)

[46] 陸翽撰《鄴中記》,中華書局,1985 年,8 頁。

[47] 《魏書》卷一一四《釋老志》:"世祖初即位,亦遵太祖太宗之業,每引高德沙門,與共談論。於四月八日輿諸佛像,行於廣衢,帝親御門樓,臨觀散花,以致禮敬。"3032 頁。

的,行像的主要目的是皇帝要將佛像迎入城内散花、禮拜。

我們再對洛陽的行像儀式作更詳細的説明。舉行儀式的前一天四月七日,將尚書祠部曹登記在册的洛陽諸寺院中的千餘軀佛像集中在景明寺。景明寺是宣武帝在景明年間(500—503)建立的寺院,位於内城南門宣陽門外向南一里處。四月八日大量花車載着千餘軀佛像組成的行像隊伍,按順序從景明寺出發,沿都城南北向中軸綫御道(銅駝街),途中穿過宣陽門一直北上,到達宫城的閶闔門,在閶闔宫前廣場接受皇帝的散花禮拜[48]。各寺院别出心裁地把花車裝飾得絢麗多彩,附之以行像用的伎樂隊和雜技團,寺院在這些方面互争高下。下面我們介紹幾個有代表性的寺院的物品。

景興尼寺是宦官共同建立的寺院,該寺院搭載金色佛像的花車高達三丈,製作之精巧難以言表。車頂用鑲嵌寶玉的華蓋,四面垂金鈴七寶珠,飛天伎樂,望之雲表。常詔羽林(近衛軍)一百人舉此像,絲竹雜伎皆由皇帝命令派遣[49]。也就是説,這個寺院的行像隊列是代表皇帝權力的行像。

長秋寺是由深受宣武帝寵愛而權勢顯赫的宦官劉騰建立的寺院,有六牙白象負釋迦在虚空中的像。這表現了釋迦托胎摩耶夫人的場景,是爲了慶祝佛誕而精心設計的。佛像和佛具都用金玉莊嚴,技藝精巧難以形容。行像的隊伍中,以扮演辟邪(有翅膀的兩角神獸)和獅子的人作爲引導,着奇裝異服吞刀吐火,表演爬梯子走鋼絲的雜技,在街頭所到之處觀者如堵,互相踐躍,甚至出現死人的情况[50]。

另外,同樣是由宦官建立的昭儀尼寺有一佛二菩薩塑像,工藝精巧,在京城首屈一指,伎樂隊伍之盛也可與長秋寺匹敵。爲了參加四月八日的行像儀式,昭儀尼寺三尊於前一日被移出送至景明寺,景明寺三尊恒出迎之[51]。

城東宗聖寺的佛像高達三丈八尺,其姿態優美端莊,佛特有的相好都具備了。人們瞻仰佛像甚至忘記了眨眼,它一旦出現在街市中,大家紛紛出門觀看。

---

[48] 關於行像的路徑參看前引吉村怜《行像考》,90—111頁。
[49] 楊衒之著,楊勇校箋《洛陽伽藍記校箋》卷二《城東》,中華書局,2006年,82頁。
[50] 《洛陽伽藍記校箋》卷一《城内》,44頁。
[51] 同上書,53頁。

雜技伎樂規模也僅次於劉騰所建的長秋寺[52]。

綜上所述,可以説洛陽的行像儀式不是由出家僧侣主導,而是由皇帝、王族、宦官等有權威的在俗者主導進行的,其主要目的是皇帝爲了慶祝佛誕而迎佛入城散花、禮拜。

像這樣由皇帝主導的行像儀式此後似乎暫時中斷了。不過,雖然不定期,但類似的儀式在唐代也有舉行。

### (四)在行像儀式的延長綫上——玄奘帶來的佛像、經典的遷移

由皇帝主導的行像儀式在北魏舉行,此後隋唐時期未見舉辦的痕迹,但説起迎接佛像,玄奘從印度帶回很多經典和佛像時,從皇城南門朱雀門,到西北方的弘福寺,長安百姓運送玄奘帶來的物品時的隊伍可以作爲行像的例子。請看玄奘的弟子慧立撰《大慈恩寺三藏法師傳》卷六的記載:

> 是日有司頒諸寺,具帳輿、華幡等,擬送經、像於弘福寺,人皆欣踊,各競莊嚴。翌日大會於朱雀街之南,凡數百件,部伍陳列。……以二十匹馬負而至。其日所司普頒諸寺,俱有寶帳、幢、幡供養之具,限明二十八日[53]旦並集朱雀街擬迎新至經、像於弘福寺。於是人增勇鋭,各競莊嚴,窮諸麗好,幡帳、幢蓋、寶案、寶輿,寺别將出分佈訖,僧尼等整服隨之,雅梵居前,薰爐列後,至是並到朱雀街内,凡數百事。佈經、像而行,珠珮流音,金華散彩,預送之儔莫不歌詠希有,忘塵遣累,嘆其希遇。始自朱雀街内終屆弘福寺門,數十里間,都人士子、内外官僚迥道兩傍,瞻仰而立,人物闐□。所司恐相騰踐,各令當處燒香散華,無得移動,而烟雲贊響,處處連合。昔如來創降迦毗,彌勒初昇覩史,龍神供養,大衆圍繞,雖不及彼時,亦遺法之盛也。[54]

這一將佛像、經典護送至弘福寺的儀式也是由王朝主導進行的,爲了運送佛像和經典使用御輿,隊列中有伎樂,燒香、散花這些方面與北魏洛陽舉行的儀式一致。另外,可以説慧立用釋迦降臨、彌勒上生兜率天來比擬,也與行像是紀念佛誕的儀式共通。

---

[52]《洛陽伽藍記校箋》卷二《城東》,76頁。
[53] 應作"二十五日"。
[54]《大慈恩寺三藏法師傳》卷六,126—128頁。

比這次規模更大的是，貞觀二十二年（648）十二月，將弘福寺安置的經典、佛像遷移到大慈恩寺的儀式。大慈恩寺是皇太子李治（後來的高宗）爲亡母文德皇后祈福修建的寺院，玄奘出任管理寺院的上座。當時玄奘深受太宗的信賴和推崇，由初唐最鼎盛時期的皇帝和帝師主導的行像儀式，規模盛大。下面也引用《大慈恩寺三藏法師傳》來介紹當時的情況：

> 十二月戊辰，又敕太常卿江夏王道宗將九部樂，萬年令宋行質、長安令裴方彥各率縣内音聲，及諸寺幢帳，並使務極莊嚴。己巳，旦集安福門街，迎像送僧入大慈恩寺。至是陳列於通衢，其錦綵軒檻，魚龍幢戲，凡一千五百餘乘，帳蓋三百餘事。先是内出繡畫等像二百餘軀，金銀像兩軀，金縷綾羅幡五百口，宿於弘福寺，並法師西國所將經、像、舍利等，爰自弘福引出，安置於帳座及諸車上，處中而進。又於像前兩邊各麗大車，車上豎長竿懸幡，幡後佈師子神王等爲前引儀。又莊寶車五十乘坐諸大德，次京城僧衆執持香華，唄贊隨後，次文武百官各將侍衛部列陪從，太常九部樂挾兩邊，二縣音聲繼其後，而幢幡鐘鼓訇磕繽紛，眩日浮空，震耀都邑，望之極目不知其前後。皇太子遣率尉遲紹宗、副率王文訓領東宮兵千餘人充手力，敕遣御史大夫李乾祐爲大使，與武侯相知檢校。帝將皇太子、後宮等於安福門樓執香爐目而送之，甚悦。衢路觀者數億萬人。[55]

由此可知，参加儀式的車輛多達一千五百餘乘，帳蓋三百餘事。將弘福寺取出的西方帶來的經典、佛像安置在這些車上，向大慈恩寺進發。接着是載着五十位新入住慈恩寺的大德的五十臺寶車，手持香花的京城僧衆，一邊唱贊一邊隨侍其後。其次文武百官各將侍衛隨從。又有太常九部樂的隊列在轉運隊伍兩側奏樂，二縣（萬年、長安）樂隊緊隨其後。幢、幡、鐘、鼓熱鬧地交織在一起行進，幢、幡炫目，樂聲迴盪在空中，其威勢遍及京城民衆的耳目，極目望去不知隊伍綿延至何處。太宗率皇太子李治和後宮衆人於安福門樓門手執香爐目送隊伍，十分高興。聚集在街上的觀者無數。

這或許可以看作是唐代最隆重的行像儀式。這裏皇帝在門樓上目送隊伍是要"迎入"大慈恩寺。把皇帝御書的大慈恩寺碑從宮中運往慈恩寺時玄奘

---

[55]《大慈恩寺三藏法師傳》卷七，156頁。

也舉行了同樣的儀式。初唐以後,雖然再未見到皇帝敕命舉行的如此盛大的行像儀式,但每三十年一次,將法門寺地宮埋藏的舍利迎入城内時還會舉行同樣的儀式。[56]

綜上所述,至今所見的行像儀式都是由皇帝等有權威的在俗者主導的"迎佛"儀式。接下來我們擬論述與之有不同意義的行城儀式及其沿革。

## 三、行城——"巡城"儀式

### (一) 印度、東南亞的行城儀式

與"迎佛"行像儀式不同的是由出家者主導的"巡城"行城儀式。據義浄所説,當時的印度也舉行相當於唐朝"行城"的儀式,但以下資料顯示,這一儀式是在與佛誕和成道無關的日子舉行的:

> 凡夏罷歲終之時,此日應名隨意,即是隨他於三事之中任意舉發説罪除愆之義。舊云自恣者,是義翻也。必須於十四日夜請一經師升高座誦佛經,於時俗士雲奔、法徒霧集,燃燈續明、香花供養。明朝總出旋繞村城,各並虔心禮諸制底,棚車輿像鼓樂張天,幡蓋繽羅飄揚蔽日,名爲三摩近離,譯爲和集,凡大齋日悉皆如是。即是神州行城法也,禺中始還入寺,日午方爲大齋。[57]

這是在夏安居結束時坦白罪過的自恣日舉行的,前一天晚上經師升高座誦經,僧俗聚集,燃燈續明,香花供養,次日早晨一起出發在村城中遊行。義浄譯根本説一切有部律典《根本説一切有部・目得迦(Skt. mukutaka)》中有如下關於行城的規定:

> 爾時薄伽梵在室羅伐城。世尊既許形像於節會日行入城中,時諸婆羅門居士等共告苾芻曰:"阿遮利耶!形像雖入,我等不知。聖者豫先爲告,今者我等隨力,各辦上妙香花吉祥供養,修治道路嚴飾城隍,瞻仰尊儀式修

---

[56] 氣賀澤保規《法門寺出土の唐代文物とその背景——碑刻「衣物帳」の整理と分析から》,收入礪波護編《中國中世の文物》,京都大學人文科學研究所,1993年,581—641頁。

[57] 義浄撰《南海寄歸内法傳》卷二(T54,p.217b)。

景福。"時諸苾芻以緣白佛,佛言:"去行城時七八日在,應可唱令普相告知:'至某日某時將設法會,仁等至時各隨己力具辦香花,於某伽藍咸申供養。'"於時雖在街衢而爲告令,時諸人衆尚有不聞,以緣白佛,佛言:"當於紙素白氎明書令詞,可於象馬車輿之上街衢要路宣令告知。"至行城日無多侍從,佛言:"應令五衆圍繞隨從而行。"[58]

這裏規定在行城儀式舉行的七八天前,出家者須預先將舉行的日期告知更多的人,這是希望獲得在俗信仰者的捐贈。行城當天如果侍從較少,就讓出家五衆在行像隊伍的後面隨行。出家者主導的情況下,以募集在家信者的施物爲目的,因爲巡行更多場所效果更好,所以纔在城中遊行。

(二)南北朝至初唐的行城儀式

那麽我們來看上述由僧衆主導進行的行城儀式在中國的展開。第二部分中提到塚本善隆介紹的敦煌文獻中,保留着西魏、北周時期佛教教團的規定,其中關於四月八日和二月八日舉行的儀式規定("四月八日二月八日功德法")如下:

爾時四衆皆願供養,但寺舍隘狹,或復僻遠,行者供養,必不周普,自今已後,諸佛弟子,道俗衆等,宜預擇寬平清潔之地,修爲道場,於先一日,各送象集此,種〃伎樂,香花供養,令一切人物得同會行道。若俗人設供請佛及僧,亦於是日通疏留知,至於明旦日初出時,四衆侍衛,隨緣應供設,檀主與其眷屬,執持香花,路左奉迎,恭敬供養,如法齋會。如是齋畢,然後還寺。[59]

這是説由於寺舍狹窄僻遠,供養不周,規定在行像儀式舉行的前一天把平坦寬闊乾净的地方佈置爲道場,並將佛像集中在此。另外,如《根本説一切有部·目得迦》所載,還規定了爲便於在俗者準備佛像和僧人的供養品,前一天要預先通知。這裏没有使用"行城"一詞,也没有使用"行像"一詞,雖然這是出家者主導的儀式,但没有提及繞城,應該屬於行像與行城還未分化的狀態。

實際上最早使用"行城"一詞談論二月八日行城儀式的是記載6世紀長江中游習俗的宗懔《荆楚歲時記》,記載如下:

---

[58] 義净譯《根本説一切有部尼陀那目得迦》卷八(T24,p.446ab)。
[59] 前引塚本善隆《敦煌本·中國佛教教団の制規——特に行像の祭典について》,291—292頁。

二月八日,釋氏下生之日,迦文成道之時。信捨之家,建八關齋戒、車輪寶蓋、七變八會之燈。至今二月八日平旦,執香花繞城一匝,謂之行城事。[60]

由此可知,以二月八日爲釋迦下生也是成道之日,手持香花繞城一周謂之"行城"。北齊杜臺卿撰《玉燭寶典》卷二附説中對二月八日"巡城"的由來説明如下:

《孔子内備經》云:"震爻動則知有佛。"《大涅槃》云:"如栴檀林栴檀圍繞,如師子王師子圍繞。"又云:"稽首佛足百千萬匝。"今人以此月八日巡城,蓋其遺法矣。魏代踵前,於此尤盛。其七日晚,所司預奏,早開城門,過半夜,便内外俱起,遍滿四堞。……是曰尊儀、輦輿並出,香火竟路,幡花引前,寺别僧尼讚唄隨後。此時花樹未甚開敷,去聖久遠,力非感降其花。道俗唯刻鏤錦綵爲之。[61]

由此可知,巡城(行城)儀式指從前一天半夜開始,許多載着佛像的車輦列隊遊行,繞城一周的活動,遊行伴着讚唄等音樂、燒香、幡蓋、鮮花,非常熱鬧。在杜臺卿生活的年代,二月八日舉行盛大的行城儀式。不過杜臺卿也記載,中國南北習俗不同,不是必須繞行一周,也有獨行的情况,這是模仿佛在這一天將入涅槃的故事。

另外,同書《玉燭寶典》卷四關於佛誕日的討論中,認爲佛的威神力是不可思議的,因此不能以文字爲證據,也無法確定佛誕日是四月八日還是二月八日。並且二月八日"巡城圍繞"、四月八日"行像供養"等活動都是佛陀留在世間的教化,因此這些活動都没有被廢止[62]。

綜上所述,杜臺卿自己對巡城(行城)儀式基於什麽並不了解,但至少把"巡城"和"行像"兩種儀式區分開了。

現存資料中,最早明確提出二月八日行城儀式反映了悉達太子逾城出家的是隋代的杜公瞻。他是杜臺卿的侄子,他對前述《荆楚歲時記》所載二月八日行城事作了如下注解:

按《本起經》云:"二月八日夜浄居,諸天共白太子:'今者正是出家之時。'車匿自覺,犍陟不復噴鳴。太子放身光明。獅子吼言:'諸佛出家之

---

[60] 宗懍撰,杜公瞻注,姜彦稚輯校《荆楚歲時記》,中華書局,2018年,27頁。
[61] 石川三佐男譯《玉燭寶典》,明德出版,1988年,94頁。
[62] 《玉燭寶典》,147—153頁。

法,我亦如是。'諸天捧馬四足,並接車匿。釋提桓因執蓋,北門自開,諸天歌贊,至於天曉,行已三逾闍那。"又《本行經》云:"鬼星已與月合,帝釋諸天唱言時至。太子聞已,以手拔發令寤,諸天捧馬足出,至聞王內,則行城中矣。"故今二月八日平旦,執香行城一匝,蓋起於此。[63]

這裏杜公瞻引用《本起經》(應該是《過去現在因果經》[64])和《本行經》(《佛本行經》),認爲行城儀式是模擬悉達太子(出家前的釋迦牟尼)逾城出家時,諸天人捧太子所乘馬足,繞城一周的事。特別是北門自行開啓這一點很重要,這與後述敦煌行城儀式中北門很受重視一事相對應。

另外,杜公瞻没有引用,但《普曜經》卷四載太子出家之際,"入羅閱祇欲行分衛,容色光光猶紫金曜,巨身丈六相三十二,萬民咸來觀之面像,目視無厭,所行周旋,衆隨逐之"[65]。

杜公瞻的解釋,即行城的經典依據是太子逾城出家,也被後來的文獻繼承。唐初著名護法僧法琳撰寫的《辯正論》卷八"不合行城"(道教徒不應行城)條中關於行城有如下有趣的記載:

《太子瑞應》等經云:"二月八日者,乃是四天王捧太子馬足,逾城出家。"因此有行城之法。爲追太子馬迹,表戀聖之情。比見諸州縣道家亦行斯法。行城之時,仍唱:"願我坐道場,香花供養道。"唯改佛字爲別。但道家既無此法,明知虛妄不實。若言有者,出何經誥?即以此爲准,諸事多附佛儀。[66]

根據這一記載可知,唐初二月八日行城儀式是爲了紀念悉達太子逾城出家而舉行的。並且道教徒也模仿佛教的行城舉行相同的儀式,把佛教行城時唱誦的偈文"香花供養佛"改成"香花供養道"來唱。

### (三) 敦煌的行城儀式

唐代敦煌地區的行城儀式於每年二月八日舉行。在敦煌,這一天被定爲悉達太子的逾城出家日,模仿悉達太子出迦毗羅衛城時的巡城,將佛像安置在車或

---

[63] 《荆楚歲時記》,27頁。
[64] 《修行本起經》《太子瑞應本起經》《中本起經》裏都没有類似記載,與此引文內容最接近的佛經是《過去現在因果經》卷二(T3, pp. 632b-633a)。
[65] 竺法護譯《普曜經》卷四(T3, p. 509bc)。
[66] 法琳撰《辯正論》卷八(T52, p. 548c)。

轎上繞城一周。

在敦煌二月八日不是釋迦誕生日而是逾城出家日,具體的證據列舉如下:8世紀成立的《齋琬文》(P.2940)中有"王宮誕質,四月八日""逾城出家,二月八日"[67]。S.2567中列舉了"大乘四齋日:二月八日、四月八日、正月八日、七月十五日",二月八日是大乘四齋日之首,最受重視。S.2832的"二月八日"條載,這一天是"菩薩厭王宮之時,如來逾城之日","是以都人仕女執蓋懸幡,疑白飯之城、似仿朱鬘之迹"。另外,吐蕃佔領時期(7世紀80年代—847年)所寫S.4413中載,這一日是"菩薩逾城之日,天王捧馬之晨。弃榮華而入道之初、厭恩愛是出家之首"。

行城儀式由寺院主導舉行,寺院承擔各項費用,收集施物等。實際上行城儀式中負責必要費用的收取、拉車抬轎人員的分配等具體儀式運營工作的是行像社,即專門爲行像組織的民間結社。另外在歸義軍時代,行像司每年從行像社收取一定費用,作爲舉行行像儀式的資金儲備,進行有償貸出的資産運用。行像司是設於吐蕃、歸義軍時期的佛教事務行政機構都司(都僧統司)管轄之下,由數名僧人構成的組織。下面,基於先行研究,簡單整理並説明行城(巡城)儀式具體是如何進行的[68]。

**1. 事前的準備——佛像、傘蓋、幡等的修繕**

先從行城儀式的事前準備説起。二月初,檢查用於儀式的佛像及其附屬品(佛像的背光等)、傘蓋、幡等是否完好,有破損的由寺院出資修補,或者新製。

**2. 二月六日、七日——收集施物,設齋會,把佛像從寺院運往行像堂**

行像社負責收集各家供物的工作,稱之爲"聚物"。二月六日至八日,粟、豆等物被施入寺院。行像之際,自二月六日起,多有佈施。負責此事的行像社社員被提供飲食。另外,二月六日起臨時僱用一些做飯的女性,設齋會慶祝第一階段準備工作結束。

二月七日,判官巡視各寺院,寺院對其進行接待。另外,募集牽引佛像和抬

---

[67] 陳祚龍《新校重訂〈齋琬文〉》,《敦煌學海探珠》下册,商務印書館,1979年,327—328頁。關於該文本的研究史,參荒見泰史《敦煌本〈齋琬文〉等諸齋願文寫本的演變——以其與唱導文學的關係爲主》,《敦煌學》第29輯,2012年,119—145頁。

[68] 參見注[2]諸論文。

佛像的人，將行像儀式用的佛像從城內外各寺院集中運往行像堂供養。行像堂裏一夜燃燈，因此可以看到六日至八日提供一升油的例子。Дx.1401《辛未年（971）二月七日拽佛轉帖》（社司轉帖，即社邑的傳閱板）是通知牽引載有佛像的花車的社員二月七日在某處集合的傳閱板，上面有如下內容。

    社司　轉帖　　張少清　安再升　梁押牙、馬　（以下人名省略）已上
  社人拽佛，須德（得）本身，帖至，限今月七日（缺數字）內取齊，捉二人後到，
  罰酒一角；全不來，罰酒半瓮。其〔帖〕立遞相分符，不得停滯。如滯帖者，
  准條科罰。帖周却付本司，用憑告罰。辛未年二月七日錄事李帖諮。

這個轉帖中，算上省略的部分可以看到二十二位在俗者的姓名，姓名的右側有墨點。這表示轉帖在傳閱時本人的確認。由此可知負責牽引佛像的不是僧人而是在俗的行像社社員。"梁押牙"之後有"馬"字，表示提供馬匹。"馬"字之後的文字是這些人之外被省略的其他兩人，可知或許也使用馬來牽引載佛像的花車。

### 3. 二月八日——行城儀式當天

八日一早，向行像社社員、抬佛像的人、僧眾等提供"粥"（作爲早餐）。佛像分爲"大像"和"小佛"，抬着載有佛像的神轎的人稱爲"耽佛人""擎像人"。

行像隊列行進的路綫應該是，從行像堂出發，模仿悉達太子四門出遊的故事，經過東門、南門、西門順時針在城內繞行一周後到達北門。8世紀末至9世紀中葉吐蕃統治時期編集的齋文集（S.2146）中有"列四門之勝會，旋一郡之都城"或"出佛像於四門，繞重城而一匝"。同時期《二月八日文》（S.2237）中也有："厥今盛事者，蓋是法王回地之日，如來大[69]之時，厭深宮五欲而遊歷四門，□老病以發心，都（＝睹）沙門而出離，父王留御，夜半逾城，且遄神蹤，旋繞城闕。"

所謂四門出遊是指悉達太子從迦毗羅衛城的東門、南門、西門、北門外出，分別看到老人、病人、死人、出家人，感觸很深，遂有出家之心的佛傳故事，常見於《過去現在因果經》等經典中，北門具有太子從此門出遇出家人產生出家想法的意義，是行城儀式中重要的場所。另外據前述杜公瞻注《荊楚歲時記》時引用的《本起經》（應該是《過去現在因果經》），北門也是太子決意出家出城時自行開啟的門。鑒於以上經典依據，北門是與太子出家有密切關係的場所，悉達太子的

---

[69]　"大"之後應該缺"闡"。

行像隊列到達北門時,行城儀式的主要部分就結束了。

關於到達北門後解散行像隊伍,吃飯休息的記載有很多。比如 P. 2032 中,"麵三斗、油一升、粟六斗。供擎大像人在北門食用"。另外,P. 2049 載:"粟六斗。作爲在北門買酒的費用供給擎像人。"可知當時粟代替貨幣使用,北門的餐食中還提供酒。據 S. 4642v 中載"粟七碩三斗。作爲二月八日牽引佛像者的報酬支出。粟八斗。作爲耽佛人的報酬支出。"可知對抬佛像的人和牽引載佛像的花車的人,不僅提供食物還支付報酬。

通過贊美二月八日逾城出家的願文類敦煌文獻的記載可知,行城儀式之外,這一天還在寺院開設盛大的法會,進行講經等活動[70]。城内的大寺院也會迎請行像的隊伍進行供養。

### 4. 二月九日以後——慰勞會與佛衣的回收

舉行行城儀式的次日二月九日,舉行侍佛人(參加行像隊列的人)的慰勞宴會。也接待地方官和行像社新社員,制定社的規則社條。另外,九日或十日回收行城儀式中所用佛像穿着的衣物。

綜上,敦煌行城儀式是紀念悉達太子逾城出家,模仿太子四門出遊,由寺院主辦,行像社社員等多人參與,持續數日的盛大佛教儀式。用酒等招待僧尼或許是敦煌特有的風俗,二月八日行城紀念悉達太子逾城出家,這是印度沒有中國獨有的要素,可以説繼承了初唐中原舉行的行城儀式的傳統。

### (四) 宋以後的行城儀式

以上是敦煌的行城儀式,到了宋代這一儀式還在部分地區舉行。據成書於 10 世紀末的贊寧《大宋僧史略》載,當時在夏臺(今陝西省靖邊縣)、靈武(今寧夏回族自治區靈武市),每年二月八日僧人載夾紵佛像,侍從圍繞,幡蓋歌樂引導,在城市、行市中巡行,稱之爲"巡城",人們希望通過它消災[71]。不過没有提到這一儀式究竟是慶祝什麽。

在遼代,《遼史》作二月八日,《契丹國志》作四月八日,爲慶祝釋迦誕生,舉

---

[70] 前引荒見泰史《二月八日の出家逾城と敦煌の法会、唱導》,31—45 頁。

[71] 《大宋僧史略校注》卷上:"今夏臺、靈武,每年二月八日僧戴夾苧佛像,侍從圍繞,幡蓋歌樂引導,謂之巡城。以城市行市爲限。百姓賴其消災也。"23 頁。

行了載木製悉達太子像繞城一周的儀式[72]，但這一天被當作太子生日，看不出行城儀式是反映逾城出家故事這一觀點的痕迹。

但要説紀念出家的二月八日行城儀式完全廢止了，也並非如此。也有直到現在還保留着類似敦煌行城儀式的地區，即位於中國西南大理白族自治州的劍川縣。這一地區受唐王朝册封，隸屬吐蕃，一面與唐王朝敵對，一面吸收唐王朝和吐蕃的文化，7世紀中葉至10世紀初在南詔王國統治下，10世紀前期到14世紀末在大理國統治下。這些王國各自的佛教文化都很繁盛[73]。

在劍川，至今舊曆二月八日仍有幾個地方會舉辦名爲"太子會"的儀式，近年有學者指出這一儀式與敦煌行城儀式相似。雖然不清楚這一儀式的起源可以追溯到什麽時代，但最晚在明代已有舉行[74]。

太子會與敦煌行城儀式有很大不同的是，新婚的新郎們要負責抬像，這是一種祈禱新婚家庭能得到孩子的儀式。劍川太子會在重視北門、巡行四門的形式上與敦煌行城儀式類似。但是原本象徵逾城出家和四門出遊的行城儀式是紀念悉達太子出家的，而太子會中，慶祝太子出家的行城儀式原本的意義已經很少了，反而迴避出家，提出祈禱子孫繁榮的現世願望。

## 四、結語

最後，我想在考察了上述材料的基礎上，整理展示從印度到中國的行像、行城儀式的展開。如岸野所説，如同現在流行於斯里蘭卡和東南亞佛教國家的同

---

[72] 脱脱等撰《遼史》卷五三《禮志》："二月八日爲悉達太子生辰，京府及諸州雕木爲像，儀仗百戲導從，循城爲樂。"中華書局，1974年，878頁。葉隆禮撰，賈敬顔、林榮貴點校《契丹國志》卷二七《歲時雜記·佛誕日》："四月八日，京府及諸州，各用木雕悉達太子一尊，城上昇行，放僧尼、道士、庶民行城一日爲樂。"中華書局，2014年，282頁。

[73] 傅永壽《南詔佛教的歷史民族學研究》，雲南民俗出版社，2003年，1—164頁；詹全友《西部文明之旅——南詔大理國文化》，四川人民出版社，2002年，218—244頁。

[74] 杜新燕《儀式展演與文化整合——寺登白族太子會儀式的人類學解讀》，《西南民族大學學報》2014年第5期，37—41頁；馬德、段鵬《敦煌行城與劍川太子會及其歷史傳承關係初探》，《敦煌研究》2014年第5期，35—45頁；張雲霞《大理太子會與敦煌遺書相關資料比較研究》，《大理學院學報》2015年第7期，6—12頁。

時慶祝佛陀降誕和成道的"吠舍佉節"那樣,在印度,將釋迦的誕生與成道等定爲同一日,根據"根本説一切有部律"《尼陀那》的規定,行像儀式也是在紀念誕生成道的吠舍佉月舉行的。另外根據義净的記載,夏安居結束的自恣日等節日和大規模齋會上也常常舉行行像儀式。這種情況下,如果是以收集施物爲目的,那麽在街上各處遊行應該可以獲得更多施物。

但是,像法顯所見的巴連弗城行像儀式和玄奘所見戒日王行像儀式這樣,在由國王和在家有權者主辦的大規模行像儀式上,應該不拘泥於律的規定,因此自然而然有不一樣的發展。這種情況下,重點在於國王等在俗者將佛像迎入城内進行燒香禮拜。這與法顯在于闐國所見的行像儀式,以及北魏皇帝主辦的洛陽行像儀式都有關聯。

另一方面,印度舉行的基於律典規定的由出家者主導的行像儀式,也在轉變形式的同時傳到中國。在中國,關於印度的吠舍佉月究竟對應中國曆法的什麽時間,主要存在二月八日和四月八日兩種觀點。另外,像印度這樣把釋迦誕生、出家、成道定在同一個節日,似乎很不協調,因此僧人和學者們對此展開了各種討論。關於具體日期不同學者有不同觀點,但把各種佛傳故事的發生時間定爲不同日期的觀點佔據了優勢。

如《荆楚歲時記》的記載所見,在 6 世紀的長江中游地區,二月八日是慶祝釋迦誕生和成道的日子,這一天舉行牽引載有佛像的花車繞城一周的"行城"儀式。四月八日作爲彌勒下生日,也舉行行像供養。另一方面,西魏北周時期的敦煌文獻中,引用《因果經》,以四月八日爲托胎日,二月八日爲誕生日,認爲行像儀式源於釋迦誕生故事和優塡王仰慕釋迦製作佛像迎接釋迦從忉利天歸還的故事。此時行像與行城的區别尚不明確。

但是,正如北齊慧思和隋信行以二月八日爲出家日,四月八日爲誕生日那樣,在隋杜公瞻注解《荆楚歲時記》時,二月八日的行城儀式是紀念釋迦逾城出家的觀點就變得很有説服力了。這在印度没有,可以説是中國首創的。到了唐代,四月八日就不再舉行行像儀式了,行像專指二月八日紀念太子逾城出家繞城一周的行城儀式,道教徒也模仿行城舉行相同的儀式。

義净生活的初唐至武周時代,在中國可能已經基本不舉行四月八日行像儀式了,祇在二月八日舉行行城儀式。因此,義净將印度自恣和大齋會時舉行的行像儀式記爲"神州(中國)行城之法"。

8至10世紀敦煌文獻中記載的行城儀式,以及更晚的劍川太子會,都是二月八日舉行,基本繼承了這一傳統。不過劍川太子會已經失去了行城儀式紀念四門出遊、逾城出家佛傳故事的本意,提出新婚之家祈求孩子的現世願望,隨着目的的改變儀式的形式也發生了一些變化。中國的"迎佛"行像與行城的區別可以整理如表4。

表4

| | "迎佛"行像 | 行　城 |
|---|---|---|
| 舉行日期 | 四月八日 | 二月八日 |
| 行進方式 | 城外迎入 | 繞城,東—南—西—北四城門 |
| 儀式主導者 | 有權在家者(君主) | 寺院僧人 |
| 經典依據 | 釋迦誕生十方行七步優填王迎接釋迦忉利天宫降下 | 逾城出家四門出遊 |
| 流行年代 | 4—7世紀(唐代漸衰) | 6世紀以降 |

最後我們把以上內容更簡單地總結一下。行像儀式具有印度起源,在印度行像有兩種區別很大的形式,一種是國王和在俗有權者主導的"迎佛"形式,一種是出家者在各場所募捐的"巡城"形式。正如岸野所說,在印度,雖然存在行像儀式是紀念佛誕生和成道的觀點,但也不是祇有這一種意義。

在中國,佛誕日是二月八日還是四月八日在很長一段時間裏都有爭議。二月八日、四月八日都是慶祝佛托胎、誕生、降臨的,南北朝時期這兩天都會舉行行像儀式。雖然北魏皇帝詔令舉行"迎佛"形式的大規模行像儀式,但一般情況下,寺院主辦的"巡城"形式的行像得到了更廣泛的普及。在北魏和隋唐王朝,朝廷規定四月八日爲佛誕日,並把佛的誕生、成道、涅槃等節日定在不同的日期。也出現了慧思和信行二月八日爲佛出家日的解釋。因此在隋唐時期,二月八日舉行的行城儀式成了紀念悉達太子逾城出家的儀式,流程也被重組了。即舉行模仿四門出遊,重視太子遇見出家人和逾城而出的北門,按東南西北四門順序繞城一周的行城儀式。另外在劍川,行城儀式作爲新婚家庭祈求孩子的儀式又有了新變化。綜上所述,雖然同樣是抬或牽引佛像進行行像的儀式,但也不是自始至終都相同,而是在不同時間和場景下被賦予了不同意義,相應地,儀式的形態也發生了變化。

## *Xingxiang* and *Xingcheng*: The Origins of the Dunhuang *Xingcheng* Ritual

Kuramoto Shotoku

The procession of images (*xingxiang* 行像) is a ritual that originated in India. There were two types: "greeting the Buddha", which was led by a king or a secular powerful person, and "proceeding around the castle", for which monks would collect donations in a variety of places. While this ritual commemorates the Buddha's birth and enlightenment, historically it did not necessarily have one single meaning. In China, for a very long time, it was debated whether the Buddha was born on the eighth day of the second month or the eighth day of the fourth month in the lunar calendar. During the Northern and Southern Dynasties, *xingxiang* ritual was held on both days. Despite the Northern Wei 北魏 emperors carried out a large-scale "greeting the Buddha" ritual based on an imperial order, the temple-led "proceeding around the castle" spread more widely. During the Northern Wei, as well as the Sui 隋 and Tang 唐, the imperial court established the eighth day of the fourth month in the lunar calendar as the Buddha's birthday, and his birth, enlightenment, nirvana, and so on came to be all set on different days. On top of that, during the Sui and Tang dynasties, the *xingcheng* 行城 held on the eighth day of the second month due to the advocacy of Huisi 慧思 and Xinxing 信行 as the "home-leaving day" of Prince Siddhārtha departing the castle. On this day, the ritual was accordingly reconfigured to imitate Siddhārtha's four excursions out of the gate, a procession around the castle was held. Importance was attached to the North Gate, where it is said that Siddhārtha encountered a renunciate and left the castle, and participants would go around to the castle's east, south, west, and north gates. The Dunhuang 敦煌 *xingcheng* ritual during the Tang dynasty followed this format. But in Jianchuan 劍川 area, the *xingcheng* ritual was transformed into a praying for the birth to a child to a household of newly-weds. This shows the *xingxiang* ritual was not always the same but evolved depending on time and place, and the ritual form might even be altered as well.

# 論 文

# 安陽寶山大住聖窟的著録、踏查與研究[*]

## 劉　屹

## 一、引言

　　河南安陽西南三十公里處的太行山支脈寶山,有一座八山環繞的歷史名寺,相傳是東魏高僧釋道憑(487—559)創建,起初依山而名"寶山寺"。道憑於東魏武定四年(546),在寺東的嵐峰山西麓斷崖上,開鑿"大留聖窟"。齊隋時代,道憑弟子釋靈裕(517—605)精通義理,道風高尚,深得教門內外推重。開皇十一年(591),隋文帝特取靈裕法號之首字和群山之泉,改寺名爲"靈泉寺",延用至今。本文所要討論的"大住聖窟",就是靈裕於開皇九年(589)在寶山(靈泉)寺西的寶山南麓斷壁上開鑿的。

　　道憑、靈裕師徒分别開鑿"留聖"和"住聖"兩窟,表達了要將佛教正法在世間永久"留住"的願望。兩窟內外,有精美的佛教造像、綫刻浮雕、刻經文字、摩崖題記等。嵐峰山和寶山,也都存有大量北朝後期和隋唐時期周邊寺院僧尼、居士的灰身塔和珍貴的題記文字。以寶山靈泉寺窟爲中心,包括臨近的善應小南海石窟等,形成了一個石窟、造像、刻經、石塔、塔林等爲一體的、北朝末期至唐代

---

[*] 本文是國家社科基金重點項目(19AZS015)的階段性成果。最初是爲參加李翎教授在四川大學藝術學院組織的會議而作。初稿寫於温哥華訪學期間,承蒙陳志遠、武紹衛、翟興龍、楊增諸君提供重要的電子資源,特此致謝! 2019 年 10 月,本文曾先後在加拿大英屬哥倫比亞大學、美國哈佛大學、普林斯頓大學、耶魯大學等校做過演講,並提交在成都舉行的"第二屆國際宗教藝術與文化學術研討會"。感謝以上場合中各位聽衆、師友提出的諸多意見,幫我最終修改定稿! 也感謝《唐研究》兩位匿名審稿人的中肯意見! 文中謬誤,皆由作者負責。

的佛教文化遺存的集中地帶。其規模、影響和意義,就中原地區而言,或許僅次於洛陽的龍門石窟。當地人也稱寶山一帶的石窟爲"小龍門"。

引起我對寶山大住聖窟關注的,是釋道宣(596—667)在《續高僧傳·釋靈裕傳》中的一段話:

> 〔靈裕〕又營諸福業、寺宇、靈儀。後於寶山,造石龕一所,名爲金剛性力住持那羅延窟,面別鐫法滅之相。山幽林竦,言切事彰。每春遊山之僧,皆往尋其文理。讀者莫不歔欷而持操矣。其遺迹感人如此。[1]

這段話也經常被引用來説明大住聖窟的開鑿情況,即靈裕在寶山開石窟一所,名爲"金剛性力住持那羅延窟",並在窟面鐫刻了"法滅之相"。大住聖窟的所在,山林幽竦,遊山之僧看到靈裕開窟時鐫刻的"法滅之相",再體會窟内外所刻經文的道理,無不爲佛法將來的厄運感慟哽咽,立誓要持操守行,維護正法。簡言之,靈裕在大住聖窟的窟面上專門鐫刻了"法滅之相",深深觸動到來此參訪的佛教信徒。但是,以往研究大住聖窟的學者們,對於這裏的"法滅之相",幾乎都認爲:靈裕開窟是受"末法"思想的影響,而"法滅"就是"末法",故"法滅之相"就是體現靈裕對"末法"的憂慮;至於這"法滅之相"究竟刻畫了怎樣的内容?學者們大都認爲是窟内外所有的經像,共同構成了體現靈裕"法滅"意識的素材,卻很少有人去追尋"面別鐫法滅之相"七字的真正意指如何。

這"法滅之相"四字,對我的研究而言,有特殊的意義。我近年研究印度佛教"法滅"思想與中國佛教"末法"思想的區别和聯繫。印度佛教對於"法滅"是有一個相對明晰的場景描繪,即"憍賞彌國法滅預言"。中國佛教在接觸到印度的"憍賞彌國法滅預言"後不久,就摒棄了這一印度的傳統。因爲中國佛教顯然不會承認佛教最終的歸宿,會結束在憍賞彌這樣一個印度的小國。這也是中國佛教推出"末法説"來取代"法滅説"的原因之一。但是,在已知各種形式的中國佛教藝術遺存當中,似乎還從未有專門或直接描繪"法滅之相"這一主題的作品被辨識出來過,更不用説有此主題的作品傳世。如果説"法滅"是最終會在某一時刻發生的事件,"末法"就是一個長達萬年的悠遠時期。這是性質和内涵具有很大差異的兩個概念。按照以往的看法,在靈裕開鑿大住聖窟時,已經有了釋慧

---

[1] 釋道宣《續高僧傳》卷九《釋靈裕傳》,此據郭紹林點校本,中華書局,2014年,316頁。

思(515—577)的《立誓願文》,中國佛教已經提出了明確的"末法"思想[2],爲何靈裕刻畫的還是"法滅之相"?這一本該非常引人注目的中國佛教"法滅之相",究竟刻畫了怎樣的場景?爲何能夠使前來瞻仰的佛教信徒大受觸動?現在還能辨識出這一獨特佛教主題的圖像學綫索嗎?帶着這些疑問,2019年7月6日和8日,我在此前曾經考察過靈泉寺的武紹衛博士引導下,兩次參訪寶山靈泉寺,觀摩大住聖窟,專門琢磨所謂的"法滅之相"。本文就是在參考前賢研究基礎上,結合自己實地考察所見,對大住聖窟的一些基本情況,特別是對如何理解道宣所言的"法滅之相",提出自己非常粗淺的看法,歡迎批評指正!

## 二、寶山石刻的著録、調查與研究

安陽地區,自殷代至北齊,先後有七個政權於此建都;自東漢以後,更以"鄴都"聞名,至隋唐改稱相州,金代開始屬彰德府。這一人文薈萃的古都地域中,留有衆多名勝古迹。對安陽地區文物古迹的記録,至少可從酈道元《水經注》算起,歷代不絶。宋以後,方志學和金石學大興,更是對當地的歷史人物和風俗古迹,多有蒐集和記載。但因寶山大住聖窟是佛教遺迹,宋元以後,漢傳佛教整體上已處衰落態勢;方志編纂者和金石收藏家,主要是受儒家教育背景之人,他們對於佛教的遺迹,或是不感興趣,或是並不完全了解其價值和意義,故在現存的方志和金石著作中,幾乎很難看到對寶山靈泉寺以及大住聖窟的全面和準確的記載。但這些早期的記録,對我們今天的研究,仍有重要的參考價值。

安陽縣及其所屬的彰德府,在明清時期都不衹有一部縣志或府志。方志的特色是因襲性極強,特別是對宋以前人物、古迹的記述,一部相對較晚的志書如果沒有,之前的版本,極有可能也不曾記録。目前能查到明代《嘉靖彰德府志》,或許受體例所限,沒有提及安陽的寶山靈泉寺,更沒有對大住聖窟的記載。清雍正、乾隆年間編修的河南省志和彰德府志,對於靈泉寺的記載,簡單而輕忽,誤認

---

[2] 相關背景詳見拙文《佛滅之後:中國佛教末法思想的興起》,《唐研究》第23卷,北京大學出版社,2017年,493—515頁;英譯文見"After the Buddha's Nirvāṇa: The *Mofa* Concept of Chinese Buddhism and Its Rise to Prominence", *Studies in Chinese Religions*, Vol. 4, No. 3, 2018 (2019), pp. 277-306。

爲該寺遲至唐代纔建[3]。《安陽縣志》始修於康熙三十一年(1692)。在清代曾先後五次重修,民國又續修一次[4]。比較常見的版本是嘉慶二十四年(1819)貴泰主修版,和1933年的《續安陽縣志》。目前條件下,尚無法逐一查驗每部《安陽縣志》中關於寶山靈泉寺的記載。不過,自宋代以下的金石學家著錄中,直到清朝前期的黄叔璥(約1680—1750)《中州金石考》、畢沅(1730—1797)《中州金石記》、孫星衍(1753—1818)《寰宇訪碑錄》等著作,都未提及寶山石刻。可以想見,即使康乾時期的三部《安陽縣志》記述了寶山靈泉寺,也不會有大住聖窟的相關信息。直到18世紀末,寶山大住聖窟的情況,很可能都還不爲時人所知。

(一) 武億的著錄

最早著錄了寶山靈泉寺及大住聖窟石刻文字的,是乾嘉時期的金石學家武億(字虛谷,1745—1799)所著《安陽縣金石錄》。此書起因是趙希璜(1746—1805)任安陽知縣時,於乾隆五十八年(1793)開始主持編修清代第四部《安陽縣志》,特邀其同門武億負責編纂縣志中的金石部分。縣志十四卷外,武億的《金石錄》共十二卷,作爲附錄。後因趙希璜調任他職,《縣志》到嘉慶四年(1799)纔最終定稿。武億的這部《安陽縣金石錄》曾受到紀昀的高度評價,却流傳不廣。到嘉慶二十四年,時任安陽知縣的貴泰,甚至都找不到嘉慶四年的縣志刊本。他根據武億之子武穆淳提供的稿本,在趙、武二人合修縣志基礎上,校補成清代第五部《安陽縣志》二十八卷,正式刊行。嘉慶四年和二十四年這兩部《安陽縣志》,都以《安陽縣金石錄》作爲附錄[5],足見武億此書極受重視,甚至可以説代表了有清一代安陽地區金石文字著錄的最高水準。

《安陽縣金石錄》卷一著錄云:

---

[3] 孫灝等撰《河南通志》,成書於雍正九年(1730)。其中記載"彰德府"的"寺觀"有"靈泉寺,在府治西南。唐景龍三年(709)建。明正統五年(1440)修"。見光緒八年(1882)刊本《河南通志》卷五〇《寺觀》,葉七,此據華文書局股份有限公司,1969年影印《中國省志彙編》之十四,1090頁。乾隆年間彰德府的知府盧崧主修、江大鍵纂:《彰德府志》則云:"靈泉寺,在縣治西南。唐景隆(龍)年建。"見乾隆五十二年(1787)刊本,卷二一《寺觀下》"安陽縣",葉一;此據學生書局1968年影印本,2140頁。

[4] 相關情況,參見安陽縣志編纂委員會《安陽縣志》附錄《安陽縣舊志述略》,中國青年出版社,1990年,1286—1291頁。

[5] 此據武億著,貴泰校梓《安陽縣金石錄》,收入《石刻史料新編》第一輯第18册,新文豐出版公司,1977年,13827—13839頁。

東魏

大留聖窟題字

存

題字在萬佛溝。洞側正書"大留聖窟"四字。又有八分書"魏武定四年歲在丙寅四月八日,道憑法師造"。字大三寸餘。蓋紀佛洞起於道憑。如此。又有小字刻"南無日光佛",及"□德同石作匠人張岫,到此造做,故記"字。據《靈裕法師傳》石刻稱:"道憑石堂",疑其迹指此也。

武億應是最早將大留聖窟的開鑿者確定爲道憑的學者。他雖然提及了靈裕,却沒有將靈裕本人與下面大住聖窟的開鑿聯繫起來。其中的原因,將在下文揭曉。同書卷二著録云:

隋

大住聖窟磨厓石刻

存。正書,在萬佛溝。

大隋開皇九年己酉歲敬造窟用功一千六百廿四像世尊/用功九百/盧舍那世尊一龕/阿彌陀世尊一龕/彌勒世尊一龕/三十五佛世尊三十五龕/七佛世尊七龕/傳法聖大法師廿四人。

其後著録《嘆三寶偈言》和《□□連□金(妙法蓮華經)如來壽量品□□偈言》的標題和全文。卷二這三段文字,都是大住聖窟外窟面的刻經文字。武億云:"案東魏武定四年,道憑造大留聖窟。此又仿其遺迹爲之。"他意識到所謂"大住聖窟"是仿"大留聖窟"而造的,而且他也知道以上三段文字,都是出自大住聖窟。

《安陽縣金石録》卷二繼續著録:

造佛像磨厓

存。正書,無年月。在治西寶山。

案:石刻中鑿大龕,鐫諸佛像,各爲注名,書筆奇古,不減漢人也。又刻經文字,有別體橫畫,多作偃波,魏齊諸石記類此。又有靈泉寺洞口及洞西邊沿厓,鐫勒經文,皆不具録。

所謂"石刻中鑿大龕,鐫諸佛像,各爲注名",指的是大住聖窟內三鋪大的坐佛雕塑,以及三尊兩側後方,左右各一列,總共六列,每列七尊,共計四十二尊小佛像及題名。"靈泉寺洞口及洞西邊沿厓",實即指大住聖窟的窟門外西側。這些

"鎸勒經文"的文字,武億大概是看到了拓片,但他選擇"不具錄",因爲主要都是佛經或禮懺的文字,他覺得並不重要。此後還有《廿五佛名磨厓石刻》,又云:"右石橫勒,在寶山靈泉寺洞西。首行書廿五佛名,後書《大集經·月藏分·法滅盡品》初言。"再著錄《大乘妙偈碑》,"在治西靈泉寺"。《妙法□(蓮華經·分別功)德品中言磨厓石刻》,云"案:石刻無年代,橫鎸靈泉寺洞西最上層"。卷末有《古大娘造像記》:"案:記正書,無年月。在寶山。文云:佛弟子清信女古大娘、陸二娘合家,同敬造阿彌陀佛、觀世音菩薩、大勢至菩薩一龕。"而在隨後的各卷,武億還著錄了從唐代至元代的多種從萬佛溝和靈泉寺拓印的金石文字。這些有關寶山的金石文字,幾乎全都是首次見於武億的著錄。

之所以詳列武億書中對大住聖窟石刻文字的著錄,想説明三點:

第一,武億很可能没有親自到過寶山靈泉寺,他祇是根據蒐集到的石刻拓片來做著錄[6]。上列各種石刻文字,基本上都在大住聖窟內外鎸刻,祇要去過實地的人,就不會説:這張拓片出自大住聖窟,那張出自靈泉寺洞;這張出自寶山,那張出自靈泉寺。趙希璜主修的《安陽縣志》最終定稿的時間,離武億去世非常近。關於靈泉寺的這些石刻文字,在武億的其他金石學著作中幾乎未見,也未見他徵引前人的著錄。很可能是武億直到晚年,纔通過編修《安陽縣志》的機會,由安陽縣府徵集得到了這些拓片。或許是他並未給予足夠的重視,或許是他没來得及做系統的梳理[7]。

第二,武億所做的祇是金石學著錄,他關注的是石刻文字能否與傳世史籍相對證,以及石刻文字的年代、書法等問題。對佛教文字的著錄與識讀,不免有訛誤。他雖看到了開皇九年的開窟題記,却没有隻言片語將此窟的開鑿,與靈裕聯繫起來。甚至也没有提及大住聖窟窟內的三鋪佛像和窟門口最著名的兩幅神王浮雕的具體情況。這方面無需苛責,但也反映了當時,即便像武億這樣的一流金

---

〔6〕 武億年輕時,爲搜尋古物,不惜體力和金錢。當聽到晉《劉韜墓誌》誌石出土,"急往買之,自負以歸。石重數十斤,行二十餘里。至家,憊頓幾絶"。到編纂《安陽縣金石錄》時,年已五旬。而他54歲就過世。估計一是身體原因,二是對佛教文物興趣不大,所以他始終没有親赴寶山看這些拓片的原始出處。

〔7〕 後據顧燮光言,武億收藏的寶山金石拓片,在其子武穆淳時尚能守家,再後則盡歸羅振玉所有。

石學家,對佛教文物和文字,也頗感陌生。正因武億對大住聖窟石刻文字是按照金石學的理路去處理,導致原本在特定空間中的石刻文字,被人爲地拆散,先按時代分,再按不準確的地點分列。這也是傳統金石學的一個弊端。

第三,武億蒐集這些拓片資料時,尚在乾嘉時期,有一些早年可以看清而後來泐滅毁壞的碑石和題記文字,值得重視[8],甚至對本文所討論的一些論題也非常重要。

至於貴泰主修嘉慶版的《安陽縣志》,顯然也沒有對靈泉寺和大住聖窟給予充分重視。其書卷五《地理志·山川》在記述到寶山時云:

案,寶山名,見於齊者。《靈裕法師傳》:東安王婁叡"奉爲戒師,造寶山寺以居之"。又云"寶山靈泉寺",皆其迹也[9]。

卷一四《古迹志》著録:

道憑石堂:寶山靈泉寺。《靈裕法師傳》石刻:"道憑石堂。"案,此即大留聖窟,武定四年道憑所建者。

元(玄)林塔像:寶山靈泉寺。《靈裕法師傳》石刻:"元(玄)林塔像。"[10]

武穆淳稱其父爲趙希璜主修縣志"捉刀",則除《金石録》外,《安陽縣志》很多內容也是出自武億之手。這裏的《靈裕法師傳》,並非是《續高僧傳·釋靈裕傳》,而是一種"石刻",即武億在《安陽縣金石録》卷七著録的《有隋相州天禧鎮寶山靈泉寺傳法高僧靈裕法師傳並序》。這是北宋紹聖元年(1094)的碑刻,武億稱其立在天禧鎮,實際上應該從一開始就立在靈泉寺,至今也仍保存在寺內。碑文關於靈裕的生平,大體取材於《續高僧傳》,也有不同。碑文中恰恰沒有取用有關靈裕開大住聖窟的記載,僅僅依據此碑而不曾查閱《續高僧傳》的武億,也就沒能關注到靈裕和大住聖窟的關係。所謂"道憑石堂""玄林塔像",都是出自此

---

[8] 例如,據牧田諦亮先生研究,現存靈裕傳記的最早資料,即寶山殘存的貞觀六年(632)《大法師行記》。武億書中的録文,明顯比常盤大定來此考察時帶回拓片再做的録文要準確得多。此碑最新研究,見王振國、賀志軍《〈大法師行記〉碑"校跋稿》,房山石經博物館、房山石經與云居寺文化研究中心編《石經研究》第1輯,北京燕山出版社,2017年,143—163頁。但該文基本未參考日本學者成果。

[9] 貴泰、武穆淳等纂《安陽縣志》,嘉慶二十四年刊本,成文出版社1968年據1933年鉛字重印本影印,128頁。

[10] 同上書,348頁。

碑中的宋人文字，而非《續高僧傳》。

總之，武億的《安陽縣金石録》，是現知最早著録寶山靈泉寺相關石刻文字的著作。正是借由趙希璜編修縣志的機緣，隱在山林溪谷之中的寶山靈泉寺大住聖窟，纔在沉寂千年之後，開始再度爲人所知。武億應該是未曾親履其地，他看到的衹是别人提供的拓片。到底是什麽樣的人，重新發現並開始搥拓靈泉寺和大住聖窟的石刻？也許是某位佚名的鄉里讀書先生，也許衹是以搥拓金石爲生的某位未必識字的民間匠人。而在安陽縣城修志的如武億這樣的大學問家，却没有屈駕寶山去一看究竟。武億或是缺乏相應的佛教史背景，或是對寶山靈泉寺没有給予足够的重視，他衹是根據宋人的一塊碑刻，以及片斷不全、不成體系的拓片來做最初的著録，故《安陽縣金石録》最早的著録，難免有疏漏之處。

武億之後，寶山靈泉寺相關的石刻拓片，開始在金石收藏家之間輾轉擴散開來。現知著録靈泉寺大住聖窟拓片的清代金石著作，主要有：

洪頤煊（1765—1837）《平津讀碑續記》[11]，其中著録天寶八載（749）陸長源撰文的"靈泉寺玄林禪師碑"，並云"諸家皆未著録"。按此碑確實出自寶山靈泉寺，至今仍在寺中。武億《安陽縣金石録》卷四，説此碑"初壅土中，募役夫出之"。可見是當時新出土之碑。但武億將其誤記爲"在善應山"[12]。也可證武億大概並未親臨靈泉寺，目睹此碑的狀況。而洪頤煊之所以著録這一出自寶山的石刻，大概是因爲碑文撰者陸長源見於史籍，纔備受金石收藏家重視。

1808—1814年間編成的《全唐文》，也收録了多件來自寶山的唐代石刻文字，如貞觀六年海雲撰《大法師行記》、陸長源撰《靈泉寺玄林禪師神道碑》、于兢撰《靈泉寺故寺主大德智□師像塔銘》、佚名《慈潤寺故大靈琛禪師燼身塔銘》等[13]。説明寶山石刻很快就得到當時學界的重視。

吴式芬（1796—1856）《金石彙目分編》卷九之二《河南二·彰德府·安陽

---

[11] 洪頤煊《平津讀碑續記》，葉十一至十二，此書1816年完成，有1885年朱氏《槐廬叢書》本，此據《石刻史料新編》第一輯第26册，19454頁。

[12] 《安陽縣金石録》卷四，葉十五至十九，此據《石刻史料新編》第一輯第18册，13856—13858頁。

[13] 分别參見《全唐文》卷九〇四、五一〇、八四一、九九七等卷，此據中華書局1960年影印本，9435—9437、5186—5188、8848—8849、10328—10329頁等。

縣》[14]著録了三十多種來自寶山靈泉寺和大住聖窟、善應小南海石窟的金石文字，時代自北齊至元代。其中大部分是武億前書中所著録。特別是武億當時"皆不具録"的内容，在吴氏書中得到了部分展示。吴氏認爲"大住聖窟造像偈言"第五行以下，"世"字缺筆，因而懷疑是唐人續刻。這應是指在窟内左側(東側)靠近"傳法聖大法師二十四人"綫刻圖像的一小段不完整的開窟題記。連標題僅存四行，這裏的"世"字的確有缺筆的現象。而前述武億書中轉録的完整的開窟題記，是在窟門外右側(東側)那羅延神王像的上方。那裏的"世"字並不缺筆。亦即説，大住聖窟的開窟題記有兩處，完整的九行位於窟門外的右上方，僅刻了四行的一處，位於窟門内左上方。雖然吴氏僅以"世"字缺筆來判定窟内的題記是唐人所刻，有些武斷[15]，但的確爲出現内外兩處文字相同的題記，提出了一種解釋。原題爲《大乘妙偈碑》，本是在靈泉寺内的一塊石碑，武億書中雖注明出自靈泉寺，但却將其與大住聖窟的刻經混在一起；吴氏也没有區別，顯見缺乏寶山寺窟具體的方位感。以下的刻經文字，既有窟内的，也有窟外的，但仍不全。最值得注意的是刻經之後的幾則造像記，有的尚能與現存石刻對應起來。如"古四娘等造像記"和"張文達造像記"，現在仍能在窟外西壁幾個龕像下的題記中，辨識出兩人的名字，却已經看不到年代[16]。吴氏的著録留下一條重要信息："張文達造像記"是貞觀二十年(646)的。這對我們了解大住聖窟窟外造像的年代問題，是個重要綫索。從這些情況看，吴氏顯然也没有做過實地調查。他應該是收集到了從安陽逐漸散出的寶山靈泉寺和大住聖窟的拓片，甚至很有可能，他看到的拓片比武億還要多。

趙之謙(1829—1884)《補寰宇訪碑録》卷二[17]，祇著録了"靈泉寺經幢正書

---

〔14〕 吴式芬《金石彙目分編》，大約在1839年左右編成，文禄堂印行海豐吴氏藏板，卷九之二，葉一至五，此據《石刻史料新編》第一輯第28册，20954—20956頁。

〔15〕 窟内南壁東側減地浮雕二十四聖師圖像旁的題記爲"世尊去世傳法聖師"，即開窟題記中的"傳法聖大法師二十四人"。"世尊"的"世"缺筆，"去世"的"世"不缺筆。所以很難據此斷定"世"字缺筆就一定是唐初人所刻。"世"字的俗字和避諱字寫法不同，參見竇懷永《敦煌文獻避諱研究》，甘肅教育出版社，2013年，193—196頁。

〔16〕 現在的録文，見河南省古代建築保護研究所《寶山靈泉寺》，河南人民出版社，1991年，83頁的"寶山22號""寶山23號"銘文。

〔17〕 趙之謙《補寰宇訪碑録》卷二，該書刊行於1864年，葉十二、十五、二十。此據《石刻史料新編》第一輯第27册所收影印本，20211、20213、20215頁。

乾明元年河南安陽""寶山寺石洞造像碑正書無年月河南安陽""寶山寺造諸佛象碑八分書開皇九年河南安陽"等籠統的條目，没有提供具體的信息。所謂乾明元年的"靈泉寺經幢"，或應是善應小南海石窟的《方法師等鏤石班經記》，並不在寶山靈泉寺。"寶山寺石洞造像碑"和"寶山寺造諸佛象碑"應即一回事，都是指大住聖窟的開窟題記，但趙氏將其分列開來，並誤以爲是"碑"，大概也是因爲他祇看到拓片，甚至祇看到目録而已。

與《補寰宇訪碑録》大體同時問世的，還有陸增祥（1816—1882）《八瓊室金石補正》，至少引用武億《安陽縣金石録》中的四則石刻，即小南海石窟的《鏤石班經記》、靈泉寺内的婁叡造《華嚴經碑》《大乘妙偈碑》和善應慈潤寺的《靈琛灰身塔銘》[18]。楊鐸（1810—1880）《中州金石目》卷二和卷三[19]，著録多種寶山石刻，但多爲轉録自他書，如《補寰宇訪碑録》，多有重出錯訛。繆荃孫（1844—1919）《藝風堂金石文字目》卷二著録有"大住聖窟造象刻經"，即開皇九年題記；"萬佛溝塔記五段"。卷三有"萬佛溝塔記十五段"等，皆出自寶山[20]。兹不贅論。

葉昌熾（1849—1917）在《語石》[21]中，按照其書體例，將來自寶山的多種石刻文字，以類相從，分別論述。如在論"塔"時，講到佛教的灰身塔和碎身塔，就列舉了出自萬佛溝的《靈慧法師影塔銘》《方律師象塔銘》《孫伯悦灰身塔》等，並指出趙之謙《補寰宇訪碑録》祇收録了"僧靈琛一通，其餘皆新出土"。在講"刻經"時，列舉了《齊方法師鏤石班經記》，以及"安陽寶山，僅有《菩薩明難品》一石，婁叡造。《初發心菩薩功德品》一石，奚景延造。《華嚴》不止此二品也"。在講到"摩厓刻經"時，列舉了"《大集經月藏分》中言、《大集經月藏分法滅盡

---

[18] 陸增祥《八瓊室金石補正》，1865 年刊行，吴興劉氏希古樓刊本，卷二一，葉十七至十八、葉三十至三十二；卷二二，葉三十八至三十九；卷二九，葉二十五至二十六。此據《石刻史料新編》第一輯第 6 册，4326、4332—4333、4352—4353、4469 頁。

[19] 楊鐸《中州金石目》，1867 年成書，此據《石刻史料新編》第二輯第 20 册，新文豐出版公司，1979 年，14696—14716 頁。

[20] 繆荃孫《藝風堂金石文字目》卷二，該書編成於 1898 年，刊行於 1906 年，此據《石刻史料新編》第一輯第 26 册所收影印本，19554、19555、19563 頁。

[21] 《語石》出版於 1909 年，此據葉昌熾撰，柯昌泗評《語石 語石異同評》卷四，中華書局，1994 年，283、284、287、289 頁。

品》初言、《勝鬘經》《涅槃經》殘刻。以上四種,在安陽縣寶山萬佛溝,皆隋刻"。講到"佛名佛號,亦刻經之支流"時,列舉"寶山《五十三佛名》《三十五佛名》《廿五佛名》,隋刻也"。講到"佛偈","以《大乘妙偈碑》爲最古。《大集經》後又有《華嚴經偈》。此二刻皆在安陽萬佛溝"。等等。葉氏在《語石》出版時,也祇是根據輾轉得來的拓片來了解寶山石刻。他也誤將《大乘妙偈碑》作爲萬佛溝所出,實際上這是立在靈泉寺內的石碑。他所謂的"新出土",也祇是看到新見的拓片而已。

方若(1869—1954)在《校碑隨筆》卷四[22],著錄了所謂"寶山全拓三十七種",包括武定四年四月"道憑法師造"18字題記(即前述武億書中著錄大留聖窟的題記),乾明元年"方法師等岩窟記"(小南海石窟題記),"大住聖窟"和"大留聖窟"題字,所謂"聖窟刻大集經"等刻經,張文達、古四娘等造像記,以及萬佛溝的一些僧尼灰身塔記等。可見在當時的收藏界,"寶山全拓三十七種",已成爲一種特定的收藏。實際上靈泉寺窟的金石拓片總數,超過百件。

大村西崖《"支那"美術史雕塑篇》,書中三處著錄寶山靈泉寺的石刻。"安陽萬佛溝洞大留聖窟石作匠人張岫",不僅著錄武定四年道憑法師題記,還把開窟匠人張岫作爲當時僅知的魏世三位民間雕塑家之一。"萬佛溝摩崖一種",所著錄即開皇九年大住聖窟的開窟題記,以及其後的《嘆三寶偈》《如來壽量品偈》,三佛、卅五佛、七佛及二十四傳法師等。所據爲羅振玉提供的拓片。"安陽萬佛溝造像三種",僅著錄"張文達造彌陀像,貞觀二十年"一種,其他則因皆無年月,未詳著錄。在此條下,他提及了所謂"寶山全拓卅七種",並云:出自"《金石目》三"[23]。

此外,劉聲木(1876—1959)《續補寰宇訪碑錄》[24]中著錄了十多種寶山石刻,但他誤將"大住聖窟"作"大留聖窟",顯然也祇是做了紙面上的著錄。

---

[22] 方若《校碑隨筆》卷四,葉六至八。此書1910年出版,此據華璋書局1923年石印本,收入《石刻史料新編》第二輯第17冊,12462—12463頁。

[23] 大村西崖《"支那"美術史雕塑篇》,1915年初版,此據國書刊行會,1972年版,251、390、511頁。書中的《金石目》即繆荃孫《藝風堂金石文字目》的簡稱。

[24] 劉聲木《續補寰宇訪碑錄》,1929年成書,此據《石刻史料新編》第一輯第27冊,20301—20458頁。顧燮光的《河朔金石錄》參照了包括劉聲木此書在內的五六種金石書,完全是金石學的著錄風格。

可見在 19 世紀末、20 世紀初,寶山石刻的拓片已經廣泛擴散,多種著作頻繁著錄,但中外學者基本都是祇看拓片或轉錄他人文字而已。

**(二) 顧燮光的著錄**

《語石》出版後,顧燮光(字鼎梅,1875—1949)頗爲敬仰葉昌熾,寫信給葉氏請益,得到葉氏的獎掖[25]。從 1914 年起,顧燮光受聘於時任河南省河北道道尹的范壽銘(字鼎卿,1870—1921,范文瀾叔父),準備編纂《河朔古迹志》。當時河北道的道治在汲縣(今衛輝),安陽在河北道轄境。范壽銘自己也是一位金石古物愛好者,他在任內曾在安陽設置古迹保存所[26],對保護當地文物做過貢獻。

顧燮光在編纂《河朔古迹志》的八年中,實地走訪調查河北道內三舊府二十四縣之地,新訪得前人未曾著錄過的碑石七百餘種,成績斐然。他利用"編志餘暇,隨其所得,著之於目,成《河朔新碑目》三卷"。在范壽銘的支持下,於 1919 年率先刊行[27]。該書上卷按繫年排列,"凡各金石書及府縣志已載錄者,皆不錄"。卷中、卷下則分地著錄。寶山石刻主要見於卷上東魏以下各代著錄中標明"安陽"者,以及卷中的"寶山"一地所列。舉凡寶山重要的石刻,都有著錄,包括那羅延、迦毗羅兩神王雕像,亦屬首次被著錄。卷中的著錄,參考了武億、繆荃孫、葉昌熾、方若等人之書。較之前賢爲勝之處,是大致標明了所有石刻所出地點,如具體到"靈泉寺外南岡上""萬佛溝西洞門左""西洞內東牆"等。其實"西洞"即大住聖窟。此書的著錄整體上仍不脫傳統金石學範疇,對同一地點使用前後不一致的表述,似乎不能確認是出自一人之手筆。

---

[25] 馬洪菊《葉昌熾與顧燮光交遊考——兼論葉昌熾晚年的政治立場》,《北方民族大學學報》2010 年第 6 期,102—105 頁。

[26] 柯昌泗云:"范鼎卿宰安陽,進卿廉察,留意河朔古迹,設古迹保存所於鄴。誌石出土,即購置所中,不令遠售。凡得元湛夫婦、元顯、元均、叔孫固、東安王太妃陸氏、任城王太妃馮氏、穆子岩、竇泰夫婦、石信十石。鄴石出土,爲數雖遠遜洛陽,然當時多歸公有。以書體不如洛石之奇古,時人購求,亦不甚力,因之散出者少。初惟'元寶建'歸顧鼎梅,'元悰'歸周養庵,'隗天念'歸李小石,'魏僧勗'歸方藥雨,'司馬遵業'歸南海姚銘清(禮成),'樂陵王百年夫婦'歸羅師,'高建夫婦'歸陶蘭泉,'崔宣華'歸徐森玉,蓋可屈指計也。後磁縣勸學所,以經費支絀,售所藏石,自此鄴石遂多外輸。"此據《語石 語石異同評》卷四,243 頁。范氏在成立古迹保存所時説到:"若東漢殘石,寶山造象,爲人劫竊而零落殆盡。"這應是指大留聖窟造像被盜,其著作中沒有提及其他寶山石刻。

[27] 顧燮光編輯《河朔新碑目》,1919 年初版,後顧氏在上海任職期間,由上海科學儀器館 1926 年再版。此據《石刻史料新編》第三輯第 35 册,553—570、574—577 頁。

此外，顧氏在各地採訪之時，還進行了攝影拍照。這些照片資料，也在范壽銘的支持下，提前出版了《河朔古迹圖識》二卷，留下了珍貴的圖像資料[28]。然而，在其中，竟然沒有寶山靈泉寺和任何一幅寶山文物的照片。

《河朔古迹志》在 1921 年編成，有八十卷之多，尚未刊行，范壽銘去世。直到 1930 年，在《河朔古迹志》原稿基礎上，由顧燮光節錄爲十四卷的《河朔訪古新錄》出版[29]。這部書或許是現知最早對寶山靈泉寺和萬佛溝石刻文物做出詳細記錄之作。《河朔訪古新錄》卷二云（括號中的字原是雙行小注，下同）：

> 縣西南六十里，寶山。……寶山寺（又名靈泉寺。《縣志》云：見《河清二年道憑法師塔記》。又《靈裕法師傳》石刻：齊東安王婁叡奉爲戒師，造寶山寺以居之。是寺蓋建於齊。而陳《縣志》以爲寶山寺在縣西南水冶村之西南，唐時建者。誤），齊河清二年建，隋文帝改爲靈泉寺。（《縣志》云：《靈裕法師傳》石刻：文帝助營寶山寺，御自注額，改號靈泉。蓋取入山之泉、師之上字，合以爲稱。原案省《通志》：靈泉寺在府治西南，景龍三年建，明正德五年重修。陳《縣志》並同。今據《靈泉（裕）法師傳》，知隋文帝改寶山爲靈泉，則非興建自唐矣。）規模至爲宏敞，今雖已多傾圮，然碑碣造象，自魏迄元，達一百數十種，爲河朔第一古刹！

這裏的《縣志》，應指嘉慶《安陽縣志》。"陳《縣志》"則是指清代第二部《安陽縣志》，由陳錫輅任安陽知縣時主持修纂，乾隆三年（1738）刊行。"省《通志》"即是前述雍正年間編修的《河南通志》，此後一百五十多年未曾重修。可見在寶山靈泉寺的石刻被發現之前，人們對靈泉寺的沿革和具體位置都搞不清楚，一直誤傳是唐代纔初建。有了寶山石刻，纔由金石學家們確認寶山寺始建於東魏，隋文帝改爲靈泉寺的史實。值得注意的，還有這裏對靈泉寺"爲河朔第一古刹"的評價。《訪古新錄》續云：

> 造象石窟，大者凡二。在東山者，曰大留聖窟，魏武定四年四月所造（今佛像已殘毀）。在西山者，曰大住聖窟，隋開皇九年所造（佛像完好）。

---

[28] 《河朔古迹圖識》二卷，初版時間不詳，或應在 1919—1921 年間；現在看到的是顧氏 1943 年再版本。此書承蒙翟興龍君到國家圖書館普通古籍部代爲查閱，特此致謝！

[29] 范壽銘主纂，顧燮光輯著《河朔訪古新錄》卷二，葉六至八。此據《石刻史料新編》第二輯第 12 册，8896—8898 頁。

窟外摩崖,遍於山寺。麓西爲萬佛溝,灰身塔記至數十百種,皆隋唐人刻也。可見,大留聖窟内的造像(應指頭部)在1910年代已經殘毀,而大住聖窟的造像,還是完好無損。《訪古新録》續云:

綜各石刻所在地址論,當區爲五,各得而言:寺内古物……至《安陽金石録》所著"鄭儼題名記"及"禹瑒再題記"(咸通九年五月),今均佚矣。……

在東山者,以大留聖窟爲最古。有魏武定四年四月大留聖窟題字。(正書。四字下方,有八分書"道憑法師造"五大字。按此石刻一方,今已移入寺内)……

至寺南岡上,豐碑二方,穹立於塔前者,東則"齊大方廣佛華嚴經碑"(正書。碑右首行下,東安王妻叡題名。右側,王世子子彦等題名。碑陰,七佛名殘字。碑無年月,以題名結銜考之,知在太寧、河清間也),西則"大乘妙偈碑"也(八分書,四面刻。額篆書:"佛□□大乘妙偈,刻石千記怖見,聞益法性",凡十八字,陽文凸起。《安陽金石録》所載之州刺史字,及大定題名,已佚。碑座有"□主龍驤將軍□□"題名,正書)。方塔巍然,高八丈餘。内立"宋紹聖元年十二月靈泉寺傳法高僧靈裕法師傳碑"(正書。額分書。小童師慶書),及"靈裕法師塔銘"(正書。額分書。題名分書。無年月。然以師慶題字考之,知爲宋刻。《安陽金石録》云在天禧鎮者,誤)。

寺西岡上,多僧人藏骨之塔。石刻亦錯雜其間,多明清碑碣,元以上者,僅數種。如"齊河清二年憑法師燒身塔記"(正書)……"元至正十七年四月玉峰庵主宣公塔記"(正書)。

萬佛溝在寺西里許,層巒疊嶂,山徑迂迴,摩崖造像,不可勝記。以大住聖窟爲最。鉅窟方廣丈餘,佛象三尊,至爲完美。内外造象摩崖,凡卅餘種。其在窟内者,"隋《涅槃經》"(正書)、"《大集經月藏分中言》"(正書)、廿四尊像(像陽文,字正書),及石柱佛名題字(正書。四面刻上七種,均無年月)、"後周顯德元年十二月彰德軍採石記"(正書,在洞門上)、窟門外左右摩崖琢那羅延、迦毗羅二神王,各有題名五字(正書。無年月)。洞門左側,爲"唐乾封二年二月劉貴寶造象"(正書)。至佛經、造象、摩崖,於洞門前者,計分四列:

若"隋開皇九年大住聖窟題字"(正書。前刻造像龕數區。按刻"嘆三寶偈言",又"□連□金如來壽量品□偈言",共三段。又,左右題佛號,各一行。末後另有石作匠人題記一行)、"《妙法蓮華經分別功德品》中言"(正書),在第一列。"隋《勝鬘經》"(正書)、"古大娘等造象"(正書,無年月)、"唐貞觀二十年張文達造彌勒像記"(正書),在第二列。"隋《大集經月藏分法滅盡品》初言"(正書,無年月),在第三列(衍"正書,無年月")。《三十五佛名》(正書,無年月)、《略禮七□□□懺悔等文》(正書),在第四列。

其在西洞頂者,則"唐顯慶二年二月馮仁剛灰身塔記"(正書)、"永徽二年四月道雲法師灰身塔記"(正書)、"三年三月蓋村諸檀越造阿彌陀佛諸象"題字(正書)、"相州觀音院智幽法師塔記"(正書。"歲次乙未五月二十一日遷化。後至庚戌八月□日葬")、"宋咸平四年二月高勳妻造象"(正書。已模泐)、又同年月"李密妻張氏造象記"(正書)、"幽禮一到"題字(四字,行書,無年月)。而"唐相州光天寺塔院講經論沙門弘良殘塔記"(正書,無年月),則在石窟洞門之東。

若"開皇十年正月道政法師支提塔記"(正書)、"十三年大融法師支提塔記"(正書)、"十四年靜證法師碎身塔記"(分書)、"仁壽元年正月比丘道寂灰身塔記"(正書)、"三年四月比邱慈明灰身塔記"(正書。無年月)、"靈裕法師灰身塔記"(正書)、"清信女王敬造象"(正書)、"清信女盧敬造象"(正書,無年月)、"諸山明公殘記"(正書,無年月)、"唐□□年二月鄧三姐造象"(正書,無年月)、"諸氏殘題名"(正書,無年月)、"宋咸平四年光嚴村造象記"(正書)、"隋古四娘造象"(正書,無年月),則在石窟洞門之西。

至在西山之東者,則"唐貞觀二十三年□□法師殘塔記"(正書)、"佛經大摩崖殘刻"(正書,無年月)。

在西山西者,"唐貞觀六年八月大法師行記"(正書,弟子海雲集記。後刻《十方佛名》,十二部)、"□年四月海雲法師灰身塔記"(正書。在西洞西最低處)……其在西山極西者,則"開元十一年張法師殘塔記(正書)"。

其在北山者,則"唐貞觀二十二年八月杜優婆夷散身塔記"(正書)……

其散處各山,有拓本而地址未詳者:"隋洞口佛經"(正書,無年月)、"造像龕旁佛經殘刻"(正書,無年月)、"唐貞觀十六年四月弟子智瓊敬造大智焱律師塔記"(正書。《安陽金石目》誤作智夐)、"開元五年十一月李山弘常師□等十二人造象銘記"(正書,清河郡井轉□書故□銘)、"十三□□月開元僧人殘塔銘"(正書)、"宋□平四年劉二姐造象"。至各金石書已著録,而今佚者,亦數種。存其目於《金石待訪目》中,兹不及之。

這段文字的作者,一定是親身到過寶山靈泉寺,手持武億的《安陽金石録》,逐一對照靈泉寺內外當時尚存的文物;否則不會對各石刻文字的存佚狀况和地點位置,描述得如此準確翔實。也祇有經過實地踏查,纔可能將寶山文物,按所在地點,分爲五區:寺內、東山、寺南岡上、西山、北山。其中寺內、寺南岡上和西山三處,又是文物薈萃之地,描述尤詳。特别是西山萬佛溝中的大住聖窟,又分窟內、窟門外、洞門左側上下四列、西洞頂、洞門之東、洞門之西。凡是有石刻文字之處,大都得以著録,罕有遺漏。至此,在多位金石學家和收藏家書中割裂、分散的寶山石刻,被逐一定位於其原初位置所在。這些記述應是現知最早的、出自行家裏手的、對靈泉寺內外文物的重要記述。可惜這篇文字的重要性,至今尚未得到充分的重視[30]。

是誰爲我們留下如此寶貴的記録? 這原本並不成爲一個問題。顧氏爲編《河朔古迹志》,曾在河南太行地區不辭勞苦地訪古八年之久。以理度之,顧氏親訪所到之地,理應包括安陽地區。國內也有學者直言顧氏在1914年曾造訪靈泉寺。但1918年,顧氏出版自己的代表作《夢碧簃石言》[31],其中却没有提到任何一方寶山石刻。1923年,顧氏整理出版了范壽銘遺著《循園金石文字跋尾》上下卷[32],書中也没有提及寶山石刻。1926年,顧氏出版《河朔訪古隨筆》[33],其中分縣逐一記述自己在河南的訪古所見,竟未言其在安陽有何見聞。而且説"淇縣之靈泉寺,安陽之修定寺"。修定寺固然也是安陽之古寺,但把靈泉寺誤

---

[30] 前揭《寶山靈泉寺》一書,101—102頁,祇引用了《河朔訪古新録》卷二中一小段文字,認爲"以下爲塔龕題記已録",就没有再引用此書。目前大約祇有楊學勇利用此書爲《略禮七□□□懺悔等文》定名和釋録殘文。

[31] 顧燮光《夢碧簃石言》,1918年初版,此據《石刻史料新編》第二輯第2册,149—238頁。並參王其祎校點《新世紀萬有文庫》本,遼寧教育出版社,2001年。

[32] 范壽銘《循園金石文字跋尾》,顧氏刊本,1923年。此據《石刻史料新編》第二輯第20册,14463—14482頁。

[33] 顧燮光《河朔訪古隨筆》,1926年初版,此據《石刻史料新編》第二輯第12册,8863—8884頁。

作在淇縣,就有些説不通了。此後顧氏多次回憶自己在衛輝八年期間訪古的行迹,也都没提過寶山靈泉寺。1930年,《河朔金石目》出版[34],其卷二著録了大批寶山石刻,基本不出《河朔訪古新録》。但石刻地點却大都籠統説:"在縣西南六十里寶山。"祇有一兩條説到準確地點,如"靈泉寺大佛殿西塔""靈泉寺後山塔上"。又把大住聖窟稱爲"靈泉寺洞",大留聖窟稱爲"寶山洞"。這似又回到那些祇是看着拓片做紙上品鑒的金石收藏家之言。作爲《河朔金石目》附録同時刊出的《河朔金石待訪録》中[35],顧氏提到了多種《安陽金石録》著録過的拓片,需要"待訪"。但其中咸通九年"禹璜再題記",以及無年月的"鄭儻題名記"[36],在前述《河朔訪古新録》中,明明早已經過實地踏察,並注明"今已佚矣",何需再"待訪"?很難相信,顧氏曾在1910年代親訪寶山,留下了詳盡的記録,並對靈泉寺讚譽有加,而後却在自己多部著作中,對寶山石刻,或是根本不提,或是祇隔靴搔癢般地轉録而已。

顧氏原本最該被認定是首先實地考察,甚至最先對寶山靈泉寺和大住聖窟進行攝影的中國學者。但在他署名的著作中,除了《河朔訪古新録》外,幾乎從未給寶山靈泉寺石刻以足够的關注。這與將靈泉寺贊譽爲"河朔第一古刹"的那位作者,會是同一人嗎?我在此無意貶低顧氏對著録和刊布河南古物以及寶山石刻所做出的傑出貢獻,但究竟是否由他本人親赴寶山,寫下了那樣詳盡的記録?現在看來也許並非多此一問。在這種情况下,顧氏《河朔古迹圖識》中没有出現靈泉寺和寶山文物照片的原因,也就很容易理解:因爲顧氏很可能根本就没有親自去過寶山靈泉寺。當年《河朔古迹志》有八十卷之多,僅憑范氏和顧氏兩

---

[34] 范壽銘主纂,顧燮光輯著《河朔金石目》,十卷,1930年初版,此據《石刻史料新編》第二輯第12册,8951—9012頁。卷二"寶山寺僧靈壽等造像"下,云:"正書,天保十年四月。右石本在寶山,經人盜取,將販運出境。余查獲之,置諸文昌宫内古迹保存所。書法佳妙,刻像亦精。惜不知何時,逐字爲人鑿毁,現存字已無幾矣。"這裏的"余",祇能是范壽銘。説明范壽銘曾經查獲過從寶山盜運出來的北齊造像,但在全書其他多處對寶山石刻的著録中,范氏和顧氏都没有流露出任何他們曾親履寶山的迹象。

[35] 范壽銘主纂、顧燮光輯著《河朔金石待訪録》一卷,1930年初版,此據《石刻史料新編》第二輯第12册,9013—9023頁。

[36] 有學者正是利用早期金石書中對"禹璜再題記""鄭儻題名記"的記載,探討題記中反映的唐代經濟史問題,别開生面。參見孫繼民、彭文峰《安陽靈泉寺唐代題記與兩税法——兼論兩税法在河朔割據藩鎮的實施及其限度》,《中國經濟史研究》2006年第3期,74—81頁。

人之力是難以完成的,必然會有大批地方文士參與採訪和編寫工作。或許,因有武億的《安陽縣金石錄》在前,所以范、顧兩人,都沒把對安陽地區的訪古列爲頭等要事;而某位參與《河朔古迹志》編纂的佚名之士,拿着武億之書到寶山一看究竟時,纔留下了這些記錄。顧氏在編輯出版《河朔新碑目》《河朔訪古新錄》等書時,祇是照錄了原本並非出自其手筆的寶山石刻記錄文字。他本人對於寶山石刻,始終沒有太多的關注。是否如此,姑且存疑,有待更多資料説明。

無論如何,1910 年代,已有安陽地方學士到寶山做過實地考察,留下了相當寶貴的早期記錄。祇不過,這位佚名之士也是受方志學和金石學視野所限,祇從碑刻數量和造像精美的角度稱讚靈泉寺,却沒有發掘出靈泉寺對於中國佛教史的重要意義。可以説,直到 20 世紀初,寶山靈泉寺的價值和意義,仍然籠罩在中國傳統學術氛圍之下,若明若暗。

(三) 中日學者的實地考察

1921 年,常盤大定(1870—1945)第二次到中國考察。9 月在濟南時,他買到一張"武定四年歲在丙寅四月八日道憑法師造"的拓片。道憑在《續高僧傳》有傳,是魏齊時期的名僧。作爲真宗大谷派的僧侣,常盤氏自然不會陌生。他念兹在兹,於當年 11 月 29 日傍晚抵達寶山,於此夜宿三晚,利用兩個整天時間,對寶山靈泉寺做考察拍照,留下了最早一批靈泉寺內外的照片,涉及大留聖窟、大住聖窟內外的造像,包括兩位神王的照片,以及一大批重要的碑刻拓片資料[37]。常盤氏在旅途期間,手邊無書,祇是根據寶山石刻的情況,推測大住聖窟的開鑿與靈裕有直接關係。回國後,他根據《續高僧傳》等文獻,確定靈裕就是開窟之人。常盤氏對自己在寶山的踏查非常滿意:"這次尋訪之旅中的最大收穫可以說是這個沒有預想到的寶山。"因爲這是"以前沒有人去"的地方[38]。現在我們

---

[37] 常盤氏自己在寶山靈泉寺的記述,參見氏著《"支那"仏教史迹》中的《續古賢の迹へ》,金尾文淵堂,1923 年,56—61 頁。這是其在 1922 年 1 月抵達衡陽石鼓書院後,對寶山之行的補記,也是寫給《朝日新聞》的通信。同書《"支那"仏教史迹》,230—253 頁,是其回國後對資助考察的啓明會提交的報告,是針對拓片和照片所做的説明,具有初步研究的性質。此書現可參廖伊莊的漢譯本《中國佛教史迹》,中國畫報出版社,2017 年,55—58、199—214 頁。常盤氏給報社通信的行記部分,又作爲全部五次考察行記的一部分,收入氏著《"支那"仏教史迹踏查記》,龍吟社,1938 年,251—255 頁。

[38] 常盤氏特意將"魏道憑遺刻寶山大留聖窟"和"隋靈裕遺刻寶山大住聖窟",作爲自己"第二回踏查の成績"中的"發見"。見氏著《"支那"仏教史迹踏查記》,691—692 頁。

知道,在他之前,武億已經指出是道憑法師開鑿了大留聖窟,《河朔訪古新錄》中的那位佚名作者已經對寶山靈泉寺做了相當徹底的實地考察,時間至少在1919年顧燮光出版《河朔新碑目》之前。祇是清代和民初的中國學者,普遍疏於佛教史背景,留有很多未盡之處。因此嚴格説,常盤氏是首位實地拍照,再根據《續高僧傳》而將大住聖窟的開鑿者確定爲靈裕,並把靈泉寺窟放置在恰當佛教史背景之下的佛教學者。

常盤氏在完成前四次中國考察後,1925年開始,與關野貞(1868—1935)合作,把各自分别考察中國時拍攝的照片彙集起來,共著了《"支那"佛教史迹‧圖版》和《評解》各5册,由佛教史迹研究會到1928年陸續出齊〔39〕。除刊佈照片和拓片圖版外,在《評解》中,常盤氏依次介紹考察所獲的照片或拓片内容,對一批重要的寶山石刻給出録文,爲今後的研究奠定了基礎。關野貞去世後,常盤氏在原《"支那"佛教史迹》5册基礎上,把内容擴展至佛教之外的史迹,編成《"支那"文化史迹》12輯,配《解説》12卷〔40〕。在這先後兩個版本的對寶山靈泉寺文物的解説和録文中,他的論述大體相同。

1920年代的《"支那"佛教史迹》出版後,對中國産生的影響之一,是促使一批中國學者也開始關注於對古迹文物的實地勘察。其中,1928年成立的"中央古物保管委員會"、1929年成立的"國立北平研究院"和"中國營造學社"等,在1930年代,曾分别組織考察各地文物古建,也都對寶山靈泉寺和萬佛溝做了考察。中日學者對同一古迹的考察所留下的記録或報告,也很值得比較閲讀。

1933年,民國時期唯一一部《續安陽縣志》編成出版,其卷一二《建置志‧祠廟》中著録了"寶山寺",除辨析沿革外,記録寶山靈泉寺當時的狀況云:

此寺現存大殿五楹。殿後觀音閣,内塑千手千眼佛像,頗壯麗。殿前新

---

〔39〕《"支那"佛教史迹‧圖版》5册,出版於1925—1927年。《"支那"佛教史迹‧評解》5册,出版於1925—1928年。寶山靈泉寺的照片,見《圖版》第三卷;説明和研究,見《評解》第3集,佛教史迹研究會,1925年,153—212頁。

〔40〕寶山靈泉寺的内容,見該書《圖版》第5輯,法藏館,1939年,圖版63—83。《解説》第5卷,62—95頁。1975年再版時改名《中國文化史迹》,成爲最流行的版本。此書現有浙江人民美術出版社2017年和上海辭書出版社2018年兩種漢譯本。在此轉達匿名審稿意見對兩套漢譯本的評價:前者祇有圖版,後者在當年常盤氏調查基礎上又做了部分實地考察,還有一附册做了簡要校正,質量佔優。

築玉皇廟三楹,外配房數間。惟寺僧零落無存,寺西僧舍,已成一片瓦礫。空山殘寺,遊覽者常懷寂寥之感。[41]

顯見編志之人,也是親眼看到了靈泉寺的凋零破敗,當時的靈泉寺已成佛道混合之廟。除此之外,大概也是因爲有嘉慶縣志所附《安陽縣金石録》珠玉在前,這部《續安陽縣志》的金石部分著録内容很少,没有重複前人對寶山石刻的著録。

1934年,滕固(1901—1941)先生受中央古物保管委員會派遣,赴安陽、洛陽、西安等地視察沿途古迹古物保存狀況。於同年12月12日,與李濟先生等人一起走訪寶山石窟。滕固曾在德國專攻西洋美術史,他對寶山石刻的品鑒,或許是中國學界首次從藝術史角度做出的評價:

〔二時〕三十分至寶山寺,余等目的已達,狂喜不置(止?)。寶山寺始建於魏,隋稱靈泉寺,歷駐名僧,爲此方巨刹。余等入其域,荒蕪寥寂,望而知爲人迹罕至之地。現存大殿五楹,殿前走廊左面壁上,嵌切一石碑曰:"魏武定四年歲在丙寅四月八日道憑法師造。"殿後觀音閣,内塑千手千眼佛像,雖覺剥落,猶存壯麗之觀。殿前有新築之玉皇廟數楹,亦殊冷落。……

西往里許,達萬佛溝,山岩石窟甚多,其較小之窟,大率爲淺龕,佛像亦爲浮雕,然破損已甚。其較大之石窟,曰:大留聖窟,在南峰北部中間,方約八尺,又稱朱砂洞,爲東魏道憑法師所造;中置石刻佛像釋迦、彌陀、彌勒三尊,惜佛頭被盗,就其雄偉之佛軀而觀,猶可想見東魏雕刻之豪像。曰大住聖窟,在北峰南部中間,方約丈許,又稱饗堂窟。……則所謂大住聖窟者,"金剛性力住持那羅延窟"之簡稱也。入口外壁,右刻迦毗羅神王,左刻那羅延神王,皆身衣武士之裝,頭戴天冠,一手執劍,一手執三叉鉾。迦毗羅神,被飾有三鬼面之胸甲,膝頭裏有飾以象面之堅甲,足踏驢背。那羅延神王,武裝之上,更裹以袍,足踏牛背。兩神長髯威武,宛如老將,蓋爲寫實之浮雕,令人見之,疑爲Michelangelo所造之摩西像也。此兩像描摹人性之偉大,全體氣象雄渾,爲浮雕中之傑構,亦爲唐代雕刻之直接前型,至可珍貴。窟内北東西三部分,皆本尊與夾侍:……惜諸佛頭被盗,無從觀其體制。就其衣紋而言,簡樸勁健,亦爲達到唐代雕刻之前型。石窟四隅刻柱形,其上

---

[41]《續安陽縣志》卷一二,葉十。此據成文出版社影印本,1445頁。

造七佛及三十五佛小坐像；天面中間刻蓮花，四方刻飛天，華美壯麗，稀有之奇迹也。

寶山全域石窟之毀損，令人見之咋舌。據土人云：民國七、八年間，駐軍損毀大部分，後屢由古董商竊擊佛頭以去，故絶少完好之佛像。

天色將暝……余等乃離山長驅而下。[42]

滕固一行在寶山靈泉寺考察的時間，大約三四個小時。他將兩神王像與米開朗琪羅的摩西像相比，足見他對兩神王像的重視和欣賞。他的記錄還爲了解兩窟佛像的佛頭何時被毀提供了重要綫索。《河朔訪古新録》説大留聖窟佛像"殘毀"，而大住聖窟佛像完好。1921年常盤氏來照相時，也説大住聖窟三鋪造像都完好，大留聖窟造像雖有佛頭，但明顯是新補上去的。而滕固來訪時，不僅大住聖窟原有的佛頭盡被鑿去，連大留聖窟新補的佛頭，也被鑿去。滕固分析其原因是1918—1919年間駐軍破壞和商人盜賣。但這與前述1921年常盤氏還可看到大住聖窟佛頭的事實相矛盾。

1936年5月15日，時任北平研究院史學研究會研究員的徐炳昶（旭生，1888—1976）先生一行抵達安陽，在中研院安陽發掘團之事務所，與石璋如等參與安陽殷墟發掘的人員商議考察寶山靈泉寺事宜。徐氏記云："璋如云曾遊過，以爲余往遊，或不免有失望之處。然余遊志甚堅。"對於曾經親遊寶山的石璋如等人來説，似乎覺得寶山已無甚可觀之處，去了難免失望。但徐炳昶此行是特意來看寶山，堅持要去。遂於16日到善應村，考察小南海石窟。17日，由熟悉靈泉寺的當地人孫子俊先生爲嚮導，從善應出發，步行上山考察寶山靈泉寺。徐氏考察記云：

初出時，天氣涼爽；後漸熱，至靈泉寺時，已過十點。靈泉寺在寶山山曲中，其東俗稱東山，西俗稱西山。東西二山，倚岩雕刻佛像無數。亦名萬佛溝。寺内玉皇殿廊檐下壁上，有"魏武定四年歲在丙寅四月八日道憑法師造"一碣，大字，八分。椎拓者甚多。按《河朔訪古新録》，寺中無此碣。惟有"魏武定四年四月大留聖窟題字"，下注曰："正書，四字，下方有八分書

---

[42] 滕固《視察豫陝古迹記》，1936年收入《征途訪古述記》，此據沈寧編《滕固藝術文集》，上海人民美術出版社，2003年，318—319頁。

‘道憑法師造’五字。按此石刻一方,今已移入寺内”,不知是此石否。但現並無“大留聖窟”四字。……廟後有千手千眼佛閣,其像胎似非近世者。寺前大路南有地藏殿。殿東坡上有二齊碑,東西列,無年月。但有“寺檀越主婁叡”諸字可證,字在東碑東南隅邊棱上。碑額造像之佛頭,均已失去。碑係刻經,字尚完好,惟風雨剥蝕,將逐漸漫漶。且東碑已傾斜。據現在所知,此二碑爲此山最古之碑,至堪寶貴,急宜設法保存,勿使繼續損毀。東西兩山造像,以灰身塔爲最多。年代大致係隋唐兩朝。佛像面孔幾全被破毀。西山之大住聖窟,内佛像均無頭。惟窟外左右二立像,大致完整。東山之大留聖窟,破毀特甚。内餘佛像三,均無頭無手。外有一佛光,弃置地上。壁上無餘物。東山土石剥落,造像埋土中不少。有人順岩作小濠,掘出其一部分,像均完好。聞係最近日人來遊此者所作。此一部分,宜全體發掘,並應妥籌保存之法。綜觀大體,佛像雖完善者太少,而損毀者皆係面部,衣飾花紋多尚完好。雖不及龍門、云岡規模之偉大,而自有重照,拓,整理及保存之價值。……是日,天氣熱甚。……惟嚮導孫先生,則各處均引到,且毫無倦容,至堪欽佩。稍息後,步行下山,至天喜鎮,用餐。[43]

徐炳昶一行人到靈泉寺時,已過上午十點,下山用午餐,前後大約也不過三四個小時。徐氏雖事先讀過《河朔訪古新錄》,但他還是没有分清金石學家著録中的兩個“武定四年”石刻的關係。其實兩者就是同一塊石刻,原本在大留聖窟外,後被移入靈泉寺内。徐氏記録的兩塊齊碑,即多次見於前人著録的婁叡造《華嚴經碑》和《大乘妙偈碑》,可識别的字已經越來越少。這裏提及的“最近日人來遊此者”,應非指常盤氏。具體所指何人,待考[44]。徐炳昶在同篇文章中講到善應小南海石窟中的佛像頭均被毁時記云:

---

[43] 徐炳昶《唐王岐及寶山調查報告》,《國立北平研究院院務彙報》第 7 卷第 4 期,1936 年,108—109 頁。

[44] 1920 年代,日本古董商人山中定次郎(1866—1936)對北京恭王府、山西天龍山石窟文物的盜賣行爲已爲人所知。寶山靈泉寺佛教文物,從時間、地域和損毁手法上,都或許與他有關。但目前關於山中定次郎在中國盜賣文物的記載中,都没有明確提及其在安陽的情況。祇知道他在 1924 年和 1925 年分别在山西太原天龍山石窟、大同云岡石窟、河南洛陽龍門石窟等地活動。參見故山中定次郎翁伝編纂會編《山中定次郎傳》,大阪:同編纂會,1939 年;並參陳文平、牛夢沆編譯《山中定次郎與山中商會》,上海書畫出版社,2020 年,90—93 頁。此事有待進一步調查。

聞前數年，有一某國人來此，僱人專打寶山一帶佛像面孔，代價百元！並言：後當詳查，如有未打壞者，即當受罰！目的並非盜竊，似專爲破壞而破壞者！故此地佛像，幾無一完好者。吾國鄉人無知，貪微利，損國寶，固屬憾事，然某國人，有計畫地爲破壞而破壞，實屬文明世界之大蟊賊，其所屬國家之大玷辱。會當詳細調查此事發生之詳細年月，人數，經過情形，露布於國際間以存信史。[45]

此事詳情，目前還不甚了解。大留聖窟和大住聖窟的佛像佛頭，必是在常盤氏之後，滕固來訪之前被破壞的。很可能與這位"某國人"的惡劣行徑有關。如果元凶竟不以盜賣，而專以破壞爲目的，則除了常盤氏留下的照片，永遠也不可復見這些完整的造像了。

1937年6月25日，時爲營造學社成員的劉敦楨先生，造訪寶山，其考察日記云：

十二時，達寶山縣靈岩寺。

寺南向，外爲山門。次金剛殿。殿後二唐塔，皆石製。據發掘下部結果，其結構式樣，完全與登封牌樓寺塔一致，而年代稍早，尤足珍貴。其後大雄殿與觀音閣，皆清式建築。所塑千手觀音與壁塑等，視龍岩寺尤劣。

寺東南丘上，有宋靈裕禪師塔一座，塔頂與第一層轉角鋪作之龍頭，胥後世所加。塔角有北齊牌二通。

寺西北墓塔一區。以中央磚塔年代最古，雖無銘刻，其爲唐物無疑也。此塔西南有唐景龍三年（709）碑一通。再西爲明弘治二年（1489）亮公塔。塔東南爲弘治十三年（1500）邱公和尚塔。再東南爲嘉靖元年（1522）鑒公和尚塔。以上數者爲塔院內較可注意之遺物，餘皆無可記述。

寺之西山，以隋代開鑿之大聖留窟著名。現窟内大佛之頭雖已失去，但

---

[45]《國立北平研究院院務彙報》第7卷第4期，108頁。在寶山一帶，至今仍有傳聞：1920年代初，有幾個日本商人，在這一帶收購佛頭，起初自己看中佛頭，就出手敲掉帶走。後來嫌效率太低，乾脆花錢請當地人來砸，出價百元一個（與徐炳昶所述相符），導致鄉人將萬佛溝的佛頭全部鑿掉。見網文《土匪的孩子要擇校，中學校長眼中的普通民國》（http://www.wyzxwk.com/Article/lishi/2019/09/408062.html，訪問時間：2021年3月20日）。文中提及張天驥先生於1925年出任省立安陽中學校長，他是較早關注靈泉寺窟文物的當地文化人。但他來時已晚，這一帶的佛頭已被鑿毀。這説明靈泉寺窟佛頭被毀的時間，可進一步壓縮在1922—1925年之間。很可能就是由於日本商人在此收購佛頭所導致。

佛身、佛座、飛仙、神王等,皆無上妙品。山上摩崖灰身塔,無慮四五十處,有隋開皇及唐永徽、開元銘刻。又有浮雕小建築三處,皆建築史中重要之證物。

東山大聖住窟,破壞較甚,浮雕建築及灰身塔數量亦較少。

下午三時雨霽,四時下山。[46]

劉敦楨先生是建築史名家,他對寶山文物從建築史角度做出的判斷,恐無人不信服。然他畢竟對佛教文物是外行,以上文字中,有明顯的錯誤,或是劉先生自己失誤,或是手民致誤。如把"靈泉寺"誤爲"靈岩寺",對"大留聖窟"和"大住聖窟",不僅名稱寫錯,而且東西方位完全搞混。"北齊牌"應爲"北齊碑"等。

以上滕固、徐炳昶、劉敦楨、石璋如等先生,在各自專業領域中都是著名學者,不僅他們當年,即便今日參訪寶山,恐怕也衹能是依照前賢的記錄,走馬觀花地看一些有代表性的文物遺存。更兼在1930年代,時局混亂,交通不便,土匪橫行,能有意識、有勇氣前往寶山勘察,已是足堪表彰的舉動。但對寶山靈泉寺價值的認知,如果離開了佛教史的背景,則必然大打折扣。不治佛教史的中國學者,如果衹看越來越少、越來越殘的寺內外遺物,自然難以引起更大的共鳴。常盤氏在寶山的工作,是帶着宗教徒的熱情來做的,但也承認兩天時間不夠用,仍有重要的文物沒有拍照和拓片。可見,要想對寶山靈泉寺做徹底考察,絕非一朝一夕之事。劉敦楨的考察結束不久,即發生"七七事變",中國學者對寶山的考察活動也就此中斷。

1963年,靈泉寺塔和靈泉寺石窟在經過河南省文物工作隊的全面普查後,被河南省定爲省級文物保護單位。1983年8月至1984年2月,河南省古代建築保護研究所組織靈泉寺考古勘察隊,對整個寺院遺址及附近的石窟與摩崖石刻進行全面的調查與發掘。這次工作成果,先以考古簡報形式在刊物上發表[47]。在這些成果基礎上,於1991年出版了《寶山靈泉寺》一書。除考古報告外,還

---

[46] 劉敦楨《河南、陝西兩省古建築調查筆記——1937年5月19日至6月30日》,此據《劉敦楨文集》第3卷,中國建築工業出版社,1987年,153—154頁。又見《劉敦楨全集》第3卷,中國建築工業出版社,2007年,217—218頁。

[47] 如河南省古代建築保護研究所《河南安陽靈泉寺唐代雙石塔》,《文物》1986年第3期,70—79頁。《安陽寶山寺考古收獲》,《中原文物》1987年第4期,1—6頁。《河南安陽靈泉寺石窟及小南海石窟》,《文物》1988年第4期,1—14、20頁。《河南安陽寶山靈泉寺塔林》,《文物》1992年第1期,1—13、30頁。

有大量的錄文和圖版(地圖、綫描圖、照片和拓片等)。書中雖有錯誤和不足，但已成爲研究寶山靈泉寺的必備之書。此書的出版，直接把寶山靈泉寺的保護和研究推進到一個新的階段。1996年，靈泉寺石窟被列爲全國重點文物保護單位。

(四)學術研究史概況

關於寶山靈泉寺的學術研究，早期中國金石學的著錄中，確有一些考訂石刻年代等有價值的結論。從近代學術角度展開的研究，還是以日本學者爲先。早在1922年，常盤氏在回國後給啓明會的詳細考察報告中，提出了自己對寶山靈泉寺的一些基本看法，儘管有錯誤之處，仍是對寶山靈泉寺與高僧靈裕研究的最先行意見。1926年，常盤氏根據自己考察所得，發表了關於寶山靈泉寺在中國佛教史上地位的近代學術意義上第一篇研究論文。他認爲靈裕開大住聖窟的同時，鐫刻了大量的佛名經文，正符合三階教的"七階佛名"信仰，由此正式提出靈裕的靈泉寺，堪稱信行三階教的發源地[48]。1931年，常盤氏還發表一篇綜論石佛與石經的文章，也包含對寶山所刻石經的看法。但與其1920年代爲《"支那"佛教史迹》第五册所做的解説文字，似無大差別[49]。

1931年，湯用彤先生在給矢吹慶輝《三階教之研究》寫的書評中，利用《八瓊室金石補正》所記善應慈潤寺靈琛法師塔銘，揭出靈琛應是三階教徒的事實[50]。

1935年，塚本善隆氏在對房山石經做開創性研究時，利用到常盤氏蒐集的靈裕與寶山大住聖窟的資料。塚本氏率先提出：釋靜琬在石經山的刻經行爲，受到靈裕宣揚的"末法"思想影響。雖然難以找到靈裕和靜琬直接的聯繫，但其大住聖窟鐫刻的"法滅之相"，却很可能感染到從幽州之地來寶山參訪的僧侶，他

---

[48] 常盤大定《三階教の母胎としての寶山寺》，《宗教研究》新第4卷第1號，1926年初刊；修訂後以《隋の靈裕と三階教の七階仏名》爲題，收入氏著《"支那"佛教の研究》，春秋社，1938年，181—198頁。

[49] 常盤大定《"支那"佛教文化の種種相——石佛·石經について》，此文初刊於《日本仏教學會年報》第3號，1931年，收入《"支那"佛教の研究》，490—520頁。對寶山石經的論述在516—517頁。

[50] 湯用彤《矢吹慶輝〈三階教之研究〉跋》，1931年初刊於《史學雜誌》，1937年刊於《微妙聲》第3期，1962年收入《往日雜稿》，此據《湯用彤學術論文集》，中華書局，1983年，45—47頁。

們將"末法"思想帶回幽州,從而影響到靜琬[51]。1937年,塚本氏還利用寶山的資料,說明寶山灰身塔中的釋靈琛和釋僧順兩人,都是三階教信徒,安葬於寶山灰身塔林中的應有不少都是三階教的信徒[52]。

1964年,牧田諦亮氏利用寶山石刻資料,結合常盤氏早年的研究,研究了靈裕本人的生平,及其與婁叡的關係,重點闡揚了靈裕開鑿大住聖窟的意義[53]。

1988年,丁明夷先生發表文章,認爲安陽地區三座石窟,可以提供對北朝佛教史的重要補正。這三窟以時代爲序,即:寶山東魏大留聖窟、善應北齊小南海石窟和寶山隋代大住聖窟[54]。丁氏此文或許是國内學界第一篇將安陽地區三座石窟放置在北朝佛教史背景之下,凸顯其價值和意義的論文。其主旨大約是爲説明:即便是在北朝開窟禪修的高僧,其在義學理論方面也往往多有建樹。如安陽三窟分别與北朝著名的道憑、僧稠和靈裕直接相關,而三人都是地論宗相州南道的巨匠釋慧光的重要傳人,並非衹會禪修。關於大住聖窟,丁氏提出靈裕是在公元5世紀初開始即有的"末法"思想流行下開窟,又因大住聖窟刻了大量三階教奉行的經典,故靈裕開窟一定是受信行的三階教影響。靈泉寺的聚塔成林,可能也是受三階教做法的影響。雖然相比此前日本學者已有的研究,丁氏此文顯得新意不多,但也足以作爲彼時中國學界關於安陽石窟的代表性意見[55]。1993年,國家文物局編寫的《佛教石窟考古概要》一書,就有丁明夷執筆的對安陽三個石窟(大留聖窟、小南海石窟、大住聖窟)的概述性介紹,突出強調了三窟各自的主要特點[56]。

---

[51] 塚本善隆《房山雲居寺の石刻大藏經》,1935年作爲《東方學報》京都第5册副刊初版,此據《塚本善隆著作集》第5卷《中國近世仏教史の諸問題》,大東出版社,1985年,350—355頁。

[52] 塚本善隆《三階教資料雜記》,1937年初刊于《"支那"仏教史研究》第1卷第1、2號,此據《塚本善隆著作集》第3卷《中國中世仏教史論考》,大東出版社,1985年,225—231頁。

[53] 牧田諦亮《寶山寺靈裕について》,初刊于《東方學報》京都,第36册,1964年;改題爲《寶山寺靈裕傳》,收入氏著《中國仏教史研究》第一,大東出版社,1981年,235—262頁;後附《河南寶山石刻目録》,263—270頁,共著録寶山石刻109種。又見《牧田諦亮著作集》第2卷《中國仏教史研究1》,臨川書店,2015年,193—222頁。

[54] 丁明夷《北朝佛教史的重要補正——析安陽三處石窟的造像題材》,《文物》1988年第4期,15—20頁。

[55] 丁明夷《鞏縣天龍響堂安陽數處石窟》,見中國美術全集編輯委員會《中國美術全集·雕塑編》一三《鞏縣天龍響堂安陽石窟雕刻》,文物出版社,1989年,26—52頁。

[56] 國家文物局教育處編《佛教石窟考古概要》,文物出版社,1993年,136—139頁。

1991年，劉東光先生對大留聖窟提出了重要的看法："大留聖窟"的四字題刻，是後世所爲，並非道憑開窟時的名稱；道憑於東魏時期開窟，衹是爲了禪修；然現存的三尊造像的佈局和裝飾，則明顯是北齊的風格，説明造像是在道憑去世後纔雕刻、移進去的[57]。

　　1991年，鎌田茂雄先生參訪靈泉寺後，撰文强調了靈泉寺石窟在佛教史上的重要性[58]。

　　1993年，賀世哲先生指出：由盧舍那、阿彌陀、彌勒三尊構成三世佛，堪稱是安陽地區石窟（大留聖窟、小南海石窟、大住聖窟）獨特的組合，與其他地區三世佛組合都不相同[59]。

　　1996年，何恩之（Angela Howard）研究北齊時代南北響堂山和安陽的石窟，對大住聖窟也給出了專門的論述。她强調是在"末法"背景之下，靈裕用護法神王那羅延的名字來給石窟命名；兩神王像都具有薩珊波斯的藝術風格；而大住聖窟是用於禪修静觀的場所[60]。

　　1997年，大内文雄氏系統整理研究了寶山的塔銘資料，逐一考訂其中出現的寺名寺址，揭出灰身塔林分佈的區域特徵，即寶山多安置比丘僧的灰身塔，而嵐峰山多安置比丘尼灰身塔，並揭示了隋唐時期寶山靈泉寺的興衰歷程[61]。

　　1997年，李裕群先生從考古類型學角度，將安陽石窟納入整個鄴城地區石窟來考察[62]。他强調大住聖窟屬於開窟造像與刻經同時考慮，有統一設計佈局的類型；靈裕既受5世紀初以來的"末法"思想影響，又受新興的三階教影響。

---

[57] 劉東光《有關安陽兩個石窟的幾個問題及補充》，《文物》1991年第8期，74—78頁。
[58] 鎌田茂雄《靈泉寺石窟の思想史的意義》，《塩入良道先生追悼論文集・天台思想と東アジア文化の研究》，山喜房佛書林，1991年，477—488頁。
[59] 賀世哲《關於十六國北朝時期的三世佛與三佛造像諸問題》，1992—1993年初刊，此據同作者著《敦煌石窟論稿》，甘肅民族出版社，2004年，446—455頁。
[60] Angela Howard, "Buddhist Cave Sculpture of the Northern Qi Dynasty: Shaping a New Style, Formulating New Iconographies", *Archives of Asian Art*, Vol. 49, 1996, pp. 20-25.
[61] 大内文雄《寶山靈泉寺石窟塔銘の研究——隋唐時代の寶山靈泉寺》，1997年初刊於《東方學報》第69册，此據氏著《南北朝隋唐佛教史研究》，法藏館，2013年，397—423頁。另附《寶山靈泉寺石窟塔銘—釋文・訓讀・拓影—》，425—487頁。
[62] 李裕群《鄴城地區的石窟與刻經》，《考古學報》1997年第4期初刊，此據同作者《北朝晚期石窟寺研究》，文物出版社，2003年，211—261頁。

他認爲:體現靈裕受三階教影響的,主要是窟内的七佛和三十五佛,而"與《七階佛名》相合諸經,恐非靈裕所刻,可能係三階教徒所爲。……如前述靈琛、僧順等人"。這或許是大住聖窟研究史上第一次有人提出:大住聖窟内外的刻經,並不一定都是靈裕在開皇九年所刻。這是非常重要的一個看法。但李先生並未提出證據,此後似乎也未再有所發揮。他還指出與大住聖窟大體同時的、同樣刊刻了《三十五佛名》《二十五佛名》等符合三階教禮懺《七階佛名》經偈的,還有北響堂南洞廊柱、曲陽八會寺刻經,説明這些石窟都有可能是三階教徒舉行禮懺活動的場所。2012 年,李裕群先生又通過靈泉寺内的兩通北齊《華嚴經碑》,討論了北齊婁叡對靈泉寺的影響問題[63]。他在此前金石學家的基礎上,進一步考訂《華嚴經碑》是婁叡於公元 564 年所立。他還將《大乘妙偈碑》重新定名爲《華嚴八會碑》,認爲這兩碑都是婁叡資助靈裕刻立的,並分析了靈裕爲何要刻兩塊《華嚴經碑》。他還進一步發展了前述劉東光先生對大留聖窟的意見,認爲正是婁叡資助靈裕,在道憑去世後,新塑了三世佛的三尊像,移入了大留聖窟。

1998 年,李玉珉先生發表專論寶山大住聖窟的文章,她除認同前賢關於靈裕基於"末法"而憂思"法滅"的思想背景外,認爲此窟也反映了靈裕積極護法的熱忱。她特別提出:從功能來看,大住聖窟不僅可以修習禪觀,而且可以進行禮懺,是我國最早的一座與懺儀有關的石窟。因而在石窟史上,具有重要歷史意義[64]。

1998 年,劉淑芬先生研究了中古佛教的露尸葬,其中專門探討了寶山石刻所見的林葬問題。她認爲在寶山留下塔銘的僧俗人等,大都是採用林葬的三階教信徒[65]。

---

[63] 李裕群《靈泉寺北齊婁叡〈華嚴經碑〉研究》,《考古學報》2012 年第 1 期,63—82 頁。婁叡《華嚴經碑》和所謂《大乘妙偈碑》,曾在多種金石書中輾轉著録。但在 1980 年代的調查當中,竟把《華嚴經碑》誤認作唐碑,而《大乘妙偈碑》則未見蹤迹。1995 年李先生調查靈泉寺時,纔得重新發現。2003 年,文物部門重新將兩碑立起,並建了碑亭予以保護。

[64] 李玉珉《寶山大住聖窟初探》,《故宫學術季刊》第 16 卷第 2 期,1998 年,1—52 頁。英文版見"Preserving the Dharma in Word and Image: Sixth-Century Buddhist Thought, Practice and Art at Ta-chu-sheng Grotto." *National Palace Museum Bulletin*, Part One, Vol. 34 No. 2, 1999, pp. 1-17; Part Two, Vol. 34 No. 3, pp. 16-37. 後來,她也發展了劉東光的看法,認爲從造像風格上看,大留聖窟更有可能是北齊時所開,見同作者《中國佛教美術史》,東大圖書有限公司,2001 年,81 頁。

[65] 劉淑芬《林葬——中古佛教露尸葬研究之一》,1998 年初刊,此據同作者《中古的佛教與社會》,上海古籍出版社,2008 年,230—239 頁。

1998年,西本照真先生在其關於三階教的研究專著中,對於靈裕與信行的關係,大住聖窟與三階教的關係,基本上延續了常盤大定當年的認知[66]。

2002年,董家亮先生在新清理出大住聖窟窟門左側(西側)長年被水垢埋没的一段"禮佛·懺悔文"後,據之糾正前賢關於"七階佛名"認識上的不當之處,並大膽提出:"三階佛法"最初是以靈裕爲領袖,信行祇是把三階教傳入長安[67]。其實這段石刻文字,早年《河朔訪古新録》中已有著録。

2003年,羅炤先生討論房山石經與寶山石刻的關係,澄清静琬是慧思弟子的誤傳,認爲静琬是靈裕事業和思想的傳人,房山石經的直接源頭在寶山大住聖窟[68]。可以説是把當年塚本善隆的一個初步觀點做了詳細的論證。2010年,羅炤先生又提出:大住聖窟外新發現的《禮佛懺悔文》,是靈裕改造《藥王藥上二菩薩經》系統而來,與三階教並無關聯[69]。

這就牽涉到佛教史上的一個基本認知:靈裕是地論宗高僧,比信行年長22歲,兩人確有同在相州習佛的一段重合時間;不過,大住聖窟開鑿於開皇九年,這一年也是信行離開相州,入長安立寺擴大三階教影響之年。此前的開皇初年,信行在相州初期傳道,祇有僧俗四人相從。這些都是大家公認的史實。但現在開皇九年靈裕所開的大住聖窟,竟被認爲體現出鮮明的三階教思想和禮懺儀式,進而得出靈裕開窟時受到三階教影響,或靈裕本人也具有三階教思想意識的結論。這難免會令人感到訝異:難道大住聖窟看似無懈可擊的證據鏈,祇能得出與佛教史常識相悖的結論?正因此,靈裕與信行、大住聖窟與三階教的關係,從常盤大定時代開始,就是一個焦點問題。

2003年,韋聞笛(Wendi Adamek)主要圍繞嵐峰山所見的比丘尼和在家信女的造像和銘文展開研究,重點關注的是這些女性通過紀念去世的法師或家庭成

---

[66] 西本照真《三階教の研究》,春秋社,1998年,45—46頁。
[67] 董家亮《安陽靈泉寺·大住聖窟:隋代〈禮佛·懺悔等文石刻〉的清理發現及意義》,《佛學研究》第11輯,2002年,314—319頁。
[68] 羅炤《房山石經之源與静琬的傳承》,《文物》2003年第3期,86—92頁。
[69] 羅炤《寶山大住聖窟刻經中的北方禮懺系統》,中國古迹遺址保護協會石窟專業委員會、龍門石窟研究院編《石窟寺研究》第1輯,文物出版社,2010年,161—179頁。

員而構築起的她們自己的信仰空間[70]。此後十幾年,她有一系列關於寶山靈泉寺的研究論文陸續發表[71],目的是形成一部關於寶山靈泉寺研究的專著[72]。她在系列研究中,與本文討論相關的部分觀點包括:她認爲大住聖窟南壁所刻的"傳法二十四聖圖",依據的是《付法藏傳》;她英譯了大住聖窟開皇九年的開窟題記,但有些理解上的錯誤;她認爲靈裕可能是信行創立三階教的導師之一,大住聖窟反映了靈裕的三階教思想。此外,她專門討論了大住聖窟反映的靈裕有關"法滅"和"末法"的思想,提出靈裕所重視的是"末法"和"懺悔"觀念。與大多數學者一樣,她沒有意識到區分"法滅"和"末法"概念異同的必要性,祇是根據窟内鐫刻的《大集經·月藏分》《摩訶摩耶經》的經文,以及窟外所刻《略禮七階禮佛懺悔等文》來討論靈裕的"末法"思想和"懺悔"觀念。

值得注意的是,她也引用到《靈裕傳》中有關"〔窟〕面别鐫法滅之相"的記載,她英譯爲"Each wall has carved images of the decline of the Dharma"。顯見她認爲是窟内的南壁與窟外的西壁鐫刻了"法滅之相"。她還利用大住聖窟内外所刻《摩訶摩耶經》《略禮七階禮佛懺悔等文》等資料,探討隋唐時期中國佛教的

---

[70] Wendi Adamek, "Inscriptions for Nuns at Lingquan Temple, Baoshan",鄧小南主編《唐宋女性與社會》(下),上海辭書出版社,2003年,493—518頁。此文有季愛民的漢譯版,見《寶山的比丘尼銘刻》,Mutsu Hsu, Jinhua Chen, and Lori Meeks, eds., *Development and Practice of Humanitarian Buddhism*, Hualian: Tzuchi University Press, 2007, pp. 31-41。

[71] 分别參見:Wendi Admek, *The Mystique of Transmission: On the Early Chan History and Its Context*, New York: Columbia University Press, 2007, pp. 102-104. "The Literary Lives of Nuns: Poems Inscribed on a Memorial Niche for the Tang Nun Benxing", *T'ang Studies*, Vol. 27, 2009, pp. 40-65. "A Niche of Their Own: The Power of Convention in Two Inscriptions for Medieval Chinese Buddhist Nuns", *History of Religions*, Vol. 49, No. 1, 2009, pp. 1-26. "The Agency of Relations at Baoshan", *Literature & Aesthetics*, Vol. 22, No. 2, 2012, pp. 50-71. "Dimensions of Endtime at Baoshan", in Dorothy Wong and Gustav Heldt ed., *China and Beyond in the Medieval Period: Cultural Crossings and Inter-Regional Connections*, Cambria Press, 2014, pp. 101-114. "Addressing the Mind: Developments in the Culture of Confession in Sui-Tang China", *Journal of Chinese Buddhist Studies*, Vol. 28(《中華佛學學報》第28期), 2015, pp. 117-152. "Meeting the Inhabitants of the Necropolis at Baoshan", *Journal of Chinese Buddhist Studies*, Vol. 29(《中華佛學學報》第29期), 2016, pp. 9-49. "Traces of the Sanjie (Three Levels) Movement at Baoshan", in Mario Poceski ed., *Communities of Memory and Interpretation: Reimagining and Reinventing the Past in East Asian Buddhism*, projekt verlag, Bochum/Freiburg, 2017, pp. 9-68。

[72] 韋聞笛關於寶山靈泉寺的系列研究,將彙成專著 *Practicescape: The Buddhists of Baoshan*,即將出版。

懺悔實踐,討論了地論宗與禪宗關於懺悔儀式觀念的異同。她還將大住聖窟與陝西金川灣石窟的三階教刻經相比較,認爲大住聖窟的石刻反映了靈裕與信行、三階教與地論宗,甚至阿彌陀淨土信仰之間錯綜複雜的、相互交融的信仰與實踐。她不同意把寶山塔林中所有的葬者都認作三階教徒的做法。

2005 年,Bruce C. Williams 在研究 6 世紀中國北方佛教對禪修觀想活動的視覺化實踐時,專門討論了大住聖窟外壁鎸刻的《略禮七階禮佛懺悔等文》等三階教經典用於儀式活動的情況[73]。

2008 年,鍾曉青先生也通過實地考察,提出現存於靈泉寺西側臺地內的所謂兩座北齊石塔,即兩座道憑法師灰身塔,西塔可以確認是北齊塔,東塔則是唐人仿建[74]。

2008 年,楊學勇先生認爲大住聖窟門左側新發現的《懺悔文》應爲《略禮七階禮佛懺悔等文》,但靈裕禮七階佛名的目的是懺悔滅罪,而非三階教的"普法"。與其説是三階教影響了靈裕開窟,不如説是靈裕的法門影響到後來的三階教[75]。2016 年,楊學勇繼續論證三階教通行的《七階禮》,是從新發現的這塊靈裕時代《略禮七階禮佛懺悔等文》發展而來的,他也提及所謂"北方禮懺系統",認爲"七階禮"本是靈裕所創,被信行改造成三階教的禮懺法。文中貢獻之一是根據《河朔訪古新録》早年的録文,將這塊目前已經殘缺不全的石刻文字基本補齊[76]。

2011 年,金善卿(Kim Sunkyung)以小南海石窟爲例,探討北齊佛教窟龕中的經像與佛教徒禪觀實踐的關係。她用大住聖窟所刻經像佐證小南海石窟。不僅提出了如何理解小南海石窟和大住聖窟到底是用於禪觀,還是禮懺儀式的問

---

[73] Bruce C. Williams, "Seeing through Images: Reconstructing Buddhist Meditative Visualization Practices in Sixth-Century Northeastern China", *Pacific World*, 3rd Series, Vol. 7, 2005, pp. 44-46.

[74] 鍾曉青《安陽靈泉寺北齊雙石塔再探討》,《文物》2008 年第 1 期,85—91 頁。文中還透露作者所屬的中國建築設計研究院建築歷史所,有保存了 40 年的靈泉寺圖片資料,即 1960 年代考察所得。

[75] 楊學勇《有關大住聖窟與三階教的關係問題》,《中原文物》2008 年第 1 期,68—73 頁。

[76] 楊學勇《三階教〈七階禮〉與佛名禮懺》,《敦煌研究》2016 年第 1 期,92—101 頁。他對大住聖窟與三階教關係的看法,集中表述在其《三階教史研究》,甘肅文化出版社,2017 年,24—30 頁。他支持常盤大定當年的看法,認爲是靈裕思想影響到信行,大住聖窟影響到三階教。

題,還提出了大住聖窟外壁刻寫的多種佛名經和七階佛名禮懺,如何與窟内的佛名相配合進行禮懺儀式的問題[77]。

2013年,張總先生在研究三階教的大著中,對國内外有關寶山大住聖窟與三階教關係的研究,做了詳盡和客觀的綜述和評論,澄清了一些問題。並重點討論了信行與靈裕的關係、寶山塔銘所反映的三階教活動等論題[78]。他認爲靈裕並非信行直接的導師,但靈裕在開窟時,的確刻寫了《略禮七階佛名懺悔等文》;在靈裕的基礎上,信行纔能夠發展出名爲"七階佛名",實爲八階、九階佛名的禮懺。他也不同意把寶山林葬中的大多數僧尼都認定是三階教徒的做法。

2013年,孫曉崗先生也强調了靈泉寺窟在中國佛教史上的重要地位,他特別從三世佛的角度,比較了靈泉寺石窟與敦煌石窟的關係問題[79]。

2015年,楊啓聖(Stuart H. Young)研究印度佛教傳法聖師在中國被接受的過程時,專門探討了大住聖窟内南壁東側最早的傳法二十四聖師圖。他也認爲:靈裕在"末法"思想背景下開窟,窟内外所有的經像都反映了靈裕對"法滅"的憂慮;他還發揮了李玉珉關於大住聖窟是用於舉行念誦佛名儀式的觀點,把包括二十四聖師圖在内的經像,都認爲是在窟内舉行禮懺儀式時念誦的對象[80]。

2017年,倉本尚德先生在中研院傅斯年圖書館發現了早年曾被著録而後長期不見拓片的檀越主奚景延刻《華嚴經‧初發心菩薩功德品碑》拓片。這樣,靈泉寺除了前述李裕群所論的兩塊之外,還有第三塊《華嚴經碑》。倉本氏據以討論靈裕的"華嚴經觀"[81]。次年,倉本氏重新討論了《續高僧傳‧靈裕傳》和《大

---

[77] Kim Sunkyung, "Seeing Buddhas in Cave Sanctuaries", *Asia Major*, 3rd, Vol. 24, No. 1, 2011, pp. 87-126. 她還曾在2006和2008年,分别發表《末法時代的佛徒:靈裕與大住聖窟》《靈泉寺塔林研究試論》兩篇韓文論文。

[78] 張總《中國三階教史——一個佛教史上湮滅的教派》,社會科學文獻出版社,2013年,49—61、360—365、368—373、502—546頁。

[79] 孫曉崗《中國仏教史における安陽靈泉寺石窟に位置付けについて(一)》,日文初刊於同刊委員會編《美術史歷参:百橋明穂先生退職記念獻呈論文集》,中央公論美術出版,2013年,421—440頁。中文版見同作者《安陽靈泉寺石窟與絲綢之路關係研究》,《藝術探索》2016年第1期,58—64頁。

[80] Stuart H. Young, *Conceiving the Indian Buddhist Patriarchs in China*, University of Hawai'i Press, 2015, pp. 96-108.

[81] 倉本尚德《宝山寺北齊刻經碑から見た靈裕の『華嚴經』觀》,《印度學佛教學研究》第65卷第2號,2017年,38—43頁。

法師行記》中關於靈裕生卒年記載的矛盾之處，認爲根據《大法師行記》所載的靈裕事迹，推算靈裕的生卒年爲517—605年，以89歲去世。這比《續高僧傳》所言靈裕88歲去世更可靠[82]。

2017年，姚瀟鶇先生研究了那羅延信仰，除大住聖窟外，他提供了大量有關那羅延的文獻和圖像資料[83]。不過，是否所有的資料都共同指向大住聖窟門口東側的"那羅延神王"，我還不敢肯定。

2018年，齋藤智寬氏討論了《付法藏傳》與大住聖窟傳法二十四聖圖像的關聯，仍然認爲大住聖窟目前所有的經像共同構成"法滅之相"[84]。

2019年，大島幸代氏專門研究了大住聖窟門口西側的迦毗羅神王像，認爲其面貌有胡人的特徵，也有粟特文化和藝術傳入中原的背景[85]。

可見，以往研究主要圍繞三方面問題展開。第一，是對寶山靈泉寺和大住聖窟現存文物本身的研究，如大留聖窟形成的階段性，以及所謂"北齊雙塔"的時代問題等。循此思路，我們也非常有必要懷疑：現在看到的大住聖窟內外經像的情況，是否都是在同一時期完成？第二，靈裕與信行、靈裕與静琬、大住聖窟的刻經文字與三階教的關係，究竟誰影響了誰？這幾乎成爲利用寶山石刻研究佛教史的重點和難點。第三，關於大住聖窟的用途問題，究竟是用於個人禪修，還是舉行多人參加的禮懺儀式的宗教空間？現有的經像材料似乎很難從某一單純的功用角度來解説。目前看來，大家普遍缺乏對清代以降金石學著錄情況的充分爬梳，包括對寶山石刻年代辨析、文字釋讀等，其實早年的著錄中頗有可補今存

---

[82] 倉本尚德《靈裕の享年—『續高僧傳』と石刻資料の比較—》，《印度學佛教學研究》第66卷第2號，2018年，18—23頁。

[83] 姚瀟鶇《試述魏晋隋唐時期的"那羅延"信仰》，《華東師範大學學報》2017年第2期，79—88頁。他還有《安陽靈泉寺大住聖窟那羅延與迦毗羅神王組合圖像的源流》，《山西大同大學學報》2019年第5期，53—57頁。

[84] 齋藤智寬：《『付法藏傳』の主張とその受容—大住聖窟二十四祖像を例として—》，《國際禪研究》第1卷，2018年，第57—73頁。收入氏著《中國禪宗史書の研究》，京都：臨川書店，2020年，314—333頁。

[85] 大島幸代《迦毗羅神考—靈泉寺大住聖窟における造像を中心に—》，肥田路美責任編集《アジア仏教美術論集·東アジアⅡ·隋·唐》，中央公論美術出版，2019年，133—162頁。此文承蒙加拿大英屬哥倫比亞大學在讀博士生孫明利提示給我，謹表謝忱！大島氏對此神王像的考慮，還可參《護法神信仰から見る南北朝時代中國仏教の一側面》，濱田瑞美責任編集《アジア仏教美術論集·東アジアⅠ·後漢·三國·南北朝》，中央公論美術出版，2017年，449—476頁。

殘缺的地方。本文專論的是大住聖窟，同樣也需要將現存的遺物，對照早期的著錄情況，先解決大住聖窟內外經像石刻這一"文本"如何形成的問題，然後纔能利用此"文本"來説明佛教史的重要問題。

## 三、窟內：開窟題記與"住聖"主題

如果要探尋大住聖窟所體現的靈裕本人的思想觀念，理解靈裕對大住聖窟的設計理念至關重要。能夠反映其宗教思想觀念的，一定應該是那些可以確定出自其本人設計的內容。現在的大住聖窟，內內外外如此衆多的經像遺存，是否都可以當作靈裕本人意志的反映？這是以往研究中很少有人意識到的問題。根據對既往研究狀況的了解，以及實地考察的心得，我認爲對大住聖窟的研究，不應再像以往那樣做囫圇一體的認識和評價。至少要分成窟內、窟外東壁和窟外西壁這三個空間來分別進行討論。以下先討論窟內的內容。

第一，如何理解開皇九年的開窟題記？（圖1）

開窟題記在文字識讀上没有疑義，關鍵是斷句。我認爲正確的句讀如下：

　　大住聖窟

　　大隋開皇九年己酉歲敬/造窟，用功一千六百廿四。/像世尊用功九百：/盧舍那世尊一龕，/阿彌陀世尊一龕，/彌勒世尊一龕，/三十五佛世尊三

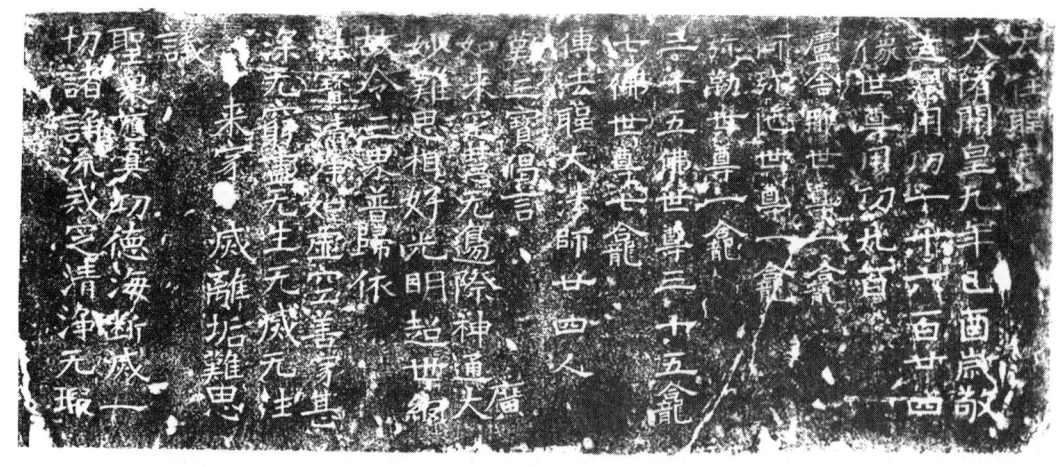

圖1　開窟題記與嘆三寶偈拓片（常盤大定公佈的拓片照片）

十五龕,/七佛世尊七龕,/傳法聖大法師廿四人。

有歧義的主要是"造窟用功一千六百廿四像世尊用功九百"。大多數學者的句讀没有問題,但也有至少兩種明顯的誤讀。如個别學者讀作"一千六百廿四像",也有多位學者斷作"造窟用功一千六百。廿四像世尊用功九百"。爲何説這兩種讀法都是錯誤的?一是窟内外兩處開窟題記的原刻,在"一千六百廿四"後,都轉行,"像世尊用功九百"另起一行,以下每一佛名和龕數,都是轉行另寫。説明"像世尊九百"也應是和"盧舍那世尊一龕"等並列的關係。二是如果按照"一千六百廿四像世尊"來斷句,就無法與窟内實際的佛像數字相吻合。首先,"二十四像"肯定不是指在題記中已經單列一行的"傳法聖大法師廿四人",否則就是不必要的重複,也不應把傳法二十四人列置在世尊之前。其次,盧舍那、阿彌陀、彌勒三世尊各有一龕,每龕是一佛二脅侍,再加上"三十五佛世尊"和"七佛世尊",窟内的世尊像總數應是四十五。窟外的龕像雖然殘損嚴重,但也不至於原有一千六百多尊佛像。所以"一千六百廿四像世尊"的讀法,無論如何不能與窟内或是窟内外總計的佛像數目相合。題記應是說明:造窟用功總計一千六百廿四,窟内所有的四十五世尊像,用功九百。雖然此題記完整地刻在窟外,但從佛像數量上看,已不可能再包括窟外壁所鑿的龕像。

窟門外兩側的兩位神王,分别各有題記,没有在總題記中反映。這也是值得注意的一個細節。開窟題記雖没有説靈裕還進行了刻經活動,但所謂"敬造窟"的活動,大概就包含了刻經,而造像被單列爲"造窟"之外的另一工程。從窟内南壁,面向窟門的右側石壁(西側)開始,向窟門的頂部,再到"傳法聖大法師廿四人"(東側)之間,依次刻寫了《大集經·月藏分》《摩訶摩耶經》《華嚴經偈》,其後是祇刻了四行、明顯没有刻完就被迫轉到窟外窟門上方去刻的開窟題記。因爲開窟題記中並未提到《大集經·月藏分》《摩訶摩耶經》《華嚴經偈》等内容,這些經文、偈文是否都是靈裕所刻,原本也是要考慮到的問題。

這其中,那四行没有刻完的開窟題記的位置,尤值玩味。之所以没有刻完,顯然是因爲面向窟門的左側(東側)已經有了"世尊去世傳法聖師"的題記。爲何會出現這種開窟題記刻寫一半就另尋他處重新刻寫的情況?如果像吳式芬所説,是唐人後刻,則必定已知道題記的全部文字和行數,實在没必要在祇剩四五行文字的空間内,重刻一遍前人的開窟題記,還是在明知不能刻完的情況下。這

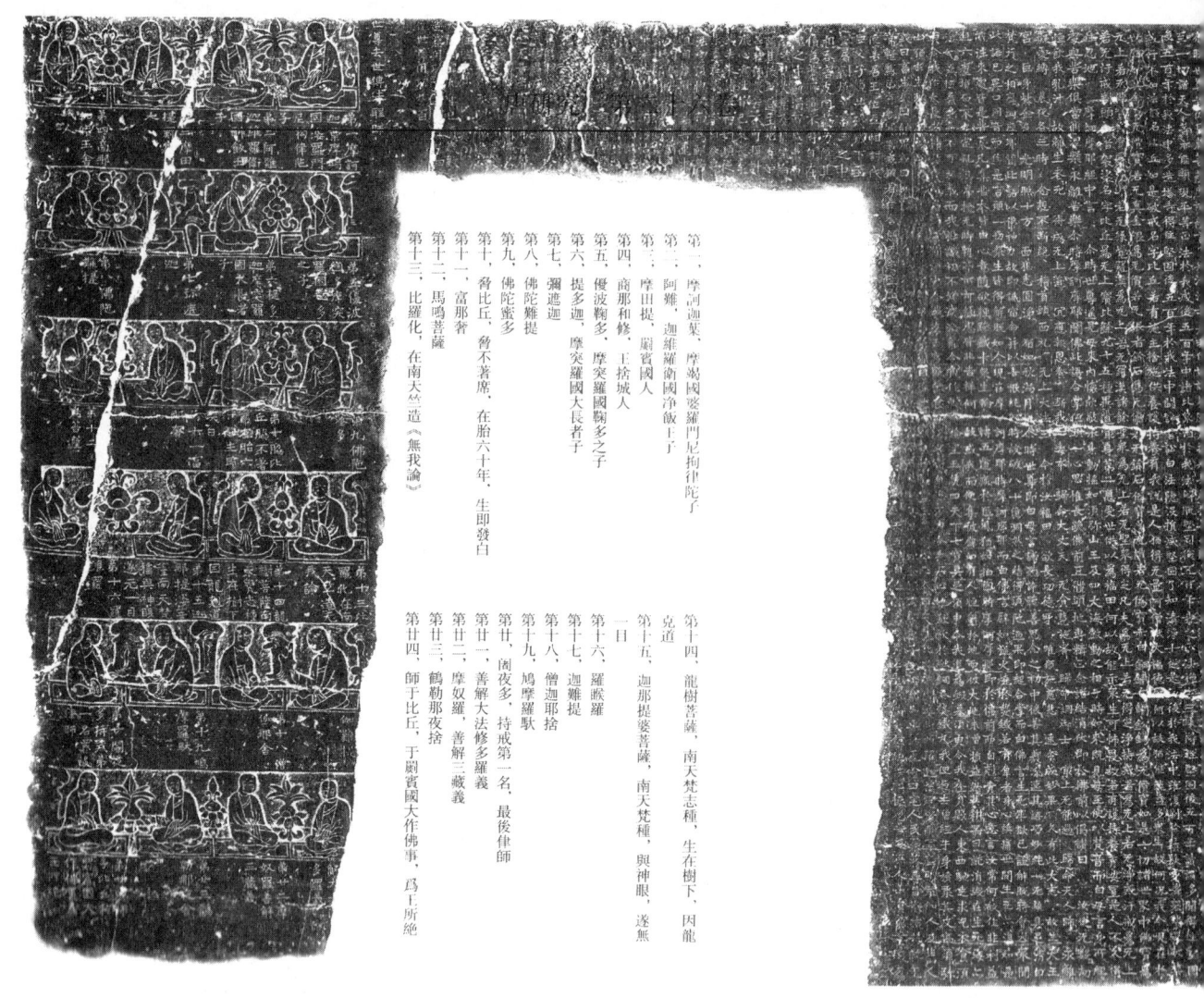

圖2　大住聖窟窟內南壁全拓片（採自鄭志剛、夏京州編《隋大集經題記》，河南美術出版社，2010年）

應該是當初開窟佈局設計時略有差誤：佈局規劃時，已經設計好"世尊去世傳法聖師"的位置，《大集經·月藏分》《摩訶摩耶經》和《華嚴偈》也是一起規劃的內容。刻經與"傳法聖師圖"是從東、西兩側分別動工的。兩者一圖一文，都體現了佛滅之後佛法傳承的主題，形成東、西兩側互相對應的態勢。（參見圖2）當"傳法聖師圖"完工時，從西側沿壁刻寫過來的《華嚴經偈》也刻完，還剩一點空間，本想刻寫題記，結果刻了四行半纔發現，實際留下的空間不夠，祇好半途而廢，改在窟外刻下全部的開窟題記。從兩處題記相同的文字也可看到，兩者應是同一書手或刻工所爲。窟外開窟題記後，緊跟着的《嘆三寶偈》，歷來都被視作開窟題記的一部分。不過《嘆三寶偈》的字體明顯與題記文字有異，是否開皇九年所刻，有待今後詳查。目前還可依稀看到窟內刻經文字與"世尊去世傳法聖

· 302 ·

師"都有類似界欄的豎綫,説明當時窟内這些内容,的確是統一設計,統一施工。

因此,在不考慮"〔窟〕面别鐫法滅之相"的情况下,通過開窟題記,結合實際情况,可以確定靈裕當年開窟時,造像内容包括:窟内三鋪三尊,三鋪的兩側各兩豎列,每列七尊,共四十二尊小佛,大小共四十五尊佛像;傳法二十四聖師圖。還有《大集經·月藏分》《摩訶摩耶經》《華嚴偈》和窟内外兩處開窟題記等石刻文字。

開窟題記中没有提及兩位神王,且兩神王明顯與窟外壁東側的圖像構成一體(圖3),很可能這兩神王原本並不在開窟題記所記述的範疇之内。但因完整的開窟題記是刻寫在那羅延神王像之上,故神王像與開窟題記即便不是同時鐫刻,兩者的時間也必定非常接近。開窟題記原本是設計在窟内壁鐫刻,所涉及的内容都是和窟内的經像吻合。祇是刻寫一半後發現空間不够,纔改在外壁鐫刻。兩神王像則已在門口兩側另有明確的題名,因而在開窟題記中不提及它們,也是可以理解的。但兩神王像並未出現在開窟題記中的事實,使我們至少可以肯定:這兩神王像並非開窟内容所包含的重點。這就牽涉到如何理解大住聖窟窟名的問題。

圖3　大住聖窟外景(作者拍攝)

第二,如何理解"大住聖窟"的窟名?

按照道宣的記載,此窟原名"金剛性力住持那羅延窟",則開窟之時,那羅延神王似乎應是構成石窟的重要圖像因素,否則以"那羅延窟"命名,就無從談起。已有學者指出,"大留聖窟"未必是道憑親自對其在嵐峰山上所開窟的正式命名,而是後人對此窟的習稱。根據武億最早的著錄,"大留聖窟"這四字,刻在窟門洞側。據1980年代的考古報告,"大住聖窟"四字,刻在窟門尖拱形門楣的上方[86]。但我當日在現場,竟然完全看不出這四字的痕跡。兩神王"迦毗羅神王""那羅延神王"的刻字,至今仍清晰可見。這或可說明:尖拱形門楣上方的"大住聖窟"四字,是後人刻的,力道不及當年靈裕開窟時所刻的兩神王題字,以致現今已泐滅不清。

儘管如此,前述內外兩處開窟題記,都以"大住聖窟"四字爲首行鐫刻。這一事實說明:靈裕在開皇九年對這所石窟的正式命名,就是"大住聖窟",而非"金剛性力住持那羅延窟"。靈裕開窟前,已有道憑的"大留聖窟"存世,故靈裕直接命名自己新開的石窟爲"大住聖窟",在名稱、意義上,都能與道憑"大留聖窟"相對應。這樣的做法不僅是符合邏輯,也是符合實際的。依據佛經,"那羅延"又稱金剛力士、堅固力士。"金剛性力住持"與"那羅延"頗有同義重複之感。爲何要用含義重複的、如此冗長的意譯加音譯的名號作爲窟名?"住聖"之意,或許能從"金剛性力住持"中體現出來。但如此一來,所謂"聖"就是指那羅延了,窟名強調的就是那羅延的神聖性,而非世間佛法的神聖性。此窟窟內,明明有三鋪世尊和傳法二十四聖圖像,門口又有迦毗羅和那羅延兩位神王像,爲何靈裕單單要以"那羅延窟"命名?雖然有學者考慮到《月藏經》和《日藏經》中對那羅延的描述,以及隋文帝小名那羅延的事實,以此來爲靈裕命名此窟找尋依據,但以往學者據以說明那羅延作爲震旦中國護法神的材料,或許是出於誤解。例如,説那羅延聖人作爲佛教護法而居住在震旦漢國的材料,來自那連提耶舍在584年纔譯出的《日藏經》,其中説:"復以閻浮提中震旦漢國,名那羅耶那弗羅婆娑牟尼聖人住處,付囑海德龍王。……此大支提,皆是過去大聖菩

---

[86]《寶山靈泉寺》,15頁。

薩、大辟支佛、大阿羅漢,得果沙門、五通神仙,諸聖住處。"[87]亦即説包括"那羅耶那弗羅婆娑牟尼聖人"在内,都是過去的聖人,釋迦佛是將這位過去的聖人那羅延在震旦的住處(大支提),交由海德龍王來護衛,而非由那羅延護衛震旦漢國的佛法。由此引申出那羅延是漢地護法神之義,已屬牽强;再據此義名窟,更是附會。

此外,所謂"留聖"和"住聖",究竟是要留住何"聖"?那羅延神王祇能算是佛教世界中地位並不崇高的一個護法神,有何必要以他的名字命名整個一座新開的石窟[88]?值得注意的是,開窟題記中明確説到"傳法聖大法師廿四人",内壁題記又作"世尊去世傳法聖師",顯見在靈裕眼中,祇有從"摩訶迦葉"到"師子比丘"的這二十四位傳法大法師,纔是所謂的"聖"。因爲這些傳法的法師代表了佛法在世間的傳衍,一定程度上,他們就是佛法傳續的象徵。因此,真正值得"留住"的,是這些傳法聖師以及他們代表的佛法,而不應是那羅延這樣級别的佛或神王。實際上,根據開窟題記而確定靈裕對窟内的設計内容和佈局,他重點應是爲表達佛滅後佛法如何傳續的主題。窟門西側内壁上鐫刻的《大集經·月藏分》和《摩訶摩耶經》,的確通常被認爲是描述"法滅"的經典,但靈裕所選取的段落,却不是描述"法滅"的場景和情狀,更傾向於佛滅之後的佛法傳續。由於在窟内外兩處的開窟題記,都説此窟名爲"大住聖窟",而道宣所謂"金剛性力住持那羅延窟"之稱,又着實令人感到不倫不類,所以,我認爲"大住聖窟"四字,纔應是靈裕對此窟的原初命名。

至於道宣所説:"名爲金剛性力住持那羅延窟面别鐫法滅之相。"這裏有兩種讀法。其一,如《續高僧傳》的中華書局點校本,也是迄今絶大多數學者所認同的讀法:"名爲金剛性力住持那羅延窟,面别鐫法滅之相。"道宣在《續高僧傳·釋曇曜傳》中説:曇曜在云岡開窟,"面别鐫像,窮諸巧麗;龕别異狀,駭動人

---

[87] 此據《大方等大集經》卷四五《日藏分·護塔品》,《大正藏》第 13 册,294 頁。據藤善真澄的説法,"那羅耶那弗羅婆娑牟尼"即"那羅延力士光明使者"之義。見《末法家として那連提黎耶舍——周隋革命と德護長者經》,1987 年初刊,此據氏著《道宣伝の研究》,京都大學學術出版會,2002 年,504—505 頁。

[88] 佛經中有"那羅延佛",但祇是衆多佛名中的一個,也不足以因"那羅延佛"而命名整個石窟。

神"[89]。則"面別鑴云"也是道宣行文中習慣的用法。但"面別鑴法滅之相"祇有七字，似乎不如"窟面別鑴，法滅之相"來得工整一些。也不排除這裏的"窟"字應該下屬。其二，如《大正藏》的句讀："名爲金剛。性力住持。那羅延窟面別鑴法滅之相。"亦即强調在雕刻有那羅延神王這一側的窟面，另外鑴刻了"法滅之相"。但這樣一來，窟名爲"金剛性力住持"，也與"大住聖窟"的窟名難以吻合。在目前所知的《續高僧傳》不同版本中，還找不到《靈裕傳》此處的異文可資校勘。我們祇能相信"金剛性力住持那羅延窟面別鑴法滅之相"，就是道宣《靈裕傳》最初的原文，却不一定就是符合大住聖窟實際情況的記載。

還需注意的是，靈裕明明已在開窟題記中稱自己所開窟名"大住聖窟"，但《續高僧傳》的記載中却從未提及"大住聖窟"四字。雖然在《續高僧傳·靈裕傳》中，道宣没有明言自己曾親到寶山靈泉寺，但他在貞觀九年（635）確曾在相州一帶參訪佛教遺迹[90]；且《續高僧傳》對靈裕開窟的記載，特別是關於"法滅之相"對遊山諸僧的觸動，都暗示了道宣當年很可能是到過靈泉寺，參訪過大住聖窟的。很有可能，道宣對大住聖窟的記載，並非轉述他人，而是出自其親歷所記。既然如此，爲何道宣不用靈裕當初親定的窟名？

我認爲，或許是在《續高僧傳》"名爲"二字後，原本道宣就遺漏了"大住聖窟"這樣的窟名；或許是曾經親履其地的道宣，本意是要强調那羅延神王這一側窟面的重要性，而在記述中出現了某種錯漏；又或許，正因爲隋文帝小名那羅延，而此窟又的確有那羅延的神像，因而在靈裕身後，人們纔將此窟改稱爲"那羅延

---

[89] 《續高僧傳》卷一，中華書局點校本，12頁。此條材料由英屬哥倫比亞大學楊增博士檢示，特致謝忱！匿名審稿意見指出：《曇曜傳》的"面別鑴像"，是指窟内面，而非窟外面。且在道宣的其他著作，以及其他傳世文獻中出現"面別"云云時，大都指的是某個建築物的"各個面上分別"如何，因而懷疑《靈裕傳》的"面別鑴"也應是指在"大住聖窟的各個窟面鑴刻"之意。如果建築物是城牆、塋垣、佛塔、樓閣，至少可分出東西南北不同方位的"面"，爲追求美觀、對稱，各"面"上分別進行統一規劃的建築、裝飾，是很自然的事情，但在大住聖窟這裏，顯然不應是指"各個窟面"。因窟内祇有南壁刻有經像，開窟題記並未稱之爲"法滅之相"。窟外面祇有東、西兩壁，現存龕像是不同時代陸續開刻而成。如果認爲"面別鑴法滅之相"，是說靈裕把窟内的南壁、窟外的東壁、西壁都鑴刻了"法滅之相"，或許符合過去對大住聖窟的認識，但與本文所描述的實際情況不符。況且，"別"字在古代本就有"另外"之意，由此再引申出"特別"之意。

[90] 關於道宣的遊歷情況，參見藤善真澄《中年期の道宣——遊方と二三の著作》，1979年初刊，此據《道宣伝の研究》，99—133頁；池麗梅《道宣傳的研究——以其早年河東行脚爲中心》，浙江大學東亞宗教文化研究中心等編《佛教史研究》第一卷，新文豐出版公司，2017年，125—145頁。

窟",道宣記録的是靈裕之後當地人對此窟的習稱。但這些可能性目前都無法得到證實。總之,靈裕眼中的"聖",應是傳法聖師,而非那羅延神王。大住聖窟内傳法聖師的重要性,要遠高於窟門兩側的兩位神王。對道宣關於靈裕將此窟命名爲"金剛性力住持那羅延窟"之説,需要多一分謹慎。

## 四、窟外東壁:"法滅之相"

如果説靈裕在窟内的設計是以"傳法、住聖"爲主題,那麼他對"法滅"的憂慮,又是從何處表現? 按照道宣强調"那羅延窟面别鎸法滅之相"的思路,則所謂"法滅之相"就該在那羅延神王雕像這一側(東方)的窟外面上。無論我們對窟名的理解如何,都不妨礙認定道宣的本意是説:靈裕在大住聖窟的窟外面上,很可能是在那羅延神王這一側,另外鎸刻了"法滅之相"。在那羅延神王這一側,是否有某種圖像可以被比定爲"法滅之相"?

早年的金石書中,著録過那羅延神王東側,還有一兩個灰身塔之類的石刻。但實際上那羅延神王東側,首先是一大塊相對平整的巨型岩石;那一兩個塔銘,都在這塊巨岩再往東的位置,幾乎已經轉過了大住聖窟所在的這塊平臺之地。就在這塊明顯人工鑿平的巨岩上,綫刻着一尊立佛。髪髻、眉眼、身體輪廓和衣紋、手印,都還非常清晰。細看之下,立佛左右還應各有一個菩薩,但現在已經不能看得很清楚,祇能看出兩菩薩大概的輪廓和個别局部的綫條。而且也有明顯在菩薩綫條上的刻字。應該是先有綫刻的菩薩,後人再刻字。但祇能識别出幾個字而已,難以連綴成句。

奇怪的是,自武億《安陽縣金石録》以降,從來没有任何一部金石書,著録或提及窟門右側(東側)的這塊巨岩之上綫刻的立佛。這大概是因爲從没有人製作過拓片的緣故。因爲現在看來,此立像的綫條還都是白色的。如果做過拓片,就會有黑色或紅色的墨迹。這塊巨岩並非天然形成,明顯是人工鑿平的。大概原本和大住聖窟的岩石連爲一體,因人工鑿平,再加上後來的地震或山洪等原因,導致目前巨岩與大住聖窟的窟面,有了明顯的錯位和分離。現在可以明顯看出窟門所在的岩壁與這塊人工鑿平的巨岩之間,有今人用水泥加固過的痕迹。巨岩之上有岩石凸出,巨岩離地面也有一定的高度。這種情況,非常不利於捶拓。

金石書通常祇會著録有拓片的石刻，没見到拓片，自然也就不會著録。包括《河朔訪古新録》，首次著録了兩尊神王像，却對這尊立佛和兩位菩薩，隻字未提。

1921 年常盤氏來訪時，注意到了這塊巨岩上的圖像。他最初認爲這是"彌陀三尊的刻印，未能完成"[91]；後來則認爲那羅延神王左上方石壁上的阿彌陀三尊綫刻，當中的佛陀面相上流露出對"法滅盡"的深深悲嘆[92]。看來，常盤氏的確是目前所知最早"發現"和記録這尊立佛的學者；兼有佛教僧侣身份的他，也真正從這尊立佛的形像中，感受到了佛陀對"法滅"的憂戚之心。但因爲常盤氏先認定這一立像是"未完成的"，所以他並未將此立佛納入靈裕所開大住聖窟内外經像的内容來一起考慮。雖然他注意到了"法滅之相"的記載，但可能是被窟外西壁鐫刻《月藏經・法滅盡品》所吸引，認爲《大集經》的經文和窟内外的龕像，纔是所謂"法滅之相"。常盤氏很可能因此也没有專門爲這尊立佛拍過照，從未見其公佈過此立佛的照片。此後幾乎所有討論大住聖窟的學者，也在很長時期内没有將這一立像與窟内外其他經像聯繫起來考慮。

1980 年代，當地考古工作人員進行考古調查時，將這尊立佛編號爲寶山第 15 號，但記録時祇記"面南，綫刻型"，並測量了佛像的高度爲 157 釐米[93]。在《寶山靈泉寺》一書中，雖專門提供此立佛的綫描圖[94]，却隻字未提立佛左右還有兩個菩薩的形像，也没有對此立佛形像的意義給予説明。

直到 2010 年，纔有學者專門討論這尊立佛的意義，將其稱爲"白佛"，並將其與敦煌所謂"白衣佛"聯繫起來，認爲都是佛教徒禪修時觀像用的。大住聖窟這個"白佛"除了禮佛、傳法功能外，就是爲禪僧修學，以達到"佛現前觀"的狀態而特意製做[95]。

---

[91] 常盤氏《"支那"佛教史迹》，1923 年版，242 頁。參見廖伊莊漢譯本《中國佛教史迹》，204 頁。
[92] 常盤氏《中國文化史迹・解説》第 5 卷，法藏館版，77 頁。
[93] 鄭文宏在下文所見的博士論文中提供了測量數據，此像爲 1.76 米 × 0.51 米。
[94] 分别見《寶山靈泉寺》，圖七七《寶山靈泉寺摩崖塔林圖》③，以及同書 151 頁圖三五。
[95] 鄭文宏、解安寧《中原聖窟 絲路佛影——"白佛"像引起的佛教藝術問題之一》，《數位時尚・新視覺藝術》2010 年第 1 期，9—11 頁。又見鄭文宏、侯小春《大住聖窟的"白佛"與"佛影"現象研究》，《中國美術研究》2014 年第 1 期，49—58 頁。鄭文宏 2010 年在西安美術學院申請博士學位的論文《安陽石窟藝術研究——從藝術圖像到佛教意象》專門研究了包括大住聖窟在内的安陽地區大留聖窟、小南海石窟和大住聖窟。其第三章第二節《大住聖窟的"白佛"與"佛影"現象》有對所謂"白佛"的詳細論述。

2013年，董家亮先生在其微博上發表意見，認爲東壁上這尊立佛像，看似没有雕造完畢而擱置至今。其眉目手足、衣飾褶紋綫條清晰，保存完好。單體立姿、螺髮、肉髻微凸。面相和一般佛像相比，顯得下頷較窄，眼不是微閉而是睁着，嘴角內斂，兩耳垂肩，肩胛和跨部寬厚而腰身細瘦，人體肌膚曲綫凸顯。自胸迄腿衣飾質薄透體，紋褶呈 V 字型下垂。披一件質薄的袈裟，邊沿彎彎曲曲，下部邊沿似魚尾形。手施無畏、與願印，跣足立於蓮臺上。細看面部既如佛像，又有胡人的韻味。其形體、衣褶和世界最高的巴米揚佛像十分相似。董先生判斷這尊獨特的佛像應是北齊時代雕刻的[96]。

自常盤氏以下，幾乎所有徵引到《續高僧傳》關於"（窟）面別鐫法滅之相"這條史料的學者，都把"法滅之相"解釋爲窟内的《大集經·月藏經·分佈閻浮提品》《摩訶摩耶經》、二十四傳法聖師，以及洞門口的兩尊護法神王，窟外壁西側的佛名經、《大集經·月藏分·法滅盡品》等經文，認爲這些就是靈裕所要表達的"末法"思想下對"法滅"的憂心。但《大集經》的經文何須鐫刻在石壁上纔能起到震撼人心之功效？兩位護法神王本是"護法"事業的配角，怎能僅憑兩位神王之像，就讓佛教徒們睹物思情，感動落淚？

前述開窟題記與窟内的情形基本可以對應，説明靈裕開窟的第一步，就是設計並完成窟内的内容，然後纔是在窟面另外鐫刻"法滅之相"。窟内主題是"住聖"，窟面主題是"法滅"。窟内和窟外是主題不同、步驟有别的兩個設計方案。其實道宣説得明白：靈裕是在開窟之後，"面別鐫法滅之相"。即很可能在完成了窟内的"住聖"主題後，靈裕纔又在那羅延神王這一側窟面，另外鐫刻了"法滅之相"。我認爲：靈裕"別鐫"的"法滅之相"的核心，正是被大家都忽略了的窟門東側這尊綫刻立佛。

如何能證明這尊立佛纔是"法滅之相"的關鍵？（參圖4）

---

[96] 董家亮《安陽靈泉寺北齊時代的石刻佛像》，http://blog.sina.com.cn/s/blog_a1248043-0101f09o.html，訪問時間：2021年3月20日。

**圖 4　一佛二菩薩（趙獻超博士電腦處理）**

首先，應能確認這一立佛形像與兩神王像本是原出一體的設計[97]。那羅延神王像通高 174 釐米，迦毗羅神王像通高 178 釐米。歷來都稱讚這兩尊神王像如何栩栩如生，却一直有個未解之謎：爲何兩神王像頭部的朝向顯得很不協調？

---

[97]　從道理上説，似應首先論證兩神王像與此立佛像是否屬於考古學上的同一"地層"，然後纔能討論是否可以將其納入同一"圖層"。但是經過千年的風化和岩壁位移，我目前衹能從現存的點滴圖像因素入手，來論證這一假説。實際上，董家亮先生所言綫刻佛像是北齊時的作品，不太可能。因爲如果在北齊時耗費巨大人工鑒平這一巨岩，刻畫"未完成"的一佛二菩薩，至開皇九年靈裕在綫刻佛像之旁新開大住聖窟，却對此一佛二菩薩視若無睹，這從邏輯上是説不通的。衹有先開新窟，後刻畫綫刻佛，並安排窟外的神王像，頭向東轉，望向一佛二菩薩，看起來纔更符合邏輯。

以常理論,兩神王分別立於窟門兩側,形成左右對稱之勢。如果兩神王像以窟內的三鋪三尊佛像爲核心,兩位神王也主要是爲了護衛窟內的經像所代表的佛教正法的話,則兩尊神王立像一左一右,他們的頭部也應該一個偏右,一個偏左,這樣纔能使迦毗羅和那羅延兩神王的頭部,都偏向窟門或窟內。然而,左右對稱的兩個形像,或者都要臉面朝前,或者都要臉面朝裏,或是都要臉面朝外。這樣纔能實現對稱協調。實際情況却是:迦毗羅神王在面向窟門的左側(西),他的頭臉偏向右,可以認爲是偏向窟門之内。但那羅延神王身在面向窟門的右側(東),他的頭臉居然也偏向右,即與左側的迦毗羅王偏向同一個方向,都是朝向東方。這就很令人費解:爲何窟門兩側立像,看似對稱,而兩神王頭部的朝向,却明顯不對稱?爲何兩神王實際上都看向右側的東方[98]?在他們的東方有什麽?東方正是這尊綫刻的立佛。

雖然很多人没有注意到,其實綫刻立佛的左右,也是有兩個菩薩形像的。在那羅延和立佛之間,即立佛右手的菩薩,因風化泐滅過甚,很難看出端倪,似還殘存一隻脚朝前。而立佛左手的菩薩,頭似乎是繼續朝向東方。在這尊菩薩的左側,這塊平坦的巨岩上還有一部分空間,原本應該是有内容的,但現在已經看不清楚,祇有個別後人的題字留下,如"冥安"二字。但這菩薩的脚尖却是朝向中間的立佛,説明他的軀體原本也是朝向立佛,祇是把頭扭向了東方。到底是什麽吸引他繼續扭頭東望?考慮到大住聖窟窟内,西壁是阿彌陀佛,東壁是彌勒佛。這樣的位置安排,也許意味着東方是象徵未來佛彌勒的方位。則立佛左手的菩薩,頭繼續朝向東方,或許也是期待未來佛彌勒的出世?在此僅作推測。立佛左右的兩尊菩薩像,雖然因爲岩石風化、後人刻寫等原因,已不能清楚地看出全部的綫條,但左右兩側菩薩明顯呈對稱的態勢,主要的圖像特徵,包括兩菩薩的頭、手和足,都依然可見,並無缺失。因此,没有理由認爲這一佛二菩薩是"未完成"的作品。

---

[98] 大住聖窟兩神王像頭臉朝向同一側的情況,在多位學者蒐集的成對天王像或神王像中,都是令人矚目的一個特例。見金申《關於神王的探討》,1995年初刊,此據同作者《佛教美術考證自選集》,北京時代華文書局,2017年,47—66頁。李淞《略論中國早期天王圖像及其西方來源》,見同作者《長安藝術與宗教文明》,中華書局,2002年,105—141頁。以及前述大島幸代、姚瀟鶇等人的論文。

兩位神王已是名滿天下的隋初佛教浮雕藝術精品,但兩位綫刻菩薩却很可能連軀干綫條都不很清楚。如何能判斷這兩神王和兩菩薩是在同一個"語境"之下的作品? 目前大概祇能通過相對清晰的、對菩薩脚趾的刻畫來判斷[99]。可以看出,神王的脚趾和菩薩的脚趾,刻畫的手法和效果幾乎是相同的。(參見圖5)迦毗羅神王因在窟門左側(西側),他的頭和脚都朝向東方,是最自然的姿態。而從那羅延神王脚的朝向可以看出,其身體本來是朝向西方來和迦毗羅王實現"對稱"的,但頭部却特意扭向東方。推測立佛右手的菩薩,與迦毗羅神王一樣,頭、身體和脚的朝向都是自然的。而立佛左手的菩薩,頭轉向東方,脚尖明顯是朝向立佛所在的西側,説明其身體也是朝西的。這樣的人物佈局和身體、頭、脚的方向,應可證明兩神王和兩菩薩是屬於同一時間形成的同一幅作品中的佈局,他們共同都以這尊綫刻的立佛爲中心。由於那羅延神王的頭,祇能是在最初佈局時就定好要朝向東方,也就説明在雕刻迦毗羅、那羅延兩神王之時,就已經設計好立佛在東方的佈局。這也説明大住聖窟窟門所在的岩石,與東側的人工鑿平巨岩,雖然看起來是錯落開來的,但兩部分岩石上的圖像佈局,却一定是事先設計好的。否則就無法保證兩神王的頭部都朝向東方的立佛。

那羅延神王脚　　　　　　　　　菩薩脚

圖 5　東側菩薩與那羅延神王脚部刻畫的比較

兩神王像是使用減地浮雕的雕刻手法製作的,而立佛與兩菩薩則使用綫刻。

---

[99] 通過觀察兩綫刻菩薩的脚來判斷其軀體的朝向和與兩神王像的關係,最先是由武紹衛在現場勘察時提出的想法。同時也應考慮到,如果兩菩薩的脚部刻寫已經完備,是否可以認爲頭、身、手、腿各部的刻畫也已完成? 否則不可能先從脚部開始刻畫。脚部的完整,也許是這組綫刻圖像並非"未完成"的佐證。

這兩種不同的表現手法,能否統一運用在同一個主題當中?事實上,在鄴城地區出土的北朝佛教造像碑中,就出現過在同一造像碑上採取兩種不同手法雕刻的情況。應該說,從技藝手法上,開皇九年出現兩神王用減地刻法,而一佛二菩薩用綫刻手法,兩種技法共同存在於同一幅佛教藝術作品中,應該是完全可能的情況[100]。因此,這綫刻的一佛二菩薩,並非常盤氏認爲的"未完成"圖像,而是已經完成的、具有特殊意涵的一組圖像——我認爲這就是"法滅之相"。

其次,這樣一幅"法滅之相"要表達什麼?爲何能够給觀者帶來極大的衝擊?

關於這尊立佛,此前祇有常盤氏認爲是阿彌陀佛,但他並未說明判斷的原因。與阿彌陀佛一起出現的,通常就是觀世音和大勢至菩薩。但阿彌陀佛是西方净土世界的象徵,又怎會出現在表達釋迦牟尼滅度之後"法滅"的主題之中?與"法滅"主題相關的,不是釋迦牟尼佛,就是彌勒佛。釋迦牟尼佛預言了在其滅度後若干年,會發生"法滅";而"法滅"之後經過漫長的時間,彌勒菩薩會成佛,出世來重興釋迦的佛法。對於"法滅"這一主題來說,彌勒佛現在就出現,顯得太超前了。這尊立佛,更有可能是釋迦牟尼佛。

類似的例子,早在天統三年(567)邑主韓永義等在洛陽平等寺的造像碑中,已有體現。這也是迦毗羅和那羅延兩神王成組出現的最早一例圖像資料[101]。在韓永義等人造像碑的上部,是一大的尖楣拱門龕,題記標明是"彌勒菩薩";其下是六個尖楣拱龕一字排列,刻過去六佛,加上刻意突出的、現爲菩薩、未來成佛的彌勒,總計七佛。碑的中部則是一佛二弟子二菩薩的屋形龕,主尊是釋迦牟尼佛。碑的下部,在造像記文字之上,是一橫排形像,中間是綫刻的蓮花,蓮花左右是兩位"像主",外側一左一右,就是"迦毗羅神王"和"那羅延神王"。祇是這兩神王作菩薩坐姿,與大住聖窟站立的武將形像,有較大出入。

---

[100] 此點承蒙在哈佛大學訪學的中國國家博物館孫博先生提醒,並提供"譚副造釋迦牟尼像"作爲綫刻與高浮雕技法混合的北魏造像實證,特此致謝!關於譚副造像碑的研究,見何利群《鄴城遺址出土北魏譚副造像圖像考釋》,《考古》2020年第5期,96—110頁。

[101] 李獻齊《北齊洛陽平等寺造像碑》,初刊於《中原文物》1985年第4期,89—97頁。先後收入洛陽市文物局、洛陽白馬寺漢魏故城文物保管所編《漢魏洛陽故城研究》,科學出版社,2000年,833—843頁。杜金鵬、錢國祥主編《漢魏洛陽城遺址研究》,科學出版社,2007年,111—121頁。但祇有在《中原文物》初刊時,附有兩神王的圖像資料。

以往都認爲靈裕在大住聖窟門口雕刻的迦毗羅和那羅延兩位神王,其在佛經中的經典依據,必然是《大集經》的《日藏分》和《月藏分》。實際上,在唐以前的佛典中,幾乎很難見到這兩位神王同時出場。《大集經》的《月藏分》是那連提耶舍在566年譯出的《月藏經》;入隋後的584年,那氏又譯出《日藏經》;到586年,《日藏經》《月藏經》纔與曇無讖先前譯的三十卷《大集經》等一起,合成現在看到的六十卷《大方等大集經》[102]。當然,這些都正好發生在589年靈裕開窟之前。但"那羅延""迦毗羅"在《大集經》中,身份都不是"神王"。《月藏經》中,世尊將"摩尼調鞞國付囑華音天子五百眷屬、那羅延、乾闥婆二百眷屬",將"震旦國付囑毗首羯磨天子五千眷屬,迦毗羅夜叉大將五千眷屬"[103]。可見,迦毗羅至少還能與震旦國有關,而《大集經》中的那羅延,本就不承擔護衛震旦的職責。《日藏經》幾乎看不到迦毗羅的名字,那羅延在《日藏經》和《月藏經》中都是和帝釋天、梵天、四大天王、摩醯首羅天並列的那羅延天,他與在震旦的護法沒有關係。世尊提及的"那羅延窟",祇是過去諸佛建立住持的大塔之一,從經義上講,也不宜直接和大住聖窟對接起來。這樣看來,天統三年的造像中出現這兩位神王並列的情況,並不一定是因一年前剛譯出的《月藏經》有多大的影響力。因爲單憑《月藏經》,無法提供這兩神王共同出場的經典依據。

　　與其説"那羅延神王"是來自《大集經》,不如説是來自靈裕這一系教團最熟悉的《華嚴經》的系統。祇有在《華嚴經》系統中,那羅延纔通常和"金剛"之稱、"堅固"之義聯繫起來。而"迦毗羅神王"的形像,恐怕也不是直接來自《月藏經》中的"迦毗羅夜叉大將"。早在南朝初年,從罽賓來華的曇摩密多,就在從罽賓到龜茲的路上,得到迦毗羅神王的護送。爲此,他特意在新建的建康定林上寺,畫了這位迦毗羅神王的畫像[104]。可見迦毗羅神王的信仰早在《大集經》譯出之前,已在中亞和西域盛行。現在看來,迦毗羅神王和那羅延神王共同出現在

---

[102] 關於《大集經》漸次形成的情況,參見大野法道《大乘戒經の研究》第十一章《大方等大集經の系統》,理想社,1954年;山喜房佛書林,1963年,288—322頁。薩爾吉《〈大方等大集經〉研究》,中西書局,2019年,61—68頁。

[103] 那連提耶舍譯《大方等大集經》卷五五《月藏分·分佈閻浮提品》,此據CBETA電子佛典,《大正藏》第13册,365、368頁。

[104] 釋慧皎《高僧傳》卷三《曇摩蜜多傳》,中華書局點校本,1992年,122頁。

"法滅"的場景中,在現存的佛教經典中是找不到依據的。這兩個神王形像應是各自有單獨的發展脈絡[105]。但在北齊和周隋時,已經在中原一帶形成了相對固定的一組護法神王。靈裕祇是繼承了此前已經固定下來的這對神王組合。

由於找不到現存的經典依據來説明,爲何靈裕要選擇兩神王和兩菩薩,以及這樣一尊立佛的形像來表達"法滅之相"?我認爲這是靈裕自己構想出來的一幅由主尊、兩脅侍菩薩和兩神王像組合而成的"法滅之相"。通常人們一説到"法滅",總會和"三武一宗"的"滅佛"運動聯繫起來,認爲是世俗王權對佛教的鎮壓,纔會導致"法滅"。因而所謂"法滅之相",或許就該是寺塔傾圮、經像焚弃、僧侣哭號這樣的慘烈場景。但在南北朝隋唐人的語境中,太武帝、周武帝的滅佛運動,統一被稱爲"滅法"而非"法滅"。靈裕自己的作品中就有一部已佚的《滅法記》[106],應該是指周武帝的滅佛運動。"法滅"對於佛教來説,是宇宙生滅、輪迴往復的必然。有没有世俗王權的迫害,佛法都會經歷消失之後重興。所以,世俗王權的支持或破壞,從來都不是導致"法滅"的主要原因。中國佛教憂心"法滅"的原因,並不是出於對世俗王權干預的恐懼,而是對佛教僧徒自身出現種種腐化墮落、破戒惡行的擔憂。

既然道宣記載説靈裕在開窟之後,在窟面上另外鐫刻有"法滅之相",不僅最有可能,事實上也祇有在那羅延神王這一側纔有所刻畫(迦毗羅那一側的經像很可能並非靈裕時代所刻,詳見下文)。而兩神王像頭部的朝向與人物脚部的細節,都可説明兩神王像與東側的這一佛二菩薩像是同一佈局設計的産物。但靈裕刻畫的這幅"法滅之相",兩神王和兩菩薩像,大概都没有什麽特别能够體現"法滅"意識之處。能够體現"法滅之相"的,主要是這尊立佛。雖然立佛的手印,是常見的右手施無畏印,左手與願印,但這樣刻畫出釋迦佛的軀體和衣紋,尤其是其面部低眉、哀戚的表情,與往常所見的釋迦佛慈悲、安詳的樣貌很不相同,總會讓人感到某種異常的觀感。如果這尊立佛就是靈裕當年"别鐫法滅之相"的核心内容,距今已有1400多年。經歷千年無遮擋的風雨冰霜後,我們今日

---

[105] 關於迦毗羅和那羅延兩神王的文獻學和圖像學概述,參見 Alexander C. Soper, *Literary Evidence for Early Buddhist Art in China*, Ascona: Artibus Asiae Publisher, 1959, pp. 229-231, 237-238。

[106] 《續高僧傳》卷九《靈裕傳》,317頁。

所見的立佛狀貌,已肯定不是當年原初的樣子。即便如此,正如此前幾位學者所强調的,此立佛的突出特徵之一是其所謂的"白佛"的視覺效果。這既包括其背景的處理,也包括其白色(透明)的衣紋綫條。也許正是這佛衣(袈裟)的白色,表達出了"法滅"的特定意象。

爲何身着白色袈裟的立佛會表達"法滅"意象?因爲按照佛教的戒律,出家僧尼不能衣白。"白衣"是世俗人的代稱。中國佛教甚至把僧侣衣白,作爲佛法消亡的預兆之一。傳爲鳩摩羅什譯,更可能是基於劉宋初年曇摩蜜多所出禪法而形成的中國撰述《禪秘要法經》卷下云:

> 千五百歲後……釋迦牟尼佛雖有弟子,所著袈裟,如木頭幡,自然變白;……此相現時,釋迦牟尼無上正法,永没無餘。[107]

據稱是蕭齊沙門曇景譯的《摩訶摩耶經》卷下,講述佛滅之後一千五百年内,佛法漸次消亡的過程,其中説到佛滅之後:

> 千三百歲已,袈裟變白,不受染色。[108]

然後是譯者不明,最早被釋僧祐著録並徵引的《法滅盡經》,描述佛滅後漸次"法滅"中説:

> 諸天衛護,月光出世,得相遭值,共興吾道,五十二歲。《首楞嚴經》《般舟三昧》,先化滅去。十二部經,尋後復滅,盡不復現,不見文字,沙門袈裟,自然變白。吾法滅時,譬如油燈。臨欲滅時,光明更盛,於是便滅。吾法滅時,亦如燈滅。自此之後,難可數説。[109]

再就是《大集經·月藏分·法滅盡品》所述"法滅"故事中,比丘因口諍而引起互相攻殺,死亡殆盡後,睒彌(憍賞彌)國難看王佈施、造寺,召集殘餘比丘爲其説法:

> 其王三勸請,白諸比丘已,亦皆默然住,一切無説者。王白諸比丘:可不知法耶?語已袈裟白,染色不復現,從牀皆墮落,宛轉在於地。咸皆稱佛言,

---

[107]《禪秘要法經》卷下,此據《大藏經》第 15 册,269 頁。關於《禪秘要法經》的成書問題,相關研究狀况,參見陳志遠《佛教歷史意識的興起——以法顯行記的幾則記載爲中心》,《文史哲》2019 年第 3 期,81—82 頁的介紹。

[108] 釋曇景譯《摩訶摩耶經》卷下,此據《大正藏》第 12 册,1013 頁。

[109]《佛説法滅盡經》,此據《大正藏》第 12 册,1119 頁。

佛法實隱没,鬚髮爪皆長,諸法亦忘失。[110]
現在可以確認,《禪秘要法經》《法滅盡經》和《摩訶摩耶經》都是中國撰述的經典。它們秉持的理論都是佛滅之後一千五百年會發生"法滅"。這樣的觀念在北涼曇無讖譯經中還未曾出現,應該是5世紀中期以後纔形成的。在原本印度佛教的"法滅"故事諸版本中,基本没有提及"袈裟變白"之異象。《月藏分》的"法滅"故事出現這樣的說法,不排除是那連提耶舍漢譯時,專門加入了迎合中國佛教徒的内容。

"袈裟變白"對於中國佛教到底意味着什麽? 恰恰是道宣在《四分律删繁補闕行事鈔》卷一中給我們提供了明確的答案:

> 《摩耶經》云:樂好衣服,縱逸嬉戲。奴爲比丘,婢爲比丘尼。不樂不净觀,毁謗毘尼。袈裟變白,不受染色。貪用三寶物等。是"法滅相"。[111]

道宣在此的意思是說:世間比丘和比丘尼中出現以上種種亂相,就是佛法即將消亡的預兆。這裏的"法滅相"可以理解爲是"法滅"之前的種種預兆。而大住聖窟的"法滅之相"則是描繪"法滅"主題的某種圖像。雖然都是出自道宣手筆,但兩者從意涵上略有差别。不過,兩者都是有關"法滅"的主題。在道宣看來,"袈裟變白"就是"法滅相"之一。靈裕顯然無法通過描繪一個個違戒失行的比丘、比丘尼,如何"樂好衣服,縱逸嬉戲""毁謗毘尼",或"貪用三寶物",來呈現"法滅之相"。選用釋迦佛自身的"袈裟變白",或者把釋迦佛刻畫成爲一個看起來的"白佛",再配以佛陀異於常見慈悲面相的哀戚神情,或許就是一個更據典型意義和更有視覺衝擊力的藝術表現。

所謂"袈裟變白",祇是一種象徵,意味着彼時的僧徒雖然身披袈裟,却因無法體會或遵守佛陀的正法聖諦,而與身穿不染色的袈裟無異。道宣之後,唐代律宗的釋大覺在《四分律行事鈔批》卷五中言:

> "袈裟變白"者,立云:袈裟名味。今明雖著袈裟,無袈裟之味。故曰"變白"也。〔融〕濟云:非謂染衣不著,但是心不染法故也。即《涅槃》云:

---

[110] 那連提耶舍譯《大方等大集經》卷五六《月藏分·法滅盡品》,此據《大正藏》第13册,379頁。

[111] 釋道宣《四分律删繁補闕行事鈔》卷上,此據《大正藏》第40册,6頁。

"汝諸比丘,身雖净眼袈裟染衣,心猶未染大乘净法。"即其義也。又"袈裟",梵語,此名爲"味"。欲明其人不得袈裟解脱之上味也。[112]

明了道宣爲首的南山律宗對"袈裟變白"四字的解釋,再結合《續高僧傳》的記述,以及大住聖窟東側這塊岩壁上刻畫的"白佛"立像,我相信:大住聖窟窟門外兩神王像,以及東壁上刻畫的綫刻立佛和兩菩薩像,就是靈裕當年以佛陀"袈裟變白"爲表現手法鎸刻出來的"法滅之相"。正是這一長期被人所忽視的綫刻立佛,及其左右二脅侍菩薩,與那羅延、迦毗羅兩神王一起,構成了《續高僧傳》所言的"〔窟〕面别鎸法滅之相"。當然,現在能看到的祇有這一佛二菩薩二神王的刻畫,當初是否還有其他圖像要素,已不得而知。靈裕特意鎸刻、道宣明確記録、感動無數僧侣的大住聖窟"法滅之相",千百年來一直默默地矗立於斯,近代以來却從未被人真正發現其意義。

## 五、窟外西壁:經像的先後關係

自常盤大定以來的絕大多數研究者,都把大住聖窟内外所有經像,全部作爲靈裕在589年設計和鎸刻的結果。以此爲前提,纔會產生靈裕與三階教之間牽扯不清的關係。如果結合早年的金石資料,並根據現場實地勘察,就會發現:這些與三階教有關的經文,很可能並非出自靈裕的設計。

根據明確的開窟題記,前文已大體確定589年靈裕開窟時,所有窟内的内容,應是出自靈裕的設計無疑。但窟外經像的情況,就要複雜得多,不能一概而論。至少窟外東壁的一佛二菩薩綫刻圖像,應該與洞口的兩神王像是一體設計的,但因在開窟題記中没有得到體現,而且道宣又説是"别鎸",很可能是在開窟完成後,靈裕另加的工程。但不會距開窟之時太久。以上所論,都還祇是窟内和窟外東壁的經像内容。事實上,被認爲與三階教相關的經典,如《十方佛名》《廿五佛名》《三十五佛名》《五十三佛名》《大集經·月藏分·法滅盡品》《略禮七階禮佛懺悔等文》等經文,主要刻寫在迦毗羅神王以西的窟外西壁一側。(參見圖6)

---

[112] 釋大覺《四分律行事鈔批》卷三,此據《續藏經》第42册,672頁。

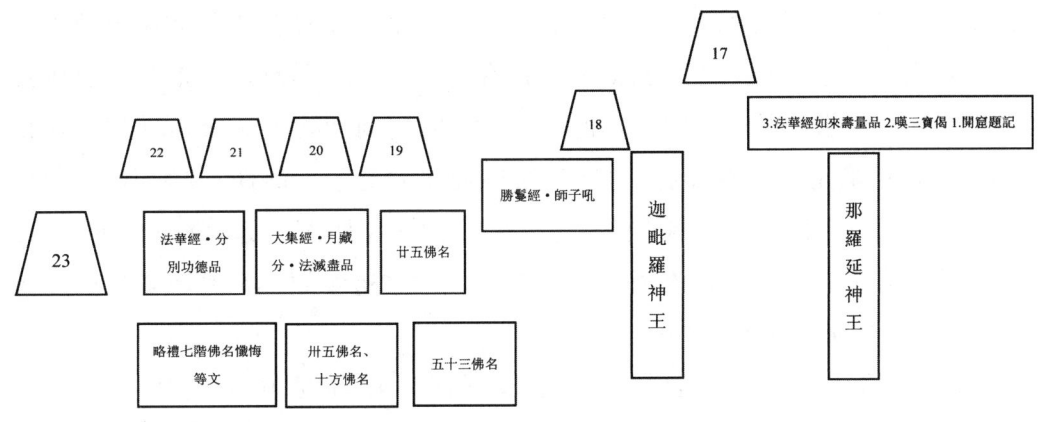

图6　大住聖窟西壁龕像、經文位置示意圖

在這些經文的上層,有一些小的龕像。即《寶山靈泉寺》書中編號17—23號的七個佛龕[113]。主要位於窟門頂部、窟門左側(西方)。其中,寶山17號位於窟門上方偏西(左)的位置。寶山18號目前幾乎已經全毀,僅存龕形輪廓,位於窟門左側的迦毗羅神王左上方。寶山19—22號,位於迦毗羅神王左側,中間的岩石,即刻有《勝鬘經》的部分。四個小龕依次從東向西排列,形制規模,各有異同。寶山23號則位於和前述四龕相鄰的另一塊崖石上,也是現存窟門最西側的一龕造像,明顯比那四個並列的小龕要大。這幾個龕像,是我們重新確定西壁經像時代的重要參照。

從常盤大定1921年的照片,可看到現編號第18號龕中間的坐佛,當時還有殘存,坐佛左手還有三個形像,應是弟子、菩薩、天王。而迦毗羅王的寶劍尖部,則因此龕的鑿刻而受到一定損壞。這一事實可證明:迦毗羅神王像雕刻在前,18號龕開鑿在後。這就提醒我們:西壁的經像很可能不是在開皇九年由靈裕一體設計建造的。

此外的17、20、22、23號四龕,還能看到殘留的造像記。17號龕有明確的紀年爲"永徽三年(652)",即《河朔訪古新錄》中著錄在"西洞頂"者,"〔永徽〕三年三月蓋(盡?)村諸檀越造阿彌陀佛諸象"題字。目前"阿彌陀佛"字樣已殘,仍能看出"觀世音菩薩、大勢至菩薩,永徽三年三月八日"等字。20號龕的題記僅存

---

[113] 参《寶山靈泉寺》圖七七,插頁五《寶山靈泉寺摩崖塔林圖》③。書中第31頁,祇記錄了寶山17號和23號佛龕的情況,並參第365頁圖版一六六和一六七。

"彌陀佛、觀世音菩薩、大勢至菩薩一龕",已無紀年。21號龕未見題記殘留。22號龕即"張文達造像記",現在雖無紀年留存,但從早年著錄可知,是張文達在貞觀二十年(646)造阿彌陀、觀世音和大勢至菩薩。《河朔訪古新錄》誤作造"彌勒像記"。23號龕是古四娘等造阿彌陀、觀世音和大勢至菩薩像,題記尚存,惜無紀年。早年金石書中,與此處貞觀二十年和永徽三年題記一起著錄的,還有"古大娘、陸二娘造像記""清信女盧造像記""清信女王造像記"等,應該就是這幾例已經泐毀難辨的小佛龕造像記。

即便七個小龕中祇有兩個有紀年信息保存下來,也足可證明:其一,這裏面至少有兩例明確的唐代所開佛龕。如果考慮到貞觀二十年所造的22號龕位置,處於四個並列小龕的最西側,很可能是四個之中最晚的。在這一橫排已無空間的情況下,永徽三年的佛龕,纔不得不在窟門頂部另尋空間。前述《河朔訪古新錄》中記載:在"西洞頂者",還有北宋咸平四年(1001)高勳妻和李密妻張氏的造像。但今天似已無迹可尋。其二,現知的這七個小龕,幾乎都是造阿彌陀佛和觀音、勢至三尊像。並排的19—22號四龕,更是幾乎在一佛二菩薩的造型樣式上,大同小異。這是否反映的是唐初的浄土信仰?如是,就不應祇關注到大住聖窟與三階教的關係。這些情況充分説明:大住聖窟外壁左側(西)的這些龕像,與靈裕時所刻神王像,有先後疊加的關係。因此,不能認爲外壁的龕像都是靈裕開窟時就有的。

如果大住聖窟外壁左側(西)的龕像不是靈裕時代所刻,那麽外壁西側多種刻經的内容,無疑也應提出是否在靈裕開窟時就刻寫的疑問。這樣的疑問不是沒有意義的,因爲這將直接關係到那些被認爲反映了三階教内容的《大集經·月藏分·法滅盡品》《廿五佛名》《五十三佛名》《三十五佛名》和《略禮七階佛名懺悔等文》等石經被刻寫在大住聖窟外壁的時代。

參照《河朔訪古新錄》的記載,窟門外的經像被分成四列(即四個横排):第一列是開窟題記和《嘆三寶偈》《法華經》的經文,這是在窟門上方,横列於從那羅延到迦毗羅兩神王的頭頂上方。從《嘆三寶偈》起,字體與開窟題記就有明顯差别。其具體的鎸刻時代,或許也是在開窟後不久。第二列是迦毗羅神王左側的《勝鬘經》,以及今編號爲寶山19—23號的龕像[114]。現在我們知道這些龕像,至少有貞觀二十年纔鑿刻的。第三列是《廿五佛名》《大集經·月藏分·法滅盡品》《妙法蓮華經·分別功德品》。第四列是《五十三佛名》《卅五佛名》和《略禮七階禮佛懺悔等文》等。

這樣的佈局,當然並不意味着空間利用上絶對的先後關係。但爲何與三階教有直接關係的這幾部刻經,都位於這幾個明顯崇拜阿彌陀佛的小龕像之下?甚至如《略禮七階禮佛懺悔等文》這樣的文本,還被刻在離窟門最西、最遠的最下層?如果這些刻經是在迦毗羅神王雕刻後不久刻的,爲何没有像《勝鬘經》那樣,繼續向西鋪開來去刻?現在《勝鬘經》刻寫結束後,就是四個唐初的小龕像;在這四小龕像之下,纔是《廿五佛名》《大集經·月藏分·法滅盡品》等。如果不是上部的空間先被唐初龕像佔了,是不會這樣安排的。重要的經文或是爲舉行禮懺儀式時用到的經文,没理由特意讓出西壁最便於站立觀看的位置,給那四個反映阿彌陀信仰的小龕像,而要故意先刻寫在需要彎腰甚至蹲下纔能看清的位置。(圖7)很可能是:先有了唐初的四個小龕,然後纔在這四龕之下,刻了《大集經·法滅盡品》、幾種佛名經和《略禮七階禮佛懺悔等文》。果真如此,這些西壁的刻經就與靈裕無關。靈裕之後,寶山靈泉寺的僧俗弟子中頗多三階教信徒。他們完全有可能出於某種特殊的需要,而把與三階教有關的經文刻寫在四個唐初的小龕像之下。而且這幾塊刻經的岩石,彼此之間是有裂縫的。但居然没有影響到每一塊岩石上刻經文字的完整性。説明當時刻經時,這些岩石的裂縫就已存在。這也是很值得注意的一個現象。至於説刻寫這些三階教相關的經文,是否是爲了便於三階教徒在大住聖窟內外舉行禮懺儀式,至少刻經的目的不是爲了在舉行儀式時參看的。因爲如前所述,這些經文幾乎都需要彎腰,甚至蹲下纔能看清。這樣的事實,在推測窟外刻寫這些三階教經典實際功用時,也不能不加以考慮。

---

[114] 《中國美術全集·雕塑編》第13册第44頁的"圖版説明"已經説道:"窟門外側壁雕佛經及佛龕,佛龕多爲隋唐作品。"李玉珉、張總等也注意到這裏有唐代龕像,但他們仍然認爲這些"佛名經"都是靈裕開窟時所刻寫。

圖 7　彎腰或蹲下才能看清三階教的刻經

## 六、結語

本文主要討論的問題，大致有五：

第一，究竟誰是最早發現和調查寶山靈泉寺的人？本文的目的不是僅僅爲證明常盤氏的調查實際上晚於中國學者。中國學者本就該最早做實地調查纂對。現在看來，最早調查寶山靈泉寺和大住聖窟的中國學者，因爲受到傳統學術方法和旨趣的制約，其著録更大的意義在於保存早期的資料。但即便如此，這些早期的資料也還没有得到充分的重視。後到的日本學者，却因爲接受近代學術的方法和訓練，爲靈泉寺和大住聖窟的現代學術研究奠定了基礎。這其間的差別，很值得深思。

第二，對靈泉寺和大住聖窟重要性的認識，也許未來還會得到進一步的加深，但前提是要對現存的寶山文物做好"文本形成史"的調查。如果認爲窟内外現存的一切狀貌，都是靈裕開窟時所爲，就泯除了各種文物石刻原本是經歷了層壘、疊加之後,纔形成今天面貌的關鍵環節。如果仍然無視這一區別,仍然囫圇一體地看待寶山石刻,所能得出的結論必然是經不起推敲的。靈裕開窟是否受三階教的影響? 這樣的問題放置在大住聖窟的"文本形成史"調查之後,也許就基本上不成爲問題了。今後在研討大住聖窟時,有必要先區分出哪些是靈裕開窟時就有的,哪些是其後不斷增加纔形成現在的面貌。這樣纔能準確地把握大住聖窟所反映的靈裕的思想,以及靈裕與信行、静琬,與三階教、净土宗、律宗的關係等問題。

具體而言,我認爲大住聖窟目前的經像内容,至少是從隋初到北宋時期分爲幾個階段逐步形成的:

第一階段是開皇九年靈裕開窟時,應該祇有窟内經像:窟内三主尊、六組七佛共四十五尊佛像,二十四聖法師傳法圖,以及《大集經·月藏分·分佈閻浮提品》《摩訶摩耶經》《華嚴經偈》等刻經,這些纔是符合開窟題記的原初内容。

第二階段是所謂"法滅之相",主要鐫刻在窟門的右側(東方)。"面別鐫"三字,既可理解爲開窟的同時又鐫刻,也可理解爲是開窟活動結束後,兩神王與一佛二菩薩再一起鐫刻。即便不是開皇九年,也一定是靈裕在世時由他設計鐫刻,故"面別鐫法滅之相"可以認爲反映了靈裕的思想和意圖。爲何靈裕會放着窟門西側大片的岩壁不用,而要以東側的岩壁鐫刻"法滅之相"? 是否可進一步推測:在靈裕開窟時,窟門外的西側大概尚未開闢出現在的岩壁? 是先有了東壁的"法滅之相"後,纔逐漸開闢出西壁這些經像? 這還有待今後的考察。

第三階段是唐初寶山附近具有净土信仰的信徒,在窟外西壁,至少陸續刻了18—22號這五個小佛龕。導致對迦毗羅神王的劍尖有輕微的破壞,其中可以確定的是張文達所造龕像(22號),是貞觀二十年完成的。

第四階段纔是唐代的三階教信徒,在唐初這幾個小龕像之下,分兩列鐫刻了幾部三階教相關的經文。

第五階段是窟門上方永徽三年題記的龕像。是否可以初步判定西壁這些與三階教有關的石刻經文,是在646—652年間刻上的? 在此也祇提出可能性,而不做論斷。

第六階段則是北宋高勳妻和李密妻在窟門上方的造像。正是因爲窟内和窟外東壁、西壁都已没有空間,所以纔在窟門上方的高處造像。

第三,以往學者都認爲靈裕在"〔窟〕面別鐫法滅之相",僅是兩神王像、窟内外有關"法滅"的經文,就足以使遊山之僧睹物思情而感動落淚。長期以來都忽視了窟東側這一綫刻立佛的存在和意義。本文認爲這一綫刻立佛纔是"法滅之相"的關鍵,此立佛與兩神王、兩菩薩,共同構成了"法滅之相"。這樣通過一佛二菩薩二神王的造型來表達"法滅之相",也許在佛教經典中找不到文本的依據。但因"袈裟變白"這一異象,已是中國佛教徒都熟悉的象徵"法滅"的符號,再加上此尊佛像刻畫手法的異常之處,反而使得這樣一尊看似藝術水準未必很高超的佛像,具有了直指佛教信徒内心的巨大衝擊力和感染力。這也是中國佛教藝術品中,目前唯一可以確認爲"法滅之相"的藝術遺存。無論對於大住聖窟而言,還是對中國佛教藝術史而言,或許都是一個足以填補空白的重要圖像主題。循此能否發現更多、更早的"法滅之相",有待今後的繼續考察[115]。

第四,以往學者們圍繞大住聖窟的功用展開的討論,先有人強調禪修,再有人強調禮懺,使得此窟具有了個人禪修和集體禮懺儀式這兩種略顯相違的功能用途。在搞清"大住聖窟的文本形成史"後,或許對此窟的功能性認知,會有新的看法。

第五,顯然,靈裕開窟的主要原因是受到"法滅"思想的影響,作爲其主要依據的《摩訶摩耶經》《大集經》等經典文本中,並没有"正法、像法、末法"這樣三時具備的"末法"思想。按照"末法"思想的理論,進入"末法"階段後,就無需再焦灼於"法滅"事件的發生。因爲"末法"時期祇是對佛教信仰更加不虔誠、人的根基更加不適合接受和理解佛陀正法的階段,但佛教還會在世間存在萬年之久。接受"末法"思想的人,對於"法滅"的緊迫感就會大大減弱。越是"末法"時期,纔越需要佛教徒的勵志修行,而原本擔心須臾之間發生的"法滅"結局,已經變得不合時宜了。嚴格説,大住聖窟的佈局設計,反映出靈裕接受的不是慧思提出

---

[115] 毫無疑問,靈裕在窟外面,而非窟内鐫刻了"法滅之相",這個前提應該不容質疑。剩下的祇是如何判定和解説這"法滅之相"。本文目前對"法滅之相"的認定,重點是從所謂"袈裟變白"的角度展開論證。實際上,綫刻佛像是否原本身着"白衣"?這的確會引發一些疑慮。我在此僅提出一種可能性。即便"袈裟變白"不能成爲堅實的證據,此佛像一臉悲戚愁容,直接令常盤大定聯想到"法滅",其圖像的感染力還是不容小覷。或許還有某些圖像綫索,可以判定這是體現某部佛經關於"法滅"的場景。這方面的可能性,也不能斷然排除。

的"末法"思想,而還是從印度傳統演化而來的中國化的"法滅"理論。再加上與大住聖窟看起來有密切關聯的三階教,其實也很可能並不承認"末法思想"[116],這對理解"末法思想"形成後對中國佛教的實際影響,也是一個重要的參考。

最後要說明:與其說本文是想現在就確立起什麼新的論點,不如說是想提出更多的新疑問和新可能。其中,對"法滅之相"的重新判定,祇是重新觀察大住聖窟的一個切入點。若本文所論的大住聖窟"文本形成史"可以成立,則重新讀懂這一座石窟,或可有助於釋清佛教史上的幾個謎團。這纔是本文希望達到的目的。

2019 年 8 月初稿<br>
2020 年 8 月定稿

## The Records, Investigations and Researches on the *Dazhushengku* at Baoshan in Anyang

### Liu Yi

The *Dazhushengku* 大住聖窟, which is located at Baoshan 寶山 in Anyang 安陽, Henan Province 河南省, was constructed under the supervision of Lingyu 靈裕, an eminent master of the School of Dilun 地論宗 during Sui 隋 Dynasy. The grotto contains an inscription to commemorate its opening at the 9th year of the Kaihuang 開皇(589), and also share an intricate relationship with the School of Three Levels (*Sanjiejiao* 三階教). This paper layouts the detailed history of records and researches about this grotto, with the intention not to over emphasize that it was Chinese scholars rather than Japanese scholar Tokiwa Daijio(常盤大定) who first discovered and documented the monastery and the grottoes. The epigraphical works from the Qing Dynasty to the Republic of China contain some important information that we are unable to see

---

[116] Jamie Hubbard, *Absolute Delusion, Perfect Buddhahood: The Rise and Fall of a Chinese Heresy*, Honolulu, University of Hawai'i Press, 2001, pp. 76-89.

today. It seems that at the time when Lingyu completed the Dazhushengku, he only created the statues and the engravings that were mentioned in the grotto-opening inscription. The only un-mentioned project which was nevertheless part of the original construction is the inscribed scriptures such as *Candragarbha Sūtra* 月藏分 in the *Great Collection Sutra* 大集經, *Mahāmāyā Sūtra* 摩訶摩耶經 and *Verses of Avaṃtaksaka Sūtra* 華嚴經偈. Soon afterwards, Lingyu added *famie zhi xiang* 法滅之相 to the external wall of the grotto, namely, the two protector deities and the engraving of the standing Buddha and two Bodhisattvas, which were neglected by almost all the former studies. After Lingyu, the followers during the early Tang 唐 added more statues onto the external western wall. It was only later that scriptures concerning *Sanjiejiao* were carved on the middle and the lower section of the western wall. In this sense, the "text" in the grotto was developed over time rather than being created entirely by Lingyu in 589.

# 日本現存《唐禪智寺故大德法師崇俊塔銘》考釋

## 定源（王招國）

近年來，我比較關注現存於日本、韓國以及越南等東亞國家和地區的漢文佛教文獻，隨着所見文獻的增多，我逐漸意識到這批保存於域外的漢文佛教文獻對於中國佛教研究的價值與意義。尤其在日本，漢文佛教文獻的現存數量極爲可觀，甚至不乏中國本土已佚，而僅存於日本的文獻，可以爲研究中國佛教提供不可替代的史料資源。本文探討的《唐禪智寺故大德法師崇俊塔銘》（以下簡稱《崇俊塔銘》），是唐代僧人的一方塔銘，其内容不見於佛教歷代藏經，也未被《全唐文》《全唐文補遺》以及《全唐文補編》等唐文編纂類著作收録，屬於一種中國古逸的佛教文獻。

《崇俊塔銘》現藏日本奈良法隆寺，現存形態並非拓本，而是附有奈良時期僧人釋善珠（723—797）題跋的手抄本。行書抄寫，有天地界，有界欄，全長 85.0 釐米，高 25.0 釐米。共兩紙，第一紙抄寫 18 行，第二紙包括最後跋文抄寫 16 行，共計 34 行，每行約抄 17 字。實際上，這方塔銘在歸藏法隆寺之前，原是正木直彦（1862—1940）的舊藏。正木氏爲文部官僚出身，曾擔任東京美術學校校長、帝國美術學院院長等職，喜歡收藏書畫美術品。1935 年，東京美術學校爲紀念"正木紀念館"開館，舉辦過一次"十三松堂藏品展"（"十三松堂"係正木氏的齋號），這方塔銘就是當時的展品之一[1]。隨後，不知出於什麽原因，正木氏將這方塔銘捐贈給了法隆寺。1994 年，法隆寺爲紀念該寺昭和資財帳調查完成出版《國寶法隆寺展》圖録，公開了該塔銘的全文圖版。此外，目前我們在東京文

---

[1] 參見東京美術學校編集《正木紀念館開館紀念・十三松堂藏品展觀》，東京美術學校，1935 年 11 月。東京文化財研究所文化財情報資料部編《美術研究》第 48 號，對該紀念館當年的開館紀念活動有過簡單報道，東京文化財研究所，1935 年，584 頁。

化財研究所"ガラス乾板データベース"網頁上也可以看到這方塔銘的圖版,但因該圖版是1930年拍攝的,像素不高,難以識讀。

2010年,我從上述《國寶法隆寺展》一書中無意間看到這方塔銘的圖版。當時,因我正忙於撰寫博士論文,故僅根據該圖版作了錄文整理,未能展開進一步研究,祇是將這一資料信息附記在我2013年出版的博論腳注當中[2]。查考崇俊生平的資料,贊寧《宋高僧傳》等僧傳文獻未見任何記載。迄今爲止,有關他的生平事迹,鮮爲人知。日本現存的這方塔銘,可以説是我們目前考察崇俊傳歷的重要資料,具有極高的文獻和研究價值。關於這方塔銘的研究情況,據我所知,目前祇有日本花園大學師茂樹先生曾經利用東京文化財研究所提供的圖版,撰有《八世紀における唯識學派の對外交流——崇俊、法清(法詳)を中心に——》一文[3]。此文在整理塔銘文本的基礎上,簡要介紹了崇俊的生平以及法清與入唐日本僧德清的交流情況。應該説,師茂樹先生在公佈這一資料和研究方面具有開拓之功。但遺憾的是,他的錄文和標點訛誤不少,作爲研究資料大有重新整理的必要。此外,可能受到文章篇幅的限制,他的研究也過於簡略,而且有些推斷值得商榷。有鑒於此,我不揣淺陋,刊佈昔日整理的錄文,並對其内容進行考釋。希望藉此加强了解崇俊的傳歷,以便推進唐代僧人傳記及相關領域的研究。

## 一、《崇俊塔銘》錄文

爲了便於分析,先錄塔銘全文。需要説明的是,以下錄文整理,我雖勉力予以校補(凡有校改,均出校記)、分段和標點,但由於原文抄寫字迹潦草,個別文字不易識別,且原文可能存在若干脱訛,有些文意依然難以索解,稍有遺憾(文中/符號,是表示寫本文字換行處):

唐禪智寺故大德法師崇俊塔銘並序/

法師諱崇俊,洛陽人也。善由宿積,非驟出家。/聰敏天資,神明性立。

---

[2] 拙著《敦煌本〈御注金剛般若經宣演〉の文獻學的研究》,大東出版社,2013年,324頁。
[3] 《印度學佛教學研究》第66卷第1號,2017年,1—9頁。

志學之歲,爲論議沙彌。/敬冠之年,八藏通覽。初就濮陽智周法師/聽《因明》《唯識》二論、《涅槃》《法花》兩經。才弁逸群,/慧解超百。後於揚州白塔寺嵩律師所具戒,/節操殊倫。經行於杭州天竺蘭若,捨繒絝/褐[4]充[5]慙愧之服,弃高堂禪菴爲慈悲之/室。時有趫援[6]列衆,馴狎於清修;緇素如林,伏/膺其道德。律法師將以佛日久宴,籍[7]義微/隱,法門結博[8],學者難成,利物之宜,其在真要。/乃注《唯識》《因明》,並出《法花批記》等,遂使後/徒易曉,修證克祈。可謂教綱再開,張惠重曜。/

曩者此州開元寺大禪師院[9],創建禪智伽藍。/欽賢若渴,以請法師遊詣大蕃,廣益群品。/法師與禪智公,道合[10]心契,浮杯聿來。有大長/者際州司户參軍曹公珍,雲州萬春府折衝/表工[11]謹等五十餘人,少建金園,宏疏殿宇,嚴/冬燭寢,暑夏[12]斬楊。屬法師住居院仍天竺,△[13]夫,隻夫問道,緇列諸謀,德被八方,聲聞[14]紫極。/孝義皇帝下詔,命爲國師。以法師年榛榆,/辭老而退。尋以示疾,化緣之終於唐上元元[15]年/十一月廿四日中夜,宴坐奄然從化。僧臘三/十有九,春秋六十五矣。

是時愁雲翳空,薤露△[16]泣。/徒衆慟哭,道侣驚嗟。嗚呼!法山頹尊,蒼生何/仰。智舟覆兮[17],含識無依。尊魂[18]已托於蓮/宮,遺質禮葬於原野。或恐高崖遷谷,海變桑/田。或刊石以鏤銘,庶千齡兮不攝。銘曰:

[4]　"褐"字前後,原本當脱一字,疑脱"毳"字。
[5]　"充",原本作"死",據文意改。
[6]　"援",疑爲"捷"字的誤寫。
[7]　"籍",原本作"藉",據文意改。
[8]　"結博"二字,於上下文意不通,疑是"浩博"之誤。
[9]　"院",疑是"演"的同音字,本文有論述。
[10]　"合",原本作"令",據文意改。
[11]　"工",疑是"公"的同音字。
[12]　"夏",原文作"憂",據文意改。
[13]　原文字迹難辨。
[14]　"聞",原文作"開",據文意改。
[15]　"元",原文無,據文末善珠跋文補。
[16]　"△",原文字體難辨,或爲"號"字。
[17]　"兮",原文形似"号",據文意改,下同。
[18]　"尊魂",原文作"魂尊",據文意改。

法山雄/雄,聲逸江海。

一旦魂飛,遺形[19]空在。

惠日淪兮世/間[20]虛,愁雲結兮道俗嗟。

庶千齡兮古[21],識/甘棠兮之懷毀。/

唐孝義皇帝上元元年歲次庚子俊法師/滅度,從其庚子至延曆七年歲次戊辰合/卅年,釋善珠。

## 二、崇俊的生卒年及其出家師承

《崇俊塔銘》未署撰文者名字,銘文本身也未透露是否出自銘主崇俊的門人之手,或應其門人之請而由當時某文人所撰。與唐代一般碑銘相比,這方塔銘的文字並不長,但作爲一篇塔銘文獻,儼然具備誌、銘兩部分,其內容按照誌題、名諱、籍貫、師承、履歷、著述、卒葬等次序進行敘述,是我們考察銘主崇俊生平的重要史料。

塔銘稱,崇俊"化緣之終於唐上元元年十一月廿四日中夜"。"上元元年"原文實作"上元年",我根據銘文末釋善珠跋文"上元元年"而作校補。此處漏一"元"字,當涉前重文而脫。"上元"年號,唐代前後出現過兩次,一是在唐高宗在位時期,二是在唐肅宗在位時期。根據本文後面對崇俊生平的考察,可以肯定,他不可能是唐高宗時期的人物。而且釋善珠明確交待,他於日本延曆七年(788)獲得《崇俊塔銘》,此時上距崇俊滅度的上元元年共計三十年。綜此看來,塔銘所謂"上元",祇能是指唐肅宗在位的年號。上元元年,即公元760年,崇俊於這一年去世。依其"春秋六十五"逆推,他出生於武周萬歲通天元年(696)。按古代"人生七十古來稀"的說法,享年六十五,離世的年齡並不算太早。

涉及上述內容,有兩點應該指出。第一,從上元元年至延曆七年,前後最多是二十九年,釋善珠計算作三十年,可能是爲了湊個整數。這種作法,古代比較

---

[19] "形",原文作"刑",據文意改。
[20] "間",原文此字後有"空",據文意删。
[21] "古"字前後,疑脫二字。

常見，實不足怪。第二，文末跋文"上元元年"前綴有"唐孝義皇帝"五字，顯然是釋善珠在理解銘文中"孝義皇帝下詔，命爲國師"一語後所加。如前所述，"上元"既然是唐肅宗年號，冠此年號之前的"孝義皇帝"，肯定是指唐肅宗。不過，通檢《舊唐書》與《新唐書》史料，唐肅宗於寶應元年（762）去世，謚號爲"文明武德大聖大宣孝皇帝"，而稱肅宗爲"孝義皇帝"的用例，目前僅見於《資治通鑑》卷第二一八至德元載條，《考異》引《張中丞傳》（張巡答令狐潮書）"主上緣哥舒被衂，幸於西蜀，孝義皇帝收河、隴之馬，取太原之甲，蕃、漢雲集，不減四十萬衆"[22]一段。由此説明，肅宗的確有孝義皇帝之稱。

崇俊的俗姓及其家世背景，塔銘沒有交待。塔銘開篇直接記載崇俊是洛陽人，自幼天資聰穎，出家乃宿世善根所致，所謂"善由宿積，非駿出家。聰敏天資，神明性立"。"非駿"爲古代良馬的名稱，形容崇俊非平凡之輩出家。而崇俊出家的年齡，銘文載"志學之歲，爲論議沙彌"。"志學之歲"典出《論語》"吾十有五而志於學"，表明他十五歲剃度出家。"論議沙彌"一詞，在佛教文獻中極其少見。佛教一般將沙彌分爲三種，即七至十三歲稱驅烏沙彌，十四至十九歲稱應法沙彌，二十至七十歲稱名字沙彌。"論議沙彌"相當於應法沙彌階段，表示這一年齡段已可執勞侍師，修習禪誦。然而，崇俊到底依誰出家，成爲論議沙彌，塔銘却不置一詞。我們關注到，圓照《貞元新定釋教目錄》卷一三收有一篇義淨於先天二年（713）正月十七日臨終前所寫的"遺書"[23]，其中提到將此遺書付予他的門人智積、崇俊、玄暉、曇傑、寶嚴等人。此所謂義淨門人崇俊，與本文探討的銘主崇俊或爲同一人。理由有兩點：第一，銘主崇俊出生於萬歲通天元年，至義淨去世的先天二年，已經是十八歲。依上所述，崇俊十五歲就已剃髮爲沙彌，義淨去世當年，崇俊至少已出家三年；第二，義淨於證聖元年（695）從南海歸抵洛陽，隨後主要活動於洛陽、長安兩地，他在譯經和專研律部之餘，教授不少弟子，所謂"學侶傳行，遍於京洛"[24]。崇俊出生洛陽，從小對義淨在洛陽、長安的活動有所了解是極爲正常的。因此，崇俊依義淨出家，爲義淨門人之一，完全是有可

---

[22] 《資治通鑑》卷二一八《唐紀三十四》，中華書局，1956年，6989頁。
[23] 此"遺書"全文見《大正藏》第55册，870頁中欄—871頁上欄。
[24] 見贊寧《宋高僧傳》卷一《唐京兆大薦福寺義淨傳》，載《大正藏》第50册，711頁上欄。

能的,祇是崇俊在義净座下的時間並不長,最多也就三年左右。

義净圓寂後,崇俊至二十歲左右,便已通覽教典,隨後又依當時著名的唯識學者濮陽智周(678—733)學習,如塔銘稱"敬冠之年,八藏[25]通覽。初就濮陽智周法師聽《因明》《唯識》二論、《涅槃》《法花》兩經。才弁逸群,慧解超百"。

關於濮陽智周的生平資料,存世不多,敦煌遺書現存河西僧人曇曠的一部《大乘入道次第開決》(這是注釋智周《大乘入道次第》的著作),其中談到智周的師承、學識及著述等内容,其文云:

> 大唐開元初有濮陽大德,身號智周,我大唐三藏曾孫弟子,慈恩大師之孫弟子,河南法師之親弟子,即是青龍大師異方同學。内窮三藏,外達九流,爲學者師宗。作詞場雄伯,工乎著述,妙乎贊揚。所撰章鈔凡十數部,即《法花攝釋》《唯識誼(演)祕》《因明決擇》,皆所造也。雖不至長安,而聲聞遐被,關輔諸德,咸仰高風。然觀其述作,文約義著。究其所志,既慈且悲,實謂間生英賢傳法菩薩者也。[26]

除此之外,日本現存一種《撲(濮)揚講表白文》資料,談及智周的身世背景及生卒年代,可補前揭曇曠記録之不足,其文載:

> 樸(濮)陽大師,法師中宗曩祖,淄州傳燈上足也。諱智周,俗姓徐氏,偃王後也。懷胎之夕,悲母斷葷血。誕生之晨,大師感涌宗。生年十有九受具足戒,二十有三入泗洲室。《大乘入道》等章疏作六十餘軸,《法華》《唯識》等經論講授八十餘遍。皆窮三藏幽微,悉盡一代之肝要。……運命漸盡而玄宗皇帝之御宇開元二十一年暮夏,春秋五十六。[27]

此文在表述上顯然有"和習"的特點,加之個别文字原文有誤,導致有些文意不好理解。比如"入泗洲室",據其前文"淄州傳燈上足也",當是"入淄洲室"的誤寫。"淄州"係指惠沼(649—714),因其家住淄州(今山東省淄博市),故後人多以"淄州"稱之。惠沼還有"河南法師"之稱,前揭的曇曠記録即作此稱呼。惠沼

---

[25] "八藏"之説,出自竺佛念譯《菩薩從兜術天降神母胎説廣普經》,即胎化藏、中陰藏、摩訶衍方等藏、戒律藏、十住菩薩藏、雜藏、金剛藏、佛藏,以此總括一切佛法。

[26] 《大正藏》第85册,1206頁下—1207頁上。個别文字,據伯2202號有訂正。

[27] 本文轉引自師茂樹《撲陽智周傳についての二、三の問題—師承關係を中心に—》,載《印度學佛教學研究》第48卷第1號,2000年,170頁。

雖是淄州人，但出家後主要活動於河南境内，晚年擔任洛陽白馬寺寺主，直至圓寂。惠沼在當時的聲望，俗諺有云"河南沼，天下少"，可見其影響之大。

綜合前揭兩則文獻可以知道，智周是濮陽（即今河南濮陽）人，有"濮陽大師"或"濮陽大德"之稱。他生於唐高宗儀鳳三年（678），卒於開元二十一年（733），終年五十六歲。俗姓徐，號稱西周徐偃王之後。他十九歲受具，二十三歲爲惠沼入室弟子。惠沼爲窺基弟子，在學統上智周屬於玄奘、窺基唯識一系。日本凝然撰《八宗綱要》談到中國法相宗相承次第時，所列順序完全與曇曠記録相同，即依序爲玄奘、窺基、惠沼、智周[28]。由此看出，智周在中國唯識宗（亦稱法相宗）發展史上的重要地位。

智周知識淵博，内外兼通，平生講授《法華》《唯識》等經論多達八十餘遍，所作章疏凡數十部，共六十餘卷。通檢《大正藏》及《續藏經》所收的智周著作，現存有《成唯識論演秘》《大乘入道次第》《法華經玄贊攝釋》《梵網經菩薩戒本疏》《因明入正理論疏前記》《因明入正理論疏後記》《因明入正理論疏抄》《大乘法苑義林章決擇記》《成唯識論掌中樞要記》等。從這些書名來看，智周偏攻唯識，兼研因明、法華、菩薩戒本等，涉獵領域非常之廣。

從智周的生卒年來計算，崇俊比智周小二十七歲。塔銘記載，崇俊二十歲以後跟隨智周學習。智周與崇俊，兩人籍貫雖有不同，但均屬河南籍。塔銘没有交待崇俊到底在哪裏依止智周學習。從前揭智周生平的資料來看，無法了解智周一生所歷住的寺院及其涉足的地域範圍，反而曇曠記載智周"雖不至長安，而聲聞遐被，關輔諸德，咸仰高風"，這説明智周的足跡並没有到過長安，唯因聲望所及，而得到關中及三輔（扶風、馮翊、京兆）地區諸大德的普遍敬重。智周生活於唐高宗、中宗、玄宗時期，其出生地河南濮陽與長安的距離並不遥遠；而且長安作爲唐代政治、經濟、文化中心，當時可謂寺刹林立，高僧雲集。智周足不至長安，背後是否有什麽原因，現不得而知。關於智周的講學或著述活動的地點，實際可以從智周自己的記録中了解一二。比如，現存《法華玄贊攝釋》卷一開篇有智周所作的自序，其文載"開元八年暮秋朔日，余濫竽（竿）覺使聖佛道場矣！時群德萃焉。謂余曰：'此修多羅，理約理秘。……曷不贊前途啟後躅，示之貝竹，利不

---

[28]《大藏經補編》第32册，51頁。

偉乎！'余不肖也,談何容易。但群情流顧,莫之以仰。乃敬述先誨,捃諸所遺,長想十翼,資光一轍,庶幾後進蕰迷無惑者也,勒成四卷,目攝釋迦云爾"[29]。由此可以了解,開元八年(720)暮秋,智周在聖佛道場,應當時所謂"群德"的提議或請求講授並撰述《法華玄贊攝釋》。"聖佛道場"即聖佛寺,此寺名亦見於智周的《成唯識論掌中樞要記》卷一"開元十三年十二月十一日,於聖佛寺寫了。此功德,讀者早悟於宗指(旨),速得成佛也"[30]。此文以小字夾注的方式記錄,當是智周自己所加,説明開元十三年(725)《樞要記》一書抄寫於聖佛寺,意味着智周至少從開元八年至十三年的五年期間,在聖佛寺講授並注釋了窺基的《法華經玄贊》和《成唯識論掌中樞要》。

然而,智周住錫的聖佛寺,到底在哪裏？查地理類等相關資料,作爲唐代寺院的名稱,目前所知除了四川劍南綿州及長安附近有同名寺院之外[31],在智周家鄉濮陽也有一所。如《册府元龜》卷一五九《帝王部·革弊》載"〔開元〕九年三月庚午,濮州聖佛寺僧多摩持,盡詆惑百姓,大聚財物,勒其僧還俗,納其財"[32]。濮州是濮陽的不同稱呼。這條材料説明開元年間濮陽有一所聖佛寺。唐代詩人高適(704—765)曾造訪此寺,並留題一首《同群公登濮陽聖佛寺閣》詩[33],由此亦可證實智周講學和著述的所在地聖佛寺,應該就在他自己的家鄉濮陽。

確認聖佛寺的位置所在,實有助於我們進一步了解崇俊跟隨智周學習的動向。塔銘雖然記載崇俊二十歲之後師從智周學習,但對到底在哪裏,而且具體從哪一年開始師從智周並沒有交待。根據以上考察,智周至遲從開元八年開始,就在自己的家鄉聖佛寺開講並注釋《法華經玄贊》等經疏。開元八年,崇俊時年二十五歲。當時崇俊在智周座下學習,完全符合塔銘所載崇俊二十歲之後師從智周學習的歲數。由此側面説明,崇俊依止智周的學習場所,就在濮陽聖佛寺。開元八年秋,智周在開講《法華》以前,當時聖佛寺的狀況,按他的原話説是"群德

---

[29] 《續藏經》第 34 册,18 頁中欄。
[30] 《續藏經》第 49 册,59 頁上欄。
[31] 可見於《輿地紀勝》《四川通志》等資料記載。
[32] 王欽若等編《宋本册府元龜》,中華書局,1989 年,332 頁。
[33] 詩文爲"落日登臨處,悠然意不窮。佛因初地識,人覺四天空。來雁清霜後,孤帆遠樹中。徘徊傷寓目,蕭索對寒風"。

萃焉",意指當時在智周身邊聚集了不少僧衆,崇俊應該也身預其中。不僅如此,崇俊在智周座下的表現極爲出色,所謂"才弁逸群,慧解超百"。

崇俊於二十五歲前後依止智周學習,其實還可以從崇俊的受戒年齡來加以佐證。塔銘稱"後於揚州白塔寺嵩律師所具戒,節操殊倫",即崇俊在師從智周之後,前往揚州白塔寺,依嵩律師受足戒。崇俊受具足戒的年齡,可依塔銘所載"僧臘三十有九"進行推算。所謂僧臘,又稱戒臘或法臘。中國傳統以一歲之終爲一臘,但佛教有所不同,是以一夏之終爲一臘,嚴格來説,是受具後結夏一次爲一臘。佛教認爲,沙彌未預僧數,爲僧的實際年數需從受具以後正式算起。所謂"僧臘三十有九",即指受具後三十九年。崇俊六十五歲圓寂。依此推算,他受戒年齡是二十六歲,時值開元九年。這意味着崇俊最遲在二十六歲之前,就已離開濮陽聖佛寺,離開智周。也就是説,崇俊師從智周學習,最多是從他二十歲至二十六歲之間的五六年時間。

智周作爲慧沼弟子,身前已名振關輔。崇俊早年在智周座下學習,祖述玄奘、窺基以來的唯識學著作,這對崇俊後來的著述及思想方面無疑產生一定影響。如後所述,在崇俊的著作中承襲或引述智周的觀點甚多。不過,崇俊在佛學思想上,並非全部贊同智周的看法,甚至提出一些反對意見。關於這一點,容待後文再作説明。

## 三、崇俊在南方揚州、杭州的行歷

根據塔銘記載順序,崇俊到達揚州後,先在白塔寺依嵩律師受具,隨後歷住杭州天竺寺、揚州禪智寺等寺院。由此可知,崇俊二十六歲離開濮陽之後,他的活動區域主要集中在江南的揚州和杭州兩個地方。

揚州地處中國南北水陸交通的運輸樞紐,自隋煬帝開鑿大運河以來,成爲淮南運河的入口處和對外貿易的重要港口,自古以"富庶甲天下"而聞名。關於唐代揚州寺院的情況,日僧圓仁在開成三年(838)巡歷至揚州時,有兩段概況性的文字,先説"揚府裏僧尼寺四十九",後云"揚州有三十餘寺,就中過海鑒真和上本住龍興寺,影像現在。法進僧都,本住白塔,臣善者在此白塔寺撰《文選》也。惠雲法師亦是白塔寺僧也。每州有開元寺、龍興寺,祇是揚州龍興寺耳,申時長安講《百論》"[34]。圓仁謂揚州有三十餘寺,應該僅指僧寺數量而言,而"僧尼寺四十九"云云,當是加上尼寺計算的寺院數量。崇俊受具的白塔寺即是唐代揚州的衆多寺院之一。

揚州白塔寺始建於陳、隋時期[35],入唐以後,根據圓仁前揭所載,李善(630—689)的《文選注》即撰述於白塔寺,同時他談到,法進與惠雲也都是白塔寺僧人。其實,法進與惠雲均爲鑒真弟子,並於天寶十二年(753)隨同鑒真東渡日本,在日本有一定的影響。但遺憾的是,開元九年,崇俊於白塔寺依止受具的嵩律師,其名僅見於塔銘,因史料缺載,無法考察他的具體行狀。

崇俊於揚州白塔寺依嵩律師受具後,便"經行於杭州天竺蘭若"。杭州自古有上、中、下三天竺寺。上、中二天竺均係唐代以後所建,此所謂"杭州天竺蘭若",相當於今天的下天竺寺。此寺最早由隋代靈隱真觀所建,相傳是在靈隱寺開山東晉惠理所建翻經院的基礎上營建而成,由於地處靈鷲峰之南,故又有"南天竺"之稱。此寺從隋代直至唐開元年間,到底住錫過哪些僧人,詳情並不清楚。天寶以降,住錫此寺的唐代僧人至少有道標、道齊、法詵、守真等人。塔銘沒有交待崇俊具體哪一年移住杭州天竺寺,從他受具的年齡來看,開元九年之後是可以肯定的。至於崇俊在杭州天竺寺的修學與著述情況,塔銘着墨較多,其文云:

> 捨繒紵〔毳〕褐充慙媿之服,弃高堂禪菴爲慈悲之室。時有趍援(捷)列衆,馴狎於清修;緇素如林,伏膺其道德。律法師將以佛日久宴,籍義微隱,法門結(浩)博,學者難成。利物之宜,其在真要。乃注《唯識》《因明》,並出《法花批記》等,遂使後徒易曉,修證克祈。可謂教綱再開,張惠重曜。

崇俊居住杭州天竺寺時,正值壯年,可謂是他出家生涯中的黄金階段。期間,他生活簡樸,持律精嚴,並因其道德高邁,而受到緇素二衆的崇敬。彼時崇俊有感於佛教的衰微現狀,注釋了《唯識》《因明》以及《法華批記》等,在教化徒衆、重

---

[34] 圓仁《入唐求法巡禮行記》卷一,《大藏經補編》第18册,17頁。

[35] 如《續高僧傳》卷一《法泰傳》云"太建三年(571),毗請建興寺僧正明勇法師,續講《攝論》,成學名僧十餘人,晚住江都,綜習前業,常於白塔等寺,開演諸論",《大正藏》第50册,431頁中欄。另同書卷二九《慧達傳》云"仁壽年中(601—604),於揚州白塔寺建七層木浮圖,材石既充,付後營立",《大正藏》第50册,694頁上欄。

振教綱方面作出了一定貢獻。

關於崇俊的著作,詳細情況容後再述。在此需先指出的是,上文所説的《法華批記》應該是指《法華玄贊决擇記》,此書現署"杭州天竺寺沙門崇俊撰,揚州禪智寺釋法清集疏"。另從目録資料看,崇俊的確撰有多部關於《唯識》《因明》的注釋書,其中有一部《成唯識論義翼》七卷,署名"天竺寺蓮峰沙門崇俊撰,維揚禪智寺僧法清釋"。由此説明崇俊的不少著作可能是在杭州天竺寺撰述的,故他自稱"杭州天竺寺沙門"或"天竺寺蓮峰沙門"。其實,大曆三年(768),惟揚龍興寺沙門藏諸爲《法華玄贊决擇記》撰寫過一篇序文,其中稱"其覃思研精,鈞(鈎)深索隱,不忘得而得者,在夫乎天竺大師。大師苦節居貞,撝謙養正……斯天竺大師,草創之,討論之"[36]。這裏所説的"天竺大師",係指崇俊,蓋因其住過天竺寺,故而稱之。

崇俊在杭州天竺寺具體住了多少年,塔銘没有明確記載,祇是接着寫到:

> 曩者此州開元寺大禪師院,創建禪智伽藍。欽賢若渴,以請法師遊詣大蕃,廣益群品。法師與禪智公,道合心契,浮杯聿來。有大長者際州司户參軍曹公珍,雲州萬春府折衝表工謹等五十餘人,少建金園,宏疏殿宇。嚴冬燭寢,暑夏斬楊。

這段文字的意思頗爲難解,需要作一番説明和解釋。首先,需要確認的是,開頭提到的"此州",當指揚州,蓋因開元寺與禪智寺均在揚州。以"此州"代稱揚州,實際表明塔銘作者,要麽是揚州本地人,要麽就是撰寫銘文時身在揚州,否則不會作如此表述。其次,"曩者此州開元寺大禪師院,創建禪智伽藍"兩句,前後文意並不通順。按字面意思,大禪師院屬於揚州開元寺中的一個别院,如果作此理解,後文的"創建禪智伽藍"則缺少主語,不成文句。那麽,創建禪智伽藍者到底是誰呢?遍閱相關資料,我在唐代詩人劉長卿(709—791)文集——《劉隨州集》卷六中看到一首題爲《禪智寺上方懷演和尚(寺即和尚所創)》的詩[37]。依此可知,禪智寺乃是演和尚所建,因而我懷疑塔銘所謂的"大禪師院"的"院"字,或許是"演"字的誤寫,此兩字發音相近,容易致誤。如果這一推斷無誤,則可進一步

---

[36] 《續藏經》第34册,126頁上欄。
[37] 《劉隨州集》,《叢書集成初編》本,商務印書館,1937年,66頁。

了解,創建禪智寺的演和尚,本是開元寺的僧人。

揚州開元寺,原爲隋代的長樂道場,武周天授元年(690)改名爲大雲寺,開元二十六年(738)玄宗頒敕諸州立開元寺後,又改大雲寺爲開元寺[38]。此寺在唐代揚州城的具體位置,現存史料有不同記載,一説是在揚州城東面,如李邕於開元十一年撰《楚州淮陰縣娑羅樹碑並序》記"揚州東大雲寺法師希玄,廣派法流,固祗德本,戒行有以鎮浮俗,利言有以誨蒙求"[39]。另一説在揚州城西面,如新羅文人崔致遠《桂苑筆耕集》卷一六有一篇"求化修大雲寺疏",其文云"當州城西大雲寺雖臨楚甸,實壓蜀崗,舊創仁祠,高標兑位。……則與城東禪智寺,雙肩對聳,兩翼齊張。夾煬帝之遺宫,擁淮王之仙宅"[40]。對於這兩種記載,先不論孰是孰非,僅從崔致遠的記録來看,大雲寺,即開元寺與禪智寺離揚州城西的蜀崗不遠。兩寺雙肩對聳,遥相呼應,絶不可能在同一個方向和同一個位置。

關於禪智寺,明代盛儀輯《嘉靖惟揚志》卷三八"上方禪智寺"條載"在縣東大儀鄉,一名竹西寺,隋大業年間建……本隋故宫"[41]。又按魏驥撰《上方寺碑記》"煬帝夢遊兜率天宫聽彌勒佛説法,既寤,遂以離宫施爲寺。……萬曆間猶存"。由此可知,禪智寺本是隋代的離宫,又稱竹西寺。然而,禪智寺如果創建於隋大業年間(605—616),那麽前面提到的演和尚創建禪智寺的説法,就需要修訂,可能稱之爲復建更爲妥當。無論如何,開元寺屬於當時的官寺,由該寺僧人主持營建禪智寺,是極爲正常的。禪智寺建成後,唐代詩人杜牧、權德輿、羅隱等均有題詠,尚對隋苑的遺迹感懷不已。其中崔峒(生卒年不詳,約大曆年間之前人物)有一首《宿禪智寺上方演大師院》詩[42]。此所謂"演大師",無疑就是營建禪智寺的演和尚,説明禪智寺建成後,演和尚從開元寺遷住至禪智寺。

關於揚州開元寺的演和尚,我們還注意到,圓仁《入唐求法目録》著録有"揚

---

[38] 如《唐會要》卷四八《寺》云:"天授元年十月二十九日,兩京及天下諸州,各置大雲寺一所,至開元二十六年六月一日,並改爲開元寺。"上海古籍出版社,1991年,996頁。同樣記載也見於宋志磐《佛祖統記》卷四〇"〔開元〕二十六年,敕天下諸郡立龍興、開元二寺"。

[39] 見《李北海集》卷四。

[40] 崔致遠著,李時人、詹緒左編校《崔致遠全集》(中卷),上海古籍出版社,2018年,383頁。

[41] 寧波天一閣藏本影印,没有頁數。

[42] 《文苑英華》卷二三六,中華書局,1966年,1189頁。

州東大雲寺演和尚碑並序一卷(李邕撰)"[43]。揚州大雲寺,乃揚州開元寺前身。此所謂演和尚,顯然與前述開元寺僧人,即營建禪智寺的演和尚爲同一人。表明演和尚去世後,李邕爲他撰文立碑。此碑內容現不見於李邕文集——《李北海集》,圓仁當年帶回日本的碑文亦已不見蹤迹。李邕是《文選注》作者李善的兒子,天寶六年(747)去世。李邕爲演和尚撰碑,祇能在他去世之前,此即說明演和尚的生存年代必然在李邕去世之前。

通過以上考察,我們可以認定揚州禪智寺是由演和尚創建或復建的。另從演和尚生存年代的下限來看,他營建禪智寺的時間最遲也是在開元末及天寶初。如上所述,開元九年,崇俊在揚州白塔寺受具後不久便到杭州。雖然我們目前無法斷定崇俊在杭州天竺寺的居住時間,但他再次返回揚州的時間,當在禪智寺建成之後。

禪智寺建成後,塔銘接着說"欽賢若渴,以請法師遊詣大蕃,廣益群品。法師與禪智公,道合心契,浮杯聿來"。承接前文,這段文字的字面意思,似可理解爲:早年揚州開元寺大禪師演和尚創建禪智寺,由於他欽賢若渴,故請崇俊前往"大蕃",教化利益群人。崇俊與禪智公道心相契,故應邀前來。結合以上討論,此所謂"禪智公",當指演和尚。然而,如果崇俊前往的地方是揚州,這種理解自然沒有問題,可是銘文却赫然寫着"以請法師遊詣大蕃"。"大蕃"二字,唐代文獻一般是指"吐蕃"。師茂樹先生曾依此認爲,崇俊生前去過"吐蕃"。其實這是一種誤解。首先,從塔銘的前後文脈上看,無法支持崇俊去過"吐蕃"的理解。其次,禪智寺演公作爲揚州地方僧人,根本沒有權力派遣崇俊出使吐蕃。再次,唐代歷史上雖有派遣漢地僧人前往吐蕃講學的舉措,且每兩年輪換一次,形成定制[44],但這種唐蕃佛教之間的交往方式,最早可能也是發生在唐德宗建中二年(781)以後,在此之前漢地僧人前往吐蕃講學的記載並未見於相關史料。其實,所謂"大蕃",在古代史料中往往是指重要的行政區域,如隋高祖楊堅致源雄書

---

[43] 《大正藏》第 55 册,1075 頁下欄。

[44] 如"〔建中〕二年二月,以萬年令崔漢衡爲殿中少監,持節使西戎。初,吐蕃遣使求沙門之善講者。至是,遣僧良琇、文素,一人行,二歲一更之"。見王欽若等編《册府元龜》卷九八〇《外臣部·通好》,中華書局,1960 年,11513 頁。

"徐部大蕃,東南襟帶"〔45〕。"大蕃"作爲古代藩鎮的意思,也可寫作"大藩",比如白居易撰《答王鍔陳讓淮南節度使表》開篇載"卿自領大藩,累彰殊效。惠安百姓,表正一方"〔46〕。此表明唐代揚州屬於淮南節度使所轄。歷史上揚州作爲重要的藩鎮之一,宋人亦有記錄,如章惇呈宋哲宗的奏狀云:"臣竊以揚州雖大藩,然自郎官皆可以爲守,以臣父處之,即汝州與揚州亦何所異?"〔47〕因此,塔銘所述"欽賢若渴,以請法師遊詣大蕃"云云,實際是指崇俊受禪智寺演和尚的邀請,從杭州下天竺寺移住揚州禪智寺。

崇俊遷居禪智寺後,塔銘接着記載"有大長者際州司户參軍曹公珍,雲州萬春府折衝表工謹等五十餘人,少建金園,宏疏殿宇。嚴冬燭寢,暑夏斬楊"。這段文字大體是説,當時大長者曹珍以及表工謹等五十餘人,爲崇俊出資擴建了禪智寺。"表工謹"三字作爲人名甚顯奇怪,原文或許有誤。至於當時身任際州司户參軍的曹珍,目前我們也查不到相關材料。司户參軍,在唐代官爲正七品,主要管理户籍事務。可是,際州作爲唐代地名,却未見於《元和郡縣志》等相關資料。不僅如此,雲州萬春府,也查不到任何信息。如果就"雲州"而言,《元和郡縣志》記河東道之雲州,"即秦雁門郡地,在漢雁門郡之平城縣也"〔48〕。另《舊唐書》卷三九《地理志》載"雲州,隋馬邑郡之雲内縣。……〔武德〕六年置北恒州,七年州廢。貞觀十四年自朔州北定襄城移雲州及定襄縣置於此。永淳元年爲賊所破,因廢,乃移百姓於朔州。開元二十年復爲雲州,天寶元年改爲雲中郡,乾元元年復爲雲州"。依此可知,雲州是開元二十年由朔州改稱而成,即漢雁門郡的平城,現今山西大同。然而,復爲雲州,《舊唐書》説是開元二十年,《元和郡縣志》説是開元十八年,兩者稍有差異。無論如何,萬春府查無出處,具體所在不明,此"雲州"是否爲平城,自然存有疑問。無論如何,際州與雲州,都不應該在揚州附近。如此一來,曹珍等人與禪智公演和尚、崇俊是如何認識的,他們到底通過什麽渠道在揚州出資建設禪智寺?這些問題尚待今後作進一步的考察。

通過以上論述,塔銘"曩者此州……暑夏斬楊"這段話,雖然有些地方因誤

---

〔45〕《隋書》卷三九《源雄傳》,中華書局,1973年,1154頁。
〔46〕 白居易著,朱金城箋校《白居易集箋校》卷五七,上海古籍出版社,1988年,3299頁。
〔47〕 李燾撰《續資治通鑑長編》卷三九〇,中華書局,1995年,9481頁。
〔48〕 李吉甫撰,賀次君點校《元和郡縣圖志》卷一四《河東道》,中華書局,1983年,409頁。

抄而造成理解上的困難，但據此可以了解到，揚州禪智寺的興建情況，以及崇俊離開杭州天竺寺移住揚州禪智寺的大體經過。再從"法師與禪智公，道合心契"云云來看，崇俊與演和尚的關係也非同一般，崇俊之所以居住揚州禪智寺，當與演和尚有極大關係。

至於崇俊的晚年情況，塔銘有以下一段話：

屬法師住居院仍天竺，△夫隻夫問道，緇列諮謀，德被八方，聲聞紫極。孝義皇帝下詔，命爲國師。以法師年槕榆，辭老而退。

上文個別文字原文或許有誤而無法完全釋讀，但基本意思清楚，即當時崇俊居住天竺院，講學授道，爲弟子們所敬重，甚而聲聞朝廷。因此，"孝義皇帝"（即唐肅宗）下詔欲命其爲國師，不過最終崇俊以年老而辭，未能赴命。我們知道，古代僧人被皇帝賜爲"國師"，是一種極高的榮譽，這也可以看出崇俊身前的地位和影響。

需要指出的是，崇俊晚年所居的天竺院，也許有人以爲是崇俊曾經住過的杭州天竺寺，其實不然。首先，我們從"唐禪智寺故大德法師崇俊塔銘"的誌題可以知道，崇俊晚年應該住在禪智寺，直至去世。上文提到，銘文以"此州"代稱"揚州"，這意味着此銘文撰於揚州，而崇俊的墓塔也應該在揚州。如果崇俊晚年住在杭州天竺寺，並於杭州圓寂的話，那麼銘文斷不可能題作"唐禪智寺故大德"，而應該是"唐天竺寺故大德"，這樣纔比較合理。其次，再詳審"屬法師住居院仍天竺"的表述，"仍"之一字已清楚表明"天竺院"乃承襲此前所居寺名而來。即崇俊曾住過杭州天竺寺，故因之命名。最後，通過後世文獻的記載可以知道，唐代禪智寺的確有過一所天竺院，如宋代《太平廣記》卷四七五載有淳于棼夢入大槐安國的所謂"南柯一夢"故事，其中記載淳于棼夢一女子謂其曰"昨上巳日，吾從靈芝夫人過禪智寺，於天竺院觀右（石）延舞婆羅門"。此乃唐傳奇《南柯太守傳》的故事，這一故事的主人翁淳于棼是唐貞元年間（785—804）人物，故事情節雖有些荒誕離奇，但其中提到的禪智寺天竺院却非向壁虛構，當有一定的現實依據，此即說明在貞元年間以前，禪智寺内已有天竺院。

談及禪智寺的石延舞，明代毛晋輯《六十種曲》載"小僧揚州府禪智寺，一個五戒是也。五戒、五戒，好些尷尬。近因孝感寺作中元盂蘭大會，十方僧俗去請潤州契玄禪師講經，那禪師法旨威嚴。凡有聽請者，先於小寺投牒報名，方去聽講。却有西蕃一個婆羅門,名唤石延,客居小寺天竺院,此人善作西蕃胡族舞"[49]。《六十種曲》是明代以前一些著名戲曲作品的總彙集,以上這段關於禪智寺石延舞的記載,乃演繹《南柯太守傳》的情節而成。石延舞來自天竺,以婆羅門石延善此舞蹈而命名。戲曲内容雖然有增飾敷衍的成分,但在天竺院前演示天竺的舞蹈,似乎也頗合旨趣,相得益彰。

綜上所述,我認爲崇俊晚年居住的天竺院就在揚州禪智寺内,而不能理解爲杭州天竺寺。正因爲如此,崇俊的終焉之地肯定是在禪智寺。塔銘最後描述崇俊圓寂後弟子們的悲痛場面和送葬情形,表達了弟子們希望其尊魂托生蓮宫的願望。從"遺質禮葬於原野"一句來看,崇俊塔墓當在唐代揚州城的郊外。"或刊石以縷銘,庶千齡兮不攝",如今通過這方塔銘,我們得以了解崇俊的生平事迹,也算是實現了撰文者的願望。

## 四、崇俊的著作及其門人

關於崇俊的著作,塔銘記載極爲簡略,僅稱"利物之宜,其在真要。乃注《唯識》《因明》,並出《法花批記》等"。查閲中國佛教相關目録書,目前未能檢出崇俊著作的任何信息,但從日本的佛教目録書中可以看到多種崇俊著作。兹列舉具體書名並簡述如下:

### (一)《仁王般若經注》三卷

僅見於永超《東域傳燈目録》(以下簡稱《永超録》)著録,即"〔仁王般若經〕同疏三卷(圓暉注三卷崇俊)"[50]。查看此録大正藏本的底本——高山寺藏鎌倉初期寫本,括弧内的"崇俊"二字字體較小,而"圓暉"與"注三卷"之間也有些距離。因此,我的理解是"圓暉注"三字不能連讀,"注"字當屬下,圓暉祇能用以指《仁王般若經疏》三卷的作者。而"注三卷崇俊"當承前表示崇俊所撰的三卷本《仁王般若經》注釋書。此書現已亡佚,詳情不明。

---

[49] 毛晋《六十種曲》,中華書局,2007年,16頁。
[50] 《大正藏》第55册,1148頁中欄。

### (二)《正理注釋》一卷

圓超《華嚴宗章疏並因明錄》著録。《一切經論律章疏集(傳録)並私記》卷上另有"入正理注釋一卷,崇俊注"[51],我懷疑兩者是同一部著作,乃是玄奘譯《因明入正理論》的注釋書。此書現已亡佚,詳情不明。

### (三)《因明論疏》上、下[52]
### (四)《因明論注》一卷[53]

以上兩書僅見於《古聖教目録》(擬題)著録。卷數雖有不同,但書名相近,也許是同一部書的不同著録。不僅如此,以上提到的《正理注釋》一卷,同樣爲崇俊的因明學著作。這三種著作到底是各自不同?還是指同一部書?由於其著作本身目前已佚,詳情無從了解。日本安然《悉曇藏》卷二引有"崇俊《注因明論》頌云:體業作爲因屬依呼(抄)。亦云:體業作爲從屬於呼(抄)。《慈恩樞要》云:……"[54]相應這段文字,美國加州大學藏日本天保十三年(1841)寫本《悉曇十二例略記》亦有"崇俊《注因明論》曰:頌曰:體業作爲從屬依呼。亦云:體業作爲從屬於呼。《因明論疏》曰:問:然依聲明。一言云婆達南,二言云婆達多,〔三〕言云婆達。今此能立婆達聲説,既並多言"[55]。此文繼崇俊《注因明論》之後,接着引用《因明論疏》。前後所引兩書到底爲同一著作的不同名稱,還

---

[51] 牧田諦亮監,落合俊典編《七寺古逸經典研究叢書》第六卷《中國·日本經典章疏目録》,大東出版社,1998年,257頁。筆者按:《一切經論律章疏集(傳録)並私記》原有三卷,現僅存卷上,藏名古屋七寺,乃日本平安末期寫本。内容主要根據入唐八家及入宋僧奝然攜回的目録編輯而成,現存内容的三部分:一、"諸宗章疏并因明目録"(包括"華嚴宗章疏并因明""天台宗章疏""三論宗章疏""法相宗章疏""律宗章疏"),共著録2969卷;二、章疏傳記,共著録200部、754卷;三、章疏部,共著録110部。此目録雖是殘卷,但可以由此看出,至平安末期以前,中國佛典傳入日本的情況。

[52] 《古聖教目録》(擬題),參見牧田諦亮監,落合俊典編《七寺古逸經典研究叢書》第六卷《中國·日本經典章疏目録》,大東出版社,1998年,228頁。筆者按:《古聖教目録》(擬題),原來的名稱因底本殘缺不明,此題名爲落合俊典先生所擬,一卷,推測是日本平安末期安元元年(1175)至治承四年(1180)間的寫本,現藏名古屋七寺。本目録共著録1257部著作,大部是隋唐時期僧人的佛典注疏,也有元曉、憬興等新羅僧人,以及最澄、空海、淳祐、源信等日本僧人的著作,其中有些書目,未見於其他目録,對我們研究隋唐時期的佛教著述,以及這些著述的東傳有極高的文獻價值。

[53] 《古聖教目録》(擬題),參見同上書,229頁。

[54] 《大正藏》第84册,384頁下欄。按:與此安然所引相同的内容,亦見於了尊的《悉曇略圖抄》卷六。

[55] 參見森重樹編《尾栂コレクシュン顯密典籍集成》第十二卷,悉曇·曼荼羅編,株式會社平河出版社,1981年,208頁。

是兩部書？亦難斷定。如果是兩部書，《因明論疏》是否爲崇俊的著作，也無法肯定，詳情待考。

### (五)《注唯識論》二十卷

藏俊《注進法相宗章疏》與《永超錄》有著錄，後者作"注唯識論二十卷，宗俊天竺寺"，此"宗俊"顯然是"崇俊"之誤。此書或已亡佚，《續藏經》收有一卷題爲"注成唯識論卷第十七"，首尾殘缺，卷末附有佐伯定胤應《續藏經》編纂者所請寫的一則跋文[56]，説是依"御物古抄本"錄文，但不知作者，佐伯氏指出其行文酷似崇俊的《法華玄贊決擇記》，故懷疑可能是崇俊《注唯識論》的殘卷，但到底是不是崇俊著作的遺存，有待進一步研究。

### (六)《成唯識論義翼》七卷

藏俊《注進法相宗章疏》與《永超錄》有著錄，前者署名作"天竺寺蓮峰沙門崇俊撰，樸(維)楊寺禪智寺僧法清釋"，後者署名作"天竺寺蓮峰沙門崇俊法清[57]撰，惟楊禪智寺僧法清釋"。

以上(五)(六)兩種均是《成唯識論》的注釋書，兩者書名與卷數均不相同，當是兩部不同的著作，可惜現已亡佚，無法了解其具體内容。日本良算《唯識論同學抄》、湛慧《成唯識論述記集成編》以及《成唯識論本文抄》等多處引用或參考過《成唯識論義翼》。如《唯識論同學抄》云"起諸行故者，彼一一行下，修餘波羅蜜行之義也。崇俊、法清存此義也"[58]，這裏雖然僅僅提到崇俊和法清，但實際所指應該就是《成唯識論義翼》的觀點。再如《唯識論同學抄》載"仍若别解者之本，誤前字作别字歟。就中如理、崇俊等人師牒，若前解者之本"[59]。據該書大正藏本腳注，文中"崇俊"二字，另一本傍注作"義翼"，顯然這是指《成唯識論義翼》而言。

### (七)《法華義决》一卷

僅見於《古聖教目録》著錄[60]，現已亡佚，詳情不明。

---

[56] 《續藏經》第50册，26頁下欄。
[57] "法清"二字，據大正藏本腳注，大谷大學藏寫本沒有這兩字。
[58] 《大正藏》第66册，218頁上欄。
[59] 《大正藏》第66册，434頁上欄。
[60] 《中國·日本經典章疏目録》，153頁。

## （八）《法華玄贊決擇記》（以下簡稱《決擇記》）

共有八卷，平祚《法相宗章疏》、《永超錄》《古聖教目録》以及《一切經論律章疏集（傳録）並私記》卷上）中均有著録，唯獨《古聖教目録》作"十卷"[61]，《永超録》另載"有序，杭州天竺寺沙門崇俊撰，楊州禪智寺釋法清集"[62]。《續藏經》第三十四册收入本書一、二兩卷，卷首附有揚州龍興寺沙門藏諸寫於大曆三年（768）正月的序文[63]，每卷署名"抗（杭）州天竺寺沙門崇俊撰，揚州禪智寺釋法清集疏"。

以上所舉八種著作，均見於日本佛教目録書，表明這些著作很可能都東傳至日本。但從這些著作的名稱來看，内容主要涉及《唯識》《因明》與《法華》三類，這一點與塔銘所言相符。塔銘提到的《法花批記》，應該就是指《決擇記》而言。不過，與因明相關的三種著作，未必實有三種，也許是一種著作在不同目録書的不同稱呼。無論如何，就現存文本而言，除了《注成唯識論》卷十七是否爲崇俊的著作尚有可疑而姑且不論外，目前已經確認的真正屬於崇俊的存世著作衹有《決擇記》卷一與卷二。

提到崇俊著作的存佚情況，值得注意的是，日本正倉院聖語藏保存一卷《法花決擇記》寫本（編在第五類，甲種寫經第 20 號）。此寫本共存 44 紙，首殘尾全，尾題作"法花決擇記卷四"，卷末有題記"天長二年（825）八月廿二日寫了／一校真吕十月二日"。查考文本内容，它屬於一種窺基《法華經玄贊》的注釋書，且書名與崇俊的《決擇記》相同。再從其注釋風格等來看，與續藏經本《決擇記》卷一、卷二完全一致，可以肯定它就是崇俊《決擇記》的卷四部分。這一寫本不僅爲崇俊著作的研究提供了新資料，而且從其抄寫時間來看，距崇俊去世僅六十餘年，説明《決擇記》成書後，在短短幾十年内就傳到了日本。至於此書在日本的影響，還有待進一步研究。目前我了解到在中算《妙法蓮華經釋文》與貞慶《法華經開示抄》等著作中多處提到崇俊的名字及其觀點。由於這些書籍都與《法華經》注釋有關，所以中算、貞慶等人所參考的崇俊著作應該就是他的《決擇記》。

---

[61]《中國・日本經典章疏目録》，143 頁。
[62]《大正藏》第 55 册，1149 頁下欄。
[63]《續藏經》第 34 册，126 頁上欄，《古聖教目録》著録有"法花玄贊決擇序一卷，藏諸"，表明此序後來作爲單篇流通。見《中國・日本經典章疏目録》，151 頁。

《決擇記》原本有八卷,現存卷一、卷二、卷四,雖不及全本的一半内容,但它是目前唯一可以確認是崇俊的傳世作品,值得重視。可貴的是,藏諸還爲此書寫過一篇序文,爲我們考察崇俊的道德學問以及《決擇記》的成書經過等方面提供了珍貴資料。

藏諸的《決擇記》序文,現附在該書的卷一前面,但在《古聖教目録》中著録有"法花玄贊決擇序一卷,藏諸"[64],説明這篇序文曾有過單行本,至少在日本曾經流傳過單行本。藏諸,是揚州龍興寺僧人,大曆年間活動於揚州。有關他和崇俊之間的關係,《決擇記》序文云"予叨陪廓廡,乾乾誠請,乃展爲八卷,成一家言"[65]。此文表明藏諸曾經在崇俊身邊,《決擇記》的撰述或與藏諸的邀請有關。藏諸在序文中對窺基的《法華經玄贊》給予了很高評價,並交待《決擇記》乃是一部注釋窺基《法華經玄贊》的著作,所謂"輔玄贊而開釋也"。接著,他對崇俊的道德學問也評價頗高,所謂"大師苦節居貞,撝謙養正。大唐三藏,所譯論經,義無偏圓,部無巨細。過耳必誦於口,遇目必了於心。注之其情匪盈,酌之其智匪竭"。文中的"大師"係指崇俊,"大唐三藏"則指玄奘。崇俊的學問師承智周,屬於窺基、惠沼一系的唯識學。他所注釋的經論,如《因明入正理論》和《成唯識論》等也都是玄奘所譯,而《決擇記》又是注釋窺基《法華經玄贊》而成。凡此説明崇俊非常注重玄奘翻譯的經論與窺基的著作。崇俊撰述《決擇記》,參考過不少前人的資料,藏諸在序文中引用崇俊原話説是"博考舊聞,裁摭新義"。查現存三卷《決擇記》,文中的確廣泛引用了各種經論,章疏方面引述有安法師(道安)、吉藏(或藏法師)、净法師、宣律師(道宣)、玄應、氤法師(道氤)、測法師(圓測)、緇州(惠沼)等人的著作與文字,甚至參考了《漢書》《尚書》《莊子》《山海經》《論語》《爾雅》《玉篇》等外典。尤其值得注意的是,其中以"攝云""攝釋云"領起大量引述了智周《法華經玄贊攝釋》的觀點,智周此書也是注釋窺基《法華經玄贊》的作品。不難想象,崇俊之所以撰述《決擇記》,顯然受到智周的影響。不過,崇俊在《決擇記》中引述《攝釋》内容以證成己説的同時,另從文中"攝叙多解,已辯其非,今之所陳,唯申正説,下皆類然,不復繁述""攝釋問答,乃是

---

[64] 《中國・日本經典章疏目録》,151頁。
[65] 《續藏經》第34册,126頁上欄。

徒設,若依普曜,部答無妨,有智之者,幸願審思""今攝云:隨古〔人〕,安釋名內。恐不如然""若作此解,文不謬矣,此解與上攝釋有別"等文字可以了解到,某些方面崇俊並不贊同智周的觀點。正如後來日本僧人安然在他的《教時爭論》中所說"崇後(俊)法師,亦作決擇,多破周釋"[66]。

此外,有關揚州禪智寺法清與崇俊的關係,藏諸《決擇記》序文也有明確交待,即謂"起草云畢,校於入室門人法清律師。律師解行道德,接武師矣。日益云學,未敢青藍。歲積解功,頗階亞聖。聞揚三藏,十有餘年。豈惟十哲播美於宣尼,四子見稱於羅什而已。每正釋之餘,旁談玄理。雖口受先德,故輪墨□書。……斯天竺大師,草創之、討論之。律伯清公,修飾之、閏(潤)色之。經此二賢,義無遺矣"[67]。依此可知,法清是崇俊的入室門人,跟隨崇俊至少十多年。而且《決擇記》一書初稿完成後,曾經過法清的校勘和修飾。法清作爲崇俊的弟子,藏諸對其評價頗高,將其擬作孔門的"十哲",羅什門下的"四子"。然而,在《決擇記》中,具體哪些内容經過法清的修飾,目前無法一一辨明。但有一點值得注意,《決擇記》卷一、卷二共有三處引述"先師云"的內容。此所謂"先師"有兩種可能,一指崇俊的先師,即義净或智周。二指法清的先師,即指崇俊。總之,現存的《決擇記》經過法清之手編校,這是可以肯定的。不僅如此,根據前揭目錄所載,法清還編輯過崇俊的《成唯識論義翼》。另外還需要指出的是,法清並非祇校訂崇俊的著作,他也有自己的著作,如《永超錄》載"〔俱舍論〕要鈔三卷,惟楊禪智寺釋法清記一乘院"[68]。可惜,法清所撰的三卷本《俱舍論要鈔》現不知所在,可能已經亡佚了。

關於法清,在前揭師茂先生論文中,提到他與日本入唐僧德清有過交往。日人藏俊《因明大疏抄》載"入唐還學僧德清於唐州決五個難義,上古未決中載此義。即在大唐問法清居士云(居士者,崇俊師入室子也)。問:因明論說九似宗……在大唐所決如件,但以不預入京,亦不遇良匠,於深義理不得詳决。今隨所問,謹以奉上,寶龜十年五月二十八日,前還學僧德清。已上"[69]。德清是奈

---

[66]《大正藏》第75册,365頁下欄。
[67]《續藏經》第34册,126頁上欄。
[68]《大正藏》第55册,1161頁中欄。
[69]《大正藏》第68册,634頁下欄—635頁上欄。

良西大寺僧人，寶龜元年至十年之間（770—779）入唐求法，他在唐的行迹雖然不甚明了，但他到過揚州，並且就窺基《因明大疏》的内容決疑於法清，以上引文就是德清向法清請教五個問題的問答記録。細觀其中"但以不預入京，亦不遇良匠，於深義理不得詳決"[70]一語，德清在唐的足迹没有過到長安，他向法清請教的問題，顯然没有得到滿意的答案。值得注意的是，上文稱法清爲居士，這是否説明法清在崇俊圓寂之後，或已還俗，亦未可知。

師茂先生在他的論文中，引用玄叡《大乘三論大義鈔》"德清法師承大唐法詳居士云：大佛頂經，是房融之僞造，非真佛經也。智昇未詳，謬編正録。然彼法詳所出僞經之由，甚可笑也。恐繁不述"[71]後指出，此處的法詳與法清可能是同一人物。師茂先生作此推論，應該是基於德清與崇俊弟子法清有過交往的事實，而剛好兩人名字中"法"字又是相同。其實，"清""詳"二字的字形並不相近，將"法清"誤寫作"法詳"的可能性不大。法清是否又名法詳，僅依以上這一資料，目前還很難斷定。關於崇俊的門人，我還關注到日人貞慶《法華開示抄》中所載的一段話，即"緇州、樸陽已下，至崇俊、法清、法澄、栖覆（復）、詮明等，資嫡孫弟，依疏作釋之人，雖有《玄贊》之明文，可疑者疑之，可亂者亂之"[72]。此文明確提到，從惠沼、智周以下乃至詮明，均對窺基的《法華經玄贊》作過注釋。具體而言，分別有慧沼的《法華玄贊義决》[73]、智周的《法華經玄贊攝釋》、俊崇與法清的《决擇記》、栖復的《法華經玄贊要集》和遼僧詮明的《法華經玄贊會古通今新抄》。不過，比較奇怪的是，此中唯獨查找不到法澄的《法華經玄贊》注釋書。從法澄與法清兩者並列的名字來看，肯定是兩個人，所以我懷疑法澄很可能也是崇俊的門人，而且參與過《决擇記》的編校，否則貞慶不會將他列爲《法華經玄贊》的注釋者。由此我聯想到，以上提到的法詳，並不一定與法清是同一個人。他與法澄、法清一樣都有可能是崇俊的門人。當然，這僅是依據貞慶的記載所作的推測，具體情況有待進一步求證。

---

[70] 《大正藏》第68册，635頁上欄。
[71] 《大正藏》第70册，151頁下欄。
[72] 《大正藏》第56册，334頁下欄。
[73] 本書僅一卷，已收入《大正藏》第34册，校本中所謂的"乙本"是敦煌遺書，爲日本中村不折舊藏本。

總之，法清作爲崇俊的門人，並參與編校崇俊的著作，塔銘没有任何記載。以上鉤稽史料對法清其人略作考述，當有助於我們加深對崇俊生平和著作的認識。

## 五、結語

通過本文的考察，可以將崇俊的傳歷大體勾勒如下：

崇俊是洛陽人，出生於武周萬歲通天元年，唐肅宗上元元年去世，享年六十五。他自幼聰穎，十五歲出家，或依義净法師剃度。二十歲左右便已通曉三藏，博聞強識。之後於濮陽聖佛寺跟隨智周學習《因明》《唯識》《法華》等經論。開元九年，崇俊時年二十六離開智周，前赴揚州，於揚州白塔寺依嵩律師受具足戒。隨後不久，便往杭州，居住天竺寺（即今下天竺寺），並於該寺授徒講學，著書立説，故有"天竺大師"之稱。崇俊居杭州天竺寺十餘年，至遲在開元末、天寶初再次返回揚州，居揚州禪智寺。禪智寺是由揚州開元寺僧人演和尚營建，演和尚與崇俊道契心合，崇俊之所以住錫禪智寺，當與演和尚有關。崇俊晚年住禪智寺天竺院，直至去世。臨終前，唐肅宗欲賜以"國師"之號，最終雖然他以年老而辭，但由此窺知其生前聲望之高，影響之大。

崇俊的佛學思想師承智周，祖述玄奘、窺基、惠沼一系之唯識學，在中國唯識學史上有一定地位。崇俊生前著述頗豐，從目錄上看，達八種之多，除去其中同一書或許存在不同著錄的可能，至少也有六種左右，内容主要涉及《唯識》《因明》《法華》。這些著作，應該都東傳至日本。不過，目前真正可以確認傳世的崇俊著作祇有《決擇記》卷一、卷二和卷四。塔銘提到的《法花批記》，當指這一著作而言。此外，通過揚州龍興寺僧人藏諸爲《決擇記》所寫的序文可以知道，《決擇記》完成初稿後，崇俊門人法清參與過校訂。法清也是禪智寺僧人，撰有《俱舍論要鈔》三卷，同時還參與編校崇俊的另一部《成唯識論義翼》著作。

崇俊的著作佚多存少，目前想要了解他的佛學思想，祇能通過現存的《決擇記》三卷。希望今後有人對此資料加以整理與研究。

我們説，古代中國佛教，以唐代爲最興盛。究其原因，除了唐代社會穩定、經濟繁榮、文化多元等因素之外，當然與唐代僧人的建寺安僧、著述講説等努力也是分不開的。歷史研究,主要考察的是人的活動。長期以來,學界利用《續高僧傳》或《宋高僧傳》等僧傳文獻對唐代僧傳的研究已取得豐碩成果。近年來,關注中華人民共和國成立以來新出土的唐代僧人碑銘,再結合傳世文獻,研究得出的學術成果也越來越多,極大豐富了我們對古代僧人活動行跡的認識。不過,並非每一位古代僧人,都有後人爲其立傳或樹碑,被歷史湮没或忘却的人物,總比名留史册的人物要多得多。有時即使勒石立碑,以永其傳,但因人事變换,滄海桑田,許多人並没有那麽幸運,能够將自己的生平事跡傳之不朽。由此來看,崇俊算是幸運的,因爲《宋高僧傳》等僧傳文獻雖没爲其立傳,但不知何人爲他所撰的塔銘尚存於世,使得千年以下的我們還可以了解他的生平事跡。

最後想附帶指出,《崇俊塔銘》能得以存世並流傳至今,日本奈良時期釋善珠的功績不可忘記。善珠曾師事入唐僧玄昉(?—746),精通唯識、因明,撰有《成唯識論肝心》八卷、《唯識燈明記》四卷、《因明論義抄》二卷等著作。實際上,善珠除於延曆七年獲得這方《崇俊塔銘》之外,還於同一年收集到李邕撰《唐故白馬寺主翻譯惠沼神塔碑》[74]。崇俊爲惠沼的孫弟子,都是唐代唯識學的重要僧人。善珠作爲日本奈良時期的唯識學者,這一學問背景,使他致力於收集唐代唯識學僧人的傳記,從而爲我們留下一份如此珍貴的資料。然而,善珠並没有入唐經歷,這兩方碑文到底由誰傳入日本,詳細情況並不清楚。在此,我想作一推測,即從崇俊的卒年及善珠獲得《崇俊塔銘》的時間來推斷,《崇俊塔銘》傳入日本的時間祇能是在上元三年(762)至延曆七年(788)的二十六年之間。而這一時期,到過揚州的日本僧人,目前所知祇有上文提到的德清。德清於寶龜年間前期入唐,並於寶龜十年(779)之前回到日本。德清停留揚州期間,與崇俊門人法清有所交往。因此,我們有理由相信,《崇俊塔銘》以及包括崇俊的一些著作,很有可能都是由入唐僧德清收集並携回日本的。

---

[74] 此碑現藏於奈良法隆寺,是寫本,末尾有"沼法師開元二年歲次甲寅十二月十一日滅/度。從其甲寅至於延曆七年歲次戊辰,合/七十五年。開元二年甲寅,當日本世三元明/天皇即從和銅七年甲寅也,追得碑文。/釋善珠之"。此碑内容最早收入佐伯定胤、中野達慧共編《玄奘三藏師資傳叢書》,後收入《續藏經》第88册,383—384頁。不過,與原碑寫本相比,續藏經本脱落文字較多。筆者曾對此進行了校補,具體情況,請參見拙稿《續藏經本〈唐故白馬寺主翻譯惠沼神塔碑〉脱文補正》,此文載《古典文獻研究》第22輯下卷,鳳凰出版社,2019年,156—167頁。

總之,在中日兩國佛教交流史上,伴隨著彼此人員的頻繁往來,典籍的流通也極爲可觀。中國佛教典籍滋養了日本佛教,日本佛教也爲中國佛教保存了不少中國本土業已亡佚的文獻。本文討論的《崇俊塔銘》,就是目前僅存於日本的中國佛教古逸文獻之一。實際上,日本還有許多珍貴佛教文獻值得進一步尋訪、整理與研究。我們相信,充分利用域外佛教文獻進行中國佛教研究,將具有廣闊的學術前景。

2019 年 11 月 2 日初稿
2020 年 3 月 13 日再稿

# A Critical Commentary on the Japanese Preserved *Tomb-Pagoda Inscription of the Deceased Grand Master Chongjun of the Chanzhi Temple of the Tang*

Dingyuan ( Wang Zhaoguo )

Chongjun 崇俊 studied Buddhism from Zhizhou 智周, who can be traced back to the lineage of the School of Cittamatra or Consciousness-Only 唯識學 of Xuanzang 玄奘, Kuiji 窺基 and Huizhao 惠沼 and had certain historical significance on the development of the School of Consciousness-Only in China. The *Tomb-Pogoda Inscription of the Deceased Grand Master Chongjun of the Chanzhi Temple of the Tang* ( *Tang Chanzhisi Gudadefashi Chongjun Taming*《唐禪智寺故大德法師崇俊塔銘》) is the only biographical source of Chongjun. For a long time, next to nothing was known about Chongjun's life due to the lack of sources. But the emergence of this inscription and other related materials provide access to unveil many aspects of his life, including his birth and death year, hometown, the lineage of school, activities, works and disciples such as Faqing 法清. The examination of this inscription can certainly contribute to the study of the life of monks in the Tang 唐 dynasty and related areas.

# 唐代宫廷的門禁制度

## 羅彤華

## 一、前言

  宫廷是皇帝及皇室成員的居所，並有大批工作人員提供各項服務；宫廷也是國家決策機構之所在，且有諸多備皇帝諮詢顧問的單位。正因爲它是全國的權力核心，守衛不得不採取最高級別，門禁勢必要格外嚴謹，纔有可能阻絶危及宫廷安全與隱密的任何風險。宫廷雖是個禁區，却不是個閉塞的場所，每天出入宫廷的人員既多且雜，上自王公官吏，下至庶民百姓，都有可能出入宫廷，因此要如何管理好宫廷門禁，成爲皇朝極重要的大事，也是相關執勤人員要承擔的重責大任。

  出入宫廷的查驗方式是多元化的，視出入者的身份與出入情況而有所不同。宫城各處有門，入宫的第一道關卡尤其要嚴查。入宫之後，官吏爲朝參、應召命，或其他原因入殿院，是否還要再檢核門籍？官吏門籍放置的地方，是其經常出入的特定宫門？與其品階有何關聯？如果皇帝別敕召入，其人未必有門籍，則要用什麽方式查驗，纔能避免擅入。官吏的母、妻爲命婦，不時要入宫參謁，她們不似官吏在宫門常設門籍，却也應有一定的檢查機制，相關單位忽略了便是失職。

  住居宫中的人通常不能隨意出宫。唐朝諸王鮮少出閤，尤其是玄宗以後，多被拘於禁中或附苑宅第，由中使押管，但他們如出閤，再入宫時，該如何查驗其身份？比較常出入宫禁的，是被差遣出宫的宦官，他們持奉詔文書之外，還有其他方式來表明自我身份？唐朝大宦官有外宅的爲數不少，難道他們可隨意出入宫禁，而別無任何憑證以爲依據？在講求權勢與身份的時代，無籍、無引、無職印的人，仍可能依托宮中權貴而進出宮廷，門司敢攔阻他們嗎？這豈不是宮廷防衛的一大漏洞。

庶民不是絕對不可入宮，因爲宮中需要一些庶民從事各類工作，如工匠修造、伎樂表演、運輸物資等，他們應由甚麼單位造名籍？是以團體方式進出宮廷嗎？朝廷還爲百姓開了一條申訴之路，如百姓要訴冤投匭、擊登聞鼓，可至朝堂、各門，甚至通内之門爲之。對於這些個别的申訴者，唐政府毫無處置地任其入宮，還是另有其他管理措施？

夜間出入宮廷，風險比之白晝要大，門衛在夜間如何交番巡察？如有人叩門，要經過什麼程序纔得開門？一般門籍仍有作用嗎？當緊急狀況發生，尤其是有兵變時，各種檢核方式還有效嗎？禁軍或宿衛兵通常的應變方式是什麼？

出入宮禁的人員複雜，唐政府建立的門禁制度要如何適當地運作，是一個令人關注的課題。即使闌入闌出的情形依然不可免，這是因爲門司失職，還是另有其他原因造成？宮廷本來就是權貴雲集之處，當然也包含狐假虎威的宦官，他們對破壞門禁制度有多大的影響，也值得探究。

目前有關門禁制度的研究，多以長安城的城門管理或坊市治安爲主[1]，鮮少論及宮廷的門禁制度，如觸及宮禁，也衹考慮官吏的門籍制度[2]，而忽略了其他身份的人出入宮禁的驗證機制。與門籍相關的用語還有通籍、朝籍等，有學者以爲通籍指常參官[3]，這樣的説法是否切當，似可商榷。從法律的角度與政治作用看宮禁制度[4]，是一個重要的切入點，但衹注意違制處罰與特殊事件，實不足以了解宮禁制度的意義與功能。除了官吏可以上書投狀外，百姓亦可至朝堂

---

[1] 肖愛玲、周霞《唐長安城城門管理制度研究》，《陝西師範大學學報》2012年第1期，65—71頁；袁芳馨《唐代長安城坊市治安管理機構的設置與運行》，《首都師範大學學報》2009年增刊，18—23頁；張春蘭《唐代都城治安管理制度》，《南都學壇》2010年第3期，39—43頁。

[2] 肖愛玲、周霞《唐長安城城門管理制度研究》，65—67頁；顧云卿《通籍與門關——中國古代證明文化漫談之三》，《中國公證》2005年第4期，31頁。

[3] 陳文龍《唐"通籍"考》，《中華文史論叢》2011年第2期，207—220頁。

[4] 戴炎輝《唐律各論》，成文出版社，1988年，1—48頁；桂齊遜《唐代宮禁制度在政治與法律上的意義與作用》，收入高明士編《東亞傳統教育與法制研究（二）唐律諸問題》，臺大出版中心，2005年，109—183頁。

或宮闕上訴、投匭、擊登聞鼓,該種直訴方式固然可以廣開言路,暢通信息[5],但對門禁制度却是嚴厲的考驗,唐政府要思考的是如何有效管制,以免百姓亂入、失控。唐代官吏出入宫廷要帶職印,五品以上官吏應召要佩隨身魚符,守宫門的人也要佩魚符[6],儘管身份與勤務不同,可也是門禁制度的一環,應該重新認識此議題。

本文擬針對官吏入宫、别敕召入、宫中人出入、庶民出入宫廷,以及夜間與非時的檢核,探討唐政府分别用什麽檢查機制,處理各種身份或狀況下之進出宫廷,以了解宫廷的安全防護網,是否做得够嚴密。總之,門禁制度能發揮多少把關作用,是評估宫廷安全的重要指標。

## 二、官吏入宫的門籍驗證

宫廷是皇帝的居所,也是權力中心所在,爲備非常,乃設籍禁,以品庶官之高下,防奸邪之小人,並可究驗官吏之勤惰。門籍制度可上溯至漢代:"籍者,爲二尺竹牒,記其年紀名字物色,縣之宫門,案省相應,乃得入也。"[7]唐代官吏入宫殿亦有門籍,《唐律疏議·衛禁律》"闌入宫殿門及上閣"條:

> 諸闌入宫門,徒二年。(疏議曰:宫門皆有籍禁,不應入而入者,得徒二年。……)殿門,徒二年半。持仗者,各加二等。入上閣内者,絞(疏議曰:上閣之内,謂太極殿東爲左上閣,殿西爲右上閣,其門無籍,應入者準敕引入,闌入者絞。……"其宫内諸門,不立籍禁",謂肅章、虔化等門,而得通内,而輒闌入者,並得絞罪。……)持仗及至御在所者,斬。……即闌入御膳所者,流三千里,入禁苑者,徒一年。(疏議曰:御膳所,謂供御造食之處,

---

[5] 松本保宣《從朝堂至宫門——唐代直訴方式之變遷》,收入鄧小南、曹家齊、平田茂樹主編《文書·政令·信息溝通——以唐宋時期爲主》,北京大學出版社,2012年,237—306頁。

[6] 吴珊珊、劉玲清《唐魚符考論》,《黑龍江史志》2014年第19期,26—28頁;李曉菲《隋、唐、宋的隨身魚符與職官制度考》,《吉林師範大學學報》2013年第4期,5—9頁;尚民杰《唐朝的魚符與魚袋》,《文博》1994年第5期,54—57頁;洛陽市文物考古研究院《洛陽新區香山路唐墓發掘簡報》,《洛陽考古》2016年第4期,19—22頁。

[7] 《漢書》卷九《元帝紀》,中華書局,1962年,286頁。

其門亦禁。……禁苑,謂御苑,其門有籍禁。……)[8]
入宫的第一道門有籍禁,檢查來人是否符合入宫的資格。如已通過宫門的驗證而再入其他殿院,則不必重覆查核門籍,此即入閣與宫内諸門不再驗門籍。然從本條的論刑方式看,宫、殿、閣、御在所等,其量刑標準是以犯罪行爲發生地爲基準,越接近皇帝之所在,量刑就愈重[9]。官吏入宫後就算不再驗門籍,但仍需準敕或聽傳宣纔可入諸殿、閣或御在所,否則即是闌入,因爲這些地方是皇帝聽政視朝之所,或后妃皇室生活起居之處[10],唐政府在此設下一道道防綫,就爲展現皇帝威儀,並維護宫廷安全。至於御膳所是爲皇帝提供飲食的重地,自然不容無籍之人擅入。禁苑是防衛宫廷的要地,爲免有心人士亂入,出入當有籍禁。可以説宫廷區域雖廣,本條已立下入宫驗證的基本規範。

唐代負責驗證門籍的官吏是監門衛,《唐六典》卷二五"左右監門衛"條:

> 掌諸門禁衛門籍之法。凡京司應以籍入宫殿門者,皆本司具其官爵、姓名,以移牒其門(若流外官承脚色,並具其年紀、顔狀),以門司送於監門,勘同,然後聽入。……其籍月一换。[11]

唐律"未著籍入宫殿"條疏議曰:"在京諸司入宫殿者,皆著門籍。"[12]據此,凡需朝參之在京文武九品以上官,都應置門籍於宫門口。門籍之製作由各司負責,具官職、姓名移牒給門司。與官吏門籍相關的門司,包含監門衛與宿衛宫門的諸衛。這裏的門籍既由門司送於監門,則此處的門司可能指的是諸衛大將軍以下、衛士以上之宿衛宫殿者[13]。《新唐書》還指出:"每月送籍於引駕仗及監門衛,

---

[8] 長孫無忌等撰,劉俊文點校《唐律疏議》,中華書局,1983年,卷七《衛禁律》"闌入宫殿門及上閣"(總59條),150—152頁。

[9] 蔡俶霖《唐代長安城的法律空間》(臺灣師範大學歷史系碩士論文,2015),16—30頁;井上和人《唐代長安の諸門について—『唐律疏議』における"門"字の分析—》,《法史學研究會會報》九號(2004),26—44頁。

[10] 唐代宫廷的建築佈局,分前朝區與後寢區。前朝區有政治功能與禮儀功能,後寢區有寢殿區與園林區。佈局不同,活動亦不同。有關宫廷的格局,可參看陳揚《唐太極宫與大明宫佈局研究》,陝西師範大學碩士論文,2010年。

[11] 李林甫等撰,陳仲夫點校《唐六典》卷二五《諸衛府·左右監門衛》,中華書局,1992年,640頁。

[12] 《唐律疏議》卷七《衛禁律》"未著門籍入宫殿"(總64條),155頁。

[13] 《唐律疏議》卷七《衛禁律》"宿衛冒名相代"(總62條)疏議,153頁。

衛以帳報內門。"[14]引駕仗屬金吾衛,以三衛充,職在糾繩[15],也屬於任職門司的諸衛。但真正審核門籍的應該是監門衛,不過監門衛仍要將審核結果向內門回報。報給的機構可能是內侍省,內侍省掌內供奉,命婦朝會"所司籍其人數,送內侍省"[16],就是將名籍報給內侍省,此應是仿照京官名籍報內門來處理的。如流外官有事需入宮,也要提交年、貌等資料給門司,除了經常在宮中某機構辦事之流外官要常置門籍外,其他可能是臨時性的注籍。

百官入宮門要驗門籍,入朝之時還要驗門籍。《新唐書·儀衛志》敘朝日情形,先由御史大夫領屬官促百官就班:

> 文武列於兩觀。監察御史二人立於東西朝堂甎道以涖之。平明,傳點畢,內門開,監察御史領百官入,夾階,監門校尉二人執門籍,曰:"唱籍。"既視籍,曰:"在。"入畢而止。次門亦如之。[17]

百官入朝是大事,還要再驗門籍,但這與入宮門之驗門籍,在目的與方式上似有所不同,一來入朝直接關乎皇帝的安全,自然要慎之再慎;再來官吏所置之籍,可能不在該殿的同一門。官吏就班,列隊而入,監門校尉執門籍逐一唱籍。所謂唱籍,其實就是點名的意思,既可防冒入,也可知何人不到或遲到。入朝時既已依官品序列整隊[18],入殿之門籍可能也早已按品級放好,所以監門唱籍、視籍會較方便,官吏入內當然也較快速。

官吏入宮門要驗門籍,參與朝會又要驗門籍,唯前引唐律言入閣:"其門無籍,應入者準敕引入。"因為能入閣者都是皇帝極信任的大臣,之前入朝已驗過門籍,此時與皇帝議政,準敕引入就好,不必再驗門籍。而"宮內諸門,不立籍禁",其實是"其無籍應入者,皆引入"[19],亦即入其他殿院也需有人引入纔符合程序。前條另個要注意的是"次門亦如之"一句。門籍的設置,有很嚴格的管理方式,《唐律疏議·衛禁律》"未著籍入宮殿"條疏議曰:

---

[14] 《新唐書》卷四九上《百官志》,中華書局,1975年,1286頁。

[15] 《資治通鑑》卷一九九《唐紀十五》高宗永徽二年條注,中華書局,1956年,6275頁。

[16] 《舊唐書》卷四四《職官志》,中華書局,1975年,1870頁。

[17] 《新唐書》卷二三上《儀衛志》,488頁。

[18] 《唐會要》卷二五《文武百官朝謁班序》,雖訂於貞元二年,但應在此之前已有入朝班序。世界書局,1974年。

[19] 《唐律疏議》卷七《衛禁律》"宮殿門無籍冒名入"(總61條)疏議,153頁。

籍在東門而從西門入者,依令:"非應從正門入者,各從便門著籍。"假如西門有籍而從東門入,或側門有籍而從正門入,各又減罪二等,謂減闌入罪七等。[20]

從這條疏議看,側門是相對於正門層級較低的便門。亦即凡相對於正門、端門之傍側諸門,都可稱爲側門,又稱爲便門、次門,故金吾仗院有側門,通內門、上閣門等亦有側門。側門的作用很多,如降斜封墨敕授官,諸王退朝於側門候進止、諫官側門論事、側門受詞訟、都督刺史御史出使於側門取處分[21]。候進止、取處分,在聽候傳宣,與置門籍無直接關聯。但官吏入殿朝參由哪個門入,便涉及在何處置籍,大抵官品較高者在正門設籍,由正門入;官品較低者在側門置籍,由側門入;如正門、側門都不置籍,便不可入殿庭。由是監門衛要先判斷,何人可從正門入,何人祇能從次門、便門或側門入。以正八品下爲常參官的監察御史來說,"分日直朝堂,入自側門,非奏事不至殿庭,正門無籍",也就是他不能從正門入;直到天授中,"詔側門置籍,得至殿庭"[22],監察御史纔能從側門入至殿庭。類似情形在金吾衛身上亦可看到。金吾衛掌宮中巡警,但他可能也無法隨意入殿庭,貞元八年(792)"復命金吾置門籍"[23],似乎金吾有一段時間也被取消門籍,直到貞元八年纔恢復。唐政府對著籍入宮殿有正門、便門或側門之別,應是想到衆多官吏如同一時間由同一門入,必然造成擁塞之患,而且不分官品,亦不合尊卑身份之別,故官吏雖有門籍,還要考慮人員分流與品級差別。再說,門籍或許祇抄錄一份置於殿門口,如由未著籍之門入,審查者便無從判斷,造成困擾。而百官入朝,監門校尉執門籍檢核後,門籍當放還原處,方便官吏下次入內時之審核。

中唐以來,或許因監門校尉位卑職低,不足以震懾諸朝官,故審查門籍的責任似亦由御史臺分擔之。大曆七年(772)御史大夫李栖筠奏:

其有久不朝謁,並假過百日以上者,望令本司錄奏,如相容隱,臺司訪查

---

[20] 《唐律疏議》卷七《衛禁律》"未著籍入宮殿"(總64條),156頁。
[21] 松本保宣《唐代の側門論事について》,收入松本保宣《唐王朝の宮城と御前会議——唐代聽政制度の展開——》,京都,晃洋書房,2006年,225—232頁。
[22] 《新唐書》卷四八《百官志》,1238頁。
[23] 《唐會要》卷二四《朔望朝參》,466頁。

彈奏。……又文武常參官,或有晚入,並全不到,及班列失儀,委御史臺錄名,牒所由,奪一月俸,經三度以上者,彈奏。[24]

其實早在之前朝會時,御史臺官就各依職權,分司其事,《新唐書·百官志》言:"監察御史二人押班,侍御史顓舉不如法者",殿中侍御史則"糾離班、語不肅者"[25]。可以說監門校尉驗證門籍之外,御史臺之監察要押班,侍御與殿中都負責殿廷禮儀,同時還要注錄朝官之勤惰差假等情形,以防朝班失序。

原則上,門籍每月更替一次,但爲了適應官職之隨時遷轉改換,門籍也要跟着快速易籍,唐律"應出宮殿輒留"條疏議曰:

> 應出宮殿,謂改任、行使、假患、番下、事故等,依令"門籍當日即除"。門籍已除,其人輒留不出;雖無假患等事及被告劾,已有文牒令禁止,籍雖未除,皆不得輒入宮殿,如有犯者,各以闌入論。[26]

門籍已除或有文牒禁止,其人便不得入宮或留滯宮中,該種高度機動性的處斷,說明宮中是有應變機制的。門籍固然是入宮的依據,但總有些狀況不在預期中,唐律"宮殿門無籍冒名入"條疏議曰:"其無籍應入者,皆引入。其無籍,不得人引,而詐言有籍及冒承人名而入者",以闌入論[27]。顏真卿上疏引太宗《司門式》云:"無門籍人,有急奏者,皆令監門司與仗家引奏,無得關礙。"[28]看來無籍者引入,也是入宮的方式之一,而且早在唐初已有此作法。祇是從後文來看,不經皇帝同意而引入者頗有其例,而引入的目的也未必爲急奏,這可能已與無籍引入的初衷有所不同。

唐代殿院或通内之門雖無門籍,但這不代表各門無人把守,可以隨意進出。如代宗罷李輔國之軍權與中書令,輔國茫然失據,欲入中書修謝表,閤吏止之曰:"尚父罷相,不合復入此門。"[29]一個守門的閤人,便可擋住李輔國入中書内省,不因其有無門籍,而是已失資格。集賢殿書院的押院中使,其職爲"監守院門,

---

[24] 《唐會要》卷二四《朔望朝參》,465頁。
[25] 《新唐書》卷四八《百官志》,1235、1239頁。
[26] 《唐律疏議》卷七《衛禁律》"應出宮殿輒留"(總68條)疏議,159頁。
[27] 《唐律疏議》卷七《衛禁律》"宮殿門無籍冒名入"(總61條)疏議,153頁。
[28] 《舊唐書》卷一二八《顏真卿傳》,3593頁。《資治通鑑》卷二二四《唐紀四十》代宗大曆元年條作《門司式》,7189頁。
[29] 《舊唐書》卷一八四《宦官·李輔國傳》,4761頁。

掌同宫禁"[30]，似乎也衹是守門的閹宦，看來並不負責驗證門籍。哀帝天祐二年（905）停宣徽院，"其延義、千秋兩門，衹差小黄門三人勾當"[31]，同樣是深宫内門，衹憑閹人守之，不再驗門籍。雖説這些門並非全無防禁，可是其防禁效果如何，令人存疑。梁太祖乾化元年（911）條："先時門通内無門籍，且多勳戚，車騎袤者，尤不敢呵察。"[32]乾化元年距唐不過三四年，大抵還是依仿唐制，但通内門已如此喧嘩，很難想象唐代通内門真能嚴察勳貴，保持肅敬。

官吏入宫，未必衹限於常參官或衹爲朝會，宫中還有許多職司負責各項要務，這些職官出入宫廷也是常事，如果門籍衹置於宫門一處或限制太多，反而查核不便，於是乃有通籍之制，也就是於宫門設籍之外，給特别批准之人，再設籍於相應之門，許其出入於任職單位或居住之處。柳宗元爲集賢殿正字，從九品上，但他説"僕時通籍光範門，就職書府"[33]。柳宗元當時品位不高，所謂"通籍光範門"，大概是經特别許可，在光範門置門籍，允其出入的一種措施。集賢殿書院創置於各宫，"學士通籍出入"[34]，早有此先例、慣例，應是一種常制。劉子玄有史才，奏記於蕭至忠曰："近代史局，皆通籍禁門，幽居九重，欲人不見。"[35]史館人多，不盡是登朝官爲修撰者[36]，還有他官兼史職，以及令史、楷書等位卑之流外官，他們皆"通籍禁門"，亦即在相近史館的某門設門籍，許其由之出入。但無門籍的其他各門，便是禁區，不可由該門任意出入。秘書郎姜嶼爲玄宗外孫，玄宗管制諸王極嚴，但爲賞其孫，"敕有司以第六品告與緋衣銀魚，得通籍出入"[37]。同樣爲皇親的柳晟，因父母早逝，代宗召養宫中，"故公得通籍中禁"[38]，也是許其

---

[30]《舊唐書》卷四三《職官志》，1852頁。

[31]《舊唐書》卷二〇下《哀帝紀》，803頁。

[32]《舊五代史》卷六《梁書·太祖紀》，中華書局，1976年，96頁。

[33] 柳宗元著《柳宗元集》卷三四《與太學諸生喜詣闕留陽城司業書》，中華書局，1979年，867—868頁。

[34]《新唐書》卷五七《藝文志》，1423頁。

[35]《舊唐書》卷一〇二《劉子玄傳》，3169頁。

[36] 鄭朗兼修國史，奏："准故事，已通籍者爲修撰，未昇朝者爲直館。……其直館伏請停廢，更添修撰兩員。"自此史館修撰通籍爲四員。見裴庭裕撰，田廷柱點校《東觀奏記》中卷《鄭朗奏添史館修撰》，中華書局，1994年，114頁。

[37]《柳宗元集》卷一一《故秘書郎姜君墓誌》，276頁。

[38] 沈亞之著，肖占鵬、李勃洋校注《沈下賢集校注》卷一二《爲漢中宿賓撰其故府君行狀》，南開大學出版社，2003年，255頁。

出入宮廷。至於侍衛之軍將,既是貼身扈從,更需嚴設籍禁,以備不虞,如隨從高宗鑾駕東幸的周護碑文:"公侍衛輦躔,並翊從儲闈,通籍兩宮,遠屆瀍洛。"[39]環衛德宗幸奉天的張明進墓誌:"職在禁扃,名高通籍。"[40]不僅出入要依籍檢查,而且各宮有籍,不祇一處。有學者以爲,通籍是常參官的代名詞[41],然事實上,非常參官而有需要出入宮禁者,無論其職高卑,無論文官或武將,都要設門籍檢查,而門籍所設之處,似以最近其任職處或出入處爲主,既有約束其活動範圍之意,也防其在宮中隨意走動,危及宮廷安全。

　　門籍是一種通行證的意思,臨時入宮者發給臨時通行證。元載專政,李少良抗疏上聞,留少良於禁內客省。少良友人韋頌因至禁門訪少良,少良漏其言,頌不慎密,爲載備知之,遂下御史臺訊鞫[42]。宮中還可訪友,韋頌拿的應是臨時核發的通行證,限定祇能至客省訪李少良,或二人會於會客室之類的地方。有些情況下訪客也許連臨時通行證都沒有,就擅自入宮。王維待詔金鑾殿,私邀入名士孟浩然商較風雅,俄報玄宗臨幸,浩然伏匿床下,王維不敢隱,因奏聞[43]。如果孟浩然有通行證,當不致如此驚慌失措;而王維的私邀入,既規避了門籍驗證,也顯示監門衛的查核並不確實,有包庇放水之嫌。

　　東宮同樣也有門籍制度,左、右監門率府掌東宮諸門禁衛之法,"凡東宮諸司應以籍入於宮殿者,皆本司具其官爵、姓名以牒門司,門司送於監門,監門之主與判曹印署,復送於門司,門司會之,同則聽入"[44]。東宮官屬的門籍製作與審核方式,大抵同於兩京宮城,祇是輦下與儲貳各自分開,各有籍禁而已。

　　即使符合門籍制度,但若是違反某些規範,還是會被禁止入宮的。《周禮》《天官冢宰下・閽人》云:"喪服凶器不入宮,潛服賊器不入宮,奇服怪民不入宮。"[45]唐人也有類似的概念。因凶服不入公門[46],李訓以縗粗,難入禁中,文

---

[39] 吳鋼等編《全唐文補遺》第一輯,三秦出版社,1994年,21頁。
[40] 周紹良編《唐代墓誌彙編續集》貞元〇七二,上海古籍出版社,2001年,786頁。
[41] 陳文龍以爲通籍的確切意思應當是常參官。見《唐"通籍"考》,207—220頁。
[42] 《舊唐書》卷一一八《李少良傳》,3415頁。
[43] 傅璇琮主編《唐才子傳校箋》卷二《孟浩然》,中華書局,1987年,366頁。
[44] 《唐六典》卷二八《太子左右監門率府》,719頁。
[45] 《周禮注疏》卷七《天官冢宰下・閽人》,十三經注疏本,115—1頁。
[46] 《舊唐書》卷四三《職官志》,1830頁。

宗乃令訓戎服入内[47]。昭宗時劉崇魯哭麻,李磎劾曰:"絻巾慘帶,不入禁門;崇魯向殿哭,厭詛天祚。"[48]服飾不如品式,從外觀便可知,而私藏之文書器物刀兵,非監搜不能查知。高宗謂右千牛衛將軍王及善曰:"他人非搜辟不得至朕所,卿佩大橫刀在朕側,知此官貴否?"[49]這是至御所在的監搜。唐朝著名案例,長孫無忌被召不解佩刀入東上閣,監門校尉不覺,正是疏於監搜,二人俱該論罪,但因戴胄力争,纔大事化小[50]。然官吏入宮殿普遍有監搜,汪應辰《石林燕語辨》:

> 唐制,百官入宮殿門必搜,非止爲奏事官也。藥樹有監察御史監搜位,非泛用,御史一人亦非立也。大和元年詔,今後坐朝,衆寮既退,宰臣復進奏事,其監搜宜停止。謂宰臣勿搜,非皆罷也。[51]

唐人對官吏的監搜看來非祇一次,入宮門要搜,朝參要搜,至御在所還要搜,而且這是無品級差别的一律監搜,僅大和元年停搜宰臣。監搜的目的除了防凶器外,也擔心宮中機密外洩[52],永徽年間太常樂工宋四通"爲宮人通傳消息",上令處斬,幸賴蕭鈞奏所犯在未附律前,遂免死配流[53]。又如昭宗被劫,宮禁諸門皆增兵防守,"人及文書出入搜閱甚嚴"[54],也是防漏言而發生不測。

入宮要驗門籍,事畢應即出宮,不可擅自留宿宮中。唐律"因事入宮輒宿"條疏議曰:"因事得入宮殿者","不合宿者而輒宿,及容止所宿之人,各減闌入罪

---

[47] 《舊唐書》卷一一九《李訓傳》,4395頁。
[48] 《新唐書》卷九〇《劉崇魯傳》,3767頁。
[49] 《舊唐書》卷九〇《王及善傳》,2910頁。
[50] 《舊唐書》卷七〇《戴胄傳》,2532頁。此案之討論可參看:高明士《唐代的律令政治》,收入高明士《律令法與天下法》,上海古籍出版社,2013年,193—199頁。
[51] 葉夢得撰,宇文紹奕考異,侯忠義點校《石林燕語》附錄一,汪應辰《石林燕語辨》卷二《三十八辨入宣政殿奉事》,中華書局,1984年,183頁。
[52] 關於保密與漏言問題,以及唐律的懲罰方式,可參考錢大群、郭成偉著《唐律與唐代吏治》第六章、第十章,中國政法大學出版社,1994年;彭炳金《唐代官吏職務犯罪研究》第二章,中國社會科學出版社,2008年。
[53] 《唐會要》卷五五《諫議大夫》,950頁。《舊唐書》卷六三《蕭鈞傳》爲"通傳信物"。此案涉及事件發生前刑律是否存在的問題,以及刑律如存在最高刑度如何,還有就是皇帝超越法、變更法的可能性。相關討論見岡野誠《唐代における"守法"の一事例—衛禁律闌入非御在所條に関連して—》,《東洋文化》60號(1980年),81—92頁。
[54] 《資治通鑑》卷二六二《唐紀七十八》昭宗天復元年條,8559頁。

二等:在宫内,徒一年;殿内,徒一年半"[55]。左神策大將軍柏良器,爲監軍竇文場所惡,"會良器妻族飲醉,寓宿宫舍"。遂左遷良器右領軍。宫舍乃宫中直宿之舍,胡注曰:"因其妻黨犯衛禁而文致其罪。"[56]所犯的正是"不合宿而輒宿"條。又,昭宗嗜酒,怒責左右不常,劉季述等自危。先是,王子病,季述引内醫工入,久不出,"季述等共白帝,宫中不可妄處人。帝不納,詔著籍不禁。由是疑帝與有謀"[57]。門籍之制,查入也應查出,如果祇入不出,宫中擅自留宿或容止人,亦會威脅宫廷的安全。劉季述即因醫工久不出而不自安,昭宗却以著籍不禁留宿回應,但最終招致劉季述的廢帝之舉。天威都將李順節恃恩驕横,"或入内中,經旬不出,致主有撫楹之咎,爲臣懷通室之非"[58],以是左右兩軍知其將爲大禍,急去除之。可見久宿宫中容易引起猜疑,何况留宿者還是一個驕横的軍將。

官吏入宫有唱籍之制,但這祇代表籍上有名,却不能證明籍上之人即該官人。爲了防止冒名而入等情形,勢必另有核對籍與人的辦法。《舊唐書》禮部:"凡内外百官,皆給銅印,有魚符之制。"[59]《通鑑》胡注:"古者授官賜印綬,常佩之於身,至解官則解印綬。至唐始置職印,任其職者,傳而用之。其印盛之以匣,當官者實之卧内,別爲一牌,使吏掌之,以謹出入,印出而牌入,牌出則印入,故謂之牌印。"[60]印綬本佩於身,至楊虞卿任吏部員外郎,"始置匣加鐍以貯之",人人以爲便[61]。既然職印加匣封貯,遂別有一牌證明身份,胡注曰:"以謹出入",當包括出入宫廷時之防冒入。元和年間于頔因其子而素服待罪於建福門,門者不納;遣人上表,閤門使以無印引不受。胡注曰:"既無職印,又無内引,所以不受。"[62]可見入宫要驗職印,否則也要驗牌,這是與門籍之制相對應的一種驗證官人身份的方式。

命婦也有朝參之禮,但命婦没有門籍,祇於朝參前所司籍其人數,送内侍

---

[55]《唐律疏議》卷七《衛禁律》"因事入宫輒宿"(總63條)疏議,154頁。
[56]《資治通鑑》卷二三四《唐紀五十》德宗貞元八年條,7539頁。
[57]《新唐書》卷二〇八《宦者下·劉季述傳》,5893頁。
[58]《資治通鑑》卷二五八《唐紀七十四》昭宗大順二年條,8422頁。
[59]《舊唐書》卷四三《職官志》,1830頁。
[60]《資治通鑑》卷二五六《唐紀七十二》僖宗中和四年條,8312頁。
[61] 程大昌撰,黄永年點校《雍錄》卷八《郎官印匣》,中華書局,2002年,171頁。
[62]《資治通鑑》卷二三九《唐紀五十五》憲宗元和八年條,7699頁。

省[63]。據元和二年(807)敕："諸公主郡縣主,宜委宗正寺勾當;常參官母妻,御史臺勾當。如有違越者,夫子奪一月俸。無故頻不到者,有司具狀聞奏。"[64]這已把命婦名籍的處置機構,分得很清楚了。或許是因爲命婦名數臨時會集,太過倉促,也不易正確,故元和十五年太常寺奏："內外命婦,請至朝賀參奉前五日",諸司計會進名[65]。則對名冊的交付時限,做了具體規定。而這個名冊,就是取代門籍,核對命婦出入宮廷的依據。

## 三、別敕召入的查核方式

官吏通籍出入宮門爲常制,按門籍驗證之法便可,而皇帝宣詔朝臣,無論是議政、講論、游宴或其他原因,多是臨時性的,需有另種檢證方式,以防矯詔或冒入。

唐政府規定召入的查核方式,刑部司門郎中員外郎條："凡有召者,降墨敕,勘銅魚、木契然後入。"[66]出入宮門,到底有多少職司負責查核,頗令人好奇。如前引《唐六典》監門衛條,本司具門籍,以門司送於監門,監門將軍判出入,門司再檢以出入。由此觀之,門司與監門似分屬兩個不同單位,一個判可否出入,另一則檢查出入之人或物。唐代史料中出入諸宮門,頗多言門司,如濮王泰幽北苑,門司辟其騎於永安門[67];姚珽諫節愍太子,曰："東宮門閤往來皆有簿籍,殿下時有所須,唯門司宣令。"[68]兩軍中尉邀李順節入宮,門司傳詔止從者[69];少林寺主詣光政門奉狀以聞,門司宣、並牒[70]。門司的職責看來很複雜,如果衹是檢其出入,則小吏便可;如還負責宣令或文牒,似有一定身份。前述審查有召者

---

[63] 《舊唐書》卷四四《職官志》,1870頁。
[64] 《唐會要》卷二六《命婦朝皇后》,494頁。
[65] 《唐會要》卷二六《命婦朝皇后》,494頁。
[66] 《新唐書》卷三六《百官志》,1200頁。
[67] 《資治通鑑》卷一九七《唐紀十三》太宗貞觀十七年條,6196頁。
[68] 《新唐書》卷一〇二《姚珽傳》,3978頁。
[69] 《舊唐書》卷二〇上《昭宗紀》,747頁。
[70] 董誥等編《全唐文》卷九八七,闕名《敕還少林寺神王師子記》,中華書局,1983年,10210—10211頁。

之出入，載於刑部司門條，則司門應也參與門司的查核工作。以此而言，宮門的門司可能包含監門衛與諸衛，以及刑部司門的官吏，前二者職責主要在驗證一般官吏之門籍，後者職在查核召入者的身份。

唐朝凡國有大事，皆出納符節，其中之隨身魚符，"所以明貴賤，應徵召"[71]，有其特殊功能。高宗永徽二年（651），在京文武職事官五品已上，並給隨身魚袋，"以防召命之詐，出內必合之"[72]。《唐六典》符寶郎條：

> 隨身魚符之制，左二右一，太子以玉，親王以金，庶官以銅，佩以爲飾。刻姓名者，去官而納焉；不刻者，傳而佩之。[73]

隨身魚符其後也發給二品以上散官，及都督、刺史等[74]。其制左二右一，右符隨身，左符進內[75]。羅振玉輯《歷代符牌圖錄》，無論左符、右符，上面都有個"同"字，是合符用的[76]（參見圖1），這正與高宗發給"以防召命之詐，出內必合之"的用意相同。天授元年（690）改佩魚爲龜，給龜袋；神龍元年（705）再改回佩魚袋[77]。由於隨身魚符不是百

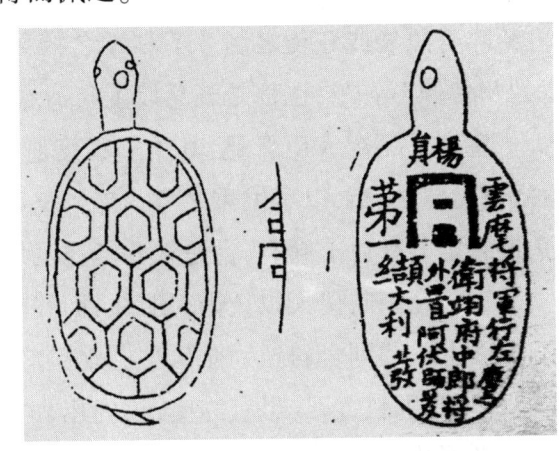

圖1　武周隨身龜符

官皆有，應該不似門籍或職印那樣，成爲入宮時必查核的項目，而可能祇是"應徵召"時[78]，防詐僞之所需。

在現今留存的魚符中，如"右領軍衛道渠府第五""左鷹揚衛金城府第四"

---

[71]《舊唐書》卷四三《職官志》，1847頁。

[72]《新唐書》卷二四《車服志》，526頁。

[73]《唐六典》卷八《門下省·符寶郎》，254頁。

[74]《唐六典》卷八《門下省·符寶郎》，253頁。

[75] 仁井田陞著，栗勁等編譯《唐令拾遺》卷二一《公式令》二十七開元七年令，長春出版社，1989年，516頁。

[76] 羅振玉編輯《增訂歷代符牌圖錄二卷》，收入《羅雪堂先生全集》七編，臺灣大通書局印行，1976年，505—519頁。另可參考瞿中溶《集古虎符魚符考》（續修四庫全書），531—536頁。

[77]《舊唐書》卷四五《輿服志》，1954頁。

[78]《唐六典》卷八《門下省·符寶郎》，253頁。

"右武衛和川府第三"[79],應該是"起軍旅,易守長"的銅魚符[80],而非隨身魚符,因爲銅魚符"王畿之内,左三右一;王畿之外,左五右一","行用之日,從第一爲首,後事須用,以次發之,周而復始"[81]。上述魚符由諸衛折衝府之長官所持,行用次第爲第三至第五,以約束所屬衛士[82]。反之,隨身魚符僅"左二右一","刻姓名者,去官而納焉;不刻者,傳而佩之"[83]。於今唐墓有一件龍朔至光宅間刻着"司馭少卿崔萬石"的銅魚符[84],以及兩件刻姓名的武周隨身龜符:"雲麾將軍行左鷹揚衛翊府中郎將員外置阿伏師受纈大利發第一""左玉鈐衛中郎將員外置索葛達干檜賀"[85]。司馭少卿是從四品上,中郎將是正四品下,符合五品以上給隨身魚袋或龜袋之制。不刻姓名的如"左武衛將軍傳佩""同州刺史傳佩""朗州傳佩"等[86],也都是五品以上官。

皇帝下詔令大臣晉見,其維安程度應比入宮門更高,光是門籍已不夠看,勢必別有認證標識,以示慎重之意。能得皇帝詔見,在朝應有一定品階、名望,隨身魚符設定五品以上纔有,當是精心考慮的結果。《雍録·古入閣説》:

> 元宗時優人以伎術得服緋,而設説以求賜魚者,元宗曰:"魚袋者,五品以上入閣則合符,汝則不可。"故武后時崔神慶上疏曰:"今五品以上佩龜者,爲別敕宣召,恐有詐妄,故内出龜合,然後應命。"又《六典》曰:"魚符以備別敕宣召。"[87]

無論入閣或入便殿,別敕宣詔面見皇帝是一件大事。於君而言,恐有人矯詔,近

---

[79] 《增訂歷代符牌圖録二卷》,510頁、519頁。
[80] 《舊唐書》卷四三《職官志》,1847頁。
[81] 同上。
[82] 《增訂唐兩京城坊考》載清思院出土銅魚符一件:"同均府左領軍衛"。筆者雖未見原物,但依其他各件的樣式推測,該銅魚符文應是:"左領軍衛同均府"。見徐松撰,李健超增訂《增訂唐兩京城坊考》卷一《西京·大明宫》,三秦出版社,1996年,32頁。
[83] 《舊唐書》卷四三《職官志》,1847頁。
[84] 洛陽市文物考古研究院《洛陽新區香山路唐墓發掘簡報》,21—22頁。
[85] 《增訂歷代符牌圖録二卷》,517、518頁。文中所用圖片出自517頁。《舊唐書》卷四五《輿服志》:"自武德已來,皆正員帶闕官始佩魚袋,員外、判試、檢校自則天、中宗後始有之,皆不佩魚。"但從實例來看,武周時員外官已佩龜。
[86] 《增訂歷代符牌圖録二卷》,506、512頁。
[87] 《雍録》卷三《古入閣説》,63頁。又見王讜撰,周勛初校證《唐語林校證》卷五《補遺》,中華書局,1997年,473頁。

皇帝之身，對皇帝不利；於臣而言，不得不防有人冒入，危及殿閣安全。所謂"以防詔命之詐，出内必合之"，就是召命之符契，需與應召者之隨身魚符勘合，纔能入内。這道安全防綫，即使是召太子，都不得馬虎。長安三年(703)突厥使見，太子預焉，崔神慶上疏以爲："直有文符下宫，曾不降敕處分。臣愚謂太子非朔望朝參，應别召者，望降墨敕及玉契。"[88]隨身魚符之制，太子以玉，太后以墨敕及玉契召，勘合乃赴[89]，這纔是正制，太后亦然。由於魚符勘合是五品以上大臣入閣纔有的權利，故身份不對，就算得皇帝寵遇，皇帝也不會輕率與之。

如司門條："凡有召者，降墨敕，勘銅魚、木契然後入。"皇帝下召命，必降墨敕，至於要勘合的是銅魚或木契，要視情形而定。前述召五品以上大臣，勘合的是隨身魚符或龜符，因庶官以銅製，故曰銅魚(龜)。至於木契，通常用於鎮守或出納[90]，但皇帝召命有時也用之，《新唐書》論符印曰："玄武門苑内諸門有唤人木契，左以進内，右以授監門，有敕召者用之。"[91]這個唤人木契，可能用於守門軍士或宦者之流。既是"唤人"，又是木質，且施於諸門，顯然等級不如五品以上大臣的銅魚。但其召用的程序，依然有敕，有監門檢勘，完全不殊於五品以上大臣，故可謂是皇帝召用各級人等的標準流程。此外，朝會之制，如"内謁者承旨唤仗，左右羽林軍勘以木契，自東西閤而入"[92]。用的應該也是唤人木契，所唤乃三衛立仗，而審勘者是左右羽林將軍，而非監門衛。然可惜的是，史料未見皇帝召六品以下臣、民，或后妃、宫人等的方式，想來與前述各條應有暗合處。

别敕宣召，已不問其人是否有門籍，重要的是有司"準敕引入"，《唐律疏議》"闌入宫殿門及上閤"條疏議曰："上閤之内，謂太極殿東爲左上閤，殿西爲右上閤，其門無籍，應入者準敕引入，闌入者絞。"[93]應入者即使應召，也不可自行擅闖殿閣，需有人引入纔可。至於引入之人，當視場合而定。通事舍人掌朝見引納，如

---

[88]《資治通鑑》卷二〇七《唐紀二十三》則天長安三年條，6568頁。
[89]《資治通鑑》卷二〇七《唐紀二十三》則天長安三年條胡注，6568頁。
[90]《舊唐書》卷四三《職官志》："凡國有大事，則出納符節……四曰木契，所以重鎮守，慎出納。"
[91]《新唐書》卷二四《車服志》，526頁。
[92]《新唐書》卷二三上《儀衛志》，489頁；《資治通鑑》卷二一八《唐紀三十四》肅宗至德元載條，6971頁。
[93]《唐律疏議》卷七《禁衛律》"闌入宫殿門及上閤"(總59條)，151頁。

新授刺史申謝,由通事舍人引入[94]。在宦權高漲時,帝御延英殿引見羣臣,未必召通事舍人引入,宦官可能也承擔引入之責,像韋執誼謂諸翰林:"出入有内司之導。"[95]而哀帝也"祇令小黄門祇候引從"[96]。至於入内殿,在外臣不可入的情况下,更祇能由宦者引入,武后召見張嘉貞於内殿,嘉貞因請曰:"陛下過聽,引對禁近。"[97]引入禁前的當是宦者。再如蕃國可汗、使者入朝,因不熟悉唐廷禮儀,更須有人引見[98]。總之,別敕召見,除了墨敕之外,還有依敕派出的引見之人,其人可能位卑職低,但終究受詔命而導引應召者入内。元和八年(813)于頔因其子賄賂案與殺人案,素服待罪於建福門,遣人進表,"閣門使以無引不受",日没方歸[99]。《通鑑》胡注曰:"無内引,所以不受。"[100]實際則是皇帝正將此案付臺獄,無意召見于頔,自然無内引,而閣門使也就不敢受其表。依唐律,如非"準敕引入"即是闌入,"闌入者絞"是很重的罪,難怪于頔、閣門使等都不敢犯禁。

唐代官員有宿直制度,就是在官署值班[101]。宫内也有宿直官員,即使在夜間也要隨時聽候皇帝差遣。《明皇雜録》言玄宗欲用張嘉貞爲相而忘其名,"夜令中人持燭於省中,訪直宿者爲誰,還奏中書侍郎韋抗,上即令召入寢殿",並促命寫詔敕。抗歸宿省中後,"忽有中人復促抗入見。上迎謂曰:'非張齊丘,乃太原節度張嘉貞。'別命草詔"[102]。《劇談録》"宣宗夜召翰林學士"條謂令狐綯"於禁林寓直,忽有中使來召。……引於御榻之前"。宣宗訪聞治理,臨軒佇立久之,"謂中使曰:'持燭送學士歸院。'及還禁林,夜漏將半"[103]。皇帝在夜間宣令

---

[94] 《唐會要》卷六八《刺史上》,1207頁。
[95] 《全唐文》卷四五五,韋執誼《翰林院故事記》,4649頁。
[96] 《舊唐書》卷二〇下《哀帝紀》,804頁。
[97] 《新唐書》卷一二七《張嘉貞傳》,4441頁。
[98] 如突厥比年遣大臣入朝,玄宗嘉之,引使者宴紫宸殿,見《新唐書》卷二一五下《突厥傳》;迴紇可汗助唐平亂,代宗引見於内殿,賜綵二百段,見《舊唐書》卷一九五《迴紇傳》;武宗會昌二年上御麟德殿,引見室韋大首領等十五人,見《唐會要》卷九六《室韋》。
[99] 《舊唐書》卷一五六《于頔傳》,4131頁。
[100] 《資治通鑑》卷二三九《唐紀五十五》憲宗元和八年條,7699頁。
[101] 顧建國《唐代"寓直"制漫議》,《淮陰師範學院學報》2002年第3期,366—367頁;林楚濤《也談唐代"寓直"制》,《文史博覽(理論)》2009年第6期,11—12頁。
[102] 鄭處誨撰,田廷柱點校《明皇雜録》卷上"唐玄宗用張嘉貞爲相",中華書局,1994年,12頁。
[103] 康駢撰,蕭逸校點《劇談録》,收入《唐五代筆記小説大觀》,上海古籍出版社,2000年,1460—1461頁。

直宿官員入見,均是依循"準敕引入"的模式。程大昌以爲"凡宿直者身雖得在禁中,苟無詔皆不輒見"[104],就是此意。

如由宫外入宫的待詔之士,程大昌又曰:"由宫城之外而得入宫城之門耳,此之宫門,即右銀臺門矣。"[105]是説初入院之學士,宣召由右銀臺門入。元稹時爲翰林學士,酬樂天詩曰:"未勘銀臺契,先排浴殿關。沃心因特召,承旨絶常班。"[106]他正是由銀臺門入宫,由於深受皇帝寵信,門司連銅魚都未勘驗便放行。詩注曰:"思政對學士,往往宫官傳詔。"[107]此處的宫官即是宦官,也印證了無詔不見的説法。

皇帝聽聞召見外人入宫也是常有的事,如爲偶然入宫,依一般流程辦理便好,要是經常出入禁中,需有特殊處分纔方便行事。薛懷義得千金公主引見,則天召而悦之,"欲掩迹,得通籍出入,使祝髮爲浮屠"[108]。則天爲方便薛懷義隨時入宫,乃令其通籍出入,免去别敕召入引人注目的程序,亦由此顯示則天對其恩遇之深。代宗喜祠祀,禁中置内道場,日引沙門百餘諷唄,胡人有官至卿監、封國公者,"著籍禁省"[109],勢傾王公。僧廣宣《禁中法會應制》詩曰:"在筵還向道,通籍許言詩。"[110]内道場僧人似特許通籍出入禁中。哀帝時醫工車讓、謝筠入宫久不出,帝詔"著籍不禁"[111],由是劉季述疑帝與有謀。這些例子,大抵爲出入方便而著籍禁中。唐朝皇帝爲祈福養生而尊禮僧道醫卜方士之例不勝枚舉,他們是以别敕召入或通籍出入的方式入宫,大概要看皇帝的好惡及其與入宫者的關係而定。至於皇帝見地方官、軍將、蕃使乃至側門論事者[112],因爲是偶然爲之,或隨狀面奏,不會令其通籍出入,蓋以别敕召入爲主。

---

[104] 《雍録》卷四《複門》,78頁。
[105] 同上。
[106] 元稹著,周相録校注《元稹集校注》卷一三《酬樂天待漏入閣見贈》,上海古籍出版社,2011年,402頁。
[107] 《元稹集校注》卷一三《酬樂天待漏入閣見贈》,402頁。
[108] 《新唐書》卷七六《后妃上·高宗則天武皇后傳》,3480頁。
[109] 《新唐書》卷一四五《王縉傳》,4716頁。
[110] 《全唐詩》卷八二二廣宣《禁中法會應制》,中華書局,1960年,2016頁。
[111] 《新唐書》卷二〇八《宦者下·劉季述傳》,5893頁。
[112] 《唐文拾遺》卷三玄宗《進封事不限旦晚敕》、《全唐文》卷四七代宗《求言詔》皆曰:"如須側門論事,亦任隨狀面奏,即便令引對。"既是面奏、引對,當由皇帝召見。

別敕宣召本是皇帝的專屬權利，任何人都不可擅自爲之。然宮中是講求權勢的地方，有權勢者或得皇帝寵信者召外人入宮，門司不僅不敢阻攔，連皇帝也鮮有怪罪之意。麟德初，武后召方士郭行真入禁中爲蠱祝，宦人王伏勝發之，高宗怒武后專恣，但並未懲處，仍待之如初[113]。則天時鳳閣侍郎周允元朝罷入閣，太平公主喚一醫人自光政門入，醫白公主有鬼隨允元後，則天令給使覘問[114]。看來太平公主在未得則天同意前，已召醫人入宮，而則天似也不以爲意。鄭普思謀爲妖逆，其妻第五氏以鬼道爲韋庶人所寵，居止禁中[115]，中宗既未責其容止宮中之罪，韋庶人也就更囂張了。天寶中孫甑生深於道術，太真妃特樂其術，數召入宮試之[116]，應也是越過玄宗而自爲之。至於貴妃與安禄山的關係更非比尋常，禄山"出入宮掖不禁"，"或通宵不出"[117]，玄宗全不懷疑，竟不知讓渡皇權的後果是爲禍不遠矣。如果連皇帝都不能固持自己的專屬權利，不在意別敕宣召的體制被破壞，那麼門司面對權貴，又豈敢伸張職權？祇能睜一隻眼，閉一隻眼，順從地將不該入宮的人放入，否則若太正直，一板一眼地行事，反而得罪權貴，爲自己招來禍端。

還有些特殊情形頗值得注意，洛陽人王慶之以死泣請立武承嗣爲皇太子，不去，太后乃以印紙遺之曰："欲見我，以此示門者。"自是慶之屢求見，太后頗怒之[118]。這個印紙，大概就是敕書的代替品，祇是別敕召入的發動者爲皇帝，而出示印紙者爲王慶之。至於門者，祇要審勘有證明文件就算已盡職，何必去管是求見或召見？張昌宗、張易之恃寵驕橫，易之引蜀商宋霸子等侍宴殿中，韋安石跪奏："商等賤類，不當戲殿上。"顧左右引出[119]。商人身份被賤視固不足論，而張易之乃敢引之侍宴，似也太狂妄，好在則天不覺得自己權利遭侵犯。但懿德太子、永泰公主等竊議張易之兄弟"何得恣入宮中"，顯然認爲其不循法禁，有擅出

---

[113] 《新唐書》卷七六《后妃上·高宗則天武皇后傳》，3475頁。
[114] 張鷟撰，趙守儼點校《朝野僉載》卷一，中華書局，1997年，3頁。
[115] 《舊唐書》卷八八《蘇瓌傳》，2878頁。
[116] 鄭處誨撰，田廷柱點校《明皇雜錄》之《補遺》，中華書局，1997年，42頁。
[117] 《資治通鑑》卷二一六《唐紀三十二》玄宗天寶十載條，6903頁。
[118] 《資治通鑑》卷二〇四《唐紀二十》則天天授二年條，6475頁。
[119] 《新唐書》卷一二二《韋安石傳》，4349頁。

入之嫌,却不料觸到則天痛脚,竟被杖殺[120]。劍南節度使章仇兼瓊厚結楊釗(國忠),釗以蜀貨遺諸妹,於是諸楊言釗善樗蒲,引之見上,"得隨供奉官出入禁中"[121]。諸楊引見楊釗後,楊釗次次出入禁中似祇隨供奉官後,既未見門籍驗證,也非別敕召見,可説是權勢蔭庇下的又一特例。晚唐皇帝受制於宦官與强藩,不唯劉季述等在内廷擅作威福,指責皇帝[122],而昭宗入朱全忠軍,夜三召,皆辭[123],更是不把皇帝詔命放在眼裏。

## 四、宫中人出入的查驗

住居宫中的人,也有進出宫廷的問題,這包含三類人等,一是皇室成員,二是宫中服侍者,三是宿衛宫廷的兵將。皇室成員除了后妃外,主要有諸王、公主等,另外還有少數特許供養宫中者可以附帶列入。宫中服侍者不外宦官、宫女之類,他們仍有等級之别。宿衛宫廷的兵將,或因輪調未必久居宫中,但一旦宿衛宫禁,就有應守的規範。

凡皇家五等親及諸親三等,皆立簿書,並載於宗正寺[124],即諸王、公主等並列名於宗正寺屬籍。唐前期,諸王年幼或受寵,養於宫中,成人後自宫中遷出,謂之出閤,可以開府置官,有自己的府第、儀仗,自此與群臣同列,與宫内即相隔[125]。諸王出閤後如至朝堂,或參與朝會,應同官吏入宫要驗門籍,由宗正寺具官爵、姓名牒門司,送監門衛審勘。諸親王并給隨身魚符,以金造;嗣王、郡王有官階者,亦許佩魚袋[126],蓋爲"明貴賤,應徵召"之需要。

---

[120] 《舊唐書》卷八六《中宗諸子》,2835頁。
[121] 《資治通鑑》卷二一五《唐紀三十一》玄宗天寶四載條,6867頁。
[122] 《新唐書》卷二〇八《宦者下·劉季述傳》,5894頁。
[123] 《新唐書》卷二〇八《宦者下·韓全誨、張彦弘傳》,5901頁。
[124] 《舊唐書》卷四三《職官志》,1822頁。
[125] 唐前期,諸王出閤後,散居外邸,可開府置僚屬,但也可遥領、不之官。相關討論見:謝元魯《唐代諸王和公主出閤制度考辨》,《唐史論叢》第12輯,三秦出版社,2009年,29—30頁;雷巧玲、任培秦《從居住方式的變遷看唐王子權利的消長》,《晋陽學刊》1996年第3期,92—94頁;孫英剛《隋唐長安的王府與王宅》,《唐研究》第9卷,北京大學出版社,2003年,190—192頁。
[126] 《唐令拾遺》卷二一《公式令》二十七開元七年令,516頁。《唐會要》卷三一《輿服上》,580頁。

則天稱制之際,宗室諸王密謀起兵匡復李唐,因而引起則天之深嫉宗室。史書説"睿宗諸子同處於宫中,凡十餘年不出庭院"[127],諸王不得出閣,幽禁於宫中形同囚犯。而中宗"在房陵,與后同幽閉"[128],一樣過着不見天日的生活。直到聖曆元年(698)李顯自房州召回爲太子,睿宗與諸子纔許出外邸。這段幽禁期間,諸王行動受限制,根本無法隨意進出宫廷,就算有門籍,有魚袋,恐怕也無用武之地。

　　玄宗因發動内難而登上皇位,尤其疑忌宗室諸王,不僅不令出閣,還採集中居住宦官監管的方式,防閑禁錮之,已完全廢除唐前期成年皇子出閣的制度。早在開元十年(722)玄宗已禁宗室、外戚、駙馬相往還[129],防備之心甚爲明顯。而在東封年後(開元十三年),皇子"以漸成長,乃於安國寺東附苑城同爲大宅,分院居,爲十王宅。令中官押之,於夾城中起居"。後諸孫成長,又於十王宅外置百孫院[130]。至於玄宗兄弟,號五王宅,皆環於興慶宮側,"諸王每日於側門朝見",歸宅之後即縱飲歡樂,中使相望,不絶於歲月[131]。雖説諸王於側門朝見,或許還有門籍,但朝見後便歸宅,生活形同幽閉。而十王宅、百孫院即使已遷出太極宫、大明宫内院,可是皇子出入全面受管制,由中官押之起居,意味着皇子名册在中官之手,有没有門籍已無關緊要。

　　唐後期諸皇子的遭遇依然惡劣,元稹《上陽白髮人》描寫其悲慘境遇是:"諸王在閣四十年,十宅六宫門户閟。……王無妃媵主無壻,陽亢陰淫結災累。"[132]由於"累朝子孫,雖白首不入宫禁"[133],長期被漠視,故而引起士人的議論,李德裕上言文宗曰:"天下議皆以爲幽閉骨肉,虧傷人倫。"然諸王出閣的事,竟以所除官不决而罷[134]。鄭樵總結禁錮皇子之制與唐祚不振曰:"自明皇以後凡十四代,諸王不出閣,不分房,子孫闕而不見。……所以唐室自明皇之後,一日不振於

---

[127]《舊唐書》卷八六《高宗諸子》,2833頁。
[128]《資治通鑑》卷二〇八《唐紀二十四》中宗神龍元年條,6584頁。
[129]《資治通鑑》卷二一二《唐紀二十八》玄宗開元十年條,6751頁。
[130]《舊唐書》卷一〇七《玄宗諸子》,3271頁。
[131]《舊唐書》卷九五《睿宗諸子》,3011頁。
[132]《元稹集校注》卷二四《上陽白髮人》,719頁。
[133]《册府元龜》卷三九《帝王部·睦親》,中華書局,1972,441頁。
[134]《資治通鑑》卷二四四《唐紀六十》文宗太和七年條,7886頁。

一日。"[135] 皇子既不能隨意出入宮禁,又不能出閣任事,何能侈言屏藩王室,爲勤王之師?

與諸王出閣制度相對應的,是公主的出閣。《通鑑》胡注:"出閣而適人,使有配偶。"[136] 公主的出閣主要指出嫁。唐前期女主專政,公主出閣無所關礙,方其再入宮禁時,與諸王相同,都設門籍之制。張説撰《延州豆盧使君萬泉縣主薛氏神道碑》云:"詔婚之禮,於焉爲盛。……每至婚姻會同,少長咸集。……縣主既通籍門闌,奉御又尚司殿省。"[137] 縣主是太平公主之女,歸於豆盧氏,不僅婚禮盛大,會親時也熱鬧非凡。縣主是命婦,可參與皇后主持的各項禮典,又是皇親,可出入宮廷看望親人,《神道碑》説縣主"通籍門闌",顯然同諸王一樣,要通過門籍查驗,纔可入宮。

先天之後,玄宗因疑忌諸王而設十王宅、百孫院,以集中管理諸宗親,但也因此連帶影響到他們的婚姻,即"諸孫納妃嫁女,就十王宅"[138]。玄宗時諸王、公主的婚嫁或許尚不成問題,但唐後期的情況便大不一樣,蓋"至德以來,國家多事,公主、郡、縣主多不以時嫁,有華髮者,雖居禁中,或十年不見天子"[139]。至德宗建中元年(780)始引見諸宗女,嫁岳陽等九十一縣主[140]。此後李吉甫、李德裕父子兩度提及諸王女不以時嫁的情形,纔在元和六年(811)、太和七年(833)詔十六宅縣主以時出適[141]。大體上,皇帝愛女都可順利出嫁[142],但諸王之女因諸王不得出閣而形同幽閉,像萬泉縣主那樣"通籍門闌",對她們來説,既是奢言,也無必要了。

住居宫中的皇親還有后妃等人,后妃如因典禮要出宮,自有有司安排所有事宜,其車駕進出宮廷當暢行無阻,何需考慮申報門籍、查驗門籍?然宮中貴主未

---

[135] 鄭樵《通志》卷二八《氏族略》,臺灣商務印書館,1987年,469頁。
[136] 《資治通鑑》卷二四四《唐紀六十》文宗太和七年條,7886頁。
[137] 張説撰,熊飛校注《張説集校注》卷二一《延州豆盧使君萬泉縣主薛氏神道碑》,中華書局,2013年,1025—1026頁。
[138] 《新唐書》卷八二《玄宗諸子》,3616頁。
[139] 《資治通鑑》卷二二六《唐紀四十二》德宗建中元年條,7290頁。
[140] 《資治通鑑》卷二二六《唐紀四十二》德宗建中元年條,7291頁。
[141] 《資治通鑑》卷二三八《唐紀五十四》憲宗元和六年條,7687頁;《資治通鑑》卷二四四《唐紀六十》文宗太和七年條,7886頁。
[142] 蒙曼《唐代長安的公主宅第》,《唐研究》第9卷,北京大學出版社,2003年,224—228頁。

必都謹守安居宮中之分寸,尤其是中宗時之宮掖醜聲日聞於外,袁楚客諫魏元忠書曰:"近封數夫人者,皆先朝之宮女……若備內職,則不當知外;不備內職,自可居外,安得出入內外,往來宮掖者哉?……內外互言,禁衛何施,必弄君之法,縱而不禁,非所以重宗廟、固國家也。"[143] 上官昭容及宮人貴倖者,皆立外宅,出入不節,或累日不歸[144]。袁楚客所謂"禁衛何施""縱而不禁",皆直指宮廷縱放其出入,禁衛門籍之法已形同虛設。

隨着宮貴人的恣意行事,依附他們的外親、宮官、女巫等便也依勢用事,出入或居止禁中[145]。原本外親入宮是要驗門籍的,如武昭儀誣王皇后與母挾媚道蠱上,帝遂解魏國夫人門籍[146]。但韋后、上官昭容等之外親,及所引進之女巫等人,是否都按門籍制度出入,或門衛是否敢依職權查驗,頗讓人存疑。至於宮官如尚宮柴氏、賀婁氏等,依高宗上元二年(675)詔"婦人爲宮官者歲一見其親"[147],亦即她們除非得特許[148],否則祇能閉鎖宮中,連親人也難得會見一次。祇是賀婁氏等樹用親黨,廣納貨賂,很難相信她們祇在宮中,而不交通外人。總之,宮禁不嚴,似在中宗時期最爲嚴重,這與中宗縱容宮貴人有莫大關係。

宮中所居不祇是皇親,有些功臣或宗親的年幼子女也養在宮中。如周道務孺褓時,以功臣子養宮中,年十四乃得出,後娶太宗女臨川公主[149]。天后御極時,武平一齠齔之歲,見育宮中,故親睹法書之收藏與流失情形[150]。王忠嗣父戰死吐蕃,時年九歲,玄宗命養禁中[151]。和政公主子柳晟,年十二居父母喪,代宗

---

[143]《全唐文》卷一七六,袁楚客《規魏元忠書》,1796 頁。
[144]《舊唐書》卷五一《后妃上·中宗韋庶人》,2172 頁;《册府元龜》卷四八〇《臺省部·奸邪二》,5724 頁。
[145]《舊唐書》卷五一《后妃上·中宗韋庶人》,2172—2173 頁;《舊唐書》卷八八《蘇瓌傳》,2878 頁。
[146]《新唐書》卷七六《后妃上·高宗王皇后》,3473 頁。
[147]《新唐書》卷三《高宗紀》,72 頁。
[148] 唐前期皇帝派遣尚宮出宮辦事頗爲常見,如問安、慰問、賞賜、吊喪等。見拙著《唐代後宮女官研究——宮官制度及其演變與影響》,《中華文史論叢》2018 年第 3 輯,36—37 頁。
[149]《新唐書》卷八三《諸帝公主》,3646 頁。
[150]《全唐文》卷二六八,武平一《徐氏法書記》,2724 頁。
[151]《舊唐書》卷一〇三《王忠嗣傳》,3197 頁。

憐之,召養宮中,其昆弟並悉保養於內闈[152]。另外,有些失怙恃之女子也養於宮中,如玄宗貞順皇后武氏,爲恒安王攸止女,父卒時尚幼,隨例入宮[153]。僕固懷恩死,代宗憐其有功,養其女宮中[154]。文宗憐李孝本女鬌亂孤露,一度收養宮中,後以物論疑似之間而出之[155]。這些功臣或宗親子養於宮中,應該還保有行動自由,像柳晟便與太子諸王受學於吳大(道)瓘並子通玄,而通玄兄弟得出入宮掖[156],柳晟也得"通籍中禁"[157],這是説他們有門籍可以方便進出宮中。但養於宮廷的女子,恐怕如一般宮人那樣,祇能安分居止宮中。

宦官、宮女都是宮中服侍者,可是他們的職務不同,能出入宮廷的機會也不同,無法等量齊觀。宦官自玄宗以來,人數、權力都大幅增長,除了內殿供奉之外,還委以華重,傳命遠使,由於他們出宮的可能性頗多,故出入之際的身份查核是不能輕易看待的,以免有人藉機混入宮廷。

中上層宦官擁有自己宅第的情形頗爲普遍,他們爲了侍從、供職方便,多選擇居於長安城北面,太極宮及皇城東西兩側諸坊內[158]。像高力士"常止宿宮禁,或時出外第"[159],李輔國"專掌禁兵,常居內宅",代宗"賜輔國大第於外"[160]。這些大宦官有宅第在宮外,而單貧無室屋居止的下層宦官祇能寓居宮中[161]。既然宮外有宅第,勢必有時出宮看望家人,或回家放鬆一下,則他們出入宮禁,應該也有查核方式。史傳稱李輔國"禁中符印,悉佩之出入"[162],李輔國曾任殿中監、兵部尚書、內諸司使諸職,自然有職印在身,再加上五品以上官有隨身魚符,以便

---

[152] 《沈下賢集校注》卷一二《爲漢中宿賓譔其故府君行狀》,255頁;吳鋼等編《全唐文補遺》第三輯,三秦出版社,1996年,《河東柳府君(昱)墓誌銘》,138—139頁。

[153] 《舊唐書》卷五一《后妃上·玄宗貞順皇后武氏》,2177頁。

[154] 《資治通鑑》卷二二四《唐紀四十》代宗大曆四年條,7208頁。

[155] 《資治通鑑》卷二四五《唐紀六十一》文宗開成元年條,7925—7926頁。

[156] 《新唐書》卷一五九《柳晟傳》,4961頁。傳中謂柳晟受學於吳大瓘,但《舊唐書》卷一九〇下《文苑傳》作"吳道瓘",5057頁。

[157] 《沈下賢集校注》卷一二《爲漢中宿賓譔其故府君行狀》,255頁。

[158] 杜文玉《唐代長安的宦官住宅與墳塋分布》,《中國歷史地理論叢》1997年第4輯,79—89頁。

[159] 《舊唐書》卷一八六下《酷吏下·吉温傳》,4854頁。

[160] 《資治通鑑》卷二二一《唐紀三十七》肅宗乾元二年條,7073頁;《新唐書》卷二〇八《宦者下·李輔國傳》,5879頁。

[161] 《唐會要》卷六五《內侍省》,1133頁。

[162] 《舊唐書》卷一一二《李峴傳》,3344頁。

應召,也是通例。李輔國常在禁中,佩符印出入宮廷,相信無人敢攔阻或質疑,而像他這樣的大權宦佩符印進出禁中,絕非止此一人,難保不形成另一種規制。章懷太子墓甬道東壁的內侍,是一個手持魚符,下繫鑰匙的宦官[163]。他可能是東宮宮門郎,從六品下,執掌管鑰之事,所持魚符則是出入宮廷,證明自己身份之用。可見宦官佩符印出入是有憑據的。太宗外甥女段蕑璧墓壁畫的給使圖,腰帶下一側佩革囊,一側佩帛魚[164]。(參見圖2)帛魚指的是魚袋,一般宦官就算非五品以上,出入宮廷也要佩魚符。

章懷太子墓持魚符之管鑰宦官　　　　　段蕑璧墓給使圖(摹本)

圖2

唐律雖云"宮內諸門,不立籍禁"[165],意謂官吏入殿院門不再重複查核。但

---

[163] 董理主編《魅力獨具的唐墓壁畫》,陝西人民出版社,2007年,155頁。
[164] 陝西歷史博物館、昭陵博物館合編《昭陵文物精華》,陝西人民美術出版社,1991年,38頁。給使所佩爲帛魚,見介眉編著《昭陵唐人服飾》,三秦出版社,1990年,71頁。
[165] 《唐律疏議》卷七《衛禁律》"闌入宮殿門及上閤"(總59條),151頁。

宦官的活動範圍主要在宮內，如果他們出入殿院完全不受查核，可能帶給宮廷難以預期的危機。白居易所擬制敕曰："內常侍趙弘亮等，列名禁籍，祇命宮闈……宜加勳賞。"[166]看來宦官不祇在內侍省有名冊，在禁中也別有專爲宦官所設之門籍。蓋禁中是宮內最核心的禁地，愈近御在所或皇居，門衛自然愈嚴。大宦官固然"列名禁籍"，小黃門恐怕也有其他的查驗方式，否則若不知侍奉宮闈者爲何人，一旦要追究責任，要到何處捉人？門衛又豈能毫無干係？

宦官出宮辦事，在唐代並不少見。如要遠使外地，則要申請過所，太宗時司門員外郎給給使過所稽緩，遭貶官。給使是禁中給使令之宦官[167]，他們奉皇帝之命出外辦事。唐後期監軍之類的人大概也有過所，以證明自己的身份。至於宦官傳宣大臣，無論是持奉詔文書或是口宣，總以快速爲宜，如宋申錫案，"中人馳召宰相，馬奔乏死於道，易所乘以復命"[168]。長安街市走馬奔馳，極易傷人，後晉刑部郎中馬承翰奏："其或自內中急傳宣旨者，即請賜銀牌或牙牌，令以手持之，俾路人及所由辨認，易爲奔避。"[169]不過唐時似還無此措施。唐後期宦官即使囂張跋扈，但身份依然卑微，不能與士人官吏相提並論，故其出入不能由正門、端門，《唐重修內侍省碑》："禁庭出入之處，是左右銀臺之樓。"[170]便表明宦官由銀臺門進出，這就是爲何李輔國"常止銀臺門決事"[171]，兩軍中尉召李順節至銀臺門殺之[172]，都指向銀臺門。由此推測，內侍省所列之門籍，應該也置於銀臺門，祇是未必所有宦者都要列於門籍，在宮中服侍，無機會出宮的小黃門，大概無此需要吧！

在宮中服侍的還有爲數甚多的宮女，她們除非被放出宮，不然可能一輩子待在宮內，形同幽閉。如果被放出宮，意味着不會再回來，則頂多祇有放出名籍，不會有回宮門籍。至於在宮內服侍之宮女，或可以《冥音錄》簿屬教坊之妓樂爲

---

[166] 白居易著，朱金城箋校《白居易集箋校》卷五二《內常侍趙弘亮加勳制》，上海古籍出版社，1988年，3069頁。
[167] 《資治通鑑》卷一九五《唐紀十一》太宗貞觀十四年條，6158頁。
[168] 《新唐書》卷一五二《宋申錫傳》，4845頁。
[169] 《冊府元龜》卷六一三《刑法部·定律令五》，7362頁。
[170] 《全唐文補遺》第一輯，38頁。
[171] 《新唐書》卷二〇八《宦者下·李輔國傳》，5880頁。
[172] 《舊唐書》卷二〇上《昭宗紀》，747頁。

例:"每一月之中,五日一直長秋殿,餘日得肆遊觀,但不得出宫禁耳。"[173],雖説是陰司,也是仿宫内情形而言。宫女依工作性質,分爲勞作型雜役宫女、娱樂型技藝宫女、服務型侍從宫女三類,她們皆是按番次輪值工作,以確保宫中秩序與宫務不缺[174]。唯如《冥音録》所言:"餘日得肆遊觀,但不得出宫禁耳。"宫女們就算不上值,也被拘於宫中。玄宗是最優待宫女的皇帝了,《教坊記》説宜春内人每月兩次及生日時可與親人相見[175],却依然不得出宫。而且她們無論隸屬教坊或梨園,大概也是整批行動,少有個人自由。

宫女與外人交通,在唐宫中是不被允許的。《冥音録》言:"近日襄陽公主以我爲女,思念頗至,得出入主第,私許我歸。……帝或聞之,當獲大譴,亦上累於主。"[176]衹是借機回家,被發現,都會遭大譴,可見宫禁之嚴了。正因爲宫女不得與外人交通,纔要找各種門路解決自己的心事,如高宗時太常樂工宋四通等爲宫人通傳信物[177],就是因宫牆阻隔了宫女與外人的來往,衹好委託他人代傳訊息。景龍四年(710)正月望夜,放宫女數千夜遊縱觀,其中有人因與外人陰通而逃逸不還[178]。她們同樣是難以斬斷入宫前的人際關係,便趁此遊觀良機而私逃出宫。看來宫女衹要一日在宫中,就不得與外界有任何聯繫,任何巧門不過是特例而已。由於宫女終日閉鎖在宫内,無出入宫廷之自由,故除了掖庭局有宫女名簿外,宫門口是不會有其門籍的。

宿衛宫廷的兵將,是指諸衛大將軍以下,衛士以上,以次當上者[179]。諸衛是指左右金吾衛、左右監門衛等十六衛,主要職責是宫廷巡警與門禁守衛,屬南衙衛軍。衛士是指折衝府番上京師宿衛的府兵,但府兵到開元年間日益弛壞,兵源成了問題[180]。唐律云:諸衛、府"上番之日,皆據籍書",又云:"宿衛長上人,雖

---

[173]《太平廣記》卷四八九《雜傳記》,中華書局,2006年,4021頁。
[174]羅彤華《唐代的宫女群體及其對宫廷政治的影響》,《魏晋南北朝隋唐史資料》第34輯,上海古籍出版社,2016年,96—104頁、108頁。
[175]崔令欽撰,羅濟平校點《教坊記》,遼寧教育出版社,1998年,1頁。
[176]《太平廣記》卷四八九《雜傳記》,4021頁。
[177]《舊唐書》卷六三《蕭鈞傳》,2405頁。
[178]《舊唐書》卷五一《后妃上·中宗韋庶人》,2174頁。
[179]《唐律疏議》卷七《衛禁律》"宿衛冒名相代"(總62條),153頁。
[180]張國剛《唐代禁衛軍考略》,《南開學報》1999年第6期,152—153頁。

一日上,兩日下,皆有長籍。"[181]但即使有籍,已下值而擅入宮殿,仍減闌入罪五等論之。籍書的製作,應由諸衛、府主司爲監當之官,亦即府官所由列出當上之兵,衛官再加以審核,纔能安全有保障,這與京司以籍先送宮殿門司,再送監門勘同的情形,頗爲類似。

籍書以整批製作爲主,但個別兵將的身份,及所巡查之門,則另有配置。中宗景龍元年(707)敕:

> 宮殿門、皇城門、京城門、禁苑門,左右內外,各給交魚符一合,巡魚符一合;左廂給開門魚一合,右廂給閉門魚一合,左符付監門掌,交番巡察。[182]

目前所見各門魚符有:"嘉德門內巡" "凝霄門外左交"(圖3)兩件、"延政門外左交",以及武周龜符"宸豫門開門" "宸豫門閉門" "嘉善門校尉"等件[183]。

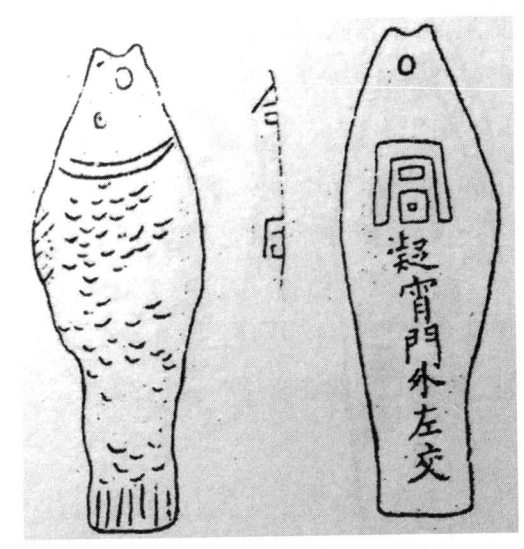

圖3 凝霄門外左交魚符

嘉德門在太極宮承天門內;凝霄門應即凝霄門或凌霄門、青霄門,在大明宮北,玄武門之右;延政門在大明宮望仙門東;宸豫門、嘉善門都是龜符,應是東都某門,此處的嘉善門未必是長安東宮明德殿兩廊之門。如各符所見,有左、右、內、外交番巡察字樣,或開門、閉門字樣,正與景龍敕所言相吻合。筆者推測,此制或許早已有之,祇是在景龍時重申之或強化執行而已。這些符可能不是出入宮廷者所佩戴,而是守衛各門者審核出入之用。嘉德門非入宮的第一道門,但仍置門衛巡察,他如宸豫門等也都是宮內之門,照樣置門衛,而且各門的左、右、內、外都有門衛,要開門、閉門還另有審核,可見無論宮城門或宮內之門,門門要查,關關設警,宮廷防衛之嚴密,於此可知。諸符中祇有"嘉善門校尉"一件注明守門者職務,

---

[181] 《唐律疏議》卷七《衛禁律》"宿衛冒名相代"(總62條),頁153;又"未著籍入宮殿"(總64條),155頁。
[182] 《唐會要》卷三〇《諸宮》,560頁。
[183] 《增訂歷代符牌圖錄二卷》,509、508、517、518、519頁。文中所用的圖片出自509頁。

他大概是隨府兵番上而領諸衛士守門的軍官。此外,還有一件魚符是"九仙門外右神策軍"[184],顯然是唐後期神策軍所掌,他除了負責九仙門的守衛外,也表明其身份與一般折衝府衛士不同。

通常以爲出入宫禁憑藉籍書,然其實門符亦是重要的依據,如應徵召者持隨身魚符,宦官佩魚符出入,諸衛府長官有銅魚符,門衛亦有開閉巡察之魚符。由於門符與宫廷安全息息相關,唐律中"門符"一詞就出現十二次,其中與宫廷有關的"宫殿門符""禁苑門符"共七次,頻率不可謂不高。而門符遭盗竊、偽造或稽留之情況,最重可處絞刑或流刑[185]。門符在宫廷門禁制度中的作用,絶不可小覷。

宿衛宫廷的兵將有籍書,任職門衛者由魚符或龜符調遣,他們在諸衛監管之下,整批行動,應該没有隨意出入宫廷的自由與權利。來番上的府兵會輪調,更要注意其忠誠度,及其在宫中的勤務訓練。總之,宿衛宫廷的兵將有高度的集團性,無論值勤或在宫中行動,都有主司帶領,不會任其獨行於禁地。

## 五、庶民出入宫禁的檢查

宫廷是嚴肅、神聖之地,一般庶民是没有資格隨意入宫廷的,除非他有特定任務或特殊原因,纔得入宫廷。庶民出入宫廷,分爲任務型與個別型兩種。任務型包括伎樂、工匠、輸送者之類;個別型主要是來投匭、擊登聞鼓的。前者原則上有人帶領,採團進團出的方式,但有時也會有個別人等單獨出入宫廷。後者通常在朝堂處或宫門外遞狀、擊鼓,却也可能入通内之門。

任務型的庶民因事入宫,唐律謂之"迎輸、造作之類",既云"之類",當然也包括技藝人的入宫表演。疏議曰:

> 將領人入宫殿,有所迎出;有所輸送;"造作",謂宫内營造:門司皆須得牒,然後聽入。若未受文牒而輒聽入,及所入人數有剩者,門司各以闌入論。[186]

---

[184] 《增訂歷代符牌圖録二卷》,507 頁。
[185] 門符的重要性及其在唐律中出現的次數,井上和人有分析,但他對唐律的統計次數稍有失誤。見井上和人《唐代長安の諸門について——『唐律疏議』における"門"字の分析——》,39—40 頁。
[186] 《唐律疏議》卷七《衛禁律》"因事入宫輒宿"(總 63 條),154—155 頁。

此等庶民皆爲無門籍者,但將領人應錄名向有關單位申請文牒,名單核可後文牒下門司,門司據文牒名數放入因事入宮者[187]。如將領主司與門司知所入人數不符文牒所錄,即有夾帶入或冒名入等情形,則各以闌入論。易言之,申請名錄的將領主司,與查核名單的門司,都有各自擔負的責任。

丁匠、樂伎等入宮服侍,蓋爲唐朝宮廷之常態。尤其是玄宗酷愛新聲,太常樂工之外,又置梨園、教坊,《樂府雜錄》:"古樂工都計五千餘人,内一千五百人俗樂,係梨園新院於此,旋抽入教坊。"[188]這些爲宮廷服務的歌舞技藝之人,不論男女,都隨時待命,聽從召喚,在人帶領下,入宮表演,娛樂君王。他們的訓練與演出要互相搭配,是具組織性的集團,故其入宮服務時也應是整批整團地帶入。

宮中營造或修繕工程不少,丁匠出入宮廷的情形似乎也很普遍,無論他們是來自徭役或和雇[189],這些孔武有力的粗人,爲宮廷帶來的風險似乎比樂伎要大得多,姚珽諫節愍太子書:"伏以内置作坊,工巧得入宮闈之内、禁衛之所,或言語内出,或事狀外通,小人無知,不識輕重,因爲詐僞,有玷徽猷。"[190]這還祇是洩漏或外通禁中事,更有甚者,玄宗發難誅韋后,總監鍾紹京帥丁匠二百餘人,執斧鋸以從[191],便有干預朝政之嫌。敬宗初,染署工張韶輸材入宮,陰結諸工百餘人,匿兵車中若輸材者,因以爲亂[192],則都是工徒丁匠參與了宮廷政變。

將領人帶任務型的庶民入宮,工作完成了,就該原班人馬整團帶出纔是。唐律云:在宮殿内作罷而不出者,至少處徒一年。如是不覺衆出或迷誤失道,非故不出,得上請,但將領主司同負罪責。祇是有些任務未必能當日完成,或天天出入難免麻煩,宮中可能也會考慮留宿的問題。不過"不合宿者而輒宿,及容止所

---

[187] 庶民無籍及錄名付衛府等情節,可參考仿唐制之日本《令義解》卷五《宮衛令》"應入禁中條":"凡無籍應入禁中,及請迎、輸送,丁匠入役者,中務省臨時錄名付府。五十人以上,當衛錄奏。"注云:"當衛者,衛門及兵衛府也。"見清原夏野等撰《令義解》,收入黑板勝美《新訂增補國史大系》,吉川弘文館,1989年,175頁。

[188] 段安節撰,羅濟平校點《樂府雜錄》,遼寧教育出版社,1998年,21頁。

[189] 他們有可能來自力役、雜徭或色役,也有可能是和雇來的。見張澤咸《唐五代賦役史草》第二編,中華書局,1986年。

[190] 《舊唐書》卷八九《姚珽傳》,2905頁。

[191] 《資治通鑑》卷二〇九《唐紀二十五》睿宗景雲元年條,6645頁。

[192] 《新唐書》卷二〇七《宦者上·馬存亮傳》,5870—5871頁。

宿之人",唐律依然要究責,處以減闌入罪二等論之[193]。

庶民入宮執行任務時,若得皇帝賞識,則會有些特殊待遇,起碼是不必隨將領人依名錄而進。如則天托言薛懷義有巧思,故使入禁中營造[194],就越過團進團出的模式。玄宗時梨園弟子胡鶵善笛,有寵,嘗負罪匿禁中[195]。他把宮廷當作藏身之所,想來是不會按正常程序入宮的。明皇甚善念奴歌聲,嘗自宮外悄然召入[196],同樣是有別於一般將領人帶入的方式。敬宗善擊毬,諸毬工得見便殿,與帝狎息戲樂,雖説他們籍於宣徽院或教坊[197],却似乎可以隨意進出宮中。這些庶民既無門籍,又略過文牒審核,若非皇帝召入,就是祇憑藉得寵幸而無人敢攔阻。若果真如此,則宮中的門禁制度猶如虛設,並不能發揮檢查功能或防杜不法的作用。即如染署工張韶之變,"韶每輸染材入宮,衛士不呵"[198],竟成爲他起異心的一個原因。與其説這些庶民的違規入宮僅歸責於衛士或門司的疏忽怠慢,實也不盡然,得寵幸、因熟識、成慣例,讓門衛失去戒心,讓庶民長養驕心,纔是讓宮廷門禁難以嚴格把關的主因。

個別型的庶民入宮,通常有不得已的原因,大致以訴冤爲主要目的,垂拱二年(686)置匦於朝堂,以收天下表疏,並置使知匦事[199]。凡官人、百姓等有冤滯未申、獄訟失職、進獻謀猷等,都可投匦[200]。由於官人進獻封事、側門論事之管道甚多,投匦進狀尚不爲最重要的方式,但對百姓來説,於朝堂詣闕上書幾乎不可能,而往後的發展,就指向投匦,乃至擊登聞鼓了[201]。

投匦者不限身份,不限事由,難免有攻訐陰私,謗訕朝政的情形,故自匦函設

---

[193] 《唐律疏議》卷七《衛禁律》"因事入宮輒宿"(總63條),154頁。
[194] 《資治通鑑》卷二〇三《唐紀十九》則天垂拱二年條,6441頁。
[195] 《新唐書》卷一三〇《崔隱甫傳》,4497頁。
[196] 《元稹集校注》卷二四《樂府·連昌宮詞》,704頁。
[197] 《新唐書》卷二〇八《宦者下·劉克明傳》,5883頁。
[198] 《新唐書》卷二〇七《宦者上·馬存亮傳》,5871頁。
[199] 《舊唐書》卷五〇《刑法志》,2142—2143頁;《唐會要》卷五五《省號下·匦》,956頁。
[200] 宋敏求,《唐大詔令集》,鼎文書局,1972年,卷八二《申冤制》,473頁。
[201] 投匦、擊登聞鼓,都是直訴的方式,相關討論可參考:陳登武《訴訟程序與審判管轄權——以"越訴"與"直訴"爲中心》,收入陳登武《從人間世到幽冥界——唐代的法制、社會與國家》,五南出版公司,2006年,30—45頁;陳璽《唐代訴訟制度研究》,商務印書館,2012年,153—162頁;松本保宣《從朝堂至宮門——唐代直訴方式的變遷》,243—306頁;根本誠《唐代の投匦について》,《早稻田大學大學院文學研究科紀要》13(1967年),125—138頁。

立之初,便有先行審閱投書的規定[202],自此政策一直在廢除檢閱與恢復檢閱間搖擺不定[203]。唐人有時將投匭者視如告密人,寶應元年(762)敕:"如有告密人登時進狀,分付金吾留身待進止。"[204]長慶四年(824)理匭使李渤對此有進一步的約束:"今緣匭院無械繫之具,忽慮凶暴之徒,難以理制,請勒安福門司領付金吾仗留身,然後牒送御史臺、京兆府,冀絕凶人喧競。"[205]而開成三年(838)知匭使李中敏則"恐進狀人勞擾,又慮煩併",要求停止通報金吾[206]。

庶民投匭以訴冤爲主,但這其實不是件容易的事。首先,他如果住居遠方,必須長途跋涉地到宮門口,並有勇氣通過門衛、金吾、京兆府的層層檢查或盤問,纔能投狀於匭函。其次,他狀告或申訴的人若是權貴,自身便須承擔相當大的風險,未必皆能如願成功訴冤。如張易之兄弟驕貴,張昌期強奪婦女,婿投匭三四狀,並不出,張昌期反誣以他罪決死之[207]。侍御史徐有功對投匭的效用已有陳論:"陛下所令朝堂受表,設匭投狀,空有其名,竟無其實,並不能正直,各自防閑,延引歲時,拖曳來去,叩閽不聽,撾鼓不聞,抱恨銜冤,吁嗟而已。"[208]看來投匭訴冤的功能,並不如想象中的大,不僅遷延時日,讓訴冤者空等待,更糟的是,令人"專監其所投之狀"[209],而過濾掉不想讓人知道的冤案,這種不聽不聞的情況,或許就是不時有人提出廢除檢閱副本,以防壅塞的原因。

匭函設置的地點最初在朝堂,胡注云:"置匭四枚,共爲一室,列於朝堂。"[210]朝堂外有肺石、登聞鼓,則匭函應在朝堂内之某室[211]。太極宫東、西朝堂在承天門外,大明宫東、西朝堂在丹鳳門内,含元殿之閣下。百官入朝時,監門衛要驗門籍,但庶民無門籍,如要投匭,該如何進入朝堂?《雍録》謂含元殿閣下即朝堂,

---

[202]《舊唐書》卷五〇《刑法志》,2143頁。
[203] 松本保宣《從朝堂至宫門——唐代直訴方式之變遷》,249頁。
[204]《册府元龜》卷四七四《臺省部・奏議五》,5658頁。
[205]《册府元龜》卷四七四《臺省部・奏議五》,5658—5659頁。
[206]《唐會要》卷五五《省號下・匭》,958頁。
[207]《朝野僉載》補輯,161頁。
[208]《唐會要》卷五五《省號下・匭》,956頁。
[209]《舊唐書》卷五〇《刑法志》,2143頁。
[210]《資治通鑑》卷二三八《唐紀五十四》憲宗元和六年條胡注,7687頁。
[211] 楊一凡、劉篤才《中國古代匭函制度考略》,《法學研究》1998年第1期,85頁;毛蕾《唐"銅匭"設置地點小考》,《唐史論叢》第11輯,三秦出版社,2009年,25—26頁。

有登聞鼓，外人可得而進承天門（丹鳳門）、光範門[212]。這顯示無籍庶民因故可入宫城門。則天置匭時，匭院有司，置使知匭事[213]，而投匭時不僅有專司專使負責，可能還有專人負責接引，開成三年（838）知匭使李中敏奏：

> 伏以舊例，詣光順門進狀，即有金吾押官責定住處。匭院投狀，即本司收投使狀人名，便差院子審復家第及主人，旋牒報京兆府，若又令牒金吾責狀，恐進狀人勞擾，又慮煩併。[214]

按舊例，入光順門進狀，有金吾押官領付；至匭院投狀，院子領付之外，還要報京兆府知。因此庶民即使無門籍，在其表明要投匭時，全程都會有人監管，不會任其如入無人之境。

庶民訴冤的地點，不限於到朝堂或匭院投匭，更多的情況似乎止於宫城外門，這就不會涉及入內接引的問題。如衡方厚被枉殺，妻程氏徒行詣闕，截耳於銀臺門，告夫被殺之冤[215]。于敏奴王再榮詣銀臺門，告敏賄賂梁正言及支解其僮事[216]。狂人劉忠詣銀臺，稱白起令上表，天下有火災[217]。銀臺門本就是官吏上表陳情或奉表陳謝最頻繁的地點[218]，李輔國決事於銀臺門，宦官由銀臺門出入，在此收取表章或訴狀，乃唐後期頗爲常見的事。又，其他宫門口也可訴冤，如楊炎惡異己，使御史劾京兆尹嚴郢，長安百姓日數千人遮建福門訟郢冤[219]。建福門是百官入朝正門，百姓群聚於此，既可達到訴冤的效果，又不必入門引起騷亂，不失爲對朝廷施壓的方式。此外，北門也可是告狀之處，則天廢廬陵，飛騎飲於坊曲，一人言不遜，一人出詣北門告之，席未散，皆捕得[220]。飛騎雖不同於一般百姓，

---

[212] 《雍録》卷四《光範門》，70頁。
[213] 劉餗撰，程毅中點校《隋唐嘉話》，中華書局，1997年，35頁。
[214] 《唐會要》卷五五《省號下·匭》，958頁。
[215] 《舊唐書》卷一九三《列女傳》，5150頁。
[216] 《舊唐書》卷一五六《于頔傳》，4131頁。
[217] 《新唐書》卷三六《五行志》，955頁。
[218] 如王維《謝除太子中允表》："謹詣銀臺門冒死陳請以聞。"獨孤及《代于京兆請停官侍親表》："謹詣右銀臺門奉表陳乞以聞。"乘如《謝修戒壇表》："謹詣右銀臺門奉表陳謝以聞。"于邵《謝賜銀器及匹帛等表》："詣右銀臺門別狀奉進。"見《全唐文》卷三二四，3286頁；卷三八五，3922頁；卷九一六，9545頁；卷四二四，4323頁。
[219] 《新唐書》卷一四五《嚴郢傳》，4729頁。
[220] 《朝野僉載》補輯，160頁。

但從上述各例看,百姓可申告之處似乎不限於特定地點,其方式也不限於投匭。

最讓人訝異的是,庶民還可入光順門投書或訴冤。光順門是通内之門,是命婦朝皇后的地點,大概衹有延英召對的宰相或翰林學士等可入禁中,一般官吏衹能候於宣政殿外。庶民要入光順門,不是要穿過建福門、光範門,就是要越過銀臺門,對把守宫城門的門衛來説,要放入無門籍的庶民,所承擔的責任與壓力是極大的。如長安縣耆老石靈等人,詣光順門上表,請復德宗尊號[221];元和年間,撫州山人張洪騎牛冠履,獻書於光順門[222];寶曆時,山人杜景先於光順門進狀,稱有道術[223]。這些人看來不像有什麼背景,耆老等人數衆多,張洪還騎牛入門,門衛如衹因其要獻書、進狀就放行,心中豈能全無猶豫?何不勸其入朝堂或匭院投匭?

能入光順門訴冤或上疏的,案情通常不單純。貞元年間裴延齡擅權,方謀害在朝正直之士,乃掩捕李充腹心吏張忠,搒掠令爲之辭。忠妻、母於光順門投匭訴冤,詔御史臺推問,得雪[224]。又,試太子通事舍人李涉知憲宗待吐突承璀意未衰,乃投匭上疏。知匭使孔戣詰責不受,涉乃行賂,詣光順門通之,戣乃極論其與中官交結[225]。前案是吏人母、妻,後案則尚未正命,可説都還是庶民。張忠母、妻在光順門投匭訴冤,是光順門亦設匭函?李涉能在光順門進疏,乃行賂中官所致。大中四年(850)敕:"應投匭及詣光順門進狀人,其中有已曾進狀……又潛易姓名,依前進擾公廷……宜令知匭使及閤門使,如有此色,不得收狀與進狀。"[226]投匭與光順門進狀,是不同的處置與措施,也分別由不同的使職來負責,匭函系統的管理者屬南衙諫官,光順門進狀則由宦官閤門使管理。閤門使屬北司,是皇帝的側近勢力[227]。如前述李中敏所奏:"伏以舊例,入光順門進狀,即

---

[221]《柳宗元集》卷三七《代京兆府耆老請復尊號表》,942—943頁。
[222]《舊唐書》卷一四《憲宗紀》,427頁。
[223]《舊唐書》卷一七上《敬宗紀》,520頁。
[224]《舊唐書》卷一三五《裴延齡傳》,3727—3728頁。
[225]《舊唐書》卷一五四《孔戣傳》,4097頁;《資治通鑑》卷二三八《唐紀五十四》憲宗元和六年條,7687頁。
[226]《唐會要》卷五五《省號下·匭》,959頁。
[227] 松本保宣《從朝堂至宫門——唐代直訴方式之變遷》,254—255頁;毛蕾《唐"銅匭"設置地點小考》,23—29頁。

有金吾押官責定住處。"張忠母、妻顯然是在金吾押官的監視下入光順門訴冤，但她們爲何不在朝堂或匭院投匭，而要深入通内之門，是否别有隱情或有他人導引，則不可知。至於李涉，是在投匭不成後，賄賂中官而於光順門進狀。總之，没有門籍的庶民，也不是完全不可能進入宫城深處的光順門投書或訴冤。

庶民訴冤的最後救濟手段，就是撾登聞鼓或立肺石下了[228]。凡天下冤滯不申欲訴理者，先由本司本貫。不伏，至尚書省。又不伏，經三司陳訴。又不伏，上表不達，聽撾登聞鼓；惸獨老幼乃立肺石下[229]。登聞鼓置於西朝堂，肺石在東朝堂。顯慶五年（660）有抱屈人齎鼓於朝堂訴[230]，始置。垂拱元年（685）制："朝堂所置登聞鼓及肺石，不須防守，有撾鼓立石者，令御史受狀以聞。"[231] 由於登聞鼓及肺石立於朝堂前，爲了方便百姓陳訴及不受驚嚇，所以不須防守。然大曆十二年（777）詔："其擊登聞鼓者，委金吾將軍收進，不得輒有損傷，亦不須令人遮擁禁止。"[232] 即撾鼓立石者還是要受金吾將軍監管，並收訴狀。因爲這是訴冤的最後手段，如垂拱制："令御史受狀以聞"，應該是要上達天聽的。《開元令》亦曰："立於石者，左監門衛奏聞；撾於鼓者，右監門衛奏聞。"[233] 同樣是直訴於天子。但右金吾將軍裴諝以爲："訟者所争皆細故，若天子一一親之，則安用吏理乎！"[234] 於是乃悉歸之有司。由實際處理案件來看，所謂有司，不外御史臺或三司使[235]。

登聞鼓在朝堂外，擊打方便，又有直訴效果，所以擊登聞鼓者可能爲數不少，

---

[228] 趙旭《論唐宋之際登聞鼓職能的强化及影響》，《唐史論叢》第11輯，三秦出版社，2009年，30—45頁；陳璽《唐代訴訟制度研究》，154—162頁。
[229] 《唐六典》卷六《尚書刑部》刑部郎中員外郎，192頁。
[230] 《唐會要》卷三〇《大内》，549頁。
[231] 《資治通鑑》卷二〇三《唐紀十九》則天垂拱元年條，6433頁。
[232] 《唐大詔令集》卷一〇五《令百官言事詔》，536頁。
[233] 《唐令拾遺》卷二一《公式令》四十開元七年令、開元二十五年令"辭訴皆從下始"，532頁；《唐六典》卷六《尚書刑部》刑部郎中員外郎，192頁。
[234] 《資治通鑑》卷二二五《唐紀四十一》代宗大曆十四年條，7261頁。
[235] 《唐會要》卷六〇《御史臺》貞元九年二月御史臺奏："今後府縣諸司公事，有推問未畢，輒撾鼓進狀者，請却付本司推問斷訖，猶稱抑屈，便任詣臺司按覆。"這是由御史臺負責審理曾擊登聞鼓者。《資治通鑑》卷二二五《唐紀四十一》代宗大曆十四年詔："天下冤滯，州府不爲理，聽詣三司使，以中丞、舍人、給事中各一人，日於朝堂受詞，推决尚未盡者，聽撾登聞鼓。"穆贊的案子，其弟穆賞就詣闕撾登聞鼓，詔三司使覆理。見《舊唐書》卷一五五《穆贊傳》。

於是有"搥登聞鼓者甚衆""爭者輒擊登聞鼓"等語[236]。但史料所載擊登聞鼓的例子其實不多,如右僕射裴遵慶之侄孫擊登聞鼓告其謀反[237];穆贊鞫事被誣下獄,其弟搥登聞鼓訴理[238];京兆尹楊虞卿家人出妖言,弟子等八人搥登聞鼓稱冤[239];大理寺直王景初因事坐貶,搥登聞鼓,再貶[240]。這些都是官吏之家人或本人擊登聞鼓,難謂是尋常百姓。或許因爲庶民"訟者所爭皆細故"[241],不足以動天聽,故反而不爲人重視,白居易曾曰:"登聞之鼓,歲終而不聞於一聲。"[242]不是庶民不去擊鼓申訴,而是群下冤情難達於上聞也。

個別型的庶民入宮,多以訴冤爲主。朝廷爲了防壅蔽,並不刻意阻攔,但也爲了維護宮中的安全與秩序,總有專人接引或監管。因此庶民無論是投匭進狀,内門上疏,或擊登聞鼓,似乎都沒有太大的困難,也沒有驗證門籍或身份的問題。祇是寢而不報,冤而不申的情形,恐怕所在多有,這就不是庶民能夠預期的了。

## 六、夜間與非時出入的檢核

宮門開閉有一定時辰,大致在寅時開,酉時閉[243]。一旦入夜,宮門闔閉,任何人都不得隨意出入。祇是當宮中有特殊需要時,宮門的開閉便不能依常時的規範進行。《唐六典》謂:"若非其時而有命啓閉,則詣閤覆奏,奉旨、合符而開闔之。"[244]這裏的非時開閉,包含奉敕夜開宮門。凡不在常時内的開閉,如應開而不開,應閉而不閉,都是非時開閉,或稱爲擅開閉[245]。但如果是奉旨合符,或依

---

[236] 《資治通鑑》卷二二五《唐紀四十一》代宗大曆十四年條,7261頁;《唐會要》卷五八《左右司郎中》,1002頁。
[237] 《册府元龜》卷五七《帝王部·明察》,642頁。
[238] 《舊唐書》卷一五五《穆贊傳》,4116頁。
[239] 《舊唐書》卷一七下《文宗紀》,558頁。
[240] 《東觀奏記》中卷,110頁。
[241] 《資治通鑑》卷二二五《唐紀四十一》代宗大曆十四年條,7261頁。
[242] 《白居易集箋校》卷六四《策林三·達聰明致理化》,3500頁。
[243] 羅彤華《唐朝宮門的開與閉》,《唐研究》第24卷,北京大學出版社,2019年,463—497頁。
[244] 《唐六典》卷八《門下省》城門郎條,250頁。
[245] 《唐律疏議》卷八《衛禁律》"越州鎮戍等城垣"(總81條)疏議曰:"擅,謂非時而開閉者。"171頁。

法式開閉,就算非其時,也不是擅開閉。若真是擅開閉宮殿門,則最高可處以絞刑[246]。

唐朝祇有少數特例,是允許重門弛禁的,如神龍之際京城正月望日,盛飾燈影之會,"金吾弛禁,特許夜行"[247]。先天元年(712)正月大酺、二年正月望夜燃燈,夜開城門,睿宗御延喜、安福門縱觀,經月不息[248]。唐朝諸衛掌宮廷警衛之法,以防守宮內爲主,唯金吾衛又兼負京城晝夜巡警,故京城燈會或酺宴,主要是京城門弛禁,金吾不以犯夜逮捕遊觀者,但宮門是否弛禁,監門衛是否不再驗門籍或不再合符,在此看不出來,不過可能性是相當小的。

夜開宮門,不是不可,但皆本於帝意,非人臣能够作主。如楊貴妃妒悍不遜,玄宗怒送歸第,然上不懌,高力士揣知上意,"及夜,力士伏奏請迎貴妃歸院,遂開禁門而入"[249]。這是得到玄宗同意而夜開宮門的。元稹《兩省供奉官諫駕幸溫湯狀》其中一個理由是:"若鑾車夕入,則門禁失啓閉之時。"[250] 凡車駕行幸及所至之處,並同正宮殿之法[251]。鑾車夕入,該當是宮門已閉之時,但敕旨既下,就算門禁失時,宮門也不得不開。

比較讓人憂心的是,如果國事緊急而需夜開宮門,宮中承擔的風險就很大。德宗時發生涇原兵變,賊攻城,舒王誼"晝夜傳詔,慰勞諸軍"[252]。既是詔從中出,則晝夜傳詔,必涉及夜開宮門的問題,何況賊兵還正在攻城。文宗太和年間有甘露之變,"訓亂之夜,文宗召右僕射鄭覃與〔令狐〕楚宿於禁中,商量制敕"[253]。這是震驚宮城,血濺朝路的大事,皇帝夜召大臣入宮,必要夜開宮門。唯因夜開

---

[246] 《唐律疏議》卷七《衛禁律》"奉敕夜開宮殿門"(總71條):"諸奉敕以合符夜開宮殿門,符雖合,不勘而開者,徒三年;若勘符不合而爲開者,流二千里;其不承敕而擅開閉者,絞。"違式開閉宮殿門的情況多種,除了夜間違式開閉外,還有開閉方法違式,進出門鑰違式等,都會影響諸門按時開閉。有關討論可參考劉俊文《唐律疏議箋解》,中華書局,1996年,599—601頁;戴炎輝《唐律各論》,28—30頁。

[247] 劉肅撰,許德楠、李鼎霞點校《大唐新語》卷八《文章》,中華書局,1997年,127—128頁。

[248] 《唐會要》卷五六《左右補闕拾遺》,971頁;又卷四九《燃燈》,862頁;《新唐書》卷一二九《嚴挺之傳》,4482頁。

[249] 《資治通鑑》卷二一五《唐紀三十一》玄宗天寶五載條,6873頁。

[250] 《元稹集校注》卷三四《兩省供奉官諫駕幸溫湯狀》,941頁。

[251] 《唐律疏議》卷八《衛禁律》"闌入行宮營門"(總77條),167頁。

[252] 《舊唐書》卷一五〇《德宗諸子》,4043頁。

[253] 《舊唐書》卷一七二《令狐楚傳》,4462頁。

宮門取決於帝意，可以想見其在執行上，應有很慎重的程序，以免有人因不當作爲而干夜禁，危及宮廷的安全。

《唐律疏議》"奉敕夜開宮殿門"條引《監門式》曰：

> 受敕人具録須開之門，並入出人帳，宣敕送中書，中書宣送門下。其宮內諸門，城門郎與見直諸衞及監門大將軍、將軍、中郎將、郎將、折衝、果毅內各一人，俱詣閤覆奏。御注聽，即請合符門鑰。監門官司先嚴門仗，所開之門內外並立隊，燃炬火，對勘符合，然後開之。[254]

夜開宮門，自然是有急事，爲了爭取時效，其進行的步驟應是非常快速的。宣敕送兩省，可能以口宣或墨敕爲多，而兩內省的宿直官員則立即處理急務。此處宮門的門司大體分三類人，即城門郎、監門衞、諸衞與折衝府。他們在得到指令時，先詣閤覆奏，確認後，再合符開門[255]。

《監門式》所列程序，應包含夜間時分人員之奉敕入宮或出宮。但實際情形可能會有些出入。貞觀十年(636)文德皇后之葬，段志玄與宇文士及分統兵馬出肅章門。太宗夜使宮官持手敕至二將軍所，但段志玄以"軍門不可夜開""夜中不辨真僞"，留使者至明[256]。按營門與宮門同，也有闌入之罪[257]。段志玄在軍中，即使宮官有手敕，段志玄也不得覆奏請示真僞，故宮官持手敕可出宮，却不得入軍門。相對地，如果外間因事請求入內，就要依循《監門式》的程序。貞元間議唐蕃會盟，其夜三更邠寧節度使韓遊瓌遣使叩開苑門，奏云盟會不成，將士覆没，上驚[258]。按禁苑之門雖有籍禁，但皆不得夜出入[259]，唯詣閤覆奏，合符纔可入內。因此叩開苑門的這個舉動，必是奏報過德宗，得其認可的。祇是同樣的奏報，結果却未必相同，蓋昭宗之遇害，就緣於蔣玄暉等夜叩內門，言軍前有急奏

---

[254] 《唐律疏議》卷七《衞禁律》"奉敕夜開宮殿門"(總71條)，160頁。
[255] 關於"奉敕夜開宮殿門"的討論，請參考羅彤華《唐朝宮門的開與閉》，483—489頁。
[256] 《資治通鑑》卷一九四《唐紀十》太宗貞觀十年條，6122頁。
[257] 《唐律疏議》卷八《衞禁律》"闌入行宮營門"(總77條)疏議曰："外營門、次營門與宮門同，闌入者得徒二年。"167頁。
[258] 《唐會要》卷五一《識量上》，894—895頁。
[259] 《唐律疏議》卷七《衞禁律》"闌入宮殿門及上閤"(總59條)疏議曰："禁苑，謂御苑，其門有籍禁。"152頁。又"夜禁宮殿出入"(總72條)："諸於宮殿門雖有籍，皆不得夜出入。"162頁。

要面見上。內門開,帝遂被弒[260]。

特殊情況的非時開閉,可能發生在白晝,也可能出現在夜間。唐朝多次的宫廷政變,都涉及非時開閉的問題。景龍元年(707)敕:宫殿門、禁苑門等"左厢給開門魚一合,右厢給閉門魚一合,左符付監門掌,交番巡察,每夜并非時開閉,則用之"[261]。入夜及非時出入宫門,除了門籍或敕符之外,又多了一道魚符的驗證。如此重重把關,看似嚴謹周密,但在發生事變時,許多不確定的因素攪擾進來,讓整個防衛體系全然破功。蓋政變發動,事機急迫,守方祇求閉門自保,攻方則欲斬關而入。由於事起倉促,誰還有時間往來覆奏開門或閉門?而且兵變乃是矯制發動,攻方不可能向上奏報。至於守方,也祇能自爲處斷,頂多向外求援,哪會想到按程序走,依旨意關閉宫門?張鷟《龍筋鳳髓判》正有一個非時開閉的擬判:"田達當討救之際,索馬不與,拒門不開,覆奏往來,宜失機速。合處極法,不伏。"這顯示事機危迫時,田達略過覆奏往來的程序,而竟被判處極法。判詞對奏聞皇帝的重要性有一段説明:"循環覆奏,務在從真;倉促輒來,焉知非詐。"[262]但弔詭的是,守方往來覆奏,便失機宜權變的急速;攻方目的在政變,又豈會報知所欲推翻的人?此判最後雖然免除田達之過,不以極法處之,然非時開閉,特別是緊急狀態下的處理困境,已表露無遺。

如果夜間已閉宫門,而門内却發生事故,此時反而要靠宫外巡警,强開宫門,協助平亂。如大足中,妖妄人李慈德自云能行符書厭,則天於内安置。不料其於三更反於内,宫人擾亂相殺,羽林將軍楊玄基聞内裏聲叫,領兵斬關而入,殺慈德等數十人[263]。閉鎖宫門本有保護皇室、宫人之意,但在突然有變的情況下,宫外巡警可能也無暇奏聞,便破門而入了。另一個更危急的事件發生在大中年間,有宫人謀弒宣宗,"是夜,〔嚴〕季寔直咸寧門下,聞變,入射殺之"[264]。連皇帝都困在宫内,談何先請示再入内?值夜者權宜處斷,相信無人會怪罪他不奉敕

---

[260] 《舊唐書》卷二〇上《昭宗紀》,783頁。

[261] 《唐會要》卷三〇《諸宫》,560頁。

[262] 張鷟撰,田濤、郭成偉校注《龍筋鳳髓判校注》卷三《左右羽林衛》,政法大學出版社,1995年,106頁。

[263] 《朝野僉載》卷三,66頁。

[264] 《新唐書》卷二〇七《宦者上·嚴遵美傳》,5872頁。

而開宮門吧！

出入宮禁,一般要驗證門籍,但唐律"夜禁宮殿出入"條:"宮殿門雖有籍,皆不得夜出入。"[265] 夜間入宮,門籍已非必要條件,唯奉敕、合符纔得夜開宮門。非時開閉的情形亦如之:"若非其時而有命啓閉,則詣閤覆奏,奉旨、合符而開闔之。"[266] 夜間與非時出入宮禁,門籍已不重要,皆必須奏聞皇帝,下符勘合,纔可開閉。如此慎重其事,就因爲夜間與非時出入是特殊情境,不同於平時、白晝之出入,故須加強警戒,多走些程序,纔能更提升宮廷的防護力量,確保皇帝的安全。衹是唐朝預設的夜間與非時開閉制度,衹適於承平時期,一遇事變,便緩不濟急,程序上的煩瑣,反成爲當事人的束縛。在應變不及的情況下,往往選擇略過程序,自爲處斷,這是宮廷防護最不該出現的大忌,却也很真切地反映在歷次的宮廷政變中。

## 七、闌入與闌出

《唐律疏議》卷七《衛禁律》:"闌,謂不應入而入者。"闌入比闌出要嚴重,闌出頂多是逃亡、縱放不法之徒,但宮中至少是少了個危害者。闌入則因不知擅入者有何企圖,所持武器爲何,闌入區域是何處禁地,將做出何等不利於皇帝或宮中人的事,故《衛禁律》規範的多是闌入罪,處罰的不僅是闌入者,也包含宿衛人與有司,無論是否知覺,都要論罪。同樣視爲闌入的,還有留而不出的行爲,其對宮廷造成的可能風險,是不能不計論的。

唐朝宮禁宿衛甚嚴,入宮要驗證門籍或符印,但儘管如此,闌入案例依然不少,而且多是平民。神功元年(697)有人走入端門,又入則天門,至通天宮,閽及仗衛不之覺[267]。此人先入洛陽皇城之端門,再入宮城之則天門(後避武后尊號改爲應天門),通天宮即明堂的位置,後改爲含元殿,是宮之正衙。這麼重要的宮廷要區,守門與仗衛竟都未察覺他的闌入,此人如入無人之境,實在令人不可

---

[265] 《唐律疏議》卷七《衛禁律》"夜禁宮殿出入"(總72條),162頁。
[266] 《唐六典》卷八《門下省》城門郎條,250頁。
[267] 《新唐書》卷三六《五行志》,955頁。

思議。

　　太平公主當權時,方士史崇玄聲勢光崇,得出入禁中,群浮屠疾之,以錢數十萬賂狂人段謙冒入承天門,升太極殿,自稱天子。有司執之,辭曰:"崇玄使我來。"詔流嶺南[268]。段謙冒承人名而入,至太極殿,當以闌入論,處徒二年半[269]。但他口出狂言,自稱天子,此乃"口出欲反之言,勘無實狀可尋,妄爲狂悖之語者",應處流刑[270]。基於二罪從重的原則[271],唐政府以流嶺南罪之,是相當合理的。

　　德宗貞元年間,史載有多次人、畜突入宫門。如鹿入含元殿,衛士執之[272]。按畜産唐突,走逸入宫殿,守衛不備,杖一百[273]。這是課以守衛之責。又,許州人李狗兒持杖入含元殿,擊欄檻,又格擒者,誅之[274]。李狗兒光是持杖闌入殿門,已得流二千里之罪[275],但他還與捕者拒捍格鬥,最終被誅殺[276]。這算是一起嚴重擾亂宫廷秩序的事件,守門的衛士讓他直闖宫殿,想必也要究責。另外一件犯衛禁的案子,與止宿宫中有關。左神策大將軍柏良器,爲監軍竇文場所惡。會良器妻族酌醉,寓宿宫舍。良器坐友人闌入,左遷右領軍衛[277]。按唐律:"不合宿而輒宿,及容止所宿之人",減闌入罪二等[278]。即良器友人輒宿宫内,處徒一年;容止其所宿者,亦然。良器則受其牽連而左遷。

　　敬宗時,有編户徐忠信闌入浴堂門,杖四十,配流天德[279]。浴堂殿是唐後期重要殿廷之一,皇帝經常在這裏召見群臣及文人學士[280]。一個平民能避開諸衛

---

[268]　《新唐書》卷八三《諸帝公主》,3656—3657 頁。
[269]　《唐律疏議》卷七《衛禁律》"宫殿門無籍冒名入"(總61條),152—153 頁。
[270]　《唐律疏議》卷一七《盗賊律》"口陳欲反之言"(總250條),325 頁。
[271]　《唐律疏議》卷六《名例律》"二罪從重"(總45條),123 頁。
[272]　《舊唐書》卷一二《德宗紀》,352 頁。
[273]　《唐律疏議》卷七《衛禁律》"車駕行衝隊仗"(總74條),164—165 頁。
[274]　《舊唐書》卷一二《德宗紀》,373 頁。
[275]　《唐律疏議》卷七《衛禁律》"闌入宫殿門及上閣"(總59條),150—151 頁。
[276]　《唐律疏議》卷二八《捕亡律》"罪人持仗拒捕"(總452條),527 頁。
[277]　《資治通鑑》卷二三四《唐紀五十》德宗貞元八年條,7539 頁;《新唐書》卷一三六《柏良器傳》,4596 頁。
[278]　《唐律疏議》卷七《衛禁律》"因事入宫輒宿"(總63條),154 頁。
[279]　《舊唐書》卷一七上《敬宗紀》,509 頁。
[280]　杜文玉《大明宫研究》,中國社會科學出版社,2015 年,168—170 頁。

禁,深入此内殿,實非易事。或許他是因迎輸、造作等入内,却迷誤而不得出。按律,若闌入至御在所者,斬;迷誤者,則上請聽敕[281]。如在宫内作罷不出,至御在所者,絞;不覺及迷誤者,得上請[282]。無論編甿徐忠信是哪種情形,至御在所都是死罪,而他大概是迷誤失道,非故不出,故得上請減死罪,配流天德。文宗時的另一起案件,就没那麽幸運。狂病人劉德廣突入含元殿,付京兆府杖殺[283]。含元殿前有一個廣大的空間,是官吏下車、下馬的緩衝區[284],正因殿前朝堂百姓還可入内投匭或擊登聞鼓,而此區間開闊,又人馬雜沓,狂病人劉德廣易於混入,但他並未按闌入殿門論處,而是交付京兆府杖殺之。

個人闌入宫中,無論是無籍而入,有心冒入,或迷誤不覺,容止不出,都因易於圍捕,危害性尚小。若是團體性的群聚,一時哄起,便可能引發不小的宫廷事變,于志寧諫太子承乾曰:"丁匠官奴皆犯法亡命,鉗鑿槌杵,往來出入,監門、宿衛、直長、千牛不得訶問。"[285]即點出丁夫官奴不受監管,恐有不測之憂。姚珽諫節愍太子亦曰:"伏以内置作坊,工巧得入宫闈之内,禁衛之所……小人無知,因爲詐僞。……猶望宫外安置,庶得工匠不得於宫禁出入。"[286]工巧入内,應由將領人帶領,不算是闌入,但長時在作坊,或久在宫内,所見所聞,熟知熟識,一旦起了異心,就是一場驚天動地的大事。敬宗初,染署工張韶與卜者蘇玄明善,玄明曰:"今主上晝夜毬獵,多不在宫中,大事可圖也。"卜者所言必得自張韶的陳述,而張韶欲爲變,則來自"每輸染材入宫,衛士不呵"的經驗[287]。于志寧、姚珽雖然有先見之明,有憂患意識,却依然不能阻止這場由工人團體所發動的變亂。

集團性的闌入以宫廷政變爲主,即使他們不是由宫外闌入宫中,但未經許可而由宫中或苑内某門擅入禁中,也是闌入。神龍元年(705)張柬之將誅張易之

---

[281] 《唐律疏議》卷七《衛禁律》"闌入宫殿門及上閣"(總59條),151頁。
[282] 《唐律疏議》卷七《衛禁律》"宫殿作罷不出"(總65條),156—157頁。
[283] 《舊唐書》卷一七下《文宗紀》,571—572頁。
[284] 羅彤華《唐代官吏入宫車馬與僕從的管理——兼論命婦入宫規範》,《隋唐遼宋金元史論叢》第9輯,上海古籍出版社,2019年,64—66頁。
[285] 《新唐書》卷一〇四《于志寧傳》,4004頁。
[286] 《舊唐書》卷八九《姚珽傳》,2905頁。
[287] 《資治通鑑》卷二四三《唐紀五十九》敬宗長慶四年條,7836頁;《新唐書》卷二〇七《宦者上·馬存亮傳》,5871頁。

等,王同皎等詣東宫迎太子,從玄武門"斬關而入"[288],顯然就是密謀起事,闌入玄武門。景龍元年(707)太子重俊矯制發羽林千騎,自肅章門"斬關而入","叩閤"索上官婕妤,而在平亂後,"太子兵所經諸門守者皆坐流"。這是場發動於太極宫内的政變,亂兵已至上閤,情況相當危急。事後究責,所經諸門守者皆坐流,正是因爲他們把關不利,讓亂兵闌入,纔做此裁處。按唐律,闌入上閤或通内之門並得絞罪[289]。若非大獄始決,人心未安,他們恐怕會悉被誅殺[290]。景雲元年(710)臨淄王李隆基率劉幽求等及總監丁夫入自玄武門,"斬關而入,至太極殿",葛福順、李仙鳧則攻通内之玄德門、白獸門,約會於凌烟閣前[291]。這次政變,同樣是闌入宫内諸重要門禁,祇是敗方門將已被誅,韋后等已死,平息了事方爲上策。最糟糕的一次闌入宫禁,是玄宗幸蜀時的百姓亂入,"取左藏大盈庫物,既而焚之,自旦及午,火勢漸盛,亦有乘驢上紫宸、興慶殿者"[292]。這些亂民不是有組織的闌入,其目的也不在謀奪政權,祇是想搶些財寶而已,故官府殺十數人便足以威嚇之,讓闌入情況安定下來。至於晚唐昭宗的被弑,則是蔣玄暉與龍武軍等百人,言有急奏,叩開内門後之所爲[293]。表面上看,内門開是得到昭宗同意,不算闌入,而其實却是以詐術取得昭宗信任。

唐代宫廷的門禁制度不可謂不嚴,無論宫門或殿院,白晝或夜晚,也無論用籍書、門符、别敕或領付,乃至監搜,都設下重重關卡,並經歷一再驗證查檢,以防止不依身份者亂入其門,不肖者乘虛而入,或持器械危及宫内安全。然闌入宫廷的情況其實很嚴重,如官吏友人可以混入,權貴倖臣不經宣詔便縱入,百姓無查核下突入,宫廷政變不問發自宫内宫外而暴入。就門禁的制度設計來説,各門都有層層把關的人,依據各種狀況做檢核,按理來説應無可闌入的機會。然事實却不盡然,其中一個原因似在於宫門口有個車馬緩衝區,官員與僕從混雜在一起,門衛稍不注意,有心人便可乘隙溜入宫中。再説,百姓可在朝堂前擊登聞鼓,甚

---

[288] 《資治通鑑》卷二〇七《唐紀二十三》中宗神龍元年條,6579—6580頁。
[289] 《唐律疏議》卷七《衛禁律》"闌入宫殿門及上閤"(總59條),150—151頁。
[290] 《資治通鑑》卷二〇八《唐紀二十四》中宗景龍元年條,6611—6612頁。
[291] 《資治通鑑》卷二〇九《唐紀二十五》睿宗景雲元年條,6644—6645頁;《舊唐書》卷五一《后妃上》,2174頁。
[292] 《舊唐書》卷一一一《崔光遠傳》,3318頁。
[293] 《舊唐書》卷二〇上《昭宗紀》,783頁。

至可在通内門進狀或訴寃,都爲他製造闌入宮内的可能性。然而,門禁的疏失,人爲因素的影響或許比制度更大,門衛查核不謹讓人冒入、突入,自當負最大責任。但門衛面對權倖或高官,是否真的敢驗籍符或敕書,還是順從地放入?他能否勇於阻擋其所帶的友人或僕從,還是眼看着他們一起入内?如果這完全歸咎於門衛失職,似也不全然合理,因爲得罪權倖或高官的後果,他可能承擔不起。但原因也可能在於門衛對經常出入者失去戒心,没有仔細查檢;對熟識者疏忽怠慢,以爲不會有問題,却不料因此放入危險人物,甚而釀成大禍。門禁制度是宮廷極重要的安全防護網,這套機制能發揮多大作用,是觀察宮廷安全的重要指標。

與闌出相比,唐政府更在乎闌入宮中,而不太在意闌出宮中。闌出的罪名,唐政府主要用於州縣城垣的越罪,以及私度、越度、冒度關津方面,闌出宮廷反而不是重點,蓋闌出至少不會引發宮内騷亂,對統治者來説,發兵到宮外圍捕,總比關在宮内平亂,要安心得多。唐代闌出宮廷的例子頗爲罕見,有之,勉強算是至德中吐蕃囚自金吾仗亡命一事。此案之亡命囚其實尚未出宮,大概是想逃出而尚未逃出,故皇帝纔會敕命晚開宮門,連宰相都待漏於太僕寺車坊[294]。無論亡命囚最後是否被捕,下場如何,其欲闌出宮門是無可置疑的。

## 八、結論

宮廷是皇帝的居所,也是權力核心所在,爲了維護宮廷秩序,確保其隱密性,宮廷設有嚴謹的門禁制度,以防不肖份子混入。官吏應是最常出入宮廷的人員,在京文武九品以上官都應置門籍於宮門口,入宮時要驗門籍,朝會時爲保證皇帝安全,監門校尉還要再執以唱籍,官吏則依其品級由指定的門進入。宮中有職任的官吏,門籍亦設於最近其任職處或出入處,非其門則不得擅入。但入閤無門籍,準敕引入;通内諸門也不立籍禁,應入者引入。門籍每月更替一次,並隨官職遷轉而易籍。常態性的門籍驗證之外,官吏入宮還要監搜,僅大和元年以後宰臣可不受監搜。爲了防止冒名而入,入宮門還要驗職印或牌,以證明官人的身份。

---

[294] 《舊唐書》卷一四《憲宗紀》,421 頁。

命婦沒有門籍，但朝參時也會製作名冊，作爲核對其出入宮廷的依據。

門籍驗證是官吏出入宮門的常制，但皇帝臨時性宣詔朝臣，最要防的是"召命之詐"，亦即矯詔不可自內出，外臣不可冒入。唐朝在京文武職事官五品以上，並給隨身魚符，在應徵召時，"出內必合之"，就是召命之符契，與應召者之隨身魚符勘合，纔可入內。皇帝別敕宣召，已不問其人是否有門籍，重要的是降墨敕，並由有司準敕引入。然宮中有權勢者或被寵信者，有時也會召外人入宮，而侵犯皇帝宣召的專屬權利，此時如果連皇帝都不在意，則體制無形中就被破壞，而門司亦無所適從。

住居宮中的皇親，其出入宮禁的情況因時而異。唐前期諸王長成後可出閤，其朝參或再次入宮應同官吏，要驗門籍；應徵召，則給隨身魚符。但自則天稱制後，深嫉諸王，始幽禁宮中，限制其行動。自玄宗起至晚唐，且進一步採取集中居住，宦官監管的方式，廢除成年皇子出閤的制度，也就沒有設置門籍的必要了。公主出閤的情形與諸王相對應，前期公主出閤後，需"通籍門闌"，通過門籍查驗，纔可入宮，後期諸王之女，因諸王不得出閤而形同幽閉，連婚嫁都成問題，自然也不必設門籍了。宮中之后妃、女官等，不得恩准，不得隨意出宮。如因典禮要外出，也依有司的安排。唯中宗時縱容宮貴人，任其往來宮掖，使禁衛門籍之法形同虛設。

宮中的服侍者包含宦官與宮女。宮女除非被放出宮，否則一輩子閉鎖在宮內，也不得與外人交通，故無需門籍。宦官情況則不然。宦官無論奉命辦事、傳宣大臣或遠使外地，都會進出宮廷，而中上層宦官有外宅者也頗爲普遍，他們既不時出入宮禁，身份查核自然非常重要，以免有人混入宮中。宦官出入禁廷之處是左右銀臺門，則宦官門籍應置於銀臺門。此外，爲了證明自己的身份，禁中佩符印出入，可能也是一種規制，大權宦尤其欲借此顯示自身的威勢。

宿衛宮廷的兵將有籍書，已下值則不得擅入。他們在諸衛監管下整批行動，由主司帶領。任職門衛者要佩魚符或龜符，各門之左右內外、開門閉門都有相應的符，以爲交番巡察之用。

庶民也有可能出入宮廷，任務型的庶民如迎輸、造作、伎樂之類，由將領人錄名申請文牒，採團進團出方式。個別型的庶民則主要爲投匭訴冤或擊登聞鼓而來。庶民無門籍，如表明要投匭，無論投匭地點在朝堂、宮門口或通內的光順門，都有金吾或院子領付，並報知京兆府，不會任其在宮內亂走。登聞鼓置於朝堂前，百姓擊打方便，沒有驗證身份的問題，但因所爭多細故，訴冤成效還很難說。

宮門開閉有一定的時辰與法式，夜間或非時出入則必須奉敕而行，程序嚴謹，而且此時門籍已非必要，宣敕與合符縏是出入的關鍵。然此制度祇適用於承平時期，遇有宮廷政變等特殊狀況，便會因來不及奏報皇帝，而自爲處斷。如此的權宜機變，雖是不得不然，但難免有破壞體制之嫌。

宮廷安全是極重要的大事，凡不應入而入，或留而不出，都是闌入，唐律於此有很細緻的論罪條目。個人闌入宮中，無論是有意的，或不覺、迷誤，其危害性都比較小，也易於圍捕。若是集團性的闌入，其犯意就很明顯，通常會引發宮廷政變。唯因成者爲王，敗者爲寇，闌入罪要如何究責，就看勝方的態度了。至於闌出罪，因其對宮廷的影響不大，從來就不是關注的焦點。

總之，出入宮廷的人身份複雜，唐政府不是用同一標準、同一方式作爲驗證機制，而是隨着出入宮廷的常態性、臨時性、特殊性的差異，而設定不同的查驗體系。宮廷門禁如此嚴密，目的就是要防冒僞、禁詐入、止留宿，以維護宮廷的安全。雖然門禁的制度設計仍小有缺失，但人爲因素所造成的防禁漏洞，却比之要嚴重得多，尤其是門司遇到權貴或依托求入者，可能不敢確實查核；遇到熟識者或慣常出入者，便易失去戒心，任其出入。無論他們是畏於權勢或疏忽怠慢，甚至是倒向某方政變者，都因未控管好門禁，而爲宮廷的安全與秩序，帶來未可預知的變數。

# The Access Control System of the Palace during the Tang Dynasty

## Luo Tonghua

The palace was the residence of the emperor and the core of power and its safety must be ensured. But many people, from royals, officials, to commoners, all could enter and exit the palace. Therefore, the imperial government needed to implement a strict and proper access control system. The paper studies the access control system in five aspects, namely, verification of officials' palace gate registers, inspection of imperial edict which orders one to enter the palace, entry and exit of people living in the palace, commoners' restricted access to the palace, and in and out during night time and restricted hours. The study gains an insight that the Tang government's verification mechanism was not always abided by the same standard or method. With the differences in the normality, temporality, and particularity of palace access, different inspection systems were adopted. Although the restriction of access might have seemed tight, the problem of entering and exiting without permission still existed. Due to certain reasons, the gatekeepers failed to perform proper inspection and access control which casted unknowns to the safety and order of the palace.

# 《垂拱格》與武則天禮法*

## 吴麗娛

唐初以降,格的制作興起,成爲與律、令、式並稱的法律形式之一。史載高祖、太宗都曾定格,而高宗一朝曾有三次格的制作,通過不同時期的制敕編纂,反映執政者的鮮明立場,也體現了當朝皇帝對法令的直接控制。一直以來,格的制作及其體例、形態、功能等獲得學者高度重視[1],但筆者認爲,在這些研究之外,瞭解格自身的撰作和内容取向也許是更重要一項工作,故此前已曾撰文對高宗朝三次格的修撰進行討論[2]。但格作爲現行禮法的編撰自後並未停止。特别是武則天以太后立朝之初即修訂《垂拱格》,稱帝後復有"格後敕"(或稱《垂拱後常行格》)的頒佈,兩者不但於武周統治本身,在唐朝的法制史上也有着重要的地位。祇是由於史料的缺乏,以往對其内容着力者不多。本文試從此角度,繼

---

\* 本文爲國家社科基金重點項目"大唐開元禮校勘整理與研究"(15AZS001)階段性成果。

[1] 關於格的論著如劉俊文《論唐格——敦煌寫本唐格殘卷研究》,中國敦煌吐魯番學會編《敦煌吐魯番學研究論文集》,漢語大詞典出版社,1990年,524—560頁;並見氏著《敦煌吐魯番唐代法制文書考釋》,中華書局,1989年,246—306頁;《唐代法制研究》,文津出版社,1999年,120—163頁。馬小紅《"格"的演變及其意義》,《北京大學學報》1987年第3期,110—118頁;韓國磐《中國古代法制史研究》,人民出版社,1993年,301—308頁。桂齊遜《傳世文獻所見"唐格"試析》,《中國古代史研究》第6期,2006年,127—194頁;《唐格再析》,徐世虹主編《中國古代法律文獻研究》第4輯,法律出版社,2010年,244—286頁。坂上康俊《〈令集解〉に引用された唐の格・格后敕について》,《史淵》128,1991年,1—20頁;《關於唐格的若干問題》,戴建國主編《唐宋法律史論集》,上海辭書出版社,2007年,60—70頁。趙晶《唐代〈道僧格〉再探——兼論〈天聖・獄官令〉"道僧科法"條》,《華東政法大學學報》2013年第6期,127—149頁;後收入氏著《〈天聖令〉與唐宋法制考論》,上海古籍出版社,2014年,137—169頁。樓勁《魏晉南北朝隋唐立法與法律體系——敕例、法典與法律體系》第六、八、九章,中國社會科學出版社,2014年。吴麗娛、趙晶《唐五代格、敕編纂之演變再探》,《中華文史論叢》,2015年第2期,139—180頁。

[2] 吴麗娛《試析唐高宗朝的禮法編纂與武周革命》,《文史》2016年第1輯,83—115頁;《格與禮法:再談高宗朝三次修格的内容與取向》,《中華文史論叢》2020年第4期,121—173頁。

續就武周時代《垂拱格》及格後敕的制作略作探討,以提供對武則天時期禮法制度的進一步認識。

## 一、《垂拱格》及其後的撰作

唐初皇帝修訂法令,大致從登基開始,經數年而頒定。例如唐高祖受禪,除以劉文靜等"因開皇律令而損益之,盡削大業所用煩峻之法"外,"惟正五十三條格,入於新律,餘無所改。至武德七年(624)五月奏上"[3]。而太宗則是貞觀元年(627)即以長孫無忌、房玄齡等修律令,至貞觀十一年正月十四日方"頒新格於天下"。這個"新格"乃泛指律令格式之總稱。據《舊唐書·刑法志》,當時所頒佈,内含律十二卷、令三十卷、格七百條,"以為通式"。其中"格七百條"也即由房玄齡等撰定的《貞觀格》十八卷[4]。唐高宗也是在即位初,即敕長孫無忌、李勣等"共撰定律令格式,舊制不便者,皆隨刪改"。至永徽二年(651)閏九月十四日,"上新刪定律令格式"[5]。這以後於龍朔二年(662)及儀鳳元或二年(676—677)又有重修。而武則天初建政也仿前朝修格,這就是成於其臨朝次年的《垂拱格》。

**(一)《垂拱格》的制作**

《唐會要》卷三九《定格令》關於武則天的格式編修記載稱:

> 至垂拱元年(685)三月二十六日刪改格式,加計帳及勾帳式,通舊式成二十卷。又以武德以來、垂拱已前詔敕便於時者,編為《新格》二卷。内史裴居道、夏官尚書岑長倩、鳳閣侍郎韋方質與刪定官袁智弘等十餘人同修,則天自製序。其二卷之外,別編六卷,堪為當司行用,為《垂拱留司格》。時韋方質詳練法理,又委其事於咸陽縣尉王守慎,有經理之才,故垂拱格、式,議者稱為詳密。其律(《舊唐書·刑法志》作"律令")唯改二十四條,又有

---
[3]《舊唐書》卷五〇《刑法志》,中華書局,1975年,2134頁。
[4]《唐會要》卷三九《定格令》,上海古籍出版社,1991年,819頁。並參《舊唐書》卷五〇《刑法志》,2138頁。
[5] 參《舊唐書》卷五〇《刑法志》,2141頁;《唐會要》卷三九《定格令》,820頁。

不便者，大抵仍舊。[6]

《舊唐書·刑法志》所言差似，祇是另處言《留司格》之外，又有《散頒格》三卷，亦爲裴居道删定[7]。而《新唐書·藝文志》在"《垂拱式》二十卷"下，却是"又《格》十卷、《新格》二卷、《散頒格》三卷及《留司格》六卷"[8]，這裏多出的三卷和十卷從何而來不詳。論者或據藤原佐世《日本國見在書目録》所在有《垂拱格》二卷，認爲武則天所制應當是《散頒格》二卷（即《新格》）及《留司格》六卷[9]。《唐會要》説自高宗以後，"分格爲兩部，曹司常務者爲《留司格》，天下所共者爲《散頒格》，《散頒格》下州縣，《留司格》本司行用"。所以武則天朝二種格的形式，仍是繼高宗而來，祇是《散頒格》數量少，似乎尚没有按曹司劃分，與中宗後來的編制似乎是不一樣的。

《垂拱格》成於武則天掌政之初的垂拱元年。史載高宗弘道元年（683）十二月去世，中宗即位，"尊天后爲皇太后，政事咸取决焉"。次年（684）正月改元嗣聖。但中宗不久即被廢，二月己未立豫王旦即睿宗，改元文明，"政事决於太后，居睿宗於别殿，不得有所預"[10]。而其年九月改元光宅，改省臺寺監官名，立武氏七廟。十月誅宰相裴炎，平徐敬業反，明年正月改元垂拱（685）。《唐會要》所説三月二十六日，乃格成之日，修格時間恐早於此。《唐大詔令集》卷八二載《頒行律令格式制》一首，注明"文明元年四月二十二日"。内稱：

> 近見所司進律令格式，一一自觀，至於經國成務之規，訓俗懲違之范，萬目咸舉，一事無遺。但能奉以周旋，守而勿失，自可懸諸日月，播之黎庶，何事不理，何化不成！先聖憂勤萬務，省念庶績，或慮須有弛張，所以迅令删定。今既綱維備舉，法制弘通，理在不刊，義歸無改，豈可更有異同，别加撰削？必年月久遠，於時用不便，當廣延群議，與公卿等謀之。今未有疑，無容措筆。其先定律令格式之本，宜早宣佈，凡厥在職，務須遵奉，輒造異端，妄逾

---

[6] 《唐會要》卷三九《定格令》，820—821頁，下引《唐會要》文同不另注。
[7] 《舊唐書》卷五〇《刑法志》，2143、2138頁。
[8] 《新唐書》卷五八《藝文志一》，中華書局，1975年，1495—1496頁。
[9] 孫猛《日本國見在書目録詳考》，上海古籍出版社，2015年，758—759頁。
[10] 《資治通鑑》卷二〇三《唐紀十九》，中華書局，1956年，6416—6418頁。

軌躅者,咸禁除之。庶用刑符於畫一,守法在於無二,内外僚寀,知朕意焉[11]
制中已提到"先聖"曾經"迅令刪定"的律令格式,但制書要求將先定律令格式之本儘早宣佈,也可見武則天在制定《垂拱格》之前已有基礎。雖其中格作爲當世法,時間性很强,且甫一建朝即修格,也是依照太宗、高宗即位修格的成例,但既稱前朝之法"理在不刊",決定了《垂拱格》的大部内容還應沿襲前朝。

《垂拱格》雖當李武政權的交替時期,但在武則天掌控下朝廷秩序尚屬井然,所以還是由宰相領導的正常修撰。祇是今所見人員甚少,宰相祇有三位,分别是垂拱元年二月乙巳,以秋官尚書同鳳閣鸞臺三品的裴居道;光宅元年(684)十一月丁卯,以守鳳閣侍郎同鳳閣鸞臺三品的韋方質;以及弘道元年十二月戊寅,以兵部(夏官)尚書同中書門下三品的岑長倩。這裏領銜者顯然是最後命爲宰相的裴居道。垂拱元年三月二十六日上《垂拱格》時,三人皆在位,惟裴居道自秋官尚書升爲内史在五月一日[12],與三月不符,不知是否叙事者追記之故。宰相署位者少或與其時職務變動大有關。光宅元年至垂拱元年在位的宰相如韋弘敏、李景諶、楊炎、劉景先、沈君諒均在三月以前或殺或貶,而武承嗣和崔詧亦罷於三月辛酉,故其皆不應在上表的人員之中。祇有王德真、騫味道、劉禕之三人其時尚在,但也没有出現。另外刪定官以下應是具體承擔編撰的人員,祇是數目與所載總共"十餘人"之説相差甚遠,推測並不是簡單的省略,而有可能是日後得罪者多,名被取締之故。

**(二) 垂拱"格後敕"——《常行格》**

《垂拱格》是武則天立朝初所修,那麽武則天稱帝以後的情況怎樣?這涉及垂拱元年以後的制敕編纂問題。《唐會要·定格令》在前揭記載後提到"至神龍元年(705)六月二十七日,又〔令?〕刪定《垂拱格》及格後敕……至神龍二年正月二十五日已前制敕,爲《散頒格》七卷。又刪補舊式,爲二十卷。表上之,制令頒於天下"。證明神龍所修《散頒格》與刪定武則天《垂拱格》和格後敕有關。這裏"格後敕"名稱第一次出現,也説明武則天《垂拱格》以後祇有格後敕,所以中宗對垂拱以後部分的編纂和吸收,祇能使用格後敕。

---

[11] 《頒行律令格式制》,《唐大詔令集》卷八二,商務印書館,1959年,472—473頁。
[12] 參見嚴耕望《唐僕尚丞郎表》卷一九《刑部尚書》,中華書局,1986年,981頁。

但武則天垂拱以後法令,見於藤原佐世《日本國見在書目録》第十九"刑法家"著録有"《垂拱後常行格》十五卷"[13]。那麼,何謂"常行格"呢？格的編輯無疑源自制敕的合成,此即《舊唐書·刑法志》言"蓋編録當時制敕,永爲法則,以爲故事"[14]。由於現存日本《令集解》中,明法家之《古記》參用《垂拱格》和《格後敕》,《令釋》《穴記》亦參用《格後敕》。論者已證明《格後敕》即垂拱《格後敕》,而非開元十九年蕭嵩、裴光廷等編《格後長行敕》。而據《令集解》卷一三《賦役令》"義夫節婦"和卷一九《考課令》"一最以上"條,分别有《格後敕》卷一三、卷一四的引文,與《垂拱後常行格》卷數相合,所以《格後敕》應當即《常行格》[15]。

《唐會要·定格令》繼而又有"景龍元年(708)十月十九日,以神龍元年所删定格式漏略,命刑部尚書張錫集諸明閑法理人重加删定。至景雲元年(710),敕又令删定格令。太極元年(712)二月二十五日,奏上之,名爲《太極格》"的記載。證明武則天以降至睿宗朝,格的編纂是一直在繼續,加上太宗、高宗朝修格故事,可以認爲已經形成了修格傳統。且内容也會有傳承,即太宗、高宗朝格敕的諸多成分會影響、傳延至武周,而《垂拱格》和垂拱格後敕的不少内容也會延續到《神龍格》《太極格》,甚至《開元格》。

與此有關,很典型的一個例子是下面將要談到的"父在母服",就是一直從《垂拱格》繼續到《開元格》。另一個例子是敦煌 S.1344《開元户部格殘卷》的來源問題。此卷劉俊文定爲開元三年格,内有證聖元年(695)四月九日"敕孝義之家,事須旌表"一條[16]。《令集解·賦役令》"凡孝子順孫"和"義夫節婦",《古記》兩條引文都以《格後敕》爲名,但"凡孝子順孫"條《令釋》引相同文字却作《開元格》。由於史料未載武則天垂拱以後下令整理格敕以及成書的年代,坂上康俊因此判斷《格後敕》成於證聖元年之後,神龍元年以前,且此條是先收入《格後敕》,再被《開元格》吸收[17]。從此條敕文到《開元格》,證明格的延續性是很

---

[13] 孫猛《日本國見在書目録詳考》,759—761 頁;下引證《令集解》文同。
[14] 《舊唐書》卷五〇《刑法志》,2138 頁。
[15] 坂上康俊《〈令集解〉に引用された唐の格・格后敕について》,《史淵》128 期,1991 年,4—5 頁;並參孫猛《日本國見在書目録詳考》,760 頁。
[16] 劉俊文《敦煌吐魯番唐代法制文書考釋》,276—280 頁。
[17] 孫猛《日本國見在書目録詳考》,760—761 頁。

強的,儘管受其時改朝换主和政治鬥争的影響,但武則天諸多法令仍得以保留。並且由於武周、中宗、睿宗三朝格的制定都是在皇帝即位之初,所以格的編纂仍以繼承和修訂前朝格敕爲主。特别是相關一般司法和行政的内容,應當是有所承傳和積累的,今天無論從敦煌殘卷抑或日本《令集解》的遺文來看,大都屬於這類性質,這大約也是修格用時甚短的原因。

現藏於柏林科學院的吐魯番吐峪溝出土 TIIT(Ch.3841)卷,其文書定名也是法學家們爭議較大的一個問題。今存斷簡顯示由多條敕文組成,每敕開頭皆有"敕"字。但敕文末尾多殘缺,所殘均爲武后時期,内兩條依稀可見"長壽三年(694)臘月十一日"及"萬歲通天(696)▯▯▯▯"的注字。此敕劉俊文初定名爲《垂拱後常行格斷片》[18],韓國磐先生則根據其中官名爲武周專用,認爲應在神龍以前。提出武則天時曾删定《垂拱留司格》,垂拱以後,或者曾經將有關敕條陸續補入留司格中,故定名爲武周時期《吏部留司格斷片》[19]。而劉俊文在之後發表的《唐代法制研究》中亦更名爲《神龍吏部留司格殘卷》[20]。

因此,關於此卷的定名,實際上牽涉兩個問題。其一是卷子究爲武則天時期還是神龍時期?其二是卷子能否定爲留司格?

對於卷子是留司格的看法,坂上康俊曾提出質疑。他認爲斷簡不使用武周文字,所以可以排除是垂拱格後敕的可能。而發現於敦煌,與留司格頒於本司,不頒州縣的本身語意有矛盾,故也不應是神龍留司格。經過種種辯證,他作出"太極散頒吏部格"的判斷。他還提出一個看法,即根據大谷文書8042、8043的格斷簡,内中敕文均與德藏 TIIT、S.1344一樣有具體年月,且記録有麟德元年、乾封元年或二年這樣早的年號,依内容認爲是《垂拱祠部散頒格》,他因此總結"唐代的格,在律令的規定上,有必要明示每個原敕的發佈年月",認爲神龍散頒格祇是特殊的形態[21]。不過,從今天存世史料,如開元户部格、倉部格、金部格、

---

[18] 録文和定名見劉俊文《敦煌吐魯番唐代法制文書考釋》,270—271頁。
[19] 韓國磐《中國古代法制史研究》,304—305頁。
[20] 劉俊文《唐代法制研究》第一章第三節《唐格初探》,文津出版社,1999年,128—130頁。
[21] 坂上康俊《有關唐格的若干問題》,戴建國主編《唐宋法律史論集》,上海辭書出版社,2007年,60—70頁。

祠部格等的殘文來看，大都是直引格文而未標注年月[22]。這證明《神龍散頒格》並不是特殊形態，而是經過整理後比較標準的格的範式。雖然在戴建國先生總結的格的形式中，也有"格文以'敕'字起始，末尾署有年月"的一種[23]，但筆者認爲它更接近於原始的編敕而不是格，而格後敕正是在這種形式上產生的。就TIIT的樣貌來看，顯然與後者而不是前者更爲接近。因此至少從形式上我們無法排除它是格後敕的可能。

另外這裏還涉及卷子本身的年代。德藏TIIT所見長壽三年(694)和萬歲通天(696)的年代都較晚，後者甚至超過上述證聖元年。那麼，它的出現是否會與中宗"刪定《垂拱格》及格後敕"有關呢？中宗朝制定《神龍格》之前，須先整理武則天時期全部的格和格後敕，所以沒有武周文字的敕文也許是中宗初編輯的成果。這樣如果敕文年號、官號不改，却不用武周文字也就解釋得通了。

無論如何，敦煌卷中的敕文，與武則天時代制敕的編輯有關，並且至少，格與格後敕的形式在武則天時代都使用了。因此，《垂拱格》與《垂拱格後敕》的制定和延傳值得探討。特別編敕的做法，顯然要比隱去敕文來源重新編輯的格簡單得多，不但可以快速成書，對後世影響也極大。

所以總的來看狹義的《垂拱格》固指武則天垂拱元年所修，而廣義的"刪定《垂拱格》"則應包括垂拱格後敕以及《神龍格》《太極格》，其影響甚至到開元前期。要瞭解武則天一朝的法令制作和流傳，必須要將各時期格敕內容搞清楚。

但這裏有一點也要注意，即格的修撰雖然都是在前朝格敕的基礎上，却也是針對以往各項大法的修訂，可說是繼承與創新、否定和批判並存。雖然從敦煌、吐魯番文書及《令集解》等資料反映的格與格後敕都相當細碎，偏重於具體的司法和行政，但不等於格中沒有方向性的內容條款。根據筆者對高宗朝永徽、龍朔和儀鳳三次修格的討論，得知每次修格並非陳陳相因，或僅僅關乎行政事務。而是不但有針對已有制度的討論和變更。更有代表朝廷政治方向的諸多新創，禮制乃其中的核心。例如高宗永徽修格雖然吸收貞觀頗多，但龍朔、儀鳳各借龍、

---

[22] 《白氏六帖事類集》卷一六《軍資糧·軍糧格》，卷二二《遷徙·户部格》，卷二四《市·羌互市格》，卷二五《畋獵·禁俗》，卷二六《僧·度人格》，文物出版社，1987年，第4册61頁，第5册66、92頁，第6册1、23頁。

[23] 戴建國《唐宋變革時期的法律與社會》，138、148—149頁。

鳳祥瑞作爲朝廷履新之標志。龍朔修格正當武則天初主政，故不但通過制敕吸收之前《顯慶禮》的新改内容，且包括中央官署官名、百官朝服品色、嫡繼母服制，乃至僧尼致拜君親之法，都按其意志修訂。而儀鳳元年高宗朝第三次修格，由宰相劉仁軌、郝處俊等主持，則使龍朔官名完全作廢，百官朝服品色恢復貞觀永徽初。同時也使長期爭議不休的郊祀、明堂制度取得折中，達成了"自此明堂大享，兼用貞觀、顯慶二禮"，從而"貞觀、顯慶二禮，皆行用不廢"的結果[24]。

因此格或是對前朝格令的批判繼承，或是對當前禮法的即時修訂，内中不僅是一般行政司法規則的補充，也有政治主張的改革更新。而格後敕——"常行格"的編輯就更加保留了敕文的鮮活記録，其對之前理念的挑戰甚至否定、革新的目的自會更强。武則天在建朝修格同時無疑是力求創新的，而在武周建立前後，對於唐禮法之變動修改，更會通過制敕的發佈以申明和實現。

不過在討論之先，或許還要重複一個老問題，就是如何能確定，或者怎樣知道詔敕是否入格。筆者在討論高宗三次修格的文中已經説明，詔敕也有被吸收入令、式的問題，菊池英夫及牛來穎對制敕與令、格、式，或者制敕與令的關係都有討論[25]，其他學者也從《天聖令》的研究中關注到唐前期法令的編纂及對令式的分辨[26]。不過，詔敕與令、格、式三者的關係十分複雜，這似乎也爲判斷詔敕是否入格增加了難度。但筆者仍要爲詔敕入格的主張提出辯護，爲此在前文基礎上提出三點：

一、詔敕無論是入令、入式抑或入格，都是爲了對以往的制度進行修正和補充。但自高宗永徽二年修令以後，直至睿宗以前，修令都很少。修令常常被修

---

[24] 參見《舊唐書》卷二一《禮儀志一》，818、827頁；《唐會要》卷三七《五禮篇目》，782—783頁。以上並參吳麗娛《試析唐高宗朝的禮法編纂與武周革命》，83—115頁；《格與禮法：再談高宗朝三次修格的内容與傾向》，待發表。

[25] 菊池英夫《唐代史料における令文と詔敕文との關係について——〈唐令復原研究序説〉の一章》，《北海道大學文學部紀要》21—1，1973年，35—57頁；牛來穎《詔敕入令與唐令復原——以〈天聖令〉爲切入點》，《文史哲》2008年，105—112頁；《〈天聖令〉中的別敕》，中國政法大學法律古籍整理研究所編《中國古代法律文獻研究》第4輯，法律出版社，2010年，164—180頁。

[26] 如黃正建《唐高宗至睿宗時的律令修訂——律令格式編年考證之三》，《隋唐遼宋金元史論叢》第5輯，2015年，7—26頁；收入氏著《唐代法典司法與〈天聖令〉諸問題研究》，中國社會科學出版社，2018年，39—65頁。趙晶《唐令復原所據史料檢證——以令式分辨爲綫索》，臺灣《歷史語言研究所集刊》第86本2分，2015年，317—364頁。

"格令"的説法所取代。這個"格令"如筆者過去所討論,往往僅指格,而不是格與令兩者的合稱。有些史料中雖然替代有"修格式律令"的詞語,但也祇是一種含混的虛説,因爲並没有像修格那樣有切實的安排和操作。所以至少在這一時期中,修格基本取代了修令。武則天雖然修格同時也修了式,但對"其律令惟改二十四條,又有不便者,大抵依舊"[27]。既然如此,新制敕就大多祇能入格式不能入律令,律恐怕尤少,而式按照以往的討論主要也在具體事務及細則。所以格作爲制敕主要載體和代表時政方向的地位及重要性空前突出,制敕進入格的可能性也因此大大增加。

二、提出制敕入令、式還是入格的疑問,前提是制敕編輯祇能採用單一形式的看法上。即入了令或者式,便不能入格。但我在前揭文中已經借前人的文章進一步提出,令、式與格並非對立和孤立,而存在有機的聯繫。同條格敕,既可能入令、式,也可能入格。三者的關注點非一,且由於編纂時間不同,它們對制敕的汲取可以是同時,也可以是先後。彼此間並不矛盾,相同内容既有互見互補,當然也難免部分重複。這也許就是我們發現史料中對同一制敕往往繁簡不一或内容略有參差的原因。

三、雖然令、格、式都是根據需要吸收制敕,也都可以舉出不少例證,但由於吸收的方式不一樣,有些祇是根據制敕作局部的修正和補充,有些則是吸收完整的政令。所以許多内容,包括官名、地名、服色乃至文字、避諱等等,並非祇要"刊定"後,改正即可,而是不僅可能要將它們所改内容各就各位,置入原來令、式的相應部分以便操作,更須作爲代表重大政治方向意圖的、新的有效政令完整編集。而彙集這些政令文本的就是格。祇有格和格後敕,纔能較完整、充分地保留制敕原貌,而格反映朝廷的政治變革和政策主張的作用,也是令、式所無法替代的。因此雖然根據不足,但筆者認爲現今保存於《唐會要》等史料中的制敕,恐怕大多不是來自國史或實録,而很可能與陸續編纂的格或格後敕有關。所以如果是完整的制敕,本身就可能來自於格。换言之,是一定程度上已經具備可以被判斷入格的基礎,更何況是那些與修格同步出現的制敕法規。

以上僅僅是筆者判斷詔敕入格的理由和依據。限於篇幅,不擬再作過多論

---

[27]《舊唐書》卷五〇《刑法志》,2143頁。

證。但如果以上看法成立,再對制敕入令式抑或入格的問題過分强調或許就没有太大意義。基於此,本文的討論不再以這一問題爲中心,而是更集中關注制敕産生的背景、與修格的關係及入格的可能性。與此有關,爲了全面地了解武則天時期格和格後敕的精神面貌,以下便對《垂拱格》以及垂拱格後敕的政治内容及取向分别進行探討。

## 二、《改元光宅詔》與《垂拱格》的内容取向

《垂拱格》撰成的時間,距高宗去世不過一年零數月。這時的武則天,雖然已經開始誅戮異己,且取得了剿滅徐敬業起兵叛亂的勝利,但武周政權尚未能完全代唐而立,一切宏圖未得盡展,尚在變數之中。那麽與此相應,這個時段新立的格法,會有怎樣的内容,並有着怎樣的原則和特色呢?

據上述《唐會要》和《舊唐書》,均强調武則天《新格》二卷是"以武德以來、垂拱已前詔敕便於時者"所編,即所用多是高宗以前詔敕。《新格》和《留司格》主要修撰人韋方質詳練法理,所委王守慎又有經理之才,"故《垂拱格》《式》,議者稱爲詳密"。上文已道及武則天對令和舊制修改極少,意乃武則天的修撰雖有變化但仍爲唐法的繼續。且時間甚短,格在很大程度上祇能遵循或繼承高宗舊制。從後來的情況看,武則天對明堂等重大禮儀,還是認可了高宗乾封、儀鳳的折中原則(詳下),對唐朝的宗廟制度尚未及破壞。正因爲如此,《垂拱格》也是得到"時議"認可的。

儘管如此,律、令、格、式的修撰畢竟是皇帝下旨,是皇帝纔有權建立的國家大法。因此武則天一旦開始修訂律令格式,就表明已經將自己置於帝王之位,而《垂拱格》可稱是武周代唐之前奏。爲了顯示其臨朝稱制的萬象更始,法令中也必然會有諸多新的舉措,因此以下討論者主要集中於武則天立朝後《垂拱格》變更國家禮法的主要詔(制)敕内容。

嗣聖元年(684)二月,武則天廢中宗立睿宗,改元文明,臨朝稱制,自此"政事决於太后"。其年九月甲寅赦天下,改元光宅[28],因此《唐大詔令集》所載《改

---

[28]《資治通鑑》卷二〇三《唐紀十九》,6417—6421 頁。

元光宅詔》就是武則天登朝最具標志性的文獻。對於此件詔書也即赦文,禹成旼從其結構和性質的角度進行過討論,認爲大赦文自武則天開始出現了立法和發佈政令的内容,注意到武則天稱制和企圖改朝换代的意向[29]。魏斌則認爲,《改元光宅詔》在武周新建的背景下發佈,其中興造變革,"釐革舊政"的色彩十分明顯[30]。但所説立法和頒佈政令,按性質正應是垂拱《新格》或《留司格》收入的内容,因此我們首先分析《改元光宅詔》,再來討論其他問題。

**(一) 旗幟與官服色尚**

此前討論高宗龍朔修格時曾發現,其時所頒佈重大禮儀決策,與《禮記》所言"考文章,改正朔,易服色,殊徽號,異器械,别衣服"等"所得與民變革者"恰相符合[31],説明這類内容應爲格所吸收。而這對政權的改朝换代來説自然更有意義。故《史記》曰:"王者易姓受命,必慎始初,改正朔,易服色,推本天元,順承厥意。"《索隱》解釋説:"王者易姓而興,必當推本天之元氣行運所在,以定正朔,以承天意,故云承順厥意。"[32]而《改元光宅詔》亦將旗幟與服色的改變放在開首部分,於此宣稱:"夫五行遞用,列代相承,欲崇其德,先遵所尚。故夏以金運,乘驪而尚玄;周以木行,貴駪而尚赤;將隆母德,必欲子扶。近者地不藏珍,山無秘寶,皇家土德,勝氣彌彰,宜從白賁之象,以輔黄中之運。自今以後,旗幟皆從金色,仍飾之以紫,畫以雜文。其應合改者,所司詳依典故。"[33]意謂凡朝代興衰皆因德運更替,而旗幟及服色之變就是它的表象。唐朝土德尚黄,但土德生金,金德尚白,故"旗幟皆從金色"。《新唐書·則天皇后紀》亦作"旗幟尚白",從金、尚白其意一也。金、白出現,意味土德將變,新政權將冉冉升起。正所謂"將隆母德,必欲子扶",作爲唐嗣皇的"子"乃是光大"母德"之啓發和扶助,其中的寓意頗耐人尋味。

《改元光宅詔》又有:"供奉帷幙,咸用紫色,自録府衛所旗並改以皁,八品已

---

[29] 禹成旼《從〈改元光宅詔〉的結構與性質來看唐代赦文的變化》,中國唐史學會第九届年會論文,雲南昆明,2004年。
[30] 魏斌《唐代赦書内容的擴展與大赦職能的變化》,《歷史研究》2006年第4期。
[31] 《禮記正義》卷三四《大傳》,《十三經注疏》,中華書局,1980年,1506頁。並參筆者《格與禮法:再談高宗朝三次修格的内容與取向》,144—145頁。
[32] 《史記》卷二六《曆書》,中華書局修訂本,2013年,1494頁。
[33] 《改元光宅詔》,《唐大詔令集》卷三,15—17頁,下引文同。

下舊服青者並改以碧,其在京諸司文官職事五品已上清官並六品、七品清官,並每日入朝之時,常服袴褶;諸州縣長官在公衙亦准此。自餘官朔望朝參依舊,其色皆依本品。"内"八品已下舊服青者,並改以碧",《唐會要》亦記此作"文明元年七月五日詔",頗疑日期當作九月五日(提前赦書一日),而詔書與赦文爲一事也。又據《會要》與《舊唐書·輿服志》,此前改服色有四次:武德初、貞觀四年(630)、龍朔二年(662)、上元元年(674)。其他品級改動不大,變化集中於八品以下。武德規定八品、九品用黄,貞觀四年改用青,龍朔二年司禮少常伯孫茂道以"深青亂紫,非卑品所服"爲由,奏請改爲"六品、七品着緑,八品、九品着碧,朝參之處,聽兼用黄",得"從之",是以碧代青。但至上元元年,定六品、七品分別服深緑、淺緑,八品、九品分別服深青、淺青,也即八品以下,恢復服青[34]。

如此看來,《改元光宅詔》的八品已下改服碧,顯然是否定上元而恢復龍朔之制。由於龍朔修格乃武則天參政之始,其服色和官品亦爲標志性的一部分。而上元元年則否定龍朔,自當收入高宗儀鳳第三次修格。兩次定格,官服衣色針鋒相對。所以光宅服色仍重申龍朔武氏所定。另外貞觀中曾"令百僚朔望日服袴褶以朝",光宅則不僅將袴褶之服擴展至常朝,而且從參加者的五品清官推廣於六品、七品,甚至州縣長官也本此行事,是表示在服裝規制上已有不同。其實服青服緑以及袴褶的穿用本身原不重要,關鍵在於展示武氏建政的更新之義。《改元光宅詔》於唐正朔未變之際,已通過旗幟、服色的改換預示德運之更,則武氏代唐之意已明,或者説已借赦文和修格向内外宣佈了其建立新朝的決心。而按照高宗龍朔修格之先例,以上内容既應《垂拱格》編修而改訂,則也必然修入格中,成爲格應有的一貫内容。

(二) 改都城、宫名、地名、官署名及官名

《改元光宅詔》宣佈:"又東都改爲神都,宫名太初",除此外,因高宗喪,"文明元年八月十五日,以乾陵置奉天縣,隸京兆府"[35]。同年廢庭州置瀚海軍[36],復因降道教和老子,廢嵩山登封縣。但地名的改换、改置在垂拱二年以後更多

---

[34] 以上參見《唐會要》卷三一《章服品第》,663—664 頁;《舊唐書》卷四五《輿服志》,1952—1953 頁。

[35] 《唐會要》卷七〇《州縣改置上·關內道》,1472 頁。

[36] 《唐會要》卷七八《節度使》,1690 頁。

（詳後）。

官名之改，乃爲建朝一大要事。詔書以"但列署分司，各因時而立號；建官置職，咸適事以標名。而今曹僚之中，稱謂多爽"爲由，下令對中央三省、九寺及諸衛機構和百官名號進行全面更改。改都名、宮名，加之改官號，意謂轉移了政治中心，更新了行政架構，建成了圍繞武則天運轉的新政體。

而改易中央官署名及官名，曾是高宗龍朔修格最明確之内容。此即《唐會要》所謂"重定格式，惟改曹局之名，而不易篇第"[37]。而改易官號多以《周禮》爲意，學者已指出是"武后掌權的標誌"[38]。或認爲"出自武則天的主張，標新立異，與傳統不符"[39]。所以咸亨元年（670）十二月詔令"龍朔二年新改尚書省百司及僕射已下官名，並依舊"[40]，就是針對武則天的回改。但《册府元龜·刑法部》却將這一"官號復舊"之舉，置於儀鳳元年，並與"又敕左僕射劉仁軌、右僕射戴至德"等"删緝格式"放在一起[41]，説明此條如同上元針對龍朔改服色一樣，也被儀鳳中劉仁軌等主持的第三次修格吸收。

所以武則天《改元光宅詔》重申龍朔主張。由於要求對"其餘曹司及官僚名未改者所司速制名奏聞"，故之後垂拱元年對於個別未改三省機構、官名，以及秘書、内侍二省和五監、太子府署及武官名稱再作改換。《舊唐書·職官志一》對光宅元年（684）九月和垂拱元年二月、十月三次修改記載簡明翔實[42]。其修改雖然與龍朔不盡相同，但以《周禮》貫通的精神一致。特別是尚書省改名文昌臺和以六官名六部等。其中光宅元年九月的修改即抄録《改元光宅詔》的内容。所改雖然涵蓋中央省、臺、寺、監和衛府幾乎全部官署要職，但最具實質性的還是改御史臺爲左、右肅政臺，其職能即杜佑所説"左以察朝廷，右以澄郡縣"[43]，由此明確了御史臺的中外分工。從赦文所言"又司隸之官監郡之職，所以巡省風

---

[37] 《册府元龜》卷六一二《刑法部·定律令四》，中華書局，1960年，7345頁。

[38] 楊友庭《三省六部制的形成及其在唐代的變化》，《廈門大學學報》1983年第1期，64—73頁，説見72頁。

[39] 韓昇《上元年間的政局與武則天逼宫》，《史林》2006年第6期，40—52頁，説見44頁。

[40] 《舊唐書》卷四二《職官志一》，1788頁。

[41] 《册府元龜》卷六一二《刑法部·定律令四》，7345頁。

[42] 《舊唐書》卷四二《職官志一》，1788—1789頁。

[43] 《通典》卷二四《職官六·御史臺》，中華書局，1988年，660頁。

俗,刺舉愆違。今人物殷繁,區宇逴曠,而所在州縣未能澄肅"而言,御史臺分爲左右,是爲了加强對全國的監督。事實上除增加設置之外,敕文還要求"其諸州録事參軍並宜依舊。仍令在京五品已上清官,每日章善、顯福等門各一人待詔,朕當親訪政道,詳求得失",此置待詔事《唐會要》稱爲"文明元年九月五日敕文"[44],是敕文即赦文,實即待制官之初設。同書又有文明元年,制置殿中裏行和監察裏行的記載[45],實際上擴大御史編制與左、右補闕、拾遺的增置,都是爲了强化皇帝個人對内外上下的直接掌控。

新改官名除御史臺外,其他機構設置變化甚少。而光宅、垂拱的改官,既與編纂《垂拱格》同時,則無疑亦與龍朔、儀鳳修格同樣,被作爲法令收入格中。其中新增的左右補闕、拾遺,《舊唐書·職官志二》其名下注有曰:

> 古無此官名。天后垂拱元年二月二十九日敕:"記言書事,每切於旁求;補闕拾遺,未弘於注選。瞻言共理,必藉衆才,寄以登賢,期之進善。宜置左右補闕各二員,從七品上;左右拾遺各二員,從八品上;掌供奉諷諫,行立次左右史之下,仍附於令。[46]

可見二官增置也在垂拱元年二月。所説"仍附於令"的"令",自當指《垂拱令》。《舊唐書·職官志》提到《垂拱令》有多處,如列官職九品"正第四品上階"有"上都護府副都護、上府折衝都尉",注謂:"《武德令》統軍正四品下,後改爲折衝都尉,《垂拱令》始分爲上中下府,改定官品。"以下又如"正第五品上階"的親王監軍、"從第六品下階"的侍御史、"從第七品上階"的殿中侍御史、"正第八品上階"的監察御史、正第九品上階"的校書郎、"正第九品下階"的正字、太子校書等,都注明是品級自"《垂拱令》改"或"垂拱年改"的字樣[47]。

因此垂拱元年所改不僅官名,還有官品,而兩者都是附於《垂拱令》中。但垂拱未聞正式修令,不知是不是應附在"其律令惟改二十四條"中。而從上引垂拱元年二月二十九日敕可以看出,官職名稱,包括品級的變化應當都是先由敕文

---

[44] 《唐會要》卷二六《待制官》,591 頁。

[45] 《唐會要》卷六〇《殿中侍御史》《監察御史》,1240、1242 頁。

[46] 《舊唐書》卷四三《職官志二》"左拾遺二員",1845 頁;《唐會要》卷五六《左右補闕拾遺》同,1132 頁。

[47] 《舊唐書》卷四二《職官志一》,分見 1793—1802 頁。

公佈,此敕也見於《唐會要·左右補闕拾遺》[48]。此即所謂以制敕破令者,令文也由此被修改。但官品是因修格而改,所謂改令者,是修格的結果,所以改令之前,是否應先入格呢？我想這一點應該是没有疑問的。因此,官品和服色一樣,是既入令(或式)也入格的,史料所見《垂拱令》的明確稱謂以及制敕的完整保留可謂對此的充分證明。

(三) 先天太后之立

其三,是先天太后的出現。《改元光宅詔》曰:"又玄元帝者,皇室之源。輻道德而無爲,冠靈仙而不測,業光衆妙,仁覃庶品。豈使寶胤見御宸居,先母竟無尊位？可上尊號曰先天太后,宜於老君廟所敬立尊像,以申誠薦。"史載老子被作爲李唐始祖,高祖已爲立廟。高宗"乾封元年(666)三月二十日追尊老君爲太上玄元皇帝,至永昌元年却稱老君"[49]。光宅元年武則天尚未代唐,故"玄元皇帝"稱號尚依舊未降,没有改變唐朝的道教祖宗,這完全符合仍以唐爲正朔的情况。但武則天在此不提玄元,亦不提老子之父,却增立老子之母爲先天太后,以比擬自己作爲唐太后上位的現實。這其實與下面討論的"父在母服"一致,雖爲突出其與皇帝平等和同權的地位,但仍未越過武則天太后的身份。這也是光宅、垂拱政治格局所決定,所以相關宗廟享祀與王朝德運等,主體和性質尚未發生完全轉移。

上述三項,是光宅詔書中涉及的重大事項,故必當收入格中。此外還有一些詔敕,或祇是一時之策,或涉及長遠制度。例如赦文特別説明"其犯十惡,官人枉法受財,監臨主守自盜；所監臨劫殺人,故殺人,謀殺人,反逆緣坐；並軍將臨戎,挫威喪律,鎮遏失所,虧損師徒；及常赦所不免者,並不在赦例"的規定,代表新朝實行强悍執法原則的開始,應是作爲原則實施的。又如孝子順孫、義夫節婦的旌表,後來的《改元載初赦》中也有相同條款(詳後),與上面所述敦煌 S.1344《開元户部格》中證聖元年四月九日敕文"孝義之家,事須旌表"一條可謂先後。後者祇是對旌表虛濫不實的現象加以懲治,此條表明是朝廷長期執行的政策。當然究竟有哪些被收入格中,尚無法確定,但通過光宅詔書,可以部分地説明武

---

[48] 《唐會要》卷五六《左右補闕拾遺》,1132頁。
[49] 《唐會要》卷五〇《尊崇道教》,1013頁。

則天雖然尚未稱帝，却已爲改朝換代做準備的事實。而從所具備的法條，也完全可以推斷《垂拱格》所具的政治意向與色彩。

## 三、其他與《垂拱格》相關之禮法

在《改元光宅詔》法令之外，垂拱《新格》和留司格制定之際還應有不少敕令的頒佈和禮法制度的具體修訂。筆者認爲，已經確認或最有可能收入格中的禮法另有下列幾項：

### （一）父在母服三年

"父在母服三年"是存世史料中唯一一條明確修入《垂拱格》的内容。

高宗朝修格的事實證明，格敕與禮往往是不可分的，禮的修撰也在格敕之内，兩者關係愈來愈密切。龍朔二年秉承武則天之意修格，同年八月朝廷上就發生了有關嫡繼母改嫁服制的争議。關於此事的來龍去脈筆者已於另文探討[50]，可以知道的是，武則天無疑是這次事件的主導者。雖然事因朝廷大臣的反對和司禮太常伯、隴西郡王博乂的奏議，請求對凡非生母的嫡、繼、慈、養等的出母、嫁母一律看待，皆不解官行三年心喪而未得通過，但事情本身顯然因格的制作而産生，且僅僅是武則天試圖提高女權，投石問路的一個試探而已。

武則天的進一步動作即上元元年（674）提出爲生母的"父在爲母服"三年。《唐會要·服紀上》記其年十二月二十七日（壬寅）天后上表，以"竊謂子之於母，慈養特深，生養勞瘁，恩斯極矣"和"若父在爲母止一期，尊父之敬雖同，報母之慈有缺"爲言，請求"父在爲母終三年之服"。並言"遂下詔依行焉，當時亦未行用，至垂拱年中始編入格"[51]。此乃將古禮行之千年的父在爲母服喪從一年改爲三年，雖得皇帝下詔，當時却未能正式入格。

那麽何以如此？試想公然反傳統、驚世駭俗的提議固會遭致習慣勢力的反對，但更可見出武后篡政阻力之大。"父在爲母"應是出自文人學士元萬頃、劉

---

[50] 吳麗娛《唐高宗龍朔二年服制争端的再解讀》，《隋唐遼宋金元史論叢》第6輯，上海古籍出版社，2016年，81—97頁。

[51] 《唐會要》卷三七《服紀上》，下引盧履冰議同，789、791頁。

禕之等北門學士爲其策劃的"十二條"建言之一[52]。祇是此舉發生於儀鳳第三次修格之前，主持修格的宰相一方與武則天的政治衝突勢同水火，使其建言未能收入格中。所以開元中朝臣討論母服，左補闕盧履冰遂有"原夫上元肇年，則天已潛秉政，將圖僭篡，預自崇先，請升慈愛之喪，以抗尊嚴之禮。雖齊衰之儀不改，而几筵之制遂同。數年之間，尚未通用。天皇晏駕，中宗蒙塵，垂拱之初，始編入格；垂拱之末，果行聖母之僞符；載初之元，遂啓外氏之深釁"的解說[53]，由此可知其前後背景。總之"父在母服"的提出，不過是武后用以爭權攬政的一種表達和姿態。存世史料所見明確收入《垂拱格》者僅此一條，但足以反映武則天利用《垂拱格》重申個人主張，及其攫取強權的頑強意志。

當然"父在爲母"仍是從母的角度提高女權，武則天提出也是站在皇后的立場，但無此則無以體現與皇帝身份的平等而走上最高統治者的舞臺。故此條入格，也標志着她皇后身份的結束和皇帝統治的開始。陳子昂書勸武則天建明堂，有"陛下〔遂〕躬耕藉田親蠶事，以勸天下之農桑；養三老五更，以教天下之孝悌"等語。此書《唐會要》置於光宅元年，而《文苑英華》注"武后垂拱初"作[54]，意謂彼時已望武則天兼行帝后之職。因此"父在母服三年"的入格，實際上也可認爲是代表武則天從后至帝身份的銜接和過渡，是武則天從禮法上爲其登基張本，說明自光宅、垂拱始，已開始爲武周政權的建立進行理論準備。

**（二）增京官八品、九品俸料**

《唐會要·內外官料錢上》載：

> 光宅元年九月，以京官八品、九品俸料薄，諸八品每年給庶僕三人，九品二人。[55]

此條未見於現存《改元光宅詔》，但與詔書同時，推測至少是一起下達的旨令，目的是增加低品官俸料。問題在於它的來歷。《資治通鑑》上元元年（674）十二月壬寅載天后上表十二條，與習《老子》、准明經考試和"父在爲母服三年"同時，就

---

[52]《資治通鑑》卷二〇二《唐紀十八》，6374、6376頁；《新唐書》卷七六《后妃傳》，3477頁。
[53]《唐會要》卷三七《服紀上》，791頁。
[54]《唐會要》卷一一《明堂制度》，317—318頁；並參陳子昂《諫政理書》，《文苑英華》卷六七五，中華書局，1966年，3472—3474頁，下文引陳子昂論明堂同。
[55]《唐會要》卷九二《內外官料錢上》，1961頁。

有"又,京官八品以上,宜量加俸禄"一條[56]。而光宅元年九月專門針對八品、九品官,顯然是爲上元的條令做補充,同時也是在初臨朝之際,收買廣大低層次官員人心之舉。很值得注意的一點是,新增的左右拾遺和此後設置最多而最得重用的監察御史正在此範圍之内,很可能是此條詔敕的出發點。而從官員名號、章服旗色、父在母服以及本條京官俸料等方面看,武則天仍是從回歸自己舊日的措置和主張出發,沿着這條道路而建立武周新政。

(三)登聞鼓、肺石和置匭

武則天修格之際與監察和司法相關的舉措,除御史臺變更之外,最引人注目是置登聞鼓、肺石和匭。《唐會要·御史臺下》之《雜錄》曰:

> 垂拱元年(685)正月十二日敕,兩京度人,令御史一人檢校。其月二十六日敕:"御史糾獲罪狀,未經聞奏,不得輒便處分。州官府司亦不得承受。"
>
> 其年二月制:"朝堂所置登聞鼓及肺石,不須防守。其有搥鼓石者,令御史受狀爲奏。"[57]

"度人"當指度僧尼道冠,爲避免僞濫,故使御史監督。登聞鼓取自《周禮·太僕》"建路鼓於大寢之門外,而掌其政",而肺石則取自《周禮·大司寇》"以肺石達窮民"[58]。按照二鄭的解釋,搗登聞鼓與立肺石三日都是用於百姓重大冤情和緊急事件的直訴。登聞鼓的名稱和設置魏晉以來已見。《唐會要》稱唐朝登聞鼓始置於顯慶五年[59],而所在位置據説是太極宫承天門外朝堂,"東有肺石,西有登聞鼓"[60]。兩者的設置增加了朝堂的威嚴。武則天不是登聞鼓的首創者,但她的不同是試圖使之付諸實踐而將受狀和奏聞之職交付御史臺。御史臺改爲左右肅政臺可以强化内外監察,由此不但將具體職事交付御史,更重要的是將御史的監察置於一般司法之上。可見武則天建政之初的一項重大改革,即是

---

[56] 《資治通鑑》卷二〇二《唐紀十八》,6374頁。
[57] 《唐會要》卷六二《御史臺下·雜錄》,1280頁。
[58] 分見《周禮注疏》卷三一《夏官司馬下·太僕》、卷三四《秋官司寇第五·大司寇》,《十三經注疏》本,中華書局,1980年,851、871頁。
[59] 《唐會要》卷三〇《大内》,639頁。
[60] 宋敏求《長安志》卷六《宫室四·西内》,《宋元方志叢刊》(一),中華書局,1990年,102頁。

通過提高御史臺和御史的監察司法之權，加強對朝野内外的掌控，這一做法是武則天司法的核心。而此兩敕文關乎御史具體職能，也屬重大修改，應爲垂拱《新格》所收。

但登聞鼓和肺石衹能用於重大事件，不能輕易啓動。所以在此之後，便有了掌控朝政和輿論信息更經常而有效的手段——置匭。《舊唐書·刑法志》言武則天借置匭招諫平冤以籠絡人心，"垂拱初年，令鎔銅爲匭，四面置門，各依方色，共爲一室"，事在述修格之前。"每日置之於朝堂，以收天下表疏"[61]。《封氏聞見記·匭使》說"初，則天欲通知天下之事"[62]，置匭鼓勵告訐，以瞭解全國上下的輿情動態，乃至敵對者的深謀密計，謗訕朝廷，以便皇帝由中制外。

而匭使的設置因而十分關鍵。同書《職官志二·中書省》"知匭使"下注曰："天后垂拱元年置匭。……垂拱已來，常以諫議大夫及補闕、拾遺一人充使，受納訴狀。每日暮進内而晨出之也。"[63]《册府元龜》卷四五七亦言"又領知匭使，唐太后垂拱元年置以達冤滯"[64]，證置知匭使事在垂拱元年。另據《唐六典》，中書省下也有知匭使，"垂拱元年置。常以諫議大夫及補闕拾遺一人爲使，專知受狀，以達其事。事或要者，當時處分，餘出付中書，及理匭使據狀申奏。理匭使常以御史中丞及侍御史一人爲之"[65]。按此說法則知匭與理匭兩使分設，前者負責受狀及傳達；後者負責據狀申奏，由是核心之務歸御史臺——左肅政臺。這爲武周後來的御史理案，廣開告密羅織之風奠定了基礎。

不過，涉及制敕入格，置匭和設匭使的時間尚有疑問。如《舊唐書·則天紀》即載"置匭於朝堂"在垂拱二年三月初，《新紀》和《通鑑》亦均將"作銅匭"置於二年三月戊申[66]，與《刑法志》不同。但置匭及知匭使有一過程。查垂拱元年和二年三月並有"戊申"，分别在三日及八日。則頗疑朝堂置匭實在元年三月，至少動議及下制敕是在元年，而設專使知匭或在其後。又《新唐書·百官志二》

---

[61] 《舊唐書》卷五〇《刑法志》，2142—2143 頁。
[62] 封演撰，趙貞信校注《封氏聞見記校注》卷四《匭使》，中華書局，2005 年，32 頁。
[63] 《舊唐書》卷四三《職官志二》，1853 頁。
[64] 《册府元龜》卷四五七《臺省部·總序》，5423 頁。
[65] 《唐六典》卷九《中書省》，中華書局，1992 年，282 頁。
[66] 分見《舊唐書》卷六、《新唐書》卷四《則天皇后紀》，118、85 頁；《資治通鑑》卷二〇三《唐紀十九》，6437—6438 頁。

左諫議大夫條下言"武后垂拱二年,有魚保宗者上書請置匦,以受四方之書,乃鑄銅匦"[67],此條也見於《玉海》引《唐會要》[68]。但據《封氏聞見記》前條,不但言"置匦使之制"在垂拱元年初,且言魚保宗"上書請置匦以受四方之書"在徐敬業起兵前。敬業敗後魚伏誅,故上書最晚不會超過徐敬業兵敗的光宅元年十二月。無論如何,置匦及匦使這個代表武則天新政的措置應是與御史監登聞鼓大體同時,而相關制敕亦有可能被納入格中。

### (四) 武氏"七廟"

宗廟建設最能反映統治者的家族身份及權位等級。《資治通鑑》在光宅元年九月條下有"武承嗣請太后追王其祖,立武氏七廟,太后從之",裴炎諫而不聽。於是其月己巳,下敕追尊五代祖克己以下祖妣,除克己封公,其他都封王,祖妣皆爲妃。后父武士彟爲太師、魏定王[69]。七廟是皇帝纔有的宗廟之數,武承嗣提出立七廟是按皇帝論。但武則天立武氏先祖並非七世,《新唐書·后妃傳》下亦言"太后遣册武成殿使者告五世廟室"[70],證明封樹仍祇到王、公,是所謂諸侯級別,因此是未登基之前的定位。歷代行"禪讓"的政權大都有此過程,不過,作爲武氏將興的必要一步,恐怕也在新格之中。

### (五) 新建制度法令

史料中涉及此類内容的制敕甚多,這類制敕自文明元年(光宅元年)開始。《唐大詔令集》載同年四月十三日,武則天下敕"誡勵風俗",以"建立州縣,列樹官司,所以導俗宣風,懲奸息暴"爲由,對於所謂"亂常之黨""構逆之徒",要求"州縣官僚,各宜用心檢校"。若能"肅清所部,人無犯法,田疇墾辟,家有餘糧",所由官增加考第,功狀尤異者,別加升擢。"若爲政苛濫,户口流移,盜發而罕能自擒,逆謀爲外境所告,輕者年終貶考,甚者非時解替"。並委"御史及臺郎出使,審加訪察,各以狀聞"[71]。所謂"亂常之黨""構逆之徒"看來針對的主要是反對新朝、製造叛亂的人員。

---

[67] 《新唐書》卷四七《百官志二》,1206 頁。
[68] 《玉海》卷一六七《唐獻納院》,大化書局,1977 年,3166 頁。
[69] 以上參見《資治通鑑》卷二〇三《唐紀十九》,6422 頁。
[70] 《新唐書》卷七六《后妃傳》,3478 頁。
[71] 《唐大詔令集》卷一一〇《誡勵風俗敕》,570 頁。

與此同時，對各級官吏也有法令宣示。《唐會要》載文明元年四月十四日敕："律令格式，爲政之本，内外官人，退食之暇，各宜尋覽。仍以當司格令，書於廳事之壁，俯仰觀瞻，使免遺忘。"與上條是誡勵内外官並舉的兩條。而四月十四日敕後來在貞元中刑部侍郎韓洄奏中提到，有"又文明敕當司格令，並書於廳事之壁。此則百司皆合自有程式，不唯刑部，獨有典章"的説法[72]。大中四年（850）大理寺卿劉濛也有奏文引此敕[73]，甚至五代後唐天成四年（929）官吏奏事仍引此敕[74]。此類制書雖然是否入《垂拱格》待定，但顯然被後世吸收作爲常行格敕得以保留。

　　還有一些行政方面的詔敕，如文明元年十月敕，是關於經籍四庫書之勾覆[75]。又如文明元年二月金闕亭、奉天宫分置女冠、道士觀，以及芳桂、萬全等各爲僧寺的處分[76]，光宅元年十月二十日敕關於"諸内外官禄料賜會"皆據上日給的規定[77]。此類制敕針對具體公務，也有可能是垂拱留司格或散頒格的内容。

　　以上説明，武則天雖然以國母身份"垂簾聽政"，但並不妨礙她使朝廷完全按己意行事。這就使得《垂拱格》和垂拱初的禮法具備了兩個特徵：一是仍須顧忌唐朝統治存在的現實，通過對舊格敕的吸收，表現對唐朝禮法制度之延續；另一則是取締曾經與自己的主張發生齟齬的舊條款，增加爲武氏政權張本的新條款。所以應當説《垂拱格》既有延續性又有革命性，由於在性質上尚未發生徹底轉變，所以在唐格中仍佔有獨特地位，這也是後續唐禮法無法避開的原因。總之《垂拱格》與垂拱初之禮法，可謂武則天正式登基之前奏，亦爲其統治之開篇，武氏政權更大的改弦更張則是要待其稱帝之後。

## 四、垂拱格後敕與武周前期禮法

　　如果説《垂拱格》祇是武則天轉移唐政權而建立武周之過渡，那麽在此之後

---

[72]《唐會要》卷三九《定格令》，824—825頁。
[73]《唐會要》卷六六《大理寺》，1360頁。
[74]《册府元龜》卷四七五《臺省部·奏議六》天成四年十二月辛酉王鬱奏，5673頁。
[75]《唐會要》卷三五《經籍》，751頁。
[76]《唐會要》卷五〇《雜記》，1028頁。
[77]《唐會要》卷九〇《内外官禄》，1956頁。

不斷下達的制敕法令就更能代表武周一朝"革命"的進程與特色,也即完全以稱帝代唐和武周統治的實施爲主綫。

按照前揭《日本國見在書目録》記載,《垂拱後常行格》十五卷,卷數超過《垂拱格》的總和。上面已説明,《常行格》即格後敕,形式是編敕。如以《垂拱格》制成的垂拱元年三月爲始,而截止時間應到武則天晚期,至少中宗時"删定"者應包括武則天一朝。雖然弄清全部或者大部分常行格或格後敕的想法並不現實,但考慮到詔敕中最重要者,應是能夠代表武周政權成立與施政的内容,故從禮法的角度對此期制敕作些分析,還是可以爲瞭解其基本的内容方向提供幫助。

而就此角度,武周時代的制敕可以分爲兩個階段,一是在武則天統治的前、中期,約在垂拱二年至證聖元年(695)以前;一是在武周後期,即證聖、天册萬歲以後,到中宗神龍復唐以前。其第一階段以《改元載初赦》爲中心,下制去唐典制立周正朔,同時通過重建或改革明堂、宗廟、藉田、郊天、封禪等禮法打造武周格局,是確立武周統治最關鍵的時段。

**(一)去唐典制立周正朔與《改元載初赦》**

從上文對《垂拱格》的分析,可知武則天以周代唐是逐步的。而在格修成之後,武則天的所作所爲已經逐漸打破唐朝規制。《舊紀》和《通鑑》均載垂拱二年春正月太后下詔復政於皇帝,因睿宗奉表固讓而依舊臨朝稱制,大赦天下[78]。之後在不斷誅殺異己,"潛謀革命,稍除宗室",並平定越王貞等諸王起兵的同時,已開始爲改朝換代大造輿論。垂拱四年四月,因武承嗣使人獻石,有"聖母臨人,永昌帝業"之文,武則天遂加尊號爲聖母神皇。至秋七月而有赦天下與洛水、嵩山封神之舉。並於十二月己酉,拜洛受圖,"文物鹵簿之盛,唐興以來未之有也"[79]。其赦文頒佈的造神與改地名、官名等,應皆爲"格後敕"的内容。

但是武則天真正建周正朔,還是在永昌以後。其中最關乎建政合法性者,即打造自身作爲帝王家族的神聖淵源,或曰選擇宗教的保護神。而武則天在即位前後對道教和佛教態度也有明顯差別。上面提到上元元年武則天上表,有習《老子》、每歲明經准《孝經》《論語》策試一條。其初臨朝立先天太后,也祇是隨

---

[78] 《資治通鑑》卷二〇三《唐紀十九》,6437頁;《舊唐書》卷六《則天皇后紀》,118頁。
[79] 《資治通鑑》卷二〇四《唐紀二十》,6447—6449、6454頁。

從唐朝廷老子崇拜而來。但之後則改道爲佛。衆所周知,武則天以《大雲經》陳符命爲稱帝之依托,論者已分析所據《大雲經》,實指薛懷義僞造的《大雲經神皇授記義疏》[80]。與此同時對佛教僧寺廣施賜予,而佛道的消長也與"革命"同步。永昌元年武則天降"玄元皇帝"號"老君",佛道之地位發生互換。之後不但武則天一朝尊號皆崇以佛教之名,且高宗上元元年(674)八月辛丑詔令所定僧道站位"不須更爲先後"的平衡[81],也因天授二年(691)三月武則天下制"自今已後釋教宜在道法之上,緇服處黃冠之前"而打破[82]。此類制敕代表武周在宗教上的選擇,但非關信仰,而是表明佛教乃武氏淵源,周、唐家族之神道受命有別,李、武兩姓政權由此徹底分途。

《舊唐書·則天皇后紀》記自永昌(689)至天授二年改制如下:

> 永昌元年(689)春正月,神皇親享明堂,大赦天下,改元,大酺七日。(下略)

> 載初元年(689)春正月(永昌元年十一月),神皇親享明堂,大赦天下。依周制建子月爲正月,改永昌元年十一月爲載初元年正月,十二月爲臘月,改舊正月爲一月,大酺三日。神皇自以"曌"字爲名,遂改詔書爲制書。(下略)

> 九月九日壬午,革唐命,改國號爲周,改元爲天授,大赦天下,賜酺七日。乙酉,加尊號曰聖神皇帝,降皇帝爲皇嗣。丙戌,初立武氏七廟於神都。(下略)

> [天授]二年正月,親祀明堂。春三月,改唐太廟爲享德廟。

武則天在從永昌元年到天授二年的兩年中,基本完成了改唐爲周的政治革命。其中改年號、國號、享明堂、建宗廟、頒周曆法用周正、避諱改"詔"爲"制",將尊號從"聖母神皇"直接升爲"聖神皇帝",無一不是帝王開國之舉。而永昌至天授,至少頒赦三次,不少內容是在赦文中。很值得注意的是,《新唐書·后妃傳》將改尊號、旗幟、建廟建陵號,以及封樹武氏均置於改唐爲周之後,也就是實質性的變革是發生在載初、天授之間。其中《改元載初赦》可謂武周開國之宣言,其

---

[80] 參見呂博《明堂建設與武周的皇帝像——從"聖母神皇"到"轉輪王"》,《世界宗教研究》2015年第1期,44—50頁。

[81] 《唐會要》卷四九《僧道立位》,1005—1006頁。

[82] 《唐大詔令集》卷一一三《釋教在道法之上制》,587頁。

性質與《改元光宅詔》相類,但兩者對比,唐、周之分界可以立判。

載初赦文作爲武周宣言,首先明確的是朝代更替的曆運承襲問題。其以"象曰:'天地革而四時成。'言五德更相生,變革萬物。故帝者改政施教,明受之於天,不定之於人者也"爲論,道明改政更新之意。並引孔子"其或繼周者,雖百代可知"爲言,以古代曆法不同爲由,論證改正朔之合理性。以爲"國家得〔周之〕天統,當以建子月爲正",宣令"宜以永昌元年十有一月爲載初元年正月,十有二月改臘月。來年正月改爲一月",行周之正朔[83]。

與此同時,赦文特別宣揚其當"合宫佈政,景化惟新,太初開曆,上元伊始"的開創之際,"以周漢之後爲二王,仍封舜、禹、成湯之裔爲三恪,所司求其苗裔,即加封建,其周隋宜同列國"的新令。此也即《唐會要》卷二四《二王三恪》所說"永淳(昌)元年十一月一日制"。唐初以北周、隋爲二王,意謂上承北朝爲正統。載初赦則改遠承周、漢,而立其後和古帝王之裔爲"二王三恪"。雖然仍打着承繼高祖、太宗、高宗,"恢皇家貞土之符,繼炎劉真火之序"的旗號,但已完全推翻唐之正統脈緒,而打造了武周政權的曆運新篇。所以相對光宅詔,載初赦纔可謂真正吹響了武周建國之號角。

《改元載初赦》另一項標志性的舉動是創行武周新字,理由是古文字經魏晉,"穿鑿多門,形聲轉繆",因"思返上皇之化,佇移季葉之風"而"特創制一十二字",號稱"上有依於詁體,下有改於新文",意爲開創古今之舉。赦中並言"朕宜以曌爲名",因之改"詔"爲"制",更是顛覆、打破了皇后"内諱不出宫"的原則,而公然按帝王避諱行事。

武氏代唐,喻示江山變色,德運改更。由於相傳周、漢均以火德,故《新紀》載天授二年正月甲戌"改置社稷,旗幟尚赤",火在土上,火衍土生,喻示武周政權以及自己居於唐皇帝和社稷之上,但並非完全按五德終始說,這是武周承統的又一種解釋,與光宅的旗幟尚金或尚白異曲同工[84]。

至於官服品級衣色,《垂拱格》已作修改,故不須再變。但高宗以來京官五

---

[83] 並參見《唐大詔令集》卷四《改元載初赦》,18—20頁,下引赦文同。

[84] 關於德運問題,參見吕博《"二王三恪"與唐朝德運之争》,《中國史研究》2012年第4期,115—141頁。

品以上配魚袋的制度則被取代:"垂拱二年正月二十日赦文,諸州都督、刺史並準京官帶魚袋。天授元年九月二十六日,改内外官所佩魚爲龜。"久視元年,又有定五品以上龜袋分爲金、銀、銅飾的規定[85],配龜成爲武周内外官員的標識。《唐會要》有天授二年,則天因内宴賜群臣巾子,號爲"武家諸王樣"的記載,論者考證是在武家諸王受封的二月二十五日之後,反映出武則天希望武家諸王凌駕於朝廷之上的意圖[86]。《新唐書·車服志》評價:"武后擅政,多賜群臣巾子、繡袍,勒以回文之銘,皆無法度,不足紀。"[87]《唐會要》載天授三年正月二十二日(《舊唐書·輿服志》作天授二年二月)内出繡袍賜都督、刺史,後成爲常制。延載元年(694)五月二十二日,"出繡袍以賜文武官三品已上"。按照諸王、宰相、上述諸官而有盤龍與鹿、鳳池、對雁文飾之分。而十六衛也分有麒麟、虎、鷹、牛、豹、鶻、獅、豸等文,"文銘皆各爲八字回文"[88],可以説是完全形成了武周一朝獨特的官服風格。

官名、地名之改,則是《垂拱格》的繼續。地名配合武氏之興,除因寶圖而改置的縣名(永昌、廣武)和山水地名之外,又有改武則天家鄉之文水縣爲武興縣,明堂所在之河南縣爲合宫縣[89]。增置、改換地名見於兩《唐書·地理志》者多在垂拱二年和天授元年、二年,此後又有調整。如華州垂拱二年避武氏諱改曰太州,又衢州信安郡、漳州漳浦郡、錦州盧陽郡、彭州濛陽郡、蜀州唐安郡、漢州德陽郡等都是垂拱二年析置[90]。武周的地理變動有兩大特色,一是地名多加武字,如武泰、武興、武城、武基、武清、武壽、武隆、武寧、武陽、顯武等;有一些則更是去"唐"改"武",如高唐改崇武,行唐改章武、唐興改爲武昌、武聖、武豐等。

另一是長安、洛陽都城和中心地位的互换。雍州天授元年改爲京兆郡,旋又

---

[85]《唐會要》卷三一《魚袋》,676 頁。
[86]《唐會要》卷三一《巾子》,675 頁;並參吕博《頭飾背後的政治史:從"武家諸王樣"到"山子軍容頭"》,《歷史研究》2016 年第 4 期,28—44 頁。
[87]《新唐書》卷二四《車服志》,529 頁。
[88]《唐會要》卷三二《異文袍》,680 頁;《舊唐書》卷四五《輿服志》,1953 頁。
[89]《舊唐書》卷六《則天皇后紀》、卷二二《禮儀志二》,121、862 頁。
[90] 參見《新唐書》卷三七《地理志一》、卷四一《地理志五》、卷四二《地理志六》,964、1062、1066、1073、1080—1081 頁。

復舊。載初元年河南置武臨縣,天授元年一度置武泰縣,三年置來廷縣[91]。《唐會要》載天授二年七月九日敕:"其雍州已西安置潼關即宜廢省,洛州南面、北面各置關。"又有天授二年七月二十八日敕,即對關内長安附近諸州的改造,其中雍州外分置鼎、稷、鴻、宜四州[92],明顯縮減了京兆府的範圍,事實上是取消長安作爲京師的地位。《會要》又載"天授二年七月二十四日,徙關内雍、同、秦等七州户數十萬以實洛陽"[93]。則雍州及洛陽等地的設置變化,一減一增,不僅配合武周政治中心的内移,也與充實中土洛陽的人口、強化其作爲首都中心的戰略地位相應合。

關於官名和官員設置,《舊唐書·職官志一》在垂拱元年改制後有曰:"永昌元年,置左右司員外郎各一員。天授二年,增置左右補闕、拾遺各三員,通滿五員。長壽二年,增夏官侍郎三員。大足元年,加營繕少匠一員,左右羽林衛各增置將軍一員,洛、雍、并、荆、揚、益六州,置左右司馬各一員。長安三年,增置司勳員外郎一員,地官依舊置侍郎一員,洛、并及三大都督府司馬宜依舊置一員。"[94]是武周建朝,對於官制續有調整,特別是諫官和大州司馬人員有增,其補闕、拾遺增員《唐會要》置在天授二年二月五日[95],亦爲光宅、垂拱改制的繼續。

因此從載初改元開始,已經完全見出武周革故鼎新的種種變動,而包括赦文在内,這個時期的制敕也應是垂拱格後敕必然反映的重要内容。

(二) 郊天與明堂

郊祀與明堂是帝王祀典之最,相關的祭祀對象和基本内容、方式應當記在《祠令》中,《唐令拾遺》對此也做了諸多復原[96]。但具體的、重要的改革首先會通過詔敕,並因入格而重新規定和落實,這一點我已在討論高宗修格時做過説明。《舊唐書》記武則天垂拱四年四月獲洛水石之後,於五月(《通鑑》作"五月戊辰")下制,"欲親拜洛,受寶圖,先有事於南郊,告謝昊天上帝"[97]。可見武則

---

[91] 《舊唐書》卷三八《地理志一》,1395、1422頁。
[92] 參見《唐會要》卷八六《關市》、卷七〇《州縣改置上·關内道》,1870、1471頁。
[93] 《唐會要》卷八四《移户》,1840頁。
[94] 《舊唐書》卷四二《職官志一》,1789頁。
[95] 《唐會要》卷五六《左右補闕拾遺》,1132頁。
[96] 仁井田陞《唐令拾遺·祠令第八》,東方文化學院東京研究所,1933年,159—183頁。
[97] 《舊唐書》卷二四《禮儀志四》,925頁;並參《資治通鑑》卷二〇四《唐紀二十》,6448頁。

天在拜受"寶圖"之前,要舉行告祀天帝的大典。松浦千春指出武則天不是在即位後告天受命,而是以此時的南郊祭天實行"天子即位",是用逐步向天子的聖化來代替王朝交替,從而使周唐革命王朝交替過程模糊化。而吕博則認爲以女性即天子位是武則天碰到的禮制難題。南郊告天之後,她也没有稱天子,而是稱"聖母神皇",傳統的即皇帝位—南郊告天—即天子位的舉動,可能被武則天改爲"南郊告天—即聖母神皇位—即皇帝位"的模式[98]。但稱號也好,受圖告天也好,無疑都是武則天自皇后、太后轉向皇帝的宣告和表達。但爲何其年十二月的受圖和永昌元年明堂大饗均有記載,南郊的具體過程却並不見於史料? 有一點很清楚,南郊由皇帝主祭的原則是不能變的。那麽,會不會由於武則天的太后身份,使南郊親祀並没有真正舉行呢? 無論如何,真正的南郊祭祀是一直到她在位後期的天册萬歲元年(695)纔得實現,中間隔了十餘年。而在此之前,武則天親祀之所祇有明堂。

明堂代替南郊成爲武則天祭天之所,也是武周施政的最高殿堂,《舊志》載永昌元年正月元日親享之後,就有"其月四日,御明堂布政,頒九條以訓於百官。文多不載"[99]。武則天如此重視明堂,固由於其個人原因,但也有高宗影響。史載高宗永徽二年七月,已提出明堂建造應用九室、五室的問題,下敕令群臣詳議。但爭議頗多。以致"終高宗之世,未能創立"。故《志》稱"則天臨朝,儒者屢上言請創明堂。則天以高宗遺意,乃與北門學士議其制,不聽群言"[100]。前揭陳子昂上疏,提出高宗雖已封泰山,"然尚未建明堂之宫遂朝上帝,使萬代鴻業至今猶闕",請求"作雅樂,潔粢盛,宗祀天皇於明堂以配上帝,使萬國各以其職來祭"。此疏作於光宅、垂拱間,證明其時明堂事已提上日程。《資治通鑑》和《新紀》均載垂拱四年二月"庚午,毀乾元殿,於其地作明堂",同年十二月"辛亥,明堂成"[101]。《志》及《册府元龜》言武則天垂拱四年十二月頒詔,説明建明堂

---

[98] 松浦千春《武周政權論——廬陵王李顯の召還問題を手がかりに》,《集刊東洋學》第64卷,1990,1—20頁;並參吕博《明堂建設與武周的皇帝像——從"聖母神皇"到"轉輪王"》,44頁。

[99] 《舊唐書》卷二二《禮儀志二》,864頁。

[100] 以上見《舊唐書》卷二二《禮儀志二》,853—862頁。

[101] 《資治通鑑》卷二〇四《唐紀二十》,6447、6454頁。《新唐書》卷四《則天皇后紀》,87—88頁。

的由來及用途安排,宣佈"來年正月一日,可於明堂宗祀三聖,以配上帝",並下令禮官、學士、内外明禮者詳定禮儀奏聞[102],而相關詔書亦應在垂拱格後敕中。

高宗時代的明堂争議實際上涉及兩個問題,其一即明堂的祭祀對象究竟應遵循"一天"説祭昊天上帝,還是按所謂"六天"説祭五方上帝。明堂五室、九室之争,其實關鍵也在於此。五室分祭五帝,此乃鄭玄主張;而"九室以象九州"則代表蔡邕、王肅之論[103]。《顯慶禮》雖確立了獨祭昊天的"一天"原則,但針對郊祀和明堂,《貞觀禮》"依鄭玄義祀五天帝"和"顯慶已來新修禮祀昊天上帝"的衝突始終不斷,影響及於高宗一朝,致使朝廷制敕依違於《貞觀禮》《顯慶禮》和所謂《周禮》之間。而高宗後期的明堂禮亦不得不"兼用《貞觀》《顯慶》二禮",或者"參會古今禮文,臨時撰定"[104]。所謂兼用者,其中最重要的一點就是實現昊天與五方帝的並祭。乾封二年十二月詔下令"自今已後……仍總祭昊天上帝及五帝於明堂"。這種做法甚至也影響到武則天建成明堂之後。

《資治通鑑》記武則天首次祭明堂曰:

> 永昌元年(689)春正月乙卯朔,大饗萬象神宫。太后服衮冕,搢大圭,執鎮圭爲初獻,皇帝爲亞獻,太子爲終獻。先詣昊天上帝座,次高祖、太宗、高宗,次魏國先王,次五方帝座。[105]

此言太后服衮冕和執圭初獻,是已按帝禮規格進行祭祀。就祭祀對象而言,看得出雖以昊天爲主,但在配帝之後,仍以五方帝叨陪末座,此應即所謂"兼用"之義的延續,也可謂開後來《開元禮》之先河。但不久却有變化。《通典·郊天下》記曰:

> 永昌元年九月敕:"天無二稱,帝是通名。承前諸儒,互生同異,乃以五方之帝,亦謂爲天。假有經傳互文,終是名實未當。稱號不别,尊卑相混。自今郊祀之禮,唯昊天上帝稱天,自餘五帝皆稱帝。"[106]

敕文顯然是重申《顯慶禮》的"一天"原則,以天、帝之名區分昊天和五帝的性質,

---

[102] 同上並見《册府元龜》卷五六四《掌禮部·制禮二》,6773—6774頁。

[103] 參見吕博《唐初明堂設計理念的變化》,《魏晉南北朝隋唐史資料》第37輯,上海古籍出版社,2018年,115—130頁。

[104] 《舊唐書》卷二一《禮儀志一》,827頁,下同;並參《册府元龜》卷五八六《掌禮部·奏議一四》,7013頁。

[105] 《資治通鑑》卷二〇四《唐紀二十》,6456頁。

[106] 《通典》卷四三《郊天下》,1197頁。

故五方帝作爲天帝的主祭之位已不存在。此敕有可能是針對其年十一月,也即載初元年(天授元年)正月享明堂所定。之後天授二年又定"親祀明堂,合祭天地,以周文王及武氏先考、先妣配,百神從祀,並於壇位次第布席以祀之"[107]。遭到春官侍郎韋叔夏的反對,認爲據《月令》《祭法》和《孝經》等經、注,"明堂正禮,唯祀五帝,配以祖宗及五〔人〕帝、五官神等,自外餘神,並不合預",均應取消。"望請每歲元日,惟祀天地大神,配以帝、后。其五岳以下請依禮於冬夏二至,從祀方丘、圜丘,庶不煩黷",得武則天敕旨"從之"[108]。這進一步突出了天、地的主祀意義。

關於明堂的另一爭議則是配祀問題。史載乾封以後,因恢復感帝、神州之祀,故開始實行明堂、郊丘均以高祖、太宗並配之制[109]。但高宗去世後的垂拱元年七月,"有司議圜丘、方丘及南郊、明堂嚴配之禮",將配祀問題重又提上日程。最終的結果是制從元萬頃、范履冰等提議,"自是郊丘諸祠皆以三祖配"[110],從而建立了高祖、太宗、高宗的序位。此制頒下的時間在《垂拱格》後。但永昌元年的明堂配祀已改以唐帝和"魏國先王"武士彠同配,天授二年以周代唐則主、從顛倒:"武氏祖宗配享,唐三帝亦同配。"[111]享祀亞獻、終獻甚至也以武氏諸王行之,此爲稱帝前後之變。

除此之外,由於武則天於明堂行天地合祭,對於地祇配祀也別作安排。《資治通鑑》卷二〇四載永昌元年十月"己卯,詔太穆神皇后、文德聖皇后宜配皇地祇,忠孝太后從配"[112],即帝配天,后配地。時在建周之前,故如同配天以唐帝爲主,武氏魏國先王(載初改爲忠孝皇帝)爲從,配地也以唐皇后爲主,武氏母爲從。以"后"配地的做法也是仿照高宗封禪。

武周時代曾定廟樂、明堂樂和樂舞。《册府元龜》載:"則天光宅元年九月,制(製)高宗廟樂,以《鈞天》爲名。天授中製《天授樂》,舞四人,畫五彩鳳。長

---

[107] 《舊唐書》卷二二《禮儀志二》,864頁,下引韋叔夏言同。《舊志》文見864—873頁。

[108] 《唐會要》卷一二《饗明堂議》,327—328頁;《册府元龜》卷五八六《掌禮部·奏議一四》,7015頁。

[109] 《舊唐書》卷二一《禮儀志一》乾封二年十二月條,826—827頁。

[110] 以上見《舊唐書》卷二二《禮儀志二》,821—823、828—830頁。

[111] 《資治通鑑》卷二〇四《唐紀二十》,6471頁。

[112] 同上書,6461頁。

壽二年(693)正月,親享萬象神宮。先是,自製《神宮大樂》,舞用九百人,至是舞於神宮之庭。是時又製《長壽樂》,武(舞)十有二人,畫衣冠。延載元年(694)正月,製《越古長年樂》一曲,又有《鳥歌萬歲樂》。時宮中養鳥,能人言,嘗稱萬歲,爲樂以象之。舞三人,緋大袖,並畫鸎鵒,冠作鳥像。"[113] 內除爲高宗廟製樂可能在《垂拱格》時限內,明堂樂、壽樂均爲天授以後武則天爲己所製,當有敕文發表。

總之,明堂作爲展示武周政治風采的最高殿堂大獲其用,受重視程度超過南郊,而相關明堂諸多措置關係到祭祀的根本理念,自應是格後敕編修時不能迴避的內容。

(三)宗廟社稷建置、號墓爲陵、祖宗封號與宗室封建

宗廟建置是武周建國改制的大事與核心。上言永昌元年(688)正月的明堂饗祀,武氏先祖是作爲"魏國先王"而祔配末座的。説明此前武氏祖先的追尊和宗廟的建制仍未完全到位,而武氏尚無帝王之尊。《資治通鑑》載垂拱四年(687)"春,正月,甲子,於神都立高祖、太宗、高宗三廟,四時享祀如西廟之儀。又立崇先廟,以享武氏祖考"。因太后命有司議崇先廟室數,司禮博士周悰請爲七室,又減唐太廟爲五室,爲春官侍郎賈大隱所駁。認爲天子七廟,諸侯五廟是"百王不易之義",又評周悰所議是"直崇臨朝權儀,不依國家常度","崇先廟室應如諸侯之數,國家宗廟不應輒有變移",故"太后乃止"[114]。

但武氏宗廟等級已在隨時而增。《新唐書·則天皇后紀》載永昌明堂饗祀之下,有"二月丁酉,尊考太師魏忠孝王曰周忠孝太皇,置崇先府官。戊戌,追謚妣楊氏曰周忠孝太后"以及封太原郡王等四祖分爲國王、郡王的旨令。這裏武士彠夫婦已分稱太皇、太后,且與此同時是號墓爲陵,"以文水墓爲章德陵,咸陽墓爲明(避"顯"字諱)義陵"[115],已向着稱帝靠近。但其餘四祖稱王,且祇有五廟,是尚未全用帝王標準。

武氏宣佈改唐爲周之後迎來武氏宗廟真正的性質之變。《新紀》載天授元

---

[113]《册府元龜》卷五六九《掌禮部·作樂五》,6840頁。
[114]《資治通鑑》卷二〇四《唐紀二十》,6447頁,並見《舊唐書》卷二五《禮儀志五》,944—945頁。
[115]《新唐書》卷四《則天皇后紀》、卷七六《后妃傳上》,88、3480頁。《資治通鑑》卷二〇四《唐紀二十》同,6457頁。

年九月丙戌,立武氏七廟於神都。同年十月,改唐太廟爲享德廟,以武氏七廟爲太廟[116]。《舊唐書·禮儀志五》也稱"天授二年,則天既革命,稱帝於東都,改制太廟爲七廟室,奉武氏七代神主祔於太廟。改西京太廟爲享德廟,四時唯享高祖已下三室,餘四室令所司閉其門,廢其享祀之禮。又改西京崇先廟爲崇尊廟,其享祀如太廟之儀"[117],至萬歲通天元年(696)更改長安崇尊廟爲太廟[118],是無論東、西二京,都真正實現了武周與唐宗廟的互換。以上改制都有明確的時間,當以制敕形式發表。而號墓爲陵也增爲七祖,《通鑑》載天授二年二月"甲子,太后命始祖墓曰德陵,睿祖墓曰喬陵,嚴祖墓曰節陵,肅祖墓曰簡陵,烈祖墓曰靖陵,顯祖墓曰永陵,改章德陵爲昊陵,顯義陵爲順陵"[119],是完成了武氏政權的宗廟和山陵建設。

　　與宗廟和山陵同時興立的是社稷,上文已提到天授二年武則天"改置社稷,旗幟尚赤"。《通鑑》也稱"改置社稷於神都",是武則天已於東都建武氏社稷。但社稷是代表國土祭祀的太社、太稷,與之並列的還有代表帝王家族有土的帝社。魏晉以來,太社、太稷多與帝社共同祭祀,稱爲"二社一稷"。且由於一直以來有天子躬耕爲宗廟孝享的看法,導致帝社祭祀又逐漸被與"藉田祭先農"聯繫起來。中宗時大臣有"周、隋舊儀及國朝先農皆祭神農於帝社,配以后稷"的説法,也即兩者合一。但《新唐書·禮樂志四》曰:"藉田祭先農,唐初爲帝社,亦曰藉田壇。……垂拱中,武后藉田壇曰先農壇。"[120]《舊唐書·禮儀志四》也稱神龍元年,禮部尚書祝欽明與禮官等奏:"謹按經典,無先農之文。……永徽年中猶名藉田,垂拱已后刪定,改爲先農。"[121]武則天改帝社壇爲先農壇,雖然祇是名稱之改,却意味宗社被取代,是對李唐家族統治和帝王有土意念的削除和剥奪。

　　改建宗社同時,武氏子孫也被大量加封。《新唐書·后妃傳》在立廟和享萬象神宫下有"盡王諸武"一語。而《舊紀》和《通鑑》均置此於天授元年十月丙戌

---

[116]　《新唐書》卷四《則天皇后紀》,90頁;並參《資治通鑑》卷二〇四《唐紀二十》,6467—6468頁。按《舊唐書》卷六《則天皇后紀》記改唐太廟爲享德廟在天授二年三月。121頁。
[117]　《舊唐書》卷二五《禮儀志五》,945頁。
[118]　《資治通鑑》卷二〇五《唐紀二十一》,6504頁。
[119]　《資治通鑑》卷二〇四《唐紀二十》,6472頁。
[120]　《新唐書》卷一四《禮樂志四》,下引韋叔夏、張齊賢議同,357—358頁。
[121]　《舊唐書》卷二四《禮儀志四》,912—913頁。

立廟和封樹武氏先祖之下,時封兄子武承嗣、三思等爲王,唐侄武懿宗等爲郡王,諸姑姊皆爲長公主。武周政權對武氏的優惠,還包括天授元年"十月丁巳,給復並州武興縣百姓,子孫相承如漢豐沛",以及"制天下武氏咸蠲課役"[122]。

相對則是唐宗室諸王的被殺、流放、貶降和姓氏的改換。如垂拱四年因越王貞及其子起兵而有"制削貞及冲屬籍,改姓虺氏"[123]。永昌元年四月甲辰,殺汝南郡王等宗室十二人,"徙其家於巂州",而同年九月,再殺宗室十餘王,次年(載初元年)正月乙未,遂有"除唐宗室屬籍",同年再殺澤王上金、許王素節及其子,而在武則天建周之際,則"降皇帝爲皇嗣,賜姓武氏"[124]。垂拱三年閏正月丁卯,曾封皇子成美、隆基等爲王,稱帝后自成器均爲皇孫,長壽二年臘月丁卯,爵亦降封郡王[125]。聖曆元年九月雖復中宗太子之位,但次年仍賜姓武氏,並舉行大赦。此李、武二姓氏轉換及待遇、封級之變,是政權變更之最醒目、最敏感之表徵,所以相關制敕也一定是作爲武周常行格敕存在的。

**(五)司法與其他行政舉措**

武則天在改唐建周的過程中,多施嚴刑酷法以懲治反對者和政敵,相關法令多在《垂拱格》完成後。但是,由於武周政策前後不甚一致,加之中宗反正修《神龍格》,對於武周制敕有所批判和甄別,所以誅戮宗室及大臣的文書很多已不見。但如誅戮後的"除唐宗室屬籍"一類,實際就是重要制敕。對於李敬業、裴炎、程務挺的處置牽連甚廣,震動朝野,應有制敕處分。爲此盛開告密之門,也有"有告密者,臣下不得問,皆給驛馬,供五品食,使詣行在"的具體條制[126]。另外,越王貞、琅邪王冲舉兵被誅後,被改姓虺氏,《改元載初赦》中,在頒佈赦令和規定"其叛逆緣坐,及子孫殺祖父母父母,部曲容奸、奴婢殺主不在赦限"之後,並有對支黨"特從原免,不得更相言告"一條,實涉及與徐敬業和反叛的李唐宗室往來連坐的問題。

---

[122] 《新唐書》卷四《則天皇后紀》,91頁;《資治通鑑》卷二〇四《唐紀二十》,6469頁。
[123] 《舊唐書》卷七六《越王貞傳》,2662頁。
[124] 《新唐書》卷四《則天皇后紀》,88—89、90—91頁;並參《資治通鑑》卷二〇四《唐紀二十》,6461、6467頁。
[125] 《新唐書》卷四《則天皇后紀》,86、93頁。
[126] 《資治通鑑》卷二〇三《唐紀十九》,6438頁。

又如武則天時酷吏的諸般行徑雖有史書記載，但關於指派其執法的原發詔令不多，有些是通過赦書和大臣上疏有所反映，如《通典》載"長壽二年，有敕：'私坐徒以上，會赦應免死罪者，皆限赦後百日內自首。如其不首，依法科罪者'"，就是因徐有功上疏以爲不便纔被保留。前述《改元光宅詔》有"亡命山澤，挾藏軍器，百日不首，復罪如初"一條，而《改元載初赦》則規定"亡命山澤，挾藏軍器，百日不首，復罪如初。敢以赦前事相告言者，以其罪罪之"。長壽二年敕疑爲此兩敕文的擴大，其敕長期實行，宜爲《格後敕》或《常行格》所收。

另外制敕中關乎貶降官、流人者最多。《改元載初赦》有"亡官失爵，量加敘錄，長流人並別敕流人、移貫人、降授官人及後緣逆人，用當及造罪過特處分者，雖未至前所，並不在赦限"。此條顯然是武周初年很重要的制敕，其中長流和被定爲反叛謀逆者，不在赦免放還之內。《通典》又有"武太后長壽三年五月敕：'貶降官並令於朝堂謝之，仍容三五日裝束。至任日，不得別攝餘州縣官，亦不得通計前後勞考。'"[127]《唐會要·左降官及流人》載"垂拱四年十一月一日敕：'犯罪之色，授以文武遠官；年考未滿，方便解退者，宜令依舊重任，續前考滿。'"又有"長壽三年五月三日敕：'貶降官並令於朝堂謝之，仍容三五日裝束。至任日，不得別攝餘州縣官，亦不得通計前後勞考。'"[128]《册府元龜》載長壽二年因有上封事言嶺表流人有陰謀逆者，武則天乃遣萬國俊就按之，"若得反狀，便斬決"。萬遂矯詔殺戮數百人。武則天後又遣使，分往劍南、黔中、安南六道，均效法萬國俊大行殺戮。武則天知其冤濫，"制被六道所誅家口未歸者，遞還本貫"[129]。武則天之際流貶人員甚多，六道流人大約均是自朝廷放逐的反對派官員，故這類制敕最有代表性。

有一些制敕指令作爲行政必備，甚至被後世修格敕所選編。上述敦煌 S.1344《開元户部格殘卷》，即收有垂拱元年、天授二年、證聖元年、萬歲通天、聖曆元年、長安元年和二年等制敕十首，超過殘存制敕的二分之一。內容包括地方對孝義之家的旌表、對山林隱逸人"廣聚徒衆"的伺察禁止、對"諸藩部落見在諸州

---

[127]《通典》卷一六九《刑法·守正》、卷一七〇《刑法·寬恕》，4381、4414 頁。
[128]《唐會要》卷四一《左降官及流人》，859 頁。
[129]《册府元龜》卷五二一《憲官部·殘酷》，6228 頁，並參《舊唐書》卷一八六《酷吏傳上》，4846 頁。

者"的管制、對"化外人及賊應招慰者"的招慰、對"牂柯土風"的禁斷、對嶺南土人任都督刺史治下民風的整治引導、對諸州百姓質賣男女的禁斷、對畿内逃絶户宅地不得請射的規定、官人執衣白直以及胥吏在身課役等。《開元格》吸收的武則天制敕,最早是垂拱元年八月和九月的,都在《垂拱格》頒佈之後,其最早來源有可能就是《垂拱後常行格》或格後敕。

存世文獻中制敕内容是很豐富的。僅以《改元載初赦》爲例還包括:①内外見任文武九品以上職事官賜爵級。②天下百歲、九十、八十歲以上老人版授及賜粟帛。③逋租懸調,並丁夫、雜匠、衛士等違番及逃走,應陪番及征課調者的放免,以及欠負官物及盜詐三庫物的不在赦限。④鰥寡孤獨、篤疾等不能存立者的賑恤。⑤孝子順孫、義夫節婦旌表門閭。⑥百姓年二十一身爲户頭者賜級,女子百户賜牛酒。⑦明堂役工人未被恩者,及緣供明堂致死人,未沾勳賜者,定定等級奏聞賜給。⑧當年麥不熟處及遭霜潦之處與其他州軍百姓庸課徭役的放免給復和檢校。⑨皇親諸陪位未出身、已出身者的處分和賜勳。⑩對富商大賈衣服過制、喪葬奢侈的捉搦和檢校。⑪對天下百姓嫁娶以時的强調,戰亡人賜勳、回授及其子孤惸的安養,征鎮人口的存恤勸課和營種等。

以上内容其實都可以單獨立項,有些很可能作爲長久實行的條法保留。類似這樣的赦文應當都是《常行格》選取的對象。但史料龐雜,挂一漏萬,限於篇幅,我們僅就上述方面略作梳理,以便提供某些參考。相信對於理解《垂拱格》與垂拱《格後敕》的内容取向或會有所幫助。

## 五、武則天後期的禮法方向

在以上各項禮制和嚴刑酷法措置之下,武周政權的正統性、合法性已不容置疑,故武則天的統治逐漸步入平穩期。延載元年(694)五月,魏王武承嗣率二萬六千餘人上尊號"越古金輪皇帝",大赦天下,改元,"大酺七日"。次年正月加號"慈氏越古金輪聖神皇帝",再次赦天下,"大酺七日",改元證聖[130]。在此之後,

---

[130] 《舊唐書》卷六《則天皇后紀》,123—124 頁;《資治通鑑》卷二〇五《唐紀二十一》,6494、6497 頁。

武則天更加堅定無疑地履行帝王角色,打造其帝王權威。而此期除研究者常常提到的解決繼承人問題之外,禮法方面也體現了她對於帝王最高目標的實現,以及作爲成功者在政治上轉而求取平衡的一些努力。由於武則天晚期行政方面的制敕仍有很多,但對它們是否屬於格後敕仍很難判斷,所以下面仍僅從幾項重大禮法方面對武則天晚期格敕的方向性問題作些推測和探討。

(一)明堂再建與親郊

證聖元年(695)正月丙申,在武則天於明堂作無遮會的同日,明堂被薛懷義焚毀。武則天接受姚璹建議,並未因此"自貶損"而影響禮儀進程。所以祇是手詔"責躬",以明堂告廟,下制求直言,去"慈氏越古"尊號;却仍不顧大臣反對,使薛懷義重建明堂、天堂。同年九月,武則天舉行了在位第一次南郊親祀。與此同時,"加尊號天册金輪聖神皇帝",改元爲天册萬歲,大赦天下,"大辟罪已下及犯十惡常赦所不原者,咸赦除之,大酺九日",可以認爲是舉辦了前所未有的赦事和慶典。值得注意的,是這時武則天尊號用詞益發神聖崇高,意味她作爲皇帝在佛的庇佑下更加法力無邊,而且開始以郊天與封禪的最高典禮展示她的帝王身份與治政成功。

此後的長安二年(702)十一月,武則天再次舉辦南郊親祀。在這兩次南郊中均與明堂同樣,實行了天地合祭。《舊志》稱天册萬歲元年親祀以周文王及則天父"無上孝明高皇帝"同配,"如乾封之禮"[131]。所謂"乾封之禮"應指郊天以高祖、太宗同配,此處即以周文王與武士彠比仿之。但《新唐書·后妃傳》却言"太后祀天南郊,以文王、武王、士彠與唐高祖並配"[132],則雖以周祖爲配,却仍未完全取消唐帝的配祀,可見武則天在郊祀的最高典禮之上,仍有"折中"李、武的意味。但或因武則天自身身份的轉換,所以二次南郊,已不見有先后配嗣及皇后的出場。南郊與明堂告祭的不同,是其鹵簿儀仗路程中要經過民衆聚集的場所,而武則天終於能夠親主郊天大典,祇能説明她作爲帝王的姿態和自信進一步升級。

與此同時,明堂和"大周萬國頌德天樞"的建造也接近完成。《舊唐書》記載

---

[131] 《舊唐書》卷二一《禮儀志一》,830頁。
[132] 《新唐書》卷七六《后妃傳》,3483頁。

稱,"天册萬歲二年(696)三月,重造明堂成,號爲通天宫。四月朔日,又行親享之禮,大赦,改元爲萬歲通天。翌日,則天御通天宫之端扆殿,命有司讀時令,布政於群后"。另外,下令鑄銅爲九州鼎,鼎上圖寫本州山川物産之像[133]。又有十二神,"皆高一丈,各置其方"[134]。

其中親享大赦及鑄鼎誇飾武周氣象並不奇怪,但讀時令的實行,則涉及對古明堂制度的理解與現實的關係問題,也涉及遵從《貞觀禮》和《顯慶禮》的矛盾。

讀時令本在《貞觀禮》的規定中,讀時令即讀五時令。武則天不久改爲告朔:"聖曆元年(698)正月,又親享及受朝賀。尋制:每月一日於明堂行告朔之禮。"告朔意味每月一次讀令。《開元禮》目前即有此兩種令。雖然,告朔之禮遭到辟閭仁諝和王方慶反對,均認爲每月一日的告朔繁瑣不可行;且辟閭仁諝稱"謹按經史正文"以及南朝《禮論》《三禮義宗》《江都集禮》《貞觀禮》《顯慶禮》和《祠令》"並無天子每月告朔之事",但從《開元禮》來源看,相對於《貞觀禮》的五時令,十二月令還是有可能來自《顯慶禮》。武則天大約希望按讀十二月令行所謂"告朔",但最後因博士郭山惲言,請依王方慶議用四時孟月日及季夏,即讀五時令,所祭神也是青、赤、黄、白、黑五方帝,"制從之",事實上是仍按《貞觀禮》行事。衹是讀時令明顯一味追求古禮形式却缺乏現實效果,故長安四年(704),"始制,元日明堂受朝,停讀時令"[135],讀時令則終被廢止。

(二) 封禪

關於中岳嵩山的封禪,早在高宗晚年已提上日程。《舊唐書·禮儀志三》載永淳元年(682),"於洛州嵩山之南置崇陽縣。其年七月,敕其所造奉天宫。二年正月,駕幸奉天宫。至七月,下詔將以其年十一月封禪於嵩岳"。而詔令國子司業李行偉和賈大隱、裴守真等詳定儀注,確定了封祀壇、登封壇、禪祭壇和朝覲壇四壇型制,以及各項禮儀的時日。並確定了登封時皇帝、太子所乘車輅、衣服、禮儀。不過,"當時又令詳求射牛之禮",却遭到李行偉、裴守真等反對,提出其禮已久從廢省,不可行。"詔從之",衹是最終因高宗病重,纔未能舉行[136]。高宗

---

[133] 《舊唐書》卷二二《禮儀志二》,867—868頁。
[134] 《資治通鑑》卷二〇五《唐紀二十一》,6499—6500頁。
[135] 以上見《舊唐書》卷二二《禮儀志二》,864、868—873頁。
[136] 《舊唐書》卷二三《禮儀志三》,889—891頁。

的封禪是在武則天支持下進行的,相關詔令,有可能收入早先的《垂拱格》中。

但武則天真正封嵩山却是晚到天册萬歲元年(695)南郊之後,可見是將封禪作爲其統治"告成"之典禮。《舊唐書·禮儀志三》載天册萬歲二年臘月甲申,武則天在嵩山親行登封之禮。其禮畢後便舉行大赦,改元萬歲登封並改嵩陽、陽城二縣名爲登封、告成,以及"粤三日丁亥,禪於少室山。又二日己丑,御朝覲壇朝群臣,咸如乾封之儀"[137],説明武則天封禪無論程式還是壇名都保留高宗舊制,祇是這時天地的祖宗配祀與三獻儀式恐應都等同南郊。

此後的聖曆元年(698)三月,武則天自房州召還廬陵王,四月庚寅朔祀太廟,九月立廬陵王爲太子。可以認爲是武則天終於爲李武政權選定了繼承人。而無論是明堂、郊祀還是封禪,都是所謂"如乾封之禮""咸如乾封之儀",可見武則天登峰造極的典禮不是脱離唐朝,而是向唐朝回歸,這是不是也是她選擇接班人的一個因素呢?

另外,高宗在封禪泰山之際,已採用儒、道兩種儀式,專門舉行過投龍儀[138]。且末年曾親自拜訪道士潘居正等及嵩山道教遺跡,爲再封禪做準備。文明元年,不知何故武則天將高宗改名的奉天宫恢復了嵩陽觀舊名,但到了聖曆三年十一月二十八日,又"造三陽宫於嵩陽縣"[139],似乎是另建了道教的殿庭。同樣,嵩陽縣"文明元年四月十三日廢,光宅元年七月四日又置,登封元年臘月十九日,改爲登封縣"[140]。可見縣和宫觀都有廢而復興的過程,但都經過制敕的批准。

而一旦行封禪,武則天再次掀起封神的高潮。"則天證聖元年,將有事於嵩山,先遣使致祭以祈福助。下制,號嵩山爲神岳,尊嵩山神爲天中王,夫人爲靈妃,嵩山舊有夏啓及啓母、少室阿姨神廟,咸令預祈祭"。當封禪完畢,"則天以封禪日爲嵩岳神祇所佑,遂尊神岳天中王爲神岳天中皇帝,靈妃爲天中皇后,夏后啓爲齊聖皇帝,封啓母神爲玉京太后,少室阿姨神爲金闕夫人,王子晋爲升仙太子,别爲立廟。登封壇南有槲樹,大赦日,於其杪置金雞樹。則天自制《升中

---

[137] 《舊唐書》卷二三《禮儀志三》,891頁。

[138] 雷聞《唐代道教與國家禮儀——以高宗封禪活動爲中心》,《中華文史論叢》2001年第4輯,62—79頁,下述武則天投龍簡同。

[139] 《唐會要》卷三〇《奉天宫》《三陽宫》,648—649頁。

[140] 《唐會要》卷七〇《州縣改置上·河南道》,1478頁。

述志碑》,樹於壇之丙地"[141]。其封神更普遍且等級更高。有太歲庚子(久視元年,700)紀年的出土投龍簡,證明武則天在嵩山也舉行過道教投龍儀。道教崇奉與佛教祭祀並行不悖,作爲國家典禮的重要内容,應也屬常行格敕的收入範圍。

封禪和明堂、郊祀、宗廟,都是武則天作爲皇帝親臨的崇高典禮。而郊祀、封禪依次置於明堂和告宗廟之後,可見在典禮的次序上是有所安排的。武則天以明堂爲始,以封禪爲終,一步步登上帝王頂峰。另從延載、證聖以後,每次的改元、加尊號或南郊、享明堂、封禪大禮,大都有赦文頒佈,與前揭光宅、載初赦文一樣,應有具體的、政策性制令,同樣包括告朔、讀時令等也都有制書頒佈,但因史料失載,能够知道的條文類内容不多,但我們仍然可以通過這些禮儀活動的過程和關鍵步驟瞭解到它們的方向。有一點可以肯定,即在此之前,武則天的郊天禮祇能行於朝廷和宫殿,未能超越"闈内""内闈"的限制,而這一新階段的禮儀活動終於衝破這一格局,使之真正作爲帝王面對天下。我想此期的格後敕也無疑是遵從這一規範和要求的。

最後,還有一點也須注意,武則天在稱帝和逐步打破了女性的性别限制後,凡皇帝禮者都欲涉足,其中甚至包括講武。《唐會要》本門載"聖曆二年十月,欲以季冬講武,有司稽緩,延入孟春",明顯是有意拖延。時麟臺監王方慶上疏,認爲按《月令》應孟冬講武,"孟春之月,不可以講兵",仍請求武則天"至孟冬教習,以順天道"。武則天手制答曰:"循覽所陳,深合典禮,若違卿意,此乃《月令》虚行,佇起直言,用依來表。"[142]推測武則天其時或頒制敕,但由於不易操作,此後並無下文,恐怕最多是紙上談兵。

(三)雪免冤案

武則天時代的嚴刑酷法已見諸前述。但她大權在握以後似乎已有收斂,反而是懲處來俊臣、丘神勣等酷吏及雪免冤濫的制敕頗見記述。《舊唐書》載天授中,武則天曾下制推按來俊臣,天授二年十月,丘神勣"下詔獄伏誅"[143]。而《册

---

[141]《舊唐書》卷二三《禮儀志三》,891頁。
[142]《唐會要》卷二六《講武》,585—586頁。
[143]《舊唐書》卷一九〇中《文苑傳中》,卷一八六《酷吏傳上》,5016、4843頁。

府元龜》則録有武則天因來俊臣"恣行羅織,多所陷害"而"天下側目,含靈切齒,擢其髮不足以數罪,粉其骨不足以塞怨",對其判令"宜加赤族之誅,以雪蒼生之憤,可准法籍没其家"的制書全文。此制池田温《唐代詔敕目録》定名爲《暴來俊臣罪狀制》,時間在其誅死的萬歲通天二年[144]。

《通典》又載聖曆元年(698)武則天因姚崇、魏靖答問和上疏,以以往破家者,皆是枉錯自誣,由告者羅織其罪,甚於漢代黨錮,爲鬼神所不容,"於是制緣來俊臣、丘神勣等所推鞫人身死籍没者,令三司重檢勘,有冤濫者,並皆雪免矣"[145]。是武則天曾爲雪免冤濫特下制書。從《通典》此制後續有中宗神龍元年(705)對丘神勣等人追奪官爵的制書來看,此類制敕得以保留並見於史書,應與中宗初制敕和所定《神龍格》有關。另外史載武則天萬歲登封元年十月十一日,以"崇德簡刑""並官省事"和"仙臺置獄,甚爲非宜"爲由,下敕"減大理丞廢秋官獄"[146],説明晚年刑獄確有減輕。《舊唐書·則天皇后紀》載:"神龍元年春正月,大赦,改元。上不豫,制自文明元年已後得罪人,除揚、豫、博三州及諸逆魁首咸赦除之。"這是武則天最後下令的大赦,距離中宗即位不過一月,而根據中宗態度,這類制敕被編入格后敕頗有可能。所以看來,武則天後期對刑獄的減緩和禮儀目標的最終達成方向是一致的。所以我想武則天最後的統治不是一味强調武周的獨立,而是在禮法制度上協同李武,其中有相當多的折中成分,這恐怕是與統治前期不同的地方,也是武則天成爲真正帝王的必須。

# 六、結語

總括上述,本文主要依照武則天修格和格後敕的時間,從當時新定禮法方面討論武周之際格敕可能的内容。認爲武則天統治時代的禮法和格敕制作基本可以分成兩個時期:其一即武氏臨朝之初的《垂拱格》,是武則天稱帝之前完成的;其二即由《垂拱格》以後的制敕編成的《常行格》,基本上在武則天準備稱帝和代

---

[144] 《册府元龜》卷九四二《總録部·禍敗》,11100 頁。並參見池田温編《唐代詔敕目録》,三秦出版社,1991 年,101 頁。
[145] 《通典》卷一七〇《刑法·峻酷》,4430 頁。
[146] 《唐大詔令集》卷八二《減大理丞廢秋官獄》,473 頁。

唐之後,乃武周一朝禮法活動的記錄和見證。對於二者內容的考察和疏理,或許能使我們更理性、更具體地認識武則天時代的統治內涵及特質。

《垂拱格》是武則天改朝換代之前的作品,所以它的內容仍承接高宗時代的餘緒。但筆者認爲,《垂拱格》在政治傾向方面存在兩面性,這一點可以從《改元光宅詔》來反映。此詔雖没有推翻或者結束唐朝的統治,却通過旗幟、朝服衣色、都城、宫室、中央省臺寺監的機構整體和官名之變表達、貫徹了江山即將易主,朝代意欲更替的意念。祇是唐帝未廢,武則天仍以太后的身份主持一切,武氏家族和先祖也未越過侯王之位,先天太后之立和父在母服三年的重申就表明了武則天這一時段的身份立場。禮和法乃國家施政的綱領和前提。《改元光宅詔》中新建禮法,作爲武則天當政的産物,必然進入《垂拱格》。而武氏也通過《垂拱格》和其他法令撰作(如《垂拱式》)初步穩定了自己的統治,並爲武周的成立預作了輿論和制度建設的準備。

由垂拱格後敕形成的《常行格》,却基本上是集中武周代唐和稱帝後的制敕而成。其中也可以分爲兩時段。第一時段即武周統治形成的前、中期。也即從《垂拱格》修成後,到明堂焚毁和舉辦郊祀的證聖元年之前。雖然《常行格》的編纂時間不得而知,但最早應在《垂拱格》編成後即開始。而以《改元載初敕》爲標志,包括改周正朔、具有武周獨特意味的禮法,成爲武周建立之標志。諸如年號、國號、社稷、宗廟、陵墓、祖宗封謚、近親爵位、曆法、避諱、衣飾、旗色、郊祀、明堂、封禪,禮樂,甚至藉田、講武等皇帝禮,無一不圍繞武氏爲中心建立,由此逐步實現了武則天以周代唐的革命,也形成了武周的時代特色。因此,凡相關武周禮法的重要制敕,也應是《垂拱後常行格》收入的內容。而以上針對唐制而建立的各類禮制,應當是武則天前期禮法的核心內容。

格後敕形成的第二階段自證聖以後至中宗奪權以前。是爲武則天統治後期。此期武周的統治已經取得了極大的成功,武則天權力至高無上,開始實踐其登頂帝王的最高理想。故這一階段的禮法代表了武則天面向天下行使帝王之權的野心和高度。不過,在禮法實施的過程中,賴以打造自身形象、宣傳武周正統的崇高禮儀却須不斷借助唐朝禮制的形式和權威,這使武則天在多方面仍必須採取折中李、武,融合周、唐的路綫,而這也許是中、睿"后武則天時代"仍須借鑒武則天禮法的原因。

此外,就刑律方面而言,武則天改唐爲周,不得不以嚴刑酷法打擊異己,行其統治。相關處置,特別是懲治官吏反叛、違法乃至流貶、赦免的指令也不斷以制敕發表。禮法與諸多行政方面的制敕構成格後敕的主體。但至武則天晚期,不得不接受朝廷輿論,對於酷吏的懲處和雪免冤濫成爲刑法的主流。這是武則天後期禮法、政令回歸的必然方向。通過格敕和禮法,也許纔能更深入地瞭解武則天。

因此,在對武則天時期的格和格后敕進行討論之後,筆者發現,弄清《垂拱格》和格後敕的內容和取向,對全面認識武周時代的政治和司法,以及武周頒佈格和格後敕的價值、意義都是有必要的。而禮法無疑是武周時期格敕的靈魂和主綫。其中禮的條文甚至超過法條,決定了朝代的政治方向。事實上,從高宗三次修格,到武則天《垂拱格》與《垂拱格後敕》,唐朝格的修撰始終貫徹同一精神,且有着一定的承傳和規律性。我們必須從中理解中古政治文化的豐富內涵,並通過格對禮法的貫徹、結合,理解皇權實施統治的具體方式和基本走向。當然就此目標而言,本文祇是一個嘗試。若要形成更深層的、對於唐現實禮法發展性的看法,也許還須在對中宗、睿宗,乃至玄宗三朝制作進行全面的探討之後纔能實現,這也是今後筆者致力的一個方向。

本文作者爲首都師範大學歷史學院特聘教授

## *Chuigongge* and Etiquette and Law of Wu Zetian

### Wu Liyu

This paper focuses on *Regulation of Chuigong* (*Chuigongge* 垂拱格) and *Normally-executed regulation of Chuigong* (*Chuigongchangxingge* 垂拱常行格)—the content of an after-regulation edict (*Gehouchi* 格後敕) in the period of Wu Zetian 武則天. This paper believes that although the compilation inherited from Gaozong 高宗 era, it represented the political orientation of Wu Zetian in different phases. Among them, *Chuigongge* was compiled before the establishment of the Wu Zhou 武周 Dynasty. Thus, it absorbed the etiquette and law of Gaozong on one hand, and on the other hand, it started with *Gaiyuan Guangzhai Zhao* 改元光宅詔, expressing the intention of taking the throne and seizing the power. The *Changxingge* 常行格, which took its shape from Gehouchi of Chuigong 垂拱, appeared as an epitome when the reign had gradually gained stability after the usurpation. As the representative of early edicts, *Gaiyuan Zaichu She* 改元載初赦 removed institutional system of the Tang 唐 Dynasty, and established orthodoxy of the Zhou 周 Dynasty, creating distinctive characteristics of etiquette and law in the Wu-Zhou period. The theme of Ge 格 and Gehouchi is the integration of all symbolic contents combining with law, including flags, clothes, official titles, place names, as well as ancestral temples, sheji 社稷, mausoleums, jiaosi 郊祀, mingtang 明堂, fengshan 封禪, etc. The later edicts were formed at the time of the success of Wu Zetian's reign, and its etiquette and law showed a directional significance of returning to Tang's system as well as integrating with it. The content of Ge and Gehouchi, not only unveils the track of Wu Zhou's governance but offers a deeper understanding of the richness of political culture in medieval China.

# 唐天寶時期東京留守及河南尹考

## ——以《大唐嵩陽觀紀聖德感應之頌》爲綫索

### 張越祺

李唐皇室尊奉老子爲先祖玄元皇帝,故道教亦被奉爲唐國教,其中又尤以外丹之方術爲皇帝所重,他們委派道士煉合丹藥,以期長生。到了開元末年,玄宗在位既久,海内昇平,他自然也滋生了這樣的想法,於是一系列所謂符瑞、神異便在當時頻繁出現,改元"天寶"亦是這種氛圍下的產物。位於中岳嵩山的嵩陽觀,因爲"直天中晷影之正",被視爲絶佳的吸收天地陰陽靈氣的寶地,道士孫太冲"親承密詔"在此煉合神藥。期間,河南地區的各級官員,包括河南尹也參與觀摩了煉丹過程,玄宗還派遣中使薛履信陪同孫道士進行了相關巡遊祭祀活動。到天寶二年(743)、三載之際,神藥煉成,藥成之日祥瑞叢出。爲了頌揚此事,彰顯皇帝聖德,一座雄偉而精美的大碑就此誕生。

《大唐嵩陽觀紀聖德感應之頌》(以下簡稱《嵩陽觀紀》),位於今河南省登封市嵩陽書院門前,碑身高383釐米,寬206釐米,厚104釐米,由唐代宰相李林甫撰文、河南尹兼東京留守裴迥篆額、書法名家尚書金部員外郎徐浩以八分書書丹,主要記述的是天寶三載道士孫太冲在嵩陽觀爲玄宗煉丹成功一事[1]。此碑體量之巨,寫刻之精,均屬存世唐碑之上品,至今保存完好,現已列入"第五批全國重點文物保護單位"。由於碑末題有"天寶三載二月五日建"九篆字,故歷代均以此爲樹碑之時間。不過,筆者細繹此碑撰文、題額、書丹者之結銜,發現此碑實際當立於天寶九載下半年,且不早於天寶十載正月丁未,而這又牽涉到了對於唐玄宗天寶時期東都(京)留守與河南尹的系列考證,故本文將分爲兩個部分:

---

[1] 此碑較新近之録文和拓片參見黃明蘭、朱亮編著《洛陽名碑集釋》,朝華出版社,2003年,182—185頁。

首先考證此碑樹立年代,爾後重新考證天寶時期東都(京)留守與河南尹的任職排序。

## 一、《嵩陽觀紀》樹碑年代考

考《嵩陽觀紀》之碑文,其中有"開元天寶聖文神武皇帝"尊號及"有唐兮英聖,六葉兮十紀"之語。據《舊唐書·玄宗紀》,該尊號上於"天寶元年二月丁亥",直到七載三月再加"應道"二字;"六葉",即高祖到玄宗六代皇帝;"十紀",一紀十二年,十紀當爲一百二十年,而天寶三載距唐開國一百二十六年,"十紀"即虛指此年數。而碑文所載之事亦發生在天寶三載,故碑上書"天寶三載"當無疑義。然而此碑撰文者李林甫、題額者裴迥、書丹者徐浩之結銜多有與史載不符者。對此,清人錢大昕、王昶及近人嚴耕望均有注意,但未予詳解[2]。筆者試圖結合傳世文獻與出土碑誌通過一系列考證將此問題加以釐清。

茲録此碑撰文、題額、書丹諸人結銜如下:

【碑首】

開府儀同三司行尚書左僕射兼右相吏部尚書崇玄館大學士集賢院學士朔方節度等副大使修國史上柱國晉國公臣林甫上

太中大夫守河南尹河南水陸運使上柱國賜紫金魚袋兼東京留守判留司尚書省事臣裴迥題額

【碑末】

天寶三載二月五日建(篆書)

朝散大夫檢校尚書金部員外郎上柱國臣徐浩書

首先來看題額者河南尹裴迥,其人兩《唐書》無傳,而據《舊紀》,天寶三載時任河南尹實爲"裴敦復",但敦復已於當年二月卒,此記載必有誤,點校本《舊唐書》本

---

[2] 錢大昕著,陳文和主編《嘉定錢大昕全集·潛研堂金石文跋尾》卷六《唐三·(亨)嵩陽觀紀聖德感應頌》,鳳凰出版社,2016年,155頁。王昶《金石萃編》卷八六《唐四十六嵩陽觀紀聖德感應頌》,《石刻史料新編(第一輯)》景印經訓堂版,新文豐出版公司,1982年第2版,1465—1466頁。嚴耕望《唐僕尚丞郎表》卷五《輯考一上·尚書左僕射》"李林甫"條,上海古籍出版社,2007年,330—331頁。

條下"校勘記"業已指出[3]。錢大昕還對該碑題額者裴迥是否即《舊紀》所謂天寶三載時任河南尹裴敦復提出質疑,勞格則認爲當是二人[4]。故有必要對裴敦復、裴迥兩人之官歷予以考析。

### (一) 裴敦復河南尹任職時間考

筆者首先依據各類史籍,將裴敦復之履歷整理成表1:

**表1　裴敦復開元、天寶間任職履歷表**

| 時　間 | 任官及經歷 | 資料來源 |
| --- | --- | --- |
| 開元十一年(723)十二月 | 爲吏部侍郎崔琳銓録 | 《唐會要》卷七五 |
| 開元十二年 | 制科將帥科及第 | 《唐會要》卷七六《册府元龜》卷六四五 |
| 開元十二年—二十一年 | "入臺省":任監察御史(正八品上)、侍御史(從六品下)、考功員外郎(從六品上)、吏部郎中(從五品上)。其中,開元十九年、二十年兩次主貢舉。 | 《唐尚書省郎官石柱題名考》卷三《唐語林校證》卷八 |
| 開元二十年—二十一年 | 由朝議郎檢校吏部郎中遷中書舍人(正五品上) | 《文苑英華》卷三八二 |
| 開元二十二年正月乙酉 | 以中書舍人,巡察懷、衛、邢、相等州 | 《舊唐書》卷八 |
| 開元二十二年二月辛亥 | 以秦州刺史(中州,正四品上)爲隴右道採訪使 | 《舊唐書》卷八《册府元龜》卷一六二 |
| 約開元二十四年 | 宣州刺史(上州,從三品) | 《文苑英華》卷八三〇《册府元龜》卷一六二 |
| 開元末天寶初 | 陳留郡太守(案:天寶元年二月改州爲郡,刺史爲太守) | 《太平廣記》卷一四七 |
| 天寶三載二月前 | 河南尹(京尹,從三品);上奏道士孫太冲於中岳嵩山合神丹成功事 | 《資治通鑑》卷二一五《册府元龜》卷九二八《文苑英華》卷五六二 |
| 天寶三載二月 | 以朝議大夫守河南尹攝御史大夫持節江南東道宣撫招討處置使,前往台州、明州平定吴令光之亂 | 《唐大詔令集》卷一一八《資治通鑑》卷二一五 |

---

〔3〕《舊唐書》卷九《玄宗紀下》,中華書局,1975年,217頁。卷末校勘記一一:"按裴敦復被殺,事具見本卷天寶六載。《通鑑》卷二一五記天寶三載夏四月,'裴敦復破吴令光,擒之'。此處不當言卒,疑有脱文。"238頁。

〔4〕勞格著,項念東點校《讀書雜識》卷六"大唐嵩陽觀紀聖德感應頌"條,安徽師範大學出版社,2017年,219頁。

續　表

| 時　間 | 任官及經歷 | 資料來源 |
| --- | --- | --- |
| 天寶三載四月以後 | 亂平,遷銀青光禄大夫守刑部尚書(正三品);聯合李林甫構陷裴寬 | 《舊唐書》卷一〇〇<br>《資治通鑑》卷二一五<br>《文苑英華》卷三八六<br>《册府元龜》卷三五八 |
| 天寶四載四月乙巳 | 充嶺南五府經略等使 | 《資治通鑑》卷二一五 |
| 天寶四載五月壬申 | 坐逗留不之官,貶淄川太守(中州刺史,正四品上);被李林甫構陷 | 《資治通鑑》卷二一五 |
| 天寶六載正月辛巳 | 杖死 | 《新唐書》卷五<br>《資治通鑑》卷二一五 |

注:表中所列職事官品全依《唐六典》[5],後文同。

依據此表可知:首先,就在《嵩陽觀紀》碑末所謂的"天寶三載二月",時任河南尹的是裴敦復,並非該碑題額者裴迥,且與此同時裴敦復正加"攝御史大夫持節江南東道宣撫招討處置使"之銜前往台州和明州平定吴令光叛亂,至當年四月方回朝遷刑部尚書[6]。其次,據《文苑英華》收孫逖《爲宰相賀中岳合煉藥自成兼有瑞雲見表》以及《册府元龜·總錄部·好丹術門》的記載,"河南尹裴敦復"也確實上奏了道士孫太冲在嵩山爲玄宗煉丹這件事,與《嵩陽觀紀》的内容相符[7]。第三,如上表所示,開元二十二年後到天寶三載,這十年間裴敦復任宣州刺史、河南尹,但是具體的任職時間也不甚明朗。所以,《嵩陽觀紀》記載的孫

---

[5]　李林甫等撰,陳仲夫點校《唐六典》,中華書局,2014年。

[6]　關於吴令光之亂,《舊唐書》卷九《玄宗紀》載南海太守劉巨鱗"擊破海賊吴令光,永嘉郡平"在天寶三載四月,218頁。《新唐書》卷五《玄宗紀》載:天寶二年"十二月壬午,海賊吴令光寇永嘉郡。〔天寶三載二月〕丁丑,河南尹裴敦復、晋陵郡太守劉同昇、南海郡太守劉巨鱗討吴令光。閏月,令光伏誅"。中華書局,1975年,143—144頁。《册府元龜》卷三五九《將帥部·立功一一》載:"裴敦復爲河南尹。天寶三載,屬狂賊吴令光扇聚凶黨於四明間,據海以叛……敦復既至江夏,賊黨自潰,生擒令光以獻。玄宗嘉其功,拜刑部尚書。"中華書局,1960年,4246頁。《資治通鑑》卷二一五作"〔天寶三載〕夏,四月,裴敦復破吴令光,擒之"。中華書局,2011年第2版,6979頁。日本真人元開撰,汪向榮校注《唐大和上東征傳》亦載:"是歲,天寶二載癸未,〔當時〕海賊大動繁多,台州、温州、明州海邊,并被其害。"中華書局,1979年,43頁。趙明誠撰,金文明校證《金石錄校證》卷二七《唐陳隱王祠堂記》提到該碑有"龍會甲申海寇吴令光入臣之歲"之語,可知天寶二年十二月吴令光亂起,次年四月亂平,吴令光當是被生擒入朝後伏誅。中華書局,2019年,512—513頁。

[7]　《文苑英華》卷五六二《爲宰相賀中岳合煉藥自成兼有瑞雲見表》,中華書局,1966年,2879頁;《册府元龜》卷九二八《總錄部·好丹術》,10951頁。

太冲煉丹一事的上報者正是時任河南尹裴敦復,時間在天寶三載二月,他旋即前往台州平叛,四月回朝遷刑部尚書。

(二) 裴迴河南尹及東京留守任職時間考

相比起牽涉入李林甫和裴寬間政爭而被酷吏所殺的裴敦復,《嵩陽觀紀》題額者裴迴的記載就更加稀少。《舊唐書·蔣沇傳》載:

> 以孝廉累授洛陽尉、監察御史。與兄演、溶,弟清,俱以幹局吏事擅能名於天寶中。長史韓朝宗、裴迴咸以推覆檢勾之任委之,處事平允,剖斷精當,動爲群僚楷式。[8]

本條《新唐書·蔣沇傳》則作:

> 以孝廉授洛陽尉,遷監察御史,與兄演、溶、弟清俱爲才吏,有名天寶間。始,河南尹韓朝宗、裴迴嘗委訊覆檢句,而處事平,剖斷精允,群僚莫能望也。[9]

蔣沇時任洛陽縣尉,於是《新傳》爲了"文省事增"而將其上司"長史"直接作"洛州長史"(河南尹)解。韓朝宗,韓思復之子,在王維爲其所撰墓誌銘中未見其擔任過河南尹;《舊唐書·韓思復傳》對朝宗之描述僅有"天寶初,爲京兆尹"寥寥數字,其餘記載散見於同書《玄宗紀》《張嘉貞傳》《李適之傳》《王鉷傳》等,均無河南尹;《新唐書》有傳,亦不見河南尹之任[10]。除了在開元十八年參與"瀍、洛水源疏決",似與洛陽亦無交集,故韓朝宗擔任過河南尹的可能性不大。明本《册府元龜·總録部·兄弟齊名門》本條作"長吏韓明(案:當作'朝')宗、裴迴",同部《勤幹門》重出,亦作"長史",而此二條宋本《册府》皆作"長吏"[11]。"吏""史"本是易訛之字,此處當從宋本,則"長吏"可泛指長官,未必是河南尹,《新傳》所謂"河南尹韓朝宗"顯然是出於宋祁等人的誤會。

《通典·食貨典·漕運》"天寶中每歲水陸運米二百五十萬石入關"條注云:

---

[8] 《舊唐書》卷一八五下《良吏下·蔣沇傳》,4826 頁。

[9] 《新唐書》卷一一二《蔣沇傳》,4180 頁。

[10] 王維撰,陳鐵民校注《王維集校注》卷一〇《大唐吳興郡別駕前荆州大都督府長史山南東道採訪使京兆尹韓公墓誌銘》,中華書局,1997 年,882—904 頁。《舊唐書》卷一〇一《韓思復傳》,3149 頁;《新唐書》卷一一八《韓朝宗傳》,4273—4274 頁。

[11] 《册府元龜》卷七八三《總録部·兄弟齊名》,9312 頁;同書卷八四四《總録部·勤幹》,10022 頁。《宋本册府元龜》同卷次,中華書局,1989 年,2869、3202 頁。

>天寶九載九月,河南尹裴迥以遞重恐傷牛,於是以遞場爲交場,兩遞簡擇近水處爲宿場,分官押之,兼防其盜竊。[12]

《新唐書·地理志·河南道》"河南府河南郡"條注云:

>龍門山東抵天津,有伊水石堰,天寶十載,尹裴迥置。[13]

是知天寶九、十載河南尹爲裴迥。又,李華撰《唐故東光縣主神道碑銘并序》載:

>少子德位兼盛曰迥,今河南尹兼東都留守上柱國。[14]

東光縣主爲紀王李慎第三女,其夫爲裴仲將,裴迥之家世情況可知。據趙明誠《金石錄》,此碑李華撰,徐浩八分書,立於"天寶十一載閏三月"[15],正對應碑文中的"今"。是知裴迥天寶十一載已在河南尹兼東都留守任上[16]。至此,可明證已於天寶六載被杖殺的裴敦復和天寶十一載尚在任的河南尹兼東都留守裴迥必是二人。另,出土《韋濟墓誌》載:

>天寶七載轉河南尹,兼水陸運使,事彌殷而政彌簡,保清靜而人自化。
>九載,遷尚書左丞,累加正議大夫,封奉明縣子。[17]

故裴迥繼韋濟之後擔任河南尹的時間上限祇能是天寶九載。

裴迥父母裴仲將、東光縣主及其家族成員的墓誌近年陸續出土,我們也可以借助墓誌對裴迥及其家族的情況有進一步的了解[18]。《有唐李殤子(洪鈞)墓誌之銘》載:

>巨唐孝景皇帝之裔也。晋城君翼之長子,膠西公孟犨之孫……年五歲,以天寶十四載六月廿二日遘疾,夭於洛陽政平里外祖父河南尹裴公迥之私

---

[12] 杜佑撰,王文錦等點校《通典》卷一〇《食貨典十·漕運》,中華書局,1988年,224頁。

[13] 《新唐書》卷三八《地理志二·河南道》,982頁。

[14] 《文粹》卷五五之下《碑七·唐故東光縣主神道碑銘并序》,《四部叢刊》景印烏程蔣氏密韻樓藏元翻宋小字本,商務印書館,1926年。

[15] 《金石錄校證》卷七《目錄七·唐》,137頁。

[16] 周紹良、趙超《唐代墓誌彙編續集》天寶〇八一《裴利物墓誌》:"大父洗幘,任貝州刺史,諱仲將。……烈考諱進,時擢清英,紀國王之外孫,河南尹之元兄……在天寶十有一載長嬴五月廿一日之將昧而云歿焉。"葬期當在年内。可知裴進爲裴仲將長子、裴迥之兄,亦明證裴迥天寶十一載時任河南尹。上海古籍出版社,2001年,641頁。

[17] 《唐代墓誌彙編續集》天寶〇九九,654—655頁。撰者爲其族叔韋述。

[18] 《唐代墓誌彙編續集》神龍〇〇四《東光縣主墓誌》,408—409頁;開元〇三八《裴仲將墓誌》,479—480頁。

第。即以秋七月九日歸祔於太行山南原。[19]

單憑此誌並不足以認定天寶十四載六、七月間裴迥尚爲河南尹。《安禄山事迹》載,天寶十四載七月安禄山進獻馬匹及鞍,河南尹達奚珣奏:"禄山所進鞍馬不少,又自將兵來,復與甲杖庫同行,臣所未會。"[20]《達奚珣墓誌》已出土,據墓誌,天寶十四載六月,河南尹達奚珣方到任[21]。結合李洪鈞、達奚珣兩誌,可以認爲裴迥河南尹任期結束最遲不晚於十四載六月,又知裴迥外家本就是李唐宗室,在天寶時期自家又與宗室膠西公李孟犨結成姻親關係[22]。另,千唐誌齋藏《裴誼墓誌銘》載:"曾祖仲將,皇貝州刺史;祖迥,皇河南尹贈工部尚書;考曰勝,皇河南縣□賜緋魚袋。"[23]據此亦可補完裴迥贈官和後代信息。另有出土《裴鎬墓誌》載:

> 君諱鎬,字千石,河東人也。曾祖承嗣,朝散大夫、梓潼郡通全縣令、河内郡武德縣令,材之楨也;祖仲將,解褐擢潁川郡許昌縣令,自後累遷至陽城郡太守右領軍衛將軍、銀青光禄大夫、上柱國、聞喜縣開國伯、清河郡太守,國之器也;考迅,首調信都郡阜城縣主簿,再遷馮翊郡韓城縣丞、仙州司士、江凌郡法曹……以天寶三載,天子在鎬京,盜起海隅,王師有□,皇帝乃命伊尹之相……則君之家叔河南尹兼攝御史大夫公,朝之英也,人之集也,當授命秉節,握兵守律,撫柔邊海,□利邦家,精擇英豪,慎選子弟,愛君顏閔之

---

[19] 録文見《唐代墓誌彙編續集》天寶一〇六,659—660頁。"晋城君冀",據拓片當作"翼"。圖版見趙君平、趙文成編《秦晋豫新出墓誌蒐佚》五七七《唐李洪鈞墓誌》,國家圖書館出版社,2012年,742—743頁。有關李孟犨、李翼父子事迹可參《文苑英華》卷九二三《泗州刺史李君神道碑》,4859—4860頁。

[20] 姚汝能撰,曾貽芬點校《安禄山事迹》卷中,中華書局,2006年,93頁。

[21] 達奚珣夫婦墓已於2011年被發現,墓中出土了夫婦二人的墓誌銘。其中,《達奚珣誌》載:遷荆州長史,拜正議大夫、河南尹、上柱國、南陽縣開國子,食邑七百户。天寶十四載夏六月,至洛邑。見司馬俊堂等《洛陽唐代達奚珣夫婦墓發掘簡報》,《洛陽考古》2015年第1期,37頁。

[22] 另有胡戟、榮新江主編《大唐西市博物館藏墓誌》收録《李諰墓誌》,記:"我五代祖諱湛,在周爲司射大夫,驃騎將軍,隨爲鎮軍將軍,殿中監。唐武德二年,以高祖母兄,追封蜀王。……父諱自下,以清白聞。自降(絳)州正平尉累遷監察裏行,入爲司門員外郎。夫人河東裴氏,父迥,河南大尹。嗣子三人,公最長,諱諰。"則目前可知裴迥至少有二女,均嫁入李氏宗室家。北京大學出版社,2012年,827頁。

[23] 周紹良、趙超《唐代墓誌彙編》大和〇二四,墓誌由裴簡撰文,誌文稱:"公則簡之第五兄也。"可知誌主裴誼與撰者裴簡均爲裴迥之孫、裴勝之子。上海古籍出版社,1992年,2113—2114頁。

行,籍君孫霍之策,公乃内舉,君其膺行。……以其載四月甲午朔十四日丁未殞溺於海口。[24]

從誌主的世系來看,他是裴迅之子、裴仲將之孫。《東光縣主神道碑》和《裴仲將墓誌》表明:仲將有子、女各十人,長子曰翁慶,而在天寶十一載官至大夫者有四人:遇、遘、邁、迴。此"裴迅"當是其餘五子之一。墓誌提到的"家叔"在天寶三載以河南尹兼攝御史大夫前往"海隅"平叛者,必是裴敦復,而非裴迴,雖然裴迴確實是裴鎬之叔伯輩;誌主裴鎬正是敦復之幕僚,而最終墜海殉職。此墓誌出土於裴氏家族葬地所在的邙山,則可以反映出裴敦復、裴迴當係河東裴氏中之同輩,而"家叔"之語顯示兩家關係較密切,抑或攀附之語。

綜上所述,裴迴天寶九載任河南尹,九月已在任,卸任不晚於天寶十四載七月。同時,筆者對裴迴的個人和家族情況進行了一定的梳理:他是裴仲將與東光縣主之子,身後被贈工部尚書,其兄弟有九,目前知有:翁慶、遇、邁、遘、迅、進六人。

### (三) 徐浩金部員外郎任職時間考

書丹者徐浩,爲唐中期極具代表性之書家,其碑上結銜爲"朝散大夫檢校尚書金部員外郎"。張式撰《徐浩神道碑》載:

> 改太子司議郎,東都留守王倕辟從其事。有河清俚人,僞作符命,埋深豁而表異,滋拱木以徵年。然後假獻歲之辰,矯玄元之誥,審言□地先示□□□穿鑿以得之,益雷同之□矣。且云祚聖,難以□□,□□既悦於聽聞,史筆方裁於簡册。公明徵篆隸,立辯乖訛,正大謬於已然,折群言於獨是,既而致詰,悉驗其姦。遷金部員外郎,轉都官郎中。[25]

從時間順序而言,徐浩任金部員外郎當在太子司議郎之後、都官郎中之前。而他任太子司議郎時亦爲時任東都留守王倕之幕僚,並協助王倕破獲了僞作符命一案。關於此案,《資治通鑑》卷二一五載:

---

[24] 《唐代墓誌彙編》天寶〇五四,1567—1568 頁。

[25] 《全唐文》卷四四五,張式《大唐故銀青光禄大夫彭王傅上柱國會稽郡開國公贈太子少師東海徐公神道碑銘》,4542 頁。《金石萃編》卷一〇四亦收此碑,但存字少於《全唐文》,後者可能是據内府藏善拓收録。近年,王楠據北京大學圖書館藏柳風堂本和國家圖書館所藏趙爾巽本、陸和九本和前人録文,重新釋録,筆者斟酌採用,參氏著《〈徐浩神道碑〉史事人物箋注》,《文津學誌》第 8 輯,國家圖書館出版社,2015 年,283—298 頁。

甲寅,陳王府參軍田同秀上言:"見玄元皇帝於丹鳳門之空中,告以'我藏靈符,在尹喜故宅。'"上遣使於故函谷關尹喜臺旁求得之。……時人皆疑寶符同秀所爲。間一歲,清河人崔以清復言:"見玄元皇帝於天津橋北,云藏符在武城紫微山,"敕使往求,亦得之。東都留守王倕知其詐,按問,果首服。奏之。上亦不深罪,流之而已。[26]

可知神道碑中的"河清俚人"正是崔以清。而《册府元龜》又有如下記載:

　　〔天寶〕九載正月,東京留守上言:"清河郡人崔以清,今載元日平明於天津橋上忽見紫雲爲蓋,五色雲中,前有音樂,後有響梵,其中有一人,著黄衣,乘青牛,口云:'我是太上李老君,有天應云三玄在汝本望白馬河南紫微山上得鼎處南一百五十步,火急發取,汝帝得之,有同三光,有四句異言,莫傳於人,汝自見帝,乃可得。'"[27]

此案《通鑑》繫在天寶元年的"間一歲",即天寶二年;《册府》繫在"九載正月",兩書所本當異而後者較勝。《徐浩碑》、兩《唐書·徐浩傳》及《通鑑》僅書王倕識破崔以清之詐,從《册府》的記載看此案的源起就在東京留守王倕對崔以清的奏報,正是憑藉王倕幕僚徐浩"明徵篆隸"的書學功底纔得以告破。至於《通鑑》"間一歲"之語疑爲司馬光、范祖禹等人編次史料時所加,實則崔以清案發生在天寶九載正月,與田同秀之事相去八年。

　　除了《嵩陽觀紀》,目前可見多方徐浩在太子司議郎、金部員外郎、都官郎中任上所撰及所書之碑誌,筆者列於表2:

表2　徐浩天寶中撰書碑誌表

| 序號 | 碑　誌 | 徐浩結銜及著作方式 | 時　間 |
|---|---|---|---|
| 1 | 《唐故河南府河陽縣丞陳府君(希望)墓誌銘并序》 | 太子司議郎,"撰"[28] | 天寶八載八月十日遇疾終……十月九日藁葬 |
| 2 | 《唐故豫章郡兵曹參軍崔公(貢)墓誌銘并序》 | 太子司議郎,"撰并書" | 天寶九載正月廿五日遘疾終……越五月丙申權葬 |
| 3 | 《唐故朝議郎行馮翊郡司兵參軍徐府君(浚)墓誌銘并序》 | 朝散大夫檢校尚書金部員外郎上柱國,"撰" | 天寶十載四月十一日遘疾終……〔八月〕庚申歸窆 |

---

[26]　《資治通鑑》卷二一五《唐紀三十一》玄宗天寶元年正月條,6971—6972頁。

[27]　《册府元龜》卷五四《帝王部·尚黄老二》,603頁。

[28]　原石作"太子司議郎徐浩撰書",而"書"字實則是後人妄加,參牛紅廣《隋唐墓誌僞刻辨析》,《文物鑑定與鑑賞》2014年第4期,35頁。

續　表

| 序號 | 碑　誌 | 徐浩結銜及著作方式 | 時　間 |
|---|---|---|---|
| 4 | 《唐故銀青光禄大夫前汝南郡太守楊公(仲嗣)墓誌銘》 | 朝散大夫行尚書金部員外郎上柱國,"撰書" | 有唐天寶十載二月四日……楊公終於位,冬十月十一日返葬 |
| 5 | 《唐故贈工部尚書張公(庭珪)墓誌銘並序》 | 朝散大夫檢校尚書金部員外郎上柱國,"纂並書" | 天寶十載歲次辛卯十月癸酉葬 |
| 6 | 《唐故朝議大夫行尚書膳部員外郎上柱國崔府君(藏之)墓誌銘并序》 | 朝散大夫檢校金部員外郎上柱國,"撰并書" | 天寶九載十一月廿日遘疾終……以來載十一月五日歸葬 |
| 7 | 《大唐西京千福寺多寶佛塔感應碑文》 | 朝散大夫檢校尚書都官郎中,"題額" | 天寶十一載歲次壬辰四月乙丑朔廿二日戊戌建 |

通過上表,我們可清楚地知道:首先,徐浩不可能在《嵩陽觀紀》所謂的"天寶三載"以金部員外郎的身份來書寫此碑。其次,崔賓去世於天寶九載正月,"越五月丙申","越"通"粤",其實就是"五月丙申",這是目前可見的徐浩在太子司議郎任上撰書的最晚一方墓誌。因此,徐浩由太子司議郎遷金部員外郎的時間寬泛來説當在天寶九載正月至天寶十載八月之間,而祇有在他擔任金部員外郎之後,他纔能書丹《嵩陽觀紀》。

(四) 李林甫朔方節度副大使任職時間考

嚴耕望曾針對《嵩陽觀紀》撰文者李林甫的結銜指出:"碑以天寶三載二月五日建,而階已開府儀同三司,何邪?領朔方節度乃十載事,此已入銜,又何耶?"[29] 李林甫之散階"開府儀同三司",據《舊唐書》本傳,天寶六載纔被授予[30]。其使職"朔方節度等副大使",考《舊唐書·玄宗紀》,李林甫於天寶十載正月丁未"領安北副大都護、朔方節度使"[31]。《資治通鑑》卷二一六載:"朔方節度使張齊丘給糧失宜,軍士怒,毆其判官;兵馬使郭子儀以身捍齊丘,乃得免。癸亥,

---

[29] 《唐僕尚丞郎表》卷五《輯考一上·尚書左僕射》"李林甫"條,331頁。

[30] 《舊唐書》卷一〇六《李林甫傳》,3238頁。

[31] 《舊唐書》卷九《玄宗紀下》,224頁。《唐大詔令集》卷五二收《李林甫兼朔方軍節度使制》,其文曰:"開府儀同三司行尚書左僕射右相崇玄館大學士集賢院學士太清太微宮使修國史上柱國晉國公李林甫……可兼安北大都護、持節朔方節度關內支度營田鹽池押諸蕃部落副大使、知節度事、六城水運節度管內軍郡採訪處置等使。並如故。"繫於"開元二十四年十一月",顯誤。274—275頁。《册府元龜》卷三二九《宰輔部·兼領》亦收此詔,繫於"天寶十載",當是。3888頁。

齊丘左遷濟陰太守，以河西節度使安思順權知朔方節度事。"[32]此"癸亥"當在八月，可知天寶九載八月前時任朔方節度使爲張齊丘，此後安思順以河西節度使權知朔方事，並未爲朔方節度使，可知在天寶九載八月癸亥後至十載正月丁未之間，李林甫當爲朔方節度副使。

至此，筆者考證梳理了《嵩陽觀紀》涉及的相關人物河南尹裴敦復、河南尹兼東京留守裴迥、金部員外郎徐浩、朔方節度等副大使李林甫四人擔任此職務的大致時間，認爲《嵩陽觀紀》記載的孫太沖爲玄宗煉藥事確乎發生在天寶三載，且當時上奏者爲河南尹裴敦復，此文自然也是李林甫在事後不久撰成。然而，此碑的實際寫刻時間當在裴迥、徐浩、李林甫擔任該使之同時，即：天寶九載八月癸亥以後，天寶十載正月丁未以前[33]。

## 二、唐天寶時期河南尹及東京留守考

筆者已於前文明晰唐代名碑《嵩陽觀紀》樹立時間當在天寶九載下半年，那麼歷來以此碑作爲考訂材料的種種研究就有必要重新考慮，目前學界較有代表性的考證著作是郁賢皓《唐刺史考全編》。郁賢皓認爲此碑"天寶三載"之款中有闕文，當作"十三載"，但李林甫卒於天寶十一載，郁氏解釋此碑爲林甫卒前撰文呈上，至十三載始立[34]。郁說甚不確，進而影響到了《唐刺史考全編》對於天寶時期東都留守及河南尹的任職者和任期的準確性，筆者以《嵩陽觀紀》爲綫索，對天寶時期的東都留守及河南尹重新製表考訂。爲便於參照，兹先移錄郁考

---

[32]《資治通鑑》卷二一六《唐紀三十二》玄宗天寶九載八月條，7018頁。

[33] 雖然唐代名碑《嵩陽觀紀》的實際寫刻時間業已辨明，而碑末"天寶三載二月五日建"九篆字仍是無法迴避的問題。筆者試作一推測：由於此時間節點恰在孫太沖爲玄宗合神藥成功之際，玄宗皇帝自然會對孫道士以及嵩陽觀乃至煉丹參與者給予一定封賞，故此碑可能本就是這些封賞慶祝活動的產物，但是後來因種種原因，最早到天寶九載下半年該碑纔完工。

[34] 郁賢皓《唐刺史考全編》卷四八《東都（洛陽宮、神都、東京）》"裴迥"條，安徽大學出版社，2000年，549頁；同書卷四九《河南府（洛州）上》"裴迥"條，593—594頁。另外，勾利軍基於郁說，認爲天寶十三載是東都留守"判東都尚書省事"職務目前的最早記載。氏著《唐代東都分司官研究》，上海古籍出版社，2007年，43—44頁。勾說亦不當，且不論《嵩陽觀紀》已被證明樹於天寶九載，寫刻於天寶二、三年間的《裴佃先墓誌》即已記載裴佃先開元末"遷工部尚書、東京留守兼判省事"，詳見後文。

於表 3:

表 3　郁賢皓考訂天寶時期河南尹、東都(京)留守表[35]

| 河南尹 | 任職時間 | 東都(京)留守 | 任職時間 |
| --- | --- | --- | --- |
| 蕭炅 | 開元二十八年—天寶元年 | 裴仙先 | 開元二十九年 |
| 陸景融 | 約天寶二年 | 王倕 | 天寶二年 |
| 裴敦復 | 天寶三載 | 陸景融 | 天寶四載 |
| 李齊物 | 天寶三載—五載 | 崔翹 | 約天寶七載—九載 |
| 韓朝宗 | 天寶中 | 張齊丘 | 約天寶九載—十載 |
| 韋濟 | 天寶七載—九載 | 裴迥 | 天寶十載—十三載 |
| 裴迥 | 天寶九載—十四載 | 苗晉卿 | 天寶十三載—十四載 |
| 達奚珣 | 天寶十四載 | 李憕 | 天寶十四載 |

### (一) 天寶時期河南尹考

**1. 蕭炅　開元二十八年—天寶元年**

《舊唐書·李憕傳》載:"二十八年,爲河南少尹。時蕭炅爲尹。"同書《吉溫傳》載:"天寶初……時蕭炅爲河南尹。"[36]郁賢皓考蕭炅天寶三載已在京兆尹任上,當是[37]。

**2. 陸景融　天寶元年—天寶二年**

據《舊唐書·陸元方傳》,景融爲元方子、象先弟,"歷大理正、滎陽郡太守、河南尹、兵吏部侍郎、左右丞、工部尚書、東都留守、襄陽郡太守、陳留郡太守,並兼採訪使",同書《玄宗紀》載其天寶六載十二月丙辰卒於工部尚書任上[38]。《文苑英華》收孫逖《授陸景融尚書右丞》《授陸景融吏部侍郎制》兩制,嚴耕望據此將其任職時間定爲:天寶元年由滎陽郡太守(雄州,從三品)遷右丞(正四品

---

[35]《唐刺史考全編》卷四八《東都(洛陽宫、神都、東京)》,547—550 頁;同書卷四九《河南府(洛州)上》,591—594 頁。

[36]《舊唐書》卷一八七下《忠義下·李憕傳》,4888 頁;同書卷一八六下《酷吏下·吉溫傳》,4854 頁。

[37]《唐刺史考全編》卷一《京兆府(雍州)》"蕭炅(蕭炤)"條,21 頁。

[38]《舊唐書》卷八八《陸元方傳》,2877 頁;同書卷九《玄宗紀下》,221 頁。

下),旋遷左丞(正四品上),次年由左丞換吏侍(正四品上)[39]。出土《孔齊參墓誌》載"公外兄今工部尚書陸景融",齊參卒於天寶三載三月十一日,葬於其年四月廿八日[40],則天寶三載三、四月景融已在工尚任上,故筆者認爲景融任河南尹在天寶元年至二年之間。

  3. **裴敦復** 天寶二年—天寶三載四月

  詳前。

  4. **李齊物** 天寶三載十一月—天寶五載七月

  《唐會要》載:"至天寶三載十一月李齊物除河南尹又帶水陸轉運使。"[41]此前,即開元二十九年至天寶三載,他在陝州刺史任上,主持鑿三門峽北運河支流工程[42]。後受李適之案的牽連,貶竟陵太守[43]。據《舊紀》,李適之貶宜春太守在天寶五載七月,《通鑑》繫李齊物之貶即在當月[44],故爲其任期之下限。

  5. **韋濟** 天寶七載—天寶九載

  詳前。

  6. **裴迥** 天寶九載(九月已在任)—不晚於天寶十四載六月

  詳前。

  7. **達奚珣** 天寶十四載六月到任

  詳前。

---

[39] 《唐僕尚丞郎表》卷二《通表上·僕丞》,45頁;同書卷三《通表中·吏户禮尚侍》、卷四《通表下·兵刑工尚侍》,125、259—260頁;同書卷七《輯考二上·左丞》、卷八《輯考二下·右丞》、卷一〇《輯考三下·吏侍》、卷二一《輯考八上·工尚》"陸景融"條,425、464、579、1050頁。

[40] 《唐代墓誌彙編》天寶〇四八,1563頁。

[41] 《唐會要》卷八七《河南水陸運使》,上海古籍出版社,2006年第2版,1898頁。

[42] 《舊唐書》卷九《玄宗紀下》載:天寶元年正月"陝郡太守李齊物先鑿三門,辛未,渠成放流",214—215頁。《通典》卷一〇《食貨典十·漕運》載:"〔開元〕二十九年,陝州刺史李齊物避三門河路急峻,於其北鑿石渠通運船,爲漫流。"223頁。另,《舊唐書》卷三八《地理志一·河南道》"平陸"條載:"天寶三載,太守李齊物開三門,石下得戟,大刃,有'平陸'篆字,因改爲平陸縣。"1428—1429頁。李吉甫撰,賀次君點校《元和郡縣圖志》則載其更名在"天寶元年",中華書局,1983年,160頁。《新唐書》卷三八《地理志二》同,985頁。疑"三"爲"元"之形譌。

[43] 《舊唐書》卷一一二《李暠傳附李齊物傳》,3336頁。《顔魯公文集》卷六《金紫光禄大夫守太子太傅兼宗正卿贈司空上柱國隴(隴)西郡開國公李公神道碑》,《四部叢刊》景印明錫山安氏館刊本,商務印書館,1925年。

[44] 《舊唐書》卷九《玄宗紀下》,220頁;《資治通鑑》卷二一五《唐紀三十一》玄宗天寶五載七月條,6992—6993頁。

## (二) 天寶時期東都(京)留守考

### 1. 裴伷先　開元二十九年四月丙辰—天寶二年

《舊唐書·玄宗紀》載伷先於開元二十九年四月丙辰以工部尚書,充東都留守。出土《裴伷先墓誌》載:

> 遷工部尚書、東京留守兼判省事。……有詔賜考,進爵爲公。徵還,知京官考使。天屬不戒,俄而遘疾。空勞旁午之醫,莫救在辰之夢。以天寶二載九月廿三日,薨於永寧里第,春秋八十。[45]

出土《杜鈒墓誌》載:

> 尚書裴公伷先之鎮東洛,以公爲判官。此所謂交於五府也。嗚呼!不測者神,罕言者命,孰主張是,如臧倉何!以天寶二年五月八日怛化於東都建春之私第,享年五十有一。[46]

大致可以判斷,裴伷先東都留守任期當結束於天寶二年年中。

### 2. 陸景融　天寶四載(九月已在任)—天寶六載十二月丙辰,薨

立於天寶四載九月的名碑《石臺孝經》[47]上有景融題名"正議大夫檢校工部尚書上柱國賜紫金魚袋東京留守臣陸景融",而前揭《孔齊參墓誌》已表明景融三載四月已在工部尚書任上。玄宗時期,以工部尚書兼東都(京)留守的情況比較常見[48],用作優崇之官,所以也不排除其留守之職與工尚相始終之可能。

### 3. 王倕　不早於天寶五載正月—天寶九載正月

《舊唐書·哥舒翰傳》載:"仗劍之河西。初事節度使王倕,倕攻新城,使翰經略,三軍無不震懾。後節度使王忠嗣補爲衙將。"可知王倕任河西節度使在王忠嗣前。同書《王忠嗣傳》載:"〔天寶〕五年正月,河、隴以皇甫惟明敗衂之後,因忠嗣以持節充西平郡太守,判武威郡事,充河西、隴右節度使。"[49]所以,王倕任東都留守不得早於天寶五載正月。天寶九載正月王倕卸任,其留守任內事迹已

---

[45]　吴鋼主編《全唐文補遺》第八輯,三秦出版社,2005年,45頁。
[46]　《唐代墓誌彙編續集》大曆〇一二,700頁。
[47]　據碑末時任國子祭酒李齊古於天寶四載九月一日所上奏文,以及玄宗"御筆"批覆中"今石臺畢功"之語,可知此碑當立在天寶四載九月前後。
[48]　衛麗《唐代工部尚書研究》第八章《唐代工部尚書的兼任與遷轉》,中國科學技術出版社,2015年,158—164頁。
[49]　《舊唐書》卷一〇四《哥舒翰傳》,3212頁;同書卷一〇三《王忠嗣傳》,3199頁。

詳於前文。

### 4. 崔翹　天寶九載正月，年內去職

出土《崔翹墓誌》載：

> 乃詔爲京官考使，遂擢禮部尚書。……歲十月，天子幸華清宮，詔公京師留鎮。明年，行幸，復詔焉。及王歸在鎬，公又守成周。無何，寢疾不愈，抗疏辭官，天子優之，乃罷居守，全其祿秩，手詔勉勞，其寵賢有如此者。公享年四百有八甲子矣，唐天寶九載冬十二月三日，薨於洛師明教里之私第。[50]

《詔令集》收《開元天地大寶聖文神武應道皇帝册文》由李林甫、陳希烈、崔翹三人與文武百官上，前書"維天寶八載歲次己丑閏六月癸亥朔五日丁卯"，崔翹結銜爲"正議大夫檢校禮部尚書上柱國清河縣開國男賜紫金魚袋"；《册府》又載天寶九載正月文武百僚、禮部尚書崔翹上表請封西岳[51]。前已考明天寶九載正月東京留守爲王倕，則崔翹任東京留守當在天寶九載正月己亥玄宗自華清宮還長安後，不久因病辭官，繼任者當是裴迥。

### 5. 裴迥　天寶九載—不晚於天寶十四載六月

前文既已考得《嵩陽觀紀》之實際樹立時間，又可反推天寶九載下半年至十載正月期間，河南尹裴迥已兼東京留守。《太平御覽》引《琴書》載："至天寶十五載五月留守悲迥、御史中丞蔣列駔騎上聞。"[52]悲迥，當作"裴迥"；十五載，郁賢皓疑爲"十三載"之訛而據以認爲裴迥任期至十三載爲止[53]；蔣列，《舊唐書·高智周傳》載智周有外孫蔣洌，歷禮、吏、戶部三侍郎，尚書左丞。殷亮《顏魯公行狀》載："〔天寶八載〕八月，遷殿中侍御史……宰相楊國忠初黨於溫，亦怒公之不附己，令吉溫諷中丞蔣冽，奏公爲東京畿採訪判官。九載十二月轉侍御史。"[54]此"蔣列""蔣洌""蔣冽"當是一人，顏真卿撰書之名碑《顏氏家廟碑》作"蔣洌"。

---

[50]　吳鋼主編《全唐文補遺》第九輯，三秦出版社，2007年，369頁。

[51]　《唐大詔令集》卷七《開元天地大寶聖文神武應道皇帝册文》，44頁。《册府元龜》卷三六《帝王部·封禪二》，404頁。

[52]　《太平御覽》卷五七九《樂部一七·琴下》，中華書局，1960年，2613—2614頁。

[53]　《唐刺史考全編》卷四八《東都（洛陽宮、神都、東京）》"裴迥"條，549頁。

[54]　《舊唐書》卷一八五上《良吏上·高智周傳》，4793頁。《四部叢刊》景明本《顏魯公文集》附《顏魯公行狀》。

蔣洌墓誌已出土,亦作"洌"[55]。此處姑從郁說,則十三載五月裴迥還在留守任上,其任期在當年或次年結束,不會晚於天寶十四載六月其卸任河南尹。

### 6. 苗晉卿　僅天寶十三載年内或天寶十三載至次年

據兩《唐書·苗晉卿傳》,晉卿以工部尚書任東都留守,後徵爲憲部尚書,兼尚書左丞。安禄山反,被楊國忠出爲陝州刺史、陝虢防禦使,入見玄宗,以憲部尚書致仕,當時已是天寶十四載十二月安禄山陷東都後。嚴耕望繫其爲工尚在十三載,十三載或次年遷刑尚兼左丞[56]。

### 7. 張齊丘　天寶十三載至次年,或僅天寶十四載年内

據兩《唐書·張鎰傳》《新唐書·張後胤傳》《宰相世系表》,張齊丘係張後胤之四代孫、張鎰之父,以東京留守卒官[57]。郁賢皓認爲張齊丘任東京留守當在天寶九載以後[58],而《唐會要》載天寶九載三月二十五日靈州都督張齊丘上言請於新築安北大都護府建記聖德碑[59],既已明晰《嵩陽觀紀》立於天寶九載,又據《東光縣主神道碑》,十一載閏三月裴迥尚在任,所以張齊丘任東都留守當更晚。安禄山陷東都時留守即李憕,《舊唐書》本傳載其十四載始任,且在禄山亂前[60],則苗晉卿離任後、李憕履職前之東都留守或即張齊丘。

### 8. 李憕　天寶十四載,安禄山叛前到任——當年十二月丁酉,被殺

據《舊唐書·玄宗紀下》及《李憕傳》:天寶十四載安禄山亂前"轉光禄卿、東京留守,判尚書省事";當年十二月丁酉東都陷,被殺。

綜合以上諸端,筆者在對唐代名碑《嵩陽觀紀》刊刻時間的考證之基礎上,引發了對唐玄宗天寶時期全部東京留守及河南尹的人員、任期的考證和梳理,對

---

[55] 李秀敏《新出唐代詩人蔣洌墓誌考釋》,《古典文獻研究》第二十二輯下卷,294頁。

[56] 《舊唐書》卷一一三《苗晉卿傳》,3350頁。《新唐書》卷一四〇《苗晉卿傳》,4643頁。《唐僕尚丞郎表》卷四《通表下·兵刑工尚侍》,262頁;同書卷七《輯考二上·尚書左丞》"苗晉卿"條,427頁。

[57] 《新唐書》卷一九八《儒學上·張後胤傳》,5651頁;同書卷一五二《張鎰傳》,4829頁。《新傳》作"孫齊丘",同書卷七二下《宰相世系表二下》載張鎰"府上,朔方節度使、東京留守"(2709頁),當是齊丘,且爲張後胤之重孫。《舊唐書》卷一二五《張鎰傳》,3545頁。

[58] 《唐刺史考全編》卷四八《東都(洛陽宮、神都、東京)》"張齊丘"條,548—549頁。

[59] 《唐會要》卷七三《安北都護府》"開元八年六月二十日敕"條注,1559頁。《册府元龜》卷三七《帝王部·頌德》亦收此條,作"靈州都督兼御史中丞",415頁。

[60] 《舊唐書》卷一八七下《忠義下·李憕傳》,4888頁。

前輩學者的相關疑問和研究成果進行了一定的回應和補充,現將考證結果整理如表4:

表4 訂補唐天寶時期河南尹、東都(京)留守表

| 河南尹 | 任職時間 | 東都(京)留守 | 任職時間 |
| --- | --- | --- | --- |
| 蕭炅 | 開元二十八年—天寶元年 | 裴仙先 | 開元二十九年四月丙辰—天寶二年 |
| 陸景融 | 天寶元年—二年 | 陸景融 | 天寶四載(九月已爲留守,上年四月已爲工尚)—六載十二月丙辰,薨 |
| 裴敦復 | 天寶二年—三載四月 | 王倕 | 不早於天寶五載正月—九載正月 |
| 李齊物 | 天寶三載十一月—五載七月 | 崔翹 | 天寶九載正月,年内去職 |
| 韋濟 | 天寶七載—九載 | 裴迥 | 天寶九載—不晚於十四載六月卸任 |
| 裴迥 | 天寶九載—不晚於十四載六月卸任 | 苗晋卿 | 僅天寶十三載年内或十三載至次年 |
| 達奚珣 | 天寶十四載六月到任 | 張齊丘 | 天寶十三載至次年或僅十四載年内 |
|  |  | 李憕 | 天寶十四載,安禄山叛前到任—當年十二月丁酉,被殺 |

# A Research of *Dongjing liushou* and *Henan yin* during the Tianbao Period of Tang Xuanzong (742–755) by Analysing *The Songyang Taoist Temple's Monument to Emperor*

Zhang Yueqi

*The Songyang Taoist Temple's Monument to Emperor (Datang Songyangguan Ji Shengdeganying Zhi Song*《大唐嵩陽觀紀聖德感應之頌》) in Henan Province has been a famous monument. The content of the inscription was created by the Grand Councilor (*zaixiang* 宰相) Li Linfu 李林甫, and it was copied with official script (*lishu* 隸書) by the famous calligrapher Xu Hao 徐浩. Pei Jiong (裴迥), the Chief Administrator of Henan prefecture (*Henan yin* 河南尹), wrote the monument's headline with seal character (*zhuanshu* 篆書). This inscription records the historical event that a Taoist priest named Sun Taichong 孫太冲 successfully refined elixir for emperor Xuanzong 玄宗皇帝 in Songyang Taoist Temple 嵩陽觀, and it simultaneously praised the emperor's wisdom and morality. Despite at the end of the inscription indicated the monument was established on the fifth day of the second lunar month of 744, its completion time should be reconfirmed by comparing and clarifying the time when Li Linfu, Pei Jiong and Xu Hao were holding their respective positions. According to historical documents and unearthed epitaphs, the Chief Administrator of Henan was Pei Dunfu (裴敦復) in 744. Pei Jiong had held this post since 750, and his retirement couldn't be later than the sixth lunar month of 755. Xu Hao was the Deputy Director of Treasury Bureau (*jinbu yuanwailang* 金部員外郎) when he copied the inscription. Several sources show that his Deputy Director began after the first lunar month of 750. Therefore Xu Hao could not engage in this activity in 744 as the Songyang inscription shows. According to the inscription, Grand Councilor Li Linfu had a prestige title (*sanguan* 散官) of "Commander Unequalled in Honor" (*kaifu yitongsannsi* 開府儀同三司), but his biography in Tang's official archives shows that Li's getting the title was actually in 749. Li Linfu's other position, the Military Commissioner of Shuofang (*Shuofang jiedushi* 朔方節度使), was appointed in the first lunar month of 751. But he was the vice-commissioner when he created the inscription. By comparing the time range when these three officials held their positions, the Songyang monument's accurate completion time could be confirmed within the second half of 750 to the first lunar month of 751. Through the study of Songyang monument, sources related to all Chief Administrators of Henan and the Caretaker of Eastern Capital (*Dongjing liushou* 東京留守) in 742–755 can provide responses and supplements to the related questions and research results of the predecessors.

# 唐"待制"考釋

雒曉輝

## 一、問題之提出

"待制"本爲"伺應候對"之意。貞觀元年（627），爲彌補三省一體且趨向於外朝所導致的内廷諮詢機構的空虛，初令"五品以上清官"輪宿中書、門下，始有"待制"之雛形。後經高武時期進一步發展，"待制"成爲了京官五、六品已上清官、清望官的"輪值"制度。玄宗先天二年（713），以增加州郡六品以上的朝集使，剔除"供奉侍衛之官"爲信號，標志着"待制"演變成了例行的外朝奏對。安史亂後，因政事、人事的變化，"待制"延伸出永泰"集賢待制"、貞元"待制官"等"加官"或"使職"。其間歷經了拉向"内朝"不得，而終歸"外朝"的過程。作爲官制系統中的一個特殊類型，終成宋代殿、閣待制的濫觴。有唐一代，待制不僅人數衆多、來源複雜，且名目殊異，勾檢史籍歧義頻頻。職是之故，本文以内外朝轉換爲綫索，在結合典章制度與時局變遷的大背景下考察取捨，釐清其嬗變的源流與軌迹。

"待制"名於官，始於唐初。《事物紀原》"待制"條："唐永徽五年（654）十二月五日，詔許敬宗每日待制武德殿。此始有待制之名。永泰元年（765）三月一日，敕裴冕等並集賢待制，此始有待制之所。然則蓋唐設官也。"[1]然何爲"待制"？是職事官？是奏對方式？亦或是輪值制度？文獻記載互相齟齬、多有出入，學界也是各執一詞、衆論紛紜。主要原因便是諸多先賢時哲未將"待制"的

---

[1] 高承撰《事物紀原》卷四《法從清望部》，中華書局，1989年，223頁。

史料置於整體的歷史背景下去考察,如"待制"與"待詔"的區別,"待制"源流及其變化的軌迹[2]。拙文在對基礎史料的分析上,首辨"待制與待詔"的異同,次及"待制"在不同時期的"異化""延伸",及其最終的去就。不當之處,敬請方家指正批評。

## 二、"待制"與"待詔"考釋

欲了解"待制"的具體含義,須先考辨其與"待詔"的異同。蓋因"待制"即爲"待詔"的説法頗有贊同者。宋人程大昌在《雍録》記載:"〔大明宫〕待制有院,在宣政殿之東,少陽院之西,蓋仿漢世待詔立此官稱也。武后名曌,故凡詔皆改爲制,故而待詔亦爲待制。"[3]程氏認爲"待制"乃是"待詔"的"諱"稱。無獨有偶,清人徐松著《唐兩京城坊考》,亦言曰:"唐初,仿漢立待詔,後以武后諱,改詔爲制。每御正衙日,令諸司長官二人奏本司事,謂之待制。貞元間,又令未爲長官而預常參者亦每日引見,謂之巡對,亦爲之次對。"[4]程氏之誤在於將"待

---

[2] 賴瑞和對唐代"待詔"類型、流變進行過梳理,却將開元時期的"集賢院待制官"以及永泰時期的"集賢待制"與"待詔"視爲一途。參見《唐代待詔考釋》,《中國文化研究所學報》2003年新第12期;而袁剛、孫永如、毛蕾等似乎忽略了兩者間的邊界。參見袁剛《唐代翰林諸院諸伎術雜流》,《江西社會科學》1990年第1期;孫永如《唐代翰林待詔》,《揚州師院學報》1995年第3期;毛蕾《唐代翰林學士》第五章《附論:唐代翰林院與翰林待詔》,社會科學文獻出版社,2000年,156—159頁。陳曄與葉煒關注唐後期君臣溝通方式之餘,對"次對"問題進行過考證、探索,但對"次對"的人員"待制官"却疏於訂正。見陳曄《唐代次對制析論》,《天府新論》2010年第6期;《從面對到上章—中唐至五代次對—轉對制變遷研究》,《歷史教學》2013年第6期;葉煒《論唐代皇帝與高級官員政務溝通方式的制度性調整》,《唐宋歷史評論》第3輯,中國社會科學出版社,2017年,49—72頁;杜文玉對"待制院""翰林院"等地點有詳細的考證論述,而對"待制官""待制"制度則未有細論。見杜文玉《大明宫研究》,中國社會科學出版社,2015年,279—280頁。在諸多的研究中,以日本學者松本保宣的研究最爲深刻,涉及唐代的"待制官""次對官",然而松本先生也未將"待制"與"待詔"加以區別,且在對"待制"的任務、性質等方面的討論,筆者認爲也是可商榷的。參見《唐王朝の宮城と御前会議》第二章《唐代前半期の待制官》,晃洋書房,2006年,70—86頁。此外李錦繡對唐代的"直官"有細緻的考訂,却未將"輪值待召"的"待制"區分、辨析。參見李錦繡《唐代直官制初探》,《國學研究》第3卷,北京大學出版社,1995年,383—424頁。李錦繡《唐代直官補考(下)——以墓誌爲中心》,《隋唐宋遼金元史論叢》第5輯,上海古籍出版社,2015年,52—73頁。

[3] 程大昌撰,黄永年點校《雍録》卷八,中華書局,2002年,169—170頁。

[4] 徐松撰,張穆校補,方嚴點校《唐兩京城坊考》,中華書局,1985年,20頁。

詔""待制"混爲一談。而徐氏遵循程氏舊說,又覺似有不妥,欲細緻注釋,孰料却是錯上加錯。不僅縮小了待制官的範圍,更將"待制官"與"巡對""次對"的奏對方式混爲一談[5]。然而"待詔"與"待制"到底是何關係? 不妨從"動詞"和"名詞"的兩個角度加以考索。

作爲"動詞"來看,"待詔""待制"都代指"伺應召對",即一種等待詔命的狀態。"初,待詔、待制本爲伺應召對之意,非官名"[6],且不論二者最初時是否"名於官",顯然,"待詔""待制"都有"等候召對,候見"的意思。如漢代,既有"待詔金馬門"[7],亦有"待制鴻都門"[8]。秦漢之時,"命爲制,令爲詔"[9],兩者之義本就相近。祇因武則天自名爲"曌",使得兩者訛正難辨。梳理、排比相關史料不難發現,有唐一代嚴格爲武氏避諱的時間,大致祇有武周時期和中宗、睿宗兩朝,多方新出土墓誌可提供有力佐證[10]。其他時期,"詔"與"制"並不做嚴格區分,混用現象也就屢見不鮮。如白居易的《吳七郎中山人待制班中偶贈絕句》一詩:

金馬東門隻日開,漢庭待詔重仙才。

第三松樹非華表,那得遼東鶴下來。[11]

"待制"與"待詔"同列一詩。如嚴格避武后諱,"待詔"就不應當出現。可見,在唐代至少是唐後期,作爲"動詞",兩者是可以互用的。至於題目中"待制班"不替換以"待詔",蓋因爲此處的"待制班"乃是一種實指,屬於"名詞",其義就是"待制官"的宿直、輪班。此外,武周證聖年間"員半千、石抱忠"等人的"待制"

---

[5] 陳曄《唐代次對制析論》,《天府新論》2010 年第 6 期。
[6] 黃本驥《歷代職官表》,附瞿蛻園撰《歷代職官簡釋》,上海古籍出版社,1980 年,107 頁。
[7] 班固撰《漢書》卷五八《公孫弘傳》,中華書局,1962 年,2617 頁。
[8] 范曄撰《後漢書》卷六〇下《蔡邕傳》,中華書局,1965 年,1992 頁。
[9] 司馬遷《史記》卷六《秦始皇本紀》,中華書局,1982 年,236 頁。
[10] 周紹良《唐代墓誌彙編》收錄武周神功二年《大周故處士前兗州曲阜縣令蓋暢》"顯慶四年,奉敕待制弘文館",上海古籍出版社,1992 年,921 頁;毛陽光、余扶危《洛陽流散唐代墓誌彙編》武周長安二年《孫尚客墓誌》"數天子中詞人待制",國家圖書館出版社,2013 年,116 頁;洛陽市第二文物工作隊、喬棟、李獻奇、史家珍《洛陽新獲墓誌續編》,武周長壽二年《唐故文林郎賈府君墓誌銘並序》"方朔先生,入金門而待制……疏河待制,擢第爲郎",科學出版社,2008 年,圖版 63 頁,錄文 355 頁。
[11] 彭定求編《全唐詩》卷四二〇,中華書局,1960 年,4931 頁。

是真正避諱"曌"的體現。員、石等人於兩《唐書》中皆稱"待制",實則就是"待詔"。之所以如此肯定,是因爲"待制"是一種狀態而不是一種官職,是沒有俸祿可以領取的,且多是由五、六品以上清、清望職事官來輪流充當的。而員半千(時爲司賓寺主簿)、石抱忠(時爲著作佐郎)等人的品階,還遠遠沒有達到文明元年(684)頒佈"京官五品以上清官"的詔令標準。至於同時期"待制於億歲殿"[12]的萊州刺史崔神慶,品階雖夠,但從屬於外官而非"京官"。松本保宣認爲這是典型的"皇帝個人恩賜的待制人員"[13]。但在筆者看來,上述諸人的"待制"是真正屬於"待詔"的諱稱,衹有如此纔能解釋皇帝"別敕"留之的隨意性。

作爲"名詞"來看,雖然兩者同有"伺應召對"的職任,但絶不是同一職事,至少在有唐一代是完全不同的兩類職事。

第一,人員不同。待詔、待制人員雖皆有伺應召對之職,但在人員構成上確是有所差異。"待詔",漢人應劭定義爲"諸以材伎徵召,未有正官,故曰待詔"[14]。唐代"待詔者,有詞學、經術、合練、僧道、卜祝、術算、書弈,各以別院以廩之,日晚而退"。《舊唐書》中此段相關"待詔"的記載,乃是指玄宗開元二十六年(738)後(翰林)文學待詔轉爲翰林學士之後的剩餘群體,其人員的組成就是以"材伎"之士爲主的"雜流",儘管其中也有"詞學"者,但此"詞學"也多是"文娛"之屬。而開元二十六年之前的待詔組成人員,便有些複雜,但主體上"都是通過科舉、制舉等已有科第功名,或爲開國功臣,名高位崇,或有文詞者"[15]。如《舊唐書》卷四三《職官志二》載:

> 武德、貞觀時,有溫大雅、魏徵、李百藥、岑文本、許敬宗、褚遂良。……皆召入禁中驅使。乾封中,劉懿之劉禕之兄弟、周思茂、元萬頃、范履冰,皆以文詞召入待詔,常於北門候進止,時號北門學士。天后時,蘇味道、韋承慶,皆待詔禁中。[16]

---

[12]《舊唐書》卷七七《崔神慶傳》,2689 頁。
[13] 松本保宣《唐王朝の宮城と御前会議》第二章《唐代前半期の待制》,73 頁。
[14] 班固撰,顔師古注《漢書》卷一一《哀帝紀》,中華書局,1962 年,340 頁。
[15] 賴瑞和《唐代待詔考釋》,《中國文化研究所學報》2003 年第 12 期。
[16]《舊唐書》卷四三《職官志二》,1853 頁。

以開元二十六年爲界,唐代"待詔"的主體成員的結構經歷了巨大的轉變[17]。開元以後的"[翰林]待詔"開始逐漸轉變成上至天子、下至朝野士大夫都鄙薄的、地位低下的雜流待詔[18]。如文宗時"文宗賜翰林學士章服,續有待詔欲先賜本司者,以名上,上曰'賜君子小人不同日,且待別日'"[19]。再如京兆尹黎幹,以陰陽五行待詔,"嘗白事於[王]縉,縉曰:'尹,南方君子也,安知朝禮!'其慢而侮人,率如此類"[20]。

與前後轉變巨大的"待詔"人員相比,"待制"人員的構成則是一個由"在京五、六品清官、清望官"爲主,逐步擴大、增加的群體(如表1)。先是玄宗先天二年增加了諸州六品以上的朝集使,至代宗大曆十四年(779),經宰相崔祐甫建議,擴大爲"文官一品以下,更直待制"[21],再至憲宗元和元年(806)調整爲"中書、門下省、御史臺、拾遺、監察御史,及尚書省六品、諸司四品已上職事官;東宮師、傅、賓客、詹事及王府諸傅"[22]。由此可見唐代主流的"待制"實則是對"更宿輪值"的"正官"們的籠統稱呼。至於玄宗開元時期的"集賢院待制官"雖名"待制官",却實無"諮詢、備問"之職。代宗永泰時期的"集賢待制",德宗貞元時期的"兩省(中書門下)待制官",雖或多或少具備"諮詢、訪問"的職責,但在職官性質上已大有變化,是對"更宿輪值"制度下統稱"待制官"的肢解、延伸、變異,具有特殊性和時代性。尤其是德宗貞元時期的"兩省待制官"更是將"待制官"制度化、具體化。

故而,儘管"待詔"與"待制"在唐前期(安史之亂前)都是指"伺應召對"的人員,但前者更多的是表明一種身份和地位,一種等待詔命的狀態,根本不能算作是官僚體制中的一員。而後者則代表着有職事在身的"正官"們"更宿輪值"

---

[17] 毛蕾《唐代翰林學士》第五章《附論:唐代的翰林院與翰林待詔》,156頁。

[18] "以伎藝爲業的翰林待詔在唐後逐漸帶上了文士色彩,他們與文士交遊、得到文士的欣賞,甚至被文士視爲同伍和知音。這一現象與翰林待詔的文化素質、唐五代翰林的屬性和社會的'文學化'均有關聯。"參見王溪《"家傳"與"師承":唐五代翰林待詔的選任》,《唐史論叢》第19輯,三秦出版社,2014年;王溪《從〈太平廣記·王中散〉看唐五代翰林待詔的文士色彩》,《中國典籍與文化》2016年第1期。

[19] 趙璘撰《因話錄》卷一《宮部》,上海古籍出版社,1957年,72頁。

[20] 錢易撰,黃壽成點校《南部新書》甲部,中華書局,2002年,10頁。

[21] 《全唐文》卷四〇九,崔祐甫《請召對待制官奏》,4187頁。

[22] 《全唐文》卷五三一,武元衡《請待制官於延英候對疏》,5389頁。

的職責,至先天二年"著令"後成爲一種制度。以開元二十六年爲界,尤其是在安史亂後,唐廷急需恢復並加強中央集權,由文學待詔轉變而來的翰林學士逐漸成爲中央中樞決策的重要環節,而分流之後仍以"翰林待詔"之名冠稱者則淪爲"伎藝雜流","待詔"人員也由"合練、僧道、卜祝、術算、書弈"等輩充任;相反,"待制"人員的數量不僅有所增加,而且開始出現了"文學道理、兵鋒法度優深"的專職"待制官"。

第二,職任不同。關於待詔的職責,"唐制,乘輿所在,必有文詞、經學之士,下至卜、醫、伎術之流,皆直於別院,以備宴見"[23]。而關於"備宴見"的具體事例兩《唐書》中可謂是俯拾皆是。儘管其中也不乏有"棋待詔"王叔文、"書待詔"王伾等輩參掌朝政,但終究是"器小易盈"爲朝野內外所嫉、所排,從而使得之後的待詔們祇能謹守本職不敢稍越雷池一步。很明顯"備宴見"成爲唐後期翰林(伎藝)待詔的主要職任。唐前期於"門下省""北門"等處待召的"文學待詔"們則稍稍有別,他們往往以修書爲名,實則乃是"掌制誥、修撰或是參政議事"[24],這種職責在開元年間表現得尤爲突出。

至於"待制"人員的職任則完全有別於"待詔"。這種"有別"體現在"待制"官員們既不"備宴見",也不"掌制誥、文書"。其職責乃是"備諮詢、待顧問",如《玉海》卷一六七載:"初,太宗即位,命京官五品以上,更宿中書、門下兩省,以備訪問。"[25]李翱《論事疏表》云:"引見待制官,問以時事,以通壅蔽之路。"[26]《唐會要》卷二六《待制官》載:"宜令每日待制官,各陳所見一條,仗下後封進觀古略兼補闕拾遺,有足匡時,固宜無隱。"[27]白居易《達聰明致理化》云:"國家承百王已弊之風,振千古未行之法,於是始立匭使,始加諫員,始命待制官,始設登聞鼓。故遺補之諫入,則朝廷之得失所由知也。"[28]可見,無論是從"更宿中書、門下"的"備顧問",還是"隨仗待制"的仗下召對,抑或是"延英奏對"之後的次對,待

---

[23] 歐陽修、宋祁等《新唐書》卷四六《百官志一》,中華書局,1975年,1183頁。
[24] 賴瑞和《唐代待詔考釋》,《中國文化研究所學報》2003年第12期。
[25] 王應麟《玉海》卷一六七《宮室》,江蘇古籍出版社,1987年,3061頁。
[26] 《全唐文》卷六三四,李翱《論事疏表》,6401頁。
[27] 王溥《唐會要》卷二六《待制官》,中華書局,1960年,509頁。
[28] 白居易著,謝思煒校注《白居易文集校注》卷二七《策林三·達聰明致理化》,中華書局,2011年,1483頁。

制官承擔的都是"諮詢、顧問"的職責,充當着天子的喉舌與耳目。正所謂"備顧問"以拾遺補闕,"通壅蔽"以曉知中外。

第三,地點不同。即兩者伺應召對的等候之所不同。"待詔"之廨所,稱之爲"别院","其待詔者……各以別院廩之,日晚而退"[29],史書之"别院"具體位於何處? 就是天子宴飲、寢息的"鑾輿"之側。有唐一代,多半的時間裏,東内大明宫是天子的起居之所和朝政重心——"天下政本"[30]之所在。故以大明宫爲例,"待詔"人員的固定地點,便是大明宫中内的翰林院,"初未有學士時,凡爲翰林待詔供奉者,皆處其中。後雖有學士,而技能雜術與夫有學可備詢訪之人,仍亦居之"[31]。開元二十六年,玄宗以翰林供奉爲翰林學士後,"由是别建學士院,俾掌内制"[32],故而大明宫右銀臺門内有兩座翰林院,以"南北"加以區别。德宗貞元時,因"學士掌内庭書詔,指揮邊事,曉達機謀,天子機事密命在焉,不當豫外司公事,蓋防纖微間或漏省中語"[33],在金鑾殿的西側修建東翰林學士院,其中"大抵召入者一二人,或三四人,或五六人,出於所命,蓋不言數。亦有以鴻生碩學、經術優長,訪問質疑,上之所禮者,頗列其中"[34]。如此,大明宫中就有了三座翰林院,"技能雜流"等翰林待詔則處於北翰林院(最初),因其"侍娛樂,備宴見"的職責,自開元二十六年以後"北翰林院始無學士之名"[35]。據考古發現並結合文獻可知,北翰林院的位置便處於内侍别省和麟德殿之間。麟德殿是大明宫中最爲重要的飲宴、娱樂的場所,乃至舞馬[36]、百戲[37]、角抵[38]、擊鞠[39]等活動都曾在此舉行。而位於麟德殿之側的北翰林院恰恰符合了《新唐書》中

---

[29] 《舊唐書》卷四三《職官志二》,1853 頁。
[30] 王孫盈政《唐後期的尚書省研究》,浙江大學博士學位論文,2011 年。
[31] 《雍録》卷四《大明宫右銀臺門翰林院學士院圖》,73 頁。
[32] 《唐會要》卷五七《翰林院》,978 頁。
[33] 馬端臨撰《文獻通考》卷五四《職官八》,中華書局,2011 年,489 頁。
[34] 《文獻通考》卷五四《職官考八》,1585 頁。
[35] 《全唐文》卷四五五,《翰林院故事記》,第 4648 頁。
[36] 《舊唐書》卷一三《德宗紀下》,"宴群臣於麟德殿,設《九部樂》,内出舞馬",364 頁。
[37] 《全唐文》卷五六五,《鳳翔隴州節度使李公墓誌銘》"上爲之宴三殿,張百戲,公卿侍臣咸與",5720 頁。
[38] 王欽若等編《册府元龜》卷一一〇《帝王部·宴享三》,中華書局,1960 年,1316 頁。
[39] 《舊唐書》卷一七上《敬宗紀》,"上御三殿,觀兩軍、教坊、内園分朋驢鞠、角抵。戲酣,有碎首折臂者,至一更二更方罷",520 頁。

"鑾輿之側,以備宴見"的記載。總之,無論是前期的"別院",亦或是後期的北翰林院,有一個共同點,那便是側近內宮的天子遊幸、寢宿之所。

唐前期,"待制"官員雖無固定的輪值廨所(如表1),但無論是貞觀時的待制兩省(中書、門下),亦或是永徽時期的太極宮武德殿西門,乃至之後的洛陽宮明福門、章善門、大明宮集賢門,其共同的特點是位於前朝,且多在正衙之側。"先天故事"確立後,"隨仗待制"便成爲了定制。"唐制,三大朝,有仗",簡言之,也就説非三大朝會是没有仗衛的,而三大朝又都在前朝進行。唐代宗永泰以後,待制官始有固定的待制之所。仍以大明宫爲例,大明宫有東西兩待制院"一處在史館以西,大曆十四年置,爲延英殿待制之所"[40];另一處在弘文館以東,爲宣政殿待制之處"[41]。但無論是光順門外的集賢門,抑或是崇明門外的待制院,都是在前朝,更是在便於候召奏對的"常朝""追朝"[42]的殿衙之側。與身處内宫的北翰林院有極大區别。

綜上可知,"待制"與"待詔",在唐玄宗天寶之前,兩者在"侍從决策、拾遺補闕"方面有着相似、互補的職能,但在之後各自的發展、分流中演變成完全不同的兩類職事,故而前者絶非是後者的"諱稱"。首先,儘管兩者都有着"待召、備見"的共性,但召見之後的奏對"内容""性質"是有區别的。其次,待制人員祇有在有了一定的官品、職事,甚至有時還特定是五品以上清官、清望官纔有"備諮詢""待訪問"的輪值資格。而待詔人員從早期出現的門下待詔,到玄宗時的翰林待詔,到演變成爲"琴、棋、書、畫、醫、星、卜、算、僧道"等雜流待詔,除玄宗朝時的翰林待詔是有一些身居散階、職事的官員兼任外,其他時期的待詔既無"本品",也無"職任"。再者,從内外朝和中樞决策的角度看,"待詔"的發展及之後向翰林學士的轉變體現的是内朝决策的强化過程;而"待制",其誕生的初衷或與内朝决策相關聯,但之後的屢次變遷則更多是爲了補充、完善外朝的奏對。故

---

[40] 《舊唐書》卷一二《德宗紀上》,大曆十四年六月"舉先天故事,非供奉侍衛之官,自文武六品已上清望官,每日二人更直待制,以備顧問,仍以延英南藥院故地爲廨",321頁。

[41] 杜文玉《大明宫研究》第六章《宫内機構的方位與職能》,中國社會科學出版社,2015年,281頁。

[42] 楊希義《唐代君臣朝參制度初探》,《唐史論叢》第10輯,三秦出版社,2008年。吴麗娱《唐代的常朝與追朝》,《文史知識》2007年第11期。

而,兩者之間的異同一目了然。

概言之,"待制"就是身有職事的正員官們伺應召對的"輪值"狀態。"待制官"則是對身有職事而伺應召對的"輪值"正員官們的一種統稱,而"待制"制度便是伺應召對的"輪值"制度。(參見表1)

表1　唐代待制發展變化表

| 時間 | 待制人員 | 待制人數(日) | 待制地點 | 待制方式 | 文獻出處 |
| --- | --- | --- | --- | --- | --- |
| 貞觀元年 | 初,太宗即位,命京官五品以上,更宿中書、門下兩省,以備訪問。 | 2 | 兩省(中書、門下) | 更宿待制 | 《唐會要》卷二六《待制官》 |
| 文明元年 | 詔京官五品以上清官。 | 2 | 章善門[43]、明福門[44] | 日待制 | 《新唐書》卷四七 |
| 先天三年 | 京六品以上清官、諸州六品以上朝集使;每日以六品以上清官兩人待制於衙内。若供奉官、宿衛官,不在此例。 | 2 | 正衙 | 隨仗待制 | 《唐會要》卷二六《待制》;《唐六典》卷二 |
| 永泰元年 | 勳臣罷節制,無職事者。 | 13 | 集賢門 | 日待制 | 《舊唐書》卷一一 |
| 大曆十四年 | 伏以先天二年令,群臣直日待制,以備顧問,自今以後,准元敕文官一品以下,更直待制。 | 2 | 正衙 | 酉時後放 | 《全唐文》卷四〇九 |
| 建中二年 | 中書門下兩省九品以上,簡擇文學道理、兵鋒法度優深者三十人爲待制官。 | 30 | 中書内省 | 每日未時放歸 | 《唐會要》卷二六《待制官》 |
| 元和元年 | 六品以上清官;兼以中書門下省、御史臺、拾遺、監察御史,及尚書省六品、諸司四品以上職事官;東宫師傅賓客詹事及諸王傅。 | 2—4 | 待制院 | 日待制 | 《唐會要》卷二六《待制官》 |
| 大中三年 | 待制官與諫官、法官迴圈對。 | 2 | 待制院 | 日待制 | 《唐會要》卷二六《待制官》 |

---

[43]　唐東都洛陽宫城正南門爲應天門,應天門東面一門爲明德門,長樂門北爲會昌門,會昌門北即章善門,門内有門下省,弘文館。

[44]　唐東都洛陽宫城正南門爲應天門,應天門西面一門爲長樂門,長樂門北爲廣運門,廣運門北即明福門("明福門"初名爲"顯福門",後避唐中宗之名,故稱"明福門"),門内有中書省,門外設麗正書院,開元十三年,改稱集賢殿書院。

## 三、"待制"設置的原因

有別於"待詔"的"待制"無疑是唐代新出的"官",其始具雛形於太宗貞觀元年"詔京官五品以上更宿中書内省"[45]的詔令。然爲何會在唐初太宗時出現這種有別於"待詔"形式的"待制"?

内外朝的統一趨向。自漢武帝設中朝參與大政,始有内廷、外朝之分别。此後爲進一步適應皇權的發展與維護王朝統治的需要,在宫中(禁中)設立一些具有特殊性功能的諮詢、秘書機構也就無可厚非了。歷經魏晉南北朝數百年的發展,"新的秘書、諮詢機構與新的宰相同樣基本是相互配合、並行不悖的關係"[46],然其權力、職責則難免交錯混雜,故而發展到了隋代,前者也就順理成章地向後者逐步轉化,出現了三省六部形式的中央組織制度[47];三省本爲内廷諮詢、秘書機構,除尚書省較早轉化爲外朝機構外,至唐初時中書、門下兩省仍有宫中内省,兩省之官員"自侍中、中書令已下,盡名供奉官"[48]。供奉官位在天子之側、近臣之屬,升任遷轉優於他官,不僅參與國政而且服務王室。但經過隋文帝、煬帝對於三省的改制,尤其是大業三年(607)隋煬帝對中書、門下官制的改革,剔除其爲皇室、爲皇帝服務的職責與任務,家、國分明,使得三省進一步轉化爲國家的政務機構,更多的趨向於外朝。"中書出令,門下審駁……尚書受成,頒之有司"[49]的運行方式使得三省合一,内外朝開始趨同[50]。出於皇權政治的發展需要,彌補内廷諮詢、秘書機構衰弱,以朝官"待制"的形式也就出現了。然由於"待制"人員的選擇範圍囿於在朝的"五、六品清官、清望官",故而又在很大程度上限制了

---

[45] 吳兢撰,謝保成集校《貞觀政要集校》,中華書局,2003年,26頁。
[46] 祝總斌《兩漢魏晉南北朝宰相制度研究》,北京大學出版社,2017年,324頁。
[47] 羅永生《隋文帝與三省制發展關係初探》,收入氏著《隋唐政權與政制史論》,秀威資訊科技股份有限公司,2014年,115—147頁。
[48] 《舊唐書》卷四三《職官志二》,1819頁。
[49] 《文獻通考》卷五〇《職官考四》,1425頁。
[50] 羅永生《唐前期三省地位變遷》《從政事堂内看三省地位的變遷》,收入《隋唐政權與政制史論》,147—176頁、206—228頁。

"待制官"轉化爲"天子私人"[51]的可能,故而當開元時"中書門下"出現,三省進一步向外朝轉化後,選拔較爲隨意、可從屬於"天子私人"的"翰林學士"便成爲了唐中後期内廷諮詢、秘書機構的主力。

補充諫官的不足。這種"不足"既包括"諫言的力度",也包括諫官的"員額"。"國家承百王已弊之風,振千古未行之法,於是始立匭使,始加諫員,始命待制官,始設登聞鼓。故遺補之諫入,則朝廷之得失所由知也。"[52]白樂天將"命待制官"與"立匭使""加諫員""設登聞鼓"等"通壅蔽之路"的行爲並列,可見是將其視爲"言官"的。另有《唐會要》記載:"宜令每日待制官,各陳所見一條,仗下後封進觀古略兼補闕拾遺,有足匡時,固宜無隱。"[53]再者,從其"拾遺補闕""足匡時"的職責看,"待制官"的性質十分接近於"諫官"。但太宗時期的諫官體系還是不甚成熟的,一般認爲唐代的諫官體系應包括"諫議大夫、散騎常侍、補闕、拾遺"等兩省"供奉官"。但在貞觀元年的諫官體系中祇有諫議大夫,"大唐武德五年復置……掌侍從規諫"[54],以至於太宗每每嘆息"諫諍"者少,斥責"中書、門下"在"詔敕如有不穩便"時,"無一言諫諍者",而是一味"阿旨順情,唯唯苟過"[55]。諫官體系中的重要角色散騎常侍,"武德令,以爲從三品散官",至貞觀十七年六月四日纔"改爲職事官,置兩員,以黃門侍郎劉洎爲之,隸門下省"[56],再至高宗顯慶二年(657)纔"分左右各兩員,其左隸門下省,右隸中書省"。人數增加到四人。至於拾遺、補闕兩職事更是直到武則天執政的垂拱元年(685)纔設置,其二月二十九日敕載:"記言書事,每切於旁求;補闕拾遺,未弘於注選。瞻言共理,必藉衆才,寄以登賢,期之進善。宜置左右補闕各二員,從七品上,左右拾遺各二員,從八品上,掌供奉諷諫,行立次左右史之下。仍附於令。"[57]諫官體系的最終形成距"待制官"的始置已相去五十八年。故而在此期間,太宗以"五品以上清官、清望官"輪值充任的"待制官",恰是讓其承擔"供奉

---

[51] 錢大昕《廿二史考異》卷四四《唐書一》,鳳凰出版社,2016年,825頁。
[52] 《白居易文集校注》卷二七《策林三·達聰明致理化》,1483頁。
[53] 《唐會要》卷二六《待制官》,509頁。
[54] 杜佑撰,王文錦等點校《通典》卷二一《職官典三》,中華書局,1988年,554—555頁。
[55] 《貞觀政要集校》卷一《政體二》,30頁。
[56] 《唐會要》卷五四《左右散騎常侍》,934頁。
[57] 《舊唐書》卷四三《職官志二》,1845頁。

諷諫""侍從規諫"的"諫官"職責,這也是太宗爲何將"待制官"的待制地點選在中書、門下兩省的原因。此外,太宗貞觀年間確立的御前決策制度,即正衙朝參仗儀退後,召集宰臣等高級官員入內殿議政,待制官也是可以預聽並諫諍得失的,"貞觀之制,中書、門下及三品官入奏事,必使諫官、史官隨之,有失則匡正,美惡必記之"。后至高宗永徽年間:"許敬宗、李義府用事,政多私僻,奏事官多俟仗下,於御坐前屛左右密奏,監奏御史,及待制官,遠立以俟其退;諫官、御史皆隨仗出,仗下後事,不復預聞。"[58]可見"待制"初時的形成很大程度上正是爲了補充諫官員額不足,強化"敷內讜言"的氛圍以防朝野壅弊。

"慣性"的影響。一是指太宗個人的"思維慣性"。太宗生長於民間,喜聞樂見朝野的大事小情,這種喜聞外事的行爲在他登基執政後有利於了解民間疾苦,便於對時政、要務的把握與決策。太宗嘗言,"朕年十八,猶在人間,情僞無不嘗;及即位,處置有失,必待諫,乃釋然悟"[59]。二是"制度慣性"。太宗弱冠舉兵、多年戎馬倥偬在治國理政方面多有疏怠,爲天策上將軍時,每寇亂稍平,"乃鄉儒,宮城西作文學館,收聘賢才",分爲三番,"遞宿於閣下,悉給珍膳。每暇日,訪以政事,討論墳籍,榷略前載,無常禮之間"[60]。在其即位之初又"於宏文殿聚四部群書二十餘萬卷,於殿側置宏文館,精選天下賢良文學之士……以本官兼學士,令更宿直,聽朝之隙,引入內殿,講論文義,商量政事,或至夜分方罷"[61]。由此看來,唐太宗似乎很喜歡與"更宿直""更直宿閣下"的學士們諮謀善道,於其中察納雅言,故而在之後認識到治國理政或有不足時立即想到以這種"輪值待制"的方式"問以民間疾苦、政事得失"。《貞觀政要》載:"太宗謂蕭瑀曰:'朕少好弓矢,自謂能盡其妙,近得良弓十數,以示弓工。乃曰:"皆非良材也。"朕問其故,工曰:"木心不正,則脈理皆邪。弓雖剛勁而遣箭不直,非良弓也。"朕始悟焉。朕以弓矢定四方,用弓多矣,而猶不得其理。況朕有天下之日淺,得爲理之意,固未及於弓。弓猶失之,而況於理乎?'自是詔京官五品以上更宿中書內省,

---

[58]《資治通鑑》卷二一一《唐紀二十七》玄宗開元五年九月條,6728頁。
[59]《新唐書》卷一六〇《杜正倫傳》,4038頁。
[60]《新唐書》卷一〇二《褚亮傳》,3976—3977頁。
[61]《唐會要》卷六四《弘文館》,1114頁。

每召見,皆賜坐與語,詢訪外事,務知百姓利害、政教得失焉。"[62]可見唐太宗之所以設置"待制"很大程度上就是受到這兩種"慣性"的影響。

"始唐有天下,懲刈隋敝,敷内讜言"[63],這是唐初朝野内外的大風氣。皇帝察納雅言,臣子恪盡職守,但法定的諫官體系中額定的正員官却祇有諫議大夫兩員,不足以拾遺補闕、諫諍得失。加之,三省合一、向外朝轉化的趨勢,以至於天子身邊的"諮詢、秘書"人員亦是不足。且因太宗皇帝少長於民間,喜知外事、樂聽民情,且好談古今,留心文史,故而於貞觀元年即令頗通文史、嫻於掌故的"京官五品以上更宿中書内省",可謂是一舉數得。

## 四、唐後期"待制"的變化

安史亂後,朝會、中央決策等機制都發生了巨大變化,正衙奏事被廢除,延英召對興起。"皇帝不再處於政務信息流轉過程的頂端,而是處於政務信息流轉過程的核心,控制着信息的篩選與分配"[64]。自玄宗先天以來形成的"故事"——待制制度,隨着時局的變遷或是"延伸",或是"變異",或是"重申"。其間經歷了拉向"内朝"不得,而終歸"外朝"的過程。

### (一)虛爲"加官":"待制"的"延伸"

"集賢待制",最早見諸史料是在玄宗開元年間,是從屬於集賢殿書院機構中的"臨時職事"。"〔集賢〕待制官名,其來尚矣,漢朱買臣待詔公車"[65],此皆漢金馬待詔之類也。《事物紀原》"待制"條:"永泰元年三月一日,敕裴冕等並集賢待制。此始有待制之所,然則蓋唐設官也。"[66]而趙明誠於《金石録》中稱"余觀韋述所撰《集賢注記》,開元、天寶間,凡隸名於集賢者,皆一時文學之選。蓋官以待制爲名,所以備人主顧問,言語侍從之臣也。今乃以武夫庸人參於其間,

---

[62]《貞觀政要集校》卷一《政體二》,26頁。
[63]《新唐書》卷一〇三《張玄素傳》,4002頁。
[64] 葉煒《論唐代皇帝與高級官員政務溝通方式的制度性調整》,《唐宋歷史評論》第3輯,中國社會科學出版社,2017年,49頁。
[65]《唐六典》卷九《集賢殿書院》,279頁。
[66]《事物紀原》卷四《法從清望部》,223頁。

可乎？代宗之政,其綱紀廢弛者多矣,豈特此而已哉！"[67]趙氏將開元"集賢待制官"與永泰"集賢待制"合爲一談,高氏《事物紀原》則含蓄地認爲永泰"集賢待制"與開元時"集賢院待制官"並不相同,故稱"始有"。事實上,兩者確是不同。蓋因唐代宗永泰時期的"集賢待制"是屬於唐初以來"待制"形式的具體延伸,是一種"加官"的形式。而之所以説是"加官",是因爲代宗皇帝以"國步未康,朝經或闕,思與文武藎臣,諮謀善道"[68]爲由,將之加給一些退居閑職的勳望重臣,每月"特給餐本錢三千貫"。且當這些"備詢問"的"集賢待制"們參議得失、拾遺補闕時,代宗"雖容其直,而不録其言,所上封皆寢不報……遂使諫者稍稍鉗口飽食,相招爲禄仕"[69]。可見,這實則是代宗在內外形勢下對"待制"群體的有意肢解,並將其中一部分加以延伸,使之成爲榮寵勳望重臣的特殊産物。

> 永泰元年三月敕,惟政之難,非賢勿乂,必稽於衆,允執其中,實使群材,用宏庶績。朕以國步未康,朝經或闕,思與文武藎臣,諮謀善道。尚書左僕射裴冕,右僕射郭英乂,太子少傅裴遵慶,太子少保兼御史大夫白志貞,太子詹事兼御史大夫臧希讓,左散騎常侍楊璀,檢校刑部尚書王昂,檢校刑部尚書崔涣,吏部侍郎李季卿、王延昌,禮部侍郎賈至,杞王傅吳令圭等,並集賢待制。[70]

上述十三人有一共同特點,那便是非勳即貴。加"集賢待制"之前,在中央任職者或是參掌政事或是八座公卿,在地方任職者或是一方節度,或是一鎮廉帥。顯然這些人在"罷節制""罷政事"後所任的"集賢待制"和一般的"待制"是有着巨大差别的。"召左僕射裴冕……等十三人,並集賢院待詔……特給餐本錢三千貫"[71],"餐本錢"[72]即是指各衙署拿出本錢由指定的人員(捉錢令史)去放貸,然後收取利息以供本署官員會食的專用資金,如還有多餘則署中官員差而分之。《唐六典》記載:"凡京司有别借食本,中書、門下、集賢殿書院各借本一千貫,尚

---

[67] 趙明誠撰,金文明校證《金石録校證》卷二八《跋尾十八》,中華書局,2019年,528頁。
[68] 《全唐文》卷四八,代宗《授裴冕等集賢待制敕》,529頁。
[69] 《新唐書》卷一六二《獨孤及傳》,4991頁。
[70] 《唐會要》卷二六《待制官》,507—508頁。
[71] 《舊唐書》卷一一《代宗紀》,278頁。
[72] 陳明光《唐代財政史新編》,中國財政經濟出版社,1999年,118頁。

書省都司、吏部、户部、禮部、兵部、刑部、工部、御史臺、左右春坊、鴻臚寺、秘書省、國子監、四方館、弘文館各百貫,皆五分收利,以爲食本。諸司亦有之,其數則少。"[73]中書、門下等實權衙署纔不過一千貫,而六部、寺監等月不過一百貫。當然《唐六典》所記録的是開元時期的資料。雖時代不同難以比較,然而在財政艱難的肅代之際,僅裴冕等十三人待制於集賢門,朝廷就給了三千貫的"飱本錢",由此更可見"集賢待制"是當時朝廷示以"尊崇"的"加官"。當然此"加官"與"三公、師、傅"等加官仍有不同,但代表的都是榮膺者的恩寵與地位。《通鑑》"集賢待制"條胡注曰:"以勳臣罷節制,無職事,乃於禁門書院待制,間以文儒,寵之也。"[74]既無"職事"且又"尊崇",很明顯"集賢待制"在永泰時期變爲了一種特設的"加官"。"加官者,示稍尊也。"[75]"唐朝故事,三公爲加官,無單拜。"[76]然而,"集賢待制"祇有是"示尊崇""豐飱錢署舍以厚其禮"的"加官"纔能符合"罷節制、政事"而"無職事"[77]的勳貴重臣的身份。而之所以出現這種十分特殊的"集賢待制",則是唐代宗時期關東藩鎮擾攘、關西吐蕃、党項"挈戰不解"[78]的情況下,朝廷爲解決"勳望大臣罷節制、罷政事"的產物,具有突出的時代特徵。

(二) 拉向内朝的嘗試:"待制"的"變異"

唐德宗即位後,勵精圖治,"出宫人""抑宦官""重法度""動遵禮法",一時間"天下以爲太平之治,庶幾可望"[79];對於朝廷"諮詢、備問"的"待制"制度,德

---

[73]《唐六典》卷六《尚書刑部》,195 頁。
[74]《資治通鑑》卷二二三《唐紀三十九》代宗永泰元年三月條,7172—7173 頁。
[75]《通典》卷三一《職官十三》,854 頁。
[76]《册府元龜》卷三三五《宰輔部二十八》,3961 頁。
[77]《全唐文》卷四一七,常袞《代王尚書讓官表》載:"臣以殿中監依前檢校刑部尚書未經數月,又集賢待制,豈臣才能及此?皆是明主曲成。……而去歲以來,累嬰沈瘵,形神久殆,筋力漸微,在假日多,朝天未克,顧惟所職,倍益兢惶。地近宫闈,事繁供應,統兹六尚之務,不可一日缺人,以臣之曠,所害尤甚,雖欲匍匐就列,支持守官,力所不任,難於自勉。伏乞矜臣不逮,許停此官。"4267 頁。此奏表中將"集賢待制"描述爲一個"地近宫闈,事繁供應"的職任,但筆者認爲這是讓官者常有的溢讚之詞,此爲讓官的題中之義,似不可以此來認爲"集賢待制"是一個煩劇、職重的要職。結合時代背景及充任集賢待制的十三人之前的官任和代宗對待"集賢待制"們建議的方式可以看出其"名實不副",是典型的"無職事"的加官。
[78]《新唐書》卷二一二《李懷仙傳》,5968 頁。
[79]《資治通鑑》卷二二五《唐紀四十一》代宗大曆十四年六月條,7263 頁。

宗皇帝也是十分重視。親政之初，就批准宰相崔祐甫《請召對待制官奏》的奏請，"伏以先天二年令，群臣直日待制，以備顧問，自今以後，准元敕文官一品以下，更直待制"[80]。然而，德宗與崔祐甫所強調、恢復的"待制"制度，也就是"先天故事"，需要兩个重要的前提條件。其一，穩定的朝會、朝參。肅、代播亂之際，因時局戰亂不穩、人事不整，乃至於有天子坐朝，而朝參官不齊的現象。加之，軍國政事要在機密，是以此時正衙朝參的奏對方式也就逐漸衰落。而玄宗先天時"著令"的待制官員們恰是"待制"於正衙，於正衙朝會後奏對。其二，定期上計的諸州朝集使。"待制"如先天故事，剔除了"侍衛""供奉"之官的輪值，同時却增加了諸州六品以上的朝集使。安史亂起，秩序大壞，地方歲末不發朝集使，所謂"州郡不上計，內外不會同者二十五年"[81]。大曆十四年末，德宗登基，下令恢復諸州朝集使，敕依舊營造諸州邸第，至建中二年（781）迫於東方藩鎮戰亂，不得不"權停"。此後，雖欲再度恢復，但不久因德宗避難奉天、鑾駕梁州，祇得詔"今年州府朝集使宜停"[82]。是以，此時恢復後的"待制"空有形式，難以符合德宗勵精圖治、廣聽良謀的要求。

爲應對局勢的發展，德宗皇帝試將"待制官"由清望的"五品、六品京官"的"輪值"改爲在"見任、前資及同正、兼、試九品以上官"中選拔一些"文學道理、兵鋒法度優深者"，專職使任。使之成爲中書、門下兩省的供奉之官，乃至於成爲"天子私人"。因其突破了"待制"諸般準則，筆者權稱此爲"待制"的"變異"。

建中二年（781）五月二日敕曰：

> 宜令中書門下兩省，分置待制官三十員，仍於見任、前資及同正、兼、試九品以上官中，揀擇文學道理、兵鋒法度優深者，具名聞奏。度支據品秩，量給俸錢，並置本利供廚料，所需幹力什器廳宇等，並計料處分。[83]

從此敕文中可以知道三點：第一，待制官成爲專職，兩省共置三十員。第二，待制官有俸料、廳宇、公廨，但無品秩。第三，選拔的人員標准，或是"文學道理"，或是"兵鋒法度"，都有具體專長。而無品秩、有職事正是"使職"的兩個

---

[80]《全唐文》卷四〇九，崔祐甫《請召對待制官奏》，4187頁。
[81]《唐會要》卷二四《受朝賀》，457頁。
[82]《册府元龜》卷六四《帝王部・發號令三》，683頁。
[83]《唐會要》卷二六《待制官》，508頁。

核心特徵[84],"謹按命秩之載著於甲令者,有職事官焉,有散官焉,有勳官焉,有爵號焉"[85]。易言之,使職又是"不著於甲令"的。由此可斷定建中二年的兩省"待制官"是一種使職,且是使職中比較特殊的"隱形使職"[86]。然而此"待制官"甫設,沈既濟便上《論增待制官疏》,以"官三十員,皆給俸錢幹力,及厨料什器,建造廳宇,約計一月,不減百萬,以他司息利准之,當以錢二千萬爲之本,方獲百萬之利。若均本配人,當復除二百户,反覆計之,所損滋甚"爲由,提出"籍舊而置,猶可省也"的反對意見[87],"疏奏,從之"[88]。最終使得這種"隱形使職"性質的"待制官"没能設立。德宗欲簡拔資淺望輕者爲"天子私人"以充實、加强"内朝"的嘗試失敗了。

(三) 回歸外朝:"待制"的"重申"

經崔祐甫恢復、强調的"先天待制"由於種種原因已淪爲形式,而德宗設置的"使職"型"待制官"又遭到反對。故而先是在"貞元七年敕,常參官並令依次[奏]對",至貞元十七年又頒敕:"令常參官每日引見二人,訪以政事,謂之巡對。"[89]於是在德宗朝後期便有了正衙朝會後的"待制官"以及在宰臣、翰林學士"延英奏對"後的"次對官""巡對官"等"兩置"。貞元十八年,又因"嘉王諤議高弘本正衙奏事,自理逋債",德宗皇帝對此憤懣不已,下詔曰:"朕方勵精庶政,博求嘉言,比者百官正衙奏事,至有多時者,公卿庶僚屬當寒暑爲弊,亦深在於朕懷,豈謂優禮。自今勿正衙奏事,如陳奏者,宜延英門請對。"[90]使得自武德、貞觀以來形成的正衙奏事制度被廢除。至德宗晚年,"正衙不奏事,庶官罷巡對"成爲常例,乃至於御史臺官等"依故事,並不待制"的供奉官,"大不得豫召見,次不得參時政,排行就列,朝謁而已"[91]亦爲常態。爲改變此種形式,憲宗元和元年(806)宰相武元衡上《請待制官於延英候對疏》,其疏曰:

---

[84] 《廿二史考異》卷五八,1019頁。
[85] 陸贄撰,王素點校《陸贄集》卷一四《又論進瓜果人擬官狀》,中華書局,2006年,450頁。
[86] 賴瑞和《唐代使職的定義》,《史林》2012年第2期。
[87] 《全唐文》卷四七六,沈既濟《論增待制官疏》,4865頁。
[88] 《唐會要》卷二六《待制官》,509頁。
[89] 《舊唐書》卷一三《德宗本紀下》,372頁。
[90] 《册府元龜》卷一八〇《帝王部·失政》,2161頁。
[91] 《資治通鑑》卷二三七《唐紀五十六》憲宗元和元年三月條,7631頁。

本置前件官,以備顧問,比來多不奏事,有問虛設,又貞元七年更有次對官,雖議兩置,去歲已停,今惟以六品已下清官,前例恐非盡善,伏請自今已後,兼以中書、門下省、御史臺、拾遺、監察御史及尚書省六品、諸司四品已上職事官、東宮師傅、賓客、詹事及王府諸傅等,每坐日兩人待制,正衙退後,令於延英候對,以爲常式。[92]

從上述可知,武元衡從兩個方面對"待制"的形式做出了調整:第一,調整待制地點,"先天故事"所確立的待制是"隨仗待制",即"正衙"待制。此時明確改爲"延英殿"待制,這是對正衙不奏事,延英次對的順應調整。第二,人員範圍的突破,"待制官"本爲"五、六品清官、清望官"擔任,玄宗先天年間爲了廣知地方人情增加了"諸州朝集使",而明確規定"供奉侍衛之官"[93],也就是"中書、門下、御史臺官"不在待制之列。此奏疏不僅突破了清官六品的品階限制,還增加了三省官、臺官、諸寺卿監正貳乃至於閑散的"東宮師傅、賓客、詹事及王府諸傅"等,大致涵括了外朝的"朝參官"範圍。此外待制官若當值不至,必須請假報備,並由御史予以監察。如"大和二年九月,應合待制官,御史臺奏:'請自今以後,如不是先陳牒請假,臨時不署簿者,請准朝參不到例,一任加罰。如並三度違犯,即具名聞奏'"[94],此上諸現象都是待制官回歸外朝的重要體現。

"待制"人員的重新劃定,"待制"方式的相應調整,使得待制官與次對官不再重疊,便利了宰相、翰林學士之外的外朝朝臣的君臣面對[95],有利於緩解諸司百曹"惟禮部、兵部、度支職務尚存……餘曹空閑,案牘全稀,一飯而歸,竟日無事"[96]的尷尬境遇。如若説玄宗之前的"待制"是在彌補三省合一、內外朝趨同後的內廷空虛,元和元年"重申"的"待制"則是對外朝奏對方式的補充與完善。但是隨着內廷宦官勢力對朝政的不斷介入,翰林學士等"詞臣"地位的一再凸顯,外朝次對的"待制官"地位仍舊是十分尷尬。憲宗之後的穆宗、敬宗對於"待

---

[92] 《全唐文》卷五三一,武元衡《請待制官於延英候對疏》,5389頁。

[93] 《陸贄集》卷一一《論關中事宜狀》,335頁。

[94] 《唐會要》卷二六《待制官》,510頁。

[95] 葉煒《信息與權力:從〈陸宣公奏議〉看唐後期皇帝、宰相與翰林學士的政治角色》,《中國史研究》2014年第1期。

[96] 《全唐文》卷四二五,于邵《爲趙侍御史陳情表》,4332頁。

制官"更是"未嘗召對",即使是憲宗皇帝本人在其晚年亦不召對,所謂"待制官命之舊矣,近歲虚設其名,未嘗引見",以至於史官修撰李翱有"請訪問待制官,以通壅蔽"[97]的奏請。當文宗皇帝即位"召待制官,禮部侍郎崔郾、工部侍郎獨孤朗同對一刻時。及此屢召,諮以時政"[98],以至於"中外翕然相賀,以爲太平可冀"[99]。文宗開成五年(840)以後,"待制官"與"諫官""刑法官"逐漸構成了外朝穩定的次對群體,彌補了朝會、聽政、奏對等系列制度變化的闕漏,便於皇帝掌握面奏的時間並儘量全面地獲取信息,增强其處理政務的主動性。但事實上,儘管"備顧問、諮詢"的"待制"制度得到了"重申""調整",但隨着唐廷的日薄西山,其"形式化"的趨勢與結果已不可挽救。

## 五、結語

"始唐有天下,懲刈隋弊,敷内讜言"[100],這是唐初朝野内外的大風氣。皇帝察納雅言,臣子恪盡職守,但法定的諫官體系中額定的正員官卻衹有諫議大夫兩員,不足以拾遺補闕、諫諍得失。加之三省合一、向外朝轉化的趨勢,導致天子身邊的"諮詢、秘書"人員亦是不足。又因太宗皇帝少長於民間,喜知外事,樂聽民情,且好談古今,留心文史。故而,太宗於貞觀元年即令頗通文史、嫻於掌故的"京官五品以上更宿中書内省",始有"待制"之雛形。永徽、文明中,對待制官的"輪值候對"先後又增加了數項規則。至先天二年,待制人員增加天下諸州郡六品以上"朝集使",剔除"供奉及宿衛之官","著令"並定爲後世遵循的"故事"。這簡單的"一增一除",不僅將唐初以來傾向於補充内朝秘書、諮詢的職任轉向爲外朝的例行召對,而且促成了"中書門下"體制形成後,翰林學士轉化爲内朝"侍從決策"的主體地位。

安史亂後,隨着時局的變遷,朝會制度、中央決策機制的相應調整,"待制"或是"延伸"爲虛化的"加官",或是"變異"爲專任的"使職",或是"重申"故事。

---

[97]《全唐文》卷六三四,李翱《論事疏表》,6401頁。
[98]《册府元龜》卷五八《帝王部·勤政》,651頁。
[99]《資治通鑑》卷二四三《唐紀五十九》敬宗寶曆二年十一月條,7853頁。
[100]《新唐書》卷一〇三《張玄素傳》,4002頁。

其間經歷了拉向"内朝"不得而終歸"外朝"的過程。代宗在關東藩鎮擾攘,關西吐蕃、党項"挈戰不解"的壓力下,將"待制"群體有意肢解並加以延伸,設置了"集賢待制",使之成爲"榮寵"勳望重臣的特殊產物。之後是德宗皇帝欲簡拔一些資淺望輕者專職使任,使之成爲的中書、門下兩省的供奉之官,乃至於成爲"天子私人",從而加強"内朝"的決策機制。但終因朝臣反對不得不將其罷撤,標志着"待制"内朝使職化的失敗。至元和元年,伴隨着武元衡的奏疏,待制回歸外朝,成爲宰相、翰林學士之外的外朝臣工奏對的主要方式,解決了貞元十七年後"待制""次對"兩置的重疊,並在文宗開成五年以後與"諫官""刑法官"逐漸構成了外朝穩定的次對群體,彌補了朝會、聽政、奏對等系列制度變化的闕漏,便於皇帝掌握面奏的時間並儘量全面地獲取信息,從而增強其處理政務的主動性。但隨着宦官專政,"内大臣立定,外大臣即北面事之"[101]的天子已是大權旁落,而外朝化的"待制"終不可避免地淪於形式化。

五代時期戰亂頻仍、戎馬倥偬,各朝於"待制"制度多沿襲唐制而未有更革。有鑒於"待制"内外朝轉化的利弊,以及皇帝對待"待制"的隨意性,宋代正式將其確定爲内朝"侍從之臣"[102]。宋真宗景德元年(1004)十月"置龍圖閣待制,以杜鎬、戚綸充,並依舊充職。祥符二年,詔班視知制誥,列其下。元祐令從四品,掌侍從,備顧問,有所獻納則請到或奏對"[103]。這標志着自唐五代以來輪番宿值的廣義"待制官"正式演變爲有"排班朝參""官秩品級"的職事官。作爲唐初彌補内廷秘書、諮詢機構空虛而設置的"待制",其間幾經内外朝轉化的波折,終以"論思獻納"[104]的"内朝之臣"[105]身份而塵埃落定。

---

[101] 裴庭裕撰,田延柱點校《東觀奏記》,中華書局,1994年,197頁。
[102] 趙汝愚撰,北京大學中國中古史研究中心校點整理《宋朝諸臣奏議》卷四九《上仁宗乞限定學士待制員數》,上海古籍出版社,1999年,537頁。
[103] 《文獻通考》卷五四《職官考八》,494頁。
[104] 成明明《北宋館閣與文學研究》第三、四章《北宋館職的選任》《北宋館職的功能與館職的恩寵》,四川大學博士論文,2006年。
[105] 李正民《李擢徽猷閣待制制》,《全宋文》第163册,上海辭書出版社、安徽教育出版社,2006年,9頁。

# The Textual Interpretation of the *Daizhi* during the Tang Dynasty

Luo Xiaohui

*Daizhi* 待制 originally means "waiting to be consulted". In the early years of Zhenguan 貞觀, to compensate for the lack of the inner court consulting institution caused by the integration of the Three Departments of the Grand Councilors (*san sheng* 三省) and becoming part of the outer court, an order was issued to demand the clean officials (*qingguan* 清官) in the first five ranks (*pin* 品) to live in the Secretariat (*zhongshu sheng* 中書省), and the Chancellery (*menxia shen* 門下省) rotationally. This was the pioneer of the *Daizhi* system. Gaozong 高宗 and Wuhou 武后 further officially set up the *Daizhi* as the "rotational on-duty system" of the clean officials in the first five ranks. During the Xuanzong 玄宗 period, the *Daizhi* system also transformed into part of the outer court. After the An-Shi Rebellion 安史之亂, due to the changes in political and personnel situation, *Daizhi* has developed as certain honour titles or commission titles. The *Daizhi* also had a chance of to be pulled back to the inner court but failed eventually. As a special type of the official system, it became the pioneer of the academy and cabinet system during the Song 宋 dynasty.

# 《舊唐書》所涉"安史之亂"用語淺析
## ——兼與《新唐書》比較

## 黄正建

2018年，我寫了一篇《唐人是否視"安史之亂"爲"胡"亂?》的文章，提交當年7月由首都師範大學歷史學院、北京師範大學歷史學院、臺灣中正大學歷史學系主辦的"第六屆漢化·胡化·洋化國際學術研討會"，並承劉進寶先生好意，發表在《絲路文明》第三輯[1]上。

在這篇文章中，我從詔敕、墓誌、筆記等三種資料裏，選取與"安史之亂"有關詞語，將其分爲含"胡"詞語與"非胡"詞語，以此來分析唐人如何看待"安史之亂"，結論是"非胡"詞語是含"胡"詞語的3倍以上，可見唐人一般並不特別強調"安史之亂"的"胡"亂性質，更願意將安、史描述爲"賊臣""大盜""狂寇""逆賊"，將"安史之亂"描述爲"逆""亂""禍"。文章强調，在分析"安史之亂"時要重視當時人看法，避免被後人誤導；要重視不同資料的不同屬性，在分析涉"胡"詞語時要考慮作者身份、時代背景、心理情緒等因素。

文章提交會議討論時，北京師範大學趙貞先生是我文章評議人。他在肯定文章觀點的同時，提出了一個疑問：爲何在選取資料時，没有選取《舊唐書》這一重要資料呢？我當時的回答是：《舊唐書》很難説是當時人著作，可能無法反映當時人看法，所以没有選取。但趙貞先生的問題一直在我腦海裏盤旋：作爲最接近唐朝時段的《舊唐書》應該比較真實地反映了當時人（唐五代）的看法[2]，因

---

[1]《絲路文明》第3輯，上海古籍出版社，2018年，73—92頁。
[2] 何況其中很多内容取自唐代《國史》。據黄永年《唐史史料學》，《舊唐書》武宗以前事，多取自《實録》、高祖到肅宗時紀傳體《國史》、高祖到憲宗時編年體《唐曆》，其中許多紀傳就是唐國史原文。上海書店出版社，2002年，8—11頁。因此這部分内容可説是當時人的著作了。

此確實應該從《舊唐書》分析有關"安史之亂"的用詞。這就是本文的緣起。

但是在想做這篇文章時,也有一些畏難情緒。《舊唐書》篇幅浩大,由於用詞的不確定性,不可能使用電子資料的檢索功能,祇能逐篇翻檢,費時費力。不過學術研究實在沒有捷徑可走,因此還是下決心將《舊唐書》翻檢一遍,以此作爲本文的分析基礎。

我使用的《舊唐書》是中華書局 1975 年點校本。

在分析《舊唐書》有關"安史之亂"的用詞之前,首先要對這些詞語的不同來源做些簡單分析。

我們知道,雖然同是《舊唐書》,但其中詞語有着不同來源。依性質不同,大致可分爲三類:第一類是《舊唐書》作者在叙述史實時的用詞。當然,如果其中再細分,或還可分出唐代作者的用詞(體現在《舊唐書》採用的唐朝《國史》或唐朝《實錄》等唐代著作中)[3],以及後晉作者的用詞,但爲方便起見,我們不再細分。第二類是《舊唐書》中引用的詔敕、表奏、書信、對話等。這些大致反映的是唐代當時人的用語[4]。第三類是紀傳後面的"史臣曰""贊曰",這個明顯是後晉作者的用詞。

以下我們就依據這三類用語進行統計和分析。與上篇文章相同,我們依然將這些用語分爲"非胡"與含"胡"兩類。

## 一、《舊唐書》作者在描述史實時的用語

翻檢結果,將《舊唐書》作者描述史實時用語列爲表 1。

要説明的是:一、表中用語祇取最重要詞彙,其他從略,若需要,讀者可檢查

---

[3] 文章提交會議討論時,有學者質疑説可能後晉作者對唐《國史》用語進行過修改。這種可能性當然存在,但我們從《舊唐書》體例的蕪雜,以及其中顯然有照抄唐《國史》的原文看,或許大部分用語沒有進行過修改。例如卷一二〇《郭子儀傳》中間插有"史臣裴垍曰"(《傳》後還有後晉的"史臣曰"),可證此《傳》當是唐《國史》原文(參見黄永年前書 10—11 頁)。檢查此《傳》,兩處提到"羯胡"(羯胡構亂、羯胡作禍),並没有把"胡"字改掉(分別見 3457、3465 頁),可見後晉史臣並没有對原唐《國史》中涉"胡"詞語進行過逐一修改。

[4] 《舊唐書》與《新唐書》不同,對此類文字基本没作改動。

原文。二、單獨稱"賊"者甚多(如賊將、賊徒、賊黨或單稱"賊"等)。其實所有叛亂者比如朱泚、李希烈等也都被稱作賊,還有如"襄州賊"[5]"台州賊"[6]等說法,因此稱"賊"如果不與安禄山、史思明相連,一般不作統計。三、原則上以一個詞爲一條(即使在叙述同一件事時),即祇要涉及安史之亂的詞,一詞算一條。

### 表1 《舊唐書》中史實描述用語

| "非胡"類 | 出處 | 頁碼 | 含"胡"類 | 出處 | 頁碼 |
| --- | --- | --- | --- | --- | --- |
| 1 安禄山率蕃、漢之兵十餘萬,自幽州南向詣闕 | 玄宗本紀 | 230 | 1 令〔封常清〕募兵三萬以禦逆胡 | 玄宗本紀 | 230 |
| 2 禄山僭號於東京 | 玄宗本紀 | 231 | 2 逆胡害霍國長公主……等八十餘人 | 肅宗本紀 | 243 |
| 3 天寶十四載(755)十一月,禄山果叛 | 肅宗本紀 | 240 | 3 乙卯,逆胡安禄山爲其子慶緒所殺 | 肅宗本紀 | 245 |
| 4 郭子儀等與賊史思明戰 | 肅宗本紀 | 255 | 4 逆胡史思明陷洛陽 | 肅宗本紀 | 257 |
| 5 史思明爲其子朝義所殺 | 肅宗本紀 | 261 | 5 太常樂尚胡曲,貴人御饌,盡供胡食,士女皆竟衣胡服,故有范陽羯胡之亂 | 輿服 | 1958 |
| 6 禄山之亂,京城陷賊 | 代宗本紀 | 267 | 6 遂至凶胡犯順,不措一言 | 韋見素傳 | 3276 |
| 7 回紇登里可汗率衆來助國討逆 | 代宗本紀 | 270 | 7 逆胡陷西京,器没於賊 | 崔器傳 | 3373 |
| 8 大赦天下……安禄山、史思明親族應在諸道,一切原免不問 | 代宗本紀 | 272 | 8 兩京蹂於胡騎,士君子多以家渡江東 | 權德輿傳 | 4002 |
| 9 十五載(756),上都失守,此事廢絶 | 禮儀四 | 924 | | | |
| 10 玄宗西幸,禄山遣其逆黨載京師樂器樂伎衣盡入洛城 | 音樂一 | 1052 | | | |
| 11 是月,逆賊史思明再陷東都,米價踴貴,斗至八百文 | 天文下 | 1324 | | | |
| 12 是月,史思明再陷東都,京師米斗八百文 | 五行 | 1361 | | | |
| 13 數日蛇死。禄山陷洛之兆也 | 五行 | 1371 | | | |
| 14 自燕以下十七州……安禄山之亂,一切驅之爲寇,遂擾中原 | 地理二 | 1527 | | | |

---

[5] 《舊唐書》卷一〇《肅宗紀》,中華書局,1975年,257頁。
[6] 《舊唐書》卷一一《代宗紀》,270頁。

續　表

| "非胡"類 | 出　處 | 頁碼 | 含"胡"類 | 出　處 | 頁碼 |
|---|---|---|---|---|---|
| 15 元帥。（舊無其名。安、史之亂，肅宗討賊，以廣平王爲天下兵馬元帥。） | 職官三 | 1922 | | | |
| 16 禄山之亂，兩都覆没，乾元舊籍，亡散殆盡[7] | 經籍上 | 1962 | | | |
| 17 及安禄山反於范陽，兩京倉庫盈溢而不可名[8] | 食貨上 | 2087 | | | |
| 18 自天寶末兵興以來，河北鹽法，羈縻而已 | 食貨上 | 2108 | | | |
| 19 自明慶至先天六十年間……及塚臣懷邪，邊將内侮，乘輿幸於巴、蜀，儲副立於朔方[9] | 刑法 | 2151 | | | |
| 20 及禄山叛，露檄數國忠之罪 | 玄宗楊貴妃傳 | 2180 | | | |
| 21 河北盗起，玄宗以皇太子爲天下兵馬元帥 | 玄宗楊貴妃傳 | 2180 | | | |
| 22 禄山之亂，玄宗幸蜀，太子與良娣俱從 | 肅宗張皇后傳 | 2185 | | | |
| 23 禄山之亂，玄宗幸蜀，諸王、妃、主從幸不及者，多陷於賊 | 代宗沈皇后傳 | 2188 | | | |
| 24 俄而史思明再陷河洛 | 代宗沈皇后傳 | 2188 | | | |
| 25 及禄山起逆，自拔歸西京 | 蔣王後代李之芳傳 | 2660 | | | |
| 26 會禄山反，陷洛陽，陟愛弟斌爲賊所得 | 韋陟傳 | 2959 | | | |
| 27 逆賊史思明寇逼河洛 | 韋陟傳 | 2961 | | | |
| 28 安禄山反，陷洛陽，斌爲賊所得 | 韋斌傳 | 2963 | | | |
| 29 安禄山反，赴於西京 | 嗣薛王李珵傳 | 3019 | | | |
| 30 禄山之亂，受僞命爲中書令。 | 張均傳 | 3058 | | | |
| 31 禄山之亂，玄宗幸蜀，宰相韋見素……等從 | 張垍傳 | 3059 | | | |

[7]　此爲《經籍志》序，當爲後晉作者用語。
[8]　此爲《食貨志》序，當爲後晉作者用語。
[9]　從"明慶"看，此段話出自唐代《國史》作者。

续表

| "非胡"類 | 出處 | 頁碼 | 含"胡"類 | 出處 | 頁碼 |
|---|---|---|---|---|---|
| 32 禄山之亂,與張垍、達奚珣同掌賊之機衡 | 陳希烈傳 | 3059 | | | |
| 33 及安禄山反,既犯東京…… | 源洧傳 | 3072 | | | |
| 34 屬安禄山反,西京失守 | 韓洪傳 | 3079 | | | |
| 35 禄山之亂,從駕不及,陷賊 | 蕭華傳 | 3095 | | | |
| 36 禄山之亂陷賊,不受僞命 | 張拯傳 | 3100 | | | |
| 37 安禄山反,以執父喪,將投闕庭 | 裴珣傳 | 3131 | | | |
| 38 及禄山之亂,兩京陷賊,玄宗幸蜀,述抱《國史》藏於南山 | 韋述傳 | 3184 | | | |
| 39 安禄山據范陽叛 | 高仙芝傳 | 3206 | | | |
| 40 時禄山已叛…… | 封常清傳 | 3209 | | | |
| 41 及安禄山反,上以封常清、高仙芝喪敗,召翰入…… | 哥舒翰傳 | 3213 | | | |
| 42 林甫利其不識文字,無入相由,然而禄山竟爲亂階…… | 李林甫傳 | 3240 | | | |
| 43 玄宗聞河朔變起,欲以皇太子監國 | 楊國忠傳 | 3245 | | | |
| 44 自禄山兵起,國忠以身領劍南節制 | 楊國忠傳 | 3246 | | | |
| 45 兵不妄動,則凶逆之勢,不討自弊 | 楊國忠傳 | 3247 | | | |
| 46 及安禄山反,玄禮欲於城中誅楊國忠 | 陳玄禮傳 | 3255 | | | |
| 47 十四年十一月,安禄山反於范陽 | 靖恭太子傳 | 3261 | | | |
| 48 安禄山反,除蜀郡大都督、劍南節度大使 | 潁王璬傳 | 3263 | | | |
| 49 十四載十一月,安禄山反范陽 | 永王璘傳 | 3264 | | | |
| 50 上以凶醜未滅,且示招懷[10] | 韋見素傳 | 3278 | | | |
| 51 及禄山反,兩京陷,上在靈武[11] | 李嗣業傳 | 3299 | | | |
| 52 禄山之亂,封常清、高仙芝戰敗,斬於潼關 | 李光弼傳 | 3303 | | | |

---

[10] 從稱"上"看,此處應出自唐代《國史》。
[11] 從稱"上"看,此處應出自唐代《國史》。

續　表

| "非胡"類 | 出　處 | 頁碼 | 含"胡"類 | 出　處 | 頁碼 |
|---|---|---|---|---|---|
| 53 自禄山反,常山爲戰場 | 李光弼傳 | 3304 | | | |
| 54 及禄山阻兵,國忠屢以軍國事謀於鎬 | 張鎬傳 | 3326 | | | |
| 55 禄山之亂,徵(哥舒)翰討賊,拜適左拾遺 | 高適傳 | 3328 | | | |
| 56 禄山構逆,朝廷以麟儒者,恐非禦侮之用 | 李麟傳 | 3339 | | | |
| 57 屬禄山之亂,玄宗幸蜀,峘奔赴行在 | 李峘傳 | 3342 | | | |
| 58 及禄山陷東京,玄宗方擇將帥 | 李巨傳 | 3346 | | | |
| 59 屬禄山叛逆,楊國忠以晉卿有時望,將抑之 | 苗晉卿傳 | 3350 | | | |
| 60 衣冠流離道路,多爲逆黨所脅 | 苗晉卿傳 | 3350 | | | |
| 61 禄山之亂,選任將帥 | 魯炅傳 | 3361 | | | |
| 62 安禄山反,張垍復薦之 | 來瑱傳 | 3365 | | | |
| 63 逆賊史思明遣僞將李歸仁鐵騎三千來犯 | 衛伯玉傳 | 3378 | | | |
| 64 九月,史思明陷洛陽 | 越王係傳 | 3383 | | | |
| 65 禄山之亂,玄宗幸蜀,倓兄弟典親兵扈從 | 承天皇帝倓傳 | 3384 | | | |
| 66 乾元二年(759)冬,史思明再陷河洛 | 彭王僅傳 | 3386 | | | |
| 67 禄山之亂,選爲太原少尹 | 王縉傳 | 3416 | | | |
| 68 安禄山反,肅宗即位於靈武 | 楊綰傳 | 3430 | | | |
| 69 安禄山陷洛陽,士庶奔迸 | 崔祐甫傳 | 3437 | | | |
| 70 安禄山反。十一月,以子儀爲衛尉卿,兼靈武郡太守,充朔方節度使 | 郭子儀傳 | 3449 | | | |
| 71 及安禄山反,從郭子儀討高秀岩於雲中 | 僕固懷恩傳 | 3477 | | | |
| 72 天寶末,陷逆賊安禄山,受僞官 | 張獻誠傳 | 3497 | | | |
| 73 連陷史思明,爲思明守汴州,統逆兵數萬 | 張獻誠傳 | 3497 | | | |
| 74 安禄山反,從襄陽節度魯炅守鄧州 | 曲環傳 | 3501 | | | |
| 75 時史朝義盜據東都,寄理長水 | 劉晏傳 | 3511 | | | |

续 表

| "非胡"類 | 出　處 | 頁碼 | 含"胡"類 | 出　處 | 頁碼 |
|---|---|---|---|---|---|
| 76 會安禄山反,進明遷北海郡太守 | 第五琦傳 | 3516 | | | |
| 77 自天下兵起,束身戎伍,委質逆徒 | 薛嵩傳 | 3525 | | | |
| 78 安禄山叛逆,以本官隨賊黨張通儒赴京師 | 令狐彰傳 | 3528 | | | |
| 79 又陷逆賊史思明,僞署爲博州刺史及滑州刺史 | 令狐彰傳 | 3528 | | | |
| 80 自禄山構逆,爲賊守者,未有舉州向化 | 令狐彰傳 | 3528 | | | |
| 81 會河朔兵興,從事幽、薊 | 田神功傳 | 3532 | | | |
| 82 安禄山反,署其腹心徐歸道爲平盧節度 | 侯希逸傳 | 3533 | | | |
| 83 是時,安禄山盜陷二京 | 裴諝傳 | 3567 | | | |
| 84 初鎮父洌,叔涣,當禄山、思明之亂,並授僞職 | 蔣鎮傳 | 3579 | | | |
| 85 安禄山逆節頗著,真卿以霖雨爲托,修城浚池 | 顏真卿傳 | 3589 | | | |
| 86 無幾,禄山果反,河朔盡陷,獨平原城守具備 | 顏真卿傳 | 3590 | | | |
| 87 玄宗初聞禄山之變,嘆曰:"河北二十四郡,豈無一忠臣乎!" | 顏真卿傳 | 3590 | | | |
| 88 禄山既陷洛陽,殺留守李憕 | 顏真卿傳 | 3590 | | | |
| 89 弘靖以禄山、思明之亂,始自幽州,欲於事初盡革其俗 | 張弘靖傳 | 3611 | | | |
| 90 天寶末,禄山構難,肅宗北巡 | 李泌傳 | 3621 | | | |
| 91 安禄山反,俾光禄卿賈循守范陽 | 馬燧傳 | 3689 | | | |
| 92 安禄山構逆,瑊從李光弼出師河北 | 渾瑊傳 | 3703 | | | |
| 93 洛城爲安禄山所陷,奕守司而遇害 | 盧杞傳 | 3713 | | | |
| 94 安禄山反,出爲襄陽太守 | 徐浩傳 | 3759 | | | |
| 95 會安禄山反,車駕幸蜀,拜倫監察御史 | 韋倫傳 | 3780 | | | |
| 96 安禄山反,令僞將李庭偉率蕃兵脅下城邑 | 張建封傳 | 3828 | | | |
| 97 禄山構逆,承嗣與張忠志等爲前鋒 | 田承嗣傳 | 3837 | | | |

續表

| "非胡"類 | 出處 | 頁碼 | 含"胡"類 | 出處 | 頁碼 |
|---|---|---|---|---|---|
| 98 禄山敗,史朝義再陷洛陽,承嗣爲前導 | 田承嗣傳 | 3837 | | | |
| 99 帝以二凶繼亂,郡邑傷殘,務在禁暴戢兵 | 田承嗣傳 | 3837 | | | |
| 100 禄山、史思明繼陷河洛,孝忠皆爲其前鋒 | 張孝忠傳 | 3854 | | | |
| 101 自安、史之亂,兩河藩帥多阻命自固 | 張茂昭傳 | 3859 | | | |
| 102 及禄山叛,忠志遁歸范陽 | 李寶臣傳 | 3865 | | | |
| 103 玄宗真容……及安、史之亂,賊之所部,悉熔毀之 | 李寶臣傳 | 3866 | | | |
| 104 禄山之叛,懷仙以裨將從陷河洛 | 李懷仙傳 | 3895 | | | |
| 105 自禄山反後,山東范陽,外雖示順,實皆倔强不庭 | 朱滔傳 | 3896 | | | |
| 106 聞安禄山反,勝乃命弟曜行國事,自率兵五千赴難 | 尉遲勝傳 | 3924 | | | |
| 107 安禄山反,隨平盧節度使侯希逸過海 | 邢君牙傳 | 3925 | | | |
| 108 安禄山反,詔以安西節度封常清爲范陽節度 | 劉全諒傳 | 3938 | | | |
| 109 及禄山反,與其倫輩密議,殺僞節度吕知誨 | 李忠臣傳 | 3940 | | | |
| 110 禄山之亂,自良從兗鄆節度使能元皓 | 李自良傳 | 3957 | | | |
| 111 及安禄山反,昕舉贊善大夫來瑱堪任將帥 | 蕭昕傳 | 3961 | | | |
| 112 思明之亂,〔來〕瑱功居多 | 蕭昕傳 | 3961 | | | |
| 113 天寶末,盜據京邑 | 高郢傳 | 3975 | | | |
| 114 奉母晝夜南去,及渡江,禄山已反矣 | 權德輿傳 | 4001 | | | |
| 115 值禄山構難,肅宗踐阼 | 于休烈傳 | 4007 | | | |
| 116 禄山之亂,隱居南山豹林谷 | 令狐峘傳 | 4011 | | | |
| 117 屬安、史亂離,國史散落 | 柳登傳 | 4030 | | | |
| 118 安禄山叛,尚衡起義兵討之 | 王栖曜傳 | 4068 | | | |
| 119 及安禄山反,昌始從河南節度張介然 | 劉昌傳 | 4070 | | | |

續　表

| "非胡"類 | 出　處 | 頁碼 | 含"胡"類 | 出　處 | 頁碼 |
|---|---|---|---|---|---|
| 120 安禄山始叛,僞署劉道玄爲景城守 | 穆寧傳 | 4113 | | | |
| 121 禄山叛,平盧軍節度使柳知晦受賊偽署 | 劉悟傳 | 4230 | | | |
| 122 禄山亂,其父歿於賊 | 楊於陵傳 | 4292 | | | |
| 123 自天寶艱難之後,宗室子弟,賢而立功者…… | 李宗閔傳 | 4555 | | | |
| 124 禄山之亂,玄宗幸蜀;輔國侍太子扈從 | 李輔國傳 | 4759 | | | |
| 125 禄山之亂,哥舒翰敗,肅宗即位於靈武 | 呂諲傳 | 4824 | | | |
| 126 安禄山反,遂從兵馬使董秦海轉收滄、棣等州 | 李惠登傳 | 4828 | | | |
| 127 史思明反,復陷於賊 | 李惠登傳 | 4828 | | | |
| 128 禄山起兵作亂,人謂與溫報仇耳 | 吉溫傳 | 4857 | | | |
| 129 安禄山反於范陽,人心震懼 | 李憕傳 | 4888 | | | |
| 130 安禄山將犯河洛,以介然爲河南防禦使 | 張介然傳 | 4892 | | | |
| 131 玄宗以禄山起逆,於河南要路懸榜以購其首 | 張介然傳 | 4892 | | | |
| 132 安禄山犯東都,人吏奔散 | 盧奕傳 | 4894 | | | |
| 133 十一月,禄山舉范陽之兵詣闕 | 顔杲卿傳 | 4896 | | | |
| 134 初聞禄山逆謀,陰養死士,招懷豪右 | 顔杲卿傳 | 4896 | | | |
| 135 禄山之亂,南陽節度使魯炅奏用顗爲潁川太守 | 薛顗傳 | 4899 | | | |
| 136 禄山之亂,〔張〕巡爲真源令 | 張巡傳 | 4900 | | | |
| 137 初禄山陷河洛,許叔冀守靈昌 | 張巡傳 | 4900 | | | |
| 138 禄山之亂,詔千里於河東召募 | 程千里傳 | 4903 | | | |
| 139 禄山之亂,西北邊戍兵入赴難 | 袁光庭傳 | 4904 | | | |
| 140 及禄山反,使僞節度使蔡希德領行戮者李揆等二人 | 甄濟傳 | 4910 | | | |
| 141 禄山之亂,從上皇幸蜀[12] | 賈至傳 | 5029 | | | |

[12] 從稱"上皇"看,應出自唐代《國史》。

續 表

| "非胡"類 | 出　處 | 頁碼 | 含"胡"類 | 出　處 | 頁碼 |
|---|---|---|---|---|---|
| 142 禄山之亂,從友人張巡客宋州 | 蕭翰傳 | 5049 | | | |
| 143 禄山陷兩都,玄宗出幸,維扈從不及 | 王維傳 | 5052 | | | |
| 144 禄山之亂,玄宗幸蜀 | 李白傳 | 5053 | | | |
| 145 安禄山反,南犯洛陽 | 金梁鳳傳 | 5105 | | | |
| 146 禄山將亂,求還茅山 | 吴筠傳 | 5129 | | | |
| 147 回紇使……三千人助國討逆 | 回紇傳 | 5201 | | | |
| 148 上表賀收東京,並進逆賊史朝義旌旗等物 | 回紇傳 | 5204 | | | |
| 149 及還,而安禄山已竊據洛陽 | 吐蕃傳 | 5236 | | | |
| 150 會安禄山反,閣羅鳳乘釁攻陷嶲州及會同軍 | 南詔蠻傳 | 5281 | | | |
| 151 十一月,反於范陽 | 安禄山傳 | 5370 | | | |
| 152 禄山以體肥,長帶瘡。及造逆後而眼漸昏 | 安禄山傳 | 5371 | | | |
| 153 禄山父子僭逆三年而滅 | 安禄山傳 | 5374 | | | |
| 154 及禄山僭逆,僞授殿中監 | 孫孝哲傳 | 5376 | | | |
| 155 安禄山反,命思明討饒陽等諸郡 | 史思明傳 | 5376 | | | |
| 156 與朝義戰於邙山之下。逆賊敗績 | 史朝義傳 | 5382 | | | |
| 157 思明乾元二年(759)僭號,至朝義寶應元年(762)滅,凡四年 | 史朝義傳 | 5383 | | | |
| 158 及安禄山、史思明叛,累爲管兵將 | 朱泚傳 | 5385 | | | |

　　從表1看,《舊唐書》作者在描述史實時,使用"非胡"用語和含"胡"用語的比例是158:8,前者占壓倒趨勢。可見當時史官在叙述史實時,基本没有採用含"胡"用語。

　　進一步説,在"非胡"詞語中,如果我們按具體詞彙使用頻率的高低排列,則含"反"者42條,含"亂"者39條,含"逆"者27條(其中2條與"叛"重複),含"叛"者12條(其中2條與"逆"重複),占全部"非胡"詞語的絶大多數。特别是,有關"反"和"亂"的詞語,有着高度一致性。請看表2。

表2 《舊唐書》史實描述"非胡"用語中涉及反、亂、逆、叛詞語一覽表

| 序號 | 反 | 亂 | 逆 | 叛 |
|---|---|---|---|---|
| 1 | 17 安禄山反於洛陽 | 6 禄山之亂 | 7 討逆 | 3 禄山果叛 |
| 2 | 26 禄山反 | 14 安禄山之亂 | 10 逆黨 | 20 禄山叛 |
| 3 | 28 安禄山反 | 15 安史之亂 | 11 逆賊史思明 | 39 安禄山據范陽叛 |
| 4 | 29 安禄山反 | 16 安禄山之亂 | 25 禄山起逆 | 40 禄山已叛 |
| 5 | 33 安禄山反 | 22 禄山之亂,玄宗幸蜀 | 27 逆賊史思明寇逼河洛 | 59 禄山叛逆[13] |
| 6 | 34 安禄山反 | 23 禄山之亂,玄宗幸蜀 | 45 凶逆之勢 | 78 安禄山叛逆[14] |
| 7 | 37 安禄山反 | 30 禄山之亂 | 56 禄山構逆 | 102 禄山叛 |
| 8 | 41 安禄山反 | 31 禄山之亂 | 59 禄山叛逆[15] | 104 禄山之叛 |
| 9 | 46 安禄山反 | 32 禄山之亂 | 60 逆黨 | 118 安禄山叛 |
| 10 | 47 安禄山反於范陽 | 35 禄山之亂 | 63 逆賊史思明 | 120 安禄山始叛 |
| 11 | 48 安禄山反 | 36 禄山之亂 | 72 逆賊安禄山 | 121 禄山叛 |
| 12 | 49 安禄山反范陽 | 38 禄山之亂 | 73 逆兵 | 158 安禄山、史思明叛 |
| 13 | 51 禄山反 | 42 禄山竟爲亂階 | 77 委質逆徒 | |
| 14 | 53 禄山反 | 52 禄山之亂 | 78 安禄山叛逆[16] | |
| 15 | 62 安禄山反 | 55 禄山之亂 | 79 逆賊史思明 | |
| 16 | 68 安禄山反 | 57 禄山之亂,玄宗幸蜀 | 80 禄山構逆 | |
| 17 | 70 安禄山反 | 61 禄山之亂 | 85 安禄山逆節頗著 | |
| 18 | 71 安禄山反 | 65 禄山之亂,玄宗幸蜀 | 92 安禄山構逆 | |
| 19 | 74 安禄山反 | 67 禄山之亂 | 97 禄山構逆 | |
| 20 | 76 安禄山反 | 84 禄山、思明之亂 | 131 禄山起逆 | |
| 21 | 82 安禄山反 | 89 禄山、思明之亂 | 134 禄山逆謀 | |
| 22 | 86 禄山果反 | 101 安史之亂 | 147 討逆 | |
| 23 | 91 安禄山反 | 103 安史之亂 | 148 逆賊史朝義 | |

[13] 此條又見"逆"類。
[14] 此條又見"逆"類。
[15] 此條又見"叛"類。
[16] 此條又見"叛"類。

續　表

| 序號 | 反 | 亂 | 逆 | 叛 |
|---|---|---|---|---|
| 24 | 94 安禄山反 | 110 禄山之亂 | 152 造逆 | |
| 25 | 95 安禄山反 | 112 思明之亂 | 153 禄山父子僭逆 | |
| 26 | 96 安禄山反 | 116 禄山之亂 | 154 禄山僭逆 | |
| 27 | 105 禄山反 | 117 安、史亂離 | 156 逆賊敗績 | |
| 28 | 106 安禄山反 | 122 禄山亂 | | |
| 29 | 107 安禄山反 | 124 禄山之亂,玄宗幸蜀 | | |
| 30 | 108 安禄山反 | 125 禄山之亂 | | |
| 31 | 109 禄山反 | 128 禄山起兵作亂 | | |
| 32 | 111 安禄山反 | 135 禄山之亂 | | |
| 33 | 113 禄山已反 | 136 禄山之亂 | | |
| 34 | 119 安禄山反 | 138 禄山之亂 | | |
| 35 | 126 安禄山反 | 139 禄山之亂 | | |
| 36 | 127 史思明反 | 141 禄山之亂 | | |
| 37 | 129 安禄山反於范陽 | 142 禄山之亂 | | |
| 38 | 140 禄山反 | 144 禄山之亂,玄宗幸蜀 | | |
| 39 | 145 安禄山反 | 146 禄山將亂 | | |
| 40 | 150 安禄山反 | | | |
| 41 | 151 反於范陽 | | | |
| 42 | 156 安禄山反 | | | |

注:此表中詞語前面的序號,與表1同。

根據表1和表2,我們除了明白《舊唐書》描述安史之亂史實時,使用"非胡"詞語遠多於含"胡"詞語外,還可以討論這樣幾個問題。

第一,在《舊唐書》作者對史實的描述中,使用最多的是"安禄山反"(或"禄山反"),在全部"反"類詞語的42例中占41例[17],幾乎就是全部。其次多的是"禄山之亂"(或"安禄山之亂"),在全部"亂"類詞語的39例中占30例[18]。二

---

[17] 唯一没有"安禄山"字樣的第41例,出自《安禄山傳》。
[18] 其他9例中,有6例是因爲兼述史思明之亂,有1例是史思明之亂。

者佔"反""亂"用詞的88％！我們有理由相信，"安禄山反"與"禄山之亂"的用語，是《舊唐書》甚至唐朝《國史》使用的基本用語，前者用於叙述叛亂興起，然後接叙其他；後者用於叙述叛亂之後乃至叛亂期間發生的事情。這兩個用語很可能是官方認可的史家使用的規範用語。

一個明顯例子，是在唐宗室各傳中，凡提到宗室成員隨玄宗到蜀地的描述，均以"禄山之亂，玄宗幸蜀"開頭，接叙他們是否隨從。這樣的例子有6例[19]。説明當時對於玄宗到蜀地避難事的叙述，官方有統一口徑。反過來説，凡採用這種口徑的，很可能來自當時的《國史》作者，與此不同的，可能就來自其他史源了。例如《刑法志》中説到安史之亂、玄宗避難事時是這樣描述的："及塚臣懷邪，邊將内侮，乘輿幸於巴、蜀，儲副立於朔方"，完全是文學語言，似乎就不是出自史家手筆。關於這一點，後面還會提到。

第二，在討論《舊唐書》史實描述用語時，一定要注意史料的時間性，以及史料的不同來源。雖然我們或許不能確切指出各類史料的具體時間和具體來源，但叙述時用語的差別卻是客觀存在的。

例如，《肅宗本紀》寫："〔至德〕二載（757）正月……乙卯，逆胡安禄山爲其子慶緒所殺"[20]；"〔乾元二年（759）九月〕庚寅，逆胡史思明陷洛陽"。都使用了"逆胡"字樣。但是接下去却記作："〔上元二年（761）三月〕戊戌，史思明爲其子朝義所殺。"没有了"逆胡"二字。我在《唐人是否視"安史之亂"爲"胡"亂？》中説過，肅宗是最恨安禄山的，在他即位之初，使用了大量含"胡"詞語，對安禄山進行指責，後來隨着回紇等四夷軍隊"助國討逆"，含"胡"詞語明顯減少。《肅宗本紀》的用詞如實反映了這種隨時代變化而出現的用語變化。

又如，《天文志》記載乾元三年閏四月"是月，逆賊史思明再陷東都，米價踴貴，斗至八百文，人相食，殍屍蔽地"，使用了"逆賊"字樣。但《五行志》在描述同一件事情時則寫道"是月，史思明再陷東都，京師米斗八百文，人相食，殍骸蔽地"，没有了"逆賊"字樣。這是因時間不同產生的不同還是因史料來源不同產生的不同？由於兩種表述文字基本一致，祇是後者少了"逆賊"二字，因此我覺

---

[19] 此外非宗室傳中還有一例。
[20] 出處均見表1，下同。

得應該是史料來源不同,當然也與時代不同有一定關係。

因此我們在討論《舊唐書》史實描述用語時,一定要注意這些用語的來源和時代。

第三,關於"安史之亂"的概念問題。張明在《唐人對安史之亂的書寫》碩士論文中寫道:通過對"詔令、墓誌等材料進行梳理,唐人對安史叛亂這一事件尚未形成'安史之亂'的概念";"宋代以降,則出現了'安史之亂'這一表達"[21]。我曾經同意他的看法[22],那是因爲没有翻檢《舊唐書》。現在看來,在《舊唐書》中不僅兩次提到"禄山、思明之亂",一次提到"安史亂離",更有三次明確提到了"安史之亂"。

細查這3處"安史之亂",一處出現在《職官志》中,原文爲:"元帥。(舊無其名。安、史之亂,肅宗討賊,以廣平王爲天下兵馬元帥,又以大臣郭子儀、李光弼隨其方面副之,號爲副元帥。及代宗即位,又以雍王爲之。自後不置。昭宗又以輝王爲之也。)"[23]從注中提到了"昭宗"看,此段文字可能是後晋史家所寫。同樣職官,在《通典》中是這樣寫的:"自武德以來,亦有元帥之號……睿宗爲相王,爲并州道行軍元帥。(安禄山反後,天寶十五載,哥舒翰爲諸道兵馬元帥。其後李光弼、郭子儀復爲副元帥。)"[24]"開元中,凡八節度使……(代宗爲廣平王時,充天下兵馬元帥,親總師旅,克定禍亂。以大臣宿將郭子儀、李光弼等隨其方面以爲副,謂之副元帥,以督諸道事。及皇帝踐祚,以雍王爲之。王升儲宫而元帥闕。)"[25]《舊唐書·職官志》上面這段話,顯然是在《通典》等書基礎上,加上"昭宗"時事而改寫的。不過《通典》在這裏祇説是"安禄山反"未説"安史之亂"。

第二處見《張茂昭傳》,原文爲:"自安、史之亂,兩河藩帥多阻命自固,父死子代;唯茂昭表請舉族還朝。鄰藩累遣遊客間説,茂昭志意堅决,拜表求代者數四。"[26]黄永年先生認爲,《舊唐書》傳記的來源主要有三類:一是實録,直到武

---

[21] 中央民族大學碩士論文,2013年,91頁。
[22] 前引《唐人是否視"安史之亂"爲"胡"亂?》,75頁注④。
[23] 《舊唐書》卷四四《職官三》,1922—1923頁。
[24] 《通典》卷三二《職官十四》,中華書局,1988年,894頁。
[25] 同上書,895—896頁。
[26] 《舊唐書》卷一四一《張茂昭傳》,3859頁。

宗之前都有實錄存在,實錄中是有人物傳記的。二是國史中舊有的列傳,包括柳芳《國史》(截止肅宗乾元時)以後(德宗、憲宗時)撰修的《國史》中的部分列傳。三是徵集到的私家傳狀、譜牒[27]。張茂昭卒於憲宗元和六年(武宗之前30年)。由此看來,《張茂昭傳》很有可能出自唐人之手。

第三處見《李寶臣傳》,原文爲"初,天寶中,天下州郡皆鑄銅爲玄宗真容,擬佛之制。及安、史之亂,賊之所部,悉熔毀之,而恒州獨存,由是實封百户"[28]。李寶臣卒於德宗建中二年(781),而德宗時傳記有出自唐朝《國史》者已被證明[29],則《李寶臣傳》很有可能出自唐朝《國史》。

綜合以上3條資料,可知"安史之亂"這一概念,很有可能形成於唐代晚期(德宗以後),最晚到後晉撰寫《舊唐書》時已經形成,而並非到宋代以後才出現"安史之亂"的表達方式。

第四,順便説一下,雖然我們現在行文時,稱人不稱姓衹稱名是一種尊敬[30],或者是一種親昵,但我們看《舊唐書》描述安史之亂史實時,對安禄山、史思明却常常不稱姓衹稱名,所以有大量"禄山之亂""禄山、思明之亂""思明之亂""禄山反""禄山叛""禄山構逆""禄山僭號""禄山父子""禄山阻兵""禄山之變""禄山兵起""禄山構難""禄山陷洛"等詞語。這是什麼原因呢?是當時的習慣用法(稱名不稱姓),還是行文音韻的需要,還是其他什麼原因,都值得我們繼續予以探討。

## 二、《舊唐書》引用詔敕表奏書信對話等文字中的用語

這一類可簡稱爲引文中用語。我們還是分"非胡"類與含"胡"類兩類,仍以一個詞爲一條,列爲表3。

---

[27] 參見黃永年《唐史史料學》,10—11頁。
[28] 《舊唐書》卷一四二《李寶臣傳》,3866頁。
[29] 趙翼《陔余叢考》已指出,參前引《唐史史料學》,10頁。
[30] 唐代公文例如告身的大臣署名,也多衹署名不署姓。

表3　《舊唐書》引文中用語

| "非胡"類 | 出　處 | 頁碼 | 含"胡"類 | 出　處 | 頁碼 |
|---|---|---|---|---|---|
| 1〔天寶十五載八月癸未朔〕宣詔曰："奸臣凶豎,弃義背恩。" | 玄宗本紀 | 234 | 1〔天寶十五載六月丙辰〕陳玄禮奏曰："逆胡指闕,以誅國忠爲名。" | 玄宗本紀 | 232 |
| 2〔天寶十五載八月癸未朔〕宣詔曰："令太子諸王蒐兵重鎮,誅夷凶醜。" | 玄宗本紀 | 234 | 2〔天寶十五載六月己亥,上〕詔諸將諭之曰："……逆胡背恩,事須回避。" | 玄宗本紀 | 233 |
| 3〔天寶十五載七月裴冕〕等從容進曰："今寇逆亂常,毒流函谷。" | 肅宗本紀 | 242 | 3〔天寶十五載六月丁酉〕至馬嵬頓,六軍不進……衆泣而言曰："逆胡背恩,主上播越,臣等……願……爲國討賊……" | 肅宗本紀 | 240 |
| 4〔天寶十五載七月甲子〕禮畢,〔裴〕冕等跪進曰："自逆賊憑陵,兩京失守。" | 肅宗本紀 | 242 | 4〔天寶十五載七月甲子〕是日,御靈武南門,下制曰："……乃者羯胡亂常,京闕失守" | 肅宗本紀 | 242 |
| 5〔天寶十五載七月甲子〕御靈武南門,下制曰："天未悔禍,群凶尚扇。" | 肅宗本紀 | 242 | 5〔至德二載〕(757)十一月壬申朔,上御丹鳳門,下制曰："……安禄山夷羯賤類,粗立邊功,遂肆凶殘……" | 肅宗本紀 | 248 |
| 6〔天寶十五載甲子〕御靈武南門,下制曰："朕所以治兵朔方,將殄寇逆。" | 肅宗本紀 | 242 | 6〔至德二載十二月〕庚午制："……自逆胡作亂,傾覆邦家……" | 肅宗本紀 | 250 |
| 7〔至德二載(757)十一月壬申朔〕上御丹鳳門,下制曰："朕……掃清群孽。" | 肅宗本紀 | 248 | 7〔元〕年(761)建子月癸巳亥時一鼓二籌後,月掩昴……司天監韓穎奏曰："……已爲周分,癸主幽、燕,當羯胡竊據之郊,是殘寇滅亡之地。" | 天文下 | 1325 |
| 8〔乾元元年(758)五月〕壬午,詔："近緣狂寇亂常。" | 肅宗本紀 | 252 | 8 玄宗言凶胡負恩之狀,何方誅討? | 封常清傳 | 3209 |
| 9〔乾元二年(759)四月〕壬寅,詔以寇孽未平,務懷撝挹。 | 肅宗本紀 | 255 | 9 常清奏曰："……臣請走馬赴東京,計日取逆胡之首懸於闕下。" | 封常清傳 | 3209 |
| 10〔乾元二年四月〕壬寅,詔"殘妖未殄,國步猶難。" | 肅宗本紀 | 255 | 10〔封常清〕自草表待罪。……其表曰:"……臣之此來,非求苟活,實欲論逆胡之兵勢,陳討捍之別謀。" | 封常清傳 | 3210 |

续 表

| "非胡"类 | 出　处 | 頁碼 | 含"胡"類 | 出　处 | 頁碼 |
|---|---|---|---|---|---|
| 11 會昌五年(845)八月,中書門下奏:"自禄山叛後,取太廟爲軍營,神主弃於街巷。" | 禮儀六 | 983 | 11〔封常清〕自草表待罪。……其表曰:"……昨者與羯胡接戰,自今月七日交兵,至於十三日不已。" | 封常清傳 | 3210 |
| 12〔上元〕二年(761)七月癸未朔,日有蝕之……司天秋官正瞿曇譔奏曰:"……周爲河南,今逆賊史思明據。" | 天文下 | 1324 | 12〔封常清〕自草表待罪。……其表曰:"……臣欲挺身刃下,死節軍前,恐長逆胡之威,以挫王師之勢。" | 封常清傳 | 3210 |
| 13 常清奏曰:"禄山領凶徒十萬,徑犯中原。" | 封常清傳 | 3209 | 13〔封常清〕自草表待罪。……其表曰:"……冀社稷復安,逆胡敗覆,臣之所願畢矣。" | 封常清傳 | 3210—3211 |
| 14〔常清自草表待罪〕其表曰:"臣所將之兵,皆是烏合之徒……當漁陽突騎之師。" | 封常清傳 | 3210 | 14 鴻漸與六城水運使魏少遊〔等〕謀曰:"今胡羯亂常,二京陷没,主上南幸於巴蜀,皇太子理兵於平涼。" | 杜鴻漸 | 3282 |
| 15〔常清自草表待罪〕其表曰:"期陛下問臣以逆賊之勢,將誡諸軍。" | 封常清傳 | 3210 | 15〔杜鴻漸〕進言:"……殿下整理軍戎,長驅一舉,則逆胡不足滅也。" | 杜鴻漸傳 | 3283 |
| 16〔常清自草表待罪〕其表曰:"引王師之旗鼓,平寇賊之戈鋋。" | 封常清傳 | 3211 | 16〔郭子儀〕附章論奏曰:"……間者羯胡構亂,九服分崩,河北、河南,盡從逆命。" | 郭子儀傳 | 3457 |
| 17〔哥舒〕翰奏曰:"賊既始爲凶逆,禄山久慣用兵,必不肯無備。" | 哥舒翰傳 | 3214 | 17 德宗聞之震悼,廢朝五日,詔曰:"……昔天寶多難,羯胡作禍,咸秦失險,河洛爲戎。" | 郭子儀傳 | 3465 |
| 18 肅宗曰:"聖君在遠,寇逆未平,宜罷壇場。" | 杜鴻漸傳 | 3283 | 18〔僕固懷恩〕乃上書自叙功伐,曰:"……仗皇天之威神,滅狂胡之醜類……" | 僕固懷恩傳 | 3483 |
| 19〔乾元二年〕詔曰:"自凶渠構亂,中夏不寧。" | 李嗣業傳 | 3300 | 19 杲卿瞋目而報曰:"……汝本營州一牧羊羯奴耳,叨竊恩寵,致身及此。" | 顔杲卿傳 | 4897—4898 |
| 20〔房〕琯臨戎謂人曰:"逆黨曳落河雖多,豈能當我劉秩等?" | 房琯傳 | 3322 | 20 乾元元年五月,詔曰:"顔杲卿……屬胡虜憑陵,流毒方熾,孤城力屈,見陷寇仇,身殁名存,實彰忠烈。" | 顔杲卿傳 | 4898 |

續 表

| "非胡"類 | 出　處 | 頁碼 | 含"胡"類 | 出　處 | 頁碼 |
|---|---|---|---|---|---|
| 21 太子曰:"南平寇逆,奉迎鑾輿……豈不樂哉!" | 裴冕傳 | 3353 | | | |
| 22 乾元二年(759)七月詔曰:"往屬元凶暴亂,中夏不寧。" | 越王係傳 | 3382 | | | |
| 23 乾元二年七月詔曰:"頃以河朔殘妖,尚稽天討。" | 越王係傳 | 3382 | | | |
| 24 大曆三年(768)五月,詔曰:"乃者寇盜橫流,鑾輿南幸。" | 承天皇帝倓傳 | 3386 | | | |
| 25〔乾元〕三年(760)四月詔曰:"屬豺狼未殄,金革猶虞。" | 彭王僅傳 | 3387 | | | |
| 26〔王縉〕每對揚啟沃,必以業果爲證……故禄山、思明毒亂方熾,而皆有子禍。 | 王縉傳 | 3418 | | | |
| 27 言事者以子儀有社稷大功,今殘孽未除,不宜置之散地。 | 郭子儀傳 | 3454 | | | |
| 28〔僕固懷恩〕乃上書自叙功伐,曰:"洎乎禄山作亂,大振王師。" | 僕固懷恩傳 | 3483 | | | |
| 29〔僕固懷恩〕乃上書自叙功伐,曰:"思明繼逆,又據東周,宸極不安,海内騰沸。" | 僕固懷恩傳 | 3483 | | | |
| 30 至江淮,〔劉晏〕以書遺元載曰:"頃因寇難,總不掊拓。" | 劉晏傳 | 3513 | | | |
| 31 抱玉上言:"臣本姓安氏,以禄山構禍,恥與同姓。" | 李抱玉傳 | 3646 | | | |
| 32〔馬〕燧説〔賈〕循:"禄山負恩首亂,雖陷洛城,必當夷滅。" | 馬燧傳 | 3689 | | | |
| 33〔陸贄〕上疏論其事曰:"國家自禄山構亂、河隴用兵以來,肅宗中興。" | 陸贄傳 | 3806 | | | |
| 34 大曆十年(775)詔曰:"自禄山召禍,瀛、博流離。" | 田承嗣傳 | 3838 | | | |
| 35 大曆十年詔曰:"思明繼釁,趙、魏埋厄。" | 田承嗣傳 | 3838 | | | |
| 36〔谷從政〕乃出諫〔李〕惟岳曰:"往者田承嗣佐安禄山、史思明謀亂天下……及貶永州,仰天垂泣。" | 李惟岳傳 | 3869 | | | |

續　表

| "非胡"類 | 出　處 | 頁碼 | 含"胡"類 | 出　處 | 頁碼 |
|---|---|---|---|---|---|
| 37〔崔〕群曰："人皆以天寶十五年禄山自范陽起兵,是理亂分時。" | 崔群傳 | 4189 | | | |
| 38〔烏重胤〕上言曰："若刺史各得職分,又有鎮兵,則節將雖有禄山、思明之奸,豈能據一州爲叛哉?" | 烏重胤傳 | 4223 | | | |
| 39〔李〕絳對曰："開元二十年以後……奸臣説以興利,武夫説以開邊。天下騷動,奸盜乘隙,遂至兩都覆敗,四海沸騰,乘輿播遷,幾至難復。" | 李絳傳 | 4288 | | | |
| 40 乾元元年(758)五月,詔曰："顔杲卿,任彼專城,志梟狂虜。" | 顔杲卿傳 | 4898 | | | |
| 41 巡大罵曰："爾附逆賊,犬彘也,安能久哉!" | 張巡傳 | 4901 | | | |
| 42 張名振大呼軍門曰："且安史兩賊,僕固懷恩,今皆族滅,公欲何爲?" | 石演芬傳 | 4908 | | | |
| 43〔代宗時,王〕縉曰："臣兄開元中詩百千餘篇,天寶事後,十不存一。" | 王維傳 | 5053 | | | |
| 44 及肅宗還西京,十一月……己丑,詔曰："屬凶醜亂常,中原未靖,以可汗有兄弟之約。" | 回紇傳 | 5199—5200 | | | |
| 45 及肅宗還西京,十一月己丑,詔曰："奮其智謀,討彼凶逆,一鼓作氣,萬里摧鋒。" | 回紇傳 | 5199—5200 | | | |
| 46 思明曰："陳希烈已下……今尚見殺,况我本從禄山反乎!" | 史思明傳 | 5379 | | | |
| 47〔耿〕仁智大呼曰："今大夫納邪説,爲反逆之計,縱延旬月,不如早死!" | 史思明傳 | 5380 | | | |

由表3可知,在《舊唐書》所引詔敕、表奏、書信、對話(以下簡稱"引文")中,"非胡"用語47處,遠多於含"胡"用語的20處,可知使用"非胡"用語的占大多數。進一步分析,還可指出以下幾點:

第一,總體而言,引文中的含"胡"用語要多於表1史實叙述中的含"胡"用語,可知在當時人説話、寫作時使用含"胡"用語比較多,而且集中在安史之亂爆發後不久的一段時間,可能是受到安史之亂震撼,情緒激動的結果。隨着時間轉移,含"胡"用語就逐漸減少了。

第二,分析引文中的"非胡"用語,占第一位的是"逆"類[31],共 12 條,其他"凶"類 7 條,"寇"類 5 條,"亂"類 5 條,"反"類 2 條,"賊"類 1 條,其他如豺狼、群孽、奸、妖,以及無性質描述的共 14 條。與表 1 史實敘述用語比較,有很大不同:在表 1 中佔有絶對多數的"禄山之亂"和"安禄山反",即"亂""反"類在此處很少。可知當時人發言作文,與史官寫史的用語有明顯不同。這一點必須引起足够重視。

第三,在含"胡"用語中,"逆胡"最多,有 9 條,"羯胡" 8 條,"凶胡""狂胡""胡虜"各一條,可見即使説"胡",指向其性質的"逆"還是最多的,幾乎佔到一半。而"羯胡""狂胡"之類,謾駡的情緒很明顯,典型的就是顏杲卿對安禄山的謾駡:"汝本營州一牧羊羯奴耳!"

第四,還要指出的是,往往在同一人的表奏中,"非胡"用語和含"胡"用語並存。這也是帶有情緒化作文的結果,與史官的客觀描述顯然不同。這種表奏比較典型的是封常清臨刑時的上表,其中有 3 處"非胡"用語,4 處含"胡"用語。我們將此表完整移録如下:

> 初,常清兵敗入關,欲馳赴闕庭,至渭南,有敕令却赴潼關,自草表待罪。是日臨刑,托令誠上之。其表曰:

> 中使駱奉仙至,奉宣口敕,恕臣萬死之罪,收臣一朝之效,令臣却赴陝州,隨高仙芝行營。負斧縲囚,忽焉解縛,敗軍之將,更許增修。臣常清誠歡誠喜,頓首頓首。臣自城陷已來,前後三度遣使奉表,具述赤心,竟不蒙引對。臣之此來,非求苟活,實欲陳社稷之計,破虎狼之謀。冀拜首闕庭,吐心陛下,論逆胡之兵勢,陳討捍之別謀。將酬萬死之恩,以報一生之寵。豈料長安日遠,謁見無由;函谷關遥,陳情不暇!臣讀《春秋》,見狼瞫稱未獲死所,臣今獲矣。

> 昨者與羯胡接戰,自今月七日交兵,至於十三日不已。臣所將之兵,皆

---

[31] "寇逆""凶逆"都歸入"逆"類,但"反逆"歸入"反"類。

是烏合之徒,素未訓習。率周南市人之衆,當漁陽突騎之師,尚猶殺敵塞路,血流滿野。臣欲挺身刃下,死節軍前,恐長逆胡之威,以挫王師之勢。是以馳御就日,將命歸天。一期陛下斬臣於都市之下,以誡諸將;二期陛下問臣以逆賊之勢,將誡諸軍;三期陛下知臣非惜死之徒,許臣竭露。臣今將死抗表,陛下或以臣失律之後,誑妄爲辭;陛下或以臣欲盡所忠,肝膽見察。臣死之後,望陛下不輕此賊,無忘臣言,則冀社稷復安,逆胡敗覆,臣之所願畢矣。仰天飲鴆,向日封章,即爲屍諫之臣,死作聖朝之鬼。若使殁而有知,必結草軍前,回風陣上,引王師之旗鼓,平寇賊之戈鋋。生死酬恩,不任感激,臣常清無任永辭聖代悲戀之至。[32]

這裏我們注意到,無論"逆胡"也好,"逆賊"也好,重點都在一個"逆"字。

## 三、《舊唐書》"史臣曰"類用語

這一類用語包含"史臣曰"與"贊曰"。我們還是分"非胡"類與含"胡"類兩類,仍以一詞爲一條,列爲表4。

**表4 《舊唐書》"史臣曰"類用語**

| "非胡"類 | 出　處 | 頁碼 | 含"胡"類 | 出　處 | 頁碼 |
|---|---|---|---|---|---|
| 1 史臣曰:……故禄山之徒,得行其偽。 | 玄宗本紀 | 237 | 1 史臣曰:當其戎羯負恩…… | 肅宗本紀 | 264 |
| 2 史臣曰:……殘妖未殄,宜先恢復之謀……何暇升平之禮。 | 肅宗本紀 | 264 | 2 贊曰:犬羊犯順,輦輅播遷。 | 肅宗本紀 | 264 |
| 3 贊曰:……凶徒竟斃,景祚重延。 | 肅宗本紀 | 264 | 3 贊曰:羯賊犯順,戎車啓行。委任失所,封、高敗亡。 | 卷一〇四 | 3216 |
| 4 史臣曰:明皇之失馭也,則禄山暴起於幽陵。 | 代宗本紀 | 316 | 4 史臣曰:自盜起中原,河、隴陷虜。 | 卷一五二 | 4079 |
| 5 史臣曰:至德之失馭也,則思明再陷於河洛。 | 代宗本紀 | 316 | | | |
| 6 贊曰:群盜方梗,諸戎競侵。 | 代宗本紀 | 316 | | | |
| 7 史臣曰:大盜作梗,禄山亂常。 | 卷一〇四 | 3215 | | | |

---

[32]《舊唐書》卷一〇四《封常清傳》,3210—3211頁。

續 表

| "非胡"類 | 出　處 | 頁碼 | 含"胡"類 | 出　處 | 頁碼 |
|---|---|---|---|---|---|
| 8 史臣曰：……楊國忠稟性奸回……致禄山叛逆，鑾輅播遷。 | 卷一〇六 | 3255 | | | |
| 9 史臣曰：禄山狂悖已顯，玄宗寵任無疑。 | 卷一〇八 | 3284 | | | |
| 10 贊曰：玄宗失德，禄山肆逆。 | 卷一〇八 | 3285 | | | |
| 11 史臣曰：禄山寇陷兩京，儒生士子，被脅從、懷苟且者多矣。 | 卷一一一 | 3332 | | | |
| 12 史臣曰：天寶之季，盗起幽陵，萬乘播遷，兩都覆没。 | 卷一二〇 | 3474 | | | |
| 13 史臣曰：自安、史亂離，河朔割據，雖外尊朝旨，而内蓄奸謀。 | 卷一二四 | 3542 | | | |
| 14 史臣曰：戎狄之爲患也久矣！……迨至幽陵盗起，乘輿播遷，戍卒咸歸，河、湟失守。 | 吐蕃傳 | 5267 | | | |
| 15 史臣曰：我唐……三百算祀，二十帝王……其間沸騰，大盗三發，安禄山、朱泚、黄巢是也。 | 卷二〇〇下 | 5399 | | | |
| 16 史臣曰：禄山母爲巫者，身是牙郎，偶緣微立邊功，遂至大加寵用……遂稱向闕之兵，以期非望之福，此所以爲亂也！ | 卷二〇〇下 | 5399 | | | |
| 17 贊曰：天地否閉，反逆亂常。禄山犯闕，朱泚稱皇。 | 卷二〇〇下 | 5400 | | | |

　　從表4看，後晉史家[33]在涉及安史之亂時，使用"非胡"用語17條，含"胡"用語4條，前者也是遠多於後者。從詞語類型的分佈看，比較分散（"叛逆""肆逆""反逆"各1條，"亂"3條，"盗"4條，"寇"1條，"凶"1條，"妖"1條，其他4條；"戎羯""羯賊"各1條，"犬羊"1條，"虜"1條），可見史臣用語的隨意。這種隨意還體現在以下兩個方面：

　　一、在同一卷的史臣曰和贊曰中使用了不同詞語。例如記有封常清、高仙芝的卷一〇四末尾，史臣曰使用的是"非胡"詞語："史臣曰：大盗作梗，禄山亂常"云云，而贊曰則使用了含"胡"用語："贊曰：羯賊犯順，戎車啓行。委任失所，封、

---

[33] 此處所有"史臣曰"和"贊曰"都不包括疑爲唐朝史臣撰寫的部分。

高敗亡。"

二、像前面所説,撰寫史實的作者在叙述安禄山叛亂,玄宗逃難時,往往使用統一口徑如"禄山之亂,玄宗幸蜀",反映了史家的平和與客觀,而"史臣曰"或"贊曰"使用的則是文學語言,如"禄山叛逆,鑾輅播遷""盗起幽陵,萬乘播遷""幽陵盗起,乘輿播遷"等,由此可知同是史家,史實叙述與文後議論的用語是有所不同的。

從《舊唐書》最後一卷的史臣曰和贊曰看,《舊唐書》作者將安禄山、朱泚、黄巢視爲同一類人,即都是"大盗",都是"反逆亂常",並没有特意提到安禄山"胡"的身份,也並没有視安史之亂爲"胡亂"。這一點也十分重要。

# 四、小結

由以上分析,可得出簡單結論如下:

第一,《舊唐書》有關"安史之亂"的用語可分爲三類:一類是史官對史實的叙述(其中包括出自唐代《國史》作者之手,及出自後晋史官之手兩種,但不易分辨);一類是引用的詔敕、表奏、書信、對話中的用語;最後是反映在"史臣曰"和"贊曰"中的後晋史臣的用語。就其中使用的"非胡"用語和含"胡"用語而言,三類的各自比例分别是:158:8;47:20;17:4;合計則爲222:32,後者祇占全部用語中的12.5%强。换句話説,含"胡"用語的使用量祇是全部用語的約八分之一。可見就總體而言,《舊唐書》中涉及安史之亂的用語,大多數没有使用含"胡"詞彙,即《舊唐書》很少將其作爲胡亂予以叙述。

第二,具體而言,①第一類史實叙述用語中,"非胡"用語所占比例最大,而且具有高度一致性,即多用"安禄山反"與"禄山之亂"來表達,二者占了71例,幾乎是史實叙述全部用語的一半,可知在《舊唐書》撰寫過程(很可能也是唐朝《國史》撰寫過程)中,大概史官們統一過口徑(或者是朝廷制定過口徑)。這對於我們瞭解史書對某一事件性質的描述時是否採用過統一口徑,會有一定的啓示。

②第二類引文中含"胡"用語最多,超過了其他兩類之和,但仔細分析,這些用語都出現在安史之亂剛爆發時,似乎反映的是安史之亂爆發給當時人的巨大

衝擊和震動(顏杲卿的厲駡和封常清的上表都是典型反映),隨着時間推移(特別是肅宗乾元二年以後[34]),使用含"胡"用語的就越來越少了。這裏還可以提供個旁證。安史之亂爆發,"宫省門帶'安'字者改之"[35],一些帶"安"字或"胡"字的地名也改了,但隨着時間推移,這些名稱又恢復了原狀。例如"大曆四年(769)四月,陝州虞邑縣複爲安邑縣,虢州天平縣複爲湖城縣"[36]。説明社會上不再避諱"安"和"胡",人的心態趨於平和客觀。史實證明,在唐後期並没有對"胡"越來越憤恨,即並没有所謂"華夷之辨"意識增强的趨勢。

③第三類用語反映的是後晉史臣的個人用語(將其與第一類史實叙述用語比較會看得更清楚),比較隨意,兼有文學性。而且,可能與後晉政權的"沙陀"族性質相關,這些"史臣曰""贊曰"不僅没有强調安史之亂"胡"的性質,甚至4條含"胡"詞語中其實並没有"胡"字,分別是"戎羯""犬羊""羯賊""虜"。這裏是不是有意避開"胡"字呢,也值得認真考慮。

第三,從《舊唐書》整體用語看,稱安史之亂爲反、亂、逆、叛等,與稱其他反亂時的用語,其實是相通的。我們各舉一例:

"史臣裴垍曰:……代宗幸陝時,令以數十騎覘賊,及在涇陽,又陷於胡虜重圍之中,皆以身許國,未嘗以危亡易慮。"[37]這裏指回紇爲"胡虜"。更要注意的是,此段話出自唐朝史臣之手。

"近以寇逆亂常,鑾輿外幸,既屬憂危之運,宜增儆勵之誠。"[38]這裏指朱泚之亂、德宗避難事,用詞是"寇逆亂常",與指稱安史之亂基本相同。

"明年,汴州李岕反。"[39]這裏使用了"反"字,與"安禄山反"其實一樣。

"龐勛之亂,臨陣有功,自河陽監軍入爲宣徽使。"[40]這裏使用了"亂"字,與"禄山之亂"其實一樣。

---

[34] 代宗廣德元年七月赦書説:"安禄山、史思明親族應在諸道,一切原免不問。"(《舊唐書》卷一一《代宗本紀》,272頁)也促使了社會上恨安憤胡情緒的平復。
[35] 《舊唐書》卷一〇《肅宗本紀》,248頁。
[36] 《舊唐書》卷一一《代宗本紀》,292頁。
[37] 《舊唐書》卷一二〇《郭子儀傳》,3467頁。
[38] 《舊唐書》卷一三九《陸贄傳》,3793頁。
[39] 《舊唐書》卷一六三《崔弘禮傳》,4265頁。
[40] 《舊唐書》卷一八四《楊復恭傳》,4774頁。

"文宗初即位,滄州李同捷叛。"[41]這裏使用了"叛"字,與"安禄山叛"一樣。

"〔裴〕度在軍上疏論之曰:'……而逆豎構亂,震驚山東;奸臣作朋,撓敗國政。陛下欲掃蕩幽、鎮,宜肅清朝廷。何者?爲患有大小,議事有先後。河朔逆賊,祇亂山東;禁闈奸臣,必亂天下。'"[42]這裏稱穆宗時河北藩鎮之亂爲"逆豎""逆賊",即使用了"逆"字,與稱呼安史之亂一樣。

"天下兵馬都監押楊復光露布獻捷於行在,陳破賊事狀曰:'……萬方共怒,十道齊攻,伏九廟之威靈,殄積年之凶醜……收百姓十萬余家,降賊黨三萬餘衆……雁門節度使李克用……與臣同力前驅,雖在寢餐,不忘寇孽。'"[43]這裏稱黄巢爲"賊""凶醜""寇孽"。這些用語也都曾用在指稱安史之亂上。

由此可見,《舊唐書》作者作爲史官,對唐朝發生的叛亂,有一種基本的叙述用語,即反、亂、叛、逆。對"涇師之亂"[44]是這樣,對"朱泚之亂"[45]是這樣,對"徐、泗之亂"[46]是這樣,對"巢、讓之亂"[47]是這樣,對安史之亂也是這樣。雖然安史之亂影響很大,在《舊唐書》中提到的次數很多,但史官們並没有將其描述爲"胡"亂,没有强調其"胡"的身份和性質。這就是我們得出的初步結論。這一結論與我前篇文章的結論是一致的,祇是由於《舊唐書》的史書性質,使用的"非胡"用語更多、更平和、更客觀而已。

最近,仇鹿鳴在《長安與河北之間:中晚唐的政治與文化》中"以石刻資料爲基礎,嘗試從安史、唐廷及一般民衆三個不同的維度來勾勒燕政權的面貌",指出"大量出自不同社會階層的墓誌文本亦不過將安史描述爲'叛亂'"[48],與我的看法相近。他又指出:應該"進一步廓清概念,在更廣泛的利用各種材料,尤其注意區分主觀的歷史叙事與無意留存的史料之間不同信度的基礎上,整體性

---

[41] 《舊唐書》卷一六五《殷侑傳》,4321頁。
[42] 《舊唐書》卷一七〇《裴度傳》,4422頁。
[43] 《舊唐書》卷二〇〇下《黄巢傳》,5395—5396頁。
[44] 《舊唐書》卷一八三《吳漵傳》,4746頁。
[45] 《舊唐書》卷一八九下《蘇弁傳》,4976頁。
[46] 《舊唐書》卷一六四《王龜傳》,4282頁。
[47] 《舊唐書》卷一六四《王鐸傳》,4284頁。
[48] 仇鹿鳴《長安與河北之間:中晚唐的政治與文化》,北京師範大學出版社,2018年,318頁。

地思考'胡化'與'漢化'的關係"[49]。雖然他談的是"胡化""漢化"問題,但我以爲在涉及安史之亂性質的分析中也是如此。特別是如本文所指出的那樣,即使是"主觀的歷史叙事",因作者立場不同、角色不同、文風不同,在用詞上也會有很大不同,《舊唐書》作者所體現出來的史官"主觀的歷史叙事"就有非常明顯的特徵,值得進一步深入探討。

## 五、餘論

以上從《舊唐書》出發,探討了其中涉及安史之亂時的用語,若更進一步,我們可以看看《新唐書》在描述同一事件時的用詞。我們把討論對象集中在涉"胡"用語上。如上所述,《舊唐書》三類用語中共有涉"胡"用語32條,以下我們就看看《新唐書》[50]對這32條文字是如何表述的(表5)。

表5 新舊《唐書》涉"胡"用語比較表

| 序號 | 《舊唐書》的表述 | 出處 | 頁碼 | 《新唐書》的表述 | 出處 | 頁碼 | 是否涉胡 |
|---|---|---|---|---|---|---|---|
| 1—1 | 令〔封常清〕募兵三萬以禦逆胡。 | 玄宗本紀 | 230 | 壬申,伊西節度使封常清爲范陽、平盧節度使,以討安禄山。 | 玄宗本紀 | 150—151 | 否 |
| 1—2 | 逆胡害霍國長公主……等八十餘人。 | 肅宗本紀 | 243 | 無 | | | 否 |
| 1—3 | 乙卯,逆胡安禄山爲其子慶緒所殺。 | 肅宗本紀 | 245 | 乙卯,安慶緒弑其父禄山。 | 肅宗本紀 | 157 | 否 |
| 1—4 | 逆胡史思明陷洛陽。 | 肅宗本紀 | 257 | 庚寅,史思明陷東京及齊、汝、鄭、滑四州。 | 肅宗本紀 | 162 | 否 |
| 1—5 | 太常樂尚胡曲,貴人御饌,盡供胡食,士女皆竟衣胡服,故有范陽羯胡之亂。 | 輿服 | 1958 | 士女衣胡服,其後安禄山反,當時以爲服妖之應。 | 車服志 | 531 | 否 |
| 1—6 | 遂至凶胡犯順,不措一言。 | 韋見素傳 | 3276 | 每進見,未嘗不爲帝言之,帝不入其語。未幾,禄山反,從帝入蜀[51]。 | 韋見素傳 | 4267 | 否 |

---

[49]《長安與河北之間》,320頁。
[50]《新唐書》,中華書局,1975年。
[51]《新唐書·韋見素傳》對韋見素的性格、處事的描述,與《舊唐書·韋見素傳》有很大不同。

續　表

| 序號 | 《舊唐書》的表述 | 出處 | 頁碼 | 《新唐書》的表述 | 出處 | 頁碼 | 是否涉胡 |
|---|---|---|---|---|---|---|---|
| 1—7 | 逆胡陷西京,器没於賊。 | 崔器傳 | 3373 | 安禄山陷京師,器受賊署,守奉先。 | 崔器傳 | 5918 | 否 |
| 1—8 | 兩京蹂於胡騎,士君子多以家渡江東。 | 權德輿傳 | 4002 | 自中原亂,士人率度江。 | 權皋傳 | 5567 | 否 |
| 2—1 | 〔天寶十五載六月丙辰〕,陳玄禮奏曰:"逆胡指闕,以誅國忠爲名。" | 玄宗本紀 | 232 | 無 | | | 否 |
| 2—2 | 〔天寶十五載六月己亥,上〕詔諸將諭之曰:"……逆胡背恩,事須迴避。" | 玄宗本紀 | 233 | 無 | | | 否 |
| 2—3 | 〔天寶十五載六月丁酉〕至馬嵬頓,六軍不進……衆泣而言曰:"逆胡背恩,主上播越,臣等……願……爲國討賊……" | 肅宗本紀 | 240 | 無 | | | 否 |
| 2—4 | 〔天寶十五載七月甲子〕是日,御靈武南門,下制曰:"……乃者羯胡亂常,京闕失守……" | 肅宗本紀 | 242 | 無 | | | 否 |
| 2—5 | 〔至德二載〕十一月壬申朔,上御丹鳳門,下制曰:"……安禄山夷羯賤類,粗立邊功,遂肆凶殘……" | 肅宗本紀 | 248 | 無 | | | 否 |
| 2—6 | 〔至德二載十二月〕庚午制:"……自逆胡作亂,傾覆邦家……" | 肅宗本紀 | 250 | 無 | | | 否 |
| 2—7 | 〔元〕年(761)建子月癸巳亥時一鼓二籌後,月掩昴……司天監韓潁奏曰:"……已爲周分,癸主幽、燕,當羯胡竊據之郊,是殘寇滅亡之地。" | 天文下 | 1325 | 肅宗元年建子月癸巳乙夜,月掩昴而暈,色白,有白氣自北貫之。昴,胡也;白氣,兵喪。 | 天文二 | 836 | 否 |
| 2—8 | 玄宗言凶胡負恩之狀,何方誅討? | 封常清傳 | 3209 | 安禄山反,帝引見,問何策以討賊。 | 封常清傳 | 4581 | 否 |
| 2—9 | 常清奏曰:"……臣請走馬赴東京,計日取逆胡之首懸於闕下。" | 封常清傳 | 3209 | 常清見帝憂,因大言曰:"……臣請馳至東京,悉府庫募驍勇,挑馬箠度河,計日取逆胡首以獻闕下。" | 封常清傳 | 4581 | 是 |

續表

| 序號 | 《舊唐書》的表述 | 出處 | 頁碼 | 《新唐書》的表述 | 出處 | 頁碼 | 是否涉胡 |
|---|---|---|---|---|---|---|---|
| 2—10 | 〔封常清〕自草表待罪。……其表曰："……臣之此來,非求苟活,實欲論逆胡之兵勢,陳討捍之別謀。" | 封常清傳 | 3210 | 常清憂懼,爲表以謝,且言："自東京陷,三遣使表論成敗,不得對。" | 封常清傳 | 4851 | 否 |
| 2—11 | 〔封常清〕自草表待罪。……其表曰："……昨者與羯胡接戰,自今月七日交兵,至於十三日不已。" | 封常清傳 | 3210 | 無 | | | 否 |
| 2—12 | 〔封常清〕自草表待罪。……其表曰："……臣欲挺身刃下,死節軍前,恐長逆胡之威,以挫王師之勢。" | 封常清傳 | 3210 | 無 | | | 否 |
| 2—13 | 〔封常清〕自草表待罪。……其表曰："……冀社稷復安,逆胡敗覆,臣之所願畢矣。" | 封常清傳 | 3210—3211 | 又言："臣死後,望陛下無輕此賊,則社稷安。" | 封常清傳 | 4851 | 否 |
| 2—14 | 鴻漸與六城水運使魏少遊〔等〕謀曰："今胡羯亂常,二京陷沒,主上南幸於巴蜀,皇太子理兵於平涼。" | 杜鴻漸傳 | 3282 | 鴻漸與六城水運使魏少遊〔等〕謀曰："胡羯亂常,二京覆沒,太子治兵平涼。" | 杜鴻漸傳 | 4422 | 是 |
| 2—15 | 〔杜鴻漸〕進言曰："……殿下整理軍戎,長驅一舉,則逆胡不足滅也。" | 杜鴻漸傳 | 3283 | 〔鴻漸〕説曰："……殿下治兵長驅,逆胡不足滅也。" | 杜鴻漸傳 | 4423 | 是 |
| 2—16 | 〔郭子儀〕附章論奏曰："……間者羯胡構亂,九服分崩,河北、河南,盡從逆命。" | 郭子儀傳 | 3457 | 子儀奏曰："……先帝興朔方,誅慶緒,陛下席西土,戮朝義,雖天道助順,亦地勢則然。" | 郭子儀傳 | 4604 | 否 |
| 2—17 | 德宗聞之震悼,廢朝五日,詔曰："……昔天寶多難,羯胡作禍,咸秦失險,河洛爲戎。" | 郭子儀傳 | 3465 | 帝悼痛,廢朝五日。詔群臣往吊,隨喪所須,皆取於官。 | 郭子儀傳 | 4608 | 否 |
| 2—18 | 〔僕固懷恩〕乃上書自叙功伐,曰："……仗皇天之威神,滅狂胡之丑類……" | 僕固懷恩傳 | 3483 | 〔僕固懷恩〕乃上書陳情曰："……杖天威神,克滅強胡……" | 僕固懷恩傳 | 6369—6370 | 是 |
| 2—19 | 杲卿瞋目而報曰："……汝本營州一牧羊羯奴耳,叨竊恩寵,致身及此。" | 顔杲卿傳 | 4897—4898 | 杲卿瞋目罵曰："汝營州牧羊羯奴,竊荷恩寵,天子負汝何事,而乃反乎?" | 顔杲卿傳 | 5531 | 是 |

续表

| 序號 | 《舊唐書》的表述 | 出處 | 頁碼 | 《新唐書》的表述 | 出處 | 頁碼 | 是否涉胡 |
|---|---|---|---|---|---|---|---|
| 2—20 | 乾元元年（758）五月，詔曰："顏杲卿……屬胡虜憑陵，流毒方熾，孤城力屈，見陷寇仇，身殁名存，實彰忠烈。" | 顏杲卿傳 | 4898 | 乾元初，贈杲卿太子太保，謚曰忠節。 | 顏杲卿傳 | 5531 | 否 |
| 3—1 | 史臣曰：當其戎羯負恩…… | 肅宗本紀 | 264 | 贊曰：天寶之亂，大盜遽起，天子出奔。 | 肅宗代宗本紀 | 181 | 否 |
| 3—2 | 贊曰：犬羊犯順，輦輅播遷。 | 肅宗本紀 | 264 | 贊曰：天寶之亂，大盜遽起，天子出奔。 | 肅宗代宗本紀 | 181 | 否 |
| 3—3 | 贊曰：羯賊犯順，戎車啓行。委任失所，封、高敗亡。 | 高仙芝封常清哥舒翰傳 | 3216 | 贊曰：祿山哀百闢驍虜，乘天下忘戰，主德耄勤，故提戈内噪，人情崩潰。常清乃驅市人數萬以嬰賊鋒，一戰不勝，即奪爵土。欲入關見天子論成敗事，使者三輩上書，皆不報，回斬於軍。仙芝棄陝守關，遏賊西勢，以喪地被誅。玄宗雖爲左右蒙瞽，然荒奪其明亦甚矣……嗚呼，非天熟其惡，使亂四海，舉黔首而殘之邪！彼二將奚誅焉？ | 哥舒翰高仙芝封常清傳 | 4582 | 否 |
| 3—4 | 史臣曰：自盜起中原，河、隴陷虜。 | 馬璘等人傳 | 4079 | 無[52] |  |  | 否 |

其中序號中的1—1，前面的"1"表示第一類用語，後面的"1"表示在此類中的序號，亦即前述各表中的序號。

由上可知，在《舊唐書》全部涉"胡"的32條用語中，《新唐書》有10條沒有相應記載，剩餘22條，祇有5條有涉"胡"用語，且這5條全部採自當時人的對話或奏議（可能抄自《舊唐書》），包括封常清1條、杜鴻漸2條，僕固懷恩1條，顏杲卿1條。

---

[52] 《舊唐書》此"史臣曰"在馬璘等傳後，《新唐書》卷一三八是馬璘等傳，但傳後沒有"贊曰"。

可見《新唐書》作者在描述安史之亂時,比《舊唐書》作者更徹底地施行了客觀敘述原則,不使用涉"胡"詞語。例如表中 1—3 條"乙卯,逆胡安禄山爲其子慶緒所殺",《新唐書》作"乙卯,安慶緒弒其父禄山"。没有採用《舊唐書》的"逆胡"字樣;1—4 條"逆胡史思明陷洛陽",《新唐書》作"史思明陷東京",也没有採用"逆胡"二字。如果説《新唐書》本紀要求簡潔的話,列傳也是一樣:1—7 條《崔器傳》"逆胡陷西京",《新唐書》作"安禄山陷京師",不用"逆胡"二字;1—8 條《權德輿傳》"兩京蹂於胡騎",《新唐書》作"中原亂",不用"胡騎"字樣。

《新唐書》作者對安史之亂的叙述,主要採用的是"反"和"亂",除在當時人議論或奏表中引用過少量涉"胡"詞語外,一般衹用"安禄山反""天寶之亂"等詞語叙述。這一事實説明:

第一,《新唐書》作者基本没有將安史之亂視爲"胡"亂,在涉"胡"詞語的使用上,比《舊唐書》更少。

第二,宋代史臣在叙述安史之亂時秉承了比較客觀的原則,對安史之亂的性質及其叙述方式,也許有一定的口徑("反"和"亂")。

第三,比較新舊《唐書》涉及安史之亂的用語,可知《舊唐書》作者還有某些憤恨"逆胡"的情緒,而《新唐書》作者基本没有。那麽,這是否反映了唐宋史臣的不同專業素養,或者宋人並不憤恨胡人呢?

第四,因此,正史語言有其特殊性,反映的是史臣客觀而克制的專業素養。能否以正史中所用詞語來探討所涉問題,必須具體問題具體分析,不能一概而論。

第五,説宋人"夷夏之防"的意識强於唐人,恐怕也要根據具體時代具體人物具體文本,作具體分析才行。比如用《新唐書》使用涉"胡"詞語少於《舊唐書》來證明宋人對"胡"人的防範要弱於唐人,能否成立,就是一個值得探討的問題了。

以上問題,都有進一步探討的必要,限於時間和精力,衹好留待他日了。

**附記:**

本文投稿後,收到匿名審稿人的意見。意見主要有二:

第一是關於《舊唐書》史源,認爲到唐肅宗、代宗時的紀傳仍使用了唐代《國史》,這部分内容應當與當時的詔書等第一手資料同觀;唐後期紀傳部分後晋史臣可能對所採用的唐《實録》等中的詞語進行過中性化處理。

關於這一點，從理論上來説可能是對的，但是否採用《國史》《實録》以及是否對其中詞語進行了中性化處理，都不能籠統而言，需要一個紀傳一個紀傳地分析，而這需要時間。並且即使唐肅宗、代宗時紀傳確實採自《國史》，其資料的原始性也不能與當時的詔書同觀。此外如文中所言，同是《肅宗本紀》，前面用了"逆胡"，後面却没有用；同是《志》記録的相同内容，《天文志》用了"逆賊"而《五行志》没有用。那麽這到底是《國史》原文如此？還是史臣（唐史臣或後晉史臣）改了呢？頗難判斷。

第二個意見是説當時可能主要稱其爲"逆胡"，但未必有現代人意義上的種族意識，此外"逆"的程度比指一般叛亂的"賊"的程度要高一些。

説當時人稱"逆胡"多，也許是史實，但單稱"逆"或稱"羯"的也不少，前者在表一中有27例（"逆胡"有5例），後者在表四中有8例（"逆胡"有9例），因此還要再做具體分析。至於説稱"逆胡"未必有現代人意義上的種族意識，可能是對的，但似乎存在有當時人意義上的種族意識，即稱其爲"胡"還是存在着某種種族區别意義的。此外説"逆"比"賊"的程度高，可能也還要做更詳細的統計。毋庸諱言，《舊唐書》稱安禄山、朱泚、黄巢爲"反逆亂常"，使用了"逆"字（同時使用了"反"字），但也有稱黄巢爲"賊黨"，稱河北叛亂藩鎮爲"逆賊"的（例子均見本文），因此是否"逆"就比"賊"的否定程度高，可能也還要作更具體的分析。

其實還有一個綫索應該重視，即唐代法典的用詞。依據《唐律疏議》，"十惡"中的前三"惡"分别是"謀反""謀大逆"和"謀叛"。"注"的解釋是："謀反。謂謀危社稷。""謀大逆。謂謀毁宗廟、山陵及宫闕。""謀叛。謂背國從僞。"[53]這就是説，"反""逆""叛"在法典中是有特定含義的，危害社稷奪取政權的主要是"反"。那麽，史臣在叙述史實並作性質判斷時，是否會考慮法律意義的嚴謹性呢？值得考慮。從以上表格起碼我們可以説，史籍中稱"安史之亂"爲"反"的最多，與法典中將"謀反"列爲十惡之首正相契合。

以上問題都值得今後再進行更細緻而具體的研究，同時感謝匿名審稿人提出的非常有價值的意見。

---

[53] 《唐律疏議》卷一《名例》，中華書局，1983年，6—8頁。

# Comparative Analysis of the Wording Concerning the An-Shi Rebellion Used in the Two *Tangshu*

Huang Zhengjian

This article divides the wording about the An-Shi Rebellion 安史之亂 into three types including the statements of facts, the quoted words from the Tang 唐 people and the comments from official historians of the Later Jin 後晋 Dynasty. The statistical result shows the proportion of words without and with *hu* 胡 among the three types is separately 158: 8, 47: 20 and 17: 4; totally 222: 32. And the latter accounts for slightly over 12.5% of the total. Therefore in general, the words with *hu* were not often used in the wording about An-Shi Rebellion in the *Jiu Tangshu* 舊唐書. In another word, the *Jiu Tangshu* rarely narrated the An-Shi Rebellion as a *hu* rebellion. Specially, as to the statements of facts, words without *hu* were not only accounted for a large proportion but also had a high degree of consistency, such as "An Lushan Rebellion (*An Lusan fan* 安禄山反)" or "Lushan's Upheaval (*Lushan zhi luan* 禄山之亂)". This implies that the court or historians had a unified narration when writing contemporary official history. Additionally, by comparing the Two *Tangshu* 唐書, it was likely that official historians in the Song dynasty were more professional and objective when describing the An-Shi Rebellion in history books instead of being affected by the strong sense of "The Hua-Yi Distinctions and Segregation (*hua yi zhi fang* 華夷之防)" at that time.

# 遼寧朝陽出土唐代孫氏家族墓誌新考

張　雨

2003年,遼寧省朝陽市纖維廠原址基建工地發掘清理出17座唐代墓葬,均爲磚築單室墓,墓向朝南或略偏,排列緊密有序。其中5號、8號、9號墓各出土墓誌一合,誌主分別爲孫忠、孫則、孫道。這是遼寧迄今爲止發現的規模最大、出土文物最豐富的家族墓地[1]。

筆者於2019年8月參訪遼寧省博物館時,首先注意到了孫則墓誌。在進一步搜集資料時,又注意到1958年在朝陽西大營子鄉八里堡屯南發掘的唐墓中出土有孫默墓誌[2]。孫默墓是東北地區首次發現的兩座唐代墓葬之一(另一座爲中山營子唐墓,見後文圖1)。無論是從墓地位置,還是從家世來看,孫默應是當時營州孫氏家族的一員。故在既有研究基礎上,筆者擬將上述四方墓誌彙集一起,對現有釋文及史事略作修訂和考證,或可對後來的研究者有所助益。不當之處,敬希指正。

## 一、孫則(孝振)墓誌補考

志蓋:唐故明威將/軍左(右)驍衛懷/遠府折衝都/尉上柱國沔/陽縣開

---

[1]　朝陽市博物館《朝陽孫則墓發掘簡報》,遼寧省文物考古研究所、日本奈良文化財研究所編著《朝陽隋唐墓葬發現與研究》,科學出版社,2012年,7頁。參見盧治萍《唐孫則墓誌考》,《遼寧省博物館館刊(2012)》,遼海出版社,2013年,190—197頁;盧治萍、柏藝萌《遼寧朝陽出土唐代孫氏墓誌彙考》,《中國國家博物館館刊》2014年第12期,87—99頁。以上兩文,下文分別簡稱爲"盧考"及"彙考"。

[2]　金殿士《遼寧朝陽西大營子唐墓》,《文物》1959年第5期,62—64頁。墓誌拓片、録文及簡要介紹,見遼寧省博物館編《遼寧省博物館藏碑誌精粹》,文物出版社,2000年,142—143頁。

國公/孫君墓誌銘

君諱則,字孝振,營州柳城人也。自赤雀呈祥,表周王/之受命[3],緑竹爲美,彰衛君之懿德[4]。其後或令窈窕以/擒勍敵[5],或顧權奇以長光價[6],何止隱居弘道,琴拊一/弦[7],傾城追送,詩賦千里[8]。弈葉英賢,金聲無絶。祖彦道,/齊留、慎、苞信三縣令。工乎製錦,藝彼享(烹)鮮。猶夫潘滯/兩邑,龐非百里,高才之屈,代有其流。父會,本州州都、/江王府參軍。日新月旦,州里藉其銓衡;梁苑陳園,簪/裾挹其儀範。君遷喬鳳穴,秀發龍門,曜五色以相宣,/擢千尋以掩映。武德四年,起家遼州總管府典簽。性/行廉平,在公幹舉,俄轉參軍。貞觀五年,改授北黎州/昌黎縣令。四年,奉敕使招慰延陁、拔曳等諸國。君/諭以威恩之義,示以禍福之規。莫不順風而靡,隨流/而化。至六年,將諸藩長並其地圖入京奉見。蒙/恩詔曰:昌黎縣令,遠使絶域,克展勤勞,宜典禁旅,用/申榮擢。可遊擊將軍、右驍衛懷遠府左別將,賞物五/百段。本邦衣錦,榮曜晝游,道路生輝,遐邇欽尚。至十/九年,扈從東行,爲左二軍總管。於時躬先士伍,親決/六奇,攻無所

---

[3] "赤雀呈祥",見《易緯·是類謀》。參見《詩·大雅·文王·序》"文王受命作周"條及《禮記·中庸》"國家將興必有禎祥"條唐人孔穎達疏。

[4] "緑竹",見《詩·衛風·淇奧》。據《毛序》:"《淇奧》,美武公之德。"故"衛君"指衛武公。按:林寶撰,岑仲勉校記《元和姓纂》卷四,載孫姓爲"周文王第八子衛康叔之後,至武公和生惠孫,惠孫生耳……耳生武仲,以王父字爲氏"。中華書局,1984年,460頁。

[5] "令窈窕以擒勍敵",指孫武爲吳王闔閭訓練宫女,"於是闔廬知孫子能用兵,卒以爲將。西破强楚,入郢,北威齊晋,顯名諸侯,孫子與有力焉"。見《史記》卷六五《孫子吳起列傳》,中華書局,2013年,2631—2632頁。

[6] "顧權奇以長光價",指孫叔敖諫楚莊王以"幣輕,更以小爲大,百姓不便"事,見《史記》卷一一九《循吏列傳》,3768頁。以上墓誌序文,"盧考"及"彙考"已指出可與銘文"周文本系,衛康餘緒,上將興吳,名卿霸楚"相對應。

[7] "隱居弘道,琴拊一弦",指魏晋隱士孫登,見《晋書》卷九四《隱逸傳》:"孫登,字公和,汲郡共人也。無家屬,於郡北山爲土窟居之,夏則編草爲裳,冬則被髮自覆。好讀《易》,撫一絃琴,見者皆親樂之。"中華書局,1974年,2426頁。葛洪《神仙傳》:"孫登者,不知何許人也。恒止山間,穴地而坐,彈琴、讀《易》。……叔夜(按,即嵇康)善彈琴,於是登彈一絃之琴,以成音曲,叔夜乃嘆息絶思也。"李昉等編《太平廣記》卷九,中華書局,1961年,63—64頁。參見魏敏《孫登事迹考》,《武漢理工大學學報(社會科學版)》2007年第4期,533—535頁。

[8] "傾城追送,詩賦千里",出自孫楚《征西官屬送於陟陽候作詩》:"傾城遠追送,餞我千里道。"《文選》卷二〇《祖餞》,上海古籍出版社,1986年,975頁。

守,戰無所拒。詔授上柱國、汧陽縣/開國子,賞物四百段,口一十五人。進爵爲公,食邑五百/户。復以藩情憂樂,令押契丹,尋授松漠都督府長/史。永徽五年,有詔以君毅烈居心,幹能表用,早/司禁旅,亟陪戎律,加授明威將軍、本府折衝都/尉,餘官如舊。方期棟梁廣廈,舟楫大川。豈圖未/陪東岳之儀,遽落西沉之景。以永徽六年五月/一日薨於家第,春秋六十有七,即以其年十月/七日,永窆於柳城西南五里之平原。嗣子上柱/國玄巋,第二子玄岩,第三子玄策,第四子玄成/昆季等,愛敬純孝,毁瘠過人。痛風樹以崩摧,哀/陟岵而號絶。恐深溪陵極,高岸波瀾,德音不紀,/後裔何觀。銘曰:/

周文本系,衛康餘緒。上將興吳,名卿霸楚。盛德/無墜,慶錘有所。載育英靈,搏風遐舉。依仁由禮,/騰實揚聲。既參軍事,還哥武城。殊功上簡,好爵/增榮。華夷是寄,中外兼并。千月易窮,一生俄謝。/百身徒贖,寸陰寧借。痛結朝市,悲捐館舍。已矣/遠行,云如長夜。丹旐啓路,玄堂斯卜。鬱鬱新墳,/蒼蒼古木。暑來寒往,深陵高谷。茂績徽猷,方傳/蘭菊。

孫則墓誌保存較好,釋文也較爲精審。但文中典故,尚未能盡數揭示,故重加考釋如前注。

孫則(589—655),字孝振,營州柳城縣(治今遼寧朝陽)人。西漢初置柳城縣,屬遼西郡,爲西部都尉治(今遼寧朝陽西南十二臺營子)。東晉咸康七年(341),慕容皝"築龍城,構宫廟",遂改柳城縣爲龍城縣(即今遼寧朝陽,亦稱和龍城)。前燕、後燕、北燕均建都於此,並移昌黎郡治龍城。北魏太延二年(436)克龍城,後於此置營州。隋開皇初,改龍城爲龍山縣,至十八年(598),復改柳城縣,仍爲營州(柳城郡)治。唐初沿置,成爲加強邊防守禦、控遏東北諸族的重鎮[9]。孫則墓及其家族墓均位於"柳城西南五里之平原"。

墓誌所追述的孫氏先祖有孫武、孫叔敖、孫登、孫楚,年代綿遠,應爲攀附假托之辭。可信的世系應從孫則祖彦道開始。彦道(或省作"道",見孫道、孫忠墓

---

[9] 史爲樂編《中國歷史地名大辭典》"龍城""龍城縣""昌黎郡""柳城縣"條,中國社會科學出版社,2005年,634、1535、1836頁。

誌),北齊時歷任留、慎、苞信三縣令。留縣,唐初廢,治今江蘇沛縣東南五十五里。慎縣,治今安徽肥東縣梁園鎮。苞信縣,大業初復舊名襃信,治今河南息縣包信鎮[10]。故盧考及彙考指出,北齊時,孫彦道在中原地區任縣令,因而孫則出生於漢人官宦之家的可能性較大。這一結論是可信的。

所可補充者,據《隋書·地理志》,留縣"後齊廢,開皇十六年復"。但其所廢年代不詳。《隋志》又載蕭縣"舊置沛郡,後齊廢爲承高縣。開皇六年改爲龍城[11],十八年改爲臨沛,大業初改曰蕭"[12]。楊守敬《隋書地理志考證》據《太平寰宇記》蕭縣條所載"漢舊爲縣,屬沛郡。北齊天保七年(556)改爲承高縣,隸彭城郡"指出[13]:"志當云:'舊置縣及沛郡,後齊廢郡,改縣爲承高縣。'方合。"[14]然而《隋志》亦載彭城縣"舊置郡,後周併沛及南陽平二郡入。開皇初郡廢"[15]。可見,沛郡至北周末纔廢入彭城郡。故可推知,北齊改蕭縣爲承高縣時,並未廢沛郡,而是將其治所改爲沛縣(或可言,所廢郡爲治蕭縣之沛郡)。進而可知,北齊初沛郡所轄有蕭縣、沛縣,此爲沿襲北魏舊制[16]。天保七年改蕭縣爲承高縣時,亦將沛郡所轄相縣廢入承高[17]。這是北齊整治地方、省併政區的一部分[18]。留縣之廢,當與此同時,其地雖然近於沛縣,但可能亦廢入承高縣,故仍屬彭城郡(漢魏以來,留縣皆屬彭城,隸徐州)。開皇十六年復置留縣,至唐

---

[10] 史爲樂編《中國歷史地名大辭典》"留縣""慎縣""苞信縣"條,2158、2747、1477頁。

[11] 開皇六年(586),廢龍城縣入承高縣,並改承高爲龍城(治今安徽蕭縣西北十里)。施和金《中國行政區劃通史·隋代卷》,復旦大學出版社,2009年,391頁;史爲樂編《中國歷史地名大辭典》"龍城縣"條,634頁。

[12] 《隋書》卷三一《地理志下》,中華書局,2019年,980頁。

[13] 樂史撰,王文楚等點校《太平寰宇記》卷一五,中華書局,2007年,303頁。

[14] 參見施和金《中國行政區劃通史·隋代卷》,390頁。

[15] 《隋書》卷三一《地理志下》,980頁。《魏書》卷一〇六中《地形志中》,徐州南陽平郡"治沛南界,後寄治彭城"。中華書局,2017年,2777頁。

[16] 《魏書》卷一〇六中《地形志中》,徐州沛郡領蕭、沛、相3縣,2778頁。

[17] 王仲犖《北周地理志》載承高縣"有舊置相縣,今安徽睢溪縣西北。……北齊廢"。中華書局,1980年,706—707頁。相縣,因相山而得名,隋代蕭縣有相山,故知其廢入承高縣(蕭縣)。《魏書》卷一〇六中《地形志中》,2778頁;《隋書》卷三一《地理志下》,980頁。

[18] 侯旭東《地方豪右與魏齊政治——從魏末啓立州郡到北齊天保七年併省州郡縣》,《中國史研究》,2004年第4期,第53—80頁。

初又廢(當於此時廢入沛縣)[19]。之所以要推斷留縣存廢的時間,是爲了據此指出,孫彥道的仕宦經歷當不晚於北齊初年。或可據以進一步推斷,孫彥道生於526年前後(以三十歲入仕計)。

孫則之父孫會,曾任"本州(即營州)州都、江王府參軍",但時代未詳。據孫則生年推斷,其父生於559年前後(這與前文據留縣存廢時間推測的孫彥道生年相差約30歲,基本吻合)。故盧考及彙考推斷其任職於隋代是可能的,但兩文均誤將"本州州都江王府參軍"視爲一職,因而指出隋代營州並未有關於江王府的記載,江王府的地理位置目前難以考證。

其實,王府參軍係王府官,可用於贈官,並不依賴於江王府的地理位置。據史志可知,隋文帝時期及唐代,親王府皆置有參軍(其間,隋煬帝一度更名王府參軍爲諸司書佐,屬參軍則改名爲屬)[20],但江王爵號始建於貞觀五年(631)二月,唐太宗封皇子李囂爲江王,皇弟李元祥爲許王。六年六月,李囂去世。貞觀十一年六月,許王元祥改封爲江王[21]。考慮到貞觀年間兩次封江王時,孫會已經七八十歲了,故推測其所任"江王府參軍"並非實授,應是因其子而得的贈官。至於"州都",即魏晋之際的州大中正,後與中正別爲一官。隋初廢中正而存州

---

[19] 王仲犖《北周地理志》載沛縣"有舊置留縣,今江蘇沛縣東南。……北齊省",707頁。唐代以後,舊留縣地確已入於沛縣,見李吉甫撰,賀次君點校《元和郡縣圖志》卷九,沛縣有"故留城,在縣東南五十五里",爲張良始見漢高祖之地,故後封張良爲留侯於此。中華書局,1983年,227頁。但北周時舊留縣地未必屬沛縣。據《太平寰宇記》卷一五載:"沛縣……漢爲縣,屬泗水郡。……漢又改泗水爲沛郡,理相城,以此爲小沛。魏分立譙郡,又以沛爲王國。晋不改。宋爲沛郡,改屬徐州。隋文帝罷郡,縣屬仍舊。唐武德四年(621),天下平寧,復移沛邑於此,正漢邑名也。"300頁。故知,沛縣屬沛郡(治相縣),隸豫州,爲漢晋之制。南朝宋始於沛縣立沛郡,並改隸徐州。至遲北魏時,沛郡已移治蕭縣。北齊天保七年改蕭縣爲承高縣(同時,廢相縣入承高)後,沛郡復移治沛縣,至北周末又廢郡,以縣隸彭城郡。隋初廢郡,沛縣仍隸徐州,故曰"縣屬仍舊"。但至唐初又出現"復移沛邑於此(即沛縣,小沛),正漢邑名也"的記載,應是隋唐之際政區反覆變動的結果(沛縣,隋末廢入豐縣,武德四年平王世充後,復置沛縣。《舊唐書》卷三八《地理志一》,中華書局,1975年,1448頁;郭聲波《中國行政區劃通史·唐代卷》,復旦大學出版社,2012年,380頁)。故頗疑舊留縣地改入沛縣,發生在"移沛邑"同時或前後不久。

[20] 《隋書》卷二八《百官志下》,871—872、893頁;《舊唐書》卷四二《職官志一》,1800頁。

[21] 《舊唐書》卷三《太宗紀下》,41、42、48頁。

都,至開皇中廢[22]。唐初雖短暫恢復大中正之職,而官職名區別於隋制。故孫會所任營州州都,應爲實授,且任職時間在開皇前期。

有關孫則的生平及相關歷史事件,盧考及彙考論證已詳,兹不贅。

## 二、孫道(君政)、孫忠(孝緒)父子墓誌正補

誌蓋:孫君/墓誌/[23]

大唐故燕郡沙城縣主簿孫君墓誌銘並序/[24]

君諱道,字君政,營州昌黎人也。粵以翊楚飛英,靈蛇抱惠和之□[25];□□/當宸,神璽騰嘉氣之徵[26]。炳彩虯蟠,編卉衹而高蹈;阽焦豹隱,躡臺嶠而/冲虛[27]。或有文擅雕蟲,述晉慕銅駝之業,才宏零雨,傾城□送歸之篇[28]。若/不光疊構於高門[29],銀書晉燭,焕重輝於隆棟,玉簡紛華。□接武而鷹揚[30],/才比肩而鳳跱[31]。鏡乎縑素,可得言歟。曾祖□[32],周驃騎大將軍、冀州刺史。/銜珠出塞,擯辭第以馳聲;剖竹垂綬,軼隨翰而鼓響。

---

[22] 杜佑撰,王文錦等點校《通典》卷三三,中華書局,1988年,892、915頁。關於州都與中正的關係演變,見王仲犖《隋唐五代史》(上),上海人民出版社,2016年,11、33頁。亦有學者指出,隋廢州都後,後世仍沿用其名稱,用以稱呼州郡負責銓選的官吏。徐海東《〈西安碑林博物館新藏墓誌彙編〉唐代墓誌補正》,《出土文獻綜合研究集刊》第2輯,巴蜀書社,2015年,315頁。然而該文所舉之例(如《賈通墓誌》《楊君及妻孫氏墓誌》),基本是唐初墓誌所追述誌主父、祖所任官,應非後代沿用之稱。有關唐初復置中正之事,見黄惠賢《"武德政治"淺析》,武漢大學歷史系魏晉南北朝隋唐史研究室編《魏晉南北朝隋唐史資料》第12期,武漢大學出版社,1993年,21—22頁。

[23] "君",原録作"道"。

[24] "主簿"之"簿",原文或録作"薄""簿",今統一作"簿"。

[25] "翊楚飛英""靈蛇"均指孫叔敖。孫叔敖幼年埋兩頭蛇,"人聞之,皆諭其能仁也。及爲令尹,未治而國人信之"。賈誼《新書校注》卷六《春秋篇》,中華書局,2000年,250頁。

[26] "神璽騰嘉氣之徵",指孫堅討董卓入洛陽,於城南甄官井中得漢傳國璽,見《三國志》卷四六《吳書·孫破虜討逆傳》,裴松之注引《吳書》,中華書局,1959年,1099頁。

[27] "嶠",原未釋出,以缺字符代之。此句指孫登,見前文孫則墓誌注。

[28] "城"下一字,原未録出。本文未能釋出,以缺字符代之。此句指孫楚,見前文孫則墓誌注。

[29] "疊",原録作"壘"。"構",原未釋出,以缺字符代之。

[30] "接",原録作"投"。

[31] "跱",原録作"趾"。

[32] 此字"門"部非常清晰,但拓片"門"內有字花,未能釋出。

祖道,齊留、慎二縣/令,並以茂德遷風,中孚化俗。境遊馴雉,序降祥鸞者。毓彩青田,涵姿赤/野。行標士則[33],調合人經。聲藹黃龍,威震玄菟。坐惟鄰照,動必幾先。復以/賓館開筵,情深敬愛;翹材辟門,禮極招攜。屬隨曆未昏,授公燕郡沙城/縣主簿。職惟俊選[34],不易其人;群望允瞻,翳公是賴。化光製錦,道潤鳴琴,/而枝術多閑,藝能斯贍。因心發妙,寓物咸工。逐水擅吟鑾之奇,取暎穹/相圖之妙。豈謂鵬翻始運,落雲翮於風衢,驥逸纔驤[35],敗蘭蓀於日旬。往/以大業十三年邁疾彌留[36],卒於私第,春秋卅有一。爰以年月未通,繇兆/□告。痛夜臺之無托,愴塋窆之未遑。泣血襦襟,摧心風樹。遂用大唐龍/朔元年歲次辛酉十一月壬辰朔十一日壬寅[37],葬於營州城南五里。其/地也,南枕狼溪[38],浦涵星而皎鏡;北臨雉堞,臺切漢而迢嶢[39];東拒龍岑,慕/丹霞而絢綺;西連隴岫,凝翠黛而浮烟。所謂相合青鳥,壙標玄室。嗣子/孝貟等,攀靈轅而撫臆,□旗旐而崩心[40]。懼陵谷之遷訛,鏤貞珉而紀德[41]。/其銘曰:/

　　翊文垂□,霸吳當扆。玉輪疏派,金柯發鞾。弈葉汪汪,重規亹亹。曝布文/□,傾城詠斐。其一。誕生夫子,誠曰人英。識度/開爽,韻寓虛明。[42]/留心賞契,屏跡金篆。擊水將漸,搏搖上京。其二。/結綬鶉墟[43],宣風燕郡。人物推挹,姦虞陶訓。名教載揚,耕防理紊。清均曩/□,慎韜□□。其三。/□氲藏□,聲□□石。靈轜□挽,魂遊虛弈[44]。胤泣霜晨,妻悲淚□。芳傳以/□,名□□□。□□[45]。

[33]　"標",原文或録作"摽""標",今統一作"標"。
[34]　"惟",原録作"爲"。
[35]　"纔",原録作"纉"。
[36]　"邁",原未釋出,以缺字符代之。
[37]　"用",原未釋出,以缺字符代之。
[38]　"狼",原録作"浪"。
[39]　"嶢",原録作"遥"。
[40]　"旗",原録作"旗"。
[41]　"珉",原録作"民"。
[42]　"寓",原録作"寓"。
[43]　"綬",原録作"授"。
[44]　原録文"遊"下有缺字符,實爲衍字,今删去。
[45]　拓片此處疑有"其四"二字,故補入兩個缺字符。

誌蓋:孫君/墓誌/[46]

大唐故松漠都督府司馬孫君墓誌銘並序/

君諱忠,字孝緒,營州昌黎人也。喬枝擢秀,□桂薄而敷榮;遠□浮瀾,疏□□/而浚沘。是以拖金章於□室,函精光其彝諧,缶玉璽於吳江,將軍蔚其謀略。/或有兵鈴蓄思,載欽臏、武之規,筆海□漪,還開盛、楚之□。高門有□[47],和□實/於華庭;衡泌凝神,藉卉蓐於廬奧[48]。淑問標於絕代,貽裕□於兹民。曾祖道,齊/任留、慎二縣令,又任苞信縣令。莫不縮墨一坏,飛英百里,戴星謝德,□琴比/肩。祖政,隨任燕郡沙城縣主簿[49]。忠亮居體,孝友甄心。比漸佩□,恩覃□□[50]。君/孕□玉田,誕生珠□。天機早發,靈府幼聞。風翩將騰,架鵠雲而□遠;蘭□思/騁,接雋景而俱奔。異域標功,挫長羅於散地;荒庭紀績[51],□定遠於後塵。而蓋/馬未清,皇家籌玉帳之策,黏蟬尚梗,將軍鶩衛珠之城[52]。君以□□五營,/名參八校,儶龍劍而沮渚,撝麟旗於襚穴[53]。氣祲載寧,俘虜就鹹。遂授君上柱/國、輕車都尉、右驍衛懷遠府校尉。以君幹濟可稱,清能備錄[54],命君補懷遠府/司馬。寬猛互舉,威恩遞施[55]。譽藹戎昭,聲聞帝闈。又授君松漠都督府司馬。時/島夷不靜,遼磧榛蕪。君與營州都督程名振共領驍雄,同將□役[56]。□轡遠偵,/直指虜庭;珥鶡長驅,橫奔寇室。遂使稻粱漠漠,三韓罷剪穫之心,葉□油油,/五奴無遺粒之望。爪牙之寄,頓委高明[57];腹心之托,憑諸

---

[46] "君",原錄作"忠"。
[47] 此字亦爲"門"部。
[48] "廬",原錄作"盧"。
[49] "隨",原錄作"道"。
[50] "甄""比""覃"三字,原未釋出,均以缺字符代之。
[51] "庭",原錄作"廷"。
[52] "城",原錄作"成"。
[53] "儶""撝"兩字,原未釋出,均以缺字符代之。
[54] "備",原未釋出,以缺字符代之。
[55] "遞",原未釋出,以缺字符代之。
[56] "□役",疑當錄作"猛□"。
[57] "頓",原未釋出,以缺字符代之。

顯允[58]。文□□册,慰以/□勝之功;翠斾流恩,賞以先鳴之效。豈謂堂階正服,殃結棲□[59],□去□於晨/風,負藏丹於穴壑[60]。以顯慶六年正月十八日奄捐館舍,春秋五十有九。夫人/韓氏,姿靈陰德[61],薦□坤儀。載弄之初,已馳芳於舉案;剪羈之歲,標令淑於照/梁。言合組紃,閨閫酌其儀範;宛如琴瑟,君子挹其容光。而□浦虧圓,愴佳城/之先陟[62],桂華辭薄[63],嗟岱宗之早遊。以大唐龍朔元年歲次辛酉十一月壬辰/朔十一日壬寅,合葬於營州城南五里。薤歌爲鳴,行參□雁之悲;柳□朝趨,/詎輟吟風之怨。胤子右翊衛弘瑞等,表棘心而□血,瞻隴岫而銜啼。懼陵谷/而遷訛,鐫琬□而敷德。其詞曰:猗歟茂族,顯允高門。相楚盈譽,霸吳作/尊。工兵屬武,遠史標孫。馥竹蘭桂,潤芊□□。其一。於□君子,鵬翻海□。蘭錡□/□,□/麈思奮。軀□萬死,圖□八陣。電掃橫弋,威驅□□。其二。□□令淑鉵鏘□/□□□作□結縭分□訓梭輟情□□下□□□□□□□□□□□/□□儼軔□旐飛旟□□□□泣□□□□□□□薤風悲隴□浮生共□□暮□□。其四。

相較於孫則墓誌經過整理者和研究者兩次釋讀,錄文品質較好,僅經過一次釋讀的孫道、孫忠父子墓誌,錄文還存在不少問題。故先據拓片略加修訂如前。當然,這一工作還有賴於根據原石、原拓更加審定。

"彙考"業已指出,孫道(577—617)、孫忠(603—661)父子同一天歸葬於家族墓地[64],兩人墓誌爲同一作者書寫的可能較大。這是準確的。因爲上述兩篇墓誌,在追述先祖世系時,均是以誌主嗣子或胤子爲本位來記述的,故而依例稱誌主的祖、父爲曾祖、祖。這與孫則墓誌在叙事時以誌主爲本位是不同的,並造成"彙考"作者産生孫道、孫忠墓誌中均未提及"父"的事迹,是錯將祖和父事迹

---

[58] "顯",原錄作"照"。參見銘文"顯允高門",出自《詩·小雅·湛露》。
[59] "堂""殃"兩字,原未釋出,均以缺字符代之。
[60] "穴",原未釋出,以缺字符代之。
[61] "陰",原未釋出,以缺字符代之。
[62] "愴",原未釋出,以缺字符代之。
[63] "薄",原未釋出,以缺字符代之。
[64] 彙考作者在推算孫道、孫忠生年時,將墓誌所載誌主享年作爲周歲計算。本文仍將其視爲虚歲推算。

作爲曾祖和祖事迹的誤解。進而,從孫道墓誌中出現的父子同名(誌主名"道",字"君政",其父亦名"道",即孫則墓誌中的"彦道")現象來看,作者在撰寫此篇墓誌時是較爲草率的(這與撰寫孫忠墓誌時將同一對父子的名字區別爲"道"和"政"是不同的)[65]。可能與誌主去世時間較爲久遠,家人亦不甚重視有關。當然也與誌主家庭的政治地位、經濟實力有關。孫道(君政)與孫會雖爲親弟兄(見後文圖2),但兩家所刻墓誌,無論從物質形態上,還是從文章辭藻上,高下判然有別。

還需注意的是,孫氏家族的地望,在孫道、孫忠墓誌中被書寫爲"營州昌黎",不同於孫則墓誌中的"營州柳城"。這一不同的背後,應該反映出唐初數十年間(618—661)孫氏家族在營州内部的遷移、流動。不無巧合的是,貞觀五年至六年間,孫則曾擔任過北黎州昌黎縣令[66]。儘管在昌黎縣令任上,孫則的大部分時間是在"遠使絶域"和"將諸蕃長""入京奉見",但很可能,父親早亡的孫忠仍可借由此機會舉家移居昌黎。但直到此後十餘年的貞觀末年至永徽初年,孫忠纔憑藉"異域標功""荒庭紀績"的機會獲得出仕機會。年過四十歲纔得以釋褐,很可能與孫忠文化素養不高有關。而機會的獲得,極有可能受到同一時段歷任遼東道行軍左二軍總管、松漠都督府長史、右驍衛懷遠府折衝都尉的堂兄孫則的幫助。

最後來看孫道所任主簿的燕郡沙城縣的位置。彙考注意到,沙城縣,文獻無

---

[65] 草率之處,還體現在撰寫者將孫道(君政)祖父孫□的任官時間記載爲北周,而將其父孫彦道任職時間書寫爲北齊(如前考證,這一記載應該是可信的)。考慮到孫氏家族世居營州,該地爲東魏北齊所控制,其成員更大的可能性應該是先仕於北齊,而後纔能仕周(參見後文孫默墓誌所載其曾祖、祖父的任官時間)。墓誌的記載有時代錯亂之虞,孫□應任職於北魏或東魏。

[66] 武德五年,析柳城縣置昌黎縣(治今遼寧北票大板鎮),因縣置崇州,以處奚可汗部落。貞觀二年,寄治柳城縣故陽師鎮(今北票凉水河鄉下府村),仍隸北黎州(係崇州改名而來)。貞觀八年,州名復舊爲崇州。契丹陷營州後,昌黎縣"徙治於潞縣之古潞城"。《舊唐書》卷三九《地理志二》,1522—1523頁;郭聲波《中國行政區劃通史·唐代卷》,283頁。按,《新唐書》卷四三下《地理志七下》叙唐羈縻州之制,其中載"奚州九",其一即崇州(北黎州),但未載改屬羈縻州的時間。中華書局,1975年,1126頁。郭聲波以唐羈縻州制始於貞觀四年爲由,將營州都督府所轄師、昌、北黎等六州降爲羈縻州的時間均定爲貞觀四年。見氏著《中國行政區劃通史·唐代卷》,281頁。從孫則任職昌黎縣令的時間來看,改北黎州爲羈縻州不應在貞觀四年。或許是在復名崇州的貞觀八年。另從撰寫於龍朔元年的孫道、孫忠墓誌已出現"營州昌黎"來看,可能隨着崇州變爲羈縻州,昌黎縣曾改隸營州。

考。同時指出,前燕時期龍城(即唐營州城)東北五六百里處有沙城,但這兩處沙城是否同爲一地,待考。這一看法的前提是,作者認爲開皇三年(583)廢郡之後,隋代已無燕郡(原爲幽州治所,今北京)建制。隋煬帝改州爲郡後,幽州改爲涿郡〔67〕。作者還指出,文獻中所見到大業年間的"燕郡"(《隋書·薛世雄傳》),可與朝陽出土的唐永隆二年(681)所刻《魯善都墓誌》所載"襲封燕郡,因宅昌黎,故今爲柳城縣人"相印證,故推測隋後期的燕郡在唐營州境内。這一看法是有證據支持的〔68〕,但可能忽視了隋煬帝時期政區頻繁調整造成的不同時期存在不同燕郡的可能性。大業初年的燕郡應在今河北北部,其地應爲北魏時期的燕州(治廣寧郡,今河北涿鹿)〔69〕。而其東側的今河北懷來縣,隋初確實存在地名爲沙城堡(或作砂城)者〔70〕,故可知孫道所任職的燕郡沙城縣正在此地,而非隋末設於遼東的燕郡(此燕郡因魏齊之際的東燕州而得名,唐初改爲燕州,治今遼寧義縣城關鎮)〔71〕。這也與墓誌所言其任職時"屬隨(隋)曆未昏"是相吻合的。

有關孫忠的仕宦經歷,彙考論述已詳,茲不贅。

---

〔67〕 施和金《中國行政區劃通史·隋代卷》,371—372頁。據前書,隋文帝時,幽州附近有燕州(轄境包括北齊時所置北燕州和東燕州。北周廢東燕州,又去北燕州之"北"字),領長寧、永豐、昌平三郡。大業初,廢燕州,其地併入幽州。

〔68〕 朱誠如主編《遼寧通史》第1卷指出,隋煬帝大業八年(612),始見燕郡之名。據《隋書·柳謇之傳》"帝幸遼東,召謇之檢校燕郡事。及帝班師,至燕郡"(1438頁)可知,此燕郡位於營州往遼東的交通要道上。《新唐書·地理志七》則明確記載"營州東百八十里至燕郡城"(1146頁)。遼寧民族出版社,2009年,250—251頁。郭聲波《中國行政區劃通史·唐代卷》(288頁)指出,《隋志》有遼西郡無燕郡,兩郡應非並置,而是大業八年先置遼西郡,治遼西縣,後移治懷遠縣,遂改爲燕郡。此說近於前說。

〔69〕 隋煬帝改州爲郡後的燕郡之名,出現早於大業八年。大業四年,燕、代緣邊諸郡旱。大業五年,燕、代、齊、魯諸郡饑。《隋書》卷二二《五行志上》,706、694頁。可見,大業初年燕郡在代郡(治今山西大同)附近。麻兆慶注意到北魏時分恒州置燕州,東魏北齊時,又有東燕州、北燕州。北周時廢東燕州,其地在平、營州附近,疑此即大業初年的燕郡。麻兆慶撰,姜緯堂校理《昌平外志校理》,燕山出版社,1991年,196—199頁。

〔70〕 《資治通鑑》卷一七五《陳紀九》陳至德元年(583)七月辛丑條,"突厥寇幽州,隋幽州總管廣宗壯公李崇帥步騎三千拒之。轉戰十餘日,師人多死,遂保砂城。突厥圍之,城荒頹,不可守禦"。中華書局,1976年,5466頁。參見史爲樂編《中國歷史地名大辭典》,"沙城堡"條,1334頁。

〔71〕 郭聲波《中國行政區劃通史·唐代卷》,288頁。

## 三、孫默(孝綱)墓誌考正

誌蓋:大唐故/人孫君/墓誌銘

大唐故處士昌黎孫君墓誌銘/

公諱默,字孝綱,昌黎柳城人也。爾其洪源括地,導江漢以澄瀾[72],/峻嶠干天,跨吴山而錯峙。爰興霸業,儵長劍而掃攙搶[73];肇建鴻/勳,操短兵而静梟鏡[74]。靡不英賢間起,興公擁絶代之詞。豪彦挺/生,子荆動傾城之作[75]。其後分珪胙土[76],開國承家,冠蓋繽紛,不可/勝計。曾祖璬,齊上谷大(太)守。青田孕彩,丹穴凝姿。頌美漁陽,功/高渤海。自可槐庭論道,棘署調風,豈止虎道珠還[77],區區州縣而/已。祖闡,周右北平長史。弼諧千里,則亭障無虞;光贊六條,則/賓僚有序。材横杞梓,總潘、陸之芳文;德耀琳琅,掩王、劉之麗藻。/父政,隋濱海郡沙城縣令。德星昭慶,映大丘而爛彩;馴翟依仁,/降中牟而演化。襟神外朗,貞慎内融。朝歌無以冠其功,單父安/能嗣其美。公温柔植性,夷亮居懷。詵柱一枝,孤標令問。秫松/萬仞,獨擅徽猷。淡泊凝懷,幽閑狎契。未極南山之壽,遽從東岳/之遊。以垂拱三年十二月廿五日卒於私第,春秋八十有一。銅/壺既啓,終無停漏之期;丹竈徒施,詎有延齡之驗。以載初二年/四月廿六日歸葬於龍城西南

---

[72] 從"江漢"看,此句亦應指孫叔敖。

[73] "儵",原録作"舞"。"攙搶",原録作"巉槍"。按,攙搶,亦作攙槍,彗星名。"吴山""霸業"應分别指孫堅、孫權而言。

[74] "肇建鴻勳,操短兵而静梟鏡",指東漢孫程擁立順帝之事。《後漢書》卷七八《宦者列傳·孫程傳》,延光四年(125)十月"二十七日,北鄉侯薨。……程遂與王康等十八人……入章臺門。時江京、劉安及李閏、陳達等俱坐省門下,程與王康共就斬京、安、達。以李閏權執(勢)積爲省内所服,欲引爲主,因舉刃脅閏曰:'今當立濟陰王,無得揺動。'閏曰:'諾。'於是扶閏起,俱於西鍾下迎濟陰王立之,是爲順帝。"中華書局,1965年,2515頁。頗疑孫忠墓誌中"拖金章於□室"亦指孫程而言。

[75] "興公",即孫綽,"子荆",即孫楚。孫綽爲孫楚之孫,亦以文才稱,所謂"於時文士,綽爲其冠。温、王、郗、庾諸公之薨,必須綽爲碑文,然後刊石焉",見《晋書》卷五六《孫綽傳》,1547頁。

[76] "胙",原録作"昨"。

[77] "虎",原字缺筆諱,所缺爲虍旁左側"丿"。

六里之平原。禮也。左疏靈沼,澄/萬頃之清瀾;右控祠臺,通九天之佳氣。南吞少海,秋濤警雷電/之威;北闕崇山,遲景爛珣玗之色。所謂祥瑞白鶴,鏡千古而騰/芳,慶洽青鳥,窮萬祀而逾茂。其詞曰:/

　　炎靈告謝,三方鼎時。禹縣龍飛,吳山鵲起。苞藏西蜀,籠牢南紀。/其一。顯考貽慶,夙擅羽儀。績宜千里,功高貳師。言忘李徑,道藹黃/陂。其二。縡羽青田,搏風丹穴。德耀隋珠,襟澄許月。風神外朗,冰壺/內徹。其三。逸足塗窮,冲霄羽落。漏促生涯,舟遷夜壑。靡靚玉鳧,空/臨丁鶴。

孫默一生未仕,生平事迹較爲簡單,卒於垂拱三年(687),享年八十一。故可推定其生於隋大業三年(607)。該墓規模較大,形制爲磚築圓形單室墓,直徑5米[78],與孫則墓室相當[79],可見其家經濟實力較爲雄厚。孫默墓誌保存狀況良好,使用武周新字。字迹清晰,以行書爲主,間有楷書。字體"端正率直,筆鋒沉穩有力",故而得以入選《遼寧省博物館藏碑誌精粹》。但墓誌本身文字存在一些問題,值得注意。

第一,孫默的安葬時間爲載初二年四月。研究者已經指出,唐代無"載初二年"紀年。載初元年(690)元年九月,武則天即位,已改元天授。故載初二年四月,依官方紀年,應爲天授二年(691)四月[80]。此時距離改元已經七個月之久,營州雖然遠離長安,但絕非可以"消息閉塞"爲由來解釋墓誌撰寫者採用"載初二年"紀年的原因。筆者此前曾注意到,武則天朝曾任宰相,同時又是推動中

---

[78] 朝陽所出唐代圓形單室墓中,形制最大者直徑7.1米(黃河路唐墓),其次即左才墓、孫默和駱英墓,直徑達到或超過5米。吳炎亮《試析遼寧朝陽地區隋唐墓葬的文化因素》,《文物》2013年第6期,51頁。

[79] 孫則墓爲磚築弧邊方形單室墓,南北寬5米,東西長5.2米。朝陽市博物館《朝陽孫則墓發掘簡報》,《朝陽隋唐墓葬發現與研究》,8頁。

[80]《遼寧省博物館藏碑誌精粹》,143頁。該書認爲墓誌云"載初二年"歸葬,原因在於朝陽唐朝時屬於邊陲之地,因消息閉塞,所以撰誌者仍稱載初年號。參見《舊唐書》卷六《則天皇后本紀》:"載初元年春正月,神皇親享明堂,大赦天下。依周制建子月爲正月,改永昌元年十一月爲載初元年正月,十二月爲臘月,改舊正月爲一月。……九月九日壬午,革唐命,改國號爲周。改元爲天授。"120—121頁。不過,田立坤注意到《舊唐書》卷三九《地理志二》"黎州"條稱"載初二年,析慎州置……隸營州都督",卷四一《地理志四》"瀘州下都督府"條亦載"載初二年,置順州"。1524、1685頁。見氏著《朝陽的隋唐紀年墓葬》,《朝陽隋唐墓葬發現與研究》,120、136頁。不過,該文誤以爲載初元年僅有正月及臘月,至來年一月(即夏正正月)即已轉爲載初二年。但前引《舊唐書》確實可説明,唐代國史中存在"載初二年"的紀年方式,這是一個有待解釋的現象。

宗復辟核心人物的張柬之在其早年所撰家族墓誌中亦有類似的紀年方式。張柬之在爲其父母撰寫的合祔墓誌序中，稱母親丘氏"以永昌三年九月三日終於私第"[81]。如前所引，永昌三年實是天授二年。大概因爲"永昌"是最後一個行用唐朝正朔的年號，所以張柬之有意用之[82]。載初年間雖然已經改行周正，但畢竟國號尚未更改，孫默墓誌撰寫者選擇這一年號紀年，應該有着與張柬之同樣的心理訴求——追念李唐。

第二，孫默之父孫政，與孫忠之父孫道（君政，其名字在孫忠墓誌中也寫爲"政"）隋朝時皆任職於沙城縣，但前者爲縣令，後者爲主簿。表明兩人應非同一人。另如前述，孫道所任職的沙城縣隸燕郡（隋大業前期），而在孫默墓誌中，其父任職的沙城縣隸於濱海郡[83]。若墓誌記載不誤，則可進一步判定，兩處沙城縣，是同名不同地（也可能不同時）的政區。

孫默祖孫闡，北周時任右北平郡長史，亦與史載不符。北周置北平郡（治今河北盧龍），其地始於北魏，分遼西郡而置。北平郡之名則始於西晉，係改戰國、兩漢右北平郡而來[84]。墓誌既稱右北平郡，或係稱其舊名，或是北周末年嘗改北平郡復舊名，亦未可知。但稱"右北平郡長史"則與官制不符，當誤。魏晉南北朝及隋初，郡官置太守及丞等，未嘗置長史。長史係州官，隋煬帝改州爲

[81] 周紹良主編《唐代墓誌彙編》天授〇三九，張柬之《張玄弼墓誌》，上海古籍出版社，1992年，822頁。張玄弼墓誌銘由司元大夫李行廉撰寫於前，丘氏去世後，張柬之將父親移葬於新塋，與母親合葬，並新撰序文，但仍將前銘刊於序後。值得注意的是，張柬之在序文中有意未提及其父母合葬的具體時間，這更加凸顯了"永昌三年"紀年的特殊意義。

[82] 張柬之父母合葬的時間，見於其所撰張景之墓誌，文曰："乃以大周天授之三年正月六日改卜先墳於安養縣之西相城里，移諸兄弟並窆於新塋之內。"可見，他爲諸弟所撰墓誌銘，與爲父親所撰序文同時，但後者却清一色地寫明"大周天授之三年正月六日"改葬，見張柬之《張景之墓誌》《張君慶之墓誌》《張君敬之墓誌》，《唐代墓誌彙編》天授〇四〇至〇四二，822—824頁。這是一個有意思的變化。參見張雨《由武周回歸李唐的中興功臣——張柬之》，劉後濱等《隋唐頂級文臣》，百花文藝出版社，2007年，124—125頁。

[83] 濱海郡，文獻無載。唐載初中，析昌州置沃州，以處契丹松漠部落。沃州領一縣，即濱海縣，與州同寄治營州城內。營州陷契丹，乃遷於薊縣東南迴城，即今北京大興（黃村）東南三十里。《舊唐書》卷三九《地理志二》"沃州"條，1524頁；史爲樂編《中國歷史地名大辭典》"濱海縣"條，2760頁。或許，此濱海縣在隋朝曾一度被置爲濱海郡。若隋朝曾於此濱海郡下置沙城縣，其地亦應在北京東南，而不可能是孫道墓誌中的沙城縣（治今河北懷來）。

[84] 史爲樂編《中國歷史地名大辭典》"右北平郡""北平郡"條，567、712頁。

郡時,亦"罷長史、司馬,置贊務一人"[85]。至唐天寶年間復改州爲郡時,始見郡長史之名[86]。

第三,葬地"龍城西南六里之平原"。龍城即柳城,也是營州治所。這説明其葬地與孫則、孫道、孫忠所載的家族墓地"柳城西南五里""營州城南五里"距離不遠。但從墓葬實際位置來看,兩處墓地直綫距離遠超過一里(參見圖1)。葬地位置在文本書寫上的近似,可能是家族墓誌範本影響的結果。物理時空距離被人爲拉近,體現的是群體心理距離的親近。换言之,身爲"昌黎柳城人"的孫默[87],應該也是孫則、孫忠爲代表的孫氏家族成員之一。

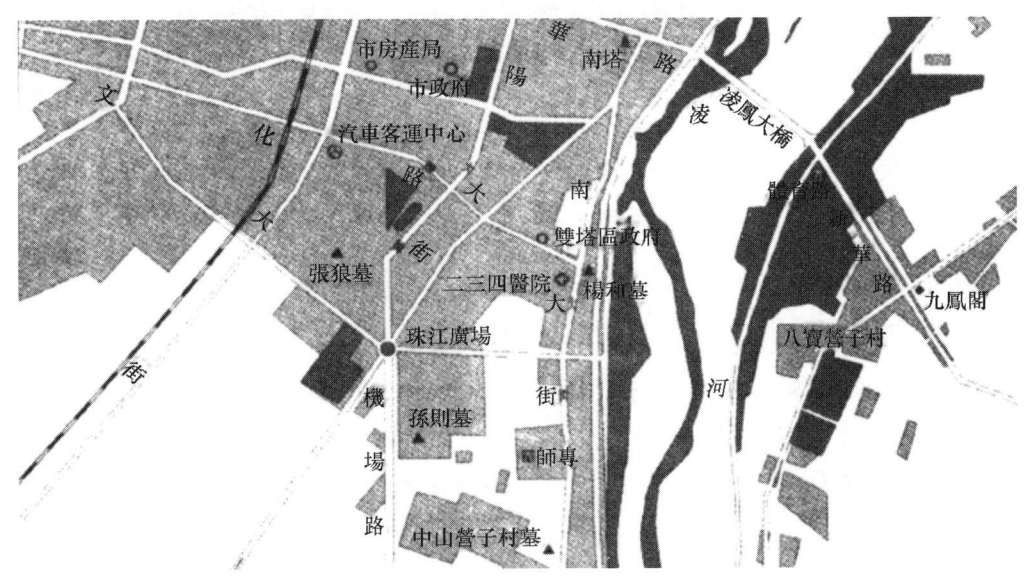

圖1　朝陽唐墓分佈示意圖(局部)[88]

之所以作出這個推斷,還因爲孫默字孝振,與孫則(孝振)、孫忠(孝緒),以及孫道之子孝貝理應爲同一輩分的族兄弟。恐非巧合之處還有二點:1. 孫默之父孫政,與孫道(君政),在名字上也存在相關性。很可能是孫默墓誌將其父之

---

[85]　《隋書》卷二八《百官志下》,873—874、893頁。

[86]　《舊唐書》卷四二《職官志一》,1796頁。

[87]　如前所述,北魏移昌黎郡治龍城縣(柳城縣),爲營州治所,故此處以"昌黎"指代營州。

[88]　本圖截取自《朝陽隋唐墓葬發現與研究》卷首。但該圖未標出孫默墓位置,據金殿士《遼寧朝陽西大營子唐墓》,孫默墓位於八里堡屯南一里許錦承鐵路(即圖中鐵路綫西南延長部分)北側,與中山營子村唐墓相距約八里,62頁。估測孫則、孫默兩墓直綫亦相距4公里左右。

字省稱爲"政"的結果(如孫君政在孫忠墓誌中即被稱爲"政")。2. 孫默之祖孫闡與孫彦道之父冀州刺史孫□的名字均爲"門"部字,同樣具有相關性。

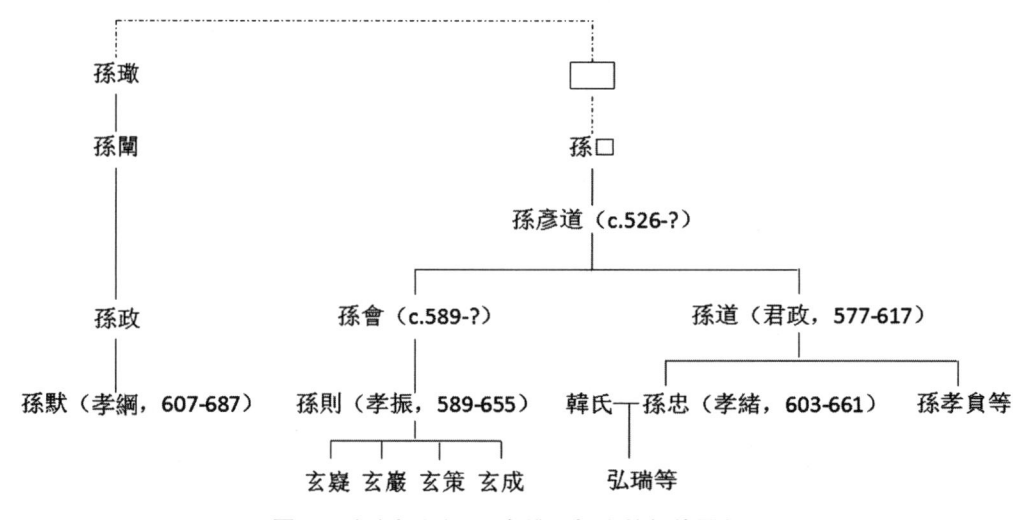

圖 2　孫氏家族世系(虚綫爲推定的親緣關係)

依據上述相關性所呈現出的輩分關係,可在彙考所制孫氏家族世系表基礎上增加孫默一支,如圖 2。但這又引出了孫默墓誌可能存在的第四個問題:在孫闡和孫政之間,似缺少了一世,即與孫彦道輩分相應的孫姓先祖。儘管墓誌中漏記祖父(從輩分上推斷,孫闡應是孫默曾祖,而所缺一世正是其祖父)的可能較低,但從孫闡任右北平郡長史時(北周平齊至其亡),到孫政任濱海郡沙城縣令(可能已至隋末)之間有將近 40 年的時差,推斷其間尚有一世,也是可能的。此外,從孫則、孫忠諸子名字來看,他們已毋庸保持行輩字派的一致。恰好自孫璈至孫玄巎、弘瑞,凡六世,正符合"君子之澤五世而斬"(《孟子·離婁下》)和"六世親屬竭矣"(《禮記·大傳》)之義。由此亦可推知,孫闡和孫政之間存在漏脱世代的可能確實存在。

## 四、結語

朝陽纖維廠孫氏家族墓地勘探面積近 7 萬平方米[89],確實能折射出其家族

---

[89] 朝陽市博物館《朝陽孫則墓發掘簡報》,《朝陽隋唐墓葬發現與研究》,7 頁。

當時勢力之大。所出墓誌,則反映出孫氏家族在唐前期營州境内的遷徙、流動。家族發展、壯大的同時,其成員所具有的"集體記憶"並未消退,這體現在不同墓地的空間距離,在誌文的書寫中被人爲縮短。

孫氏家族墓葬形制中,既有墓主更多受中原文化影響而選擇的方形磚墓,也有墓主更多受營州本地文化影響而採用與中原地區漢人墓葬形制不同的圓形磚墓[90],反映出當地文化的多元性。這也是邊疆地區的文化共性。

除了本地與中原因素外,契丹等部族也對營州產生了重要的影響。1959年,愛宕松男即指出唐初契丹分爲兩個半族,在内附唐朝之後,分別產生了孫姓契丹和李姓契丹。孫姓屬於契丹別部(内稽部),其首領正是於武德二年(619,或作武德四年)内附、被任命爲遼州總管的孫敖曹。李姓爲契丹大賀氏八部,於貞觀二十二年内屬。其蕃長窟哥被賜李姓,任命爲松漠都督[91]。與李姓契丹得姓緣由明確相比,孫姓契丹的來歷非常模糊[92]。而以孫則墓爲代表的孫氏家族墓地的出現,或許給我們帶來了新的啓示。

從孫則在武德四年即擔任遼州總管府典簽來看,他與都督孫敖曹應該關係密切[93]。那麽,是否可以推測,孫姓契丹得姓的緣由,正是該部首領主動選擇與作爲營州當地大族的孫則家族通譜的結果。出身漢人官宦之家的孫則在李姓契丹剛剛内屬後的貞觀末至永徽初年間便任職松漠都督府長史,或許正是上述通譜的直接結果,同時也體現了唐政府依托契丹兩個半族(及與之關係密切的邊州漢姓大族)以相互控制的努力。

進而,孫默墓誌所反映出來的地方精英對武周革命的微妙心態,在當時並非個案(亦見於前文提及的襄陽出土的張柬之所撰墓誌)。在孫默被安葬之後的五年,即發生孫敖曹曾孫孫萬榮與時任松漠都督李盡忠的聯合叛亂(萬歲通天

---

[90] 孫氏家族墓(含孫默墓)形制,分別爲圓形磚墓6座,方形磚墓10座,梯形磚墓2座。田立坤《朝陽的隋唐紀年墓葬》附表,《朝陽隋唐墓葬發現與研究》,140頁;郭明《朝陽地區隋唐墓葬的初步研究》,《朝陽隋唐墓葬發現與研究》,153頁。

[91] 《舊唐書》卷一九九下《北狄·契丹傳》,5349—5350頁。

[92] 愛宕松男著,邢復禮譯《契丹古代史研究》,内蒙古人民出版社,2014年,119—122頁。

[93] 受此影響,研究者不僅認爲孫則可能是契丹人,甚至在誤將"州都"認爲是"州都督"省稱的前提下,推測孫則之父、任"本州州都"的孫會有可能就是孫敖曹。見田立坤《朝陽的隋唐紀年墓葬》,《朝陽隋唐墓葬發現與研究》,118頁。

元年,696),並最終攻陷營州。這次契丹叛亂是否借助了當時營州士人的上述心態,以及他們與孫氏這樣的本地大族千絲萬縷的聯繫,值得進一步探究[94]。

## A New Study on Four Epitaphs of Sun's Family of the Tang Dynasty in Chaoyang City of Liaoning Province

### Zhang Yu

In 2003, three epitaphs dedicated to Sun Ze 孫則, Sun Dao 孫道 and Sun Zhong 孫忠 were excavated dating to the Tang 唐 dynasty in a fibre factory in Chaoyang City 朝陽市, Liaoning Province 遼寧省. These three epitaphs together with Sun Mo 孫默's epitaph which was excavated at Baliputun 八里堡屯 of Chaoyang City in 1958, belonged to the Sun's family in Tang dynasty living in Ying prefecture (Yingzhou 營州). By revisioning the four epitaphs, this article investigates the Sun's family tree, administrative region geography and institutional structure and suggests the origin of the family name might relate to a Khitan chieftain called Sun Aocao 孫敖曹.

---

[94] 近讀《晋書》卷一二五《馮跋載記》,北燕尚書令孫護有三弟"昌黎尹孫伯仁、護弟叱支、叱支弟乙拔等俱有才力,以驍勇聞。跋之立也,並冀開府,而跋未之許,由是有怨言"(3132 頁)。四人皆因此被殺,事在公元 415 年(據《資治通鑑》卷一一七,晋安帝義熙十一年,3683 頁)。叱支、乙拔,皆爲北族胡名,如北魏太平真君六年,有殿中尚書乙拔,姚薇元疑其爲乙弗部人(見氏著《北朝胡姓考(修訂本)》,武漢大學出版社,2013 年,113 頁)。復據《晋書》"護弟叱支""叱支弟乙拔"表述推測,孫伯仁與叱支、乙拔應無直接血緣關係,四人的兄弟關係中或存在擬制血緣(謝元魯《試論中國古代社會的虛擬血緣關係》,《獅山論壇·2009(上冊)——四川師範大學史學研究》,四川人民出版社,2009 年,112—113 頁;孫正軍《宗子維城——北朝隋唐宗子軍小考》,《魏晋南北朝隋唐史資料》第 37 輯,上海古籍出版社,2018 年,76—78 頁)。由此可知,龍城或營州孫氏自北朝以來,即與北族有着密切的關係。孫姓契丹的出現並非偶然。

# 南里王村唐壁畫墓屏風畫再認識

郭 婧

1987年,陝西省長安縣韋曲北原南里王村發現一唐壁畫墓[1],爲帶有豎井式墓道的穹窿頂單室磚墓。墓室近弧方形,3.6米見方,西側有一磚砌棺床,木棺已朽,人骨及隨葬器物擾動嚴重。

該墓未發現墓誌,故墓主身份信息無證。而其距韋浩墓僅數百米,且所處的長安韋曲北原爲韋氏家族塋地,發掘者據此推測墓主應爲韋氏家族成員。然而,僅憑這一點,此墓與韋氏家族的聯繫仍嫌證據不足,難成定讞。

所幸此墓壁畫内容尚存,並得到較爲完整的披露:甬道兩壁各繪男、女侍六人,頂繪祥雲。墓室内棺床南北對應壁面分别繪製朱雀、玄武,襯以祥雲。北壁東側繪捧物的男、女侍五人,東壁繪宴飲圖。上皆繪有飄動的祥雲和折枝花。位於墓室西壁、棺床之上的六扇屏風(圖1),表現出一套完整圖式,諸屏人物行爲多樣而主題一致,符合屏風畫多扇一體的樣式特點,成爲墓室屏風畫研究的重要材料。

關於唐墓屏風畫,趙超分析其主要集中於長安與太原兩地,存在兩類内容:長安地區早期屏風畫多屬列女傳範疇,山西等地以"樹下老人"屏風爲主[2]。後來的研究也進一步證實了這兩大分野的存在,如信佳敏進一步總結了樹下老人所表達的高士和具有鑒誡功能的老人兩類面貌,以及仕女圖從列女圖向貴婦圖爲主的轉變[3]。京畿和地方使用這兩類題材的目的也有迹可循:列女屏風繪於

---

[1] 趙力光、王九剛《長安縣南里王村唐壁畫墓》,《文博》1989年第4期,3—19頁。

[2] 趙超《"樹下老人"與唐代的屏風式墓中壁畫》,《文物》2003年第2期,69—81頁;後更名爲《太原金勝村唐墓屏風式壁畫與"樹下老人"》,收入氏著《我思古人——古代銘刻與歷史考古研究》,社會科學文獻出版社,2018年,310—331頁。

[3] 信佳敏《漢唐時期墓室壁畫中的屏風圖像研究》,中央美術學院碩士學位論文,2001年,40—46頁。

**圖 1　南里王村唐壁畫墓墓室西壁壁畫**[4]

帝都貴戚墓葬中，成爲承擔"成教化，助人倫""明勸誡，著升沉"這一政治功能的載體，表達中央王朝的政治意圖[5]；另一方面用於特定群體的高等級墓葬中，也使得該題材成爲一身份等級符號。地方則採用樹下高士圖，追隨長安"樹下人物"圖樣，同樣蘊含鑒誡之意，表達着對中央王朝所宣揚的儒家忠孝價值觀的擁護，進一步彰顯其忠。以上兩類墓室屏風畫的每屏皆爲樹下人物構圖，行爲各異，畫面點綴以樹石、花鳥等外景，具有程式化特點。其中，仕女屏風畫以樹下女性活動爲主：呈《女史箴圖》中仕女的髮式特點且服飾爲褒衣博帶樣式者，情節內容突出，經學者考證，應爲列女圖；裝扮爲唐代風格者，主要表現的是貴族女子的生活片段，有持物、騎馬、或停或立等行爲方式。

南里王村墓位處帝都，其仕女屏風畫描繪了貴族女子生活。同類墓例還有：西安西郊王善貴墓（668）[6]、岐山縣元師獎墓（686）[7]、西安航天城

---

[4]　徐光冀主編《中國出土壁畫全集》（07 陝西下），科學出版社，2012 年，393—398 頁。

[5]　沈睿文《中國古代物質文化史》，開明出版社，2015 年，217—219 頁。

[6]　王善貴墓爲單室磚墓，墓室東、北、西三壁分別繪五扇仕女屏風，三壁轉角相連形成十五扇連屏，關於人骨和墓主夫人情況不知。該墓材料見張建林《唐墓壁畫中的屏風畫》，《遠望集——陝西省考古研究所華誕四十週年紀念文集》，陝西人民美術出版社，1998 年，720—729 頁；又收入陝西歷史博物館編《唐墓壁畫研究文集》，三秦出版社，2003 年，227—239 頁。此據後者，230 頁。

[7]　寶雞市考古隊《岐山鄭家村唐元師獎墓清理簡報》，《考古與文物》1994 年第 3 期，48—55 頁。

M4[8]、武功縣蘇瑜墓(693)[9]、富平縣節愍太子墓(710)[10]、富平縣李邕墓(727)[11]、陝西師範大學長安新校區韋慎名墓(727)[12]、西安市郊區韓氏墓(765)[13],墓主信息明確者均爲五品以上的夫婦合葬墓或女性墓。故南里王村墓墓主應有一女性,且其地位較高,也使用着這一應用於上層特定群體的墓葬制度。

該墓墓室屏風已受到學界的關注,但從相關研究來看,則遠遠不夠充分。信佳敏推測其以周昉《簪花仕女圖》爲粉本繪製而成,描繪貴婦生活的世俗場景[14]。李星明認爲這組屏風畫所呈現的漫步、賞花、觀舞、搖扇、撫琴等畫面,體現了仕女"游憩消閑場景"[15]。殷曉蕾則圍繞該墓集中考察,從藝術史角度分析其圖式、佈局、繪畫特徵等[16]。總體而言,歷來研究者多將該組屏風畫置於漢唐屏風畫演變中考察,定其爲樹下仕女屏風[17],視之爲樹下列女圖向貴婦圖轉變的一個例子,並對畫面表達的人物活動場景予以描述。

誠然,南里王村該墓墓室屏風中,每扇皆繪一樹下女子,背景填以花草樹石,描繪了貴族女子在樹下進行的一系列遊玩活動,與一般見到的仕女屏風畫模式無異。但進一步考察可以發現,其還有不同的內容表達:諸屏皆以一貴族女子爲中心,或坐或立;旁一侍者或舞伎形象,人物比例較小,這種比例寓示着人物主從

---

〔8〕 據發掘簡報推測,墓主可能爲諸葛芬之子武思元,於垂拱三年(687)與諸葛芬一同遷葬於此。見西安市文物保護考古研究院《西安航天城兩座唐代壁畫墓發掘簡報》,《文博》2015年第2期,2—16頁;辛龍《唐琅耶縣君諸葛芬墓誌考釋》,《文博》2015年第2期,57—61頁。

〔9〕 該墓木棺、人骨已朽,信息不詳,是否爲夫婦合葬情況不知。見咸陽市文物考古研究所《陝西武功縣唐代蘇瑜墓發掘簡報》,《考古與文物》2017年第6期,2、34—44、129頁。

〔10〕 陝西省考古研究所編《陝西新出土唐墓壁畫》,重慶出版社,1998年,160—161頁;節愍太子妃楊氏死後未與之合葬,先於其而卒的宗暉生母是否與之合葬不知,見《唐節愍太子墓發掘報告》,科學出版社,2004年,164頁。

〔11〕 陝西省考古研究院《唐嗣虢王李邕發掘報告》,科學出版社,2012年。

〔12〕 陝西省考古研究所、西安市文物保護考古所《唐長安南郊韋慎名墓清理簡報》,《考古與文物》2003年第6期,26—39、43頁。

〔13〕 中國科學院考古研究所編著《西安郊區隋唐墓》,科學出版社,1966年,15頁。

〔14〕 信佳敏《漢唐時期墓室壁畫中的屏風圖像研究》,45—46頁。

〔15〕 李星明《唐代墓室壁畫研究》,陝西人民美術出版社,2005年,303頁。

〔16〕 殷曉蕾《由壁上觀至壁上思——以南里王村"樹下美人圖"爲中心的考察》,《藝術探索》2019年第4期,43—53頁。

〔17〕 馬曉玲《北朝至隋唐時期墓室屏風式壁畫的初步研究》,西北大學碩士學位論文,2009年,35頁。

關係的存在，也成爲對主角人物身份的一種提示。更爲特別的是，整組屏風畫的中央兩幅還以坐像的形式着重強調，坐具在此處也成爲一種對身份的提示。這種表達方式雖未在其他墓室屏風畫中發現，却在幾座墓的大幅壁畫中有類似展現。

神龍二年(706)章懷太子李賢墓[18]即是一例(圖2)。該墓爲前後雙室磚墓，墓主在中宗、睿宗時期因李唐政治之需而先後以雍王、章懷太子的身份遷葬、再葬。兩次皆由李守禮主持相關事宜。再葬時，同時將靖妃房氏與之合祔，又"將墓道至後室的全部壁畫都重新繪製過一遍"[19]，可知後室壁畫遊玩圖是景雲二年(711)重新安排時引入的題材，應是爲靖妃房氏而設，畫面左部坐於小凳者是遊園的主人，即靖妃房氏[20]；其身後、右側、左前方不遠處各立一侍女，右前方似爲一侍從執笏躬身拜謁，前方還有一宦官侍立，畫面背景襯以樹木碎石，靖妃房氏成爲其他人物和這一系列活動圍繞的中心。

圖2　李賢墓後室東壁南部[21]

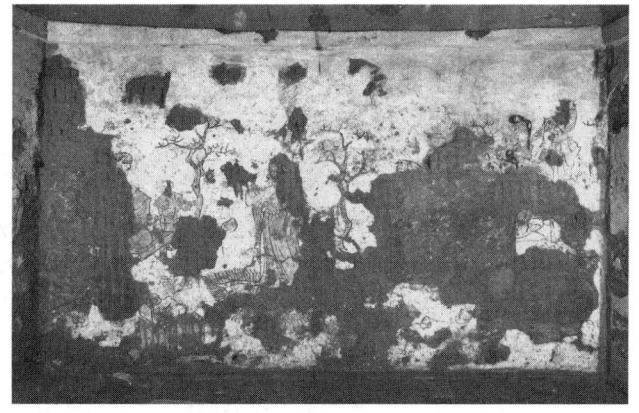

圖3　李邕墓後室東壁[22]

---

[18] 陝西省博物館、乾縣文教局《唐章懷太子墓發掘簡報》，《文物》1972年第7期，13—25頁。

[19] 李求是《對〈談章懷、懿德兩墓的形制等問題〉一文的幾點意見》，《文物》1973年第12期，67—68頁。

[20] 宿白《西安地區唐墓壁畫的佈局與内容》，《考古學報》1982年第2期，145頁注釋[1]；後收入氏著《魏晉南北朝唐宋考古文稿輯叢》，文物出版社，2011年，160—178頁。

[21] 張銘洽主編《章懷太子墓壁畫》，文物出版社，2002年，78頁。

[22] 陝西省考古研究院《唐嗣虢王李邕墓發掘報告》，圖版二三。

同類畫面也見於開元十五年（727）嗣虢王李邕墓後室壁畫[24]中（圖3）。該墓爲前後雙室磚墓，其後室東壁南部繪樂舞圖，北部可見一貴婦坐於木凳上，旁側立一童子，畫面同樣點綴以山石草木，這位貴婦即可對應至李邕第二任夫人扶餘氏。李邕經歷坎坷，但在中宗復辟後娶妻韋氏，且"時陪（中宗）蹴鞠，或奉盤遊"[25]，在景龍三年（709）吐蕃遣使迎金城公主時，與時爲臨淄王的玄宗、駙馬楊慎交、武延秀敵吐蕃十人[26]。李唐王朝派出迎戰吐蕃馬球隊的這四位代表，皆爲王一級或駙馬身份，且地位較高。可見在中宗一朝，李邕的地位和政治身份

圖4　李憲墓墓室東壁北部壁畫[23]

是被認可和重視的，甚至格外受到恩寵。後來權歸睿宗，李邕雖被貶職，但以殺妻等行爲進行了強硬表態，與韋氏家族徹底劃清界限，從而獲得睿宗、玄宗一脈的認可，故在景雲二年（711）被再次起用，並另娶異姓諸王之女扶餘氏[27]。死後不但加贈官職，玄宗還"存家人之禮，特爲舉哀，念保護之功，仍加震悼……葬事所須，並令官給"。該幅貴婦遊玩圖壁畫也因而得以進入墓葬後室當中，作爲帝王所賜予的特殊待遇之一，不僅利於宣揚忠君思想，也利於標榜墓主的特別政治身份。

　　在天寶元年（742）李憲墓墓室[28]中，該壁畫形式仍得以延續（圖4）。李憲爲睿宗長子，生前授封寧王，卒後追封"讓皇帝"，葬惠陵，陵前石刻使用帝王設置，墓葬爲單室磚墓，隨葬陶俑等級殊高，第一過洞以北的仕女、宦官形象體現了

---

[23]　陝西省考古研究所《唐李憲墓發掘報告》，科學出版社，2005年，圖版三八。
[24]　陝西省考古研究院《唐嗣虢王李邕墓發掘報告》，78—91頁。
[25]　張藴《〈唐嗣虢王李邕墓誌〉考》，載榮新江主編《唐研究》第12卷，北京大學出版社，2006年，419頁。
[26]　趙貞信校注《封氏聞見記校注》卷六，中華書局，2005年，53頁。
[27]　張藴、汪幼軍《唐〈故虢王妃扶餘氏墓誌〉考》，《碑林集刊》第13輯，陝西人民美術出版社，2007年，95—104頁。
[28]　陝西省考古研究所《唐李憲墓發掘報告》，150—157頁。

帝王陵寢等級,强調了墓主人的"讓皇帝"身份[29]。墓室壁畫方面,東壁南側繪樂舞圖,北側有觀賞的仕女,其中一女子持扇坐於筌蹄上,另外三人侍立左右和身後,該女子應代表合祔的女主人恭皇后元氏。這幅遊玩圖在墓葬中的出現,同樣屬一政治殊遇,進而表現了統治者給予墓主的高度認可和特別榮譽。

以上三座墓墓室内統一應用的大幅貴婦遊玩圖題材模式相類,皆爲女性墓主而設。而墓主身份和經歷的特殊性,使得該壁畫不僅具有等級意義,更與政治背景和待遇緊密相關。

南里王村墓表面上只繪製了屏風畫部分,但以上三座特殊的高等級墓葬中的墓主遊玩圖内容却隱藏其間,以第四扇屏風表現得最爲顯著:一女性手執團扇、悠然坐於凳上,男侍側立,背景點綴以花草樹木。若將視野擴展至每一扇屏風畫,設想將其展開描繪,正是以上三座墓墓室中繪製的宫苑生活場景(圖5、圖6)。

圖5　南里王村墓墓室屏風畫局部

圖6　李邕墓壁畫局部

───────

[29] 張藴《從李憲墓壁畫人物職官談墓主葬制規格》,載樊英峰主編《乾陵文化研究》(一),三秦出版社,2005年,187—189頁。

這種相似性還可從墓室所繪的影作木構中得到輔證：李賢墓後室四角各繪一角柱，上有斗拱，四壁上端畫闌額、撩簷枋、人字拱，東、北、西三壁中間各繪一立柱，其間繪幾組遊玩圖樣；李邕墓後室"爲仿木結構穹窿頂式建築，四壁角各畫紅色立柱一根……柱頭畫斗拱"[30]。在這些墓室壁畫中，影作木構與畫面隔斷融爲一體，既劃分了不同圖幅，也提供了在墓室中透過影作木構瞭望庭院的空間和視野。

這一點已有學者進行深入研究，楊效俊看到李賢墓墓室壁畫環境處理的模糊性，認爲"在影作木構間佈局了山石、花草，造成觀者的視綫可以透過影作木構而瞭望户外的園苑的錯覺"[31]。趙超研究了兩類規格唐墓墓室壁畫的空間營建，認爲在規格較高的唐代墓葬中，墓室"應該代表着包括正室的主庭院"，並以李賢墓爲例，認爲其墓室所繪"木結構建築更像是庭院四周的廊廡建築，環繞成一處前庭或天井"；在中小型墓葬中，"具有屏風式壁畫的墓室可能是生人居室的象徵，也可能象徵一處庭院"；"特別是太原金勝村337號墓等處將屏風畫與仿木結構建築壁畫結合起來，形成一種介乎純屏風式壁畫與純仿木建築壁畫之間的形式，更適於表現居室與小型庭院組合的象徵意義"[32]。

南里王村墓墓室四角繪有紅色立柱，柱頭繪斗拱，隔斷屏風的條帶與之顏色相同。如此，若將南里王村該墓屏風畫的隔斷視作影作木構，則諸屏便共同營造出一個圍廊包圍出來的庭院空間，既是仿木建築構件，又作爲壁畫界欄分隔不同圖幅。這種壁畫表現形式與墓主等級身份特殊的墓例遥相呼應，故影作木構與壁畫配合營建的空間也並非小型庭院，而是户外園苑。

該墓墓室屏風畫的內容及其空間意義也由此浮現，並得以明確對應至高等級墓葬中的貴婦庭院遊玩圖題材上來。反觀該墓形制簡單，墓頂天象圖等壁畫畫法較爲粗糙，東壁北側的世俗宴飲場景更是與此貴婦遊玩圖風格迥異，這些與之前發現的韋氏兄弟等家族墓葬相比，也顯得草率而倉促，但棺床之上的六扇屏

---

[30] 陝西省考古研究院《唐嗣虢王李邕墓發掘報告》，78頁。

[31] 楊效俊《影作木構間的樹石——懿德太子墓與章懷太子墓壁畫的比較研究》，《陝西歷史博物館館刊》第六輯，陝西教育出版社，1999年，253—261頁。

[32] 趙超《從太原金勝村唐墓看唐代屏風壁畫墓》，《我思古人——古代銘刻與歷史考古研究》，338—341頁。

風却顯然經過精心設計和繪製,可見墓葬營建者對這一題材及其表達之重視,其必然深諳貴婦遊玩圖背後隱藏的信息和意義,而非隨意爲之。故畫中的主人公所代表的應爲女性墓主,發掘報告推測屏風畫中"裝束、形象大致相似的婦人"爲墓主人,與畫面内容相合,一如上具。且該女性身份特别、政治等級較高。進言之,該墓應爲女性墓或夫婦合葬墓的性質;若爲後者,女性地位亦高於其夫君。

圖7　長安縣南里王村36號唐墓塑像

女性墓主的地位在這類畫面通過兩點標識出來:一是主人處於周圍人物環繞的中心,也是遊園活動的核心人物;二是以坐像形式出現。唐墓壁畫中女性坐像殊少,而屏風畫題材在初唐時期以歷史人物故事畫爲主,盛唐時期題材多樣[33],更是鮮有墓主形象出現。但除了墓室壁畫之外,還可從其他形式中尋找墓主身影。

同處韋氏家族墓地的36號唐墓就曾發現一例坐像(圖7)[34],爲白玉雕成,"頭梳烏蠻底髻,臉龐圓潤,神態安詳",需要注意的是,其"雙手交於胸前捧一小鳥,端坐在束腰長鼓形圓凳之上,下設一個方形臺座",再加上女性閑適悠然的情態,與上文論及壁畫中的貴婦遊玩圖的主體相仿,正如發掘者的推測,"該像應爲墓主之雕像"。

女主人坐像與小鳥的組合,不僅僅存在於塑像中,還可見於繪畫中,如張萱"寫太真教鸚鵡圖"[35]、周昉"妃子教鸚鵡圖"[36]以及仿效唐風的寶山遼墓壁

---

[33] 馬曉玲《北朝至隋唐時期墓室屏風式壁畫的初步研究》,49頁。
[34] 負安志《陝西長安縣南里王村與咸陽飛機場出土大量隋唐珍貴文物》,《考古與文物》1993年第6期,24頁。
[35] 潘運告編著,岳仁注釋《宣和畫譜》卷五,湖南美術出版社,119頁。
[36] 《宣和畫譜》卷六,126頁。

畫[37]等,這些繪畫皆反映了《明皇雜錄》等書中所載的楊貴妃教雪衣娘誦經這一題材。在該題材中,閑坐的楊貴妃無疑爲畫面的主人,與鸚鵡組合,鸚鵡和女性主人也成爲幫助觀者識别該題材的標志。其同樣也使用於唐代墓葬中,目前可見兩例(其中之一參見圖8),二者圖像元素與人物姿態相近,也可反映圖式藍本的存在。這類圖樣也借助了坐像等形式來强調女主人地位,並通過鸚鵡來配合表現貴族生活情態,貴婦遊玩圖樣被多所高等級墓葬選用,恐也離不開楊貴妃等人宫苑生活題材的衍生流傳。

圖8　故宫博物院藏女坐俑[38]　　圖9　河南洛陽市出土女坐俑　　圖10　西安王家墳村11號墓女坐俑

---

[37] 吴玉貴《内蒙古赤峰寶山遼壁畫墓"頌經圖"略考》,《文物》1999年第2期,81—83頁。

[38] 此件爲故宫博物院藏品,三彩女俑情態、着裝皆類似西安王家墳村白玉塑像,也端坐於筌蹄上,手中持一小鳥,應屬同類題材,圖源見官網 https://www.dpm.org.cn/collection/sculpture/228352.html? hl =%E5%94%90%E4%B8%89%E5%BD%A9%E5%A5%B3%E4%BF%91,訪問時間:2020年2月9日。

另如西安、洛陽等地出現的幾例隨葬三彩女俑[39]（圖9、圖10），閑坐於筌蹄類坐具上，這類俑較爲少見，明確發掘情況者通常一墓僅有一例，可見其特殊性。西安王家墳村第90號唐墓[40]墓室北壁中部前方置一組三彩陶塑，保持着原始位置（圖11）：中爲一女坐俑，手中原似持鏡，作梳妝狀，兩側各一獅，俑前置一桌，桌西置兩碗相套，東有一牛。此墓以女俑居主要位置，爲坐像樣式，再現了前述女性墓主像的表現形式。諸例墓主形象的發現，也印證了唐墓墓主形象的安排並非孤例，已是一種得到認可的喪葬行爲。唐代貴族女子生活的情景在其他墓葬壁畫、綫刻等方面也有表現，但當中心人物凸顯，並以坐具標識身份，在墓葬中出現時，貴婦遊玩圖的主人公便指向了墓主。

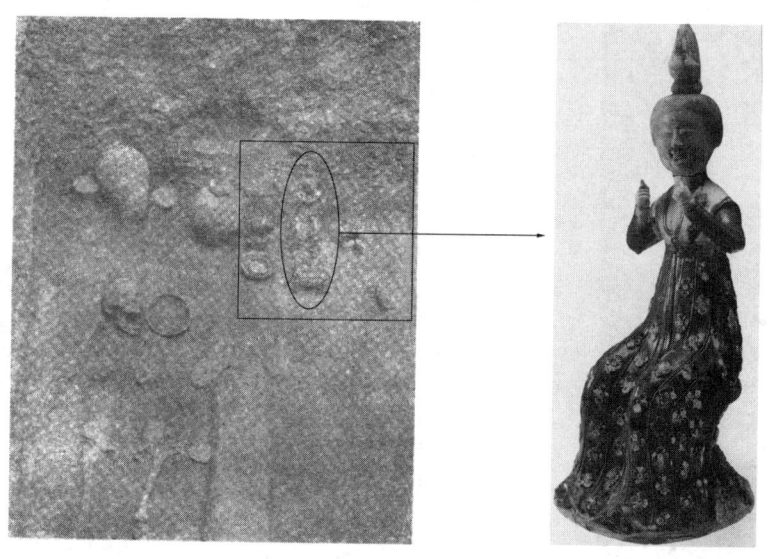

圖11　王家墳村第90號墓墓室北壁中部前置三彩俑位置及其中的女坐俑[41]

[39]　其中幾例的圖像可見於：金維諾總主編，楊泓卷主編《中國美術全集·墓葬及其他雕塑》（二），黃山書社，2012年，341、359、393頁，如插圖9、10。圖10中的這件女俑收藏於國家博物館。而張士貴墓所出的兩例彩繪釉陶女坐俑、太原第一熱電廠M87YD青瓷女坐俑等坐在地上者並非墓主坐像一類，材料如陝西省文管會、昭陵文管所《陝西禮泉唐張士貴墓》，《考古》1978年3期，168—178頁、圖版九；太原市文物考古研究所《山西太原一電廠唐墓出土彩繪青瓷器》，《文物》2019年第8期，76—80頁。

[40]　陝西省文物管理委員會《西安王家墳村第90號唐墓清理簡報》，《文物》1956年第8期，31—32頁。

[41]　陝西省文物管理委員會《西安王家墳村第90號唐墓清理簡報》，31頁。女坐俑圖片見金維諾總主編，楊泓卷主編《中國美術全集·墓葬及其他雕塑》（二），341頁。

阿斯塔納墓群的例子也可作一佐證：武周至天寶年間的187號夫婦合葬墓出土一木框聯屏絹畫，畫面中有兩弈者對坐，金維諾等學者據服色考證其中留一殘衣角者爲"五品以上官員家眷，安西都護府官員的夫人，是圖畫的中心人物"[42]。若然，墓葬中有關女性墓主的消閒生活圖像又添一例。

　　宿白在分析唐墓壁畫時也已提到，在第四階段（自745年蘇思勖墓到787年剡國大長公主墓）墓室流行墓主像，並率先將李賢墓後室女性與墓主相聯繫[43]。前文述知，唐墓墓主像並不僅僅局限於此，從已刊佈的材料看，其在盛唐時期已經出現於高等級墓葬中，且男性墓主同樣有所表現。如李賢墓，申秦雁考證了該墓墓道出行狩獵圖中間一組第一排的人物，即騎披鬃垂尾的"走馬"者，認爲應爲墓主李賢[44]。在這幅壁畫中，墓主的身份地位一方面以馬的特殊性表現出來，另一方面也通過主從關係暗示出來：墓主身後五排人馬列隊緊隨其後，爲首者地位由此凸顯。後來男性墓主像進入墓室，同樣以坐像形式、主從關係來表達，成爲壁畫圍繞的中心，但與女性墓主遊玩圖不同，其上承漢晉傳統，正襟危坐，如西安東郊韓森寨工地高元珪墓[45]（756）墓室北壁東側的墓主坐像、北京西城區陶然亭何數夫婦墓[46]（759）墓室西壁北側的墓主坐像，具有一定程式化特點，這種墓主像樣式也在後代有所延續。

　　南里王村唐壁畫墓屏風畫中的墓主像内容，也可放入盛唐時期墓主像演變脈絡當中來看，其使用了與李賢、李憲、李邕三墓相似的墓主像藍本，三墓墓主像題材承載的政治認同和身份地位表徵，在該墓使用這一題材時也同樣出現。但與之不同的是，該墓選擇仕女屏風畫的方式來呈現，使得這種高等級的墓主像題材表達委婉含蓄，這兩種不同題材的雜糅，爲其他墓葬所不見。前文述知，兩種題材各有其圖像意義所在，墓葬營建者經過慎重選擇之後混合呈現二者，可見其對於同時表達這些圖樣含義的强烈願望：一方面體現其謹慎遵循墓制的臣服；另

---

[42] 金維諾、衛邊《唐代西州墓中的絹畫》，《文物》1975年第10期，36—43頁。
[43] 宿白《西安地區唐墓壁畫的佈局與内容》，167頁。
[44] 申秦雁《談談唐代帝王的狩獵活動——兼談章懷太子墓〈狩獵出行圖〉》，《陝西歷史博物館館刊》第5輯，西北大學出版社，1998年，272—276頁。
[45] 賀梓城《唐墓壁畫》，《文物》1959年第8期，31—33頁。
[46] 于璞《北京地區唐墓壁畫的分期與時代特徵》，《文物春秋》2010年第6期，30—34頁。

一方面意欲突出並表達女性墓主的特殊地位。

從墓葬的其他方面來看，也可進一步認識墓主的特殊地位。這是一座帶豎井墓道的弧方形單室墓，墓室3.6米見方。發掘者發現，其壁畫佈局等與蘇思勖墓（745）相似，通過墓葬形制、壁畫、隨葬品等推斷該墓年代處於盛唐之後、中唐前期這一大致範圍。李星明結合墓室壁畫和人物風格等分析時，將其置於中晚唐時期（肅宗至唐末）[47]。但詳細推之，似有不合。

除了前文論及的屏風畫隔斷對庭院空間的營造外，其墓室四角立柱加斗拱的影作木構形式，也與中晚唐壁畫墓中影作木構已不流行[48]的情況有所出入，更似嗣虢王李邕墓後室影作木構等盛唐時期墓葬的特點。而該墓墓室屏風經一些研究者討論，也被納入較早階段：天寶年間、盛唐時期至中唐初期或玄宗時期[49]。另外，西安地區玄宗時代出現的墓室屏風畫多爲六扇屏風，位於墓室西側整壁[50]。該墓墓室四神分佈的方式於玄宗時代也已出現，而其西壁屏風畫的題材內容與8世紀上半葉的三座墓葬的相似，又提醒我們其與之年代相去不遠。

據西安唐墓反映的等級制度[51]，弧方形單室墓爲高宗至玄宗時期一至五品官吏墓的特徵之一。安史之亂後豎井墓道類逐漸增多，且墓制發生變化。該墓

---

[47] 李星明將唐代墓室壁畫分爲初唐、盛唐、中晚唐三個時期，見李星明《唐代墓室壁畫研究》，88—89、302頁。

[48] 李星明總結中晚唐壁畫墓"多數未見繪有完整的影作木構建築，有的墓室四角和上沿僅畫有紅色寬帶邊框……目前已發掘公佈的中晚唐壁畫墓只有永泰元年（765）韓氏墓和南里王村家族墓的墓室中還繪有影作木構建築"，也已注意到這一點。見李星明《唐代墓室壁畫研究》，93頁。

[49] 張建林從墓葬形制、出土陶俑及壁畫題材、風格等方面分析，認爲其當屬玄宗天寶年間或稍晚，見張建林《唐墓壁畫中的屏風畫》，頁227—239。馬曉玲將唐代墓室屏風畫分爲初唐、盛唐—中唐初、中晚唐三個時期，將該墓納入第二時期，該時期屏風壁畫的主要形式是繪於墓室西壁的六扇聯屏，除了以往仕女圖、樹下高士圖以外，新出現了山水圖、花草圖等。總的看來，天寶年間以後花鳥畫屏風流行起來，見馬曉玲《北朝至隋唐時期墓室屏風式壁畫的初步研究》，頁48；何康將唐代墓室屏風畫歸納爲高祖至玄宗初年、玄宗初年至玄宗末期（712—756）、肅宗至唐末（757—907）三個階段，將該墓納入第二階段，該階段關中地區出土的屏風壁畫均位於墓室西壁下的棺床背後，多爲6扇屏風，佔據整個西壁，集中表現爲樹下老人、仕女和山水，花鳥題材亦有出現，見何康《漢唐墓葬屏風隨葬樣式之變》，北京大學碩士學位論文，2018年，27—28頁。

[50] 郭美玲《西安地區玄宗時代墓室壁畫經營與佈局》，《西部考古》2017年第2期，230—248頁。

[51] 齊東方《試論西安地區唐代墓葬的等級制度》，北京大學考古系編《紀念北京大學考古專業三十周年論文集（1952—1982）》，文物出版社，1990年，286—310頁。

採用豎井墓道,可能體現了轉變先聲,但更多遵循的還是以往的一些高等級墓葬制度,包括墓室形制、屏風畫題材。另外,上元元年(674),高宗已"敕文武官三品已上服紫,金玉帶;四品深緋,五品淺緋……"[52],將甬道所繪服紅袍者對應以品級,則墓主身份至少在四五品之上。

故該墓應大致在玄宗末年,且墓主身份等級較高,結合屏風畫隱含的題材,甚至有對享有殊遇的王一級高等級墓葬制度的模仿。該墓在時代之間和等級之間所呈現的雜糅和模糊性,也使我們體察到墓葬營建者内心選擇的糾結。其又處於韋氏家族塋地,墓主具有高等級身份和政治需求,則僅韋氏家族成員方有機會在此營建墓葬,墓葬中對於這種複雜心態的呈現離不開其家族際遇。

韋氏家族作爲三國魏晋以來的大族,至唐時家族發展、支系龐大,僅出宰相人物脈絡者即有九房[53],其中,駙馬房的韋后一支更是顯赫一時,但因政治環境之變而數次沉浮。

中宗即位初,穩固勢力爲要。其十分重視對韋后一門地位的提高,嗣聖元年(684)一月便"擢后父玄貞自普州參軍爲豫州刺史"。後來又欲"以韋玄貞爲侍中",面對勸阻,反怒曰:"我以天下與韋玄貞何不可!而惜侍中邪!"[54]

中宗復辟,韋后專權,此前"帝幽廬陵,玄貞流死欽州,妻崔爲蠻首甯承所殺,四子洵、浩、洞、泚同死容州,后二女弟逃還京師"[55],韋后家族已然多有亡故,無法再於生前多獲恩寵。但在中宗對武后所誅唐諸位王、妃、公主、駙馬等人進行以禮改葬的熱潮[56]下,景龍二年(708),韋后的父母兄弟和妹妹也獲追封,並遷窆京兆南韋曲塋地[57]。經數次加封,至景龍三年二月"壬午,贈太師、鄭王廟號褒德,陵號榮先,置六品令、八品丞"[58]。對於家族成員身份的拔高,離不開

---

[52]《舊唐書》卷五《高宗紀下》,中華書局,1975年,99頁。

[53] "一曰西眷,二曰東眷,三曰逍遥公房,四曰鄖公房,五曰南皮公房,六曰駙馬房,七曰龍門公房,八曰小逍遥公房,九曰京兆韋氏",見《新唐書》卷七四上《宰相世系表四上》,中華書局,1975年,3113頁。

[54]《資治通鑑》卷二〇三《唐紀十九》,中華書局,1956年,6417頁。

[55]《新唐書》卷二〇六《韋温傳》,5843頁。

[56]《資治通鑑》卷二〇八《唐紀二十四》,6586頁。

[57] 負安志《陝西長安縣南里王村與咸陽飛機場出土大量隋唐珍貴文物》,24、45—52頁。

[58]《舊唐書》卷七《中宗紀》,143頁。

對以往政治資源的利用,如"制復武氏崇恩廟及昊陵、順陵,因名酆王廟曰褒德,陵曰榮先"[59]。韋后通過肯定或效仿武后舉措,使得此番經營在自己眼中帶有了一定合理性。

總之,韋后依附各種政治話語,構建自己和家族成員的身份和地位,努力躋身皇室貴族行列。其營建的韋氏家族墓地有主陵即韋后父母之合葬墓,位於其西南 200 米處的陪葬墓有韋洵、韋浩、韋泂、韋泚及韋玄貞第九女韋城縣主和第十一女衛南縣主墓。這些墓葬除主陵外皆已發掘,所使用的雙室磚墓、石槨等已明顯帶有逾制色彩,也體現出韋后意欲通過效仿高等級墓葬制度甚至"別敕葬者"的特禮[60]來拔高其家族地位的心態。

南里王村該墓中的屏風畫與墓主像題材的並用,也再現了類似的模仿意圖。其認可並使用墓主遊玩圖這種受到殊遇的王一級墓葬方可繪製的壁畫題材,已然表現出營建者對墓主地位的比附。然而,不同於這些韋氏家族成員的"光明正大",其採用了更爲隱晦的做法。

韋后家族的没落或可解釋這一點:自睿宗、玄宗一脈掌權,韋氏家族再次面臨嚴重打壓,諸多家族成員受到斬殺,黨羽伏誅,以往依附者也多有株連。作爲彰顯韋后家族身份和地位的重要標志,家族墓葬也多遭毀弃:"睿宗即位,仍令削平玄貞及洵等墳墓"[61],"天寶九載,復詔發掘"[62]。據發掘者稱,韋氏家族墓"陵園内地面上的石刻、石碑及封土都不存在",墓葬内部破壞嚴重,與歷史記載相合。這種狀況也不僅限於韋后直系親屬,宗族其他支系亦遭波及,如韋君夫人胡氏墓(742)[63]亦破壞嚴重,志蓋與墓誌石脱離,墓主骨骸無存。

對於這種長時間的連番毀墓行爲,身處玄宗朝的墓葬營建者定已深有所感,也熟知家族遭受持續壓制的現狀,故相比於之前韋氏家族墓葬營建的張揚做法,不得不有所收斂和折中:其捨去傳統墓葬斜坡墓道以及天井、過洞所代表的等級含義,轉用更爲簡單的新式豎井墓道,表達出對中央制度服從甚至保守的態度,

---

[59] 《資治通鑑》卷二〇八《唐紀二十四》,6609 頁。
[60] 齊東方《略論西安地區發現的唐代雙室磚墓》,《考古》1990 年第 9 期,23、92—96 頁。
[61] 《舊唐書》卷一八三《韋温傳》,4744—4745 頁。
[62] 《新唐書》卷一三一《韋温傳》,5845 頁。
[63] 王育龍《西安南郊唐韋君夫人等墓葬清理簡報》,《考古與文物》1989 年 5 期,71—79 頁。

只是在墓室營建部分延續以往的等級制度要求,以表身份。

昔日貴戚榮名殆盡,生前無法再去爭取,只能寄望於死後。而在連番的毁墓和打壓的環境下,其墓葬營建已被皇室特别"關注"。在這種情況下,仍要維護自己的身份,只能一邊遵循規規矩矩的墓葬制度,一邊暗自表達:在棺床上方的壁畫安排上,放置仕女屏風畫題材,巧借該題材藴含的政治含義遮掩真實意圖,貴婦庭院遊玩圖像這種高等級墓主像題材從而隱藏起來。而該墓埋葬時期下起屏風畫題材多元豐富發展的時期,墓葬營建者率先將王一級墓葬的貴婦遊玩題材消解簡化並填入屏風當中,復得一掩飾效果,顯得尤爲安分守禮。至於被認爲顯示了墓主較低等級的東壁大幅宴飲圖,更是其謹小慎微的掩飾:以宴飲玩樂的方式演繹自己耽於世俗生活、沉溺享樂的態度。

事與願違,據發掘者稱,該墓經嚴重擾動,墓誌、人骨情況不明,墓室北壁男、女侍人物面部也遭到不同程度破壞。韋氏宗族的妥協,或許並未使其免遭毁墓的劫難。隨葬品較少,恐並非地位較低的緣故,而可能是在當時受到朝廷檢括或破壞後留下的殘迹。

總之,南里王村唐壁畫墓墓主應爲玄宗時期一貴族女性,爲韋氏家族成員中地位較高者。其糅合屏風畫和墓主像兩種題材,並配合影作木構和屏風隔斷營建墓室庭院空間。一方面表達了對中央推行的樹下人物圖式藴含政治含義的嚴格尊奉,另一方面融入當時享有殊遇的高等級墓葬中方可繪制的貴婦遊玩圖類墓主像題材,以維持高等級身份和家族榮耀,展示了韋氏家族後人在墓葬營建時協調抉擇的複雜心理。

## Re-cognition of Screen Painting of the Tang Dynasty Mural Tomb in Nanliwang Village

### Guo Jing

The article studies the Tang 唐 Dynasty screen mural discovered on the western wall of the coffin chamber in Nanliwang Village 南里王村, Chang'an District 長安區, Xi'an City 西安市, Shaanxi Province 陝西省. The screen murals depict a common theme of a noble woman's outdoor leisure activity. Murals with these features could also be found on the wall of three princes' tomb chambers. By collecting the types and summarizing the pattern of seated female figurine as a unique funerary object of the tomb owner's image during the Tang Dynasty, the female tomb owner is presumed to be an aristocrat and has special political status and the tomb was constructed during the era of Xuanzong 玄宗. Besides, the high-rank tomb is located in the cemetery of Wei family 韋氏家族. According to historical documents, the Wei family was in disgrace and given special attention after the Empress Wei 韋后 fell from power. When the tomb was under construction, the funeral arranger understood the political situation clearly and had to swear loyalty to the imperial court by obeying the funerary system in the form and structure of the tomb. As a member of this noble family, he also tried to hold fast to the Wei family's honour to give a complex and equivocal answer that he replaced the traditional theme of screen mural with a noble woman's outdoor leisure activity which was a symbol of identity and status used by the royals.

# 書　評

# 從宮廷走向多元

——評麥大維著,張達志、蔡明瓊譯《唐代中國的國家與學者》(麥大維著,張達志、蔡明瓊譯,中國社會科學出版社出版,2019年,4+452頁,128圓)

劉成國

本書是英美漢學界久負盛名的學術思想史專著。作者麥大維(David McMullen),劍橋大學中國學教授,著名唐史研究專家。1988年,本書作爲韓南(Patrick Hanan)、杜希德(Denis Twitchett)主編的"劍橋中華文史叢刊"之一,由劍橋大學出版社出版。2019年,張達志、蔡明瓊翻譯成中文,由中國社會科學出版社出版。

一

全書共分爲七章。第一章前言,簡要概括唐代儒學在中國儒學史的地位,點明本書的撰寫旨趣和主要內容,即:擺脱宋代新儒學對唐代儒學的偏見,"概述唐代儒家的學術傳統"。"本書架構在唐代長安及洛陽的主要學術機構之上,包括教育、經學、國家禮制、官方修史及文學活動","本書的主旨在於描繪這些領域學者態度的變化"(3頁)。繼而介紹了唐代的待制院(崇文館、集賢院、翰林院)和一些與學術相關的常設官僚機構(國子監、太常寺、秘書省、史館等)的架構、職掌,以及科舉考試的諸多類型。作者將唐代儒學整體上劃分爲三個階段。太祖、太宗朝是奠基時期。此期皇帝與宰相主持領導大量學術活動,官方學者與皇帝緊密合作,造就衆多學術成果。自高宗即位至安史之亂前夕(650—755)是第二階段。皇帝依然主導學術機構,授命撰著,國家機構仍是學者活動的中心,但此時非官方的學術開始呈現。第三階段從安史之亂到唐朝滅亡。皇帝無力主導學術,創造性發展主要依靠私人和非官方行爲,非官方作品大量產生,學術氛圍發生了劇變。

第二章學校與祭祀,主要考察唐代的學校系統與孔廟祭祀。在高祖、太宗朝,官學重建,祭孔復興。孔廟祭祀的對象從周公、孔子並列改爲孔子、顏回並稱,孔子由先師升爲先聖,而配享的儒者名單擴大到左丘明等注經家。自高宗即位至安史之亂前夕,儒家祭祀和教育體系進一步擴大,地方官學和孔廟祭祀在全國普遍建立。但在開元、天寶之際,由於官學的低效腐敗,私人授學逐漸發展起來,代表人物如房琯、蕭穎士、元德秀等皆聚徒傳授,形成了小規模的精英群體。安史亂後,官學衰退。儘管中興之主憲宗採取一系列措施恢復學校制度,但成效甚微,地方官學、孔廟釋奠祇能依賴於地方官員的能動性推動。相形之下,私人授學則日趨重要,特別體現在座主門生的關係上,而韓愈的《師説》則集中表達了對獨立傳授儒家思想之師的關注。

第三章經學,主要考察唐代的儒家經典注疏之學。高祖、太宗朝致力於整合南北經學注疏的傳統,代表成果即《五經正義》,以此表達符合王朝利益的政治價值觀。高宗即位後,對《五經正義》的批評、質疑開始出現,其中劉知幾對於《春秋》的批評具有獨創性。玄宗朝官方經學取得兩項重大進展:重修《月令》與御注《孝經》。安史亂後,對經學的不滿首先體現在對科舉制度的批評中,這與經學定本石經的刊刻一樣,表現了中衰的王朝對經學政治功能的強烈訴求。亂後經學的主要特色,是"主要以私人注疏爲主","反對唐初那樣僅對經文内容進行簡單注解","注疏中透露出強烈的批判思想"(99頁)。它集中體現在以啖助、趙匡、陸淳爲首的新《春秋》學崛起,"他們早已超越對章句之學的批評,不僅視《春秋》爲能給世界帶來和平與穩定的權威,更在重新闡釋的過程中隱喻其爲治理國家的良方","將《春秋》文本的内涵進一步拓展,承載了更多的改革思想"(100頁)。除此外,"性命之學"也是亂後經學最重要的成就之一。(詳下)

第四章國家禮制。作者首先陳述了禮制對於帝國的重要性,即協調天人、表明權威、證明合法性、維護社會等級、强化皇權和官僚體系的尊嚴威儀、約束君主,並直接涉及某些政治組織和原則問題。然後按照三個階段,分別叙述《貞觀禮》《顯慶禮》《開元禮》的編纂、修訂;明堂禮、封禪禮、郊祀禮、籍田禮等的舉行與廢弛;太廟祭享的爭執與變化;國家禮制與科舉考試的關係等等。在本章末節,作者重點討論了8世紀末、9世紀初學界對國家禮制傳統的批判性審視,特别留意於杜佑、柳宗元等人的激進批判:"他們堅信社會復興主要依靠政治與體制改革,而把精神層面的問題留歸作爲佛教徒的私人生活……從政治哲學的角度對國家起源及禮制功能進行系統闡述。"(111頁)"柳宗元對國家禮制中的宇宙論因素表達了最強烈的懷疑態度,並且十分明確地堅持禮制的功能是道德的和社會的,而不是超自然的。"(112頁)

第五章史學,主要考察唐代官私史學的興衰。其中包括唐代的《漢書》學、《史記》學,晉至隋五朝正史的編修,宰相監修國史和歷代實錄、國史的修撰,《唐六典》的編纂,傳記、史論的特點,蘇冕《唐會要》、杜佑《通典》所代表的典章制度之學,科舉中"三史""三傳"科的設立與策題的歷史關注,亂後的私家修史等等。作者敏銳地觀察到,安史亂後,韓愈、李翱等學者,"將國史通過'褒貶'理想化爲一份垂範後世且條理分明的記錄,以制止當時的政治與派系鬥爭。他們的史學思想較少涉及激進的制度改革或制度史"(144頁)。這與杜佑等注重典章制度的演變與改革,形成了鮮明對比(148頁)。

第六章文章觀,主要考察唐代的文學觀。作者認爲,有唐一代,"文學始終保持備受歡迎和尊重的地位"(207頁)。隨着唐帝國的發展,"其他學術領域中顯露出來的不再以朝廷爲中心的發展趨勢,也明顯表現在學者的文章觀上。對文章創作的評論越來越成爲個人志業,在唐代後期,學者將自身更多的文學經驗付諸筆端"(207頁)。從太宗朝開始,文學就是朝廷"人文化成天下"的有機部分。朝廷主持資助《藝文類聚》《文思博要》《三教珠英》《四部書錄》等大型類書的編纂;《文選》學成爲長安宮廷文學文化的重要組成部分;宮廷宴集和唱和促成了此期詩歌創作的繁榮;而官僚系統對寫作技能的重視、草詔詞臣知貢舉,"這一趨勢不可避免地影響'文'在科舉——進入官僚階層最重要的途徑——中的地位"(228頁)。從高宗朝至玄宗朝,文學寫作技藝逐漸成爲進士考試中的關鍵,從而有力地推動了唐代文學的發展。不過,從玄宗朝開始,詩歌寫作開始出現了對宮廷詩風的疏離甚至反抗。安史亂後,唐代文學在整體上呈現出"去宮廷中心化"的趨向:朝廷主導的文學實踐大爲縮減,文學思想上諸多重大變化與宮廷文學無關;李華、蕭穎士、梁肅等人提倡寫作應當致力於政治與社會改革事業,批評駢文,重新闡述文學的本質與功能。韓愈、柳宗元、李翱等人則在重視文學作爲社會改革工具的同時,也強調文學與心志、道德的關係,追尋文學的獨立性。作者指出,即便安史亂後,對文學技藝在科舉考試中重要性的質疑、批評甚囂塵上,但由於最能體現文才爲主的翰林學士、草詔詞臣的巨大政治影響力,以及在仕進中的有利地位,唐代後期對文學的崇拜,並未消减。

第七章結語,對之前六章進行了總結論述。作者認爲,唐代儒學"適應並伴隨着中國歷史上最成熟的王朝同步發展"(262頁),它"有着顯著的中古特色","與新儒家相比,唐代學者對待信仰的態度是多元的,不拘泥於正統觀念","他們的大量學術成果被運用於國家禮儀活動實踐,進入禮典儀注或禮制辯論";"他們所修書籍多爲彙編","但與此同時,他們對變革的勢頭有着敏鋭認識"(250頁)。作者指出,相對開放的唐代官方學術氛圍,以及"學術群體對思想多元的包容態度,其對不斷變化着的政治的積極參與,都是鼓勵儒學變革的重要因素"(260頁)。

之後是詳盡的注釋部分(263—377頁)、參考文獻(378—397頁),以及一份清晰的詞彙表和索引(398—423頁)。

## 二

本書初版於20世紀80年代。當時,研治中國古代學術思想者,通常將重心放在秦漢或宋明。至於唐代,研究者往往接受宋代新儒家的觀點,認爲有唐三百多年間,除了韓愈、李翱等寥寥數人外,儒學成就乏善可陳。當時對於唐代儒學的整體研究,幾乎闕如。此書的出版,填補了這一空白。與一般的學術思想史著作不同,此書没有採用"點鬼簿"的寫法,即按照時間順序來羅列唐代歷史上著名儒者的生平、思想及學術成就,然後加以評述。此書也不同於一般的西方漢學著作,用某種乃至數種新穎的社科理論,來框套一堆漢語史料文獻,時時過度詮釋。此書採用的是最樸實的寫法,從海量的基本文獻爬梳,對唐代儒者的學術思想活動進行全景式綜合性的叙述。它對唐代儒學的各個領域,如學校系統、孔廟祭祀、經典注疏、國家禮儀、史學修撰、文學寫作等,進行了詳盡的考察。書中重點探討與學術相關的唐代國家機構、在這些機構中任職的學者們及其學術思想活動,由此勾勒出唐代儒學的演進,呈現出唐代儒學與國家的緊密互動,它作爲意識形態的政治、社會功能,以及它積極的創造力、創新性。這就有力反駁了自宋代以後便一直流行的對唐朝儒學的偏見:自漢代迄唐末,儒道幾乎湮没,直到北宋五子,纔接續道統。

## 從宮廷走向多元——評麥大維著,張達志、蔡明瓊譯《唐代中國的國家與學者》

　　書中將唐代儒學劃分爲初、盛、中晚三個階段,而特別注重安史之亂的劃時代轉捩。在學校系統方面,作者指出安史亂後官學衰微,私學興起,儒者們"開始視教學爲個人所能從事的最有意義的專業,更加迫切地強調儒學價值觀念的社會復興,而不再是國家維繫的學術體制及祭孔活動"(22頁);在經典注疏方面,"八世紀末九世紀初的學術界不再聚焦於朝廷,不再由國家主導;國家學術機構也不再爲儒經的重新闡釋提供制度框架,學術的重大發展都是非官方的活動","經學由以皇帝和朝廷爲中心,向更普遍的關注國家和個人轉變"(69頁);在史學方面,8世紀末出現的最重要變化,"是部分士人堅信可以通過制度和行政經驗恢復唐朝曾經的鼎盛",他們"從重視對君主和王朝政治成功至關重要的國家宇宙觀,轉而強調王朝典制的相對易腐性,並利用歷史來分析政治原則的基本問題"(162頁)。在文學方面,8世紀末、9世紀初,"朝廷主導的文學實踐也大爲縮減","文學思想上的重大變化與官方環境下的宮廷文學作品無關,但却與大量非官方作品有關",文學環境更加"去中心化"(234頁)。祇有國家禮制變化,表現不甚明顯,"更加分析化的禮學思想也局限於少部分質疑禮儀的宇宙論功能"(117頁)。貫穿以上論述的,是本書的一個核心觀點:唐代儒學從初盛唐時期以長安、洛陽爲中心的官方學術,在安史之亂後,日益向獨立於官方的私人化、多元化方向發展。同時,作者也補充道,這種變化趨向,在安史亂前便已經初現端倪。儘管之前,陳寅恪、錢穆等史學大師即作過類似斷言,但僅是針對唐代政治、學術中的某個領域的泛泛之言。此書在堅實的實證基礎上,將這種重大變化擴展到唐代教育、經學、史學等各個領域,堪爲儒學史上的不刊之論。

　　現代學者通常將新儒家性命之學的萌芽,上溯到8、9世紀之交的韓愈、李翱。對此,本書立足於基本文獻,進一步予以擴充、細化。作者認爲,初唐時期,儒者對儒家傳統中的性命問題並不感興趣,"孔穎達大量引用《孟子》有關禮儀、社會及行政問題的論述,而關於如何分辨性善與性惡的論述却祇引用過一次"。"這一時期,儒家思想中有關內省的問題尚未得到如政治制度及禮儀問題那樣精確的梳理與研究"(82頁)。當時終極問題的答案,在於佛教與道教。安史亂後,唐王朝政治權威衰落,思想氛圍發生了深層改變,儒家的關注開始轉向內在的心性問題和終極關懷的思考,代表人物是梁肅、權德輿、陸傪等。他們將個人的政治影響同宗教理想結合起來,以《中庸》中的"誠明"來比附佛道中的宗教境界。他們提携了韓愈和李翱,而韓、李正是唐代性命思潮第二階段的主要代表。作者分析道:"此前,它(性命思潮)是折衷的、調和的、寂静的……與仕宦和政治生活非但不衝突,反而相輔相成,表明學者作爲一個人的嚴肅態度;此外並無更多含義。然而現在,它變成積極的改良思潮,變成純粹的儒學運動,並强烈反對佛教和道教。"(108頁)李翱和韓愈分别建構起不同的"性命"觀,前者提出復性,贊成孟子的性善論和"人皆可以爲堯舜",而後者則堅持"性三品説",對於孟子的態度自相矛盾。韓、李之後,儒家的性命思潮逐漸衰落。以上分析,將宋代理學家擅爲己有的性命學説置於長時段的思想演變中考察,凸顯出唐代在儒學史上的重大貢獻。

對於中晚唐制度之學的梳理,是本書的一大亮點,體現了作者對於思想史研究中以新儒學爲依歸的綫性敘事的警惕反省。作者發現,中唐儒學中存在着韓愈、李翱與杜佑、柳宗元爲首的兩種不同的學術路數與思想趨向。前者重視道德、性命等問題以及個人内心的反省,但對制度的演進和行政改革却不感興趣。後者則"堅信可以通過制度和政治手段恢復唐朝曾經的鼎盛",他們"從重視君主和王朝政治成功至關重要的國家宇宙觀,轉而開始强調王朝典制的相對易腐性,並利用歷史來分析政治原則的基本問題"(162頁)。在以懷疑、批評的眼光審視政治制度時,杜佑、柳宗元將儒家的公共政治參預與佛教的私人信仰並行不悖,這與韓愈試圖通過"重新定義儒家價值觀念和摒棄爲唐代大多數學者所認同的宗教多元觀念來復興儒學"(205頁),形成了鮮明的對比。宋代的新儒家與王安石,似乎重新上演了這種對立,誠然,劇情更爲複雜波折。南宋後新儒家的勝利及對其思想史的重新敘述、書寫,導致了從中唐到北宋儒家制度改革之學的湮没。此書將這一脈絡發掘出來,既完整地呈現出中晚唐儒學的三種面相:制度、心性、文,又爲研究者揭示出新的研究理念和取徑,可謂功莫大焉。

自原著出版迄今的三十多年間,唐史研究日新月異,而此書率先揭櫫的若干論題,也受到了學界持續的關注與深入的拓展。比如,書中對於唐代孔廟配享、從祀與儒學變遷的討論,對於權德輿在中唐重要性的揭示,對於唐代中後期"潤色王言"重大社會影響的發掘,以及對於有唐一代"文"之特殊意義的强調等等,在《優入聖域:權力、信仰與正當性》、*Reform in the Balance*、《清流文化與唐帝國》《斯文:唐宋思想的轉型》等涉及唐宋學術思想史的名著中,都可以發現較爲明顯的論題延續和研究理路的相承。是書的經典價值,也由此愈發得以呈現。

## 三

　　當然,任何一部專著,都難以做到面面俱到、盡善盡美,此書亦然。比如,除了偶爾提及唐代宮廷主持的"三教論辯"外,書中對儒佛、儒道關係涉及較少,從而對安史亂後儒學的轉變,似乎缺少了一個重要的觀察維度。又或許由於文獻存佚的參差不齊,書中對於憲宗以後的儒學發展論述很少。作者敏銳地發現,士人"進士及第—知制誥—翰林學士"這一遷升路徑,對唐代文學寫作和文學觀念産生了巨大影響。但晚唐時期,越來越多的士人在深感科舉無望後,轉投地方藩鎮幕府另覓出路,所謂"感恩知有地,不上望江樓",從而導致學術氛圍、社會心理、文學版圖出現了重要變遷。對於這一制度變遷的背景及重大影響,書中完全沒有留意,頗爲遺憾。

　　此書的翻譯,整體上準確、流暢,體現了原作的精神氣韻。偶爾有一些翻譯不確或表述不妥之處,稍作羅列,以供譯者斟酌。比如,中譯本序"幾乎都能綫上獲取,足茲檢索","茲"當作"資"。原作前言中"But from the time of Mencius until the eleventh century, the true way had not been properly taught or understood"句,譯文作"儒學家並未真正領會與理解孔孟的思想"(2頁),其實原文中"taught",當指漢唐注疏家的講學傳授而言。原作中"Tu-Ku Yu, a son of Tu-Ku Chi and later Chuan Te-yu's son-in-law",譯文作:"獨孤郁,獨孤及之子,後爲權德輿繼子。"(61頁)按,獨孤郁爲權德輿之婿,而非繼子。原作"He resisted appointment to Tu Yu's staffin the south-east, and condemned interventionist political figures in history like Kuan Chung and Chu-ko Liang, 'who concentrated on saving the ages [in which they lived] and called themselves beams and ridge-poles of the state '",譯文作:"他(梁肅)拒絶在新任淮南節度使杜佑幕府任職,批評管仲、諸葛亮之類汲汲於政治的人物,諷其'留心濟世,自謂棟樑'"(106頁)。按,"留心濟世,自謂棟樑"出自崔恭爲梁肅文集所撰序言"若管夷吾、諸葛亮,留心濟世,自謂棟樑,則非公之所尚也",麥大維原作中引用此語來形容管仲、諸葛亮,但並非是梁肅對管仲、諸葛亮的批評、諷刺之語。原作"repeated requests for performances on mount Hua, for which Hsuan tsung had a special astrological affinity, and on mount Sung, were declined"。譯文作"朝臣幾番奏請玄宗封禪其本命華山"（94頁），費解，譯作"本命山華山"比較清楚些。原作"Liu's remarks on the monograph series are the only ones of their kind from the early eighth century"，譯文作"劉知幾有關志書的評論是八世紀早期史評中的唯一"，句式顯得生澀彆扭。原作"In 808, under Hsien tsung, an examination candidate made a very rare reference to official history in an examination script"，譯文作"808年，憲宗朝一位舉子在策論中極少提及官修史書"（189頁），"極少提及"，上下語義不通，似當譯作"憲宗朝一位舉子在策論中極爲少見地提及官修史書"。

又如第五章第三節"志書論"，譯文曰："韓愈、李翺等學者將國史通過褒貶理想化爲一份垂範後世且條理分明的記錄，以制止當時的政治與派系鬥爭。他們的史學思想較少涉及激進的制度改革或制度史，也不太關注道德心性問題：取而代之的是，他們強調個人的政治行爲，關注制度的演變、客觀的力量和長期的趨勢"（199頁）。按，既然韓、李的史學思想"較少涉及激進制度改革或制度史"，如何又說"〔他們〕關注制度的演變"？此處譯者理解似乎有誤。查閱原文爲："Scholars such as Han Yu and Li Ao idealized the dynastic history as a document that would sort out for all time, by its allocation of 'praise and blame', the demoralizing political and factional struggles through which they lived. Their outlook on the past suggests little interest in radical institutional reform or in the history of institutions. Their moralistic interest in history was, however, counterbalanced by the approach that, instead of emphasizing the political conduct of the individuals, focussed on institutional evolution, impersonal forces and long term trends."再結合上下文，可見原文意謂：韓、李對於過去的歷史持有一種道德的關懷，而不太注重激進的制度改革和制度史；與之相對的是另一種史學取向，這種取向不重視個體的政治行爲，而是側重制度演進、客觀的力量和長期的趨勢。由下文可知，這種取向即杜佑《通典》、柳宗元《封建論》中所體現出的。

另外，第六章原文"Their composition involved, in a phrase formulated by Confucius himself and much repeated in the T'ang, 'giving (due) elegance and finish to royal command'"句中的"phrase formulated by Confucius himself"，當指《論語·

憲問》中"子曰:'爲命,裨諶草創之,世叔討論之,行人子羽修飾之,東里子産潤色之'",也即在唐朝被反複提及的"潤色王言"之語。此句意謂唐人的文章寫作,含有"潤色王言"的制誥等部分,而"潤色王言"一語,孔子曾予闡述,在唐代也被反複提及。譯文作:"這種創作,用唐代學者反複提及、源出孔子的一言以蔽之,即是'潤色王言'。"(206頁)表述易生歧義,誤將"一言以蔽之"理解爲孔子所説的"《詩》三百,一言以蔽之,曰:'思無邪。'"(《論語·爲政》)

最後,必須指出,以上商榷,頗有"吹毛求疵"之嫌。實際上,本書内容涉及唐代經學、教育、歷史、禮制、文學等各個領域,徵引文獻浩繁。這對於任何一位譯者而言,都是一項巨大的挑戰。從本書的"譯後記"中,我們可以瞭解兩位譯者在翻譯此書過程中付出的艱辛努力。在如今高校苛刻的考核、晋升制度下,譯著和古籍整理著作一樣,都不算是科研成果,或者充其量祇算作論文、專著科研成果的二分之一或三分之一。兩位譯者出於真誠的學術理想,經過反反復復不斷修改——"原本三校即可定稿付印""却做到了十二校",最終呈現給讀者一本出色的移譯,理應得到我們高度的尊敬。

# 冨谷至《漢唐法制史研究》介評*（冨谷至著，創文社，2016年，511頁，7800日圓）

## 周東平　薛夷風

筆者有幸先一步拜讀並作爲譯者受領翻譯冨谷至先生在2016年出版的《漢唐法制史研究》[1]。冨谷至是京都大學名譽教授、龍谷大學教授，作爲日本研究中國秦漢史、簡牘學的執牛耳者，其相關業績在學界影響廣泛，於兹不贅。本書除序論、跋之外，由法典、刑罰、犯罪三部分共計九章構成，其中七章首刊於1998年同朋舍出版的其博士論文《秦漢刑罰制度の研究》（中譯本《秦漢刑罰制度研究》，廣西師範大學出版社2006年），而略有修訂；僅有《從遷徙刑到流刑》《男女間的性犯罪》兩章是新稿，全書超過500頁。

## 一、《漢唐法制史研究》概述

《序論》提綱挈領地申述本書探尋魏晉南北朝時期在繼承漢代法制的基礎上有所損益，直至唐代法制形成的發展過程，並闡明中國前近代法制度的特徵與展開，中國古代法制與中世法制的區別等宗旨（3頁），扼要介紹全書的核心内容。

以下依據篇章順序，簡介其内容：

"第一部　法典"由兩章構成。第一章《通往晉泰始律令之路》，主要論述秦漢時期不存在按固有篇名順序整理的典籍性法典（律典、令典）；曹魏律十八篇開啓了律典的立法化；西晉泰始律令的制定，法典始分爲刑罰法典的律典與行政

---

\* 本文爲2020年國家社會科學基金後期資助項目《〈魏書·刑罰志〉譯注》（批准號：20FFXB034）的階段性成果。

[1]《漢唐法制史研究》，創文社，2016年（下文引用本書時，僅在括弧内注明頁碼）。本書出版後的相關書評有：1.辻正博《書評 中國法制史と簡牘學との融合、その豐かな稔り》，《季刊 創文》第23號（秋號），2016年9月，7—9頁；2.石野智大《書評 冨谷至著〈漢唐法制史研究〉》，《唐代史研究》第20號，2017年8月，157—167頁；3.广瀬薫雄《冨谷至著〈漢唐法制史研究〉》，《日本秦漢史研究》第18號，2017年11月，119—130頁。讀者亦可參照。

法典(非刑罰法典)的令典兩種(89頁),並探討了晋代分化爲兩種法典的内外兩方面原因。由此再至律令成熟的唐代,總結其間近千年律令變遷史及其意義。作者關於秦漢律令性質的上述觀點,在思考、理解、繼承20世紀先行研究的同時,又多有修正。即使對自己的既有研究結論,也作了較大調整[2]。同時,還融入作者近年來力倡"視覺簡牘"[3]的研究體會。

第二章《從漢律到唐律——裁判規範與行爲規範》,進而從法的實效性角度觀察、比較漢律與唐律的性質變化,即從漢代的裁判規範(爲了解決紛争,審判員必須依據的準則,即"徵文主義")到唐代的行爲規範(一般社會中規制人類行爲的規範,涉及道德規範、習俗、禮儀等行爲要求、規則,即"徵文主義"淡化)的變化,其原因在於"律的經書化""法適用的潛流"、犯罪構成要件的變化、徵文主義從北魏後半期開始淡化。並認爲北魏是律性質轉變的關鍵時期。本章既與前一章的内容相呼應,更提綱挈領地論及此後第二、三部的相關内容,特别是在論説儒家思想學説、胡漢法律體系等方面給予中國法以重大影響的觀察,頗爲深刻。

"第二部 刑罰"由四章構成,考察漢至唐的刑罰制度變遷及其理念。隋唐律規定的"五刑",在秦漢時,流刑、笞刑、杖刑這類刑罰或者未見其名稱,或者未被定性爲刑罰。祇有徒刑(强制勞役刑)從漢至唐一直存在,因作者在此前的《秦漢刑罰制度の研究》中,已經設有《漢代の勞役刑——刑期と刑役》一章專論漢文帝刑制改革確立勞役刑刑期及其意義,且未能找到值得論列的重大變化,故不單獨設立專章論述之。

第一章《從究極的肉刑到生命刑——漢—唐死刑考》,論述漢唐間死刑的變遷,其核心觀點在國内已多有介紹。概言之,從古代至中世紀甚至近代,中國法定正刑的死刑執行形態大概祇有腰斬、斬首與絞首這三種方式,但對"首"的斬斷與絞殺,存在着刑罰目的和理念的差别。文中對"身體的處刑"與"屍體的處

---

[2] 例如,作者曾認爲:"秦漢的律是以作爲正法(基本法)的秦六律或漢九章律爲核心的,其内容是刑罰法規。此類法令以盗律爲首並繼以賊律、網律,因此它們是具有所謂'篇章之義'這種固定順序的整全性法典。……從所謂刑罰或非刑罰的視角出發,作爲正律的九章律是忠實傳承刑書這一中國法基本性質的刑事法規。"參見冨谷至《通往晋泰始律令之路(II):魏晋的律與令》,朱騰譯,徐世虹校譯,載《日本學者中國法論著選譯(上册)》,中國政法大學出版社,2012年,164頁。

[3] 冨谷至《文書行政の漢帝國——木簡、竹簡の時代》第二章《視覺簡牘の誕生》,名古屋大學出版會,2010年,第29—49頁。

刑(二次性死刑)"、"殊死"與"弃市"、中國古代死刑的性質和理念、北魏胡漢融合導致絞刑作爲法定正刑的出現並固定下來的意義等問題,都不乏深刻認識。

第二章《從遷徙刑到流刑》,作者認爲流刑的起點與其聚焦於犯人的家鄉或都城,毋寧認爲立法者頭腦中本來就没有"起點"這一概念。即使起點可能是都城,但立法背後考慮的因素衹有"遠隔"與"惡劣"(283 頁)。關於流刑執行完畢的情況,作者反對以到達發配地爲完成標志,認爲"流刑是弃置受刑人於遠離都城處並强制其居住在那兒的刑罰。……遷移衹是刑罰執行的準備階段,到達發配地表示刑罰執行纔剛開始"(286—287 頁)。並進一步考察從漢朝開始就存在的"遷徙""徙邊刑",是如何演變爲北魏到北周的三階段流刑,並被隋唐律改造承襲。可以説,流刑是隨着秦律到漢律的變化,肉刑被廢止時有期刑的登場、宫刑的廢除,乃至北魏時期新刑罰理念的引入這一歷史過程發展而來(312 頁)。流刑的變遷,對秦漢至隋唐刑罰體系的歷史影響最大。

第三章《笞杖的變遷——從漢的督笞至唐的笞杖刑》,主要是上溯考察唐五刑中的輕刑——笞刑與杖刑自秦漢以來的變遷過程。秦漢的笞刑與作爲唐五刑之一的笞刑是有着本質差異的刑罰,魏晋時期雖有若干變化,但本質不變。而迎來轉機的是始自北魏的北朝刑罰。北魏、東西魏時代已出現不同於漢晋刑罰的笞杖刑。另外,流、鞭、杖等刑罰不屬於以驅逐流放形式存在且伴有毁損身體之"刑"的範疇,三者之間也没有嚴格的區分。從刑罰目的的角度來看,笞刑可以説是叱責的具象化,與家庭内家長的教鞭也是共通的。笞杖在北魏時首次成爲正刑的刑罰種類,它與被引入死刑的絞刑一樣,也從秦漢的刑罰中蜕皮而出,並開啓胡漢融合的新刑罰體系(347 頁)。

第四章《腐刑與宫刑》,探討秦漢時期腐刑與宫刑的主要特徵,及其消亡的過程。腐刑是對男女間性犯罪所科處的刑罰的説法,是後來受儒教如"男女不以義交者,其刑宫"等影響而得出的觀點,並非基於事實。腐刑與宫刑不是完全相同的刑罰,衹適用於男性。宫刑是肉刑腐刑 + 勞役刑的總稱(如"腐爲宫隸臣"),是絶對的終身刑。男性是閹割後在宫廷服勞役,女性不存在閹割問題,以女宫身份服雜役。"淫刑"則有過度刑罰、酷刑的含義。腐刑與其他肉刑一樣,意味着將被毁損身體的受刑人從正常的共同體成員中排除出去。即把對動物實施的閹割措施運用於人體上,以及以切斷生殖器官的方式將其排除出正常人範圍,是腐刑固有的背景和效果所在(370 頁)。

"第三部 犯罪"由三章構成。犯罪可分爲行爲自體惡的"絕對性犯罪"(如殺人、竊盜)與無特定被害人之惡的"相對性犯罪"(如賄賂罪、性犯罪等)兩種。考察後者不能脱離倫理道德的基準,即這些犯罪是在禮義(倫理道德)與違法犯罪行爲(刑罰制度)的交錯中展開的"犯罪法制史"。

第一章《禮儀與刑罰的夾縫——關於賄賂罪》,是對漢唐間賄賂罪變遷及其所反映的理念的探討。漢律賄賂罪因立法理念與唐律不同,不是身份犯,受賕枉法屬於盜罪範疇,但受賕(行賕)不枉法可能不成爲處罰對象。發展至唐律,其犯罪性質、構成要件等均有變化。漢唐間的賄賂罪將結果不正(枉法)作爲可能性擴大至未然的枉法的這一變化,正是受中國法和刑罰所具有的預防、威懾理念的影響(428 頁)。這既是對賄賂犯罪作爲"相對性犯罪"的一個典型解剖,也揭示了作者歷來強調的中國刑罰在威懾、預防觀念指導下所帶來的包括本論題在内的一系列變化的原理所在。

第二章《男女間的性犯罪——關於奸罪》,探討漢唐間奸罪的演變及其性質變化原理。《唐律·雜律》規定未婚男女間的性交行爲亦構成犯罪,這是秦漢以來相關法律規定演變的結果。漢代所謂"男女不以義交者,其刑宫",強調"男女之别"作爲士大夫應當遵守的倫理規範,或者説儒家倫理,逐漸被法律吸收,尤其北魏"男女不以禮交皆死"的規定,並演變成伴隨着罰則的唐律條文規定[4]。由此可見,在強化儒家禮教的過程中,一般普遍性的行爲也被視爲違法行爲而被定爲奸淫罪,其變化背景不外乎禮秩序與法秩序的交叉、律的裁判規範到行爲規範的變化、少數民族王朝對中國法制史的影響等事項,這也與本書整體主旨相通。

第三章《正義的殺人》,從刑罰與禮儀的角度,探討由自力救濟的復仇引發的殺人這種絕對惡,儒教倫理却作爲一種禮的行爲與實踐加以肯定,報應觀被迫消退。無法調和犯罪行爲與禮的實踐的中國法治,先由法律規定禁止復仇,然後通過認可由皇帝頒佈的超法規措施,意欲迴避困擾着歷代王朝的這個矛盾。其

---

[4] 主婢之間的性關係問題似可補充。劉欣寧指出:"婚姻與奸以'性'爲其共通本質,故當婚姻不被許可時,奸的法規可援引而爲刑罰。然而若説性關係非婚即奸,亦過於絕對。主婢之間不存在婚姻名分,社會及法律却默許其性關係,即屬灰色地帶。"劉欣寧《秦漢律令中的婚姻與奸》,《中研院歷史語言研究所集刊》第 90 本第 2 分,2019 年。

背後實際上存在着"殺人而義者"的問題。中國的正義不是公平、平等,而是信義、節義、忠義、孝義的結合。遵從義、基於義的殺人行爲屬於中國特有的"正義的殺人",從而得到獎勵和禮贊(505 頁)。

## 二、《漢唐法制史研究》的特色

### (一) 將中國古代社會禮的規範與法的規範的交叉及作用貫穿全書

早在 2008 年由京都大學學術出版會出版的《東アジアの死刑》一書中,作爲主編的冨谷至就提出並探討規範東亞世界的不外乎禮的規範與法的規範諸問題。本書繼續深化該論題。第一章論述漢朝是通過將律置於與儒家經書同等地位來使其獲得權威的(65 頁)[5]。九章律成立於漢武帝之後的原因之一,是武帝以後儒學盛行之時代潮流所致(71 頁)。與漢律制定時期相比,晋泰始律令制定時期的禮律關係所處的環境完全不同。禮與律兩者緊密結合,理念性的禮影響着現實性的法,禮的規定被作爲法源而使用(97 頁)。在論及令典起源上,"禮是理想行政狀態下的規定,它通過儒教的滲透而被引入現實的行政法規中,由此禮典作爲現實性行政法典的範本,變得離我們更近了"。本章還探討具體記載周的理想行政制度的禮典——《周禮》,在東漢至西晋時作爲對現實行政法典的影響(99—102 頁)。第二章討論漢唐間裁判規範到行爲規範的轉變時,凸顯儒家學説對於法律的影響,如"律的經書化";又如通過對源於法家思想的"徵文"與儒家春秋學背景的"曲當"之間的矛盾衝突等問題的細緻考證,斷定"在中國的斷獄實踐中存在曲當優於徵文的傳統思想"(159 頁)等,給人深刻印象。第三部對犯罪諸問題的考察,在賄賂罪變遷中,原本合乎禮的行爲(如賄賂本爲禮物,贈賄是被贊賞的行爲,而收賄也不是應被非難的行爲,而是禮儀的一個環節。漢代的受賕、行賕不枉法可能不成爲處罰對象)轉向被非難、被禁止的行爲(如

---

[5] 韓樹峰認爲:"學界所說武帝以後法律儒家化,毋寧視爲漢初以來儒學法家化的延續,而其間接淵源則來自秦代乃至戰國時期法家在法律上對君權、父權、夫權的固化。"見氏著《漢魏法律與社會》"後論·從法律、社會的變遷審視法律'儒家化'學説",社會科學文獻出版社,2011 年,244—264 頁。作者如能就該意見加以闡論,則關於漢代儒學、儒家經書爲何具有崇高地位的觀點可能更有說服力。

官吏接受請托的財物授受行爲)而犯罪化;在奸罪變遷中,未婚男女間的性交涉如"男女不以義(或禮)交者"是否視爲犯罪;在由自力救濟的復仇引發的殺人所帶來的禮法交織的困惑,以及在中國的"正義是什麽"的思考中,無不貫穿作者考察相對性的惡不能脱離倫理道德基準的主綫。即使作者近年來提倡的"犯罪法制史",也是在禮義與違法犯罪行爲的交錯中展開的對怎樣的行爲會被認定爲犯罪的思考與研究。"禮與法在此尋找到共通之處:兩者所依據的都是未然的行爲和行爲人的心情(動機),兩者也可以説是爲了形成安定秩序的社會而互爲表裏的'二柄'。"(432—433 頁)

**(二) 强調中國刑罰的本質在於威懾與預防**

作者歷來認爲中國刑罰的基本目的與其説是報應,毋寧説在於預防犯罪,早在《秦漢刑罰制度の研究》的補編《秦漢の刑罰——その性格と特質》中即已指出該觀點。中國的被害人雖有報復的意識,但中國刑罰中報應刑的要素頗爲缺乏,主要在於威懾和一般預防。在世界的其他地方,一般是國家代行復仇,或者由法典規定的刑罰起着代替被害人復仇的作用。在這個意義上,刑吸收了禮。與此相反,在帝制時代的中國並非如此。對衹不過是威懾手段的刑罰而言,無法獲得復仇那樣被賦予更高道德的資格,故刑罰的目的亦因此而缺乏報應。如作者申明之所以頗費周章地考證漢代稱爲弃市的一般的死刑就是斬首的意義,"是因爲把死刑看成是斬首還是絞殺,事關中國古代死刑原理完全不同的重大問題"(219 頁)。"這類磔、車裂、梟首的刑罰目的何在,答案顯然是意在'以徇'。"(226 頁)"它正是中國自古以來持續的死刑原理和性格的固有表現。"(229 頁)以威懾、一般預防爲死刑目的的傳統中國刑罰原理根深蒂固,彰顯着中國刑罰的特殊性,"它作爲中華帝國秩序和安定的穩固器,迄今仍能發揮此種作用"(263 頁)。從威懾與預防是中國刑罰的主要目的來討論,儘管宫刑實質上從東漢中期開始就不再適用,但"南北朝時期,北方少數民族征服並統治華北後就採用了宫刑[6]。對於不具有宦官制度的少數民族來説,宫刑仍是一種具有效果性的刑罰。但是,隨着少數民族日益漢化,宫刑又名存實亡了"(388 頁)。這對

---

[6] 《魏書》卷一一一《刑罰志》關於神嘉四年之律令制定的記載中有:"大逆不道腰斬,誅其同籍,年十四已下腐刑,女子没縣官。"

北朝宫刑再现的现象也有一定的説服力。對於賄賂罪,漢唐間將結果不正(枉法)作爲可能性,擴大至未然的枉法的這一變化,正是中國法和刑罰所具有的預防、威懾理念所帶來的。在奸罪等論題上,我們也能够感受到這一觀點關照下的論證。

(三) 重視北朝胡漢融合體制的重要作用

葛承雍最近著有《胡漢中國與外來文明》(生活·讀書·新知三聯書店,2020年)。他指出:隋唐是經過魏晋南北朝分離動亂後,以亞洲中原内地爲根據地,以儒家文明爲核心,聯合周邊少數民族,吸收草原文化與西域文化,最終形成的一個多族群、多民族的"新中國"。其實,日本學術界對胡漢衝突與融合問題一直非常關注。如仁井田陞曾討論中國刑罰的實刑主義與賠償主義問題,就是一個範例[7]。結合布目潮渢所揭示的[8],我們在究明隋唐這個"新中國"的性格上,尤應注意禮法結合、胡漢融合、佛教本土化這三條支流最終在隋唐時期匯成高潮,並對中國社會各個層面産生深遠影響,法律自不例外。

作者强烈關心胡漢融合與"新中國"的關係,在第一部裁判規範轉向行爲規範、第二部涉及漢唐刑罰制度變遷及其理念的諸考證中,無不貫穿北朝尤其北魏刑罰制度的重要性。以肉刑爲核心的上古刑罰體系,具有從共同體中被驅逐的烙印特徵,至中古五刑則淡化乃至消失。引發這一變化的正是北魏漢化進程中新刑罰理念的引入和胡漢融合的新刑罰體系的建立,並被此後各朝所繼承。絞刑、流刑的確立,不伴有毁損身體的鞭杖刑進入正刑體系,都離不開北魏刑制的改革。甚至對昭成帝發佈"男女不以禮交皆死"中的"禮"也格外注意,並指出:"北魏律大概是受到禮的規定的影響,男女間的奸罪、官吏的瀆職罪都朝着近乎脱離現實的嚴罰化發展。由此,罰則規定的實效性減弱,也差不多可以預見到唐律的規定。"(174頁)這對我們認識中古五刑的形成史和隋唐律的淵源,頗有助益。

作者還注意到中國的刑罰與所謂的宗教、神、罪穢、供儀等話語極少緣分,甚至斷言中國的法、刑罰是站在無神論的立場上。但死及死後世界的問題,一

---

[7] 仁井田陞《補訂 中國法制史研究 刑罰》第三部《中國法と周邊諸民族の古刑法》,東京大學出版會,1981年補訂版,301—372頁。

[8] 布目潮渢《隋開皇律と仏教》,《仏教研究論集——橋本芳契博士退官記念》,日本清文堂,1975年,第365—376頁。

般與宗教、供奉犧牲的供儀、污穢及其净化等情形密切相聯。爲此,作者引用北方鮮卑族的刑罰"爲蠱毒者,男女皆斬,而焚其家。巫蠱者,負殺羊抱犬沉諸淵"[9]。這種胡族刑罰是一種帶有胡族巫術性、宗教性儀式的處刑方式,其目的是祓除,或者對天供奉,以净化罪惡,但在漢、晋諸律中全然不見。由此增加其論證北魏胡漢融合的死刑制度及其影響的結論的可信度。

**(四)善於運用簡牘學與法史學相結合的研究手法**

法史研究重視傳世文獻,從作者對"徵文"與"曲當"的考釋闡論中,我們早已感受到。而借力考古發掘成果,也是當今治法史者不可或缺的手段。正如辻正博指出:"冨谷至的中國法制史研究的特徵之一,是斟酌考慮從中國西陲的敦煌、居延等長城沿綫的遺迹中出土的簡牘,與長江流域墳墓出土的簡牘,再作爲史料,與典籍史料相結合,從而别開生面。這種方法在舊著(指《秦漢刑罰制度の研究》——引者注)中極爲顯著,即使對時代稍遲而展開考證的本書,也是有效的功能。第一部第一章中論及漢令文的形式及其編纂樣態與當時書寫材料的特徵密切相關;體現皇帝命令的'制'字露出的長一尺一寸的文書簡的書式,是簡牘成爲書寫材料後纔有可能的事。特別是所討論的西晋泰始律令的成立,從法典成立的外在因素入手的分析具有里程碑意義。"[10]冨谷至提出該發想後[11],滋賀秀三不惜贈以"前人未想"之贊辭,褒揚有加[12]。漢末到魏晋時期,法律的編纂、典籍的樣態與書寫材料的關係,即紙的普及與法典編纂時代到來之間的關係,如"由於書寫材料的變化,制詔的書式也一定隨着書寫材料轉爲紙而發生變化。……經書與律典都載於一般性的一尺長的紙上,而二尺四寸的經書與律典就不復存在了。而且,依書寫材料長度而定的經與律的權威也變得薄弱了"

---

[9] 宫宅潔稍後亦引用該材料,並進一步研究了中國古代對犯罪的忌諱迴避心理與對污穢迴避心理屬於同一範疇的"痕迹",如"污瀦""污池"的處決方式等,意在封閉"垢濁",可知古人將嚴重觸犯禁忌視同具有感染能力的污穢。同時可知古人認爲水具有隔離、净化此種污穢的能力。參見氏著《中國古代"罪"的概念——罪穢、净化、分界》,柳立言主編《史料與法史學》,中研院歷史語言研究所會議論文集之17,2016年8月,69—102頁。

[10] 辻正博《書評 中國法制史と簡牘學との融合、その豊かな稔り》,《季刊 創文》第23號(秋號),2016年9月,9頁。

[11] 《3世紀から4世紀にかけての書寫材料の變遷——樓蘭出土の文字資料を中心に》,冨谷至編著《流沙出土の文字資料》,京都大學學術出版會2001年版,477—526頁。

[12] 滋賀秀三《中國法制史論集 法典と刑罰》》,創文社,2003年,70頁,注21。

(95—96頁)。又比如對甲渠候官第九燧出土之簡(2000ES9SF4：7)之考釋，認爲無法將該簡視爲證明絞刑是漢代法定刑的資料(213頁)。對於"刑盡"，漢代法定正刑的死刑説起來是究極的肉刑，也可以説是"刑盡"吧(229—231頁)。考證秦漢時期作爲律令規定處罰的笞僅有兩種，即懲罰輕罪的笞(A)，多采訓誡、叱責形式的"督"；笞(B)是笞(A)的特殊轉化，是列於死刑之次的重刑，即作爲城旦刑等附加刑(325—334頁)。冨谷至作爲簡牘專家的這些探討，包括其强調的"視覺簡牘"，是我們法史研究的薄弱環節，值得關注和借鑒。

**(五) 考證精細，别出心裁**

作者繼承京都學派優良傳統，長於考據，對一些常識能翻出新意。如"著令"的含義是"作爲令而被明確化，令人周知"(33—35頁)；"篇章之義"是指滲透於各篇順序中的含義、理念，同時是篇章順序固定，即所謂自身完結、擁有封閉體系的法典(53頁)。對於"科"的法律形式，認爲不僅漢代不存在，而且曹魏也不存在，"在令典尚處於不成熟、未完成的階段，却另存有有别於律、令的新的法律形式，這是不合情理的"(82—88頁)。反對"殊死"是斬刑、"罪非殊死"是弃市刑(絞刑)的意見。根據"殊，絶也，異也"，"殊猶甚也"，主張"殊死"具有狹義和廣義之分：狹義的限定性意思指"殊死""罪非殊死"這兩種死刑中的重者，廣義是指一般死刑、死罪。"殊"字與一般相對，意指特别、特殊；而特殊的内容因與"特殊"相對的"一般"是指"一般死刑"還是"一般刑罰"而發生變化(208—209頁)[13]。認爲"弃市"非絞刑而是斬首(214—219頁、232—241頁、254—257頁)[14]。尤其對《隋書·刑法志》記載梁律："其謀反、降、叛、大逆已上皆斬，父子同産，男無少長，皆弃市"的"斬"之考釋；還有對"車裂"的解釋等。又如"移鄉千里外"的

---

[13] 宋傑引顔師古《匡謬正俗》卷八"殊死"條，也得出大致相同的結論。但進一步考證了其具體執行方法，尤其連坐特徵："'殊死'既是刑名也是罪名，代表謀反大逆等特殊、尤重的死罪，處決方式主要爲腰斬、梟首，間或有弃市、下獄死等；平常少被赦除，並要株連父母妻子，即族、族誅，是其區别於普通死罪判罰的基本特徵。"並指出："北朝以降，學界釋'殊'爲'斬斷'之説佔據了主導地位，它對刑名的制訂起到了重要的影響。"見氏著《漢代"弃市"與"殊死"辨析》，《中國史研究》2015年第3期。

[14] 宋傑還對漢代"弃市"執行手段出現差異的情况進行辨析，"在行刑的方式上，獄内誅殺有毒斃、笞死、絞縊、刀裁等諸多種類；在市場公開處決，除了斬首之外，也偶有别的執行手段(笞掠等)"。見氏著《漢代"弃市"與"殊死"辨析》，《中國史研究》2015年第3期。作者對此如能補充説明則更完美。

"千里"未必是實數,僅僅是表示遠方的慣用句而已(276—277頁);對流刑里數的意義,應從"遠隔"與"惡劣"等因素考論流刑里數近、中、遠三段的意義(283頁);還有"男女不以義交者,其刑宫"(356—359頁)、"强奸"二字未必是慣用熟語(362、444頁)、腐刑與宫刑的異同、對"淫""淫亂""奸淫"的解讀(371—378頁、453頁)等,都頗見功力,有令人耳目一新之感。

## 三、《漢唐法制史研究》遺留的問題

作爲一本跨度如此龐大的著作,難免存在一些遺留問題甚至遺憾。

1.《九章律》是律令法研究中聚訟紛呈且無法迴避的重要問題。作者認爲東漢王充、班固所處時代,"九章律"確實存在,它是以"篇章之義"編纂的一部法典(70頁)。其初始階段,搜集整理一些篇目置於"九"這個特殊的數字下而製作了《九章律》這個律文集(71頁),可成一己之見。如能進一步參考相關研究,如廣瀬薰雄關於秦漢時期不存在律、令法典的相關研究,尤其關於蕭何《九章律》不過是後世(特别是文帝廢肉刑後)所爲的傳說而已,故其原本衹是單行法令的集合的研究[15]。張忠煒關於律令傳習中"九章"律本的影響;主觀取捨律篇背後,凸顯的是"實用理性"精神;"九章"提法被固定而成爲不刊之論,約在三國曹魏設律博士及修律之時[16]諸說,也許該問題還能有所深化。

與《九章律》相關,作者認爲"正律"意味着所謂的基本法,與此相對,追加、單行法一定就是"於旁章科令爲省"中的"旁章"……是指位於"正律(九章律)外側(旁)"的法規(70頁)。但學者的研究已指出,正律與旁章的概念,與法規的客觀内容無關,是著者基於傳統認識的價值判斷[17]。並且,"律篇地位上的正、旁之分,是否等同於正式法源上的截然二分,還應思考"[18]。可惜作者對此

---

[15] 廣瀬薰雄《秦漢律令研究》,汲古書院,2010年,142頁。
[16] 參見張忠煒《秦漢律令法系研究初編》,社會科學文獻出版社,2012年,162—169頁。
[17] 參見陶安あんど《漢魏律目考》,《法制史研究》第52號,2003年;徐世虹《説"正律"與"旁章"》,《出土文獻研究》第8輯,上海古籍出版社,2007年。
[18] 徐世虹《文獻解讀與秦漢律本體認識》,《中研院歷史語言研究所集刊》第86本第2分,2015年。

未能有所辨證。

2. 關於晉代的律令分野,作者認爲有內外兩方面的原因,即書寫材料由簡牘向紙轉變的外在因素和禮法關係中《周禮》在東漢至西晉時作爲現實的行政法典的圭臬的內在因素,論說新穎。但其他因素也值得考慮,如學者引用《鹽鐵論》等資料論證的"對律篇價值重要與否的衡定,也導致了律、令內涵的新界定",可能也是西晉法典始分爲刑罰法典的律典與行政法典的理由之一[19]。也有學者重視《晉故事》等敕例集(敕例編纂的立法化)作爲《律》正罪名、《令》定事制體系的重要基石作用,"從而完成了從漢代律令體系向魏晉以來《律》《令》體系的轉折"[20]。還有學者認爲"當時的學風即名理學和玄學的興起,促成了新體例的確立"[21]。作者如能將這些先行研究熔於一爐,或將使論證更爲飽滿有力。

3. 作者立足於法的實效性,提出漢律到唐律呈現從裁判規範到行爲規範的轉變問題,是一個與近年來中國古代司法是否屬於卡迪司法有一定關聯性的學術爭論話題,富有創意和啓迪。學界從比較法角度考察中國古代法,認爲西方法是規則型法——形式理性、司法型法,中國法是非規則型法——公論型法、實質理性、政法型法,等等。相對於這些宏觀比較而言,中國古代法內部不同階段是否還有不同特色呢?作者認爲漢律是"徵文主義"的裁判規範,到唐律轉變爲極少徵文的行爲規範。稍後,國內也有類似的討論[22]。可見,學者們所論秦漢時期的裁判規範、形式主義司法、形式法律觀等是有共通之處的,它們更多地顯示徵文、守文、規則至上的特徵,與寺田浩明提出的非規則型法之間究竟是怎樣的關係,值得再檢討。

但作者認爲徵文主義"從今天遺留下來的唐代史料中無法窺見其真實狀態,甚至難以查到一個引用律的正文進行論斷的案例";又說"唐代的判決文書中,引用唐律條文的徵文主義很稀薄"(138頁)。儘管總趨勢可能如此,但徵文

---

[19] 張忠煒《秦漢律令法系研究初編》,162—169頁。
[20] 樓勁《魏晉南北朝隋唐立法與法律體系》,中國社會科學出版社,2014年,40—56頁。
[21] 韓樹峰《漢魏法律與社會——以簡牘、文書爲中心的考察》上篇第四章"魏晉法律體例的名理學化與玄學化",77—92頁、274—277頁。
[22] 如周永坤《〈晉書·刑法志〉中的司法形式主義之辯》,《華東政法大學學報》2017年第6期;周東平《論漢隋間法律文明的轉型》,《法律科學》2021年第2期,56—58頁。

主義在一定程度上仍然存在,這與作者目前的判斷有一定的差距。

首先,對於保存下來的唐判,應注意到實判極爲罕見,大部分是官吏爲應試即與選舉有關的擬判、駢判,它着眼於選取人才,這是唐代判文的特徵,與現實的判決文書在史料的本質上有所不同。儘管作者引用大野仁《唐代の判文》也做了一定的説明。但應注意隋唐時期判文的評價標準是"文理優長"[23]。正如《隋書·高構傳》記載隋文帝説:"嫡庶者,禮教之所重。我讀卿判數遍,詞理愜當,意所不能及也。"所謂"文理優長""詞理愜當",都涉及判文背後的儒教倫理影響、情理問題,甚至還應把經書的解釋放在唐後期儒學革新運動的背景下來理解。因此,以這種駢判(如所引元稹"錯字判"等)來討論徵文主義,恐怕與唐代的現實司法存在隔離,不是妥當的論據。

其次,作者認爲唐代"難以查到一個引用律的正文進行論斷的案例",如果從《唐大詔令集》之《大臣·貶降》和《政事·誅戮》等詔令考察,似乎可以獲得支持。但唐代詔令仍是駢體文,因此譴責時亦多用典故,或使用政治性污名化言語,如貪官污吏、黷貨無厭、贓污狼藉等,自可理解。雖然如此,該結論仍可能過於絶對。試舉開元十年裴景仙乞贓五千匹且事發逃走案件[24],可見唐玄宗盛怒之下,對冀州武强縣令裴景仙擬超法規集衆殺之。但大理卿李朝隱執奏:"裴景仙緣是乞贓,犯不至死","數千匹止當流坐",以"爲國惜法,期守律文","法貴有常"的徵文主義相勸諫,最終使唐玄宗還是按唐律受所監臨財物罪判决。

此外,《通典》卷一六九《刑法七·守正》記載一系列守法案例。其中,作者作爲〈例A〉引用了長孫無忌不解佩刀入東上閣事件(135頁),以説明其不重視徵文主義(138頁)。但在此案例之前的貞觀初年的另一案例,即唐太宗對隋資妄加階級的情況欲嚴加處理,但大理少卿戴胄奏:"公法止合徒。"與支持判處死罪的唐太宗爭論至於四五,最終赦之。太宗仍謂之曰:"胄但能爲我如此守法,豈畏濫有誅夷也。"在此案例之後的另一案例,即戴胄對選舉詐僞資蔭的處理等

---

[23] 《通典》卷一五《選舉三》,中華書局,1988年,360頁。
[24] 參見《通典》卷一六九《刑法七·守正》、《舊唐書》卷一〇〇《李朝隱傳》。《唐會要》卷四〇《臣下守法》以及《册府元龜》卷六一七《刑法部·守法》都將此事歸入"守法"類型。《文苑英華》卷六一八載有李朝隱《執奏裴景仙獄表》《第二表》兩奏表。《新唐書》卷一二九《李朝隱傳》、《資治通鑑》卷二一二《唐紀二十八》"玄宗開元十年"條等亦有類似記載。

案例,與前述長孫無忌的案例有異,表明唐初也存在徵文主義。石野智大書評也指出,在近年的研究中,唐代牒文殘卷中有引用唐律正文的若干事例。因此,對唐代是否存在徵文主義及其程度,仍值得今後繼續考察。

4. 關於刑罰方面,作者既已論述儒家經書《周禮》對現實行政法典成立的影響,而於中古五刑之形成,除已論述的胡漢融合影響外,還應該考慮"經書"的思想或理想對現實的"五刑"在法典中定型的影響,如魏晉以降長期執着於"依古義制爲五刑"的實踐探索就是一例[25]。這一點也可以彌補前述禮的規範與法的規範的交融問題。作者對《魏書·刑罰志》神䴥律"分大辟爲二科死斬死入絞"的句讀及解讀,顯然不同於中華書局舊版(241、246頁。按:《魏書》修訂版出版時間遲於本書,其句讀與前兩者都不同)。這是關係中古五刑形成史的重要問題,若能就此再予申論,估計更能引起注意[26]。關於十惡,作者認爲北周於563年、北齊於564年,幾乎不約而同地制定包含有十惡内容的法典絕非偶然,其基本框架應在於先行律典——北魏宣武帝正始元年(504)最後制定的魏律二十篇,其内容明確包含"内亂",而與之互爲表裏的未婚男女之奸,即唐律雜律的"諸奸者,徒一年半"此時也應已設定了。這是過去未曾涉及的富有魅力的設想(參見464—465頁)。儘管作者認爲北周律二十五篇明確記載惡逆、不道、大不敬、不孝、不義、内亂爲特別重罪,但第469—470頁注16"如本文所述,重罪十條也存在於同時期制定的北周律中"。如能補充關於"北齊'重罪十條'中的罪名,在北周律中全都已經出現了"的既有考證[27],則該判斷將更具説服力。

最後,本書行文存在多處文字衍誤等問題,前揭廣瀨薰雄、石野智大的書評已多有指摘,讀者可以參看,此不贅述。

---

[25] 參見奧村郁三《日本史上の中國》第四章"新律綱領と明律",阿吽社,2015年,167—231頁;陳傑中、周東平譯《〈新律綱領〉與明律》,《法律史譯評》第4卷,中西書局,2017年,248—280頁。關於上古"五刑"的刑罰體系未必真實存在,至少難以確認,以及中古"五刑"的形成問題,尚可參考筆者《北朝胡漢融合視域下中古"五刑"刑罰體系形成史新論》,《學術月刊》2021年第3期,181—192頁。

[26] 周東平《〈魏書·刑罰志〉譯注札記》,《中國古代法律文獻研究》第十四輯,2020年,62—77頁。

[27] 葉煒《北周〈大律〉新探》,《文史》第54輯,2001年。

# 《唐代北方問題與國際秩序》(石見清裕著,胡鴻譯,復旦大學出版社,2019年,5+441頁,75圓)

## 高　峰

　　日本學者石見清裕先生所著《唐代北方問題與國際秩序》一書的中譯本於2019年8月由復旦大學出版社出版,譯者爲武漢大學胡鴻先生。本書原爲作者於1996年在早稻田大學古賀登先生指導下完成的博士學位論文,1998年由汲古書院出版。該書自出版以來,便受到了中日學界的關注,河上洋、金子修一分别在《東洋史研究》(東洋史研究会編《東洋史研究》第57卷第4號,1999年)與《唐代史研究》(唐代史研究会編《唐代史研究》第2號,1999年)上介紹此書。中國學者韓昇在《唐研究》第5卷亦發表了書評。日本學者的書評主要以介紹該書的章節標題及内容爲主,韓昇先生的書評主要從唐朝的國際性的角度分析了石見先生的著作,認爲唐朝的國際性之所以重要,是因爲(1)區别於秦漢;(2)有着民族融合的深厚根源;(3)唐朝的國際性決定了其文化的包容性與制度的適應性、柔韌性。

　　時逾二十年,該書的中譯本終於在中國出版,其學術觀點却未曾過時,書中討論的話題仍然關係當下隋唐史研究的重要話題,如玄武門之變的解讀、突厥羈縻府州的設置、唐代律令研究、禮制研究等。

　　全書的結構主要分爲導言、第一部、第二部、第三部、結論五個部分,在内容上包括"唐的建國與北方問題""新出土史料所見唐代突厥人的存在形態"和"唐的朝貢規定與國際秩序"這三個方面。這三部分内容表面上看來聯繫似乎並不緊密,但若深入理解作者的研究理論與視角,便可知本書三部分内容是一個有機整體。本書研究的史學理論主要是松田壽男的"多元亞洲"理論,研究視角爲國際性的唐帝國的形成。

　　松田壽男的理論主要反映在《砂漠の文化》(六興出版社,1986年)與《アジアの歷史》(六興出版社,1987年)這兩部著作中。松田氏認爲從地理的角度看,亞洲大陸可以分爲濕潤地帶、亞濕潤地帶和干燥地帶三個部分,分别命名爲濕潤亞洲、亞濕潤亞洲和干燥亞洲。濕潤亞洲地處季風帶,適宜農耕;與濕潤亞洲對立的干燥亞洲爲寡雨地帶,存在遊牧生活與綠洲生活兩種生活方式;亞濕潤亞洲則以狩獵生活爲主。從文化角度來看,亞洲大陸又分爲四個文化圈:東亞中國文化圈、南亞印度文化圈、西亞伊朗及伊斯蘭文化圈和北亞遊牧文化圈。松田壽男的"多元亞洲"論對本書作者有較大影響,使其從更廣泛的地緣與更豐富的文化上思考唐的統一問題。當時日本學界盛行西嶋定生的"册封體制論",但本書作者並不認爲這一理論適用於從漢至清的歷史研究。如堀敏一在《中國と古代東アジア世界:中華的世界と諸民族》(岩波書店,1993年)、《律令制と古代東アジア世界 私の中國史学(二)》(汲古書院,1994年)等書中指出,單一的册封體制並不足以解釋中原王朝與周邊民族的關係,中國歷史並非是由單一民族塑造的,唐帝國的形成不僅僅要依靠中華内部力量,同時也受到周邊勢力的影響。1971年谷川道雄出版的《隋唐帝國形成史論》一書强調了民衆之於唐帝國形成的重要作用,同時亦揭示出五胡十六國至隋唐時期漢族、非漢族彼此糾葛的複雜面相。而非漢族的力量正是來自中國的北部邊境,是北亞遊牧文化的代表。松田壽男的"多元亞洲論"爲作者突破"册封體制論"全面深入地探究唐如何統一提供了思路。由此,作者將突厥史研究、内亞研究與唐史研究結合起來,關注非漢力量在唐帝國形成中的作用。

本書的第一部的前三章分别是第一章《唐的建國與匈奴費也頭》、第二章《玄武門之變前夜的突厥問題》和第三章《突厥擁立楊正道與第一汗國的解體》,從不同角度解析了北方異民族在唐建國時期的影響。首先匈奴雖然在當時已經滅國,但仍然是北部邊境不可忽視的遊牧力量,作者考辨出李世民的母親太穆皇后出身於匈奴系費也頭種紇豆陵氏,進而分析李淵借助婚姻關係得以聯合遊牧勢力,控制華北要地,主要是指其圍繞太原、靈州、長安的戰略部署,進而入主長安、建立唐朝。石見清裕先生在《中國·山西太原の政治文化的背景——旧太原城の自然·交通·地政学的位置》(新川登亀男編《仏教文明と世俗秩序 國家·社会·聖地の形成》,勉誠出版,2015年)一文中詳細分析了這三座城市的地緣政治,認爲長安、太原、靈州構建起一個三角形,能控制這三個城市中的兩個,最終也會控制最後一個城市。可以説唐自立國起,非漢力量便參與其中,並且,這股力量在此後唐王朝逐漸壯大爲國際性帝國過程中仍然不可忽視。作者通過解讀玄武門事變的細節,挖掘了在這場政變中常常被忽略了的外部影響因素——突厥,認爲武德九年六月初四是唐與突厥關係最爲緊張的時點,李世民試圖在突厥問題上實現自己的主張,是促使其發動政變的動因之一。政變是一場複雜的政治事件,作者的分析並非將玄武門之變做單一歸因,而是提示讀者關注唐初政爭與突厥問題的關係。這樣的研究思路正是突破了王朝史的局限,從更全面的角度來分析玄武門之變。主張通過離間策略瓦解突厥的李世民即位後,最終於貞觀四年(630)滅亡東突厥,而祇有解除了突厥的威脅,唐纔能實現真正的統一。自北朝起,突厥便利用中原東西對立的局面斡旋其中,牟取漁翁之利。直到北周滅北齊,突厥、北周、北齊的三方關係打破,突厥又扶植北齊勢力,試圖借此維持其在中原的利益,突厥始終是中原王朝的威脅。北周、隋朝時期均未能解決突厥問題,唐朝建立以後,首當其衝要解除突厥對中原的威脅,這樣方能實現國家統一。在本書第三章中,作者分析了離間策略始末,認爲這一契機源於義成公主廢郁射設而立頡利可汗造成了突厥內部的分裂,強調了遊牧國家中可賀敦強大的權力。

既然北方非漢族力量是唐帝國形成中不可忽視的周邊勢力,那麼該如何看待中原與北方的關係呢? 作者對這一問題的理論闡釋見本書的附章《唐代外國貿易、僑居外國人的相關問題》,更爲詳細的論述見《ラティモアの辺境論と漢～唐間の中國北边》一文,該文於 2019 年被翻譯成中文,見《唐代的民族、外交與墓誌》一書的第三章《拉鐵摩爾的 Reservoir 理論與漢至唐的中國北部邊境》(西北大學出版社,2019 年,49—64 頁)。中文將拉鐵摩爾的理論譯作"蓄水池理論",這一翻譯源自日本,但石見清裕先生在文中認爲,蓄水池的翻譯並不妥當。Reservoir 應當理解爲"能夠存儲將來征服中原並左右下一代中國歷史的能量的場所",其核心內容是爲將來所用,譯爲蓄水池並不能體現將來的含義。作者分析歸納了拉鐵摩爾的理論,同時又結合漢至唐的相關史料,認爲拉鐵摩爾所提出的邊境的性質和功能在唐以前的時代同樣存在,具體體現在:"(1)中國北部邊境地帶對中原而言具有防禦外部的作用;(2)該地區在爲中原提供官員和軍人的同時,也從中原帶走了大量的財富;(3)這樣的財富讓 Reservoir 的遊牧民生活日益安定,他們展開中原王朝式靜態防禦體系,並在該地區和其外側之間形成明確的界綫;(4)但該地區有時也會將外部勢力引入中原;(5)在這些變化中,移居的中原人也發揮了一定作用。"(《唐代的民族、外交與墓誌》,63 頁)在作者看來,拉鐵摩爾的理論相較於日本學界的南北二元論更能合理地分析東亞歷史。在中國北方邊境形成的異民族"帶狀地帶"成爲南北之間的中間地帶,而唐之所以能成爲國際性的帝國,正是因其積極經營了這一地帶。

本書第一部的第四章《唐對突厥遺民的處置》、第五章《唐代有關内附異民族的規定》揭示了唐帝國對中間地帶的經營手段。第四章主要叙述了唐滅亡東突厥後,爲安置突厥遺民所設立的地方行政機關及其變遷過程,在唐的統治下,突厥仍然保持了部族制,被稱爲降户(不同於蕃户)擔負着國防重任,這正是"帶狀地帶"發揮防禦作用的體現。第五章則詳細考辨了唐對突厥及其他内附異民族的統治方式,以及唐令中對不同身份的内附異民族的賦役規定。特別是"輸羊"的規定反映唐王朝利用了北部邊境地帶的畜牧産業。

唐王朝源自邊境,同時又在國家治理中注重經營邊境,這樣在北方便形成了一個羈縻統治地帶,唐不但利用這一地帶防衛外部勢力,同時也掌控了此前遊牧民族把持的東西方中轉貿易權。因此,東亞中國文化圈、南亞印度文化圈、西亞伊朗及伊斯蘭文化圈和北亞遊牧文化圈在大唐的土地上彼此交融,迸發出國際性帝國生生不息的活力。

本書第二部分通過分析三方突厥系人物墓誌,形象勾勒出了内附異民族在唐帝國的生存狀態。開元十一年《阿史那施墓誌》所記阿史那施是郁射設之子,出生於唐境,在唐任官並娶漢人之女,是漢化突厥的一個案例。對該墓誌的討論還有朱振宏《阿史那施(勿施)墓誌箋證考釋:兼論隋至唐初與突厥關係》(《乾陵文化研究》第4輯,2008年)。第二方天寶三載《九姓突厥契苾李中郎墓誌》的重要性在於稱契苾部出身者爲"九姓突厥",作者深諳北方民族語言,這爲其從事突厥相關研究提供了助力。作者分析認爲李中郎爲與何力一族不同的契苾部渠帥之子,於長安病亡後按三品官待遇舉行葬儀,李中郎在現存史料中未有記載,此方墓誌提供了豐富的資訊。第三方開元十二年《阿史那毗伽特勤墓誌》中記載了墓主人内附唐朝後率領突厥降户討伐默啜可汗、平定六胡州,充分體現了唐王朝通過實行羈縻統治發揮了"帶狀地帶"的軍事實力,維護了帝國的安全與穩定。這方墓誌爲作者的研究理論提供了詳實的史料支撐,説明中國北部邊境的"帶狀地帶"發揮了防衛中原的重要作用。王義康《唐代邊疆民族與對外交流》一書中亦利用該墓誌討論啓民可汗後裔與後突厥的關係(黑龍江教育出版社,2013年,19—23頁。)

　　作者對拉鐵摩爾Reservoir理論的運用,突破了以往日本學界以中華思想爲基礎的二元論歷史觀,揭示出北方邊境地帶對中原王朝的重要影響,唐對這一地帶羈縻經營獲取了極大的利益,不但吸收當地的軍事力量,同時也吸收了以畜牧業爲主的經濟力量,唐皇帝成爲"天可汗",唐帝國的國際性亦呼之欲出。然而,這一羈縻地帶一旦崩潰便給唐王朝帶來了巨大的危害,安史之亂正是其表現。需要説明的一點是,拉鐵摩爾的理論分析僅限於中國出現征服王朝的時代,並未涉及唐以前的情況。可以説,石見清裕先生對唐朝北方邊境地帶的研究擴展補充了拉鐵摩爾之理論。

　　作者在"多元亞洲"理論下討論唐帝國的形成問題,解釋了北方異民族在唐的生存狀況。唐帝國融合了中國文化、遊牧文化、印度文化、伊朗及伊斯蘭文化,這種多元性體現了唐帝國的國際性。以突厥爲例,作者已經闡明了"册封體制論"解釋唐與周邊民族關係時的局限性,接下來作者以日本爲例,説明在唐代,日本並非一定要獲得唐的册封。遣唐使與遣唐僧所追求的是大唐多元的文化,而大唐兼容並包的國際性特點也接納了日本使團,體現唐帝國建立東亞國際秩序的企圖。

　　唐的國際性是日本頻繁派遣使團的直接動因,但其背後的根本動力是"東亞世界"的世界觀。兩漢時期,出現在漢籍史料中的倭人集團是一個通過"鬼道"(巫政合一)結合起來的精神文化共同體。到5世紀,倭人集團結集而成一個以倭王爲中心的政權,但仍然處於部族聯合體的階段,因而倭王積極向中國王朝請求將軍號,以此抬高威望,最終5世紀末倭王在東亞的國際地位得以確立。南朝在5世紀末通過册封高句麗、百濟、倭國,基本確立了東亞國際秩序。對於這一問題,張學鋒先生在《四至五世紀東亞世界的形成與東晉南朝——以中國史料爲中心》(《魏晉南北朝史研究:回顧與探索——中國魏晉南北朝史學會第九屆年會論文集》,湖北教育出版社,2009年)一文中有較爲詳細的論述。隋唐時代,東亞世界秩序呈現出怎樣的態勢,唐帝國在其中扮演了怎樣的角色,這些問題的答案可從其接待日本使團的整個流程中窺見一斑,這正是作者第三部討論的内容。第一章《朝貢使節在邊境州縣的待遇》和第二章《禁止交雜——朝貢使節入京途中的有關規定》的主要内容,是日本使節抵唐後到進入長安這段時間内所涉事務的法律規定。具體包括：邊牒的發放、藥物類的攜帶與處理、獻上品調查與進送京師、選擇入京者。在上京途中又有利用驛傳、通關、往返程糧、禁止交雜等規定。第三章到第六章是使團抵京之後相關問題的討論。第三章《鴻臚寺與迎賓館》論述了使團到達長安後的旅居情況，作者認爲鴻臚寺旁邊的鴻臚客館是唐初以來正式的迎賓館，唐後半期禮賓院代替了鴻臚客館。第四章《藩望》分析了唐對外國人設置的身份等級，唐依據藩望等級決定接待規格，作者認爲"藩望不以國家或民族爲對象，而是以個人爲對象，參照其人所領部落的大小、其人在國内地位的高低、其人所屬國家或民族與唐的關係密切與否而定"（424頁）。第五章《外國使節謁見皇帝儀式復原》復原了謁見儀式，包括入場、奏樂、設座、獻國書、皇帝慰問與使節應答、退場等。第六章《外國使節的宴會禮儀》復原了宴會禮儀場面，即皇帝向使節贈予回禮的禮儀。通過以上討論，作者認爲唐企圖構建作爲國際性帝國君臨諸國的東亞國際秩序，這在《蕃望》一章所述内容中體現得尤爲明顯。如果説東晉南朝通過册封基本確立了東亞秩序的話，那麼唐帝國則是以先進的律令制度、精深的佛教文化等吸引周邊國家在保持主體性的基礎上遣使來唐，這種憑藉文化優越性（而非政治權威性）建立的唐君臨諸國的東亞秩序同時也催生了東亞文化圈的形成。如前所述，唐文化將北亞遊牧文化、南亞印度文化、西亞伊朗及伊斯蘭文化與東亞中國文化融合，以日本爲代表的其他東亞國家通過遣使入唐吸收的正是這樣多元的唐文化，藉助唐的國際性特色，來自西亞、南亞的文化亦傳入日本等國家，形成了東亞文化圈。此外，作者從唐的角度來研究遣唐使也突破了以往日本學界以日本爲主體的研究範式。對古代"東亞世界"的研究，中國學者往往基於本國在歷史上的中心地位，無法構建起將東亞作爲一個整體來討論的世界觀。事實上，自漢代始，東亞世界開始形成，東晉南朝基本確立了東亞秩序，到隋唐時期，最終確立起唐憑藉文化優越性君臨諸國的新的國際秩序。

梳理作者的研究脈絡可以發現，作者基於内亞理論，具體是指松田壽男的"多元亞洲"理論，將北方邊境納入對唐帝國形成的思考，剖析了非漢力量在帝國形成中的作用。同時結合拉鐵摩爾的"Reservoir理論"，分析了唐對"帶狀地帶"實行羈縻統治產生的影響，其直接結果是唐建立起融合多元文化的國際性帝國。唐對北方内附民族的統治是其國際性的内向性體現，而其建立的君臨諸

《唐代北方問題與國際秩序》

國的東亞秩序則是外向性體現，正如本書的題目所示，唐對內解決了北方問題，對外構建了新的東亞國際秩序。作者正是在"東亞世界觀"的廣闊視野下從內、外兩個側面討論了國際性的唐是如何形成的，而在具體討論中又不乏細緻深入的考證與鞭辟入裏的論述，特別是對史料逐字逐句的考辨，即使與以母語進行研究的中國學者相比，亦不遑多讓，且具有外部觀察者的特有視角。作者細緻的考辨，使得唐的國際性特色不是一座空中樓閣，而能夠使讀者形象地感受到它的多元與包容。

本書在内容上涉及的學術話題多樣而重要。作者在每章後的附記中較爲詳細地説明了與該章內容相關的學術觀點交鋒，可供讀者參考。韓昇先生在其書評中又對本書的內容作了較爲詳細的評述。日本學者河上洋在概括本書内容之餘，提出可以進一步討論的話題如：對蕃户的解釋、唐代前期有官爵的異民族有何種意義、與谷川道雄研究的比較等。金子修一的書評側重提示讀者與該書内容相關的學術資訊。如：在第一部第五章中（日文原書155頁，中譯本122頁）提到的"蕃域"在唐令中原爲"入蕃"，"蕃域"一詞是仁井田陞爲與"絶域"相對照而創造的詞彙，因而提醒讀者注意二者之區分。第二部分的内容主要爲釋讀三方墓誌，由此金子氏提醒讀者注意之後石見氏與森安夫合作的《大唐安西阿史那夫人壁記の再読と歴史学的考察》（中央ユーラシア学研究会編《内陸アジア言語の研究》第13號，1998年）一文。第三部第六章（見日文原書488頁，中譯本373頁）論述皇帝宴蕃國主禮儀中，石見清裕先生引用《大唐開元禮》中"蕃主奉贄"一條下注釋"其贄……隨國所有，以一輕者爲之"，認爲"以一輕者"是指蕃主所奉之贄價值較輕，這反映了賜物價值高於貢物的禮制觀念。又，《通典》卷一三一《開元禮纂類二十六賓禮》載："侍中承旨降，敕蕃主升座，蕃主再拜。蕃主奉贄其贄隨其國所有，一以輕者爲之。"《通典》將"以一"作"一以"，金子修一先生由此認爲若從《通典》之説，注文中"一以輕者"應解釋爲全部用分量輕的貢物，由此推測庭實是貴重、龐大的物品，蕃主在宴會上所獻貢物則祇是作爲服屬禮儀的輕物而已，僅僅是爲了標識自己的從屬地位。除提示相關學術資訊外，金子氏還指出了書中的一些訛誤。在本書第三部第一章（見日文原書287頁，中譯本223頁）論述唐代邊境官署接待朝貢使節的相關規定時，引用《舊唐書》卷一二《德宗本紀》"大曆十四年閏月……丙子，詔諸州府、新羅、渤海歲貢鷹鶻皆停"，在日語訓讀中,作者將此條史料解釋爲向諸州下詔,停新羅、渤海歲貢。但在本部第三章第15個注釋中(見日文原書460頁,中譯本353頁注釋3)則將諸州府與新羅、渤海並列起來。金子氏指出州府、新羅、渤海應當是並列關係,作者日語訓讀有誤。又補充了《册府元龜》的材料可作輔證:"德宗以大曆十年五月即位。閏五月丙子,詔曰:'天下州府及新羅、渤海歲貢鷹鷂者皆罷。既來者,所在放之。'"因此,州府與新羅、渤海應當是並列的。中譯本雖然省略了日語訓讀,但是從引用史料標點却可以看出仍然延續了日文原書的訛誤。中譯本在223頁標點爲"大曆十四年閏月……丙子,詔諸州府,新羅、渤海歲貢鷹鷂皆停"。而在353頁注釋3中則將"諸州府"之後的逗號改爲頓號,州府、新羅、渤海成爲並列關係。據筆者核查中華書局標點本"諸州府"之後亦爲頓號。除此之外,金子氏還指出其他史料訓讀中的訛誤,由於中譯本省略訓讀,故不再贅述。

本書還涉及了突厥史研究這一複雜的課題。在本書出版後,中國學界仍有相關的討論。如:本書第一部第三章《突厥擁立楊正道與第一汗國的解體》中認爲李世民窺伺到突厥内部分裂,從而實行離間策略,最終滅亡東突厥。此後吴玉貴先生於1998年出版的《突厥帝國與隋唐關係史研究》亦特別指出在唐貞觀四年(630)出兵之前突厥已經分崩離析,東突厥的滅亡並非全部是唐出兵的作用。

另外,突厥羈縻府州的設置是學界討論相對較多的問題。由於各史料記載混亂,各羈縻州、都督府設置的時間與背景、管轄範圍、發展狀況等問題至今學界尚未能定論。石見先生在本書中辨析了岩佐精一郎與章群的觀點,認爲分突厥故地的六州與順、祐、長、化四州是兩組完全不同的州。唐滅亡突厥後,對内附遺民暫時設北開、北寧、北撫、北安四州都督府管轄,貞觀七、八年間,遺民處置政策確定下來,塞外的定襄、雲中兩都督府下轄六州,塞内設順、祐、長、化四州。貞觀十三年該制度崩壞,貞觀二十三年,定襄、雲中兩都督府下轄十一州。大約與此同時出版的劉統《唐代羈縻府州研究》認爲:史書上"自幽州至靈州,置順、祐、化、長四州都督府"的記載是虛詞,這些羈縻州分隸於其所在的邊州都督管轄。定襄、雲中二都督府不同於四州,設置在頡利故地。順、祐、化、長四州是將不同的部落由境外遷徙到唐朝各邊州都督府境内,分別管轄。貞觀十三年,因突厥還其舊部,化、長二州被廢棄(8—17頁)。吴玉貴在《突厥汗國與隋唐關係史研究》中認爲:唐對突戰争正式結束前,設順、祐、長、化四州安排降唐的突厥部落,頡利可汗被擒後,又分其舊部的地區爲六州,安排頡利降衆,與此同時又設了定襄、雲中、豐州都督府,監管突厥降部(243—253頁)。之後,吴先生又撰文《唐朝安置東突厥降衆考》(北京大學考古文博學院、大阪經濟法科大學編《7—8世紀東亞地區歷史與考古國際學術討論會論文集》,科學出版社,2001年,56—81頁),對突厥設羈縻府州有更爲詳細的論述。此外,討論該問題的還有艾冲的《唐前期東突厥羈縻都督府的置廢與因革》(《中國歷史地理論叢》2003年第2輯)、郭聲波的《中國行政區劃通史·唐代卷》(復旦大學出版社,2012年)、張莉的《唐貞觀時突厥府州新考》(《中國歷史地理論叢》,2018年第33卷第3輯)等。另外,王義康的《唐代邊疆民族與對外交流》(黑龍江教育出版社,2013年)一書是近年來對突厥討論較多的著作,與石見清裕先生的研究有交叉之處,特别是在突厥的源流與世系、唐朝中央對内附突厥的管理等問題上。

岩佐精一郎與石見清裕的研究在日本突厥史學界佔有重要地位。就羈縻府州設置問題而言,齊藤茂雄在二位先生的基礎上,撰文《突厥有力者と李世民—唐太宗期の突厥羈縻支配について—》(《関西大学東西学術研究所紀要》第48卷,2015年),利用石刻材料進一步考察了各羈縻州府長官的生平事跡:順州都督府突利可汗阿史那什鉢苾、北開州都督阿史那思摩、北甯州都督沙鉢羅設阿史那蘇尼失、長州都督阿史那忠、北撫州都督史善應、北安州都督康蘇密、豐州都督史大奈,認爲唐太宗在任命羈縻府州的長官時,不僅考慮他們在突厥方面的既有地位,更重視其與自己是否具有直接關係。相較而言,日本學界對貞觀時期突厥羈縻府州的設置這樣細節的問題討論較少,更爲關注粟特系突厥的生活狀態以及内亞視角下突厥與周邊政權的關係等問題。

本書第三部第一章《朝貢使節在邊境州縣的待遇》中提供了諸多國内唐史學者很少利用的日本方面的材料,這些材料對我們解讀唐代制度、中日關係等問題多有裨益。例如,《新唐書》卷四六《百官志》記載:"殊俗入朝者,始至之州給牒,覆其人數。謂之邊牒。"根據該條史料記載,遣唐使所持邊牒應爲初抵唐境之州簽發。但是作者所引《新訂增補國史大系》《續日本紀》《日本後紀》等日本史料中遣唐使的歸國報告記載:寶龜八年(777)"七月三日,與第一船同到揚州海陵縣,八月廿九日,到揚州大都督府,即依式例安置供給"、延曆二十四年(805)"十月三日,到州。新除觀察使兼敕史閻濟美處分,且奏,放廿三人入京"。

由此可知,處理邊牒事務似乎並非如《新唐書·百官志》的記載由州處理,都督府、觀察使亦參與其中,這或許可以提示我們唐後期地方行政管理的變化。

最後需要指出的是,本書還存在一些細小的錯誤。首先是翻譯上的問題,282 頁載:典客署有不可缺少的"通譯",通譯爲日語詞,在日文原著中的含義應指典客署中的口譯人員,故中文翻譯爲"翻譯"或"譯員"更爲合理,而非直接寫作"通譯"。391 頁對《唐六典》卷二二"上馬送京師,餘量其衆寡,並遣使送之,任其在路放牧焉"一句的解釋,譯爲"然後良馬送到京師,其他聽憑地方放牧"。譯者在注釋中認爲本條史料中的"任其在路放牧"的含義是"聽任其在途中隨意放牧"(391 頁),與作者理解不同。首先筆者認爲中文翻譯與作者本意存在偏差,作者日文原著本意是指良馬送到京師,其他的馬則分配到地方,由地方的牧監管理放牧。據《唐六典》卷一七記載:"諸牧監掌群牧孳課之事。凡馬五千匹爲上監,三千匹已上爲中監,已下爲下監。凡馬、牛之群以百二十,駝、騾、驢之群以七十,羊之群以六百二十,群有牧長、牧尉。"所以,日文原書將"在路"解釋爲地方,實質上是指地方上的牧監,中譯本"其他聽憑地方放牧"似乎與作者本意有所偏差。其次,譯者在注釋中提示的"在途中隨意放牧"的觀點筆者認爲猶有可商榷之處。據《唐六典》卷二二記載:"凡互市所得馬、駝、騾、牛等,各別其色,具齒歲、膚第,以言於所隸州、府,州、府爲申聞……上馬送京師,餘量其衆寡,並遣使送之,任其在路放牧焉。每馬十匹,牛十頭,駝、騾、驢六頭,羊七十口,各給一牧人。"這裏所記載的馬、駝、驢、牛等均爲互市所得,且申報州、府,應當屬於國家財產,即使並非上馬也應當在政府管理之下,若任由在途中隨意放牧似乎不妥。另外,這些"在路放牧"的牲畜按照每馬十匹,牛十頭,駝、騾、驢六頭,羊七十口的規制配給一位牧人。這裏的牧人應當是牧長、牧尉之下的吏員,直接負責放牧事務,由此可證明這些牲畜應當處於地方牧監的管理之下。此外,本書 51 頁,氣賀澤保規先生的名諱前後出現兩次,第一次譯者寫爲日語"気賀沢保規",第二次則寫爲中文繁體"氣賀澤氏",學者姓名應當統一,該問題在第三次印刷時已被糾正。300 頁最後一段提到的表 7 有誤,應爲表 10。

# 《日唐賤人制度の比較研究》(榎本淳一著,同成社,2019 年 10 月,220 頁)

趙　晶

　　池田温於 1973 年起組織研究會,以唐、日律令比較爲宗旨,研讀相關文獻,嘗試打破東洋史與日本史的界域,出版了一些具有代表性的集體成果[1],同時培養了一批該領域的中堅力量,本書的作者榎本淳一即其中之一。

　　榎本氏於 1979—1991 年間在東京大學求學,以日本古代史爲專業,2008 年獲得東京大學文學博士學位,歷任工學院大學專任講師、助教授、準教授、教授,現任大正大學文學部歷史學科教授。他在個人主頁上將自己的研究主題歸納爲以下五項:"(1)日本與中國的律令制比較研究;(2)遣隋使、遣唐使等,古代東亞的對外關係研究;(3)日本與中國的圖書目録研究;(4)平安時代的'國風文化'研究;(5)古代的賤人制度研究。"[2]這些研究方向皆可在其近年出版的專著、主編之作以及單篇論文中得到印證,如專著《唐王朝と古代日本》(吉川弘文館,2008 年)、《日唐賤人制度の比較研究》(同成社,2019 年),以及編著的《古代中國・日本における学術と支配》(同成社,2013 年)、《中國学術の東アジア伝播と古代日本》(勉誠出版,2020 年)等。

　　事實上,要支持上述以"比較"爲主題的研究,作者須同時熟稔日本古代和唐代的史料及相關研究。正是因爲池田氏的言傳身教,作爲日本古代史學者,榎本氏的成名作其實是與大津透合著的《大谷探検隊吐魯番將來アンペラ文書群の復元》(《東洋史苑》第 28 號,1987 年 1 月)一文,從大谷文書中檢出衆多殘片,

---

　　[1]　如池田温編《中國禮法と日本律令制》,東方書店,1992 年;仁井田陞著,池田温編集代表《唐令拾遺補——附唐日兩令對照一覽》,東京大學出版會,1997 年;池田温編《日中律令制の諸相》,東方書店,2002 年。大津透接續池田氏,繼續組織集體研究,相關成果亦有大津透編:《日唐律令比較研究の新段階》,山川出版社,2008 年;《律令制研究入門》,名著刊行會,2011 年。
　　[2]　參見 https://www.tais.ac.jp/chinavi/result/no-0097/,訪問時間:2020 年 10 月 18 日。

拼接成"儀鳳三年度支奏抄、四年金部旨符"[3]。這是純粹圍繞唐代財政文獻展開的研究，由此可見其研治唐史的功力。而類似的、以唐代爲唯一對象（而非參照對象）的研究，在榎本氏的論著目録中亦不乏其例。相比中國的唐史研究者，以他爲代表的、兼顧日本與唐代研究的日本古代史研究者至少有兩個優勢：其一是諳熟與唐代相關的日本古代史料，其二是擁有"域外之眼"，能夠敏感地從史料間抽繹出獨特的信息。下面以書評對象《日唐賤人制度の比較研究》爲例，展現這種唐、日比較的研究路徑。

除"凡例""引用史料一覽""初出一覽""後記""索引"外，本書共有正文九章（含序章、本論七章、終章）、附篇兩章；除正文中序章與第三章爲未刊新稿外，其餘皆曾於1992—2018年間以單篇論文形式發表，可見榎本氏對這一主題的思考由來已久。而且通觀全書可知，雖然各篇成稿時間不同、角度也未盡一致，但皆可輻輳於日本古代的奴婢有別於唐代，即並非奴隷這一核心觀點之下，可見其一以貫之的立場。

序章名爲《本書的視角與構成》，除"構成"部分簡介本論七章、附篇兩章的撰寫緣起和內容概要等外，"視角"部分尤其值得一讀，凝結了榎本氏的方法論反思。他挑戰的觀念有二：其一，受唯物史觀的階段説影響，古代社會被認爲是奴隷制社會，奴婢也被等同於奴隷；其二，日本律令中的賤人制度是以唐制爲母本制定出來的，日本古代的奴婢與唐代的奴婢具有類似的法律地位。對於前者，榎本氏認爲這祇是一種理論假説，並非具有實證的結論；對於後者，他借鑒菊池英夫在日、唐律令制度比較研究上的思路，結合最近的相關研究，以賤人制爲核心，提出四個問題點：

1. 復原唐令的史料問題：缺乏唐、日令有別的意識，將日本令中存在的一些賤人規定勉强復原爲對應的唐令；又因日本令未予規定，而推定唐令中也没有相應的條文。

2. 研究者的先入之見：以唐制的知識來理解、解釋日本的賤人制，忽略了日

---

[3] 相關情況亦可參見大津透著，宋金文、馬雷譯《唐律令制國家的預算——儀鳳三年度支奏抄、四年金部旨符試釋》，劉俊文主編《日本中青年學者論中國史》（六朝隋唐卷），上海古籍出版社，1995年，431頁。

本令中的獨特性。

3. 表面的、相對的比較：對某些規定的評價停留在比較寬鬆或比較嚴苛的層面，並未意識到這是制度上的本質性差別。

4. 無視繼受法的特徵：日本律令法中混雜着照錄唐制條文與變更唐代規定的情況，忽視這種矛盾性、片面強調對唐制原封不動的移植，使得日本制度中有別於唐制的那面有時會隱而不見。

由此亦可瞭解，作爲日本古代史研究者，他關注唐代的主要目的在於揭示日本古代的獨特性，即"通過與唐代賤人制的比較，揭明古代日本賤人制的特質以及被當作賤人的隸屬民的實態"（1頁）。

第一章《ヤッコ與奴婢之間》主要討論史料所載大化革新之前被記作"奴婢"之人的實態，以此檢證律令制引入之前日本的奴婢是否等同於奴隸的命題。因爲"奴婢"在日語中被訓讀爲"ヤッコ"，所以榎本氏首先考察了"ヤッコ"的含義，認爲該詞既可指涉相對處於下位之人，如臣下（與君主相對）、隨從、家僕等，又可以在表達蔑視或亲密之情時，稱呼對方或第三人，甚至自稱，並非僅限於指稱奴隸等特定社會階層。爲驗證這一看法，他逐一檢出日本《古事記》《日本書紀》中使用"奴""婢""奴婢"字樣的、關於大化以前和大化年間的記載，詳加分析，認爲沒有一例是用"奴婢"指稱奴隸，除了上述"ヤッコ"的含義外，這些字詞指向的對象與"公民"在法律身份上並無二致，祇不過"公民"是國家（朝廷）支配之民，而"奴婢"是王族、豪族支配之民。這種名實之別是古代日本社會引入漢語所導致的結果。最後，他又討論了《三國志·魏書·東夷傳》倭人條和《隋書·東夷傳》倭國條的三處"婢""奴婢""奴"的記載，認爲這三例都不能證明日本當時存在奴隸階層，而是中國人以奴隸殉葬、没身爲奴等自身先入爲主的理解，來描述日本古代社會的狀況，指出這是對倭國風俗、法制的誤解。

日本在大化革新以後大規模移植唐代律令制度，因此本書正文第二至六章聚焦於唐、日律令制下賤人制度的比較。在第二章《律令賤人制的結構與特徵》中，榎本氏首先從口分田支給、勞役負擔、赴役時的公糧支給、奴婢與部曲客女詐稱良人而爲婚姻等條文規定以及條文中無序排列"官户"與"陵户"、連稱"官户奴婢"與"家人奴婢"等出發，認爲相比於唐代對賤人進行階層劃分（如官賤人被劃分爲"太常音聲人—雜户—官户［工樂户］—官奴婢"，私賤人被劃分爲"部曲客女—私奴婢"），日本律令制下賤人身份之間的階層等級區分並不明顯；又根據户絶之家對賤人的處理、奴奸主人及良人之後所生男女的歸屬處理、賤人殺人移鄉的規定等，認爲唐代的賤人是一種相對於良人的普遍性身份，而日本的賤人則是與特定主人或官司結成的個别性、固定性（非普遍性）的身份，這是律令制以前日本社會所實施的部民制或氏族制（個别性從屬侍奉關係）的殘存。其次，他以唐、日官賤人的管理官司不同（唐代爲刑部都官司，日本爲直屬宫内省的官奴司）等，推測唐代官賤制的本質是對犯罪者及其親族的懲罰，而日本官賤人的主體是世代服侍皇室的隸屬民，進而推論日本律令賤人制度的目的在於維持自律令制以前存續下來的統治階層的經濟基礎，不論官、私賤人，都祇是世代隸屬民的身份，與唐代完全不同。最後，他總結道，唐代良賤制的目的是維持國家禮的秩序（良人遵守秩序，賤人破壞秩序且受到懲罰），而日本的良賤制與禮的理念無關，祇是劃分公民（良人）與服務於特定主人或官司的隸屬民的身份制度罷了。其實，上述討論已全面提出本書的核心觀點，因此本章具備總論性質，其後各章分别從賤人放良、身份標志、當色爲婚、奴婢買賣等角度出發，逐次補强這些觀點。

第三章是《日唐官賤人的放良規定》，榎本氏首先分解了《唐六典》卷六《尚書刑部》"都官郎中員外郎"條所載奴婢放良的規定，推測"一免爲番户，再免爲雜户，三免爲良人"僅適用於因反逆緣坐而被没爲官奴婢者，而"年六十及廢疾"的放免規定適用於非反逆緣坐的官賤人，并據此復原爲兩條唐令；然後辨析了日本《養老令·户令》官奴婢條"凡官奴婢年六十六以上及廢疾若被配没令爲户者並爲官户至年七十六以上並放爲良（任所樂處附貫。反逆緣坐，八十以上，亦聽從良）"正文的句讀理解，逐一反駁了吉野秋二、稻田奈津子的商榷理由，堅持認爲應斷作"凡官奴婢年六十六以上及廢疾，若被配没令爲户者並爲官户至年七十六以上，並放爲良"，由此將放良對象區别爲三類，即第一類是年六十六及廢疾的"官奴婢"，即世代隸屬於皇室之民，第二類是年七十六的"配没令爲户者並爲官户"，即没官奴婢，第三類是八十以上的反逆緣坐者，而無論哪一類，都可直接放爲良人（有别於通説理解的日本官奴婢經由官户放爲良人）；最後總結道，唐代官賤人的核心是因反逆緣坐而没官者，體現了懲罰性的本質，而日本官賤人的核心是反逆緣坐以外的官賤人（其中世代隸屬於皇室之民佔較大比例），反逆

《日唐賤人制度の比較研究》

緣坐者處於附屬地位（規定在注文中）。

第四章《日唐賤人的身份標志》主要着眼於賤人的服色制度與身體標記。榎本氏首先立足《册府元龜》所載大和六年（832）六月王涯奏文，抽繹出唐代私賤人的服色規定，如在大和六年六月敕之前，私賤人的服色一般被規定爲青碧，命婦的客女、婢被允許穿與庶人相同的衣服（黄、白色），部曲與奴經申請也可通服黄、白色，而大和六年六月敕規定，私賤人與庶人同服；其次根據《養老令·衣服令》服制條的規定，認爲日本古代一直以黑色爲賤人服色，與唐代的青碧色有别，且賤人服色限於"朝廷公事"的場合，輔以《延喜式》卷四一《彈正臺》所載賤人服色的規定，推論日本古代的賤人並無像唐代賤人那樣可識别的服色標志；最後以唐代官奴婢的"印臂"、私奴婢被"印面"等記載，討論唐代賤人類同於罪人的可視性身體標志，强調他們共同處於禮的秩序之外。

本書有兩章圍繞仁井田陞復原的《户令》第 39 條"諸工樂雜户官户、部曲客女、公私奴婢，皆當色爲婚"展開，其問題點在於復原依據中兩條《唐律疏議》的記載都没有將"部曲客女公私奴婢"納入"當色爲婚"的範圍之内，仁井田氏僅據《養老令》補入這八個字。在附篇二《關於唐户令當色爲婚條的劄記》中，榎本氏首先回顧了玉井是博、濱口重國、滋賀秀三等圍繞部曲是否"當色爲婚"的争論（核心史料是《唐律疏議》卷六《名例》"官户部曲官私奴婢有犯"條疏議所載"部曲，謂私家所有。其妻，通娶良人、客女、奴婢爲之"，玉井氏、濱口氏認爲此處的"奴婢"是衍文，而滋賀氏認爲唐代法律並未禁止部曲娶婢）；然後在吸收滋賀氏觀點的基礎上，又據《唐律疏議》兩處所引《户令》皆未將"公私奴婢"納入"當色爲婚"的範圍，以及唐代律、令通常用"娶""配"（而非"婚"）來指稱奴婢所締結的夫妻關係，指出此條《户令》應復原爲"諸工樂雜户官户，皆當色爲婚"；最後總結道，"婚"代表的是禮的秩序，奴婢不具備"婚"的權利能力和行禮資格，而官户以上的諸身份在這個層面與百姓無别，屬於良、賤之間的一種身份。第五章《關於日唐户令當色爲婚條》是對前文的延伸，他首先歸納了山根清志對滋賀氏前説的批判並逐一反駁，認爲滋賀説基本上是正確的；然後圍繞唐代法律中是否存在奴婢"當色爲婚"的問題，檢討了《天聖令》殘卷提供的信息（如《雜令》唐 17 所示官户、奴婢"令相配偶"；唐 22 所示官户、奴婢無"婚假"），再次强調了前文的觀點，即奴婢被排除在"婚"所代表的禮的秩序之外，夫妻關係的締結並不體現自由意志,而是主管官司和主人強制爲之;最後比較唐、日《户令》"當色爲婚"條,以日本《養老令》將"家人、公私奴婢"納入"當色爲婚"的範圍爲據,歸納了日本古代賤人制區别於唐代的特質:其婚姻與儒家的禮制無關,並不用"婚"來區别良賤,賤人的婚姻相對自由(如《養老令》删除了《雜令》唐17),而之所以比唐代更强調"當色爲婚",是爲了維護賤人與主人或官司之間結成的個别的、固定化的關係。

在第六章《天聖令所見日唐奴婢買賣的諸問題》中,榎本氏首先利用了《天聖令》、既往的唐令復原成果以及西域所出賣婢市券等,對孟彦弘的復原方案提出商榷,重新復原了唐《關市令》賣買奴婢條[4]、《捕亡令》亡失奴婢條與平奴婢價條;然後在這三條復原唐令的基礎上,指出唐代私奴婢的主要來源應是異民族的奴隸買賣與家生奴婢,而且存在能够實現奴隸交易的奴婢市場以及平價機制;最後比較唐、日令的三點差别(在《關市令》賣買奴婢條中,日本令删除了"度關"的規定;在《捕亡令》亡失奴婢條中,日本令删除了"已入蕃境,還賣入國"的規定;在平奴婢價條中,日本令删除了"市價"的規定),結合日本古代文書"近江國坂田郡司解婢賣買券",指出日本古代可能不存在奴婢市場(即使存在,也並不普遍),奴婢並非市場上流通的商品,這自然也是由日本古代賤人的世代隸屬民性質所决定。

第七章《藤原仲麻吕與女樂》以《續日本紀》天平寶字三年(759)正月甲午條關於藤原仲麻吕在私邸宴請渤海使、天皇賜下女樂與綿一萬屯的記載爲楔子,榎本氏首先歸納了目前日本學界對於"賜女樂"的不同理解(如通説認爲這是提供女樂的歌舞表演,新説認爲女樂的人身與綿一樣,都是賜物);然後討論了以唐朝爲中心的女樂、内教坊以及各國之間的獻上與賜下女樂的活動,指出這些女樂都是官賤人;再對比唐、日本制度之别,判定日本古代的女樂非但不是官賤人,而且還出身於地方豪族和中央貴族之家;最後推測,天平寶字三年賜女樂之事産生的原因或許有二:藤原仲麻吕推行"唐風政策"以及擬與渤海結盟征討新羅,所以可能模仿唐代皇帝賜予女樂的恩典;大化以前存在着因臣服或贖罪而向大

---

[4] 吉永匡史又在榎本氏復原的基礎上予以部分修正,參見氏著《唐代奴婢売買法制考》,《金沢大学歴史言語文化学系論集(史学・古学篇)》第11號,2019年3月,1—18頁。

王進獻人身的習慣,此處的賜女樂可能是這一舊習的遺存。

　　終章名爲《日本古代的奴婢是奴隸嗎》。榎本氏首先總結了關於唐、日奴婢性質的學術史,列舉了瀧川政次郎的先驅性研究(賤民是奴隸,官、主對賤民擁有類似所有權的權利)、仁井田氏與濱口氏的爭論(前者指出東亞奴婢的"半人半物"屬性,後者認爲在主奴關係中奴婢的本質是"物",而在王道王法之下,奴婢也被予以了"人"的資格)、發展階段説的研究(立足馬克思主義史學,如石母田正通過分析家人的存在形態,提出了從奴隸到佃農、從佃農到農奴的進化過程等)、家族史與氏族研究的觀點(關口裕子和義江明子等反駁"奴婢＝奴隸"説);然後從授田、婚姻、身份標志、人身買賣四個層面,概述唐、日奴婢之別,突出日本古代奴婢"人"的屬性;最後再次強調日本古代奴婢不是奴隸的判斷,並提出未來思考的課題:即使是近代資本主義社會,也存在奴隸制,如此該怎樣理解與評價没有奴隸制的日本古代社會的特徵與歷史定位?

　　附篇一《關於〈新唐書〉百官志的官賤人記載》首先從《新唐書·百官志》中檢出 13 條關於官賤人的記載,逐一與《天聖令》《唐令拾遺補》、日本《養老令》、《唐六典》進行對照,推測其中 8 條來自唐令、5 條或許源自唐式;然後以"再免爲雜户,亦曰官户"爲綫索,綜考《唐六典》《梁谿漫志》《唐會要》的相關記載,析出《貞觀令》"番户＋雜户＝官户"、《永徽令》以下"番户＝官户"的階段性變化,推定《新唐書》的這條記載可能源自《貞觀令》。

　　綜上可知,相比其他學者在同一主題之下彙集累年單獨發表之作的合集,本書具有相當鮮明的體系性。而且因所述主題相當重要,且所持論點的匠心獨運(如"奴婢＝奴隸"乃是目前通説),導致本書的單篇論文自發表以來,也存在一定數量的反論,榎本氏在後出的論文中亦專門予以回應,逐一拆解論戰對手的論點、論據與論證,抽絲剥繭,讀來頗感痛快。此外,祗要對中國自近代以來移植外國法的歷史稍有瞭解,那麽對本書試圖揭明的古代日本移植唐代法制時產生的"移橘易枳"之效,自然也能感同身受,進而亦會更加認同榎本氏在序章中言之再三的方法反思。

　　雖然作者的主要目的在於析出日本法制的獨特性,但本書在唐令復原層面亦有值得重視的學術貢獻。如榎本氏能夠敏鋭地從"婚"字在律令中的使用區分出良賤之別,進而推論《唐六典》有關奴婢享有婚假的記載有誤(201 頁注

13),並在數年後爲《天聖令》所證實,可謂見微知著;又如《新唐書》因其"文省事增"的編纂特點等,在《唐令拾遺》中僅被引用6次,且其中2處僅將其定位爲"參考資料"[5]而非"基本資料"[6],但高橋繼男[7]、榎本氏則仔細爬梳該書《食貨志》《刑法志》《選舉志》《百官志》[8],從中發掘其於唐令復原的新信息,本書附篇一即爲其中代表性的一例[9]。

當然,在閱讀過程中,筆者也産生了一些疑惑,謹此提出,以求教方家。

首先,如前所述,榎本氏非常重視律令用詞的準確性以及背後藴含的"禮的秩序"。然而,即使是法典,有時亦會存在未盡周延之處,在術語使用上是否有如此明確的法理自覺,令人猶疑。如榎本氏引用《唐令拾遺·喪葬令》第21條"諸身喪户絶者,所有部曲客女奴婢店宅資財,並令近親(親依本服,不以出降),轉易貨賣",認爲對部曲客女的處置是"轉易",對私奴婢的處置是"貨賣",由此區分出唐代賤人的階層之別,與日本令的一視同仁形成對比(41頁)。然而,《天聖令·廐牧令》唐22有"馬、驢須轉易"一句[10],《唐律疏議》第33條疏議載"轉易得他物者,謂是本贓是驢,迴易得馬之類",[11]可見"轉易"一詞亦可用於畜

---

[5] 此處所謂"參考資料"與"基本資料",乃《唐令拾遺》對所據史料的一個位階劃分,"基本資料"是復原唐令的直接依據,而"參考資料"則是在根據其他資料復原唐令后,以此爲參證的一種史料。參見仁井田陞《唐令拾遺·凡例》,東方文化學院東京研究所,1933年,99頁。

[6] 仁井田陞《唐令拾遺》,912、510、695頁。

[7] 高橋繼男《新唐書食貨志記事の典據史料覺書》(一)(二)(三),分載於《東洋大學文學部紀要》第40號《史學科篇XII》,1987年,73—102頁;《中國古代の法と社會:栗原益男先生古稀記念論集》,汲古書院,1988年,347—367頁;《東洋大學文學部紀要》第44號《史學科篇XVI》,1991年,65—94頁。

[8] 榎本淳一《律令賤民制の構造と特質——付〈新唐書〉刑法志中の貞觀の刑獄記事について》,池田温編《中國禮法と日本律令制》,東方書店,1992年,292—305頁;《〈新唐書〉選舉志の唐令について》,《工学院大学共通課程研究論叢》第31號,1993年,21—32頁,中譯本爲何東譯《〈新唐書·選舉志〉中的唐令》,楊一凡、朱騰主編《歷代令考》(上),社會科學文獻出版社,2017年,418—429頁。

[9] 榎本淳一著,田由甲譯,戴建國校《〈新唐書·百官志〉中的官賤民記載》,戴建國主編《唐宋法律史論集》,上海辭書出版社,2007年,22—31頁。

[10] 天一閣博物館、中國社會科學院歷史研究所天聖令整理課題組《天一閣藏明鈔本天聖令校證(附唐令復原研究)》,中華書局,2006年,300頁。

[11] 長孫無忌等撰,劉俊文點校《唐律疏議》卷四《名例》"以贓入罪"條,中華書局,1983年,88頁。

產,對照《唐律疏議》所謂"奴婢賤人,律比畜産"(相關條文,可參見本書 201—202 頁注 14)的定性,是否可以認爲"轉易"與"貨賣"在《喪葬令》中未必具備區分階層的法律意義?

其次,《唐六典》卷六《尚書刑部》"都官郎中員外郎"條載"凡反逆相坐,没其家爲官奴婢。一免爲番户,再免爲雜户,三免爲良人,皆因赦宥所及則免之。年六十及廢疾,雖赦令不該,並免爲番户,七十則免爲良人,任所居樂處而編附之"。如前所述,榎本氏將其中"皆因赦宥所及則免之"以前復原爲一條唐令,并將其適用範圍限定爲反逆緣坐者,而將"年六十及廢疾"復原爲另一條唐令,認爲適用於非反逆緣坐者(58—60 頁)。若如此解釋,那麽唐令關於賤人放良的規定會産生一個立法漏洞:若是赦令所及,非反逆緣坐者該如何放良? 是直接放爲良人,還是先免爲官户、再放爲良人,又或是先免爲官户、再免爲雜户、三免爲良人? 因此這一復原,似乎尚待斟酌。

再次,榎本氏根據《册府元龜》的記載"諸部曲客女、奴婢,通服青碧。其命婦客女及婢,聽同庶人。奴及部曲,請許通服黄白皂。其命婦準格,客女及婢得同庶人。其衣服,婢及庶人女婦請兼許服夾襴。丈夫請通服黄白",認爲大和六年之前私賤人服青碧,與庶人有明確的服色區分,此後則與庶人同(86 頁)。然而,黄正建對此有不盡相同的理解,即在大和之前似無賤人服色的規定,或許是隨着其地位的提高,纔有了這一服色規定,因此大和六年之敕所定的客女及婢的服色是青碧,奴及部曲的服色是黄白皂,庶人之中"丈夫"(黄氏認爲此"丈夫"與"庶人女婦"對言,而榎本氏的理解似包含部曲及奴)的服色是黄、白,與此前"庶人服色用黄"有别,以"青衣"代"婢"的記載集中出現在唐後期,正是反映了這一服色的變化[12]。如黄氏所論可以成立,可能唐代前期的奴婢並没有明確的可視化的服色標志。

最後,如序章所論,榎本氏一再提醒研究者要注意法律移植、術語翻譯時可能産生的"名同實異",以免遮蔽唐、日令之别。這自然是近半個世紀以來日本

---

[12] 黄正建《王涯奏文與唐後期車服制度的變化》,榮新江主編《唐研究》第 10 卷,北京大學出版社,2004 年,304—305 頁;後改題爲《唐後期車服制度的變化——以文宗朝王涯奏文爲中心》,收入黄正建主編《中晚唐社會與政治研究》,中國社會科學出版社,2006 年,381—382 頁;又收入黄正建《走進日常——唐代社會生活考論》,中西書局,2016 年,64—65 頁。

學界對唐令復原方法論反思的一個重要方面。以唐令復原時的條文排序爲例，中田薰純粹以《養老令》爲準[13]，仁井田氏雖仍以《養老令》爲主要依據，但參以《唐六典》《開元禮》《通典》《舊唐書》等唐代史籍[14]。大町健立足於《户令》，認爲日本令在繼承唐令的基礎上，不但有條文内容的變化，且其體系構成的理論亦發生改變，條文排序與唐令有所不同[15]；石上英一以《賦役令》和《田令》爲例，提出唐令復原的條文排序不但應考慮體系性的理論，還應尊重《唐六典》《通典》等唐代文獻引令時的排列順序[16]；池田氏在前述研究的基礎上，提出唐令排序應綜合考慮《養老令》的條文排列、唐令引用文獻的條文順序和令篇之内條文排列的理論邏輯，且日本令有其區别於唐令排列的可能性，應優先參考唐代史料[17]。這些反思的背後其實藴含着日本學者標舉日本令排列順序的獨特性的意圖。對此，其實也有學者持存疑態度，如吉野秋二認爲，即便是唐代典籍，其引用唐令的條文順序是否有史料編纂者的價值觀藴含其中，尚需詳加考慮[18]。《天聖令》的發現又爲上述反思提供了反證：若認同《天聖令》殘卷所見宋令與唐令的各自排列皆未打亂唐令原本的條文順序，那麽比對《天聖令》與日本《養老令》可知，日本令在很大程度上繼承了唐令的條文排序，亦即《唐令拾遺》以《養老令》爲基準排列唐令條文的做法可能更爲準確[19]。這其實也在提示我們，唐、日令之别亦不能作爲一種不證自明的"先入之見"，若一味以唐、日之别作爲思考的起點，甚至賴以爲據的旁證，這就容易產生"過猶不及"的負面效果。

---

[13] 中田薰《法制史論集》第 1 卷，岩波書店，1926 年，647 頁。

[14] 仁井田陞《唐令拾遺·凡例》，99 頁；池田温《唐令と日本令——〈唐令拾遺補〉編纂によせて》，池田温編：《中國禮法と日本律令制》，185 頁。

[15] 大町健《户令の構成と國郡制支配》，《ヒストリア》第 86 號，1980 年；增補後收入氏著《日本古代の國家と在地首長制》，校倉書房，1986 年，81—104 頁。

[16] 石上英一《日本賦役令における法と經濟についての二、三の問題》，《歷史學研究》第 484 號，1980 年，1—12 頁；《日本律令法の法體系分析の方法試論》，《東洋文化》第 68 號，1988 年，169—187 頁。

[17] 池田温《唐令と日本令——〈唐令拾遺補〉編纂によせて》，184—190 頁。

[18] 吉野秋二《大寶令賦役令歲役條再考》，《奈良女子大学 21 世紀 COE プログラム報告集》第 6 號《古代日本と東アジア世界》，2005 年，174 頁。

[19] 參考大津透著，薛軻譯《北宋天聖令的公佈出版及其意義——日唐律令比較研究的新階段》，《中國史研究動態》2008 年第 9 期，25 頁；大津透《北宋天聖令の公刊とその意義——日唐律令比較研究の新段階》，大津透編《律令制研究入門》，293—294 頁。

《日唐賤人制度の比較研究》

　　慚愧的是，作爲唐代法制史的研究者，筆者因學力有限，難以對本書所論日本古代賤人制的問題提出自己的看法。熟練地運用日本古代史料來探究唐代乃至於整個古代東亞的法制問題，甚至利用唐代研究的問題意識去考察日本古代法制史以及比較法制史，這理應是我輩向以榎本氏爲代表的日本同行積極取法的。

# 《圖像的言説:瑣羅亞斯德教人格化神像的圖像學研究》(謝爾温·法里德内賈德著,威斯巴登:哈拉索維茨出版社,2018年,xx +534頁,圖版,17釐米×24釐米,"伊朗"叢書第27册,德語。)

孫武軍

近二十年來,隨着新考古成果的不斷涌現,之前單個零星的古代伊朗瑣羅亞斯德教神祇圖像研究在數量、深度、廣度、範圍等方面取得了顯著的進步。其標志性特徵是2014年(申卡爾:《無形靈體與雕刻神像:伊斯蘭化前伊朗世界的神祇圖像》[1])與2018年(法里德内賈德:《圖像的言説:瑣羅亞斯德教人格化神像的圖像學研究》,以下簡稱《圖像的言説》)分别出版了一部專著,這兩部專著除了相同的研究對象——前伊斯蘭化伊朗瑣羅亞斯德教神祇圖像外,還有其他有趣的相似點,需要首先説明。第一,兩部專著均爲作者博士學位論文的修訂版,申卡爾2013年取得以色列耶路撒冷希伯來大學博士學位,法里德内賈德2014年取得德國哥廷根大學博士學位。第二,兩位作者的博士導師均是世界著名的瑣羅亞斯德教研究學者,申卡爾的導師是沙肯德教授(Shaul Shaked),法里德内賈德的導師是克賴尹布勒克教授(Philip G. Kreyenbroek)[2]。第三,兩位作者均有國外交流訪學經歷,申卡爾赴法國法蘭西學院跟隨葛樂耐(Frantz Grenet)從事研究工作,法里德内賈德赴荷蘭萊頓大學跟隨德容(Albert de Jong)從事研究工作,而兩位導師均參與了博伊斯主筆的多卷本《瑣羅亞斯德教史》的寫作。第四,兩部著作均被收録到學界影響較大的系列叢書,申卡爾著作收入"中古巫術與宗教文獻"(Magical and religious literature of late antiquity)叢書第4册,法里德内賈德著作收入"伊朗"(Iranica)叢書第27册。兩部著作的不同除了

---

[1] Michael Shenkar, *Intangible Spirits and Graven Images: The Iconography of Deities in the Pre-Islamic Iranian World*, Leiden-Boston: Brill, 2014.

[2] 沙肯德早年是瑪麗·博伊斯的弟子,克賴尹布勒克於博伊斯退休後在倫敦大學亞非學院(SOAS)工作十餘年,因此這兩位年輕學者可算博伊斯的再傳弟子。此脚注據匿名評審專家修改意見增加,特致謝意。

語言(前者爲英語,後者爲德語)外,最明顯的區別是前者更注重考古文物與圖像闡釋,後者更注重宗教文獻與圖像理論。另外,在神祇圖像的謀篇佈局方面,前者注重橫向的共時性,即先羅列神祇,在論述每一位神祇時再區分時期和地域;後者注重縱向的歷時性,即先分爲不同時期和地域,然後分別論述其不同神祇。

《圖像的言說》主體内容之前有"前言與致謝",之後有各種附録,附録合計101頁,將近占全書頁數的1/5。全書附録依次爲附録、縮寫列表、圖版來源、參考文獻及索引;附録包括圖像志與圖像學表、圖像志的圖像詮釋表、朝代與帝王年表、古代伊朗概覽圖;縮寫列表包括語言縮寫、原始材料縮寫、浮雕縮寫、著作縮寫、期刊縮寫、轉寫翻譯等符號標記。索引包括四類,原始典籍銘文索引(Index locorum)、詞根(動詞)索引(Index verborum)、名詞索引(Index nominum)、總體索引(Index rerum)。第一類原始典籍銘文索引包括《阿維斯塔》及其巴列維文譯本、帕提亞語和中古波斯語銘文、古波斯語銘文、瑣羅亞斯德教新波斯語文本、古印度語文本、其他。第二類詞根(動詞)索引包括印度日耳曼語、印度伊朗語[3]、古伊朗語、吠陀梵語、阿維斯塔語、古波斯語、中古波斯語和帕提亞語、粟特語。第三類名詞索引包括三類,依次爲善神、惡魔和天體,神話與歷史人物,地名。

《圖像的言説》主體内容由緒論、結論及正文五章構成。緒論(1—12頁)介紹了該著的研究對象、專業術語、研究方法及框架結構。結論(425—432頁)的主要内容和觀點包括:神祇圖像在瑣羅亞斯德教研究中的必要性、重要性、可靠性、緊迫性;瑣羅亞斯德教圖像與瑣羅亞斯德教文本的關係主要以隱含的方式表達,瑣羅亞斯德教圖像具有較强的獨立性(視覺程式),對其解讀主要不是依賴文本文獻;瑣羅亞斯德教具有物質(gētīy)和精神(mēnōy)均可人格化的神祇塑造觀念,且與其宇宙觀密切相關;瑣羅亞斯德教神祇圖像既來自瑣羅亞斯德教典籍對神祇的人格化描述,也受到美索不達米亞、安納托利亞、埃及以及希臘羅馬世界神祇圖像的影響。需要特別指出的是,作者提出了"瑣羅亞斯德教是一種無偶像的圖像宗教"(Der Zoroastrismus ist eine anikonische bildhafte Religion)的

---

[3] "印度伊朗語",目録無,此據第520頁索引實際情況增加。

論斷(431頁),並進行了簡要論述。最後作者指出未解決的問題,諸如圖像載體的描述與分類及其在傳播宗教觀念中的作用,圖像形式的宗教和非宗教象徵體系的系統研究,從圖像解讀瑣羅亞斯德教教徒的各種宗教活動的區別等。

正文共五章,内容可分爲兩部分,第一部分(第1—2章)爲理論研究,包括圖像學理論、神祇圖像與人格化論,第一、二章分别爲53頁、44頁。第二部分(第3—5章)爲神祇的人格化像研究,包括古代東方的人格化神像、古代伊朗的人格化神像(宗教學基礎)、古代伊朗的人格化神像(圖像志與圖像學詮釋)等三個方面,第三至五章依次爲19頁、106頁、190頁。

第一章《圖像詮釋與圖像志》(13—65頁),作者從作爲研究方法的圖像及其詮釋、圖像志與圖像學的概念、圖像志與圖像學的方法、圖像與文本之間的連接、圖像闡釋的例證與瑣羅亞斯德教研究的圖像方法等五個方面展開。首先,作者指出,"過度依賴文本規則"內在地對圖像持以抗拒的態度,在古代伊朗研究中的體現即圖像資料的缺席,後來圖像資料得到肯定,圖像成爲研究的突破口。其次,圖像志與圖像學部分,作者既介紹了圖像細讀、圖像志與圖像學的區別等基本理論問題,同時對潘諾夫斯基(Erwin Panofsky)的圖像象徵系統、奧斯瑪爾·基爾(Othmar Keel)及弗萊堡流派的圖像語言與關係模式等做了梳理。最後,作者辨析了圖像與文本、藝術與宗教等不同領域之間的關係,舉例説明《聖經》圖像詮釋的例子,同時對瑣羅亞斯德教研究中的圖像與文本、藝術與宗教等問題及圖像志研究方法的運用、調整等做了説明。

第二章《神祇圖像與人格化論》(66—109頁),作者從圖像的定義與術語、神祇圖像、人格化論等三個方面展開。第二節"神祇圖像"(72—99頁)是第二章的核心組成部分,對神祇圖像相關問題做了較爲系統的闡述。首先,作者對崇拜圖像、象徵符號、符號與屬性及瑣羅亞斯德教圖像志中的符號與屬性做了論述,將瑣羅亞斯德教圖像中的光環分爲單獨的圓環、太陽與光芒、頭部周圍的火焰等三類。其次,神學象徵符號(theologia symbolica)即所謂寓言(allegory),分爲"純粹寓言"(tota allegoria)和"混合寓言"(permixta allegoria),區别在於前者没有而後者關聯於特定的歷史人物;瑣羅亞斯德教圖像中這兩種表達方式均有出現。第三,作者將學者關於古代以色列宗教非偶像的兩種表現方式的研究,事實的傳統(de facto-Tradition)和程式化傳統(programmatische Tradition),借用到瑣羅亞斯德教神祇圖像表現的研究上，認爲尤其是薩珊時期，瑣羅亞斯德教神祇的無形的非偶像與有形的非偶像[4]均有出現。最後，作者討論了毀壞偶像（Ikonoklasmus），並對博伊斯提出的瑣羅亞斯德教"毀壞偶像"（Iconoclasm）理論提出商榷[5]。第三節"人格化論"部分，作者首先簡述了人格化論的概念，進而將其區分爲物質人格化論和精神人格化論兩種，而物質人格化論又分爲具體形象的人格化、想象神異的人格化、邏輯推演的人格化、超驗間接的人格化、文學修辭的人格化等。最後，作者提出祇有通過調和文字語言與圖像表現，纔能更好地理解宗教的世界觀念與神祇觀念。

第三章《古代東方的人格化神像》（110—128 頁），祇有一節"古代東方宗教圖像中的人格化論"，依次對美索不達米亞宗教、叙利亞-巴勒斯坦的烏加里特宗教、埃及宗教、安納托利亞和烏拉爾圖的赫梯宗教、古代印度《梨俱吠陀》和印度教中的人格化論進行了論述。

第四章《古代伊朗的人格化神像（宗教學基礎）》（129—234 頁）是從宗教文本文獻角度對古代伊朗神祇的專題研究。第一節"伊朗宗教及其主要文獻來源"分爲書面文獻與圖像文獻兩部分，書面文獻又細分爲神學-瑣羅亞斯德教傳統文獻與碑銘文獻兩種，神學-瑣羅亞斯德教傳統文獻包括《阿維斯塔》與中古波斯語文本。第二節至第四節依次爲"瑣羅亞斯德教圖像志的起源與規模""印歐萬神殿""瑣羅亞斯德教萬神殿"。第四節"瑣羅亞斯德教萬神殿"對神祇圖像的理論問題做了簡要分析，主要包括：（1）相類似於宇宙觀（世界觀）的天界想象：物質與精神（gētīy und mēnōy），（2）可見性與不可見性，（3）物質世界與精神世界的衆多神祇，（4）衆神的可見性，（5）人類作爲神祇原型，（6）瑣羅亞斯德作爲神祇原型。第五節"瑣羅亞斯德教文獻中的人格化男神與人格化女神"佔該章一半以上篇幅，分爲三部分内容。第一部分（1—3 小節）介紹、辨析了瑣羅亞斯德教神祇的特殊、固定的詞彙，依次爲衆神集會（hanjaman ī amahraspandān）、

---

[4] 無形的非偶像，德文爲 Anikonismus des leeren Raums，英文爲 Empty-space Aniconism；有形的非偶像，德文爲 Materiellen Anikonismus，英文爲 Material Aniconism。

[5] 這個問題申卡爾也有專文討論，參閱 Michael Shenkar, "Rethinking Sasanian Iconoclasm", *Journal of the American Oriental Society*, 135.3, 2015, pp. 471-498。此脚注據匿名評審專家修改意見增加，特致謝意。

可顯原型(corpus dei)、作爲完美理想的十五歲(narš kəhrpa panca. dasaŋhō)。第二部分(4—14小節)對九位(組)神祇進行個案研究,阿胡拉·馬兹達(Ahura Mazdā)、阿梅沙·斯彭塔(Aməṣa Spəntas)和亞扎塔(Yazatas)、瓦胡·馬納(Vohu Manah)、密斯拉(Miθra)、阿雷德維·蘇拉·阿娜希塔(Arəduuī Sūrā Anāhitā)、韋雷斯拉格納(Vərəθraγna)、達埃納(Daēnā)、阿什(Aṣi)、阿塔爾(Ātar)。第六節"神祇圖像和崇拜神廟的術語",包括惡神(daiva-)與惡神神廟(daivadāna-)、禮拜場所(āyadana-)、主神(baga-)及以此爲詞根的侍奉主神偶像的神廟(*bagina-)和主神神廟祭司長(*baginapati-)、神顯(uzdēs)與偶像神廟(uzdēszār)、雕像(patikara-)及僅用於惡魔的偶像(but)。第七節"闡釋",作者列表統計了古伊朗瑣羅亞斯德教萬神殿與鄰近宗教,即古希臘、科馬根尼及巴比倫、蘇美爾、閃米特等神祇圖像的混同情況或等同闡釋。如阿胡拉·馬兹達,等同於古希臘的宙斯、科馬根尼的宙斯-奥爾馬兹德斯,以及巴比倫、蘇美爾、閃米特的貝爾(Bēl)或巴力(Ba'al)。

第五章《古代伊朗的人格化神像(圖像志與圖像學詮釋)》(235—424頁)是從圖像角度對古代伊朗神祇的專題研究,按照時代先後的順序展開。第一節爲前阿契美尼德王朝時期,包括阿維斯塔人的早期文明——阿姆河文明(Oxus)或巴克特里亞-馬爾吉亞那文明體(Bactria-Margiana Archaeological Complex),也包括伊朗高原西南部的埃蘭文明。第二節"阿契美尼德王朝",有阿胡拉·馬兹達、月神(Mondgott)、阿雷德維·蘇拉·阿娜希塔。第三節"塞琉古王朝",有韋雷斯拉格納-赫拉克勒斯。第四節"帕提亞王朝",有韋雷斯拉格納-赫拉克勒斯、密斯拉、阿娜希塔、韋雷斯拉格納。第五節"科馬根尼",坐姿神祇有阿胡拉·馬兹達(宙斯-奥爾馬兹德斯)、密斯拉(阿波羅-密斯拉斯-赫利俄斯-赫爾墨斯)、韋雷斯拉格納(阿爾塔戈涅斯-赫拉克勒斯-阿瑞斯)、斯彭塔·阿爾邁蒂(豐饒女神、赫拉);與安條克一世握手的站立神祇有密斯拉斯(密斯拉)、阿爾塔戈涅斯(韋雷斯拉格納)、奥爾馬兹德斯(阿胡拉·馬兹達)、赫拉(斯彭塔·阿爾邁蒂)、赫利俄斯(赫瓦雷·赫沙埃塔)。第六節"貴霜王朝",貴霜萬神殿的伊朗神祇有17位,分別爲阿沙克索(Αραειχϸο,即阿沙·瓦希什塔 Aṣa Vahišta)、阿多克索(Αρδοχϸο,即阿什 Aṣi)、阿斯索(Αθϸo,即阿塔爾 Ātar)、法羅(Φαρρο,即法爾 Farr,赫瓦雷納 x^varənah)、洛阿斯波(Λροοασπο,即德爾瓦斯帕 Druuāspā)、馬諾巴戈（Μαναοβαγο，即瓦胡·馬納 Vohu Manah）、馬奥（Μαο，Μαοο，即馬赫 Māh）、米羅（Μιρο，即密斯拉 Miθra）、莫兹多阿諾（Μοζδοοανο），娜娜（Νανα，即阿雷德維·蘇拉·阿娜希塔）、奥寧多（Οανινδο，即瓦南特 Vanant，阿維斯塔 Uparatāt 神）、奥多（Οαδο，即瓦塔 Vāta）、歐索（Οηϸο，即瓦尤 Vaiiu）、奥爾莫兹多（Οορομοζδο，即阿胡拉·馬兹達）、奥拉格諾（Οραλαγνο，即韋雷斯拉格納）、里什諾（Ριϸτο，即阿什塔德 Aštād）、紹雷羅（ϸαορηορο，即赫沙斯拉·瓦伊里亞 Xšaθra Vairiia）。第七節"薩珊王朝"，有阿胡拉·馬兹達、密斯拉、阿雷德維·蘇拉·阿娜希塔、達埃納、阿杜爾（Ādur）、韋雷斯拉格納、月神馬赫（Māh）。第八節"粟特"，有韋雷斯拉格納、阿什、阿梅沙·斯彭塔。阿梅沙·斯彭塔是瑣羅亞斯德教六大天神的統稱，具體包括瓦赫曼（Wahman，即瓦胡·馬納）、阿爾德瓦希什塔（Ardwahišt，即阿沙·瓦希什塔）、沙赫里瓦爾（Šahrēwar，即赫沙特拉·瓦伊里亞）、斯潘達爾馬德（Spandarmad，即斯彭塔·阿爾邁蒂）、霍爾達德（Hordād，即胡爾瓦塔特 Hauruuatāt）、阿莫爾達德（Amurdād，即阿梅雷塔特 amərətāt）。

《圖像的言説》的優長之處主要體現在內容觀點與體例形式兩大方面。

內容觀點方面具體包括：第一，作者按照兼顧時、空因素的朝代順序排列研究神祇的方法值得借鑒，此方法的最大優點是對不同朝代的萬神殿有更爲準確的把握。據筆者所知，這應是學界在瑣羅亞斯德教神祇圖像研究中首次系統全面地運用這一方法，故彌足珍貴。第二，圖像闡釋的理論建構，該著圖像理論方面的内容將近 100 頁，佔全書正文篇幅近四分之一，爲後文的神祇圖像闡釋奠定基礎、確定標準。學界以往研究更多是依賴文本描述與圖像表現之間的比堪，或者兩處及更多圖像表現之間的相似性比較，且多爲單個神祇研究，故隨意性較大，普適性較差。雖然我們不能否定神祇圖像的時代性與地域性特徵，但全盤系統的圖像理論無疑能爲準確解讀神祇圖像提供方法論基礎。第三，作者對重要神祇進行個案研究的過程中，不但較爲全面梳理圖像的文字文獻與圖像資料，而且辨析該神祇與其他不同宗教神祇的混同，能够使我們對該神祇獲得更爲全面和系統的認識。特別是作者第四章第七節所列神祇混同情況統計表，涉及瑣羅亞斯德教 12 位神祇，是筆者所見數量最多的瑣羅亞斯德教神祇混同情況統計表。第四，研精闡微的單個神祇研究及觀點創新，此類情況較多，兹舉兩例。研精闡微方面如關於阿胡拉·馬兹達,宗教文本部分(167—172頁),作者既區分出父親、祭司、帝王三種角色,又對其陰性表達——阿胡拉尼(ahurānī-)等進行了辨析;圖像表現部分(333—365頁,薩珊王朝),作者首先將其定性爲"帝王形式的阿胡拉·馬兹達",然後再從神主顯現(kē čihr az yazdān)、神主授權於帝王、授權浮雕、凱揚之赫瓦雷納(xwarrah ī kayān)、浮雕上的神主與帝王圖像、錢幣上的神主與帝王圖像等六個方面展開論述。"凱揚之赫瓦雷納"部分,作者將凱揚靈光的象徵表現形式分爲三種情況,即圓環綬帶、冠帽飄帶、球狀頂髻;"錢幣上的神主與帝王圖像"部分,作者區分出兩種情況,即作爲聖火守護者的神主和帝王、作爲祭司的神主與帝王。觀點創新方面如將貴霜的奧寧多神比定爲阿維斯塔中的 Uparatāt 神。

體例形式方面具體包括:第一,體例完備,特別是中國學者往往忽略的附錄部分,作者不但列出多種類型的附錄,而且對於《阿維斯塔》等典籍引用的章節頁碼都有標注,還特別指出"粗體頁碼是指整個或部分引用的段落,圓括號中的數字是指注釋所在的頁碼"。第二,參考文獻數量多,筆者大略統計有1350條左右,作者對現代西方語言特別是德語參考文獻的搜集更爲全面,且能充分使用。第三,章節標題的多層分級,最多時達到6級,初觀稍顯煩瑣,細究則不然,它能夠使讀者在最短的時間定位到該著框架的具體內容。第四,神祇名稱均先使用所屬語境文字形式,隨後列出其他文字形式,方便學者核對原始文獻出處,發現不同文字之間神祇名稱的對應關係。

《圖像的言説》的不足之處主要體現在以下幾個方面。第一,古代中國特別是入華粟特人墓葬的祆教神祇圖像完全闕如,導致該著並非完整的瑣羅亞斯德教神祇圖像研究。第二,中亞包括希臘-巴克特里亞、花拉子模、粟特的瑣羅亞斯德教神祇圖像未給予應有的關注。前二個區域完全闕如,第三個區域粟特則未見娜娜、密特拉、馬赫等學界已給予較多關注的神祇的討論。第三,與前兩方面不足相關的是,對漢文史料及考古發現關注不足,對中國學界的研究成果未予理會,同時對粟特考古發現的俄文資料也鮮見引述。第四,關於不同朝代不同地域同一瑣羅亞斯德教神祇圖像的橫向比較與傳播演變,作者措意較少,有進一步闡發的空間。

總之,法里德内賈德的《圖像的言説》充分展現了德國理論先行與精微細緻的學術傳統,該著與申卡爾《無形靈體與雕刻神像》各有優長,堪稱目前瑣羅亞斯德教神祇圖像研究的"雙璧",二著[6]對讀,讀者定會獲得更爲豐富的學術收穫。兩部著作所留下的諸多可挖掘的學術空間,諸如曹魏至李唐中國特別是入華粟特人墓葬祆教神祇圖像的全面研究、不同地域涉及神祇圖像的考古資料的全面梳理、神祇圖像的絲綢之路傳播與演變等,亟待中國學者快馬加鞭、迎頭趕上,彰顯中國史料的魅力與中國學者的智慧。

附記:感謝謝爾温·法里德内賈德先生應筆者要求惠贈宏著。本文爲國家社科基金青年項目"絲綢之路祆教神祇圖像傳播研究"(16CZS072)階段性成果之一。

---

[6] 筆者所撰申卡爾《無形靈體與雕刻神像》的書評,載羅豐主編《絲綢之路考古》第四輯,科學出版社,2020年,225—230頁。

# *Empire of Style: Silk and Fashion in Tang China*（by BuYun Chen, University of Washington Press, 2019, xiv + 257 pp.）

金蕙涵

*Empire of Style: Silk and Fashion in Tang China* 一書脱稿自陳步雲（BuYun Chen）博士在 2013 年完成於哥倫比亞大學的博士論文 *Dressing for the Times: Fashion in Tang Dynasty China*（*618—907*），作者以服飾爲中心，探討時尚觀念在唐代的形成與面相。全書分爲緒論、五大章節、結論以及簡介絲織品技術與工具的附録，並以考古學的發掘成果、博物館藏品、元和詩以及唐代的輿服制等爲研究資料。

緒論是全書的點睛之處，作者詳述了本書在西方學界的定位以及書中的關鍵概念。本書的重要基礎是在西方學界定義的時尚之外尋找唐代時尚出現的獨特因素和脈絡。西方學界界定的時尚基於歐洲的發展經驗，與資本主義和現代化的萌芽密切相關，但凡不具備這些西方屬性的服飾流行都不被納入時尚的範圍。而中國歷朝歷代的服飾一向被西方學者視爲一成不變的"裝束"（costume），因此從未被當作與"時"而變的時尚來討論。放眼中國史研究，學者透過明代的服飾以及奢侈性消費試圖扭轉這種觀點，但是其研究目的仍是企圖尋找資本主義和現代性在中國的開端。因此，作者認爲本書在中西學界最顯著的貢獻在於提出時尚不總是現代性和資本主義下的産物。

在此前提下，具有强烈現代意義的"時尚"一詞便需要被重新定義，纔能妥帖地在唐代的脈絡下理解作者織繪的時尚帝國。時尚在本書中被定義爲"意義制造"（meaning-making）的過程，這種意義因時因地而變。作者關注的時尚因而不僅僅是衣着裝飾的改變和絲織品工藝的演進，還包括了服飾如何成爲"自我形塑"（self-formation）的舞臺、文學意象的指涉、反映社會價值觀的標尺，以及這些元素之間的交互影響。作者認爲服飾，特別是絲織品，在唐代具有特殊的社會、經濟和政治意義，原因包括了唐帝國的擴張促進了與服飾相關知識的交流；租庸調法使絲織品在唐代成爲主要的稅收單位；絲綢的精緻、舒適和創新促成了追求新奇之物的欲求（desire）等。這些獨特的社會經濟和政治背景使作者將研究重心放在絲織品和服飾所反映的各種意義上。

　　對於時尚的追求與人們對改變和新奇的欲求密切相關。作者認爲唐代時尚的驅動力有二:其一是絲織品產業的蓬勃發展;其二是與第一項因素密切相關的"美感交流"(aesthetic play)。美感交流是作者借用並綜合 Friedrich Schiller 的 *Letters on the Aesthetic Education of Man*(1795)以及 Hans-Georg Gadamer 的 *Truth and Method*(1960)和"The Play of Art"(1973)一文的概念。在作者的定義中,美感交流是唐代人與周遭的視覺、物質環境不斷相互影響的過程。時尚在唐代實踐的方式就是各種形式的美感交流。在美感交流的過程中,服飾的物質性扮演了重要的角色。服飾爲身體點妝新樣,也是一種自我意識的表現。作者以唐代女性着胡服爲例,説明這種自我意識同時反映了着衣者對於周邊物質世界的知識與感受,也可能對其朋友圈產生影響。在觀看與被觀看之間,人們相互的模仿逐漸形成一個時期特定的風格。對作者而言,時尚意義的創造者不祇有服飾的消費者,還包含了與服飾相關的製造者、織工、觀者和史家。因此,時尚不祇是對物質的擁有和展現,還包括了對於織物知識的創造與共享,以及對於服飾和社會倫理的話語權的掌握,這些知識和話語權的形成都是特殊時代背景下的縮影。因此,作者強調唐代時尚的特點是一個身體、服飾和其社會意義三者間持續互動的過程;服飾的外觀和其表現形態與社會的演變密不可分。

　　全書分爲兩大部分、五個章節。第一部分爲"溯源",涵蓋第一章《歷史:服飾與世界帝國》及第二章《話語:時尚與服飾規範》。第二部分爲"外觀",包含第三章《風格:創造"唐代美人"》、第四章《設計:絲綢與時尚邏輯》和第五章《欲求:時尚之人與時尚指標》。

　　第一章主講在唐帝國擴張下豐富的物質文化交流,以及人們如何透過不同媒介的物質形塑、轉換並延續長安日常的記憶。作者認爲,唐帝國的擴張將帝國的經濟和行政結構從中央傳導到地方,促進了人和物的移動。這種交流帶來的新物和新樣刺激了感官對於視覺、物質和嗅覺的欲求。唐代時尚的中心無疑是長安,商旅和住民都扮演了將感官享樂傳遞到周邊地區的角色。而在感官刺激下產生的物質文化如金銀器、詩歌和服飾都反映並延續了特定時期與長安有關的記憶。在這些物質文化中,服飾的特點在於持續性地承載了身體感受、自我意識、他者視角、社會功能等相互交疊的歷史訊息。隨著租庸調法的施行，一方面貫徹了男耕女織的社會倫理；一方面大幅增加了絲麻織品的產量，以滿足帝國在經濟上的需求和貴族們在感官上的享樂。在新疆發現的文物顯示，這種賦稅制度有效地推行到了帝國的邊緣。吐魯番發現了中央運至周邊地區、蓋有官印的絲織品，透過稅收系統也使地方將本地所產的絲織品送交中央。絲織品在唐代作為貨幣、衣物和裝飾，這一特點使得絲織品深入生活、時尚、經濟和對唐朝的認同感等各個領域。作者認為，時尚反映的是政治、經濟和社會的脈動。而唐代絲織品在政治、經濟、社會方面的諸多特點使其成為觀察時尚發展而變化的有力媒介，這一論點在第三至五章有更細緻的闡述。

在第二章中，作者討論了唐代的絲織品以及相關工藝在稅賦貨幣、性別分工、展示自我、區分階層和時尚追求上的多重角色。作為一種主要的經濟貨物，絲織品的製造、交換和消費構成了唐代的政治語境以及時尚體系。唐代與輿服相關的規範延續了自周代以來以服色定階層的傳統，但禁奢令的不斷頒佈顯示這種理想的階層不斷被人們對於美感交流的追求所打破，特別是女性對於新樣的競相模仿。唐代輿服制度對於女性的規範和違反規範的懲罰比男性官員鬆散，作者因此認為服飾對女性而言是一種可負擔的、突破既有階層的方式，更是一種利用裝扮表達自己對當代風尚的認識與接納。帝國企圖透過輿服制建立秩序，但現實中服飾的失序最終也成為文學意象中帝國過於追求享樂而衰敗的象徵。絲織品對於社會和性別秩序的挑戰也與唐代的擴張和賦稅制度相佐。在唐帝國擴張的第一個世紀，戰爭的勝利將域外的工匠和商人納入統治範圍。這些工匠的性別和工藝挑戰了原本男耕女織的社會分工以及以原色布料為主的賦稅制度；商人促進了物流的活絡，却挑戰了農本商末的理想社會價值。唐代的多色花布需要特殊的工藝和訓練，而在外來工匠的衝擊下，熟稔這些技巧的工匠不再是女性。雖然在實際情況中，對多色布料的大量需求打破了家庭、作坊的性別分工。但在文學意象中，辛勤織布的女性織工仍被塑造為貴族女性追求新樣和奢華下的受害者。在這一章中，作者以不小的篇幅分析唐代不同時期的禁奢令。作者認為每位皇帝頒佈的禁奢令多少不同，需要在當時的政治、軍事脈絡下理解。但禁奢的重要目的在於抑制奢華布料的生產，以增加單色織品的產量來滿足財政和軍事上的需求。這在安史之亂後失去河北、河南等絲織品產地，以及廢除租庸調法後更顯重要。安史之亂是絲織品和服飾的政治、經濟和文學意義發生轉變的重要事件,因此作者對於唐代時尚問題的分期主要環繞着安史之亂前後的變化。

作者在第三章中運用大量考古材料以及博物館藏品討論了本書所定義的時尚,以及時尚在唐代的實踐。作者首先提出,當代西方學界將時尚視爲服裝樣式演變的研究,特別是女性的服裝。這樣的研究模式過於着重時尚與物質的關係,而忽略了時尚同時是一種認知物質世界,並將其重新投射的過程。與時尚相關的知識,透過美感交流在服飾的創造者、消費者、畫家和工匠之間共享並且被再創造。作者因此提出了圖像風格(pictorial style)的形成,及其在時尚傳播中的重要性。圖像風格不祇包括了不同時期服飾風格(dress style)的變化,同時也是具有時代特點的視覺呈現,例如:作者認爲8世紀出現的豐美的"唐代美人"(Tang Beauty)形象便是透過審美互動的形塑。作者在本章中透過分析出土絲織品上的熱蠟裝飾如何被製作陶俑的工匠複製在女俑的裙擺、女性的穿着如何反映了她們對於流行的認識以及自我表達,而她們的穿着如何被畫家和工匠吸收轉化成墓室壁畫或傳世作品等例子,説明不同群體間不斷的美感交流形塑圖像風格的過程。這樣的風格具有時代性,因此,形成了一種模板(template),使其易於傳播、模仿和再創新。所以,唐代兩京一帶壁畫墓中的女性形象及構圖能在阿斯塔納和日本被複製並添加本土的風格。作者運用張彥遠的畫記説明這種風格對於唐代人的意義。張彥遠認爲,畫風能使人感受一個時代的過去和變化。據此,作者強調這種特定時代的圖像風格在不同時期具有不同的意義。例如:8世紀的"唐代美人"形象雖然在10世紀仍能見到,但此時帶給時人的時代感可能已經發生了變化,特別是經過了安史之亂以後。這種模板成爲特定時代的定格而藴含了獨特的歷史意義。對於不同時代的觀者而言,他們對於這些模板的解讀反映了當時對於過去的想象和理解,亦是另一層次的意義再造。

第四章探討了絲綢與各種變化之間的關係。作者提出"絲綢"是一種讓人切身感受時代之變、技術之變和時尚之變的媒介。帝國的擴張帶入的新樣和不斷演進的工藝使多色織品、更寬面的織品和新的裝飾紋樣成爲可能。因此,唐代的服飾風格在物質層面經歷了多次的變化;而絲綢帶給身體的舒適感使之成爲時裝的主要原料。作者運用唐詩説明這種物質上的變化和身體的接觸是唐代人感受時代變化的標尺之一。關於時樣、入時等詩文,在在説明了穿着這些絲織品,除了是自我裝扮和意識的延伸外,透過觀看,這些穿着在他人的眼中和創作中成爲别具時代或性别意義的意象。時尚因此不祇是物質文化上的變化,而更是一種經驗、知識和感受的共享甚至再創造。即便本書重視時尚的意義如何産生,作者亦深知意義根源於具體的服飾以及使服飾不斷創新的技術。因此,在本章中作者探討了唐代絲織品産地和織工在安史之亂前後出現的變化及影響、織布機和織法的進步,以及裝飾紋樣的創新等。從這些與科技史密切相關的研究中,作者也提出了幾點引人深思的觀察,例如:在中國的歷史文獻中曾具名記録了少數爲皇帝設計新樣的男性,如侍奉隋庭的粟特官員何稠(540—620)和《歷代名畫記》中的竇師綸(生卒年不詳)。這些男性的創新在歷史垂名,但同樣以百鳥裙聞名的安樂公主或標新立異以男裝示人的女性在史家的筆下却成爲了破壞輿服秩序的僭越者。雖然被塑造成負面的形象,她們和畫家筆下的"唐代美人"一樣逐漸成爲時尚女性化的代表,而這些材料很大程度促成了當代西方研究者將唐代的時尚與女性密切結合的觀點,却忽略文獻中男性在唐代時尚中扮演的角色。同時,與服飾相關的話語權與輿服制度的規範密切相關,民間妄造新樣按規定會受到懲處,因爲新樣和上等的絲織品被認爲是皇室的特權,禁奢令在某些時期的目的在於維繫皇室對於慾望追求的壟斷。然而,這種對新奇感和絲綢的欲求在9世紀變調,對於欲求的憂慮成爲元和詩中重要的衰敗意象。

最後一章是最富性别視角的部分。作者運用元和詩中關於女性和服飾的描述,分析男性詩人如何以女性的服裝及女性織工反映他們眼中的"時",特别是安史之亂後的敗亡之象。如前所述,唐代的織工並不限於女性,但在元和詩人的眼中,男耕女織的秩序和理想在詩文中被還原。女性的織工成爲帝國擴張、徵税、貴族追求奢華裝束的犧牲者。在文學的意象中,她們日夜機杼、年老色衰,早已無法勝任社會期待的妻職和母職。與這些女性織工相對的是追求奢華服飾的貴族女子。她們對新奇的欲求造成了女性織工的不幸,破壞了性别的理想分工,也導致了國家的衰敗。安史之亂以前女性對於胡妝的喜好,在安史之亂後成了詩人告誡世人的亡國之象。强烈的亡國感使9世紀的詩人對世人之於慾望的追求誠惶誠恐。他們對於女性織工在文學上的塑造,某種程度上反映詩人們本身對於被時代拋棄的恐懼和不安。作者在本章不斷強調"意識"(awareness)的重要性。"時"的概念不衹是一時一地的流行,也包括了在一個新的時期,舊的"時"如何被因時因地地重新解讀。安史之亂對於唐代絲織品的製造和對服飾風格的影響無疑是強大的,但作者更關注的是,對於"時"的感受如何透過物質文化在帝國快速墜落時出現了巨變。在這一章當中,作者提出自己對於時尚的研究實是出於對性別研究的關注。在唐代,與時尚相關的史料和女性的身體及裝扮緊緊相依。在文獻中,她們對新奇的追求是帝國失序的象徵;在藝術作品中,她們是展示華服的美物。唐代的時尚雖然和女性息息相關,但和大多數性別研究的困境一樣,這些材料反映的是男性的視角。這些經驗、感受、創造的交織都失去了主體,也就是女性自己的聲音。

西方學界將時尚及其成因視爲放諸四海皆準的信條,本書的重要貢獻在於提出了對將歐洲經驗錯置於其他文明的反思,並尋找唐代文化中創造時尚的獨有特點。然而,中、日學界皆有關於唐代流行服飾及其所反映的社會現象的研究,作者在本書中雖有參考其中重要的著作,但並沒有明確地提出本書在這些既有研究中的定位,以及在研究途徑和觀點上的差異。本文藉此書評提出淺見若干。

作者所引用的資料與中、日學界在探討唐代時尚時所用的材料並無太大的差異,雙方在探討與時尚有關的歷史背景,如唐代帝國的擴張、絲織品產量的增加和外來群體的融合等方面,也沒有明顯的不同。本書的獨特之處在於視角,作者將時尚放在唐代本身的脈絡當中解讀,而目前中、日學界多以今日之觀點論唐代之時尚。時尚是一富有當代意義的詞,如何以時尚一詞研究唐代的服飾本當重新定義時尚的意義。當前學界在討論唐代服飾時多以女性爲對象,而對唐代服飾及相關風格的探討可以歸納出若干特點:以初唐、中唐、晚唐作爲分期,服飾風格各有不一,特別是早期承襲隋風的清瘦,而中期以後走向豐滿和暴露。同時,唐代女性的服飾也是探討女性意識、女性地位高漲以及唐代開放性的主要證據。這些論述在本書中幾乎不曾出現。作者在序言中便指出,唐代暴露的女裝在現代的戲劇中不斷被強調,但是對唐代人而言,低領袒露的服裝並不是一個受到關注的議題。留下文字記錄的史官憂心的是不切合身份、時宜的服裝(如女性着男裝)與社會失序之間的關聯。同時,書中最強調的變化不是以早、中、晚唐論,而是對唐代造成巨大影響的安史之亂。這種觀點和分期反映了作者對於時尚的定義,即時尚是一種意義制造的過程,這個過程需要在相應的時代和空間下理解。除此之外,作者將視點放在時尚意義的創造者,因此,時尚並不祇是女性的專利。與目前學界的研究成果相比,這種研究視角使作者對於不同材料之間的解讀和結合有使人耳目一新之感。如前所述,學界對於唐代服飾的研究同樣重視歷史和經濟的特點,並引用包括壁畫、陶俑、詩詞、出土絲織品等材料探討相關風格的演變,但這些特點往往各自獨立而缺乏有機的結合。唯榮新江的《女扮男裝——唐代前期婦女的性別意識》一文指出了着胡服的風潮可能與粟特商人及其女眷遷入長安有關。這些移民的遷入使唐代女性有機會觀看不一樣的服飾風格,進而模仿。榮的研究強調了人的互動與觀察對於新風格產生的影響,這也正是作者一以貫之並成功結合不同種類的材料和時局變化來完成本書的方式。在這樣的視角下,壁畫、詩文、陶俑不再祇是展現唐代物質文化的個別例證,而是其創作者即畫家、詩人、工匠對於當時女性形象和穿着的印象,並透過不同的藝術手法在作品上的複製或再造。而他們的繆斯是帝國擴張、新樣傳入、租庸調徵收、絲織品產量增加、對於新奇和奢侈的需求以及安史變局。透過作者對時尚的定義,時尚的創造者不再祇有女性,時尚也不再祇限於物質文化本身,而是不同群體對物質文化的參與和創造,以及這些物質文化反映出的人們對時代、知識、經驗的感知和再創造。

　　除優點外,本書評亦須點出本書不足之處。作者研究的起點之一在於西方學界將中國的服飾視爲一成不變、故不符合時尚定義的門類。然而,中、日學界皆指出唐代服飾在不同時期有極大的風格和審美變化。即便這是以今喻古的視角,但這一現象在各種物質文化、遺存中確實可見。這種服飾的風格變化極可能是作者在書中提到的服飾風格。與之相比,作者更強調圖像風格反映的意義和變化。作者若能對於中、日學界早、中、晚期的分類做出回應,並嘗試解讀這些服飾風格的變化,或許能更清楚地說明其立足,但又跳脫於西方學界探討唐代時尚及服飾的立場。

　　*Empire of Style: Silk and Fashion in Tang China* 是西方學界第一本介紹唐代時尚的專書,文字精煉,流暢優美。雖然,這個領域在中、日學界早有成熟的研

究,但作者的研究方法不啻爲一值得借鏡的他山之石,爲日後時尚與物質文化的研究提供了不同的視角和研究途徑。

本文受"中央高校基本科研業務費項目華東師範大學引進人才啓動費項目(Fundamental Research Funds for the Central Universities)"資助(項目編號:2019ECNU-HLYT024)

# 《中国禅宗史:"禅の語録"導読》(小川隆著,東京:筑摩書房[ちくま学芸文庫],2020年,376頁)

張 超

熟悉中國禪學的讀者一定對日本駒澤大學小川隆教授不陌生。小川氏是目前日本最具代表性的中國禪學者,從20世紀80年代起致力於中國禪研究,先後出版了七部相關專著與大量期刊和連載論文,研究覆蓋了從禪宗初創期到元代以前的整個歷史時段[1]。這些成果不僅在日本本土和歐美地區享有盛譽[2],其中兩部著作和部分論文漢譯後,在華語學術圈也備受青睞[3]。除了個人研究,小川氏也十分注重向日本學界引介漢語和英語禪學研究成果,曾譯有胡適(1891—1962)"禪學案"的多篇經典論文[4],近年來還主持團隊翻譯了已故美

---

[1] 以下按時間順序羅列本書之前的著作:1.《神会—敦煌文献と初期の禅宗史》(臨川書店・唐代の禅僧二、2007年);2.《語録のことば——唐代の禅》(禅文化研究所、2007年);3.《臨済録——禅の語録のことばと思想》(岩波書店・書物誕生、2008年);4.《続語録のことば——〈碧巌録〉と宋代の禅》(禅文化研究所、2010年);5.《語録の思想史—中国禅の研究》(岩波書店、2011年);6.《禅思想史講義》(春秋社、2015年);7.《〈禅の語録〉導読》(筑摩書房・禅の語録20、2016年)。

[2] 歐美和日本方面的主要書評有:ジョン・マクレー(John MCRAE)《日本の禅研究と私:小川隆〈神会〉〈語録のことば〉の刊行にちなんで》(《東方》第320號、2007年;《禅文化》第207號、2008年再録)。針對注[1]所引1—3的法語書評論文有DAVIN, Didier, "Compte rendu", *Journal Asiatique* 297, no. 2, 2009, pp.547-558;該論由飯島孝良譯爲日語,刊於《駒澤大学禅研究所年報》第23號,2011年。Albert WELTER著有5的英語書評,刊登在 *International Journal of Asian Studies* 9, no. 2, 2012, pp.257-261。6的書評見苅部直《禅と朱子学、それぞれの思想体系を知るてがかり》(《東京人》2015年11月號)。此外,本書在今年3月出版後,也已獲得一般知識界的關注,見橋爪大三郎《中国禅宗史—〈禅の語録〉導読》(《毎日新聞》2020年6月27日)。

[3] 5和6分別漢譯爲:《語録的思想史——解析中國禪》,葛兆光序,何燕生譯,復旦大學出版社,2015年;《禪思想史講義》彭丹譯,復旦大學出版社,2018年(後者同年由李承妍譯爲韓文,於藝文書館出版)。前者日語版的書評見易丹韵《〈語録的思想史〉評述》(《人文宗教研究》第3輯・2012年卷,宗教文化出版社,2013年)。小川氏的研究也在龔隽、陳繼東《中國禪學研究入門》(復旦大學出版社,2009年,160—161頁、190—191頁)、周裕鍇《禪宗語言研究入門》(復旦大學出版社,2009年,57—58頁、151—154頁)及盛韵《小川隆談日本禪宗》(《東方早報・上海書評》2015.10.25,第352期)等處詳細介紹。

[4] 小川氏特別注意吸收和介紹胡適的禪宗史研究,除了胡適本人的詳細譯注《荷澤大師神會傳》《跋裴休的唐故圭峰定慧師傳法碑》、"Ch'an (Zen) Buddhism in China: Its History and Method"等外,也將楼宇烈《胡適禪宗史研究評議》、葛兆光《仍在胡適的延長綫上:有關中國學界中古禪史研究之反思》等當代中國學者胡適禪研究之研究翻譯成日文。

國一綫學者馬克瑞(John McRae, 1947—2011)的名著 *Seeing through Zen: Encounter, Transformation, and Genealogy in Chinese Chan Buddhism*,並附以詳實的解説[5]。此外,小川氏還接過入矢義高(1910—1998)和柳田聖山(1922—2006)等老一輩日本禪學者創立的禪籍會讀傳統,於20世紀90年代中期,在東京大學"東洋文化研究所"共同創辦讀書班,共同研讀了《祖堂集》等一系列極爲晦澀的基礎禪典籍,出版相關論文和譯注本。該讀書班不僅是日本禪學者固定的交流場所,也是培養新一代禪學接班人的孵化器,每年還吸引衆多來日訪問的海外學者,業已成爲20世紀京都禪文化研究所之後新一代的日本禪學研究基地。

縱觀小川氏近四十年來的禪學寫作,其顯著貢獻可以歸納爲以下三點。首先是確立了"唐代禪"的兩大主流——馬祖禪和石頭禪。所謂"唐代禪"是小川氏界定的一個思想史範疇,其中的"唐代"並非斷代史意義上的整個唐代,而是特指9世紀初德宗、憲宗時代馬祖(709—788)系以後的時期。它介於以敦煌文獻爲文字基礎的"初期禪"和擁有大量傳世典籍的"宋代禪"之間,可信資料非常有限,除了少量碑刻外,集中在五代宋初的禪籍《祖堂集》《宗鏡録》及《景德傳燈録》第28卷(唐末五代禪師語録彙編)中。"唐代禪"作爲禪思想史的一階段,是在二戰後入矢氏開創了語言學、文獻學的禪籍解讀範式之後纔開始被認識的。小川氏將其系統化後,使一直以來在禪宗史籍燈録文學中並立的馬祖和石頭二系,從思想史層面得到了印證[6]。其次,對禪宗特徵之一的"機緣問答"[7]加以歷時觀察,從中區分出兩種性質迥異的類型,即"唐代禪"中有意義的"問答"與"宋代禪"中無意義的"公案"。作爲禪宗標志性的修行和教學手段,這類對話出現於

---

[5] ジョン・R・マクレー著,小川隆解説《虛構ゆえの真實:新中国禅宗史》(大蔵出版,2012年)。小川氏的解説在概述該書内容和介紹日譯本緣起的同時,特別針對第四章有關"機緣問答"的闡述加以辨析和批評。此書的漢譯也將於近期出版,見龔雋、蔣海怒《虛構與真實之間的禪史書寫》,《讀書》2019年第11期。

[6] 詳見《唐代禪宗の思想——石頭系の禅》(《東洋文化》83、2003年)。此後在《語録のことば—唐代の禅》和《語録の思想史》第1章第2節中進一步展開。

[7] "機緣問答"一詞源於柳田《禅宗語録の形成》(《印度学仏教学研究》35、1969)一文,後被美國學界譯爲"encounter dialogue",普遍沿用。見 MCRAE, "The Antecedents of Encounter Dialogue in Chinese Ch'an Buddhism." In Steven Heine and Dale S. Wright, eds., *The Kôan: Texts and Contexts in Zen Buddhism*. New York: Oxford University Press, 2000, pp. 46—47。

馬祖之後,看似不合邏輯,長期難以解讀,而被認爲自產生以來性質不變[8]。然而,在深入考察了"唐代禪"和"宋代禪"禪師對同一對話(如著名的"庭前柏樹子")的使用後,小川氏指出兩者的差別:前者以宗門共同的問題意識爲基礎,對話("問答")具有可被理解的含義,而後者則傾向於將對話("公案")視爲超越含義和邏輯的語言塊;後者的理解一直延續到今天[9]。最後,小川氏在上一結論的基礎上,進一步在宋代"公案"的使用中細化出"文字"禪和"看話"禪兩種方法,並指出二者間的承接關係:前者爲圍繞"公案"展開的種種批評和再詮釋的文字活動,後者徹底拋開"公案"的語意理解,直截了當地參悟它,而將意識逼到極限時即達成質的飛越,獲得大悟。後者往往被看作是前者的反動,但小川氏認爲在作爲"文字禪"頂點的《碧岩錄》一書中,追求開悟的實踐性意識已十分強烈,而看話禪正是這一意識方法化的結晶[10]。

　　以上的三點創見在《中国禪宗史:"禅の語録"導読》(後略譯爲《中國禪宗史》)中都有反映。本書的前身爲禪籍譯注叢刊"禪語録"的最末分册,2016年由東京筑摩書房出版以來持續熱賣,今年三月以便攜的文庫本再版發行,除新增"文庫版後記",內容與初版基本一致。這套"禪語録"叢書由入矢氏和柳田氏携手監修,1969年起刊行,共計二十卷,二十二册。以下列出各卷的漢譯題名、編譯者和出版時間[11]。

　　1.《達摩語録:二入四行論》,柳田聖山,1969年。
　　2.《初期禪史I:楞伽師資記 傳法寶紀》,柳田聖山,1971年。

---

[8] 如馬克瑞圍繞此一主題的系列論文:"Encounter Dialogue and the Transformation of the Spiritual Path in Chinese Ch'an." In Robert E. Buswell Jr. and Robert M. Gimello, eds., *Paths to Liberation: The Marga and Its Transformations in Buddhist Thought*, Honolulu: University of Hawai'i Press, 1992, pp. 339-369; "The Antecedents of Encounter Dialogue in Chinese Ch'an Buddhism", pp. 46-74; "The Riddle of Encounter Dialogue: Who, What, When, and Where?", *Seeing through Zen*, pp. 74-100。

[9] 詳見《庭前の柏樹子——いま禅の語録をどう読むか》(《思想》2004年4月號)一文和《臨濟録——禅の語録のことばと思想》一書。前者作爲"序論"收入《語録的思想史》。

[10] 《趙州の七斤布衫——禅問答の思想史》(《駒澤大学大学院仏教学研究会年報》39、2006年)。有關"文字"禪和"看話"禪的觀點,詳見《続・語録のことば—〈碧岩録〉と宋代の禅》及《語録の思想史》第2章第5節。

[11] 該叢書和小川氏所謂的"語録",爲廣義上禪宗各個時期的經典文本,而非狹義上的禪文體,即從宋代起大量出現的、彙集一位或多位禪師說法的著作集。

3.《初期禪史 II：歷代法寶記》，柳田聖山，1976 年。

4.《六祖壇經》，中川孝，1976 年。

5.《馬祖語録》，入矢義高，1984 年。

6.《頓悟要門》，平野宗浄，1970 年。

7.《龐居士語録》，入矢義高，1973 年。

8.《傳心法要・宛陵録》，入矢義高，1969 年。

9.《禪源諸詮集都序》，鎌田茂雄，1971 年。

10.《臨濟録》，秋月龍珉，1972 年。

11.《趙州録》，秋月龍珉，1972 年。

12.《玄沙廣録》上中下，入矢義高監修，唐代語録研究班編，1987—1999 年。

13.《寒山詩》，入谷仙介、松村昂，1970 年。

14.《輔教編》，荒木見悟，1981 年。

15.《雪竇頌古》，入矢義高、梶谷宗忍、柳田聖山，1981 年。

16.《信心銘・証道歌・十牛圖・坐禪儀》，梶谷宗忍、柳田聖山、辻村公一，1974 年。

17.《大慧書》，荒木見悟，1969 年。

18.《無門關》，平田高士，1969 年。

19.《禪關策進》，藤吉慈海，1970 年。

20.《"禪語録"導讀》，小川隆，2016 年。

每一分册皆在嚴密校勘後確立文本，在唐宋口語史研究的基礎上進行精確的譯讀，並配以含有大量歷史學和文獻學知識的詳細注釋和精彩解説。這樣一來，禪宗典籍實質從日本宗學的"傳統"中解放出來，作爲中國古典文獻的一種得到學術性剖析。直到今天，無論就規模還是水準而言，該叢書始終代表了日本中國禪籍譯注的至高點，也是廣大學者與修行者的必讀物[12]。叢書在一度脱銷之後得

---

[12] 作者在《中國禪宗史》"文庫版後記"中補充了四種在初版刊行後出版的重要禪籍注解成果，皆收在"新国訳大蔵経 中国撰述部"（大蔵出版，2019 年；前兩種在①- 7 册，後兩種在①- 6 册）：1.《六祖壇經》（敦博本），齋藤智寬；2.《臨濟録》（《天聖廣燈録》臨濟章），衣川賢次；3.《法眼録》（五家語録），土屋太祐；4.《無門關》（寬永刊本），柳幹康。

以復刊,其中原定由兩位監修執筆而未能出版的《語錄的歷史(總論)》分冊,由小川氏代爲編寫,目的在於向需要系統閱覽各冊,或以歷史的眼光理解各冊之間關係的讀者提供門徑。

《中國禪宗史》作爲"禪語錄"叢書的閱讀指南和中國禪語錄研究的提綱挈領之作,可以説是作者學術軌迹的縮影。作者坦言深受胡適具有簡潔魅力的唐宋禪宗通史的影響(第308頁),同樣追求通史的書寫。事實上,從作者之前的著述中已經可以看出貫通"初期禪"—"唐代禪"—"宋代禪"—日本近代禪的整體性構思。在上一部專著《禪思想史講義》中,此一構思的思想史部分已經成形[13],本書在此基礎上加入教團史和制度史等元素,進一步走向綜合性的禪宗通史。本書主體由五個章節構成。第一章《所謂"禪"》中,作者首先爲歷史上作爲宗派確立的禪宗正名,推出其三大特徵:(1)燈録中的譜系,(2)問答和語録,(3)清規,分别對應禪宗的歷史叙事、修行方法和僧團組織三個層面。其後,爲了使讀者感受"唐代禪"的基本思考和氛圍,作者没有對"禪"本身直接定義,而是採用解讀具體禪語録這一有效手段。比如,著名的"丹霞燒佛"問答通常被看作禪宗偶像破壞精神的生動表達。作者則認爲否定超越性雖然在"唐代禪"中佔據重要位置,但並非其全部内涵,"丹霞燒佛"的真正用意不在於破壞偶像,而在於從根本上抑制偶像和神聖主體的樹立。爲了表明這一主題爲"唐代禪"的主旋律,作者細讀了"牛頭與四祖作怖勢""南泉與歸宗遇大蟲""南泉與土地神""潙山與仰山受柿供養"等多種問答及相關點評,指出它們共同反對傳統佛教神異觀(即通過修行而獲得聖性和超自然能力),主張將修行落實在日常經驗中,從而實現所謂"神通妙用,運水搬柴"的禪理想。這種"抑制成聖、肯定日常"的精神與偶像破壞互爲表裏,皆爲"唐代禪"的基本命題。

第二章《傳燈的譜系》主要圍繞第一章中三大特徵的第一項展開。爲了使讀者能够理解本叢書各語録的意識形態背景,本章介紹了宗門傳統的傳法譜系,即佛法經由佛祖釋迦摩尼傳遞給摩訶迦葉等印度二十八祖師後,再由菩提達摩傳遞至中國東土六祖,再至南宗南岳/馬祖—青原/石頭二系諸祖,直至最後形成

---

[13] 有關該書的寫作意圖,詳見《寫在講義之後——讀書指南》章,日文版237—244頁,中文版163—168頁。

五家七宗的過程。這一類似俗世族譜的宗教譜系得到禪宗全體成員公認,也爲社會大衆熟知,曾被認爲是禪宗歷史的真實展開,但在 20 世紀現代學術的檢視下,已被還原爲服務於宗教身份和派系鬥争的神話建構。對於爲何要在本書中仍保留缺乏史實的譜系,小川氏表明受到馬克瑞觀點的影響,認爲虚構性正是宗教真實的體現[14]。作者將禪宗譜系比做一種"想象之共同體",成爲其中一員即可與釋迦摩尼佛爲首的無數祖師同質等價,得到自我和團體的認同,從而產生一體感和連帶感。將如此個體一一串連整合起來的禪共同體必然井然有序,兼具向心力和離心力,可以在歷史的軸綫上向前向後無限延伸。因此,譜系正是禪宗超越語言文化,在近世遍及東亞,又在 20 世紀風靡歐美的關鍵因素之一。本章的介紹主要依賴譜系的文字載體——燈録文獻,同時採擇衆多中日禪語録和公案中僧人對傳法譜系的轉述和評論,以展示宗門内吸收譜系的不同策略。此外,本章第四節交代馬祖系師承時,引出三大特徵的最後一項——相傳由馬祖弟子百丈懷海(720—814)創立的禪林清規及後世的宋元清規,強調這一僧團組織是馬祖系"平常心是禪"的外化和實踐。

第三章《問答 公案 看話》回應三大特徵的第二項,將"機緣問答"的構造、用法,以及在唐宋時期的演變清晰地勾勒出來。作者以宋初《景德傳燈録》中唐代禪師德山宣鑑(782—856)的上堂法語"今夜不得問話"爲例,指出"唐代禪"的"問答"看似不可理解,但若將類似文本對比後還原問答的發生背景,便能捕獲其中暗藏的邏輯,比如此則問答所要傳遞的是禪修不應向外求索、禪師無法可授的信息。隨後,作者將目光轉向宋代臨濟宗五祖法演(?—1104)系禪師在用此則問答説法時的一系列關鍵詞("乾曝曝""鐵酸餡""没滋味""鐵橛子"),由此得出"宋代禪"逐步改造問答的微妙過程:如果説五祖法演和其弟子圜悟克勤(1063—1135)的創意在於逐步抛弃公案的語意理解,要求學人將其看作無意義的語言塊而截斷一切思考地進行消化,圜悟克勤的弟子大慧宗杲(1089—1163)則將這一語言碎片化進行到底,提煉出"看話"禪的修行方式推廣普及[15]。

在瀏覽了以上三章後,一般讀者大抵已獲得了中國禪的基本認識,爲將來的

---

[14] ジョン・R・マクレー著,小川隆解説《虚構ゆえの真實:新中國禪宗史》,第一章。
[15] 以上有關"文字"禪到"看話"禪的連續性演變過程也在别處重述,見注 10。

禪語錄閱讀做好了知識和心理上的準備。接下去的兩章顯然面向更爲熱切的中國禪好愛者和專業人士，向他們指出了通往禪學研究的幽徑。第四章《唐宋禪宗史略》是對中國禪發展的歷史性考察，也是對前文所述禪宗三大特徵形成過程的描繪，內容分爲"初期禪""唐代禪""宋代禪"三大塊[16]。本章多處回應第二章《傳燈的譜系》，一一解構禪宗"想象共同體"的各個重要組成，如"慧可斷臂""南頓北漸""百丈清規"等等。這一鏡像閱讀使讀者能夠更直觀地體會傳說與現實的落差，進而思考宗教歷史構建的動力學。在胡適以來東西幾代學人的努力下唐宋禪歷史的主體構架已獲得學界共識，多有介紹，所以這裏不再贅述，祇指出小川氏在該通史寫作上的特點二種。其一，在目前的中國禪史著作中，本章是罕見的以思想史爲主綫的作品。馬祖以後的禪文本（主要是作者所謂的"問答""公案"和它們的闡釋，以及各類僧傳和韻文）常因費解的語言表達而令大多數研究者乘興而來掃興而歸，馬祖後的禪史研究便往往退而求其次，以僧團的社會政治背景分析爲重點。而小川氏能夠充分發揮他在文本解讀上的獨家優勢，將自己多年來的思想史研究成果融彙於本章，真正做到從內部看禪，爲學界期待已久。本章所揭示的唐宋禪思想發展脈絡將是今後禪史書寫不可或缺的組成部分。其二，本章幾乎由一手文獻構成，除宗門內部文本外，還大量引用碑刻、小說、士人文集、正史等資料，各階段的禪史均建立在關鍵文本的分析之上。作者一方面注重將描述同一事件的多種資料進行橫向對比，以顯示歷史敘事形成的複雜過程，另一方面將不同階段的不同文本進行縱向對比，以尋求思想發展的深層伏筆，如指出"初期禪"菩提達摩的"二入四行論"與"唐代禪"馬祖思想的承接關係等。這種比較的眼光，使本章跳出禪史寫作中流水賬或是靜態模塊的窠臼，將禪史發展如推理小說一般動態起伏地呈現出來，帶動讀者融彙各種信息理解這一發展。作者的精湛史筆尤其體現在"初期禪"部分，將此階段盤互交錯、真僞參半的多條支系發展有機整合，使讀者在整體的視角下感受該時期禪宗發展的不確定性。

---

[16] 該章的主軸詳見小川隆《禪宗の生成と發展》，載《興隆・發展する仏教》，冲本克己編集委員，菅野博史編集協力，佼成出版社，2010年（新アジア仏教史07 中国2 隋唐），漢譯版《禪宗的形成與開展》，載《興盛開展的佛教》，釋果鏡譯，法鼓文化，2016年（新亞洲佛教史 中國II 隋唐）。

最後的《二十世紀中國禪研究》章回顧了近代和當代日本的中國禪學術史。它看似與以上針對古代中國禪的各章脫節,一些專注於語録閲讀的讀者可能會對本書收入此章表示不解。而以筆者的管見,這一部分正是此書的中樞和靈魂所在,必不可少。從學術角度看,它一方面向讀者揭示了作爲日本禪學研究一種的上述各章的寫作背景和起點,另一方面,由於歐美禪研究在很大程度上脱胎於日本禪學,對後者的把握也將有助於釐清歐美禪學的内在脈絡。此外,本章也是作者反思自身所處學術傳統、流露人文關懷的場所。本章分爲 20 世紀前半和後半兩個部分。前半部分主要圍繞胡適和鈴木大拙(1870—1966)的禪學研究展開[17]。作者獨辟蹊徑,打破學術史上將二人二元對立的主流視野,反過來强調他們之間的交流與共識。首先,就二人的學術"争議"而言,一般認爲反映了兩種宗教研究法——"理性式的知性主義"和"體驗式的直觀主義"——的對峙和衝撞,作者則認爲二人在論點上毫無對立,對立的是立論以前的立場,即一方是爲了展開物質近代化而急需首先進行精神近代化的中華民國思想家,另一方則是在物質近代化取得表面勝利後走入思想死胡同的日本明治思想家。事實上,在五十年代禪學案以前,二人就已十分理解並尊重對方的立場,因此在論文中衹是各抒己見,無意駁倒對方。其次,作者强調,不同於一般"直觀主義者"的想象,鈴木氏同胡氏一樣爲探究禪思想的古層而於二三十年代挖掘敦煌文獻,並催生出《禪思想史研究》第一、第二等書。這些書有意識地區别並對比"初期禪"和"傳統禪"(後者即發源於宋代大慧"看話"禪、經江户時代禪僧白隱奠基且延續至今的"公案"禪,也即鈴木氏自身實踐並宣揚的體證式禪學),並力求通過敦煌文獻、盤珪和妙好人,創立出統合二者的現代禪思想。

在本章的後半部分,作者高屋建瓴地將 20 世紀 60 年代至世紀末在日本産生的龐大禪學成果歸納爲三種取向:(1)狹義的衹關注"客觀"史實的"禪宗史"研究。(2)對"唐代禪"語録加以中國古典學的解讀和譯注。(3)將"傳統禪"和西方現代思想並舉的"絶對禪"的哲學式研究(第 338 頁)。其中第三和第一類研究的序幕都於 1967 年由一種重大出版物拉開。代表"傳統禪"話語的是"講

---

[17] 基於《語録的思想史》第三章《胡適與大拙》,及《敦煌文獻と盤珪》(《禪文化》237 號,2015 年,19—27 頁)一文。

座禪"叢書(八卷)。該叢書由鈴木氏監修,西谷啓治編集,著者主要爲師家(禪師)、宗門學者(禪宗學問僧)和京都學派哲學家,皆以白隱禪的實參體驗爲基礎,以超越時空限制的、絶對的"禪本身"的存在爲前提,傾向於將"禪"看作20世紀的一種現代思想。另一方面,柳田氏的《初期禪宗史書研究》也在同一年問世,標志着"禪宗史"學派的成立。該著繼承胡適的實證主義手法,但不同於他單純的"破壞傳統",在認識到傳統禪宗歷史叙事(燈録)虚構性的同時,借助敦煌和碑刻史料探討其産生背景和製作過程。它所産生的壓倒性影響,極大地推動了初期禪研究,但也造成了祇追求"客觀"事實,不顧及意識形態的片面思路[18]。至於第二類研究的興起,便要歸於漢語古典語文學家入矢氏。在他的帶領下,連結以上"初期禪"和"傳統禪"的"唐代禪"研究終於成爲可能。此派成立的標志即爲收録本書初版的"禪語録"叢書,以及上述"祖堂集"等多種禪籍會讀班的舉辦。

讀到這裏,本書的寫作旨趣呈現出更深層次的含義,它除了集作者本人研究之大成,更可以看作是入矢派研究的窗口,是它最爲全面的展示。作爲入矢氏主要的繼承者之一,小川氏對於本學派的過去,特别是入矢氏本人的研究洞若觀火。他在本書中將入矢氏散見於各論的研究經歷總結爲三個階段,即首先擺脱日本宗學傳統的訓讀法,以語言學的方法精確解讀由唐宋口語寫成的禪籍;其次受到漢語史研究法的啓發,通過對照多則相似的禪問答歸納語意和語法,從而理解問答的含義;最後在此基礎上加以歷史的眼光,開拓出禪問答的思想史研究法(340—342頁)[19]。正是這一對過去的掌握,使得指引入矢派以至整個日本中國禪學的未來成爲可能。作者在本書最後提出期望:一是在方法上,希望今後能在以語録細讀爲基礎的思想史研究中注入柳田氏"禪宗史"的實證史學法,結合語録以外的史料進行考察。二是在課題上,將五代時期劃爲重點,探究中國禪史上至今缺失的一環,即"唐代禪"在五代經歷了何種概括和轉變而孕育出"宋代

---

[18] 同樣在1967年,太平洋彼岸的美國學者Philip Yampolsky出版了對後世美國禪學界影響深遠的《壇經》英譯本 *The Plateform Sutra of the Sixth Patriarch*(New York:Columbia University Press),由此,柳田派的禪史研究也向美國傳播而去。

[19] 小川氏在《增補・自己と超越—禪・人・ことば》(岩波現代文庫,2012年)的"解説"中描述入矢氏的生平和學問時表達了同樣的觀點。

禪"的問題(346—347頁)。

除了理論上的指導,小川氏在本書的寫作中也全面貫徹入矢派研究法,將語文學文本細讀的純熟技巧淋漓盡致地演示出來。作者的各種研究出版中始終展現出一種難能可貴的以讀者爲中心的寫作態度,即在確保學術性的同時,盡力將遙遠的古代禪世界拉近今時今日的我們,使高高在上的宗教在普通人身上產生共鳴。而教學性地解讀禪語錄即是此態度的表現之一:將謎一樣的中文原文完整地引出後,配上逐字的訓讀和現代日語譯文,使讀者在跟隨作者學習唐宋古文的同時,驚嘆於作者文字理解的準確和文本闡釋的靈動。這樣的現場示範有效地將原本"不可解"的禪還原爲人文學科和理性思維的對象,叫讀者如釋重負,繼而逐漸生出掌握這些文字的勇氣和樂趣。而以文本爲中心的進路也使小川氏的立論有章可循,有別於一般禪思想研究的泛泛而談或概念堆砌。

事實上,本書的第四章《唐宋禪宗史略》正是作者實現自己上述學術期望中第一種的嘗試,爲今後語文學和實證史學相得益彰的禪史研究確立了基調,意義深遠。筆者在本章的學習過程中頻受啓發,也激發出一些禪史寫作的粗淺思考和展望,在此試舉一二,以作爲本文的收尾和今後自我努力的目標。首先,相對於之前的階段,該史略中"宋代禪"比重較輕。從"初期禪""唐代禪""宋代禪"每塊所站篇幅來看,"初期禪"佔了四成弱,"唐代禪"佔了四成強,"宋代禪"約佔二成,這反映出作者本人的研究側重,但也是目前爲止學界研究狀況的如實寫照。小川氏清醒地認識到這一不足,已在《文庫版後記》中誠懇指出。20世紀,由於東西學界的一些斷論和偏見,"宋代禪"被長期排斥在研究視野之外。而進入21世紀,一些學者開始逐漸意識到"宋代禪"的價值,甚至將其譽爲中國禪發展的"巔峰",因爲它豐富的文獻和文化遺產,不僅是後代中國禪和中國佛教的起點,也是今天東亞禪和世界範圍內各類禪佛教的母體。因此,宋代時期的禪史也應如唐五代一樣得到應有的重視。其次,該史略精湛描畫了唐宋時期禪宗本身思想和語言的發展軌迹,也十分注意從政教關係和文人儒家的意識形態角度提供理解宗門發展的必要綫索。然而僧團組織(如寺院文化)和僧團的社會性活動(如與地方社會的互動)等"形而下"的層面相對較少涉及。如果今後能進一步結合日漸成熟的僧傳、清規、寺院經濟和物質文化等方面的研究成果,未來的禪史書寫將更爲立體飽滿,也或許能爲"形而上"的演變找到某些現實的支點。再次,唐宋時期是中國宗教的成熟期,在此期間天台、律、净土等佛教信仰和道教等本土信仰也對社會各階層產生了不可忽視的影響,比如一些研究已明確了天台譜系説對禪譜系建設的直接作用。本史略中少見其他佛教流派或其他信仰傳統的痕跡,這使得讀者難以看清當時大衆宗教生活的全景,而將禪宗的發展孤立起來理解。

最後,關於禪史分期,作者的"初期禪—唐代禪—宋代禪"之分,一方面可能基於禪文獻的時代斷層。長期以來,禪學者們分别利用敦煌文獻、《祖堂集》爲代表的晚唐五代文獻,以及宋代以後的文獻來研究南北朝初祖達摩到8世紀初、8到10世紀、宋代及以後這三個不同時期的禪宗發展。因此作者會很自然地按這種劃分來把握禪史。另一方面,該分期也可能受到古人所説之影響。如日本室町時代禪僧夢窗疎石(1275—1351)在其《夢中問答》中將禪史劃分爲:(1)馬祖百丈以前的"理致"的時代,(2)馬祖百丈以後的"機關"的時代,(3)圜悟大慧以後的"公案"的時代,小川氏在著述中多次引用[20]。作者最近的論文中也載有《朱子語類》中的如下論述:"因語禪家,云:當初入中國,祇有《四十二章經》。後來既久,無可得説,晋宋而下,始相與演義。其後又窮。至達磨以來,始一切掃除。然其初答問,亦祇分明説。到其後又窮,故一向説無頭話,如'乾矢橛''柏樹子'之類,祇是胡鶻突人。"這裏朱熹將中國佛教史亦作三分:(1)直至六朝的經典和教理的時代,(2)達摩以後可理解的問答的時代,(3)此後"公案"的時代[21]。此外,從整體上來看,小川氏的中國禪史觀也受到他這一代日本學者所處的上述禪研究三系統的深刻影響,形成了將實證禪史派對應"初期禪",古典語文學派對應"唐代禪",哲學派對應"宋代禪"的分期脈絡。

相對於日本和美國禪學普遍將中晚唐五代稱作"古典禪""經典禪"或"純禪"時代,"唐代禪"這一命名有意識地規避對這一時期禪宗的理想化,更爲合

---

[20] 《語録の思想史》,36頁注17;中文版25頁注①。《禪思想史講義》,132頁;中文版90頁。《〈禪の語録〉導讀》,158頁;《中國禪宗史》,210頁。

[21] 王星賢點校《朱子語類》卷一二六,中華書局,1986年,3028頁。小川《唐代禪から宋代禪へ——馬祖と大慧》,國際研討會"Song-Dynasty Chan. Interdisciplinary Perspective on an East Asian Buddhist Tradition",巴黎,法蘭西學院—索邦大學,2020年2月27—29日。

理[22]。然而,如同"唐宋變革"模型在中國史領域内激起衆多修正意見,出現了諸如"兩宋變革""宋元明變革"抑或"宋元變革"等新假設,中國禪研究領域内近年也出現了强調五代與北宋連續性的新傾向。如美國學者 Albert Welter 和 Benjamin Brose 在考察了10世紀東南地區禪宗教團史後指出,一般認爲是"宋代禪"獨有的政教關係、僧團組織和書寫傳統,在閩、南唐、吴越國等政權時期就已形成,而在北宋得到繼承發揚[23]。另一方面,筆者在本人有關宋代禪宗的學習和研究中時常感到北宋和南宋也並非鐵板一塊,無論是思想、書寫還是組織、制度,北宋大體上來説是一個過渡期,帶有相當的前代痕迹,多種模式並存的現象顯著;之後扎根東亞諸國且流傳至今的禪宗教范式很有可能是從北宋末、南宋初(12世紀起)確立下來,並在蒙元時得以鞏固。隨着將來對五代禪和宋元禪認識的不斷深化,是否可能打破傳統的禪史劃分模型,以禪宗發展本身爲基點,構設出更細膩的中國禪宗史呢?

---

[22] 另一個類似的例子是馬克瑞,他在 *Seeing through Zen* 中將中國禪史分爲"原始禪"(Proto-Chan)、"初期禪"(Early Chan)、"中期禪"(Middle Chan)、"宋代禪"(Song-Dynasty Chan)四階段,並指明"中期禪"不同於所謂"古典禪"(Classical Chan):前者爲歷史分期,後者爲一種特殊的宗教行爲模式。*Seeing through Zen*, p. 76.

[23] WELTER, Albert. *Monks, Rulers, and Literati. The Political Ascendancy of Chan Buddhism*, New York: Oxford University Press, 2011. BROSE, Benjamin. *Patrons and Patriarchs. Chan Monks and Regional Rulers during the Five Dynasties and Ten Kingdoms*, Honolulu: University of Hawai'i Press, 2015.

# 2020 年唐史研究書目

《2020 敦煌學國際聯絡委員會通訊》,郝春文主編,上海古籍出版社,2020 年 10 月。
《6—10 世紀敦煌地區抄經史》,趙青山著,民族出版社,2019 年 12 月。
*A History of Chinese Buddhist Faith and Life*, by Kai Sheng, Brill, 2020.
*A Library of Clouds: The Scripture of the Immaculate Numen and the Rewriting of Daoist Texts*, by J. E. E. Pettit & Chao-jan Chang, University of Hawaii Press, 2020.
*A Phonological History of Chinese*, by Zhongwei Shen, Cambridge, 2020.
*ACTA ASIATICA: Bulletin of the Institute of Eastern Culture No. 119: Sogdians in Sogdiana, China, and Turfan during the Sixth Century*, edited by 吉田豐, 東方学会, 2020.
*Anthology of Tang and Song Tales: The Tang Song chuanqi ji of Lu Xun*, edited by Victor Mair & Zhenjun Zhang, World Scientific Publishing Co, 2020.
*"At the Shores of the Sky": Asian Studies for Albert Hoffstädt*, edited by Paul W. Kroll and Jonathan A. Silk, Brill, 2020.
《アフロ・ユーラシア大陸の都市と社會》(中央大學人文科學研究所研究叢書 74),妹尾達彥編著,中央大學出版部,2020 年 3 月。
《八里橋畔論唐詩》,薛天緯著,鳳凰出版社,2020 年 6 月。
《白居易研究年報》最終號《特集 歌舞音曲》,(日本)白居易研究会編,勉誠出版,2020 年 9 月。
《白樂天研究:詩語と修辭》,埋田重夫著,汲古書院,2020 年 3 月。
《百濟集史》,馮立君著,社會科學文獻出版社,2019 年 9 月。
《碑林集刊》第 25 輯,西安碑林博物館編,三秦出版社,2020 年 12 月。
《北國石刻與華夷史迹》,楊富學著,光明日報出版社,2020 年 1 月。
《北京大學圖書館藏歷代石刻拓本草目》,孫貫文編著,三晋出版社,2020 年 5 月。
《北庭和高昌研究》,孟凡人著,商務印書館,2020 年 5 月。
《比較文學與比較文化論叢》第 2 輯,石雲濤主編,中國商務印書館,2020 年 7 月。
*Buddhist Healing in Medieval China and Japan*, edited by C. Pierce Salguero and Andrew Macomber, University of Hawaii Press, 2020.
*Buddhist Magic: Divination, Healing, and Enchantment through the Ages*, by Sam van Schaik, Shambhala, 2020.
*Buddhist Stone Sutras in China Shaanxi Province*, Volume 1, edited by Lothar Ledderose and Zhao Rong, Verlag, 2020.
*Chan Before Chan: Meditation, Repentance, and Visionary Experience in Chinese Buddhism*, by Eric M. Greene, University of Hawaii Press, 2021.

《禪宗七祖青原行思研究》,習罡華,中國社會科學出版社,2020年9月。
《長安的春天:唐代科舉與進士生活》,楊波著,百花文藝出版社,2020年6月。
《長安學研究》第5輯,黃留珠、賈二強主編,科學出版社,2020年9月。
《長安學研究文獻彙刊·考古編·金石卷》第13輯,賈二強主編,科學出版社,2020年3月。
《長安學研究文獻彙刊·考古編·金石卷》第14輯,賈二強主編,科學出版社,2020年5月。
《長安學研究文獻彙刊·考古編·金石卷》第15輯,賈二強主編,科學出版社,2020年5月。
《長安學研究文獻彙刊·考古編·金石卷》第16輯,賈二強主編,科學出版社,2020年5月。
《長安與洛陽:五至九世紀兩京佛教藝術研究》,常青著,文物出版社,2020年6月。
《長安與世界對話:唐都長安1400年國際學術研討會論文集》,杜文玉、何志龍主編,社會科學文獻出版社,2020年10月。
《長路:鄧小南學術文化隨筆》,鄧小南著,北京師範大學出版社,2019年10月。
《承繼與變遷:隋唐五代樂舞經濟模式研究》,倪高峰著,蘇州大學出版社,2018年12月。

*Chinese Funerary Biographies: An Anthology of Remembered Lives*, edited by Patricia Buckley Ebrey, Ping Yao and Cong Ellen Zhang, University of Washington Press, 2020.

*Chinese Philosophy of History: From Ancient Confucianism to the End of the Eighteenth Century*, by Dawid Rogacz, Bloomsbury, 2020.

*Chinese Studies in History*, Volume 53, Issue 3 (2020): 敦煌學專號, edited by 陳懷宇、王晴佳, Taylor & Francis, 2020.

《春明卜鄰集》,史睿著,鳳凰出版社,2020年6月。
《出土唐人墓誌歷史地理研究》,馬强著,科學出版社,2020年11月。
《從"天下"國家到民族國家:歷史中國的認知與實踐》,王柯著,上海人民出版社,2020年3月。
《從草原到中原:後唐明宗李嗣源傳》,戴仁柱著,劉廣豐譯,中華書局,2020年6月。
《從長安到敦煌:古代絲綢之路書法圖典》,張永强著,西泠印社出版社,2020年4月。
《從長安到日本:都城空間與文學考古》,郭雪妮著,社會科學文獻出版社,2020年8月。
《從長安到天山:絲綢之路訪唐詩》,薛天緯著,北京大學出版社,2020年10月。
《從疾病到人心:中古醫療社會史再探》,于賡哲著,中華書局,2020年5月。
《從唐太宗到唐德宗:對若干歷史問題的思考》,寧欣著,河南人民出版社,2019年12月。
《從學與追念:榮新江師友雜記》,榮新江著,中華書局,2020年9月。

*Crossroads of Cuisine: The Eurasian Heartland, the Silk Roads and Food*, edited by Paul David Buell, Eugene N. Anderson, Montserrat de Pablo Moya, and Moldir Oskenbay, Brill, 2020.

《大隋興衰四十年》(修訂再版),蒙曼著,浙江教育出版社,2020年11月。
《大唐寶船:黑石號沉船所見9—10世紀的航海、貿易與藝術》,上海博物館編,上海書畫出版社,2020年9月。
《大唐帝國的遺產:胡漢統合及多民族國家的形成》,朴漢濟著,郭利安譯,八旗文化,2020年9月。
《大唐氣象:制度、家庭與社會》,張國剛著,復旦大學出版社,2020年8月。
《大唐氣象:制度、家庭與社會新論》,張國剛著,廣東高等教育出版社,2020年11月。
《大唐盛世的理論建構:〈貞觀政要〉思想原論》,蔡阿聰著,黃山書社,2019年12月。
《道德真經廣聖義校理》,杜光庭述,周作明校理,中華書局,2020年6月。

## 2020 年唐史研究書目

《當代中國敦煌學研究:1949—2019》,郝春文、宋雪春、武紹衛著,中國社會科學出版社,2020 年 11 月。

《地區設計:秦漢隋唐長安地區區域空間秩序營建》,郭璐著,中國建築工業出版社,2019 年 12 月。

*Dictionnaire biographique du haut Moyen Âge chinois Culture, politique et religion de la fin des Han à la veille des Tang (IIIe-VIe siècles)*, edited by Damien Chaussende, François Martin, Belles Lettres, 2020.

《東アジアにおける皇帝權力と國際秩序:金子修一先生古稀記念論文集》,金子修一先生古稀記念論文集編集委員会編,汲古書院,2020 年 3 月。

《東亞古代的諸民族與國家》,川本芳昭著,劉可維譯,社會科學文獻出版社,2020 年 4 月。

《東亞世界與古代中國》,劉永連著,廣西師範大學出版社,2020 年 2 月。

《東洋鏡:中國雕塑史》,大村西崖著,疏蒲劍、姚奕崴、管浩然譯,廣東人民出版社,2020 年 9 月。

《動物與中古政治宗教秩序》(增訂本),陳懷宇著,上海古籍出版社,2020 年 12 月。

《洞幽燭微:"趙郡李氏與唐文化高端論壇"文集》,韋正主編,邢臺市文物管理處、隆堯縣人民政府編,上海古籍出版社,2020 年 9 月。

《讀史雜評》,孟彥弘著,鳳凰出版社,2020 年 6 月。

《讀書何妨爲人忙》,陳懷宇著,浙江古籍出版社,2020 年 9 月。

《杜甫:從詩史到詩聖》,蔡志超著,萬卷樓圖書公司,2020 年 10 月。

《杜甫學術檔案》,閔澤平、魯林華編著,武漢大學出版社,2019 年 11 月。

《杜甫研究文選》,張志烈、潘殊閒主編,四川人民出版社,2020 年 2 月。

《杜甫與唐代文學論稿》(安徽大學文學院文典學術論叢),吳懷東著,鳳凰出版社,2019 年 12 月。

《敦煌出土忿怒五十八尊儀軌》,田中公明著,渡辺出版,2020 年 6 月。

《敦煌道教文獻合集》,王卡主編,社會科學文獻出版社,2020 年 12 月。

《敦煌非經文獻疑難字詞考釋》,趙靜蓮著,中國社會科學出版社,2020 年 6 月。

《敦煌符瑞研究:以符瑞與歸義軍政權嬗變爲中心》,鮑嬌著,甘肅文化出版社,2019 年 10 月。

《敦煌歷史與佛教文化》,王惠民著,甘肅文化出版社,2020 年 5 月。

*Dunhuang Manuscript Culture: End of the First Millennium* (Studies in Manuscript Cultures), by Imre Galambos, De Gruyter, 2020.

《敦煌秘笈:景教經典四種》,武田科學振興財団杏雨書屋編,武田科學振興財団,2020 年 9 月。

《敦煌邈真贊與對應文獻詞彙研究》,姚美玲、王泉著,上海古籍出版社,2020 年 9 月。

《敦煌莫高窟編號的考古文獻研究》,張寶洲著,甘肅文化出版社,2020 年 10 月。

《敦煌莫高窟唐代團花紋樣研究》,張春佳著,中國紡織出版社,2020 年 6 月。

《敦煌莫高窟と千仏図:規則性がつくる宗教空間》,末森薰著,法藏館,2020 年 2 月。

《敦煌莫高窟與 6 至 11 世紀佛寺空間布局研究》,趙娜冬、段智鈞著,中國建築工業出版社,2020 年 4 月。

《敦煌石窟藝術:社會史與風格學的研究》,寧强著,文物出版社,2020 年 6 月。

《敦煌書法史:南北交融篇》,袁燦興著,浙江古籍出版社,2019 年 12 月。

《敦煌書法史:寫經篇》,楚默著,浙江古籍出版社,2019 年 10 月。

《敦煌俗字典》(第二版),黃征著,上海教育出版社,2019 年 12 月。

《敦煌談藝錄》,趙聲良著,文物出版社,2020年7月。
《敦煌吐魯番文書與唐代西北史研究》,李宗俊著,中國社會科學出版社,2020年2月。
《敦煌吐魯番研究》第19卷,郝春文主編,中國敦煌吐魯番學會、首都師範大學歷史學院、香港大學饒宗頤學術館、北京大學東方學研究院合辦,上海古籍出版社,2020年7月。
《敦煌文獻》,楊寶玉著,北京人民出版社,2020年3月。
《敦煌文獻中的女性角色研究》,邵文實著,東南大學出版社,2020年8月。
《敦煌五代時期供養人像服飾圖案及應用研究》,崔岩著,中國紡織出版社,2020年6月。
《敦煌西方變空間結構研究》,王治著,故宮出版社,2019年8月。
《敦煌西域古藏文社會歷史文獻》(增訂本),F. W. 托馬斯編著,劉忠、楊銘譯注,商務印書館,2019年11月。
《敦煌寫本高僧因緣記及相關文獻校注與研究》,鄭阿財著,四川大學出版社,2020年6月。
《敦煌學》第36期《張廣達先生九秩華誕頌壽特刊》,鄭阿財、汪娟主編,南華大學敦煌學研究中心,2020年8月。
《敦煌醫學研究大成:本草卷》,梁永林、楊志軍主編,中國中醫藥出版社,2020年9月。
《敦煌醫學研究大成:人物與專著卷》,袁仁智、王燕主編,中國中醫藥出版社,2020年5月。
《敦煌醫學研究大成:養生與雜論卷》,朱向東、袁仁智主編,中國中醫藥出版社,2020年5月。
《敦煌醫學研究大成:針灸卷》,嚴興科、魏玉婷主編,中國中醫藥出版社,2020年10月。
《敦煌醫學研究大成:總論卷》,李應存、史正剛主編,中國中醫藥出版社,2020年5月。
《敦煌藝術大辭典》,敦煌研究院編,上海辭書出版社,2019年12月。
《敦煌藝術十講》,趙聲良著,文物出版社,2020年1月。
《敦煌藝術中的人與自然》,胡同慶著,文物出版社,2020年7月。
《敦煌針灸文獻研究》,王杏林編著,天津古籍出版社,2020年1月。
《敦煌文書の研究》,土肥義和著,汲古書院,2020年7月。
《多極亞洲中的唐朝》,王貞平著,賈永會譯,上海文化出版社,2020年6月。
*Early Medieval China*, Volume 2020, Issue 26, edited by J. Michael Farmer, Taylor & Francis, 2020.
《佛教:文化交流與融合》(孫昌武文集),孫昌武著,中華書局,2020年7月。
《仏教の東漸と西漸》,荒見泰史主編,勉誠出版,2020年9月。
《佛教文獻研究》第3輯《敦煌遺書與佛教研究專刊》,方廣錩主編,廣西師範大學出版社,2020年11月。
《佛教文獻研究十講》,方廣錩著,復旦大學出版社,2020年3月。
《佛教文學十講》(孫昌武文集),孫昌武著,中華書局,2020年2月。
《佛教中國文學溯論稿》,陳允吉著,上海古籍出版社,2020年5月。
《高昌回鶻時期吐魯番觀音圖像研究》,陳愛峰著,上海古籍出版社,2020年9月。
《高貴與卑微:大唐公主命運圖譜》,郭海文著,陝西師範大學出版總社,2020年4月。
*Going Forth: Visions of Buddhist Vinaya*, edited by William M. Bodiford. University of Hawaii Press, 2019, Paperback.
《古代の漏刻と時刻制度:東アジアと日本》,木下正史著,吉川弘文館,2020年3月。
《古代五岳祭祀演變考論》,牛敬飛著,中華書局,2020年6月。

《關係中的國家(第二卷):地域—血緣關係中的帝制國家》,徐勇著,社會科學文獻出版社,2020年3月。

《規模·品格·角色·範式:唐宋"富民"考論》,薛政超著,中國社會科學出版社,2020年5月。

《國家認同和傳播的關係研究:以隋唐時代的"中國"認同建構爲例》,陳雅麗著,華中科技大學出版社,2020年6月。

《漢唐法制與儒家傳統》(增訂本),黃源盛著,廣西師範大學出版社,2020年9月。

《漢唐時期河西走廊墓葬壁畫全集》,賈小軍著,甘肅文化出版社,2019年9月。

《漢学とは何か:漢唐および清中後期の学術世界》,川原秀城著,勉誠出版,2020年7月。

《漢語俗字叢考》(修訂本),張涌泉著,中華書局,2020年1月。

*Handbook of the History of Religions in China I: From the Beginnings until the Period of the Five Dynasties and Ten Kingdoms*, by Zhongjian Mu and Jian Zhan, ibidem Press, 2020.

《胡漢中國與外來文明》,葛承雍著,生活·讀書·新知三聯書店,2020年6月。

《胡戟文存3 古今人物卷》,胡戟著,三秦出版社,2020年6月。

《胡騎嘯長安:盛唐詩人的安史離亂》,鄭海洋著,山西人民出版社,2020年8月。

《胡如雷先生誕辰九十周年紀念論文集》,谷更有編,中國社會科學出版社,2020年5月。

《胡旋舞研究》,王毓紅、馮少波著,人民出版社,2020年8月。

《華北考古記》,埃瑪紐埃爾·愛德華·沙畹著,袁俊生譯,中國畫報出版社,2020年5月。

《華夏之心:中日文化視域中的洛陽》,黃婕著,社會科學文獻出版社,2020年7月。

《疾之成殤:秦宋之間的疾病名義與歷史叙事中的存在》,陳昊著,上海古籍出版社,2020年3月。

《疆域·權力·人群:隋唐史諸題專論》,李鴻賓著,人民出版社,2020年3月。

《匠人營國:中國歷史上的古都》,張曉虹著,江蘇人民出版社,2020年9月。

《交流與融合:隋唐河西文化與絲路文明學術研討會論文集》,中國社會科學院敦煌學研究中心、武威市涼州文化研究院編,中西書局,2020年10月。

《交流與互鑒:佛教與中印文化關係論集》,王邦維著,復旦大學出版社,2020年8月。

《借石他山:〈古典文獻研究〉三十年譯文精粹集》,趙益、程章燦編,商務印書館,2019年10月。

《巾幗入戎事:晉唐之間的戰爭與性別》,施厚羽著,稻鄉出版社,2020年11月。

《晋陽古城:三號建築基址》,山西省考古研究院等編,科學出版社,2020年6月。

《〈究竟一乘宝性論〉と東アジア仏教:五—七世紀の如来蔵·真如·種姓説の研究》,李子捷著,国書刊行会,2020年2月。

《九畹芳菲:鞏本棟教授榮休紀念文集》,葛雲波主編,中華書局,2020年9月。

《舊文與新作:唐蕃文史論集》,袁書會著,光明日報出版社,2019年9月。

《考古所見古代新疆地區的東西方文明交流》,李肖編,中國社會科學出版社,2020年6月。

《考古學研究(十一):絲綢之路考古研究專號》,北京大學考古文博學院、北京大學中國考古學研究中心編,科學出版社,2020年9月。

*Keywords in Chinese Culture*, edited by Wai-yee Li and Yuri Pines, The Chinese University Press, 2019.

《跬步集:中古民族與史學研析》,朱振宏著,臺灣商務印書館,2020年4月。

《老營房手記》,孟憲實著,鳳凰出版社,2020年6月。

《樂居長安:唐都長安人的生活展》,余紅健主編,西安博物院編,文物出版社,2020年5月。

《李白研究文選》,詹福瑞、王紅霞主編,四川人民出版社,2020年2月。
《歷史城市地理與社會地理研究》,吴宏岐著,中國社會科學出版社,2020年5月。
《歷史的編纂與叙事》,趙梅春著,科學出版社,2020年3月。
《歷史時期武陵山區藥材産地分佈變遷研究(618—1840)》,胡安徽著,廈門大學出版社,2020年9月。
《兩京新記輯校・大業雜記輯校》,韋述、杜寳撰,辛德勇輯校,中華書局,2020年1月。
《兩京與兩京之間歷史地理研究》,李久昌著,三秦出版社,2020年3月。
《六朝隋唐文史哲論集Ⅰ 人・家・学術》,吉川忠夫著,法藏館,2020年11月。
《六朝隋唐文史哲論集Ⅱ 宗教の諸相》,吉川忠夫著,法藏館,2020年11月。
《六朝唐代文學論叢》(安徽大學文學院文典學術論叢),陳道貴著,鳳凰出版社,2019年12月。
*Lives of Sogdians in Medieval China*, by Huber, Moritz, Harrassowitz Verlag, 2020.
《龍門石窟供養人:中古中國佛教造像中的信仰、政治與資助》,倪雅梅著,陳朝陽譯,中華書局,2020年11月。
《龍沙論道集》,劉屹著,鳳凰出版社,2020年6月。
《隴蜀古道歷史地理研究》,蘇海洋、王宏謀編著,科學出版社,2019年12月。
*Longmen's Stone Buddhas and Cultural Heritage: When Antiquity Met Modernity in China*, by Dong Wang, Rowman & Littlefield, 2020.
《陸海絲路與文化交流》,劉永連著,中國社會科學出版社,2019年10月。
《陸贄評傳》(增訂本),王素著,江蘇人民出版社,2020年9月。
《洛陽新獲墓誌百品》,齊運通主編,國家圖書館出版社,2020年10月。
《旅順博物館藏新疆出土漢文文書研究》,孟憲實、王振芬主編,中華書局,2020年5月。
《旅順博物館藏新疆出土漢文文獻》(全三十五册),王振芬、孟憲實、榮新江主編,中華書局,2020年10月。
《旅順博物館藏新疆出土漢文文獻・總目索引》,王振芬、孟憲實、榮新江主編,中華書局,2020年10月。
《馬丁堂讀書散記》,姚崇新著,鳳凰出版社,2020年6月。
《没有歷史的人:中晚唐的河北人抗争史》(增訂版),盧建榮著,暖暖書屋,2020年5月。
《シリーズ 中國の歷史1 中華の成立:唐代まで》,渡辺信一郎著,岩波書店,2019年11月。
《シルクロード世界史》,森安孝夫著,講談社,2020年9月。
《名門望族與中古社會:以太原王氏爲中心》,王洪軍著,中華書局,2020年6月。
*Minora fragmenta veterorvm vigvrorvm*, by Peter Zieme, Brepols, 2020.
《摩石録》,李浩著,聯經出版公司,2020年11月。
《莫礪鋒講杜甫詩》,莫礪鋒著,廣西師範大學出版社,2019年5月。
《南海寄歸内法傳校箋》,義净撰,譚代龍校箋,南京師範大學出版社,2020年9月。
《南唐後主李煜之研究》,蔡輝振、楊秋珊著,天空數位圖書出版,2020年4月。
*New Research on Central Asian, Buddhist and Far Eastern Art and Archaeology*, edited by J. A. Lerner, A. L. Juliano, Brepols, 2019.
《牛僧孺及其時代》,周浩著,上海古籍出版社,2020年4月。

## 2020 年唐史研究書目

《牛致功隋唐史論集》,牛致功著,社會科學文獻出版社,2020 年 11 月。
《女人的中國醫療史:漢唐之間的健康照顧與性別》(修訂二版),李貞德著,三民書局,2020 年 5 月。
*Paradigm Shifts During the Global Middle Ages and Renaissance*, edited by A. Classen, Brepols, 2019.
*Poetics and Prosody in Early Mediaeval China: A Study and Translation of Kūkai's 'Bunkyō Hifuron'*, by Richard W. Bodman, Quirin Press, 2020.
《七世紀中葉唐與新羅關係研究》(修訂版),拜根興著,社會科學文獻出版社,2020 年 6 月。
《遣唐使》,東野治之著,王媛譯,新星出版社,2020 年 11 月。
《秦晉豫新出土墓誌蒐佚三編》,張永華、趙文成、趙君平編著,國家圖書館出版社,2020 年 6 月。
《龜茲石窟題記》,趙莉、榮新江主編,中西書局,2020 年 11 月。
《丘鳴皋文集》,丘鳴皋著,鳳凰出版社,2020 年 6 月。
*Reading Du Fu: Nine Views*, edited by Xiaofei Tian, Hong Kong University Press, 2020.
《人民詩人杜甫》,蕭滌非著,蕭光乾、蕭海川編,文津出版社,2020 年 7 月。
*Re Orienting Histories of Medicine: Encounters along the Silk Roads*, by Ronit Yoeli-Tlalim, Bloomsbury Academic, 2021.
《日本古代律令制と中国文明》,大津透主編,山川出版社,2020 年 11 月。
《日月當空——武則天與武周社會》,王雙懷著,陝西人民出版社,2019 年 12 月。
《如何認識唐宋城市社會變革》,陳濤、寧欣著,河南人民出版社,2019 年 12 月。
《儒家北學發展史》,唐元著,人民出版社,2019 年 12 月。
*Sacred Landscapes of Imperial China: Astronomy, Feng Shui, and the Mandate of Heaven*, by Giulio Magli, Springer, 2020.
《三國志研究史》,楊小平著,四川大學出版社,2020 年 6 月。
《三升齋隨筆》,榮新江著,鳳凰出版社,2020 年 6 月。
《僧侶と海商たちの東シナ海》,榎本渉著,講談社,2020 年 10 月。
《神異感通・化利有情:敦煌高僧傳讚文獻研究》,楊明璋著,政大出版社,2020 年 9 月。
《盛唐格局:唐太宗的國家治理》,韓昇著,中國方正出版社,2020 年 6 月。
《盛唐氣象:漫議唐代文化》,李岩著,中華書局,2020 年 3 月。
《石上人生:傳記文學視域下的唐代墓誌銘研究》,孟國棟著,浙江古籍出版社,2020 年 12 月。
《水流花開:經典形塑與文本闡釋國際學術研討會論文集》,陳尚君主編,中西書局,2020 年 1 月。
《說不盡的盛唐:隋唐史二十講》,吳宗國著,北京大學出版社,2020 年 3 月。
《絲綢之路:十二種唐朝人生》,魏泓著,王姝婧、莫嘉靖譯,四川人民出版社,2020 年 4 月。
《絲綢之路考古》第 4 輯,羅豐主編,科學出版社,2020 年 10 月。
《絲綢之路歷史文化論稿》,賀昌群著,張總編,浙江大學出版社,2020 年 5 月。
《絲綢之路上的中西音樂交流》,漢克傑著,張欣譯,大象出版社,2019 年 12 月。
《絲綢之路沿綫新發現的漢唐時期法律文書研究》,鄭顯文主編,中國法制出版社,2020 年 8 月。
《絲綢之路與唐帝國》,森安孝夫著,石曉軍譯,北京日報出版社,2020 年 3 月。
《絲綢之路與文明交往》(修訂本),李永平等著,陝西師範大學出版社總,2020 年 2 月。
《絲路回音:第三屆曲江壁畫論壇論文集》,周天游主編,文物出版社,2020 年 1 月。
《絲路上的華夏飲食文明對外傳播》,杜莉、劉彤、王勝鵬、張茜、劉軍麗著,人民出版社,2020 年

5月。

《絲路文明》第5輯,劉進寶主編,上海古籍出版社,2020年11月。

《絲路五道全史》,楊富學主編,山西教育出版社,2019年12月。

《絲路之光:2020敦煌服飾文化論文集》,劉元風主編,中國紡織出版社,2020年10月。

Silk Roads: From Local Realities to Global Narratives, edited by Jeffrey D. Lerner & Yaohua Shi, Oxbow Books, 2020.

《宋代筆記視域下的唐五代社會》,張劍光著,大象出版社,2020年6月。

Spreading Buddha's Word in East Asia: The Formation and Transformation of the Chinese Buddhist Canon, edited by Jiang Wu and Lucille Chia, Columbia University Press, 2020.

Structures of the Earth: Metageographies of Early Medieval China, by D. Jonathan Felt, Harvard University Asia Center, 2021.

《宿白集:唐宋時期的雕版印刷》,宿白著,生活・讀書・新知三聯書店,2020年1月。

《宿白集:魏晉南北朝唐宋考古文稿輯叢》,宿白著,生活・讀書・新知三聯書店,2020年6月。

《隋書地理志匯釋》,華林甫、賴青壽、薛亞玲編著,安徽教育出版社,2019年4月。

《隋唐北疆史地新探》,艾衝著,陝西師範大學出版總社,2020年6月。

《隋唐長安城圜丘》,韓建華著,西安出版社,2020年4月。

《隋唐佛教文化史論》,介永強著,社會科學文獻出版社,2020年1月。

《隋唐國家管理思想》,龔賢著,經濟管理出版社,2020年7月。

《隋唐遼宋金元史論叢》第10輯,中國社會科學院古代史研究所隋唐五代十國史研究室、宋遼西夏金史研究室、元史研究室編,雷聞、康鵬、張國旺主編,上海古籍出版社,2020年7月。

《隋唐洛陽と東アジア》,氣賀澤保規編,法藏館,2020年12月。

《隋唐墓志婉辭研究》,安靜著,中國社會科學出版社,2020年5月。

《隋唐世界帝國》,外山軍治著,盧超平譯,四川人民出版社,2020年9月。

《隋唐世界帝國的形成》,谷川道雄著,馬雲超譯,九州出版社,2020年7月。

《隋唐五代貨幣通覽》,蔡啓祥著,蘭臺出版社,2019年1月。

《隋唐之際山東士族的文化傳承與變遷》,路學軍著,中國社會科學出版社,2020年5月。

《隋煬帝》,宮崎市定著,李弘喆譯,浙江大學出版社,2020年11月。

《覃於風教:唐王朝的政治秩序》,王義康著,社會科學文獻出版社,2020年3月。

《唐蕃古道:重走文成公主西行路》,張安福著,廣東人民出版社,2020年1月。

《唐代的天文曆法》,趙貞著,河南人民出版社,2019年12月。

《唐代法律案例研究(碑志文書卷)》,么振華著,上海古籍出版社,2020年3月。

《唐代法相唯識宗興衰史研究》,楊劍霄著,宗教文化出版社,2020年1月。

《唐代犯罪學學說叢論》,劉志松、段知壯著,中國政法大學出版社,2020年6月。

《唐代佛典文獻〈續高僧傳〉字詞研究》,王顯勇著,廣陵書社,2019年12月。

《唐代佛教官寺制度研究》,聶順新著,中國社會科學出版社,2020年9月。

《唐代公文詞語專題研究》,張福通著,中國社會科學出版社,2019年12月。

《唐代關防:以關中四面關爲中心》,蔡坤倫著,秀威資訊科技,2020年4月。

《唐代胡樂入華及審美問題研究》,羅希著,中國社會科學出版社,2020年8月。

《唐代皇帝祭天故事》,王效鋒著,西安出版社,2020年4月。
《唐代繪畫史》,佘城著,榮寶齋出版社,2019年12月。
《唐代教坊考論》,張丹陽著,中國社會科學出版社,2020年9月。
《唐代金銀器角隅紋樣研究》,陳妍言著,中國民族文化出版社,2020年9月。
《唐代科舉與文學》,傅璇琮著,中華書局,2020年5月。
《唐代美學史》(修訂本),吳功正著,陝西師範大學出版總社,2020年8月。
《唐代莫高窟壁畫音樂圖像研究》,鄭炳林主編,朱曉峰著,甘肅教育出版社,2020年9月。
《唐代墓葬胡人形象研究》,楊瑾著,人民出版社,2020年4月。
《唐代奇相李泌》,寧欣著,河南人民出版社,2019年12月。
《唐代前期北衙禁軍研究》,林美希著,汲古書院,2020年12月。
《唐代山水詩的自然觀》,丁紅麗著,知識產權出版社,2020年9月。
《唐代史研究》第23號,日本唐代史研究會編,日本唐代史研究會,2020年8月。
《唐代書手研究》,周侃著,社會科學文獻出版社,2020年12月。
《唐代司法政務運行機制及演變研究》,張雨著,上海古籍出版社,2020年9月。
《唐代送別詩研究》,許智銀著,上海古籍出版社,2020年5月。
《唐代廳壁記彙編》,黄俊杰、鍾小紅纂輯,鳳凰出版社,2020年7月。
《唐代文學研究》第19輯,李浩主編,社會科學文獻出版社,2020年9月。
《唐代文學與佛教》(孫昌武文集),孫昌武著,中華書局,2020年7月。
《唐代贈官問題研究》,張琛著,河南人民出版社,2020年6月。
《唐代職官管理簡論》,張東光著,中央編譯出版社,2020年3月。
《唐代中央政權決策研究》(增訂本),謝元魯著,北京師範大學出版社,2020年9月。
《唐律立法語言、立法技術及法典體例研究》,劉曉林著,商務印書館,2020年4月。
《唐律清麗集》,(清)徐曰璉,(清)沈士駿輯,文物出版社,2020年1月。
《唐末五代隴蜀浮世叙:王仁裕詩文解構》,蒲向明著,中國書籍出版社,2020年4月。
《唐人如何吟詩:帶你走進漢語音韻學》,大島正二著,柳悦譯,江蘇人民出版社,2020年4月。
《唐人時代:一部富有烟火氣息的唐代生活史》,師永濤著,中央編譯出版社,2019年12月。
《唐尚書省右司郎官考》,張忱石著,中華書局,2020年6月。
《唐詩的多維世界》,歐麗娟著,北京大學出版社,2020年3月。
《唐詩鏡像中的絲綢之路》,石雲濤著,中國社會科學出版社,2020年6月。
《唐史論叢》第30輯,杜文玉主編,三秦出版社,2020年3月。
《唐史論叢》第31輯,杜文玉主編,三秦出版社,2020年9月。
《唐宋變革研究通訊》第11輯,唐宋變革研究会編,唐宋變革研究会,2020年3月。
《唐宋帝國與運河》,全漢昇著,重慶出版社,2020年10月。
《唐宋吃喝玩樂文化史:園林游憩、飯館餞别與牡丹花會》,盧建榮著,暖暖書屋,2020年8月。
《唐宋官私目錄研究》,馬楠著,中西書局,2020年11月。
《唐宋館驛與文學》,李德輝著,中西書局,2019年12月。
《唐宋歷史評論》第7輯,包偉民、劉後濱主編,社會科學文獻出版社,2020年6月。
《唐宋民間信仰》,賈二强著,科學出版社,2020年2月。

《唐宋詩歌與佛教文藝論集》,朱剛著,復旦大學出版社,2020 年 6 月。
《唐宋時期落第士人群體研究》,黃雲鶴著,中華書局,2020 年 6 月。
《唐宋時期職官管理制度研究》,杜文玉著,科學出版社,2020 年 11 月。
《唐宋書法史拾遺》,陳志平著,中華書局,2020 年 5 月。
《唐宋行記研究》,田峰著,中國社會科學出版社,2020 年 3 月。
《唐宋之繪畫》,金原省吾著,傅抱石譯,中信出版社,2019 年 12 月。
《唐宋之際禮學思想的轉型》,馮茜著,生活・讀書・新知三聯書店,2020 年 9 月。
《唐王朝の身份制支配と「百姓」》,山根清志著,汲古書院,2020 年 6 月。
《唐五代宋初冥界觀念及其信仰研究》,錢光勝著,甘肅文化出版社,2019 年 9 月。
《唐五代寫本韵書中的〈切韵〉原貌研究》,萬迪軍著,武漢大學出版社,2019 年 12 月。
《唐西北方音叢考》,張金泉著,浙江大學出版社,2020 年 11 月。
《唐研究》第 25 卷,葉煒主編,北京大學出版社,2020 年 5 月。
《唐樂琵琶古譜考辨與校譯》,莊永平著,上海三聯書店,2020 年 6 月。
《唐中期浄土教における善導流の諸相:「念仏三昧宝王論」と「念仏鏡」を中心に》,加藤弘孝著,法藏館,2020 年 3 月。

*The Buddha's Footprint: An Environmental History of Asia*, by Johan Elverskog, University of Pennsylvania Press, 2020.

*The Chinese Dreamscape, 300 BCE-800 CE*, by Robert Company, Harvard University Asia Center, 2020.

*The Chinese Lyric Sequence: Poems, Paintings, Anthologies*, by Joseph R. Allen, Cambria Press, 2020.

*The Church of the East in Central Asia and China*, by S. N. C. Lieu and G. Thompson, Brepols, 2020.

*The City of Ye in the Chinese Literary Landscape*, by Joanne Tsao, Brill, 2020.

*The Compensations of Plunder: How China Lost Its Treasures*, by Justin M. Jacobs, The University of Chicago Press, 2020.

*The Essentials of Governance*, by Wu Jing, eds and translated by Hilde De Weerdt, Glen Dudbridge, Gabe van Beijeren, Cambridge University Press, 2021.

*The Eternal Feast: Banqueting in Chinese Art from the 10th to the 14th Century*, by Zoe S. Kwok, Yale University Press, 2020.

*The History of Sino-Japanese Cultural Exchange*, by Jun Teng, Routledge, 2020.

*The Jiankang Empire in Chinese and World History*, by Andrew Chittick, Oxford University Press, 2020.

*The Oxford World History of Empire Two-Volume Set*, edited by Peter Fibiger Bang, C. A. Bayly, and Walter Scheidel, Oxford University Press, 2020.

*The Secrets of Buddhist Meditation: Visionary Meditation Texts from Early Medieval China*, by Eric M. Greene, University of Hawaii Press, 2021.

*The Transnational Cult of Mount Wutai: Historical and Comparative Perspectives*, edited by Susan Andrews, Jinhua Chen, and Guang Kuan, Brill, 2020.

*The Year 1000: When Explorers Connected the World—and Globalization Began*, by Valerie Hansen, Scribner, 2020.

*The Zhenzheng lun by Xuanyi: A Buddhist Apologetic Scripture of Tang China*, by Thomas Jülch, Routledge, 2020.

《天地之間:天文分野的歷史學研究》,邱靖嘉著,中華書局,2020年12月。

《頭飾背後的政治史:從"武家諸王樣"到"五代僭越樣"》,吕博著,四川人民出版社,2019年12月。

《圖像與樣式——漢唐佛教美術研究》,羅世平著,文物出版社,2019年11月。

《吐蕃時期藏族教育研究》,張乞著,民族出版社,2020年1月。

《吐魯番出土官府帳簿文書研究》,黄樓著,社會科學文獻出版社,2020年3月。

《吐魯番出土墓誌彙考》,張銘心編著,廣西師範大學出版社,2020年11月。

《吐魯番俗字典》,趙紅著,上海古籍出版社,2019年12月。

《吐谷渾史研究》,李文學著,科學出版社,2020年3月。

*Visualizing Dunhuang: Seeing, Studying, and Conserving the Caves*, edited by Dora C. Y. Ching, Princeton University, 2021.

*Visualizing Dunhuang: The Lo Archive Photographs of the Mogao and Yulin Caves*, edited by Dora C. Y. Ching, Princeton University, 2021.

《汪籛百年誕辰紀念文集》,胡戟、杜海斌主編,葉煒、曹印雙副主編,社會科學文獻出版社,2020年4月。

《王世平學術論集》,王世平著,三秦出版社,2019年12月。

《爲士之道:中唐士人的自省風氣》(增訂本),王德權著,中西書局,2020年9月。

《魏晋南北朝隋唐史資料》第41輯,武漢大學中國三至九世紀研究所編,上海古籍出版社,2020年5月。

《吴越國與吴越錢氏研究》,胡耀飛著,社會科學文獻出版社,2020年2月。

《武則天研究文選》,譚繼和、祁和暉主編,四川人民出版社,2020年2月。

《武則天傳》,王振芳著,北岳文藝出版社,2020年3月。

《西安學與中國古都學論集》,李令福著,中國社會科學出版社,2020年11月。

《西北民族論叢》第20輯,周偉洲主編,社會科學文獻出版社,2020年3月。

《西北民族論叢》第21輯,周偉洲主編,社會科學文獻出版社,2020年11月。

《西暨流沙:隋唐突厥、西域歷史研究》,吴玉貴著,上海古籍出版社,2020年5月。

《西域歷史研究(八至十世紀)》,華濤著,商務印書館,2020年8月。

《西域文化與敦煌藝術》(修訂版),何山著,廣西師範大學出版社,2020年3月。

《西域文史》第14輯,朱玉麒主編,科學出版社,2020年6月。

《新見魏晋至元買地券整理與研究》,李明曉著,人民出版社,2020年5月。

《新中國歷史學研究70年》,卜憲群主編,中國社會科學出版社,2020年7月。

《新資料與中古文史論稿》(修訂本),劉安志著,上海古籍出版社,2020年9月。

《玄奘與絲綢之路:東西文化交流的傳奇之旅》,前田耕作著,凌文樺譯,北京燕山出版社,2020年12月。

《玄奘之路:玄奘看見的世界》,張安福、黛琳著,廣東人民出版社,2020年4月。

《選官與文化:唐朝官吏的選拔與管理》,寧欣著,河南人民出版社,2019年12月。

《薛仁貵》,黄約瑟著,河北教育出版社,2020年7月。

《顔真卿及唐代書風》,譚振飛主編,王客、龍友副主編,中信出版集團,2020年1月。

《顔真卿書法評價研究》,杜浩著,中華書局,2020年5月。

《意外的臨界點:皇權傳承與僖宗朝前期(873—880)的政治角力》,潘子正著,五南出版,2019年9月。

《英藏敦煌社會歷史文獻釋録》第16卷,郝春文等編著,社會科學文獻出版社,2020年7月。

《元稹和中唐士人心態》,田恩銘著,中國社會科學出版社,2020年7月。

《遠略雄心:西域兩千年》,張安福著,上海人民出版社,2020年5月。

《雲麓居漫筆》,朱玉麒著,鳳凰出版社,2020年6月。

*Yungang: Art, History, Archaeology, Liturgy*, by Joy Lidu Yi, Routledge, 2020.

《貞石可憑:新出隋代墓志銘疏證》,周曉薇、王其褘著,科學出版社,2019年12月。

《織網與鑿井:中西交通史研究論稿》,劉全波著,科學出版社,2019年10月。

《知我者:中唐時期的友誼與文學》,田安著,卞東波、劉杰、鄭瀟瀟譯,中西書局,2020年9月。

《治術:周秦漢唐的經世之道》,張國剛著,中華書局,2020年8月。

《秩序之間:唐宋法典與制度研究》,戴建國著,上海人民出版社,2020年8月。

*Zhipan's Account of the History of Buddhism in China, Volume 2: Fozu tongji, juan 39-42: From the Sui Dynasty to the Wudai Era*, by Thomas Jülch, Brill, 2021.

《中古喪葬禮俗中佛教因素演進的考古學研究》,吴桂兵著,科學出版社,2019年12月。

《中古士人流遷與南北文化傳播》,王永平著,江蘇人民出版社,2019年12月。

《中古文史存稿》,焦傑著,科學出版社,2019年12月。

《中古文獻異文的語言學考察:以文字、詞語爲中心》,真大成著,上海教育出版社,2020年8月。

《中古文學中的詩與史》,張月、陳引馳編,復旦大學出版社,2020年3月。

《中古姓氏佚書輯校》,李德輝輯校,鳳凰出版社,2020年7月。

《中古中國的文學與文化史》,柯睿著,童嶺、楊杜菲、梁爽譯,中西書局,2020年9月。

《中古中國的知識與社會——南開中古社會史工作坊系列文集(二)》,夏炎主編,中西書局,2020年12月。

《中國道官制度史》,劉康樂著,中州古籍出版社,2020年7月。

《中國道教通史(第二卷)》,卿希泰、詹石窗主編,人民出版社,2020年5月。

《中國古代的法典、制度和禮法社會》,鄭顯文著,中國法制出版社,2020年3月。

《中國古代的類書》,胡道静著,上海人民出版社,2020年5月。

《中國古代法律文獻研究》第13輯,中國政法大學法律古籍整理研究所編,社會科學文獻出版社,2020年1月。

《中國古代軍政研究》,陳峰主編,社會科學文獻出版社,2020年10月。

《中國古代立法模式演進史:兩漢至宋》,張春海著,南京大學出版社,2020年6月。

《中國古代舍利地宮研究》,高繼習著,科學出版社,2020年7月。

《中國古代首飾史》,李芽等著,江蘇鳳凰文藝出版社,2020年9月。

《中國古代早期石刻書人文獻考辨》,王力春著,人民出版社,2020年8月。

《中國官制大辭典》(增訂版),俞鹿年編著,(香港)中華書局,2020年5月。

《中國救荒史》,鄧雲特著,東方出版中心,2020年8月。

《中國歷代樂論(隋唐五代卷)》,孫曉輝、王皓編著,灕江出版社,2019年10月。

《中國歷史文化新論——高明士教授八秩嵩壽文集》,陳俊强主編,元華文創公司,2020年3月。
《中國人口發展史》,葛劍雄著,四川人民出版社,2020年5月。
《中國社會歷史評論》第23卷,常建華主編,天津古籍出版社,2019年11月。
《中國詩歌研究史(唐代卷)》,左東嶺主編,吴相洲著,人民文學出版社,2020年4月。
《中國史學》第29卷,佐竹靖彦主編,日本中國史學會,朋友書店,2019年10月。
《中國唐代帝陵》,王雙懷著,陝西人民出版社,2020年8月。
《中國唐史學會會刊》第39期,拜根興、介永强主編,中國唐史學會,2020年。
《中國文學叙事傳統視閾中的唐代辭賦研究》,周興泰著,中華書局,2020年6月。
《中國中古禮律綜論續編:禮教與法制》,高明士著,元照出版公司,2020年3月。
《中國中古史集刊》第6輯,中國中古史集刊編委會編,商務印書館,2020年11月。
《中國中古史研究》第7卷《"何謂制度"專號》,徐冲主編,中西書局,2019年12月。
《中國宗教研究新視野:新語文學的啓示》,賈晉華、白照杰主編,宗教文化出版社,2020年5月。
《中華圖像文化史(隋唐五代卷)》,韓叢耀主編,周俊玲等著,中國攝影出版社,2019年12月。
《中西交通與華夏文明》,劉再聰主編,中國社會科學出版社,2019年12月。
《珠崖:12世紀之前的海南島》,薛愛華著,程章燦、陳燦彬譯,九州出版社,2020年12月。
《祝總斌先生九十華誕頌壽論文集》,北京大學歷史學系、北京大學中國古代史研究中心編,中華書局,2020年1月。
《撞倒須彌:漢傳佛教青年學者論壇論文集》,釋果鏡、廖肇亨主編,法鼓文化,2020年10月。
《〈資治通鑒·唐紀〉史源研究》,熊展釗著,齊魯書社,2020年9月。
《自然環境與社會互動下的唐宋洛陽研究》,朱宇强著,中山大學出版社,2020年8月。
《走向大唐:山西北朝文物源流》,張慶捷、張喜斌、王普軍著,三晋出版社,2020年4月。
《走向世俗:中古時期的佛教傳播》,石剛著,社會科學文獻出版社,2020年9月。
《最澄と天台教団》,木内堯央著,講談社,2020年3月。
《尊右軍以翼聖教》,畢羅著,四川人民出版社,2020年5月。

# 第二十六卷作者研究或學習單位及文章索引

| | | |
|---|---|---|
| 倉本尚德 | 京都大學人文科學研究所 | XXVI/235 |
| 定源（王招國） | 上海師範大學哲學與法政學院 | XXVI/327 |
| 高峰 | 中國人民大學歷史學院（博士研究生） | XXVI/573 |
| 郭婧 | 北京大學考古文博學院（碩士研究生） | XXVI/531 |
| 韓建華 | 中國社會科學院考古研究所 | XXVI/177 |
| 黄正建 | 中國社會科學院古代史研究所 | XXVI/481 |
| 姜虎愚 | 北京大學哲學系（博士後） | XXVI/3 |
| 金蕙涵 | 華東師範大學歷史學系 | XXVI/603 |
| 劉成國 | 華東師範大學古籍研究所 | XXVI/549 |
| 劉屹 | 首都師範大學歷史學院 | XXVI/267 |
| 劉瑩 | 北京師範大學歷史學院（博士後） | XXVI/119 |
| 陸帥 | 南京師範大學社會發展學院 | XXVI/59 |
| 羅彤華 | 臺灣政治大學歷史學系 | XXVI/353 |
| 雒曉輝 | 清華大學歷史學系（博士研究生） | XXVI/459 |
| 孫武軍 | 西安建築科技大學文學院 | XXVI/595 |
| 魏斌 | 武漢大學歷史學院 | XXVI/93 |
| 吳麗娛 | 首都師範大學歷史學院 | XXVI/399 |
| 新津健一郎 | 東京大學大學院社會文化系（博士研究生） | XXVI/209 |
| 薛夷風 | 廈門大學法學院助理教授 | XXVI/559 |
| 嚴世偉 | 北京大學歷史學系（博士研究生） | XXVI/27 |
| 張超 | 法國高等研究實踐學院 法國東亞文明研究中心 | XXVI/611 |
| 張雨 | 中國政法大學法律古籍整理研究所 | XXVI/513 |
| 張越祺 | 復旦大學歷史學系（碩士研究生） | XXVI/441 |
| 趙晶 | 中國政法大學法律古籍整理研究所副教授 | XXVI/583 |
| 周鼎 | 揚州大學社會發展學院歷史學系 | XXVI/151 |
| 周東平 | 廈門大學法學院教授 | XXVI/559 |

# 《唐研究》簡介及稿約

《唐研究》由美國羅傑偉（Roger E. Covey）先生創辦的唐研究基金會資助,自第16卷開始,與北京大學中國古代史研究中心合辦,每年由北京大學出版社出版一卷,論文和書評以中文爲主,也包括英文論文和書評。

《唐研究》以唐代及相關時代的研究爲主,内容包括歷史、地理、美術、考古、語言、文學、哲學、宗教、政治、法律、經濟、社會等各方面的傳統學術問題。其特色是論文之外,發表新史料、書評和學術信息。

來稿請附作者簡歷。中文論文用繁體字書寫,須附中英文提要;英文稿件須用A4型紙單面隔行打印。注釋放在頁脚。詳細書寫格式附於本書最後。

論文作者可得到論文抽印本二十份及該卷書一册。内地作者,酌付稿酬。

論文、書評以及作者或出版社寄贈本刊之待評圖書均請寄至:

　　（100871）　北京大學歷史系　葉煒收。

訂閱請與北京大學出版社郵購部聯繫。電話：（010）62752015,電傳：（010）62556201。

## *Journal of Tang Studies*（*JTS*）

The *Journal of Tang Studies* was founded under the auspices of the Tang Research Foundation founded by Mr. Roger E. Covey. From the 16th volume, it is jointly supported by the Foundation and the Center for Studies of Ancient Chinese History of Peking University. It is published annually by the Peking University Press. Most of the articles and reviews are presented in Chinese, with some in English as well.

The subject matter of the papers is the Tang dynasty and related periods, including issues in history, geography, fine arts, archaeology, language, literature, philosophy, religion, political science, law, economics, and sociology, etc. The *JTS* features new sources, book reviews and professional news in addition to research articles.

Prospective authors should send a brief resume. Manuscripts submitted in Chinese must be accompanied by English abstracts, and those in English must be typed double spaced. Footnotes should appear at the bottom of the same page. The style-sheet appears at the end of this issue.

Contributors will receive 20 offprints of their articles, and one copy of the Journal.

Please address all manuscripts of articles, reviews, and book reviews to Professor Rong Xinjiang, Department of History, Peking University, Beijing 100871, China.

Subscription enquiries should be addressed to the Peking University Press (tel. 010-62752019, fax. 010-62556201).

# 稿件書寫格式

一、手寫稿件,必須用橫格稿紙單面書寫;字體使用規範繁體字,除專論文章外,俗字、異體字改用繁體字;引用西文,則必須打字。歡迎用電腦打字,請用與方正系統兼容的 WPS、Word 等軟件,用 A4 型紙隔行打印。

二、一律使用新式標點符號,除破折號、省略號各佔兩格外,其他標點均佔一格。書刊及論文均用《  》,此點尤請海外撰稿人注意。

三、第一次提及帝王年號,須加公元紀年;第一次提及外國人名,須附原名。中國年號、古籍卷、葉數用中文數字,如貞觀十四年,《新唐書》卷五八,《西域水道記》葉三正。其他公曆、雜誌卷、期、號、頁等均用阿拉伯數字。引用敦煌文書,用 S.、P.、Ф.、Дх.、千字文、大谷等縮略語加阿拉伯數字形式。

四、注釋號碼用阿拉伯數字表示,作〔1〕、〔2〕、〔3〕……其位置放在標點符號前(引號除外)的右上角。再次徵引,用"同上"×頁或"同注〔1〕,×頁"形式,不用合併注號方式。

五、注釋一律寫於頁腳;除常見的《舊唐書》《新唐書》《册府元龜》《資治通鑑》等外,引用古籍,應標明著者、版本、卷數、頁碼;引用專書及新印古籍,應標明著者、章卷數、出版者及出版年代、頁碼;引用期刊論文,應標明期刊名、年代卷次、頁碼;引用西文論著,依西文慣例,如 P. Demiéville, *Le concile de Lhasa*, Paris 1952, pp. 50-100。書刊名用斜體;論文加引號。

六、中文論文必須附五百字的中、英文摘要,同時提供大作的英文名稱。

七、來稿請寫明作者姓名、性別、工作單位和職稱、詳細地址和郵政編碼,以及來稿字數。

# 投稿須知

爲提高本刊的工作效率,特作如下規定,請各位學者投稿時注意。

1. 從第十卷起,所收到的來稿不論採用與否,一律不退稿,請各位作者自留底稿;如果您希望退還稿件,請來稿時説明。

2. 本刊每年一季度出版,因此投稿件截止日期爲前一年5月底,請務必遵守截稿日期。每年5月31日以後的來稿,視作投給下一卷,敬希留意,以免大作在本刊放置太久。

3. 來稿請務必遵守本刊書寫規範,引文正確,中英文摘要齊備,並用規範繁體字書寫。如不遵守本刊規範,將不予處理。

4. 本刊已許可中國知網及北京大學期刊網以數字化方式複製、彙編、發行、資訊網絡傳播本刊全文。本刊支付的稿酬已包含中國知網及北京大學期刊網著作權使用費,所有署名作者向本刊提交文章發表之行爲視爲同意上述聲明。如有異議,請在投稿時説明,本刊將按作者説明處理。

《唐研究》編委會  
2021年2月21日